中国电建市政建设集团有限公司志

（2007—2021）

《中国电建市政建设集团有限公司志》编纂委员会 / 编

中国经济出版社

·北京·

图书在版编目（CIP）数据

中国电建市政建设集团有限公司志：2007—2021/《中国电建市政建设集团有限公司志》编纂委员会编．——北京：中国经济出版社，2022.10
 ISBN 978-7-5136-7117-0

Ⅰ.①中… Ⅱ.①中… Ⅲ.①电力工业-企业集团-概况-中国-2007-2021 Ⅳ.① F426.61

中国版本图书馆CIP数据核字（2022）第184960号

中国电建市政建设集团有限公司志：2007—2021

指导专家：李祥柱
责任编辑：姜　莉
责任印制：马小宾

出版发行：中国经济出版社
承　　印：北京富泰印刷有限责任公司
经　　销：各地新华书店
开　　本：889mm×1194mm　1/16
印　　张：28.5
插页印张：3.25
字　　数：600千字
版　　次：2022年10月第1版
印　　次：2022年10月第1次
定　　价：396.00元
广告经营许可证：京西工商广字第8179号

中国经济出版社　网址 www.economyph.com　社址 北京市东城区安定门外大街58号　邮编 100010
本版图书如存在印装质量问题，请与本社发行中心联系调换（联系电话：010-57512564）

版权所有　盗版必究（举报电话：010-57512600）
国家版权局反盗版举报中心（举报电话：12390）　服务热线：010-57512564

《中国电建市政建设集团有限公司志》编纂委员会

主　　任　高宗文　张玉富

副 主 任　李俊元

委　　员（以姓氏笔画为序）

　　　　　于　杰　王宁坤　王　操　巨　风　龙　芹
　　　　　史建波　仝建华　朱昌华　朱清龙　刘长群
　　　　　刘建平　刘　磊　孙吉海　孙金辉　杨久磊
　　　　　杨　涛　李洪瑞　张书起　张　泽　范连勇
　　　　　季　奇　郎保国　赵勇祥　袁友庆　索华炜
　　　　　徐世东　徐建亭　徐继强　温建明

顾　　问（以姓氏笔画为序）

　　　　　刘晓辉　闫修春　苏剑波　杨长才　杨苏飞
　　　　　何占颂　赵乃明　赵景涛　徐德阳　殷国宝

主　　编　巨　风

编　　辑　王婧婷　朱明磊　姚　瑶

中国电建市政建设集团有限公司志
企业荣誉

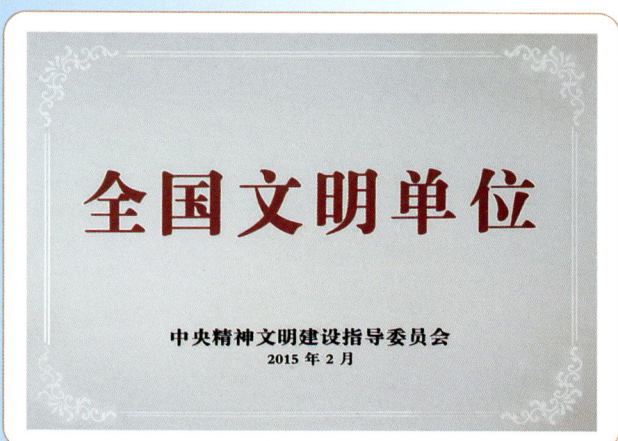

公司获评全国文明单位

公司获评高新技术企业

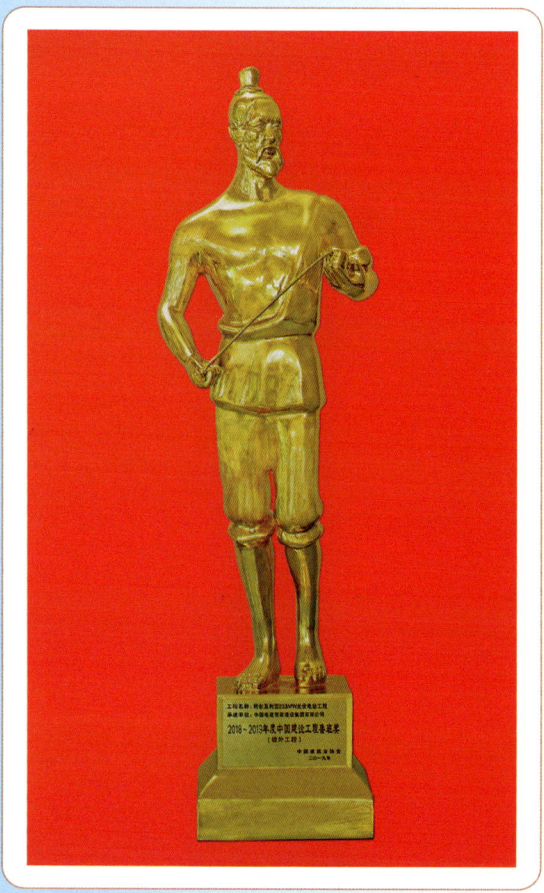

公司承建的阿尔及利亚233兆瓦光伏电站工程获2018—2019年度中国建设工程鲁班奖（境外工程）

公司参建的南水北调东线大屯水库工程获中国水利优质工程大禹奖

中国电建市政建设集团有限公司志
企业荣誉

公司承建的深圳市轨道交通7号线工程获第十六届中国土木工程詹天佑奖

公司承建的深圳地铁7号线工程获2016—2017年度国家优质工程金质奖

公司获评2011—2012年度全国优秀水利企业

公司获评2015年度全国电力建设优秀施工企业

中国电建市政建设集团有限公司志
企业荣誉

公司承建的巴基斯坦纳拉渠修复工程和开普洛渠修复工程获英国建筑工业2014年度海外工程奖

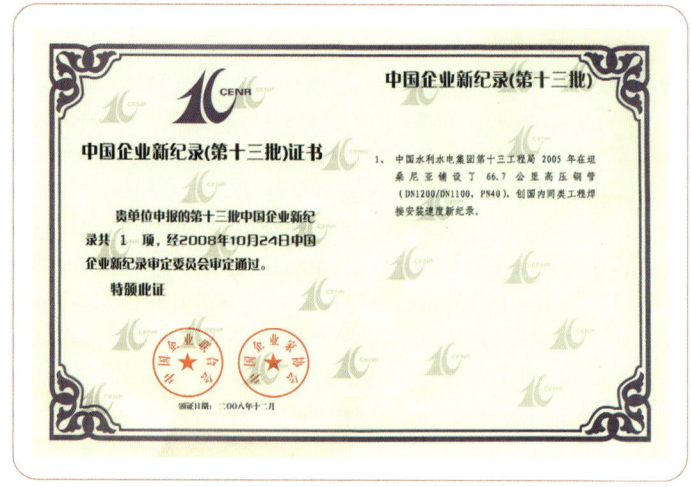

公司承建的坦桑尼亚供水管道施工工程获中国企业新纪录（第十三批）证书

公司获评安徽省环境保护优秀施工示范单位

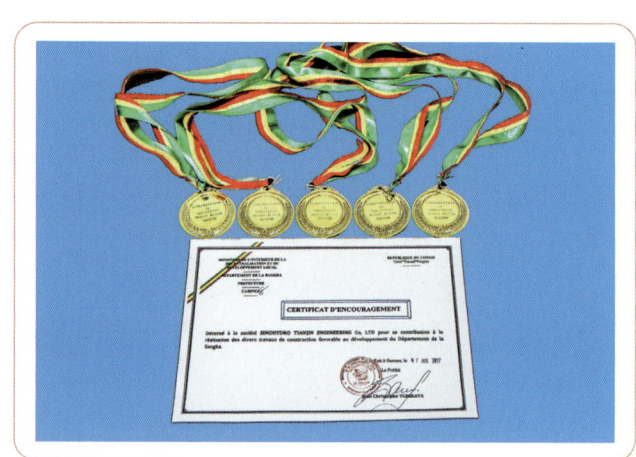

刚果（布）内政部授予公司特殊贡献奖

企业荣誉

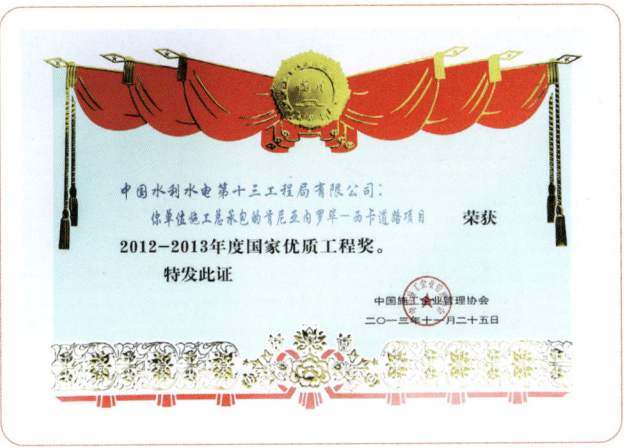

公司承建的肯尼亚内罗毕—锡卡道路项目获2012—2013年度国家优质工程奖

公司获评2013年度中国建筑业竞争力百强企业

公司荣获2014年度天津市优秀诚信企业称号

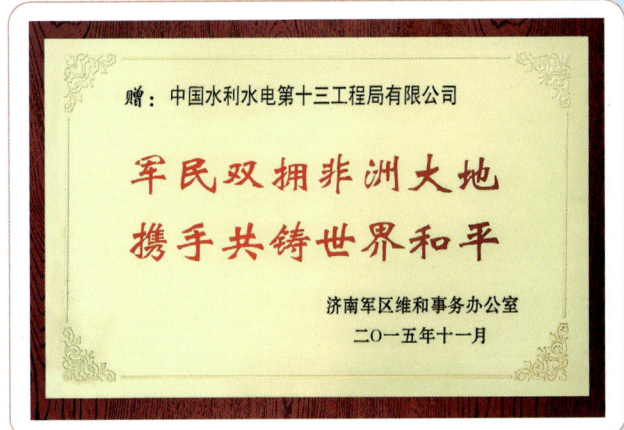

济南军区维和事务办公室赠送公司牌匾

企业荣誉

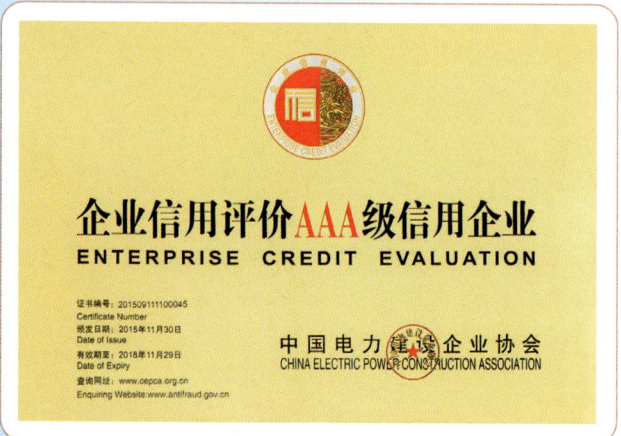

公司获评企业信用评价AAA级信用企业

安哥拉国家公路局比耶省公路厅授予公司2015—2016年度优秀承包商

公司获评2015年度中国建筑业竞争力200强企业

安哥拉聂莱亚市政府为公司颁发社会贡献证书

中国电建市政建设集团有限公司志
企业荣誉

公司荣获2016—2017年度全国电力行业软实力建设贡献奖

公司获评天津市2015—2017年度文明单位

公司参建的神华陕西甲醇下游加工项目荣获2016—2017年度国家优质工程奖

公司获评2017年度公共外交先进集体

企业荣誉

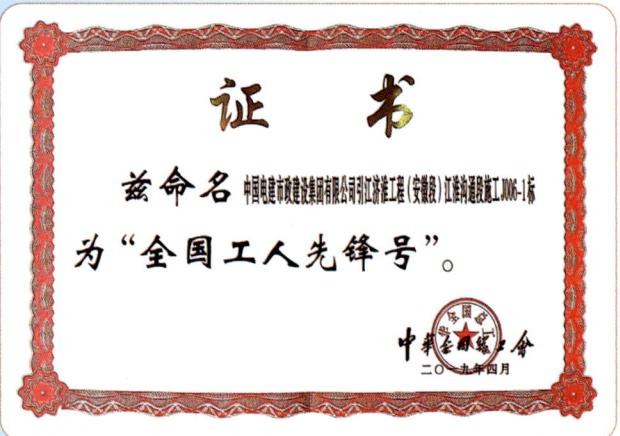

公司承建的引江济淮工程（安徽段）江淮沟通段施工J006-1标获"全国工人先锋号"称号

公司承建的江习高速公路笋溪河特大桥钢结构工程获中国钢结构金奖

公司承建的波兰弗罗茨瓦夫防洪工程获2018—2019年度国家优质工程奖

公司参建的重庆江津至贵州习水高速公路笋溪河大桥工程荣获2018—2019年度中国建设工程鲁班奖

企业荣誉

公司承建的杭州市闲林水库工程获评国家水土保持生态文明工程

公司承建的阿尔及利亚混凝土粮仓工程获国家优质工程奖

公司承建的卡诺灌溉项目获尼日利亚国家建设偶像奖

国际合作

2007年8月,坦桑尼亚总统基奎特到维多利亚湖供水工程施工现场考察指导

2007年11月,何占颂拜会坦桑尼亚总理洛瓦萨

2008年2月,安哥拉总理费尔南多为碧埃农学院工程移交和开学典礼剪彩

2008年6月,阿富汗议会副议长侯塞因(中)、公共工程部副部长拉苏里博士(中间左一)参加阿富汗公路工程竣工通车剪彩仪式

中国电建市政建设集团有限公司志
国际合作

2008年7月，于晓拜会安哥拉总理卡松玛

2009年12月，肯尼亚国家总统齐贝吉到锡卡公路考察指导

2011年5月，坦桑尼亚总统基奎特为118公路通车剪彩

2012年2月，肯尼亚总统齐贝吉出席基苏木公路开工典礼

中国电建市政建设集团有限公司志
国际合作

2013年1月，坦桑尼亚总统基奎特为普盖—塔波拉公路开工仪式剪彩

2014年6月，安哥拉总统多斯桑托斯为穆苏鲁岛海运码头竣工剪彩

2016年2月，刚果（布）总统萨苏出席凯塔公路项目竣工典礼

2016年12月，肯尼亚总统乌胡鲁·肯雅塔为192乡村公路项目开工揭幕（左一为副总统威廉·鲁托）

2018年3月,坦桑尼亚总统约翰·马古富力出席布万加公路项目一标段竣工典礼

2018年12月,安提瓜和巴布达总理加斯顿·布朗出席援安提瓜和巴布达两个社区项目开工典礼

2020年3月,刚果(布)总统萨苏出席凯塔公路二期竣工典礼

2020年9月,布隆迪总统恩达伊施米耶(中)出席援布隆迪农业示范中心项目移交仪式

中国电建市政建设集团有限公司志
经典工程

巴基斯坦杜伯华水电站（2003年6月—2014年1月）

南水北调胶东界河渡槽工程（2006年5月—2008年12月）

卡塔尔多哈路塞尔场地准备项目（2006年2月—2009年2月）

南水北调中线京石段应急供水工程（2006年8月—2010年5月）

安哥拉鲁娜—鲁库赛134千米公路（2007年7月—2019年9月）

武邵高速公路工程（2007年12月—2009年12月）

京沪高速铁路三标段第七工区（2008年1月—2011年5月）

坦桑尼亚盖塔—乌萨嘎拉公路工程（2008年2月—2010年8月）

经典工程

肯尼亚伊玛里公路（2008年2月—2011年8月）

卡塔尔路塞开发区基础设施第一标段(CP1)（2008年3月—2016年12月）

肯尼亚内罗毕—锡卡高速公路（2009年1月—2012年7月）

坦桑尼亚新吉他—巴巴提—岷晋古公路升级工程（2009年3月—2012年8月）

中国电建市政建设集团有限公司志
经典工程

贵广铁路（2009年5月—2014年12月）

天津市津南区、塘沽区天津大道路面工程一标段（2010年1月—2010年9月）

中国电建市政建设集团有限公司志
经典工程

天津武清区新城开发BT项目市政基础设施一期工程（2010年2月—2011年12月）

安哥拉奎托瓜纳沃纪念碑（2010年9月—2011年1月）

中国电建市政建设集团有限公司志

经典工程

肯尼亚塔图城TC101公路（2014年7月—2015年3月）

巴基斯坦卡西姆港燃煤电站土建分包工程（2015年8月—2017年5月）

哈尔滨地铁2号线工程（2015年9月—2021年7月）

卢旺达鲁本盖拉公路工程（2015年10月—2021年5月）

安庆破罡湖闸站工程（2015年12月—2017年11月）

2015年7月，湖北管片厂生产的盾构管片

深圳茅洲河流域水环境综合整治工程（2016年3月—2018年8月）

巴基斯坦拉合尔轨道交通橙线项目轨道、给排水及消防工程（2016年5月—2020年10月）

重庆江习高速公路工程（2016年11月—2018年6月）

河南郑州贾鲁河综合治理工程（2017年1月—）

中国电建市政建设集团有限公司志
经典工程

肯尼亚乡村公路275标段工程（2017年5月—2019年5月）

孟加拉国达舍尔甘地污水处理厂工程（2017年7月—）

经典工程

中国电建市政建设集团有限公司志

山西省晋中市综合通道建设工程PPP项目（2017年7月—2021年5月）

摩洛哥120兆瓦光伏电站工程（2017年12月—2019年12月）

雄安新区10万亩苗景兼用林建设项目（2018年3月—2019年10月）

成都轨道交通18号线轨道工程（2018年6月—2020年1月）

印度尼西亚雅加达至万隆高速铁路铺轨工程（2018年6月—）

援安提瓜和巴布达两个社区中心工程（2018年11月—2020年8月）

2018年5月，武汉地铁11号线长岭山车辆段竣工

济南新旧动能转换先行区中科新经济科创园展示中心（2019年12月一）

中国电建市政建设集团有限公司志
经典工程

雄安千年秀林景观提升工程（2020年6月一）

2020年11月，印尼雅万高铁铺轨项目50米钢轨在防城港装船首航

公司总部办公楼

2011年12月,离退部庆元旦文艺演出

2012年11月,庆祝公司成立五十周年《十三局志》和专题片《辉煌的历程》发放仪式

企业文化与社会责任

2012年11月,庆祝公司成立五十周年文艺演出

2013年9月,公司党委组织参观平津战役纪念馆

2014年2月,肯尼亚基苏木公路项目组织篮球赛

2014年8月,"践行社会主义核心价值观 做最美十三局员工"巡回演讲总部现场

2015年4月,肯尼亚花园城市项目员工参加中央电视台五一劳动节《中国梦 劳动美》特别节目

2017年10月,公司党委组织收看党的十九大开幕式

企业文化与社会责任

2017年9月,公司入选《筑梦家园——中央企业全国文明单位风采录》

2017年11月,公司庆祝成立五十五周年文艺演出

2020年,范连勇获"全国劳动模范"称号

中国电建市政建设集团有限公司志
企业文化与社会责任

2010年10月，东非经理部员工欢迎中国海军"和平方舟"号医院船访问肯尼亚

2013年5月，安哥拉134公路项目司机李子云为当地孩子们分发糖果

2013年10月，巴基斯坦百名大学生到达瓦特大坝参观学习

企业文化与社会责任

2015年4月,中国驻坦桑大使吕友清(中)为公司优秀当地雇员玛莎(左一)颁发奖状

2018年1月,巴基斯坦PKM公路项目慰问当地小学

2018年7月,公司参与卢旺达光明书香捐助活动

2018年12月，公司选送诗朗诵作品《奇迹》获天津市改革开放四十周年庆祝活动银奖

2019年4月，贝宁市政道路项目获贝宁官媒《辩论报》报道

2020年3月，山东公司助力济南新冠肺炎疫情防控，派三名员工赴济南遥墙国际机场支援抗疫

序　言

《中国电建市政建设集团有限公司志（2007—2021）》如实记录了公司成长和发展之路。编纂公司志是为了铭记历史，总结经验；亦是为了启迪后人，展望未来。本志书接续《中国水利水电建设集团公司志中国水利水电第十三工程局卷（1962—2006）》，记录了公司2007—2021年的发展历程和奋斗业绩。

本志书以概述为纲、大事记为经、各章为纬，忠实记录公司15年来创新实干、奋力攻坚的脚步，蕴涵着中国电建市政建设集团全体员工追求卓越、开拓进取的理想和精神，是公司事业高质量发展可资借鉴的一部宝典。

15年是一部接续奋斗的历史。在瞬息万变的复杂环境中，公司把握发展机遇，顺应市场变化，创造了属于自己的更大舞台，实现了规模发展和综合实力的全面跃升，在管理体制和机构设置上不断进行变革创新，发展的每一步都迈得铿锵有力，踩在时代的发展节拍上，创造了一个又一个充满光辉的感人瞬间和动人时刻。

15年间公司经历了三个重要的里程碑事件。一是2006年底疏浚主营业务划转中国水电建设集团港航建设有限公司后，公司抢抓国家"走出去"和水电集团大力发展"非水电"业务战略机遇，成功实现核心业务转型，进入大跨度转型发展阶段；二是2010年7月1日，公司紧跟国家"京津冀一体化"和"环渤海经济圈"发展步伐，将总部由山东德州迁入天津滨海高新区，推动全员"二次创业"，使老企业在新时代焕发出蓬勃生机；三是2017年10月经国家工商总局核准，企业更名为"中国电建市政建设集团有限公司"，实现集团化转型发展，公司步入了转型升级高质量发展的快车道。

15年时光精华集萃。这一时期，公司承建国内外工程并荣获"鲁班奖""詹天佑奖""大禹奖""国家优质工程金奖"，多项工程荣获省部级荣誉，填补了公司以往缺少国家级奖项的缺憾，也弥补了创业前辈们心中的遗憾。公司承建项目多次登上央视《新闻联播》、《人民日报》等中央和国家级媒体，雅万高铁登上央视《新闻联播》头条，品牌影响力显著提升。在国外，公司屡次获得政府奖，如"中非友谊贡献奖""英国建筑工业2014年度海外工程奖""刚果（布）内政部特殊贡献奖""刚果（布）劳动勋章""尼日利亚国家工会表彰奖"，公司在坦桑尼亚救助大象事件成为中国公共外交的成功范例。这些奖项和事件成为这一时期公司高质量共建"一带一路"、携手推动构建人类命运共同体的生动写照。

本志书出版之际，正逢中国电建市政建设集团成立60周年。我们要从企业历史中汲取营养和智慧，研究和把握企业发展规律，继往开来，继续创造今后的伟大事业。

成绩属于过去，未来任重道远。我们相信，中国电建市政建设集团全体员工，未来会继续沿着前辈栉风沐雨、披荆斩棘开拓出的发展之路，砥砺奋进、创新求索，在不断的变革创新中取得新业绩，为企业谱写新的光辉篇章。

是为序。

中国电建市政建设集团有限公司党委书记　董事长　高宗文

中国电建市政建设集团有限公司党委副书记　总经理

2022年7月

凡 例

一、《中国电建市政建设集团有限公司志（2007—2021）》是以马克思列宁主义、毛泽东思想、邓小平理论、"三个代表"重要思想、科学发展观、习近平新时代中国特色社会主义思想为指导，以《地方志工作条例》为依据，运用辩证唯物主义和历史唯物主义观点，力求真实、全面地反映中国电建市政建设集团有限公司（以下简称"市政集团"）2007—2021年15年的历史，从而实现思想性、科学性和资料性相统一。

二、本志的年代断限：上限从2007年1月1日起，下限至2021年12月31日止，根据历史延续性需要，少部分内容有往前后延伸。本着"科学选材、求实存真"原则，全面反映市政集团各方面发展轨迹，突出其在市政公用、水利水电、公路桥梁、高铁及城轨轨道铺设、水生态环境综合治理、新能源等领域，特别是在"一带一路"建设中发挥的不可替代的作用。

三、本志以志为主体，同时采用述、记、图、表、录等多种体裁，力求全面、翔实地记载市政集团各方面的情况。

四、本志采用规范的语体文，行文力求朴实简洁、严谨流畅、述而不论。《大事记》用编年体，志书主体部分采用"横排门类、竖写史实"的基本体例形式，采用篇、章、节三级编次。

五、本志中的机构名称首次出现时用全称，再次出现时用简称，外国国名、地名、政府机构、工程项目名称一般用中文译名，无中文译名时用英文名称。

六、本志资料来源主要是市政集团各部门、各单位和员工提供的材料，公司档案室现存文献资料，《开拓者》报，公司网站等。

目 录

概　述 ………………………………………… 1
大事记 ………………………………………… 7

第一篇　体制与机构

第一章　体制 ………………………………… 48
　第一节　领导体制改革 …………………… 48
　第二节　体制演变 ………………………… 48
　第三节　机构设置与产业结构调整 ……… 49
　第四节　领导成员 ………………………… 58
　第五节　职工队伍 ………………………… 63
第二章　成员企业 …………………………… 63
　第一节　国内成员企业 …………………… 63
　第二节　国外成员企业 …………………… 87
　第三节　辅业单位 ………………………… 92

第二篇　市政公用、水利水电工程

第一章　市政公用工程 ……………………… 100
　第一节　市政公用工程录 ………………… 100
　第二节　市政公用工程选介 ……………… 109
第二章　水利水电工程 ……………………… 114
　第一节　水利水电工程录 ………………… 114
　第二节　水利水电工程选介 ……………… 129

第三篇　公路桥梁、轨道交通工程

第一章　公路桥梁工程 ……………………… 138
　第一节　公路桥梁工程录 ………………… 138
　第二节　公路桥梁工程选介 ……………… 140
第二章　轨道交通工程 ……………………… 144
　第一节　轨道交通工程录 ………………… 144
　第二节　轨道交通工程选介 ……………… 146

第四篇　水环境综合治理、新能源工程

第一章　水环境综合治理工程 ……………… 152
　第一节　水环境综合治理工程录 ………… 152
　第二节　水环境综合治理工程选介 ……… 154
第二章　新能源工程 ………………………… 157
　第一节　新能源工程录 …………………… 157
　第二节　新能源工程选介 ………………… 159

第五篇　工业与民用建筑、其他工程

第一章　工业与民用建筑工程 ……………… 162
　第一节　工业与民用建筑工程录 ………… 162
　第二节　工业与民用建筑工程选介 ……… 165
第二章　其他工程 …………………………… 168
　第一节　其他工程录 ……………………… 168
　第二节　其他工程选介 …………………… 170

第六篇　国际化经营

第一章　国际市场经营 ……………………… 173
　第一节　发展战略 ………………………… 173
　第二节　品牌建设 ………………………… 173
　第三节　市场开拓 ………………………… 174
　第四节　国际工程人才培养 ……………… 178
第二章　国际工程 …………………………… 179
　第一节　国际工程录 ……………………… 179
　第二节　东非工程 ………………………… 205
　第三节　北非工程 ………………………… 226
　第四节　西南非工程 ……………………… 231

第五节　中西非工程 …………… 238	第七章　精准扶贫 …………………… 298
第六节　欧洲工程 ……………… 249	第一节　天津部分 ……………… 298
第七节　南亚与东南亚工程 …… 256	第二节　德州部分 ……………… 299
第八节　中亚工程 ……………… 264	
第九节　中东工程 ……………… 266	
第十节　美洲工程 ……………… 269	

第七篇　党群工作

第八篇　企业改革

第一章　公司党委 ………………… 272	第一章　体制机制改革 ……………… 302
第一节　组织机构 ……………… 272	第一节　体制改革 ……………… 302
第二节　领导班子思想作风建设 … 275	第二节　总部机构改革 ………… 302
第三节　党员工作 ……………… 277	第三节　二级单位整合 ………… 303
第四节　历次党代会 …………… 279	第四节　建筑施工业务 ………… 303
第二章　公司纪委 ………………… 280	第五节　房地产业务 …………… 303
第一节　组织机构 ……………… 280	第六节　其他业务 ……………… 304
第二节　纪检工作 ……………… 280	第二章　经营机制转换 ……………… 304
第三节　巡察工作 ……………… 281	第三章　三项制度改革 ……………… 305
第三章　企业文化与精神文明建设 … 282	第一节　人事制度改革 ………… 305
第一节　企业精神 ……………… 282	第二节　劳动用工制度改革 …… 306
第二节　企业内部媒体 ………… 282	第三节　分配制度改革 ………… 306
第三节　精神文明建设与企业形象 … 284	第四章　财务管理改革 ……………… 306
第四章　文明单位创建 …………… 287	
第一节　组织机构 ……………… 287	
第二节　创建荣誉 ……………… 287	## 第九篇　企业管理
第五章　公司工会 ………………… 289	
第一节　组织机构 ……………… 289	第一章　战略管理 …………………… 308
第二节　职工代表大会 ………… 289	第一节　"十一五"时期（2006—2010年）… 308
第三节　工会经费管理 ………… 290	第二节　"十二五"时期（2011—2015年）… 308
第四节　维护职工合法权益 …… 290	第三节　"十三五"时期（2016—2020年）… 309
第五节　劳动竞赛（技术比武活动）… 292	第四节　"十四五"时期（2021—2025年）… 309
第六节　女工工作 ……………… 292	第二章　经营管理 …………………… 310
第七节　文体活动 ……………… 293	第一节　组织机构 ……………… 310
第八节　群众性经济技术创新活动 … 295	第二节　投标管理 ……………… 311
第六章　共青团及青年工作 ……… 295	第三节　企业资质管理 ………… 312
第一节　组织机构 ……………… 295	第三章　经济管理 …………………… 313
第二节　组织活动 ……………… 296	第一节　组织机构 ……………… 313
第三节　历次团代会 …………… 296	第二节　业绩考核 ……………… 313
第四节　共青团荣誉 …………… 297	第三节　工程分包管理 ………… 315
	第四节　成本管理 ……………… 317
	第五节　合同管理 ……………… 319
	第四章　法制管理 …………………… 321
	第一节　组织机构 ……………… 321

第二节 建章立制	321	第一节 组织机构	339
第三节 法律工作管理	322	第二节 建章立制	339
第四节 法治宣传教育工作	323	第三节 安全生产与职业健康管理	340
第五节 风险内控工作管理	324	第四节 能源节约与生态环境保护管理	342
第六节 合规管理	324	第五节 三标管理体系认证	343

第五章 工程项目管理 ……………… 325
 第一节 组织机构 ……………… 325
 第二节 建章立制 ……………… 325
 第三节 策划管理 ……………… 325
 第四节 履约管理及重大项目管理 … 326
第六章 工程监理、勘探 …………… 326
 第一节 工程监理 ……………… 326
 第二节 勘探 …………………… 327
第七章 设计 ………………………… 327
 第一节 组织机构 ……………… 327
 第二节 业务 …………………… 327
第八章 测绘 ………………………… 328
 第一节 国内测绘业务 ………… 328
 第二节 安哥拉区域 …………… 329
 第三节 中东区域 ……………… 329
 第四节 东非区域 ……………… 330
 第五节 南亚区域 ……………… 330
 第六节 中西非区域 …………… 330
 第七节 中亚区域 ……………… 331
第九章 试验检测 …………………… 331
 第一节 组织机构 ……………… 331
 第二节 检测中心资质 ………… 331
 第三节 检测中心更名及迁址 … 331
 第四节 检测中心业务 ………… 331
第十章 国际工程管理 ……………… 332
 第一节 建章立制 ……………… 332
 第二节 项目管理 ……………… 333
第十一章 技术管理 ………………… 333
 第一节 组织机构 ……………… 333
 第二节 管理制度 ……………… 334
 第三节 施工技术及交流活动 … 334
 第四节 设计管理 ……………… 338
第十二章 安全管理 ………………… 339

第十三章 质量管理 ………………… 344
 第一节 组织机构 ……………… 344
 第二节 质量体系建设 ………… 344
 第三节 质量活动 ……………… 344
 第四节 优质工程奖 …………… 351
第十四章 设备物资管理 …………… 357
 第一节 组织机构 ……………… 357
 第二节 建章立制 ……………… 358
 第三节 设备管理 ……………… 359
 第四节 物资管理 ……………… 360
 第五节 采购管理 ……………… 361
第十五章 投融资管理 ……………… 362
 第一节 组织机构 ……………… 362
 第二节 建章立制 ……………… 362
 第三节 投融资管理 …………… 362
第十六章 财务、资金与资产管理 … 363
 第一节 组织机构 ……………… 363
 第二节 资产管理 ……………… 363
 第三节 资金管理 ……………… 364
 第四节 投资管理与产权管理 … 365
 第五节 税务管理 ……………… 369
 第六节 保险管理 ……………… 369
 第七节 财务共享 ……………… 370
第十七章 人力资源管理 …………… 371
 第一节 组织机构 ……………… 371
 第二节 人事管理 ……………… 371
 第三节 劳动用工与人力资源调配 … 372
 第四节 人才引进和培养 ……… 372
 第五节 工资管理 ……………… 372
 第六节 休假制度 ……………… 374
第十八章 信息化管理 ……………… 375
 第一节 组织机构 ……………… 375
 第二节 管理信息化 …………… 375

第三节	业务信息化	376	第一节	科技立项管理情况 393
第四节	IT基础设施建设	378	第二节	高新技术研究项目情况 402
第五节	网络安全管理	378	第三节	科技成果鉴定及获奖情况 402

第十九章　离退休管理 379
　　第一节　组织机构 379
　　第二节　建章立制 379
　　第三节　管理与服务 379

第三章　高新技术企业 412
第四章　科技成果 413
　　第一节　专利 413
　　第二节　工法 415
　　第三节　技术标准 417
　　第四节　论文专著 418
　　第五节　科技活动 418

第二十章　综合管理 380
　　第一节　组织机构 380
　　第二节　文秘工作 381
　　第三节　机要保密 381
　　第四节　信访工作 382
　　第五节　档案管理 382
　　第六节　交通通信 383
　　第七节　国家安全 384
　　第八节　办公环境 384
　　第九节　驻外机构 385
　　第十节　社会公益 385
　　第十一节　新冠肺炎疫情防控与复工复产 386

第五章　BIM技术应用管理与推广 419
　　第一节　组织机构 419
　　第二节　业务 419

第六章　教育培训 420
　　第一节　组织机构 420
　　第二节　职工培训 420
　　第三节　技能鉴定 420
　　第四节　中央广播电视大学 420
　　第五节　山东省委党校 420

第二十一章　企业审计 386
　　第一节　组织机构 386
　　第二节　建章立制 387
　　第三节　内部审计工作 387
　　第四节　违规经营追责工作 389
　　第五节　审计与风险管理委员会工作 390

第十一篇　人物

第一章　人物录 422
　　第一节　公司历任主要领导 422
　　第二节　享受国务院政府特殊津贴专家 425
第二章　人物表 425
　　第一节　国家级、省部级劳动模范 425
　　第二节　省部级五一劳动奖章获得者 426
　　第三节　地市级劳动模范、五一劳动奖章获得者 426
　　第四节　集团公司、公司劳动模范 428
　　第五节　电建集团先进工作者 430
　　第六节　获高级专业技术资格人员名录 431

第二十二章　企业监察 390

第十篇　科学技术与教育

第一章　科技管理 392
　　第一节　组织机构 392
　　第二节　管理制度 392
　　第三节　激励措施 392
　　第四节　科技考核 393
　　第五节　科技创新管理系统 393
　　第六节　研发平台 393
第二章　科研项目及获奖情况 393

附　录 435
后　记 448

概 述

- 概述
- 大事记
- 体制与机构 01
- 市政公用、水利水电工程 02
- 公路桥梁、轨道交通工程 03
- 水环境综合治理、新能源工程 04
- 工业与民用建筑、其他工程 05
- 国际化经营 06
- 党群工作 07
- 企业改革 08
- 企业管理 09
- 科学技术与教育 10
- 人物 11
- 附录

2007—2021年，是企业精彩多变与深度创新的15年。疏浚主营业务划转水电港航公司，总部从山东德州搬迁到直辖市天津，实现集团化发展，成长为拥有市政公用工程施工总承包特级和水利水电工程施工总承包特级的"双特"企业等成为公司发展历史上可圈可点的经典事件，以发展业绩写下了一段继往开来的新史诗，实现了规模发展和综合实力的全面跃升。

在这段占企业发展历史四分之一的时间中，企业跨越"十一五""十二五""十三五"三个规划时期和"十四五"开局之年，经历了跨越式发展、可持续发展、高质量发展3个阶段。企业在体制机制、改革发展、产业结构、组织架构、员工结构、企业文化、精神文明建设等各方面都发生了深刻而影响深远的变化，在市场营销、项目履约、规模效益、党建工作和企业文化等各方面取得了长足进步。核心竞争力和综合实力显著增强，品牌影响力不断提升，主要经济指标实现了跨越式增长，国有资产实现了保值增值，员工收入稳步提升。

2021年实现营业收入193.66亿元，为2006年营业收入27.08亿元（其中含疏浚业务3.94亿元）的7.15倍；企业净资产由2006年的3.85亿元增长到2021年的64.65亿元，增长了15.79倍。15年中，公司揽获"鲁班奖""詹天佑奖""大禹奖""国家优质工程金奖""第四届全国文明单位"等多个殿堂级奖项和荣誉。

一、业务转型谋新生

2006年底，中国水利水电第十三工程局有限公司（以下简称水电十三局）疏浚吹填主业整体划出，组建中国水电建设集团港航建设有限公司，2008年世界性经济危机不期而至，企业发展面临着内外部环境的严峻考验。对业务板块重新进行梳理和再造，打造新的核心业务，成为企业的迫切任务。在错综复杂的经济环境、不断深化改革的政治环境、机遇和挑战并存的市场环境中，公司进行了企业施工主业的调整再造，在稳固水利水电等传统骨干业务优势的同时，着力培育和打造道路桥梁、轨道交通、市政基础设施、工业与民用建筑等业务，制定落实"发展、经营、人才"三大战略，坚定提出"大市场、大业主、大项目、高技术含量"的经营理念和"有所为有所不为"的营销思路，推动两级营销体系建设。

大力开拓国际业务，积极响应国家"一带一路"倡议，坚持"走出去"发展战略，贯彻落实中国电建集团多品牌战略部署，积极推动创立"STECOL"国际品牌，企业实现了从跨国分包到跨国经营的转变，为中国电建国际业务"三步走"发展战略贡献了力量。公司凭借"十一五"和"十二五"期间的快速发展和强力增长，2014年晋升为中国电建集团特级子企业，跻身中国电建集团"第一方阵"序列。

历经公司各级领导和员工长时期坚持不懈的努力，企业完成了施工主业的调整再造，在国内外打造了一大批代表性工程，重塑了企业核心业务，把一个以疏浚为主的专业公司成功转型为集市政、路桥、新能源、水利水电、轨道交通、高铁及城轨轨道铺设、水生态综合治理、房屋建筑、机电安装等大型土木工程业务于一体的大型、综合性、跨国经营的土木工程建设集团公司。

其间，3件大事成为公司发展的里程碑事件。一是2006年底，企业疏浚主营业务划转港航公司后，企业抢抓国家"走出去"和水电集团大力发展"非水电"业务的战略机遇，成功实现核心业务转型；二是2010年7月1日，公司紧跟国家"京津冀一体化"和"环渤海经济圈"发展步伐，将总部由山东德州迁入天津滨海高新区，推动全员"二次创业"，使老企业在新时代焕发出蓬勃生机；三是2017年10月经国家工商总局核准，企业更名为"中国电建市政建设集团有限公司"，实现集团化转型发展。

每一次关键性转变，都是基于深刻洞悉市场变化所做出的快速反应。公司根据国内外市场需求，适时调整发展战略，从"十一五"的"国内求生存，国外求发展"到"十二五"的"国内国外相互促进、共同发展"，从"十三五"的"国外为主、国内国外协调发展""国际优先、统筹国内"到"十四五"的"优先国际、内外并进""做强国内、做优海外"，探索出了一条符合企业实际的独特发展道路。

截至2021年底，公司注册资本金30亿元，总资产255亿元，2021年度营业收入193.66亿元。公司员工近6000人，平均年龄35岁，其中大专及以上学历超过85%，拥有工程、商务、管理等各类高级职称专家人才近700人；国家注册一级建造师、注册结构工程师、注册建筑师等专业技术人才超过700人。

二、机制改革求发展

15年的发展过程中，体制机制改革贯穿始终。公司充分利用国内国际两个市场、两种资源，在风云变幻的国际市场大格局中，在世界经济格局发生深刻变化的大背景下，加快转型升级，不断优化结构，突出转变企业发展方式这条主线，实现企业由劳动密集型向知识和管理密集型转变，由管理粗放型向管理集约型转变，实现企业可持续健康发展。全面推进科技创新、管理创新、商业模式创新等战略行动，把握"互联网+"时代的发展趋势，推进传统建筑业与现代信息技术的融合发展。

2007—2021年，公司党委落实全面从严治党要求，切实履行管党治党主体责任，共发展党员693名，组织开展"群众路线教育实践""党史学习教育"等多项专题教育活动，持续加强作风建设，紧紧围绕企业改革发展、转型升级，充分发挥党委政治核心作用、党支部战斗堡垒作用和党员先锋模范作用，切实履行国有企业党委把方向、管大局、保落实职责，完善选人用人机制，加强领导班子和各级领导人员队伍建设，不断增强党建工作活力和实效。15年间，党的领导全面加强，党员干部素质有效提升，廉洁意识明显增强，企业党建工作取得一系列显著成效，促进了各级领导人员战略思维、开拓创新和经营管理能力的提升。

公司把握发展机遇期，积极以市场需求为导向，以打造核心业务为改革目标，优化企业组织结构，实施资源整合，精简管理机构，缩短管理链条，致力于打造一个更有效率的管理体系，以提高企业发展整体实力。通过调整组织架构进行资源重组，建立快速反应市场的企业机制，2013年，形成五大主力施工分局、三大服务保障业务的"5+3"组织架构；2018年，推动二级公司"专业化、区域化"发展，构建骨干子公司5个、主力分公司5个、海外经营机构及国内经营平台N个的"5+5+N"组织架构；2019年，在前期改革和内部组织架构调整的基础上，公司积极落实集团差异化发展战略，推动实现集团化发展，面对国内外极其复杂的政治经济形势和深刻变局，持续推进公司体制机制改革和管理提升，不断创新企业管理体系和商业模式，推动产业链升级，打造了由6家骨干子企业、6家国外分公司、若干家国内分公司及经营平台组成的"6+6+N"集团化组织架构，带领公司步入高质量发展快车道。

各单位整合重组过程均平稳过渡，经过一段时间的运行，提高管理效率、增强管理活力的作用在企业运行过程中有所体现。施工模式更加多样化，从单一施工工程总承包扩展到EPC、PPP等多种类型，项目承接和组织能力大幅提升，大项目数量和质量取得重大突破。

公司领导体制经历了局长负责制，执行董事、总经理负责制，法人治理阶段。从2019年10月开始，公司新设股东会、董事会，至2021年11月4日，实现董事会规范建设，党的领导与董事会决策深度融合，企业民主管理不断深化完善，形成党委与董事会、经理层、监事会协调运转、有效制衡的领导体制。

公司主动服务中央重大战略，对接地方发展规划，充分发挥公司优势，积极参与南水北调、雄安新区、京津冀、粤港澳、长三角、海南自贸区建设，长江大保护、军民融合国家战略和"一带一路"倡议等。构建国内外立体营销体系，推动市场营销向"规划引领、区域深耕、专业支撑、综合开发"方向转变，获批市政特级和水电特级，在竞标类施工总承包项目基础上签约多个EPC和PPP项目，公司由传统竞标领域向EPC、PPP领域转型成效显著；完成公司领导体制调整，并对具备条件的子公司领导体制进行调整；落实集团"去机关化"改革，完成总部机构改革；创新海外经营模式，推行分公司运营模式；建立"行政、技术、职业经理人和技能人才"多路径成长通道，在系统内首推首席专家制度，并增设了专业总工程师岗位；2020年，启动"五二〇"人才培养方案，建立人才差异化激励机制和晋升通道；全面深化财资税一体化改革，充分发挥战略财务职能；完成十三局医院移交地方；职工家属区"三供一业"分离移交工作收官；完成国有企业退休人员社会化管理工作等专项改革。

进入"十四五"，公司完整、准确、全面贯彻新发展理念，以"两利四率"指标体系实现"两增一控三提高"强化高质量发展导向，推动企业从偏重规模和速度的粗放型增长，加快向更加注重质量和效率的集约型增长转变。

三、国际开拓新能级

以1987年"借船出海"在巴基斯坦承接KPOD/DPOD排渠改造工程为发端，公司开启了进军国际市场的新征程，至2007年，国际业务成为公司改革发展的重要支撑。2007年以来，在中国电建集团海外多品牌战略指导下，公司建立国际营销自主品牌并取得丰硕成果，每年都有多国政要到公司承建的项目进行考察或为公司承建项目开竣工剪彩，与项目所在国民众建立了深厚友谊，获得了一大批国际友人的支持，着眼于专业技术优势与海外商务管控能力的有效整合，一批国际化管理人才成为发展优势之一。

设立海外分公司模式，打造了由6家骨干子企业、6家国外分公司、若干家国内分公司及经营平台组成的"6+6+N"集团化组织架构，海外6大区域市场成为推动公司开拓国际市场的有力抓手。大力推进属地化经营，先后在东非、中西非、西南非、北非等相关国别建立了海外基地，加大外籍雇员聘用力度，为所在国提供大量就业岗位，积极为项目所在地的学校打水井、修建操场，参与当地自然灾害救援等，为"共建'一带一路'、践行人类命运共同体"作出了应有的贡献。

2007—2021年，公司拓展国际市场的步伐加大，先后进入马尔代夫、利比亚、沙特、南苏丹、马里、蒙古国、波兰、卢旺达、布隆迪、乌干达、纳米比亚、阿尔巴尼亚、刚果（金）、伊朗、喀麦隆、多哥、摩洛哥、贝宁、尼日利亚、安提瓜和巴布达、罗马尼亚、马拉维、老挝、印度尼西亚、波黑、加纳、莫桑比克、科特迪瓦、塞尔维亚等29个国别市场，是1987—2006年拓展18个国别市场的1.6倍。

2010年12月1日，公司取得对外承包工程资格证书；2016年3月，策划和实施"STECOL"品牌海外推广工作。2017—2021年，公司自主品牌STECOL签约国外项目合同金额累计约为37亿美元，品牌经营规模持续壮大。"STECOL"品牌成为中国电建集团旗下以大土木工程承包为主体的重要子品牌之一。

15年中，公司在国际市场开创了一系列"第一"：承建了东非第一条高速公路——锡卡公路；建设了非洲最大、中阿首个光伏电站合作项目——阿尔及利亚233兆瓦光伏电站；波兰弗罗茨瓦夫防洪工程成为中国建筑企业在欧盟基础设施建设市场首个拿到履约证书的项目，公司被弗罗茨瓦夫市地方水务管理局称为"在波兰非常值得信赖的国际承包商"，此项目被新华社、《人民日报》等中央级媒体宣传报道，获得了国际赞誉；参建的印尼雅万高铁项目是中国高速铁路全系统、全要素、全产业链走出国门的第一单；以EPC模式实施了日处理50万吨的安哥拉罗安达吉隆戈供水项目；承接的日处理50万吨的孟加拉国达舍尔甘地污水处理厂项目为南亚地区规模之最；阿尔及利亚混凝土粮仓项目推动了中国标准、中国规范、中国技术和粮食成套设备进入国际市场，成为中国电建独树一帜的品牌工程；安装了布隆迪首都第一批红绿灯；承接了中国建筑企业在欧盟国家首个铁路竞标项目波兰E75铁路；波兰S14罗兹西部绕城高速公路设计与施工项目是中资企业自2011年来在欧盟市场承接的第一条高速公路项目。

树立企业文化品牌，提升国际影响力。2017年，坦桑尼亚马尼奥尼公路项目紧急救助受困非洲象事件，经国内外百余家媒体报道，产生了国际影响力，被誉为"公共外交成功范例"，该事件使市政集团于2018年荣获"公共外交先进集体"称号；布隆迪总统恩达伊施米耶在政治首都基特加主持"2020年世界粮食日"的活动上，盛赞公司承建的援布隆迪农业示范中心项目。

四、科技升级塑新局

2007—2021年，公司科技创新驱动作用得到增强，创新能力显著提高，科技实力大幅跃升，在促进企业改革发展和综合实力提升方面凸显了支撑引领作用。公司被认定为国家级高新技术企业、天津市级企业技术中心，并获得多项国家级、集团级工法以及优良工程。科技管理工作保持在中国电建集团先进行列，核心业务科技创新与应用能力达到行业领先水平。

2010年6月，公司技术中心被认定为"天津市企业技术中心"。中心试验室通过了国家计量认证，是水利部认定的岩土工程甲级和混凝土工程甲级试验室，山东省交通厅认证的公路工程综合乙级检测机构。2014年10月，公司被认定为国家高新技术企业，享受国家税收优惠政策。

完善创新组织系统，以科学技术和专业技术专家委员会为技术支撑，融汇创新资源和要素，聚焦高新技术企业建设，深入打造多层级研发平台，推动与高校、科研院所协同创新，大力开展科技创新和关键技术攻关，持续加大科技投入力度。自2010年起，持续开展高新技术研究项目立项工作，不断加大研发投入力度，截至2021年底，共计完成高新技术研究项目719项。2008—2021年，多项成果获得中国电建集团、中国施工企业管理协会、中国交通运输协会、中国电力建设企业协会、山东土木建筑学会及天津市、山东省、山西省等颁发的科学技术奖，共获得各类科技奖项100项。奖励力度和范围的加大，极大激发了广大科技工作者的创新工作热情。

五、品牌升级强品质

2020年5月12日，中共中央总书记、国家主席、中央军委主席习近平到山西太原考察调研时，在公司承建的汾河太原城区晋阳桥段，听取太原市汾河及"九河"综合治理、流域生态修复等情况汇报，沿河岸边步行察看汾河水治理及两岸生态保护、城市环境建设等情况。

2007—2021年，企业荣获中国建设工程鲁班奖3项、中国土木工程詹天佑奖2项、中国水利工程优质奖（大禹奖）1项、国家优质工程金质奖3项、国家优质工程奖6项、全国市政金杯示范工程奖4项、英国建筑工业2014年度海外工程奖、尼日利亚国家建设偶像奖、布隆迪特殊贡献奖、刚果劳动勋章和刚果（布）特殊贡献奖等重量级奖项，将企业品牌影响力和行业影响力提升到新的境界和层次，使企业发展实现了"量"与"质"

的同步飞跃，品牌形象大幅度提升，为企业长远发展打下了坚实基础。

公司在天津百强企业中的排名，由2012年第77位上升至2021年第33位。2021年，公司连续第8次获评全国优秀水利企业，多项工程荣获省部级荣誉，创优数量和质量均为公司60年历史中各时期最优水平。公司在建项目多次登上《人民日报》等中央级媒体，雅万高铁登上央视《新闻联播》头条。

公司高度重视模范先进人物的培育选树和精神文明建设，发挥先进模范的示范导向作用，传承企业价值观、培育企业精神，增强企业凝聚力和向心力。公司员工范连勇荣获"全国劳动模范"称号，何占颂、米兰彬等多名员工荣获"天津市劳动模范"称号。自2016年开始参与天津市文明办"天津好人"评选工作，截至2021年底，公司共有12位员工获评"天津好人"，其中于峰获评"中国好人"。

凭借优异的发展质量，公司被中国电建集团评定为集团旗下首批特级子企业，多年来持续处在中国电建集团先进企业行列。公司被评定为国家AAA级信用企业，是国家对外承包工程行业首批A级企业。2018年居中国对外工程承包百强企业第35位；同时企业还获得全国文明单位、全国优秀施工企业、全国质量效益型先进施工企业、全国优秀水利企业、全国电力建设优秀施工企业、全国公路建设优秀企业等多项殊荣。

荣誉是社会对企业发展速度和发展质量的认可，是企业良好形象和美誉度的具体表现。多项国家级荣誉大大拓展了企业发展空间，企业品牌影响力大幅提升。

15年中，企业赓续优良传统，光大企业文化，呼应时代要求，凝练企业传统精神，提出"弘扬优良传统、倡导四种精神"，极大地丰富了企业文化内涵。深厚的企业文化底蕴激发了员工对中国电建市政集团的历史责任感，增强了全体员工对企业未来发展的信心。

历史是最好的教科书，也是最好的营养剂。本次志书编纂年限是企业发展历史进程中的15年，是在继往基础上的大发展时期，也是开创未来新征程的新起点，借用《中共中央关于党的百年奋斗重大成就和历史经验的决议》中的一句话作为志书概述的结语：勿忘昨天的苦难辉煌，无愧今天的使命担当，不负明天的伟大梦想，以史为鉴、开创未来，埋头苦干、勇毅前行！

大事记

- 概述
- **大事记**
- 体制与机构 01
- 市政公用、水利水电工程 02
- 公路桥梁、轨道交通工程 03
- 水环境综合治理、环保工程 04
- 工业与民用建筑、其他工程 05
- 国际化经营 06
- 党群工作 07
- 企业改革 08
- 企业管理 09
- 科学技术与教育 10
- 人物 11
- 附录

2007年

1月15日，聘任何占颂为水电十三局局长。童劲松不再担任水电十三局局长职务。

1月25日，山东省委副书记、省长韩寓群等一行到南四湖湖东堤济宁段17标夏镇航道闸站工地视察。

2月2日，工程局获评2006年度山东省文明单位。

2月2日，山东省胶东地区引黄调水工程、嫩江右岸省界堤防工程被水利部水利系统文明建设工地评审委员会评为2006年度水利系统文明建设工地。

2月7日，工程局获得钢结构工程专业承包二级资质。

2月8日，工程局获评全国电力建设优秀施工企业，这是工程局继2005年获评全国公路、全国水利优秀施工企业后获得的又一项行业荣誉。

2月13日，工程局医院手术室被山东省总工会授予"山东省女职工建功立业标兵岗"称号。

2月15日，工程局斯里兰卡中斯友谊村项目部向中国红十字总会新疆维吾尔自治区红十字会捐赠40万元人民币。

3月20日，宁夏回族自治区建设厅授予石嘴山市大武口区星光大道Ⅰ标段工程"西夏杯"省级优质工程荣誉称号。

3月30日，工程局开展"作风建设年"活动。

4月5日，工程局荣获山东省水利厅2006年度安全生产考核优秀单位荣誉称号。

4月19日，工程局荣获2006年度全国优秀施工企业和2006年度全国用户满意施工企业荣誉称号。

5月11日，工程局工会主席李汝伟被山东省纪委、山东省总工会等8个部门联合授予山东省民主管理厂务公开先进个人荣誉称号。

5月15日，集团公司下发《关于将北京流芳宾馆无偿划转水电十三局的批复》，将集团公司持有的北京流芳宾馆100%国有产权，以2006年12月31日为基准日，采取无偿划转方式整体划转给工程局。

5月22日，工程局撤销物资处，将其整建制并入多种经营处，单位名称为中国水利水电第十三工程局多种经营处；将监理中心、中心试验室并入勘测设计研究院，局内统称中国水电十三局勘测设计研究院，对外实行"一套班子、三块牌子"。

6月11日，工程局申报的机电安装工程施工总承包二级资质增项获得建设部审核批准。

6月15日，工程局财务管理部、资金结算中心进行机构和业务流程调整，将局财务管理部更名为局财务产权部，局资金结算中心更名为局资金管理部。

7月10日，山东省副省长贾万志一行到南水北调东线山东省胶东地区引黄调水工程界河渡槽工程视察工作。

7月19日，工程局荣获2007年山东省安全生产月活动组织奖。

8月22日，坦桑尼亚共和国总统贾卡亚·姆里绍·基奎特（Jakaya Mrisho Kikwete）视察维多利亚湖供水工程合同三项目大水池施工现场。

8月26日，局机关本部部分工作职能进行调整：将国外项目人员出境手续办理工作划归人力资源部；将企划经管部合同管理、统计工作职能划归工程技术部；将信息中心并入局办公室管理。

8月26日，工程局设备租赁公司等单位实行归并重组：撤销局设备租赁公司，整建制归并到三分局；天达电梯工程处整建制合并到多种经营处，暂时保留其名称；局幼儿园挂靠基地管理处；局天津工程处、原一分局微山基地、原一分局船厂隶属局基地管理处管理。

8月26日，合并市场开发部、国际工程部，成立中国水电第十三工程局投标公司。投标公司下设国际市场一、二、三、四部，国内市场一、二部，国际合同译审部，国际项目保障部，综合部。

8月30日，坦桑尼亚供水2号管道焊接工程被中国工程建设焊接协会评为全国优秀焊接工程。这也是工程局自2003年临淮岗洪水控制工程49孔浅孔闸被评为全国优秀焊接工程后，又一次获此殊荣。

9月5日，工程局工会主席李汝伟被山东省总工会授予全省工会干部教育培训工作先进个人荣誉称号。

10月12日，济南市引黄供水玉清湖水库工程、重庆市涪陵区移民迁建防护工程、济南经一路综合改造工程、安徽临淮岗深孔闸工程、云南嵩明至待补高速公路工程获集团公司2006年度优质工程奖。

11月1日，撤销中国水利水电第十三工程局第一分局、中国水利水电第十三工程局疏浚工程处。

11月9日，工程局局长何占颂在坦桑尼亚首都DODOMA拜会坦桑尼亚总理洛瓦萨。

12月14日，临淮岗洪水控制工程荣获2007年度中国建筑工程鲁班奖（国家优质工程），工程局局长何占颂荣获2007年度创鲁班奖工程项目经理特别荣誉书。

2008年

1月11日，集团公司党委书记、副总经理刘起涛出席中国水电十三局总部迁入天津高新区签字仪式。

1月11日，任命于晓同志为中国水电十三局党委书记；何占颂同志为中国水电十三局党委副书记（兼）。免去：陈庆和同志中国水电十三局党委书记、党委委员职务；魏达同志中国水电十三局党委委员职务。

1月21日，卡塔尔项目副经理兼机电部部长郑德奎被授予2006—2007年度集团公司劳动模范称号。

1月24日，工程技术部和质量管理部合并，成立局工程管理部，撤销局工程技术部和质量管理部。

1月28日，山东省精神文明建设委员会授予工程局省级文明单位荣誉称号。

1月29日，工程局女工杨苏飞家庭被授予山东省五好文明家庭荣誉称号；局医院女工何文剑家庭被授予山东省平安家庭标兵户荣誉称号。

1月31日，工程局获山东省2007年度安全生产先进企业荣誉称号。

2月2日，工程局三分局获评全国电力系统劳动保护先进单位。

2月15日，二分局局长黄彦德荣获2007年度全国电力建设优秀项目经理称号。

3月4日，京石段直管项目五标、京石段S50标荣获国务院南水北调工程建设委员会办公室、水利部建设管理司颁发的2006—2007年度文明单位称号。

3月10日，由工程局施工的集团公司坦桑尼亚117公路项目竣工。中华人民共和国政府网、国资委网、中国电力网、水利工程网、中国工程项目管理网、中国工程建设网、中国招标投标网等网站进行了报道。

4月1日，确定工程局（厂）公司制改建后名称为中国水利水电第十三工程局有限公司。

4月18日，公司党委在全公司开展廉洁从业专项教育活动。

4月25日，三分局局长戚继舫荣获山东省劳动模范荣誉称号。

4月28日，确定公司改制后企业简称为中国水电十三局。

5月3日，铁道部副部长卢春房对京沪高铁三标段进行工作检查。

5月12日，四川汶川地震发生后，公司积极参与抗震救灾，共计向灾区捐助钱、物近300万元。

6月12日，撤销中国水利水电第十三工程局珠海工程处。

6月13日，撤销中国水利水电第十三工程局武装保卫部。

6月27日，聘任何占颂为中国水利水电第十三工程局有限公司执行董事（公司法定代表人），原在中国水利水电第十三工程局所任行政职务同时免去。

6月27日，聘任何占颂为中国水利水电第十三工程局有限公司总经理（兼）；于晓、杨涛、刘延超、刘晓辉、徐德阳、秦超、杨长才为中国水利水电第十三工程局有限公司副总经理；席国超为中国水利水电第十三工程局有限公司总会计师；杨涛为中国水利水电第十三工程局有限公司总工程师（兼）。以上同志原在中国水利水电第十三工程局所任行政职务同时免去。

7月2日，天津滨海高新区道路与排水工程项目被天津市安全生产监督站等部门评为文明施工先进单位。

7月11日，公司四分局工会荣获全国模范职工小家称号，束立被授予山东省优秀工会工作者称号。

7月20日，公司获安徽省环境保护优秀施工单位荣誉称号。

7月25日，启用"中国水利水电第十三工程局有限公司"印章。

7月29日，成立中国水利水电第十三工程局国际项目保障部，撤销中国水利水电第十三工程局投标公司国际项目保障部。国际项目保障部为局机关职能部门。

8月7日，山东省委副书记刘伟、副省长贾万志等省委、省政府领导一行视察公司正在施工的济南市小清河洪园节制闸建设工地。

8月18日，宁夏石嘴山市大武口星光大道B段Ⅰ标段工程获集团公司2007年度优质工程奖。

8月20日，因集团整体改制，公司重新申报并取得山东省建管局颁发的《安全生产许可证》。

8月23日，公司党委召开创建"四好"领导班子座谈会。

8月25日，济南市济微路建设工程获2008年度山东省市政金杯示范工程奖。

8月29日，公司通过质量、环境和职业健康安全管理体系再认证。

9月4日，启用"中共中国水利水电第十三工程局有限公司委员会、中共中国水利水电第十三工程局有限公司纪律检查委员会、中国水利水电第十三工程局有限公司工会委员会、中国共产主义青年团中国水利水电第十三工程局有限公司委员会"4枚印章。

10月9日，公司刘富凯、张玉富、戚继舫获评集团公司2008年度优秀项目经理。

10月10日，成立工程技术专家委员会、金属结构和设备机电安装专家委员会两个专业技术专家委员会（简称专委会）。

10月13日，公司总部各部门和所属二级单位名称做相应变更。

10月18日，四川三峡认证有限公司再次向公司颁发质量、环境和职业健康安全管理体系认证证书，证书有效期为3年（自2008年10月18日至2011年10月17日）。

10月20日，中共德州市委组织部增补闫修春、席国超、殷国宝为中共中国水利水电第十三工程局有限公司委员会委员。

10月21日，公司申报的"大跨度上乘式预应力混凝土拉杆拱渡槽施工技术研究"科研项目获集团公司科技进步奖二等奖，石嘴山市大武口星光大道B段Ⅰ标段工程获评集团公司优质工程。

11月12日，南水北调东线一期济南段工程开工仪式在济南举行。山东省省长姜大明、副省长贾万志等省、市领导参加。公司党委书记于晓参加仪式并代表6家施工单位发言。

11月20日，公司获2007年度全国优秀水利企业称号，总经理何占颂获2007年度全国优秀水利企业家荣誉称号。

11月27日，公司荣获2008年生产安全事故隐患排查治理知识竞赛组织奖，国家安全生产监督管理总局、中华全国总工会、中国安全生产协会颁发奖牌和证书。

12月17日，集团公司中标贵—广高铁10标、12标，其中12标段由四局和十三局负责实施，工期为39个月，公司喜获6亿元合同额，创国内单项合同额新高。

12月23日，规定自2008年10月1日起，参照德州市市直机关离休干部有关政策，重新套改确定离休干部离休费。

12月29日，公司取得山东省安全生产监督管理局颁发的《非煤矿山（采掘施工）安全生产许可证》，有效期为3年。

12月30日，公司完成注册地址从德州迁往天津的工商变更，取得天津市新营业执照，原注册资本为1.19亿元，将增资到5亿元，注册地址为天津市华苑产业区榕苑路2号4-2101。

12月31日，公司荣获山东省2008年度省级文明单位称号。

2009年

1月1日，公司取得天津市建设管理委员会颁发的《安全生产许可证》，有效期为3年。发证日期为2008年12月29日。

1月1日，由第二分公司实施的济宁市南四湖湖东堤工程荣获2006—2007年度山东省水利工程文明建设施工工地荣誉证书。

2月4日，公司被评为山东省2008年度安全生产先进单位，这是公司连续4年获此荣誉。

2月6日，公司荣获国务院国资委中央企业思想政治工作先进单位称号。

2月11日，公司国家安全小组荣获山东省2008年国家安全人民防线工作先进集体称号。

2月12日，第二分公司施工的安徽省东淝闸加固与扩建工程荣获2008年度安徽省建设工程"黄山杯"奖（省优质工程），并获2008年度安徽省水利水电优质工程奖。

2月13日，公司体育协会获2008年度山东省先进体育社团称号。

2月19日，公司获2008年度全国电力建设优秀施工企业称号，总经理何占颂获2008年度全国电力建设优秀项目经理称号，公司党委书记于晓和副总经理杨涛获全国电力建设优秀高级职业经理人称号。

2月25日，第三分公司承建的济南市济微路建设工程荣获2008年度全国市政金杯示范工程奖。

3月5日，公司党委书记、副总经理于晓荣获全国百名优秀职业经理荣誉称号。

3月5日，公司以99分的综合考评成绩，名列山东省水利厅2008年度水利安全生产工作考核单位第一名。

3月13日，公司召开深入学习实践科学发展观活动动员大会，标志着公司为期4个月的学习实践活动启动。

3月25日—26日，中国电力建设企业协会社会信用评价评估专家组来公司进行社会信用评估现场访谈核查。

3月25日，公司被评选为2008年度山东省进沪施工企业先进集体，公司上海青草沙项目部经理梁真获得先进个人称号。

3月26日，安徽省政协主席杨多良、黄山市委书记王福宏等到第二分公司承建的湖边水利枢纽项目工地视察。

4月2日，铁道部副部长蔡庆华到京沪高铁三标七工区检查指导工作。

4月7日，黄山市委书记王福宏及黄山市委、市政府主要领导，市"十大工程"领导小组成员等有关单位主要负责人到第二分公司承建的新安江湖边水利枢纽工地进行观摩、考察。

4月20日，公司党委书记于晓参加第十一届全国运动会主办地、济南奥体中心竣工暨管理交接仪式。

4月21日，公司荣获2008年度全国优秀施工企业称号，公司总经理何占颂荣获全国工程建设优秀项目经理称号，公司党委书记于晓、公司副总经理杨涛分别荣获中国工程建设优秀职业经理人称号。

4月23日，公司机电安装分公司结构车间焊工班被人力资源社会保障部、国务院国资委授予中央企业先进集体称号。

4月29日，国家安全生产监督管理总局、住房城乡建设部等九部门有关领导到公司南水北调安阳三标项目实地考察调研。

5月1日，公司机电安装分公司职工程海林被授予2008年度全国知识型职工先进个人称号。

5月3日，山东省副省长贾万志率山东省友好代表团出访非洲三国，在安哥拉访问期间专程前往公司驻安哥拉经理部视察、看望慰问驻地员工，并为公司题词：立足国际，科学发展。

5月13日，河南省副省长刘满仓等一行200余人到公司南水北调安阳三标项目施工现场进行检查调研。

5月22日，国家防汛抗旱总指挥部副总指挥、水利部副部长鄂竟平一行对第三分公司承建的吉林哈达山水利枢纽工程防汛工作进行检查。

6月1日，作为集团公司办公自动化（OA系统）推广应用首批试点成员单位之一，公司办公自动化推广应用工作进入初始运行阶段，该阶段实行纸质文件和OA系统双轨并行。

6月16日，安徽省副省长黄海嵩在黄山市领导的陪同下，到第二分公司承建的黄山湖边水利枢纽工程检查工作。

6月27日，安徽省委常委、组织部部长段敦厚到第二分公司承建的黄山湖边水利枢纽工程考察调研。

7月12日，机电安装分公司承制的彭水水电站金属结构制造Ⅱ、Ⅲ标段项目被授予全国优秀焊接工程。

7月20日，公司被授予安徽省环境保护优秀施工示范单位称号。

7月29日，公司总经理何占颂出席南水北调中线天津干线（河北境内）工程开工仪式，国务院南水北调办公室主任张基尧出席开工仪式并宣布工程开工。7月31日，合同签字仪式在北京举行，公司总经理何占颂出席并在合同上签字。

8月4日，坦桑尼亚新吉他公路工程举行开工典礼，坦桑尼亚总统基奎特出席仪式并为工程开工剪彩。

8月7日，公司获得山东省2009年安全生产月活动优秀组织奖。

8月13日，成立中国水电十三局有限公司中国援也门塔依兹省农村学校项目部。该项目为集团公司承接的第一个经援项目，项目类型为EPC项目，由中国政府出资援助，商务部为建设单位，直管单位为中国驻也门大使馆经参处，最终合同价格估计600万元人民币。

8月13日，公司党委举行学习实践科学发展观活动群众满意度测评，群众评议满意度100%。

8月24日，公司《自浮式排泥胶管研制》科技成果获得集团公司2009年度科学技术进步奖一等奖，这是公司迄今为止在集团公司荣获的科技进步奖的最高奖项。

8月28日—9月2日，公司通过四川三峡认证有限公司质量、环境和职业健康安全管理体系监督审核。

8月31日，公司被中央企业团工委授予2009—2011年度中央企业五四红旗团委创建单位荣誉称号。

9月3日，河南省副省长刘满仓在南水北调中线干线管理局等有关领导的陪同下，查看南水北调辉县段六标施工现场。

9月22日，公司召开济南办事处职能移交会议，明确公司济南办事处自2009年10月1日起由第二分公司代管。

10月11日，河南省副省长刘满仓一行到南水北调辉县段六标施工现场考察。

10月21日，公司被评为电力建设行业首批AAA级信用企业。

10月23日，公司橡塑厂副厂长蓝恭琰荣获中央企业团工委组织开展的中央企业青年成长成才身边的榜样活动提名奖。

10月28日，公司获安徽省重质量、守信誉、诚信施工单位荣誉称号。

10月29日，公司获2009年度全国电力行业优秀企业荣誉称号。

11月11日，安哥拉共和国总理保罗·卡索马出席万博中心医院竣工庆典仪式并剪彩。

11月13日，中国水利水电第十三工程局有限公司多种经营处更名为中国水利水电第十三工程局有限公司多种经营分公司。

11月19日，公司南水北调五标项目质量技术部荣获全国能源化学系统女职工建功立业标兵岗称号。

11月20日，二公司女职工张君花荣获全国三八红旗手称号。

11月24日，撤销十三局医院自2001年进行改革试点工作以来成立的管理委员会等所有组织机构，同时解聘有关组织机构所属成员。十三局医院仍为公司后勤服务单位。

12月3日，公司被四川三峡认证有限公司授予优秀管理奖荣誉称号。

12月11日，肯尼亚总统齐贝吉出席公司肯尼亚内罗毕—锡卡公路奠基揭碑典礼。

12月14日，经公司总经理办公会议研究，同意按照资金补偿方式出让公司天津市北塘杨北大街10号原天津工程处用地。

12月16日，三公司济南经理部获得支持第十一届全运会重点工程建设特别贡献奖，戚继舫等10名同志荣获支持第十一届全运会重点工程建设特别贡献奖先进个人。

12月23日，河南省副省长、河南省南水北调中线工程建设领导小组常务副组长刘满仓一行到南水北调辉县六标段建设施工现场视察。

2010年

1月1日，公司被授予2009年度山东省文明单位称号。

1月8日，公司橡塑厂钢制复合浮筒获国家专利。

1月19日，公司待岗人员最低生活保障标准调整为每人每月220元，自2009年7月1日起执行。

大事记

1月25日，公司坦桑尼亚118公路项目荣获中国水电股份公司2009年度文明工程项目荣誉称号。

1月26日，坦桑尼亚副总统阿里·穆罕默德·谢因在肯尼亚公路部部长富兰克林·贝特等政府官员的陪同下，参观公司肯尼亚内罗毕—锡卡公路工程项目。

1月27日，许桂禄、王猛、刘洪池被授予山东省技术能手称号。

2月4日，济南大明湖扩建工程入选新中国成立60周年60项山东省精品建设工程。

2月21日，公司获2009年度全国电力建设优秀施工企业称号，公司总经理何占颂、副总经理刘晓辉获2009年度全国电力建设优秀高级职业经理人称号，王春明、米兰彬获2009年度全国电力建设优秀中级职业经理人称号，徐建亭获2009年度全国电力建设优秀项目经理称号。

2月26日，河南省副省长刘满仓一行到南水北调辉县六标施工现场调研。

3月2日，安装公司程海林荣获山东省有突出贡献的技师称号。

3月23日，中国水利水电第十三工程局有限公司投标公司更名为中国水利水电第十三工程局有限公司市场开发总公司。下设国内市场开发公司、海外市场开发公司、合同译审部、综合部。

3月23日，二公司黄山湖边水利枢纽工程项目部获黄山市2009年度安全生产创建工作优胜集体称号，二公司副总经理兼黄山项目经理张世越获黄山市2009年度安全生产工作先进个人称号。

3月24日，公司荣获山东省水利安全生产考核第一名。

3月30日，公司荣获2009年度全国优秀施工企业称号。公司总经理何占颂荣获2009年度中国工程建设优秀高级职业经理人称号，橡塑厂厂长王春明荣获2009年度中国工程建设优秀中级职业经理人称号。

4月6日，公司党委在党组织和党员中广泛开展争创以政治引领力强、推动发展力强、改革创新力强和凝聚保障力强为主要内容的四强党组织和争做以政治素质优、岗位技能优、工作业绩优和群众评价优为主要内容的四优共产党员活动。

4月9日，公司南水北调安阳项目工程管理部被中央企业团工委授予2009年度中央企业青年文明号称号。

4月29日，安装公司何万兵被授予山东省"富民兴鲁"劳动奖章。

5月10日，公司市场开发总公司搬迁至天津办公。

5月12日，山东省副省长李兆前到二公司济南小清河综合治理工程考察。

5月28日，坦桑尼亚总统基奎特出席坦桑尼亚坦噶—浩乐浩乐公路工程开工典礼并为工程开工剪彩。

5月31日，河南省副省长刘满仓到南水北调工程辉县六标段调研。

6月3日，正在肯尼亚访问的中共中央政治局委员、全国政协副主席王刚在内罗毕接见集团公司总经理、股份公司董事长、党委书记范集湘。公司执行董事、总经理何占颂，副总经理兼东非经理部总经理秦超等参加接见。

6月5日，坦桑尼亚总统基奎特到坦桑尼亚118公路项目考察。

6月9日，南水北调济南市区段输水工程施工1标项目部，荣获国务院南水北调工程建设委员会2009年度南水北调工程建设质量管理先进集体荣誉称号。

6月11日，公司党委在各级党组织和全体党员中部署开展创先争优活动。本项活动从2010年6月到2012年7月。

6月25日，公司副总经理、东非项目部总经理秦超被国务院国资委党委授予优秀共产党员称号。

7月1日，公司天津总部新办公大楼启用仪式上午11点10分在天津华苑产业区榕苑路2号总部大楼前隆重举行，标志着公司总部机关搬迁天津。

7月1日，公司技术中心被天津市经济和信息化委员会、市科学技术委员会、市财政局和市税务局联合认定为天津市市级企业技术中心，在38家获得认定的企业技术中心中排名第一。

7月4日，公司负责实施的京沪高速铁路全线首组42号道岔在济南崔马庄线路所展开轨道铺设。

7月12日—13日，济南市济微路建设工程、安徽省东淝闸加固与扩建工程、温州戌浦江河口大闸枢纽工程荣获股份公司2008年度优质工程奖；乌江彭水水电站金属结构制造工程荣获股份公司2009年度优质工程奖。公司副总经理兼总工程师杨涛、副总经理杨长才等12人被聘为股份公司质量管理专家。

7月29日，公司巴基斯坦杜伯华项目部施工区域突降暴雨，杜伯河和印度河发生洪水，引发泥石流造成特大自然灾害。杜伯华项目部坝区下游分营地和厂房区主营地等设施被洪水冲毁，公司272名员工受困，张亲刚、董合华、郭涛共3名员工在从厂区主营地撤离的过程中失踪。

7月29日，公司启动境外项目突发事件应急预案，总经理何占颂任杜伯华项目"7·29"特大洪水自然灾害应急领导小组组长，同时设立前方工作组和国内工作组，由何占颂总经理和于晓书记分别任组长。

8月2日，在中央领导的高度重视、大使馆全力协调以及巴基斯坦政府、军队的大力支持下，公司272名受洪水围困员工全部安全转移并妥善安置，3名失踪中方人员依旧下落不明。

8月7日，公司租用南航包机将杜伯华192名项目受困人员安全接回国内。

9月6日，在京沪高铁三标段8月份专项劳动竞赛考核评比表彰会上，公司负责实施的七工区创造月铺板1902块的标段铺板最高纪录，并获得单机铺板竞赛第一名。

9月9日，公司党委书记于晓代表股份公司出席上海世博会肯尼亚国家馆日官方仪式，并在10日举行的肯尼亚—中国商务论坛上，代表中国驻肯尼亚企业发言。

9月16日，公司对二公司、安装公司、橡塑厂等3个单位利用国家科研优惠政策减税予以奖励，奖励额按税前加计扣除额的5%计算。

10月8日，公司被授予安徽省环保产业优秀企业称号；公司执行董事、总经理何占颂被授予安徽省环保产业优秀企业家称号。

10月13日，公司驻东非经理部部分员工在肯尼亚港口城市蒙巴萨参加中国海军"和平方舟"号访肯欢迎仪式。

10月16日，公司选派的向树林、刘保文两名选手被中国电力企业联合会、中国能源化学工会联合授予第七届全国电力行业职业技能竞赛优秀技能选手称号。

11月12日，经商务部批准，公司获得对外承包工程经营资格，可以独立承包与公司实力、规模、业绩相适应的国外工程项目，以及对外派遣实施境外工程所需劳务人员。

11月13日，公司总经理何占颂被授予天津市2009年度优秀企业家荣誉称号。

11月21日，公司东淝闸项目部被安徽省人民政府授予治淮骨干工程建设先进单位荣誉称号，为40家获奖施工单位中唯一外省单位。

11月22日，公司卡塔尔GTC182项目水池工区综合班被国务院国有资产监督管理委员会授予中央企业红旗班组荣誉称号。

12月21日，公司对住房公积金缴存比例统一进行调整，2011年1月1日起单位和个人均由原来的5%提高到11%进行缴纳。

12月21日，济南奥体中心市政道路工程荣获2010年度山东省市政金杯示范工程奖。

2011年

1月1日，公司被授予安徽省环境保护优秀施工示范单位荣誉称号；公司黄山湖边水利枢纽工程项目部被授予安徽省环境保护示范工地荣誉称号。

1月13日，公司总经理何占颂荣获2010年度全国电力行业优秀企业家荣誉称号。

1月21日—22日，中国水电股份公司2011年工作会议暨一届二次职工代表大会在北京召开，在股份公司全资子公司主要经济指标排名中：公司营业收入总额列第六位；营业收入利润率列第三位；年人均劳动生产率列第二位；年人均创利水平列第一位。针对公司国际经营，集团公司总经理、股份公司董事长、党委书记范集湘特别指出：水电十三局整体能力强、国际化程度高、自主营销出色。

2月17日，公司以450元/平方米的价格购买天津海泰控股集团有限公司位于华苑科技园（环外部分）10-09号地块，规划面积约11333平方米，支付总金额约510万元。

2月17日，公司被山东省精神文明建设委员会授予2010年度省级文明单位称号。

2月21日，公司接到利比亚瓦迪·海亚梯项目部汇报，利比亚国内骚乱升级，国家安全形势日趋恶化。公司召开紧急会议，总经理何占颂、党委书记于晓等参加会议，启动公司海外突发事件应急预案。

2月23日，利比亚形势进一步恶化，根据股份公司区域总部及大使馆统一撤侨安排，公司制订详细撤离计划，要求项目立即停工，所有中方人员（873人）安排撤离转移。

2月24日，公司利比亚项目部协助妥善安置53名中石油中方员工。

2月25日，公司利比亚房建项目第一批两名女员工搭乘第一架撤侨飞机安全回到国内。

2月25日，公司荣获第三届全国电力行业设备管理工作先进单位荣誉称号。

2月28日，公司召开利比亚项目紧急状态领导小组会议，总经理何占颂指示：利比亚员工撤离是公司工作的重中之重，各部门要高度重视、相互配合，资源上优先保障，要用心，要有责任心，要将心比心，要怀着热忱的心把每一个员工及时撤回到祖国，把每一个员工安全送到家。公司副总经理兼总工程师杨涛转达项目所在地利比亚瓦迪·海亚梯省省长在收到项目工地移交申请报告后给出的3点批示意见：1.进行工地移交是正确的；2.中国水电是一家负责任的公司；3.你们（中国水电）是我遇到的最好的公司。

3月3日，中央电视台、中国新华社、肯尼亚国家电视台等多家新闻媒体到肯尼亚锡卡公路项目进行联合采访。

3月5日，除在迪拜机场走失劳务人员李金彪外，利比亚房建项目873人中其余872人全部安全回国。

3月6日，中国驻利比亚大使馆给中国水电集团股份公司发来信函，建议对在利比亚撤侨工作中作出突出贡献的顾宁同志予以表彰。

3月7日，公司橡塑厂汽车销售服务组被授予山东省女职工建功立业标兵岗称号。

3月10日，公司被山东省纪委、山东省委组织部、宣传部、总工会等8家单位联合授予山东省厂务公开民主管理工作先进单位荣誉称号。

3月11日，公司召开也门项目部应急工作会议，启动海外突发事件应急预案，在应急管理领导小组基础上，成立也门应急工作小组。

3月19日，根据大使馆总体安排，公司也门项目部着手准备撤离事宜。

3月21日，公司也门紧急状态工作小组召开会议，对项目撤离作出具体安排。

3月22日，公司召开表彰大会，隆重表彰在巴基斯坦杜伯华水电站"7·29"抗灾救援和利比亚瓦迪·海亚梯房建项目撤离过程中涌现出的47名优秀共产党员和优秀员工。

3月25日，公司被授予2010年度全国电力建设优秀施工企业荣誉称号，二公司总经理黄彦德、南水北调中线SG13标项目经理戚继舫荣获2010年度全国电力建设优秀项目经理荣誉称号。

3月25日，公司工会和第四分公司工会被天津市总工会授予2010年度劳动人事争议调解工作先进集体荣誉称号，郎保国、田美华被评为劳动人事争议调解优秀调解员。

3月28日，针对卡塔尔紧张局势，为确保各项应急工作落实到位，妥善应对突发情况，启动海外突发事件应急预案，在应急管理领导小组的基础上，成立卡塔尔应急工作组。下设4个工作小组：综合协调组、后勤保障组、媒体报道组、善后处理组。

3月30日，济南市奥体中心市政道路工程被中国市政工程协会评为2010年度市政金杯示范工程。

4月2日，公司也门项目现场5名员工全部安全撤回国内。

4月12日，公司中心试验室取得国家认证认可监督管理委员会下发的计量认证扩项证书附表。该附表涵盖水利甲级检测参数（混凝土类、岩土类）、公路工程综合乙级检测参数、铁路工程常规检测参数。

4月13日，德州管理中心主任沈涛荣立德州市公安局个人三等功，水电工程公司总经理工作部主任王宏晖荣获山东省级护卫队优秀队员荣誉称号。

4月14日，肯尼亚总统齐贝吉出席公司承建的伊玛里公路（Emali-Oloitokitok Road）开通剪彩仪式。

4月16日，河南省副省长刘满仓到南水北调南阳一标项目检查指导工作。

4月26日，公司承建的萨苏木大坝修复工程（Rehabilitation of Sasumua Dam）举行竣工典礼，肯尼亚水利与灌溉部部长夏丽蒂·恩吉鲁女士、法国驻肯尼亚大使代表、项目业主ATHI水务局及项目投资方法国发展署代表等出席仪式。

4月28日，公司执行董事、总经理何占颂被授予2010年度天津市劳动模范荣誉称号。

4月28日，杨旭东获2010年度中央企业青年岗位能手荣誉称号。

大事记

4月30日，公司受让中国华瑞投资控股有限公司持有路桥工程有限公司10%股权，受让金额为9283.91万元。

5月3日，公司获2010年度全国优秀施工企业荣誉称号，二公司总经理黄彦德获2010年度全国工程建设优秀项目经理荣誉称号。

5月4日，汽车修理总厂荣获山东省2009—2010年省级汽车维修行业诚信企业称号。

5月13日，水利部副部长胡四一在肯尼亚分别会见了肯尼亚水利与灌溉部部长恩吉鲁女士和肯尼亚地区发展部部长古莫先生。

5月17日，公司注册资本金由5亿元人民币变更为576358700元人民币（伍亿柒仟陆佰叁拾伍万捌仟柒佰元）。

5月24日，公司获2010年全国优秀水利企业荣誉称号，执行董事、总经理何占颂获2010年全国优秀水利企业家荣誉称号。

5月30日，坦桑尼亚总统基奎特出席公司坦桑尼亚118公路通车剪彩仪式。

6月1日，公司工会主席李汝伟获全国工会职工书屋建设先进个人荣誉称号。

6月1日，公司召开党政联席扩大会议，确定与集团房地产公司共同出资设立中国水电集团（抚顺）投资建设有限公司和中国水电建设集团房地产（抚顺）有限公司，两项目公司注册资本金均为5000万元人民币，股权比例均为中水电房地产公司占60%，公司占40%。按照比例，公司向两项目公司各注入注册资本金2000万元。

6月4日，乌兹别克斯坦费尔干纳流域水利修复项目签约仪式在乌兹别克斯坦农业水利部举行。

6月5日，公司成为安徽省环保产业协会理事单位。

6月21日，由美国千年挑战基金投资方代表、美国社会专家、驻坦桑美国千年挑战基金代表、坦桑尼亚公路局业主代表及驻地工程师等组成考察小组，到坦桑尼亚姆宾加公路（Peramiho-Mbinga Road）项目进行考察。

6月22日，中国水电股份公司调四公司总经理高宗文到水电五局有限公司工作。

6月30日，京沪高速铁路开通运营。首趟G1次列车15时由北京南站发出，17时26分，列车驶入公司承建管段，运行约2分钟后，顺利、安全、平稳通过公司建管段。列车于19时48分抵达上海，全程4小时48分。

7月6日，公司青草沙水库工程QCS-C5项目获上海市总工会评选的青草沙水源地原水工程先进集体荣誉称号，二公司副总经理、青草沙工程项目经理梁真获先进个人荣誉称号。

7月7日，天津规划建设交通系统部分中央驻津单位学习胡锦涛总书记"七一"重要讲话，座谈会在公司天津总部召开。

7月11日，按照股权转让协议约定，公司向中国华瑞投资控股有限公司支付剩余的44552958元，完成对华瑞公司持有中国水电建设集团路桥工程有限公司10%股权的受让。2011年3月31日，公司以人民币92839120元收购华瑞公司持有中国水电建设集团路桥工程有限公司10%股权，并约定分期支付款项。

7月13日，中国驻卡塔尔大使张志良出席卡塔尔GTC182三地供水项目竣工典礼。

7月29日，坦桑尼亚总统基奎特到公司承建的马萨西和纳钦圭阿供水项目（Masasi and Nachingwea

Water Supply Works）考察。

8月2日，橡塑厂申报的"法兰钢管专用端面铣床"和"法兰加强筋自动焊接设备"两种专用设备获得国家知识产权局颁布的实用新型专利。

8月5日，国务院国资委党建工作局局长、党委组织部部长刘汉滨带领中央企业海外党建第三调研组，到公司肯尼亚锡卡公路项目进行党建工作调研并召开党建工作座谈会。

8月12日，公司京沪高铁铺轨工区获得国家知识产权局颁发的高速铁路道轨铺设装置实用新型专利证书，专利权限为10年。

8月25日，公司武邵高速公路路面1标项目经理杨旭东获国务院国资委评选的首届中央企业青年五四奖章。

8月29日，首届中非民间论坛开幕式在肯尼亚首都内罗毕举行。中国水利水电建设集团公司获中非友谊贡献奖。公司副总经理兼东非经理部总经理秦超代表集团出席开幕式并领奖。

8月29日，中国水利水电建设集团和中国民间组织国际交流促进会在肯尼亚内罗毕举行中非民间论坛"中非友谊井"出水仪式。中国全国政协副主席王志珍、肯尼亚民族遗产与文化部常秘雅各布·米阿荣、中共中央对外联络部副部长李进军、中国驻肯尼亚大使刘光源、中促会秘书长尤建华等出席仪式。公司副总经理兼东非经理部总经理秦超代表中国水电集团出席仪式。

8月29日，全国政协副主席、中国国际交流协会副会长王志珍到公司承建的肯尼亚内罗毕—锡卡公路项目（Nairobi-Thika Highway）看望慰问职工，并为中国水电员工题词："引水筑路、情系非洲"。

8月30日，"中非民间论坛"在肯尼亚首都内罗毕召开"中非非政府组织与政府、企业及社区关系"专题会议。中国水利水电建设集团作为特邀代表参加会议，公司副总经理兼东非经理部总经理秦超代表中国水电集团出席会议。

9月8日，中央企业创先争优活动简报以《中国水电集团努力把党的政治优势转化为推进国际化经营的核心竞争力》为题，专题介绍中国水电集团开展海外党建工作所取得的经验，公司肯尼亚锡卡项目以其在海外党建工作及创先争优活动中取得突出成绩而受到好评。人民网、中国共产党新闻网等媒体对此进行转载。

9月16日，水利部副部长矫勇到太仓市水源地工程检查指导工作。

9月25日，由公司推动实施的伊朗恰巴哈尔供水工程合同协议签署，该项目采用"EPC+融资合同"模式。

10月21日，公司执行董事、总经理何占颂受邀参加由中国世界经济学会、南开大学跨国公司研究中心联合举办的第二届中国企业国际化研讨会，并在会上作《中国对外承包工程企业国际化经营战略的演变与思考》专题演讲。

11月9日，公司"京沪高速铁路无砟轨道板综合施工技术研究"获中国施工企业管理协会科学技术奖技术创新成果一等奖；王春明、沈亮和蓝恭琰荣获中施企科学技术奖技术创新先进个人荣誉称号。

11月12日，坦桑尼亚总理彼得·平达出席公司坦桑尼亚多多马—巴巴提公路项目（Dodoma-Babati Road Lot1）开工典礼并剪彩。

11月28日，南苏丹道路交通部部长到公司肯尼亚内罗毕—锡卡公路项目（Nairobi-Thika Highway）考察。

12月1日，公司与天津海泰控股集团有限公司签订土地使用权转让协议，公司以450元人民币/平方米购得位于华苑科技园（环外部分）01-09号地块，规划面积约10000平方米。

12月1日，公司工会《建好海外项目之家，助推公司打造国际强企》被天津市总工会授予创新成果优秀奖。

12月15日，公司天津武清市政项目路桥施工队获得2011年度全国交通建设系统"工人先锋号"荣誉称号。

12月21日，公司中心试验室取得水利部颁发的全国水利工程质量检测单位双甲级资质（岩土类、混凝土类）证书。

12月22日，公司第12次被授予山东省"文明单位"称号。

12月29日，公司中标安徽省青弋江分洪道工程，实施额度为13.17亿元。该项目为国家发展改革委首个施工企业代建制试点项目。

2012年

1月21日，坦桑尼亚第一副总统比拉里到公司承建的马萨西和纳钦圭阿供水项目（Masasi and Nachingwea Water Supply Works）考察指导工作。

1月31日，公司参建的天津大道项目获得2011年度天津市建设工程金奖"海河杯"奖。

2月2日，肯尼亚总统齐贝吉出席公司承建的肯尼亚基苏木公路项目（Rehabilitation of Sasumua Dam）开工典礼。

2月14日，公司被授予2011年度全国电力建设优秀施工企业荣誉称号，执行董事、总经理何占颂，党委书记、副总经理于晓同时被授予2011年度全国电力建设优秀高级职业经理人荣誉称号。

2月14日，水电七局致函公司，对公司在苏丹乌姆路瓦巴—阿布弓背哈公路项目员工被劫持事件中给予支持与帮助表示感谢。

2月22日，顾宁被中央企业团工委授予利比亚撤离工作先进青年荣誉称号。

2月29日，公司向中国水电建设集团朝阳风电开发有限公司注入第二批注册资本金1890万元。公司两期共注资2700万元，公司向该项目股权投资（参股30%）全部完成。

3月2日，公司荣获天津市文明单位称号。这是公司连续12年获得山东省文明单位称号，也是自2010年总部搬迁天津后在精神文明建设领域获得的又一殊荣。

3月7日，董永莲获得天津市2010—2011年度建功立业先进女职工荣誉称号。

3月13日，公司被中央企业团工委授予2011年度中央企业五四红旗团委荣誉称号。

3月15日，赵景涛同志任水电十三局有限公司党委书记，免去于晓同志水电十三局有限公司党委书记职务。

3月23日，各子公司、直属各单位、各部门向刚果首都布拉柴维尔"3·4"爆炸事故捐赠1000万西非法郎（折合约2万美元）。

4月1日，股份公司向公司增资3.37亿元，至此公司注册资本金达到9.13亿元。

4月4日，安哥拉总统多斯桑托斯为鲁娜和平广场和军区大楼剪彩。

4月6日，公司党政联席会议决议，将二、三公司划归至水电工程公司，进行改革重组。

4月9日，公司被评为2011年度全国优秀施工企业，总经理何占颂被评为中国工程建设优秀（高级）职业经理人。

4月13日，河南省副省长刘满仓到南水北调潮河项目检查指导工作。

4月21日，天津大道工程在全国市政金杯示范工程颁奖大会上荣获全国市政金杯示范工程奖。

4月27日，公司被评为天津市五一劳动奖状先进单位，海外市场开发公司被评为天津市五一劳动奖状先进集体。于晓、张玉富、杨思松被授予天津市五一劳动奖章。

5月10日，橡塑厂获得国家质量监督检验检疫总局颁发的中华人民共和国特种设备制造许可证（压力管道元件A2级）。

5月11日，公司承建的安徽省青弋江分洪道工程开工仪式在芜湖市三埠管施工现场隆重举行。工程为新中国成立以来安徽省单体项目投资规模最大的重点水利工程，概算投资28.3亿元。水利部部长陈雷、安徽省省长李斌出席开工仪式并讲话。

5月17日，刚果（布）总统萨苏出席刚果（布）凯塔公路工程项目开工典礼。

5月24日，公司被授予2011年度天津市AAA级劳动关系和谐企业荣誉称号。

5月29日，公司首次从国家电网档案馆查询征集有关马颊河疏浚工程局组建报告、批复等珍贵局史档案资料。

5月30日，公司被评选为2011年度中国水利水电施工企业20强。

6月14日，公司对外援助成套项目A级实施企业资格获得商务部批复。

7月7日，撤销中国水利水电第十三工程局有限公司第二分公司、第三分公司；中国水利水电第十三工程局有限公司第二分公司在华东及周边地区在建工程项目整建制划归华东施工局，其他全部成建制划归中水电十三局水电工程有限公司；中国水利水电第十三工程局有限公司第三分公司成建制划归中水电十三局水电工程有限公司。

8月8日，河南省委常委、副省长刘满仓到公司南水北调南阳项目指导工作。

9月20日，橡胶厂研制的拨轮式钢管输送设备获国家知识产权局颁布的发明专利认定。

10月15日，李虹春荣获山东省公安厅颁发的2011年度全省内部系统优秀护卫队员（护卫干部）荣誉称号。

10月19日，公司副总经理、总工程师杨涛出席第四届中非友好贡献奖评选官网启动新闻发布会。副总经理、东非经理部总经理秦超被推选为第四届中非友好贡献奖候选人。

10月19日，公司申报的滚塑机自动控制系统、螺旋焊管焊渣锤击器和硫化罐硫化自动控制系统获国家知识产权局颁布的实用新型专利认定。

10月20日，安哥拉比耶省省长乃度到安哥拉安都鲁—聂莱亚公路工程（Andulo-N'Harea Road）参观，安哥拉公共电视台、比耶省各省级官员随行报道。该公路是比耶省聂莱亚市及周边区域对外联系的唯一通道。

10月23日，广东省委常委、深圳市委书记王荣出席深圳市轨道交通7号线开工仪式，并宣布项目开工。

11月1日，公司坦桑尼亚坦噶—浩乐浩乐公路项目与坦噶省肯澳毛尼中学举行足球场交接仪式。该足球场由坦噶—浩乐浩乐公路项目无偿援助，坦噶省省长出席交接仪式并为足球场命名——"SINOHYDRO足球场"。

11月3日，公司举办系列活动庆祝建局50周年。上午9时，《十三局志》《企业文化手册》，以及专题片《辉煌的历程》发行暨建局50周年图片展在德州中水电办公楼开幕。

11月3日、5日，坦桑尼亚总统基奎特分别出席坦桑尼亚辛吉他—巴巴提—岷晋古公路项目（Singida-Babati-Minjingu Road）通车仪式和马尼奥尼公路项目（Manyoni-Itigi-Chaya Road）奠基仪式。

11月8日，公司被评为安徽省环保产业优秀企业。

11月9日，肯尼亚总统齐贝吉出席肯尼亚内罗毕—锡卡公路竣工仪式，并为工程剪彩。

11月15日，公司被授予安徽省环境保护优秀施工示范单位称号。

11月16日，公司新一届经营班子由何占颂、赵景涛、杨涛、刘晓辉、徐德阳、秦超、杨长才、闫修春、席国超、殷国宝、张玉富、王宁坤等12人组成。聘任何占颂为公司执行董事（法定代表人）、总经理；赵景涛（兼）、杨涛、刘晓辉、徐德阳、秦超、杨长才、闫修春、张玉富、王宁坤为公司副总经理；席国超为公司总会计师；杨涛为公司总工程师（兼）；殷国宝为公司总经济师；聘任刘光荣为公司监事。赵景涛任公司党委书记，何占颂任党委副书记（兼），刘光荣任党委副书记、纪委书记，推荐刘光荣为公司工会主席候选人，并按有关规定履行民主程序。

11月19日，天津大道工程获国家优质工程银质奖。这是公司首次获得该奖项，也是公司继2007年获得"鲁班奖"之后，在国家级工程质量奖项上取得的又一次突破。

11月25日，国务院国资委监事会检查组到公司沙特阿拉伯延布场地发展项目第四期工程项目（Waterfront Phase 4），进行财务与项目管理综合审计工作。

11月27日，建局50周年专题片《辉煌的历程》荣获第八届"中电传媒杯"全国电力行业优秀电视片综合专题类一等奖。

12月13日，公司向中国水电建设集团路桥工程有限公司增资13030.3万元，公司已累计向路桥公司投资25274.05万元。

12月23日，沙特皇家延布工业学院扩建项目在延布总部举行签约仪式，沙特阿拉伯皇家委员会主席阿卜杜拉泽·纳彦亲王与股份公司授权代表、海湾区域总部总经理贺峰分别在合同上签字。

12月26日，济南市小清河综合治理工程一期水利工程9标洪园节制闸工程与一期北岸2标凤凰山桥工程，获山东省市政金杯示范工程称号。

2013年

1月8日，坦桑尼亚总统基奎特出席普盖—塔波拉公路项目（Puge-Tabora Road）开工典礼并为工程剪彩。

1月10日，坦桑尼亚总统基奎特出席塔波拉机场项目开工奠基仪式，并为工程剪彩。

1月26日，公司执行董事、总经理何占颂参加天津市第十六届人民代表大会第一次会议。经滨海新区推荐，何占颂当选为天津市第十六届人民代表大会代表。

2月2日，公司获2012年度天津市优秀诚信施工企业荣誉称号。

2月4日，坦桑尼亚总统基奎特到坦桑尼亚基戈马机场项目（REHABILITATION AND UPGRADING WORKS OF KIGOMA AIRPORT）参观考察。

2月5日，公司执行董事、总经理何占颂荣获国务院特殊津贴。自1990年国家实行政府特殊津贴制度以来，公司已有3人获得国务院特殊津贴。

2月18日，济南市小清河一期北岸二标凤凰山桥工程及小清河洪园节制闸工程双双被评为全国市政金杯示范工程及获得"泰山杯"奖。

2月27日，东非经理部向肯尼亚MCEDO—北京学校捐款500万肯先令（折合人民币约38万元），用于该学校2013年二期扩建工程。

3月6日，公司获2010—2011年度天津市守合同重信用企业荣誉称号。

3月6日，董永莲荣获全国五一巾帼标兵称号。

3月9日，巴基斯坦总统扎尔达里出席达瓦特大坝（Darawat Dam Project）主体完工庆典仪式。

3月18日，股份公司授权公司在布隆迪、肯尼亚、刚果（布）、卢旺达、马拉维、坦桑尼亚和乌兹别克斯坦开展国际工程承包业务自主营销。

3月22日，公司发放国内项目部员工施工津贴。

3月22日，公司对住房公积金缴存比例进行调整，自2013年1月1日起，由单位和个人各11%调整到单位和个人各15%。

3月22日，公司在高级专业人才岗位序列中设置总政工师、副总政工师岗位。总政工师享受公司首席专家待遇，副总政工师享受公司总经理助理待遇。

3月29日—30日，国家主席习近平对刚果共和国进行友好国事访问，按照股份公司工作安排，公司执行董事、总经理何占颂代表中国水电迎接高访团一行，应邀参加相关活动。

4月10日，王炳花获全国基层医院优秀感染控制工作者荣誉称号。

4月12日—13日，安徽省副省长梁卫国到安庆水环境综合治理工程项目、池州市江南产业集中区大同圩堤防加固工程2标指导工作。

4月13日，坦桑尼亚总统基奎特出席坦桑尼亚坦噶—浩乐浩乐公路工程通车典礼。

4月26日，坦桑尼亚鲁伏供水项目部向坦桑尼亚达累斯萨拉姆市水务局捐款3000万坦先令（折合人民币约11.6万元），用于非洲水务会议筹备和召开。

4月27日，"4·20"四川雅安地震发生后，公司共计向灾区捐款近25万元，其中公司捐款20万元，总部员工捐款49450元。

4月27日，李小涛被授予山东省劳动模范称号。

4月28日，天津分公司获天津市五一劳动奖状，海外市场开发公司获天津市工人先锋号称号，孙金辉、杨韬、安郁军、张淑枝被授予天津市五一劳动奖章。

5月19日，公司启用华苑研发中心办公大楼，天津分公司成为首家入驻单位。

5月21日，公司团委荣获中央企业五四红旗团委称号。

6月6日，公司首次入选2012年天津企业100强，排序第77位。

7月13日，中共中央政治局常委、全国人大常委会委员长张德江到公司华东施工局江苏条子泥匡围工程指导工作。

8月8日，公司第八次党员代表大会在天津召开。

9月7日，公司蒙古国赛音山达公路项目经理郑术锋荣获由蒙古国国家总理签授的荣誉证书和国家交通部长签授的道路施工卓越奖章。

9月13日，经中国电力建设企业协会信用评价和复评，公司继续保持中国电力建设企业协会AAA企业等级。公司2009年7月首获中国电力建设企业协会AAA等级。

9月22日，安哥拉卢埃纳—卢库赛134千米公路修复项目部被国务院国资委授予中央企业先进集体荣誉称号。

9月26日，公司获天津市安全文化建设示范企业荣誉称号。

10月16日，公司申报中国水利工程协会的《穿越公路浅埋暗挖施工工法》《挤密砂石桩静压施工工法》《大粒径泥砾料填筑施工工法》和《平原水库大面积库盘铺膜防渗施工工法》获评2012年度水利水电工程建设工法。

10月22日，公司英文网站上线运行。

10月23日，公司被授予安徽省环保产业优秀企业称号。

11月4日，刚果（布）总统萨苏夫人一行到布拉柴维尔CHU医院楼项目考察工作。

11月4日，公司在2013年天津企业100强排序列第71位，比上年上升6位。

11月6日，国有重点大型企业监事会主席武保忠一行4人到公司多哈高速公路第六标段检查指导工作。

11月8日—9日，坦桑尼亚总统基奎特相继出席布万加公路升级项目第二标段及第一标段开工典礼，并为工程剪彩。

11月18日，公司作为股东单位参股投资的深圳市瑞沃建设有限公司依照程序予以转让或解散。

11月18日，公司对部分组织机构进行调整完善，明确公司专家办公室为公司参谋、咨询和顾问机构，不承担日常事务管理和具体管控职能；增设公司海外事业部，为公司职能部门，与中国水电十三局国际工程有限公司实行"一套人马、两块牌子"。

11月19日，公司被山东省社会保险事业局授予2012年度省直管企业养老保险工作目标管理先进单位（三等奖），高圣英、付锐被评为先进个人。

11月20日，何占颂同志兼任中国水电十三局国际工程有限公司董事长，赵景涛同志兼任国际工程有限公司副董事长。聘任徐德阳为国际工程有限公司总经理（兼），刘光荣为国际工程有限公司副总经理（兼），张玉富为国际工程有限公司常务副总经理（兼），杨思松、孙金辉、杨韬、李建国为国际工程有限公司副总经理。

11月23日，公司肯尼亚基苏木公路修复项目向国际青年联合会肯尼亚分会捐助十万肯先令，为年内12月1日在基苏木举办的国际青年大会提供活动基金。

11月25日，公司提高国内项目部员工施工津贴标准，自2013年12月1日起，在公司总部及二级单位总部所在地施工项目部员工，施工津贴标准调整为40元/天；其他项目部员工施工津贴标准调整为80元/天。

11月25日，肯尼亚内罗毕—锡卡公路项目获得国家优质工程（境外工程）奖，公司副总经理张玉富被授予2012—2013年度国家优质工程奖突出贡献者荣誉称号。

11月28日，公司获得天津市安全生产管理协会常务理事单位资格。

12月3日，高永强被授予天津市工人发明家、天津市五一劳动奖章两项荣誉称号。

12月10日，高学春、范连勇在优秀国际工程项目经理资质评价活动中荣获优秀国际工程项目经理称号。

12月12日，武汉海赋江城项目获评2013年上半年武汉市建筑施工安全生产标准化示范工地（黄鹤杯奖），该奖项是武汉建设行业安全文明施工最高荣誉奖项。

12月17日，巴基斯坦信德省水利系统改造一期项目，被世行贷款项目环保工作会议和世界自然保护联盟国际会议评为世行南亚区域环保工作样板项目。

12月19日，公司向桑给巴尔总统夫人基金捐赠500万坦先令仪式在奔巴岛米萨里酒店举行，桑给巴尔总统夫人、副总统夫人、奔巴岛北部省省长、查克查克市市长，以及中国驻桑给巴尔总领馆总领事夫人武燕等出席仪式。

12月23日，公司13名在南苏丹赤道大厦项目工作员工，全部由首都朱巴安全撤离至乌干达首都坎帕拉市。当地时间12月15日晚上11时（北京时间2013年12月16日凌晨4时），南苏丹首都朱巴爆发军事冲突。17日上午，公司承建的南苏丹赤道大厦项目驻地附近发生爆炸。公司第一时间成立南苏丹应急领导小组，启动应急预案，保持与中国大使馆和在南苏丹其他中资企业的联系。项目在12月19日接到大使馆和中国水电南苏丹代表处撤离通知后，着手准备撤离。12月20日，项目员工开始撤离；22日，最后一批人员撤离；23日，在坎帕拉与接应小组会合。至此，13名公司员工全部安全撤离。

12月25日，公司被授予2012年度省级文明单位荣誉称号。

12月25日，上午9时35分，南水北调中线南阳段宁西铁路暗涵内衬完成最后一箱混凝土浇筑，历时10年的南水北调中线干线主体工程完工。

12月27日，公司中层领导干部离岗年龄自2014年1月1日起，由男年满58周岁、女年满53周岁，调整为男年满57周岁、女年满52周岁；公司总经理助理级领导干部男年满57周岁、女年满52周岁不再担任公司总经理助理级领导职务，保留原待遇。其中在公司二级单位、国内外经理部、项目部兼任职务的，根据工作需要，可保留所兼任职务。

12月31日，公司海外项目员工自2014年1月1日起发放海外工龄津贴。

2014年

1月20日，天津后勤事务管理中心与筹建处成建制并入天津分公司。天津后勤事务管理中心作为天津分公司下属机构，原有管控职能、服务内容不变，继续承担为总部及各驻津单位后勤保障服务工作；筹建处在完成华苑设计研发中心一、二期建设收尾工作后自行撤销。

1月22日，上海青草沙水库及取输水泵闸工程6标项目荣获上海市水利工程金奖。

2月4日，刚果（布）总统萨苏出席公司布拉柴维尔奥林匹克项目开工典礼。

3月7日，成立中国水利水电第十三工程局安徽工程建设有限公司，同时撤销中国水利水电第十三工程局有限公司华东施工局。

3月10日，公司法语网站上线运行。

3月21日，公司被评为2013年度全国优秀施工企业，公司党委书记赵景涛获中国工程建设优秀高级职业经理人称号。

3月22日，坦桑尼亚总理米增戈·平达出席坦桑尼亚多多马大学供水和污水项目揭牌仪式，坦桑尼亚水利部部长、世界银行代表、多多马省省长等陪同参加。

3月27日，坦桑尼亚总统基奎特为公司坦嘎公路项目通车揭牌剪彩。

4月9日，国有重点大型企业监事会主席武保忠一行到公司调研。

4月9日，中共浙江省委常委、杭州市委书记龚正到杭州闲林水库大坝工程项目检查指导工作。

4月25日，安徽省副省长梁卫国一行到青弋江分洪道工程现场检查指导防汛排涝工作。

4月29日，黄匡曦、王延立、程仕刚、董永莲荣获天津市五一劳动奖章，国内市场开发公司荣获天津市五一劳动奖状，刚果（布）布拉柴维尔项目管理部打桩队荣获天津市工人先锋号称号。

5月6日，公司执行董事、总经理何占颂受邀出席巴基斯坦卡拉奇卡西姆港1320兆瓦火电项目奠基仪式。该项目是由中国电建集团和卡塔尔投资银行共同投资开发的燃煤应急电站投资项目，是中巴经济走廊规划中首个落实项目。

5月7日，刚果（布）总统夫人一行到布拉柴维尔镰状贫血细胞研究中心项目考察。

5月26日，江苏如东风电场并网发电，该项目是中国电建集团投资建设的第一个海上风电场，同时也是目前我国第二个并网发电的潮间带风电场项目。

5月29日，公司执行董事、总经理何占颂荣获全国电力建设企业优秀施工企业家称号，为水电行业内唯一上榜企业家。

6月5日，公司荣获安徽省环保产业骨干企业称号。

6月15日，八一电影制片厂摄制组一行到南水北调南阳项目进行实地采风。

6月24日，公司申报的《承插型盘扣式超高支架板拱现浇施工工法》《湿地输变电塔架基础施工工法》《缓降器用于深竖井混凝土衬砌施工工法》《四线连续梁双拼式挂篮施工工法》《水电站船闸下闸首超大型一字门制作工法》5项工法被评为2014年度水利水电工程建设工法。

7月1日，公司申报的"贵广高铁悬臂浇筑四线连续箱梁施工工艺研究"荣获2014年度中国电建科学技术奖二等奖，"高工况大口径PCCP管结构优化与工艺创新""复合膨胀剂研发及大型渡槽防裂技术研究与应用"获三等奖。

7月4日，肯尼亚国内最大报社机构《国家日报》，对肯尼亚基苏木公路修复工程项目布细亚路进行专题报道。

7月17日，布隆迪共和国总统皮埃尔·恩库伦齐扎为布隆迪跨国公路工程三标段项目进行开工奠基与剪彩。中国驻布隆迪共和国大使馆大使、布隆迪交通公共工程与设施部部长、非洲发展银行代表等出席仪式。

7月18日，山东电力管道工程公司划归公司管理。

7月19日，坦桑尼亚总统基奎特出席坦桑尼亚佩拉米霍—姆宾加公路升级项目竣工剪彩仪式，中国驻坦桑尼亚大使吕友清、中国驻坦经济商务代表林志勇参加。

7月21日，内蒙古省道203线满洲里至阿拉坦额莫勒一级公路第二标段签约仪式在内蒙古满洲里市举行。内蒙古满阿公路项目法人侯仰慕出席仪式。

8月7日，公司入选2013年度中国建筑业竞争力百强企业，位列水电类企业第五名。

8月12日，公司组织总部及驻津单位员工开展为云南鲁甸地震灾区捐款活动。此次活动公司捐款20万元，员工捐款共计50670元。

8月15日，天津市副市长、滨海新区区长宗国英等一行到公司总部调研。

8月27日，公司名列2014年度天津100强企业第65位，比2013年度上升6位。在此次申报的建筑类企业中，公司名列前10位。

9月25日，公司科技成果"贵广高铁悬臂浇筑四线连续箱梁施工技术"经天津市科学技术委员会关键技术鉴定，认定该项科技成果达到国内领先水平。

9月29日，公司执行董事、总经理何占颂荣获2013年度中国建筑业十大杰出职业经理人称号，是唯一上榜的电建集团企业家。公司副总经理、总工程师杨涛荣获中国建筑业优秀高级职业经理人称号。

10月9日，公司获评2013年度中国施工企业管理协会科技创新先进企业。

10月10日，公司继续保持为中国电力建设企业协会AAA级企业。

10月13日，公司晋升为电建集团2014年度特级施工企业。

10月16日，巴基斯坦杜伯华水电站工程项目和四川省雅砻江锦屏二级水电站厂区枢纽闸门焊接工程两项目被评为中国工程建设焊接协会2014年度全国优秀焊接工程。

11月3日，公司副总经理、总工程师杨涛被授予全国建筑业企业优秀总工程师称号。

11月14日，中国驻肯尼亚大使馆在肯尼亚保险学院举行"我的肯尼亚/中国故事"征文颁奖仪式。中国驻肯尼亚大使刘显法、肯尼亚参议长埃苏罗出席颁奖仪式并致辞，为获奖者颁发证书及奖品。张丙坤、李建国分别以《卡哈瓦的那一口水井》和《解救河马》获得征文比赛三等奖、优秀奖。东非经理部获得优秀组织奖。

11月19日，公司内退人员生活费标准调整，自2014年12月1日起由1600元/月调整为1700元/月。

12月13日，在安哥拉本戈省第一届"国家建筑者日"表彰大会上，公司赢得2014年度最佳建筑者荣誉称号。

12月16日，公司荣获2014年度对外承包工程企业信用AAA级评价。

12月19日，以巴基斯坦纳拉渠修复工程和开普洛渠修复工程为主体的信德省水利系统改造一期项目荣获英国建筑工业2014年度海外工程奖。

12月21日，卡塔尔当地主流媒体对多哈高速公路第六标段项目主路通车进行报道，其中《半岛报》在头版头条对主路开通进行专题报道。

12月26日，早上8时，公司参建的全长857千米的贵广高铁运营。

12月30日，经公司党政联席会议研究决定，自2015年起停办十三局电视台定期新闻等栏目。

2015年

1月5日，太仓市应急水源地工程围堤2标段和坦桑尼亚坦噶公路工程2标段荣获2014年度中国电建优质工程奖。

1月14日，由刚果（布）总统府代表马迪亚斯·兰度率刚果（布）大型工程委员会、国航部、航道部及河运经济部等官员组成的验收代表团，对布拉柴维尔码头项目约罗港区工程进行验收。

1月22日，肯尼亚总统乌胡鲁·肯雅塔出席内罗毕外环路项目开工典礼。

1月23日，公司收到中部非洲国家经济共同体发来的刚果（布）与喀麦隆边境恩塔姆检查站项目授标函。

2月14日，安哥拉共和国总统多斯桑托斯夫妇在军办主任科佩里巴、水利能源部部长若奥·博尔热斯、莫西科省省长若昂·桑托斯等内阁成员的陪同下，前往由公司承建的中安合作项目卢埃纳城市供水工程举行竣工剪彩庆祝活动。安哥拉国家电视台等多家媒体机构对庆祝活动进行现场直播报道。

2月16日，刚果（布）布拉柴维尔自治港新任总经理邀请国家铁路局、项目总监以及码头运营法方代表到公司承建的布拉柴自治港修复升级项目考察，并接受包括刚果（布）电信在内的几大电视媒体采访。

2月28日，在中央文明委召开的全国精神文明建设工作表彰暨学雷锋志愿服务大会上，公司获第四届全国文明单位荣誉称号。

3月10日，阿尔及利亚国家电视台阿语频道、法语频道记者，分别到光伏电站第五标段进行采访。

3月12日，公司完成的《大尺寸面板加筋土挡土墙施工工法》《水泥稳定碎石基层超高反坡段一次成型施工工法》《SBR改性乳化沥青乳化施工工法》《连杆框架支撑系统的箱梁施工工法》经中国公路建设行业协会组织专家评审、公示和报备，审定为2014年度公路工程工法。公司申报电建集团的《高工况超大口径PCCP管制作施工工法》等8项工法，经专家评审，审定为2014年度电建集团施工工法。上述12项工法均为省（部）级工法。

3月17日，公司获2012—2014年度天津市文明单位荣誉称号。

3月18日，公司"淤泥质软土深基坑施工关键技术""自浮式排泥胶管制作工艺研究""半圆形预应力混凝土渠槽离心振动制作工艺及设备研发"3项科技成果在天津市科学技术委员会进行关键技术鉴定，经鉴定委员会讨论一致认定，"淤泥质软土深基坑施工关键技术""自浮式排泥胶管制作工艺研究"达到国际先进水平，"半圆形预应力混凝土渠槽离心振动制作工艺及设备研发"达到国内领先水平。

3月22日，公司承建的刚果（布）奥尤市第二批9个村共383套社会性住房交付使用。国会议员尤嘎、奥尤市区长马曼吉、业主代表及项目班子出席交付钥匙仪式。

4月3日，公司总部获天津市2013—2014年度平安示范单位荣誉称号，索华炜获天津市2013—2014年度平安天津建设先进工作者荣誉称号。

4月7日，公司副总经理徐德阳、秦超荣获全国电力建设优秀高级职业经理人称号。

4月7日，安徽省副省长陈树隆一行到公司青弋江分洪道工程现场检查指导工作。

4月9日，高娟被授予山东省女职工建功立业标兵称号。

4月9日，阿尔及利亚总理阿卜杜勒－马利克·塞拉勒出席公司承建的阿尔及利亚光伏电站项目瓦尔格拉电站开工奠基仪式并为工程奠基。

4月10日，公司微信公众平台开通。

4月17日，经国家住房和城乡建设部核准，公司取得公路路面工程专业承包一级资质。

4月23日，穆新海荣获国务院国资委中央企业优秀信访工作者称号。

4月24日，公司首个以劳模名字命名的"张淑枝劳模创新工作室"在安装公司成立。

4月29日，米兰彬荣获天津市劳动模范称号，许立志、范连勇、刘建平、董晓燕获天津市五一劳动奖章，深圳地铁7301-1标项目盾构队获天津市工人先锋号称号。

5月6日，刚果（布）、喀麦隆、塞内加尔、马里、赤道几内亚等国家总统夫人出席公司承建的刚果（布）CHU镰状贫血细胞研究中心剪彩揭牌仪式，刚果（布）多家电视台及媒体进行直播报道。

5月11日，公司"淤泥质软土深基坑施工关键技术""水电船闸下闸首超大型一字门制作施工工艺""静力压桩法挤密砂石桩处理不稳定渠坡技术"3项科技成果荣获中国电力建设企业协会2015年度电力建设科学技术进步奖三等奖。

5月12日，刚果（布）总统萨苏及夫人出席刚果（布）韦索市政道路开工典礼。

5月20日，公司被水利部评为第一批水利安全生产标准化一级达标单位。

5月20日，公司获评天津市2014年度信贷诚信企业。

5月27日，王永获中央企业团工委中央企业青年岗位能手称号。

6月9日，按照国家卫计委（原卫生部）《二级综合医院评审（2012年版）》实施细则，德州市卫计委对十三局医院进行现场评审。经过标准化评审软件测评，十三局医院获得二级甲等综合医院称号，这是建院53年来首次获此称号。

7月8日，公司机关总部荣获天津市2013—2014年度平安示范单位荣誉称号，总经理助理索华炜获2013—2014年度天津市综治（平安天津建设）先进工作者称号。

7月13日，安徽省委常委、副省长陈树隆到S228安庆至枞阳改建工程（潜江路三期）工程施工现场进行调研。

7月14日，公司以营业收入100.9亿元，荣膺2015天津市百强企业第53位，比2014年度上升12位。

7月15日，康润物业管理有限公司接手对德州基地西区试行物业管理。

7月23日，公司整合铁路及城市地铁的轨道安装工程业务，成立中国水电十三局轨道安装公司，为公司直属二级生产单位。

8月10日，上海市委副书记、市长杨雄到公司金泽水库项目调研工程建设情况。

9月1日，公司获刚果（布）政府颁发的刚果劳动勋章，以表彰其在第十一届非洲运动会建设中作出的重要贡献。

9月7日，公司入选中国建筑业协会公布的2014年度中国建筑业竞争力百强企业名单，位列第44，较上年提升20位。在入选的天津施工企业中，公司位列第二名。

10月13日，公司副总工程师、安哥拉经理部总工程师王延立获评第14届中国国际杰出项目经理，公司总经理助理、波兰弗洛茨瓦夫城市防洪项目经理季奇获评2014年度全国建筑业优秀项目经理。

10月24日，当地时间上午11时，阿尔及利亚233兆瓦光伏电站项目首个大型电站——阿德拉尔电站成功并网发电。中央人民广播电台、新华网、人民网等多家媒体进行报道。

11月17日，公司举行中国水电十三局志愿者团队成立仪式。

11月27日，公司中电投陕县雷振山风电场工程塔筒制作项目和南水北调中线禹州长葛段金属结构采购制作项目，获2015年度全国优秀焊接工程奖。

12月1日，公司收到济南军区维和事务办公室发来的感谢信和赠匾，感谢公司在济南军区首批赴南苏丹（朱巴）维和步兵营的营区建设方面提供帮助，赠匾题写"军民双拥非洲大地，携手共铸世界和平"。

12月7日，公司连续第5次获得2013—2014年度全国优秀水利企业称号。公司执行董事、总经理何占颂连续3次获得全国优秀水利企业家称号。

12月9日，山东省发展改革委、住房和城乡建设厅等4个部门联合下发《关于公布全省2016年棚户区改造任务分解落实项目的通知》，公司德州基地北区棚户区改造项目等38个棚改项目列入2016年全省棚改任务。

12月11日，公司安哥拉奎托—夸纳瓦莱供水及供电项目举行竣工典礼。安哥拉水利能源部部长若奥·博尔热斯、宽多库邦戈省省长卡尔内罗出席。

12月23日，季奇、司圣文、李有兵、刘朝祥、赵勇祥5位同志荣获2015年度优秀国际工程项目经理人资质。

12月28日，四公司总经理张书起、设计院院长宋慈勇获全国电力建设优秀项目经理称号。

12月29日，公司申报《半圆形预应力混凝土渠槽离心振动制作工法》和《自浮式排泥胶管制作工法》通过住房和城乡建设部审核，最终审定为国家级工法。

2016年

1月20日，公司刚果（金）戈马公路项目经理郑术锋获中刚基建股份公司2015年度基建公司优秀项目经理荣誉称号。

2月3日，张海峰等11名同志荣获2014—2015年度劳动模范称号。

2月11日，刚果（布）凯塔公路项目举行竣工典礼，刚果（布）总统萨苏出席。中非经济共同体、非洲发展银行代表及各国驻刚大使等参加。

2月23日，上海金泽水库项目荣获2015年度上海市重大工程文明工地荣誉称号。

2月28日，公司中西非经理部新建成的办公大楼启用，该办公楼位于刚果（布）首都布拉柴维尔市的Poto-Poto区，土地面积为2139平方米。

3月3日，公司第8次获得全国电力建设优秀施工企业荣誉称号。公司党委书记赵景涛、副总经理闫修春荣获2015年度全国电力建设优秀高级职业经理人称号。

3月4日，公司被中华全国总工会授予全国模范职工小家荣誉称号。

3月8日，公司获得全国水利建设市场主体信用评价AAA级施工单位荣誉称号，这是国内水利建设市场主体信用评价最高奖项。

3月14日，英国皇家特许建造学会（CIOB）公布2016年度全球杰出成就奖名单，公司副总工程师、安哥拉经理部总工程师王延立成为本次唯一获奖中国人。

3月16日，经天津市商务委员会审查批准，公司英文名称变更为"STECOL CORPORATION"，并领取新的"中华人民共和国对外承包资格证书"。

3月23日，公司第3次荣获天津市建设工程优秀诚信企业称号。

3月24日，公司蝉联天津市建筑施工总承包企业信用等级A级企业。

3月26日，集团暨股份公司董事长晏志勇在肯尼亚蒙巴萨参加中共中央政治局常委、全国人大常委会委员长张德江主持的中资企业经贸座谈会。公司执行董事、总经理何占颂陪同参加。

4月9日，阿尔及利亚233光伏电站项目三标段拉格瓦特站、杰勒法站并网发电，阿尔及利亚能源部部长赫布里出席剪彩仪式并致辞。

4月14日，公司南水北调东线第一期鲁北段大屯水库工程荣获山东省住房和城乡建设厅颁发的"泰山杯"奖杯和荣誉证书。

5月4日，抚顺市智慧城市项目建设工程——基础设施配套项目被评为2015年度辽宁省市政金杯示范工程。

5月12日，中国外文局《今日中国》杂志，对公司阿尔及利亚光伏电站项目员工不畏艰难、英勇拼搏，相继完成并网发电目标，造福当地社会的事迹进行大幅报道。

5月23日，公司执行董事、总经理何占颂荣获全国电力建设优秀施工企业家称号。

5月23日，公司天津分公司副总经理钟东胜、轨道安装公司常务副总经理王永荣获全国电力建设优秀建造师称号，全国共有64名建造师获此殊荣。

5月31日，公司阿尔及利亚233兆瓦光伏电站第五标段项目收到阿德拉尔省能源与矿业管理局发来的感谢信。

6月7日，公司获得2014—2015年度天津市百姓信得过守信企业荣誉称号。

6月13日，由新华网、人民网、《中国交通报》、重庆卫视、《重庆日报》、《重庆晚报》等15家媒体组成的采访团到公司梁忠高速公路项目进行集中采访报道。

6月30日，公司"大型PCCP输水管道工程关键技术研究与应用"获辽宁水利科学技术一等奖。

7月1日，公司上海金泽水库项目荣获2015年度上海市水务海洋系统文明工地称号。

7月15日，受南苏丹内战影响，公司南苏丹赤道大厦项目6名员工全部安全撤离至国内。

7月19日，公司被授予2015年安徽省诚信环保企业荣誉称号。

8月3日，公司PRP系统通过集团验收。

8月11日，公司重庆梁忠高速路面项目部荣获2015年度重庆市五一劳动奖状。

8月18日，公司以营业收入112亿元荣膺2016天津市百强企业第51位，比2015年度上升2位。

8月19日，公司上海金泽水库项目荣获2015年度上海市平安工地荣誉称号。

8月19日，公司通过天津市企业技术中心考核，公司在参评的526家单位中，名列第47位。

9月25日，阿尔及利亚国家电视台阿拉伯语频道，对公司承建的233兆瓦光伏电站项目进行报道，再次引起阿尔及利亚社会各界广泛关注。

10月9日，公司获得中国电力建设企业协会授予的2016年全国电力建设诚信典型企业称号。

10月17日，公司荣获全国建筑业先进企业称号，首席项目管理专家徐建亭获全国建筑业先进工作者称号。

10月28日，公司参建的深圳地铁7号线通车运营。广东省委副书记、深圳市委书记马兴瑞出席通车仪式。

11月2日，肯尼亚总统乌胡鲁·肯雅塔、副总统威廉·鲁托共同出席公司卡玛提拉—切普通盖公路项目开工典礼。

11月25日，公司德州劳动服务公司资产清算完毕，在德州市工商行政管理局完成注销。加上年内完成工商注销的吉林开吉有限公司，公司已完成上级压缩管理层级、减少法人户数年度工作目标。

12月6日，肯尼亚总统乌胡鲁·肯雅塔携夫人，副总统鲁托、公路部部长、基图伊郡郡长及地方议员共同出席公司330千米公路项目开工仪式。中国驻肯尼亚大使刘显法、参赞郭策、电建集团东南非区域部总经理梁军等应邀出席。

12月9日，肯尼亚总统乌胡鲁·肯雅塔，副总统威廉·鲁托共同出席公司肯尼亚192乡村公路项目开工仪式并为项目开工揭幕。

12月14日，管道公司被评为国家级守合同重信用企业。

12月20日，公司获得中国施工企业管理协会颁发的2015年度科技创新先进企业称号。

12月23日，公司获得2015年全国电力行业思想政治工作优秀单位称号。

2017年

1月9日，公司获得由安徽省安环信用评估有限公司颁发的环保优秀施工信用企业证书，信用等级为AAA级。

1月9日，卢旺达新时代社以《农民承诺充分利用发达的戈萨哈沼泽地》为专题对公司承建的卢旺达戈萨哈农田沼泽地整治项目进行报道。

1月12日，公司首席专家、管道公司总经理刘富凯被评为2016年全国建材行业优秀企业家。

1月15日—20日，公司执行董事、总经理、市人大代表何占颂参加天津市十六届人大六次会议。

1月18日，公司肯尼亚经理部副总经理张海峰，获得天津市2016年度"天津好人"荣誉称号。

1月19日，撤销中国水电十三局沙特分公司，原沙特分公司人员由中东经理部统一管理。

2月3日，江苏省委书记李强，省委常委、秘书长樊金龙，扬州市委书记谢正义等，到公司扬州省道邗江段工程调研。

2月13日，商务部发布《2016年我国对外承包工程业务完成营业额前100家企业》，公司位列第22名。

2月22日，公司扬州611省道邗江段工程被江苏省交通厅评为2016年度省级"示范工地"。

2月26日，实业公司加油站荣获天津市建委、市文明办、市总工会和团市委颁发的优质服务窗口荣誉称号，实业公司加油站经理刘跃平获优质服务个人奖。

3月2日，公司武汉地铁11号线四标段项目再次荣获第四批湖北省建筑工程安全文明施工现场称号。

3月3日，布隆迪尼亚维亚莫农田水利整治工程举行竣工典礼仪式，布隆迪总统皮埃尔·恩库伦齐扎、中国驻布隆迪大使卓瑞生、非行代表、农业部部长、工程部部长、财政部官员、布隆迪16省省长、布琼布拉直辖市市长及布隆迪各级地方官员等出席。

3月5日，公司天津外环项目被评为天津市市级文明工地。

3月8日，哈尔滨地铁项目，土建工程人民广场站及珠江路站被评为2016年黑龙江省建设工程AA级安全文明标准化工地，项目经理杨旭东、崔治峰获黑龙江省建设安全管理优秀项目负责人荣誉称号。

3月31日，公司扬州611省道邗江段工程获2016年度江苏省国省道干线公路建设工程"十佳项目"及在建项目建设标准化2016年示范项目称号。

4月1日，公司北非公司基地在阿尔及利亚首都阿尔及尔投入使用。

4月5日，公司武汉地铁11号线轨道工程标段光谷六路站通过钢弹簧浮置板验收，该技术是公司在轨道交通建设中的首次尝试，对掌握轨道交通铺轨技术具有重要意义。

4月22日，新华社记者对中巴经济走廊最大交通基础设施项目——巴基斯坦PKM高速公路项目进行专题报道，对公司承建标段进行重点采访。

5月5日，管道公司取得市政公用工程施工总承包一级资质。

5月15日，武汉地铁11号四标段项目被评为武汉市"十佳创新项目"，轨道交通公司副总经理兼项目经理宋卫强获武汉市"十佳优秀建设者"称号。

5月22日，商务部副部长钱克明、驻刚大使夏煌一行到公司中西非经理部考察，对中西非经理部展现出的精神面貌和企业形象表示肯定，公司领导王宁坤陪同。

5月23日，河南省委书记谢伏瞻到公司贾鲁河项目调研，对贾鲁河项目建设给予了高度评价。

5月26日，公司获得天津市2015—2016年度平安示范单位荣誉称号。

6月21日，公司领导张玉富作为肯中经贸协会理事长单位代表，参加由肯尼亚中国经贸协会主办的肯尼亚中资企业社会责任报告发布会。中国驻肯尼亚大使刘显法、经济商务参赞处参赞郭策等出席。

大事记

6月22日，管道公司荣获山东省建材行业先进企业称号，副总经理杨洪利荣获优秀企业家称号。

7月1日，公司布隆迪农田水利整治项目获该国基隆多省特殊贡献奖，成为唯一获此殊荣的外国公司。

7月4日，河南省委常委、郑州市委书记马懿到贾鲁河项目检查指导工作。

7月4日—5日，肯尼亚总统乌胡鲁·肯雅塔先后出席公司亚塔灌渠项目竣工与乡村公路275标段项目开工典礼。

7月7日，公司荣获刚果（布）内政部特殊贡献奖。

7月17日，公司荣获2016年度黑龙江省市政工程建设优秀施工企业称号，哈尔滨地铁项目负责人杨旭东获2016年度黑龙江省市政工程建设优秀企业经理称号。

7月24日，坦桑尼亚总统约翰·马古富力出席公司普盖—塔波拉公路升级项目和马尼奥尼—伊蒂吉—恰亚公路升级项目竣工典礼。

8月8日，公司荣获2016—2017年度全国电力行业软实力建设贡献奖。

8月11日，海上丝绸之路沿岸国家主流媒体记者团来公司采访参观，并对公司参与"一带一路"建设总体情况进行报道。

8月29日，《人民日报》以《中企在这里筑起新"防洪墙"》为题，对公司弗罗茨瓦夫防洪项目进行专题报道。人民网、国务院新闻办公室网站同步进行转载。工程履约恢复了欧盟市场对中国建筑企业的信任，为公司继续开拓欧盟市场奠定了坚实基础。

9月23日，公司荣获"天扬杯"2017年全国建筑业财税知识竞赛决赛竞赛团体组银奖，闫超获个人组铜奖。

9月27日，公司副总经理兼东非公司董事长张玉富，参加肯尼亚中国经贸协会并讲话，中国驻肯尼亚大使馆经济商务参赞处参赞郭策出席。

9月30日，公司收到国家工商总局《企业名称变更核准通知书》，核准企业名称变更为中国电建市政建设集团有限公司，行业及行业代码为市政道路工程建筑E4813，企业实现集团化转型。

10月4日，市政集团坦桑尼亚经理部迎来中国中央电视台采访组一行，对市政集团营救非洲象进行深入采访报道。《人民日报》、中央电视台、新华网、《环球时报》等百余家媒体进行报道。

10月11日，市政集团以营业收入114.4亿元荣膺2017天津企业100强第50位。

10月26日，布隆迪总统皮埃尔·恩库伦齐扎出席市政集团布隆迪跨国公路工程三标段项目竣工典礼。

11月3日，河南省委书记谢伏瞻一行到贾鲁河项目祥云湖施工区域进行调研。

11月2日，公司品牌形象宣传片《创誉中外 诚筑未来》发布。

11月11日，管道公司入选2016年度全国PCCP十强企业。

11月16日，市政集团参建的深圳地铁7号线BT项目荣获国家优质工程金质奖。

11月下旬，市政集团通过中央精神文明建设指导委员会复审，继续保持全国文明单位荣誉称号。

11月30日，市政集团收到国家级"高新技术企业"证书。

12月1日，市政集团工会女工委荣获全国第五届"书香三八"读书活动优秀组织奖。

12月5日，辽宁北票西山风电场项目塔筒制作、风电机组安装工程和青弋江分洪道工程金属结构设备制造项目，荣获中国工程建设焊接协会2017年度优秀焊接工程奖。

12月8日，哈尔滨地铁项目人民广场站、珠江路站分获哈尔滨、长春、沈阳三省会城市建设安全联检活动金、银牌工程奖。

12月11日，市政集团微信公众号在清博指数"中央企业二级账号新媒体指数榜"排名第64位。

12月11日—12日，市政集团中心试验室管材扩项计量通过国家认证认可监督管理委员会国家电力评审组认证。

12月25日，神华山西甲醇下游加工项目获得2016—2017年度国家优质工程奖。李燕凯获得国家优质工程奖突出贡献者称号。

2018年

1月2日，王操获得"天津好人"称号。

1月3日，公司通过中央精神文明建设指导委员会复审，继续保留全国文明单位荣誉称号。

1月17日，公司在天津召开干部大会，公司新一届领导班子由何占颂、赵景涛、高宗文、杨涛、刘晓辉、徐德阳、杨长才、闫修春、殷国宝、席国超、张玉富、王宁坤、屠清奎、李俊元14人组成。何占颂任公司执行董事、法定代表人、总经理兼党委副书记，赵景涛任党委书记兼副总经理，高宗文、杨涛、杨长才、闫修春、张玉富、王宁坤、屠清奎（新提任）、李俊元（新提任）任公司副总经理，刘晓辉任公司监事、党委副书记、纪委书记，杨涛任公司总工程师（兼），殷国宝任公司总经济师，席国超任公司总会计师，推荐徐德阳为公司工会主席候选人。

1月25日，公司荣获中国信息协会2017年中国能源企业信息化管理创新奖，以集团PRP系统为原型申报案例《支持分布式部署的企业级工程项目集成管控平台》获评中国建筑业协会第三届建筑业企业信息化建设特优案例。

2月2日，公司主持开发的STECOL知答软件获得中华人民共和国国家版权局软件著作权授权。

2月5日，公司荣获中国电力建设企业协会全国电力建设优秀施工企业称号；公司领导何占颂获全国电力建设优秀施工企业家称号。

2月8日，商务部公布《2017年我国对外承包工程业务新签合同额前100家企业》名单，集团STECOL品牌新签合同额荣列第99位。

2月26日，中共中国电建市政集团第一次代表大会在天津召开。

2月28日，湖北省副省长杨云彦一行到洵阳小镇项目检查指导。

3月27日，公司新版网站（http：//www.stecol.cn/）上线运行，手机网站同步上线。

3月27日，权伟主创《浅析盾构工程类设备管理》获第六届全国电力行业设备管理创新成果二等奖。

4月6日，肯尼亚副总统鲁托一行到肯尼亚乡村公路163标段项目部考察。

4月9日，候学刚、范连勇和常志华荣获中国施工企业管理协会2017年度工程建设境外优秀项目经理称号，宋卫强荣获2017年度工程建设优秀项目经理称号。

4月12日，公司被授予2017年度天津市建设工程优秀诚信企业称号。

4月12日，公司被评为2017年度全国电力行业思想政治工作优秀单位，公司党委书记赵景涛荣获2017年度全国电力行业思想政治工作优秀工作者称号。

4月20日，公司召开干部大会，宣布电建股份、电建股份党委《关于何占颂、赵景涛同志职务任免的通知》对公司领导体制调整的决定：何占颂同志任市政集团党委书记、董事长，赵景涛同志任党委副书记、总经理。

4月23日，金寨县江环北路等综合管廊及道排工程PPP项目，获得安徽省安全文明工地荣誉称号。

4月27日，坦桑尼亚总统约翰·马古富力出席多多马—巴巴提公路竣工典礼。

5月2日，河北省副省长张古江一行到河北津石高速公路项目调研。

5月22日，经天津市科学与技术委员会评审，公司"现浇'人'字形桩加固边坡施工技术与应用"等5项科技成果达到国际先进水平，"吊装式钢支撑沟槽支护施工技术研究"达到国内领先水平。

5月23日，公司申报的"BIM轻量化协同平台"和"支持分布式部署的企业级工程项目集成管控平台"获评中国施工企业管理协会主办的2017年度工程建设行业互联网发展优秀实践案例。

6月4日，市政集团11家成员企业网站全部上线运营。

6月8日，管道公司党委书记、董事长高学春荣获中国建筑材料企业管理协会授予的2017年全国建材企业管理创新突出贡献人物称号。

6月13日，公司获评天津市建筑施工总承包企业信用等级A级企业。

6月21日，河南省省长陈润儿一行到郑州贾鲁河项目调研。

7月6日，肯尼亚副总统鲁托到肯尼亚乡村公路193标段项目调研。

7月6日，在中国国务院新闻办公室、中国驻卢旺达共和国使馆的支持下，公司参与出资的"光明书香"公益捐助活动在卢旺达基加利卡齐鲁小学举行。

7月9日，湖北省政协主席徐立全到沔阳小镇项目检查指导。

7月23日，国家主席习近平在对卢旺达进行国事访问期间，与卢旺达总统卡加梅共同见证"一带一路"建设等多项双边合作文件签署，公司卢旺达胡也公路道路升级改造项目在列，公司副总经理张玉富出席欢迎习近平主席见面会。

7月25日，嫩江干流治理工程第十一标段项目获得水利部精神文明建设指导委员会颁发的2015—2016年度全国水利建设工程文明工地称号。

8月7日，山西省辛安泉供水改扩建工程平顺支线管线施工标荣获水利部精神文明建设指导委员会颁发的2015—2016年度全国水利建设工程文明工地称号。

8月19日，孟加拉总理谢赫·哈西娜出席达舍尔甘地污水处理厂项目开工仪式，公司领导何占颂、徐德阳出席。

8月20日，2017年度天津市级企业技术中心考评成绩公布，公司排名第17位，位列建筑类企业第一名。

8月23日，赵勇荣获天津市文明办颁发的2018年8月天津市"天津好人"荣誉称号。

8月29日，天津公司承建的河南省淮河干流一般堤防加固工程第九标段荣获河南省水利厅颁发的2017年河南省水利建设工程文明工地称号。

9月7日，公司申报的《吊装式钢支撑支护沟槽施工工法》和《河道内深基坑加筋钢板桩围堰施工工法》获评2018年度水利水电工程建设工法。

9月11日，公司被中国对外承包工程商会评为对外承包工程行业首批A级企业。

9月11日，公司被电建股份评为2017年度中国电建国际工程履约评价A级（先进）企业。

9月18日，天津电视台在《天津新闻》以穿越热带雨林的"丝路精神"为主题，对公司承建的刚果（布）凯塔公路工程项目进行报道。

9月20日，水电公司承建的安徽省淮水北调工程埇桥区境内工程施工标获水利部文明委颁发的2015—2016年度全国水利建设工程文明工地荣誉称号。

9月26日，公司经中国施工企业管理协会认定，荣获全国电力建设领域诚信典型企业，成为电建集团内唯一获此殊荣单位。

9月29日，公司QC成果"降低CCTV检测新建排水管道缺陷率"获得中国质量协会组织的QC小组成果发表赛二等奖。

10月8日，公司荣获中国电力建设企业协会颁布的2018年度电力建设领域诚信典型企业称号。

10月9日，坦桑尼亚水利部部长马卡梅·姆巴拉瓦等出席阿鲁沙新供水系统建设项目签约仪式。

10月12日，公司在2018天津企业百强名单中列第42位。

11月6日，公司参加首届中国国际进口博览会，与果锐科技（坦桑尼亚公司）签订坚果农产品采购协议，成为天津在该博览会签约的第一家单位。

11月15日，赵勇祥获得天津市11月"天津好人"荣誉称号。

11月27日，公司申报的"已安装PCCP管道插口环与钢筒焊缝微渗漏处理工艺"，获国家知识产权局颁发的"发明专利证书"。

11月30日，公司申报的"一种便于快速拆装的基坑支护装置"通过国家知识产权局审批并获得实用新型专利证书。

11月30日，安徽公司取得市政公用工程施工总承包三级资质。

11月30日，中电投陕县盘陀山风电场塔筒制作工程荣获中国工程建设焊接协会颁布的2018年度全国优秀焊接工程奖。

12月4日，东非公司两名当地雇员Julius Okinyo Menya和George Ongaki Misian荣获由中国驻肯尼亚大使馆主办的肯尼亚籍杰出员工称号。

12月6日，安哥拉经理部设备物资管理中心荣获全国建筑施工设备管理与技术创新成果交流大会颁发的中国设备管理创新成果二等奖。

12月11日，公司援建安提瓜和巴布达两个社区中心项目举行开工典礼，安巴总理加斯顿·布朗出席开工典礼并为项目奠基，中国驻安巴大使王宪民出席。

12月12日，北方公司取得市政公用工程施工总承包三级、建筑工程施工总承包三级两项资质。

12月27日，南水北调鲁北段大屯水库工程荣获水利部颁发的水利工程行业优质工程最高奖——大禹奖。

12月28日，公司"三供一业"移交工作完成。自"三供一业"管理职能移交工作启动以来，公司与供热公司、供水公司、供电公司、北京北控物业管理有限责任公司分别签订德州基地家属区、微山基地家属区、管道公司家属区"三供一业"管理职能移交协议。

2019年

1月5日，央视四套《远方的家》"一带一路"栏目摄制组到公司承建的阿尔及利亚233兆瓦光伏电站第五标段项目进行拍摄采访。

1月10日，公司党委书记、董事长何占颂在电建集团党委举办的改革开放40周年先进典型人物评选中，荣获优秀企业负责人称号，总工程师杨涛荣获改革开放40周年新典型称号，米兰彬荣获改革开放40周年老典型称号。

1月20日，黄浦江上游水源地金泽水库工程JSK-C3荣获2018年上海市水利优质工程奖。

1月24日，中国建筑业协会发布《关于公布2018年度全国建筑业AAA级信用企业的决定》，公司在全国参评342家单位中列第11位。

1月29日，公司申报的《狭窄空间下地下室半逆作法创新施工工法》等25项工法被评为2018年度电建集团工法，2018年公司共获得省部级工法32项，创历史新高。

2月12日，坦桑尼亚桑给巴尔总统谢因到桑给巴尔供水工程项目考察。

2月13日，坦桑尼亚《桑给巴尔报》头版报道总统谢因为公司桑给巴尔供水工程项目揭幕的新闻，并以《总统谢因：我们将解决桑给巴尔岛供水问题》为题，对公司承建的桑给巴尔供水工程项目给予高度评价。

2月15日，公司列由商务部公布的2018年对外承包工程业务完成营业额前100家企业第43位。

3月22日，公司承办的"富水砂地层微型顶管快速施工关键技术""狭窄场地超高层建筑地下结构逆作法施工关键技术"两项电建股份科技立项课题，经电建股份和业内专家鉴定已达到国际先进水平。

3月27日，水利部部长鄂竟平到郑州贾鲁河水环境综合治理项目调研，河南省委副书记、省长陈润儿陪同。

3月30日，南水北调东线一期鲁北段工程荣获中国水利工程协会颁发的2017—2018年度中国水利工程优质奖（大禹奖）。

4月4日，由河南省副省长武国定带队，省水利厅、省发展改革委等14个厅局负责人和18个地级市水利系统负责人及"百城提质"观摩团共230余人到天津公司承建的河南省长葛市清潩河综合治理项目参观调研。

4月4日，引江济淮项目获得由全国总工会牵头、水利部与中国农林水利气象工会联合主办的"助推绿色发展　建设美丽长江"全国引领性劳动和技能竞赛2018年度先进集体荣誉称号。

4月8日，卢旺达《权威消息报》和时代网站等多家媒体对公司承建的卢旺达胡也66千米公路项目开工典礼进行专题报道。

4月9日，交通运输部部长李小鹏一行到津石高速公路项目调研，河北省委常委、副省长、雄安新区党工委书记随同调研。

4月11日，公司参建的深圳地铁7号线获得中国土木工程学会和北京詹天佑土木工程科学技术发展基金会颁发的中国土木工程詹天佑奖。

4月15日，公司承建的贝宁市政路项目部与援助及人权基金会举行合作伙伴签字仪式，贝宁官方媒体《民族报》、贝宁国家广播电视台及《新闻快报》等媒体对此进行报道。

4月16日，长九（神山）灰岩矿工程项目"水上施工泥浆循环利用及处理技术"被评为2019年安徽省重点环境保护实用技术，青弋江分洪道堤坝生态防护工程被评为2019年安徽省重点环境保护示范工程。

4月23日，引江济淮工程（安徽段）江淮沟通段施工J006-1标荣获中华全国总工会颁发的全国工人先锋号荣誉称号。

4月23日，公司与汇通路桥建设集团有限公司签订战略合作协议，开展水环境保护和治理领域合作，建立长期战略合作关系。

4月24日，江西省委书记刘奇到九江市长江排水口污水综合治理项目调研。

4月25日，由国务院国资委宣传局指导、国务院国资委新闻中心主办的"走进新国企　电靓大湾区"活动，17家中央媒体记者到公司承建的深圳地铁12号线海上田园东站参观绿色标准化建设工程。

4月27日，中西非公司总部从刚果共和国首都布拉柴维尔市搬迁至科特迪瓦共和国经济首都阿比让市。

5月8日，淮北市孟山南路贯通工程荣获安徽省住房和城乡建设厅颁发的2017—2018年度第二批安徽省建设工程"黄山杯"奖。

5月10日，《人民画报》以《建品质工程　交各方朋友》为题，讲述公司在卢旺达积极响应"一带一路"倡议，在建设品质工程的同时，通过各项举措拉近中卢两国人民的距离，推动共建"一带一路"走深走实经历。

5月13日，央视4套《远方的家》特别节目"一带一路"第487集《撒哈拉沙漠古城阿德拉尔》中，以"点亮撒哈拉沙漠的新能源"为题，对公司承建的233兆瓦光伏电站项目进行报道。

5月16日，重庆江习高速公路项目荣获住房和城乡建设部、中国建筑金属结构协会颁发的中国钢结构金奖。

5月29日，安徽省副省长何树山一行到公司阜阳八里河站项目检查指导防汛排涝准备工作。

6月2日，公司党委书记、董事长何占颂参加由水利企业协会在上海主办的2019水利企业高峰论坛，并作《从中国电建市政集团发展历程看施工企业战略转型》专题报告。公司获得全国优秀水利企业称号，何占颂获得优秀水利企业家称号。

6月5日，成立中国电建市政集团山东工程有限公司。

6月7日，肯尼亚最大报纸《民族日报》报道肯尼亚副总统鲁托出席公司承建的恩佐亚河下游灌溉和防洪项目防洪标段开工仪式。

6月14日，公司党委召开"不忘初心、牢记使命"主题教育工作会。"不忘初心、牢记使命"主题教育全面启动。

6月18日，江西省副省长吴晓军一行到安徽公司琵琶湖项目调研指导。

6月20日，公司申报的"长江江豚保护区灰岩裸岩高桩码头嵌岩桩施工技术"经天津市科学技术评价中心鉴定，达到国际先进水平。

7月10日，公司承建的巴基斯坦PKM项目荣获由国务院国资委党委举办的庆祝中国共产党成立98周年暨中央企业"两优一先"活动中央企业先进基层党组织称号。

7月18日，于峰获天津市文明办评选的2019年7月"天津好人"荣誉称号。

7月24日，成立公司海外项目管理部。

7月26日，撤销中国电建市政集团路桥工程公司。原路桥公司人员整体转入中水电十三局水电工程有限公司，资产全部保留在水电公司，在建项目和完工未清算项目纳入水电公司管理，债权债务由水电公司承接。

8月8日，贝宁总统顾问简·巴蒂斯特到公司承建的贝宁市政道路项目考察。

9月1日，公司总部、国内各单位及所属项目全面部署财务共享系统，基本实现PRP系统、GS共享系统、税务系统、NC核算资金系统业财融合。

9月2日，于峰在中央文明办发布的2019年8月"中国好人榜"中，获评"中国好人"称号。

9月4日，公司通过竞拍以8600万元价格购置天津华苑科技园津滨高（挂）G2019-3地块，共计15亩[①]土地，用于公司总部新办公楼的建设。

9月4日，何利超获由天津市文明办评选的2019年8月"天津好人"荣誉称号。

10月11日，公司荣列2019天津企业百强榜第37位，比2018年度上升5位，排名再创新高。

10月18日，安哥拉比耶省昆巴市医院项目举行竣工典礼，安哥拉总统为昆巴市医院剪彩。

10月18日，国家副主席王岐山到公司承建的雅万高铁项目考察。

10月25日，自然资源部副部长赵龙、安徽省副省长周喜安一行到公司淮北朔西湖项目考察。

11月7日，中央"不忘初心、牢记使命"主题教育第十一巡回督导组成员，中央纪委国家监委办公厅二级巡视员原广丰一行到公司就主题教育开展情况进行调研督导。

11月13日，公司承建的波兰弗罗茨瓦夫防洪工程和参建的武汉市轨道交通11号线东段（光谷火车站—左岭站）工程获得由中国施工企业管理协会评选的国家优质工程奖。

12月4日，公司首次荣获由中国施工企业管理协会颁布的工程建设诚信典型企业称号。

12月10日，公司承建的阿尔及利亚233兆瓦光伏电站和参建的重庆江习高速公路笋溪河大桥两项工程荣获中国建设工程"鲁班奖"，公司海外工程首次获得"鲁班奖"。

12月31日，公司"长九（神山）灰岩矿工程水上施工泥浆循环利用及处理技术"荣获由中国环境保护产业协会评选的2019年重点环境保护实用技术称号；安徽省青弋江分洪道工程堤坝生态防护工程荣获由中国环境保护产业协会评选的2019年重点环境保护实用技术示范工程称号。

注：① 1亩≈666.67平方米，下同。

2020年

1月6日，坦桑尼亚桑给巴尔总统谢因出席公司桑给巴尔供水项目竣工典礼并剪彩。

1月13日，国务院国有资产监督管理委员会办公厅发文，在中央企业范围内对公司在肯尼亚积极参与抢险救灾义举进行通报表扬。

1月17日，电建股份公司调整市政公司主要领导，高宗文同志任中国电建市政建设集团有限公司党委书记，免去何占颂同志中国电建市政建设集团有限公司党委书记职务。聘任高宗文为中国电建市政建设集团有限公司董事长（执行董事）、法定代表人。解聘何占颂中国电建市政建设集团有限公司董事长（执行董事）、法定代表人职务，改任咨询；解聘高宗文中国电建市政建设集团有限公司副总经理职务。

2月17日，公司总部及驻津各单位在做好疫情防控的情况下，组织有序复工。

2月27日，管道公司通过山东省高新技术企业认定管理机构的审查及公示，并完成国家主管部门备案。

3月2日，长江大保护工程九江项目荣获江西省建设工程安全质量监督管理局颁发的江西省建筑安全生产标准化示范工地称号。

3月9日，晋中市综合通道项目荣获山西省2019年度省级建筑施工安全标准化示范项目。

3月11日，公司济南世纪大道项目、济南顺河快速路项目荣获山东省住房和城乡建设厅颁发的2019年度山东省建筑工程优质结构工程称号。

3月13日，国贸公司荣获天津高新区2019年度高质量发展优秀企业荣誉称号。

3月14日，四川省政府副秘书长、扶贫开发局局长降初到公司攀枝花项目检查指导居民安置点、农田防护工程建设情况。

3月19日，天津外环线项目永金引河1号大桥、津蓟快速路互通式立交两座桥梁工程分别荣获天津市建设工程"海河杯"。

3月23日，公司乌兹别克斯坦水电站修复项目下博兹苏伊14号站2号机组启动发电并接入国家电网，标志乌兹别克斯坦3座水电站修复项目首台机组将按计划投入当地电网商业运行。

4月3日，公司抖音号注册成功，名称为"中国电建市政集团"，并于同日投入运营。

4月21日，杭州市闲林水库工程项目被评为水利部2019年国家水土保持生态文明工程。

4月22日，贵州省委副书记、省长谌贻琴到公司凤山水库工程项目调研指导。

4月25日，公司启动国家第18个《职业病防治法》宣传周。围绕"职业健康保护·我行动"活动主题，结合新冠肺炎疫情防控及复工复产实际，开展职业健康知识宣传。

4月28日，山东省委书记刘家义一行到公司济南新旧动能转换先行区科创园项目调研。

4月30日，公司被评为2019年度天津市建设行业优秀诚信企业。

5月7日，九江市琵琶湖黑臭水体治理EPC总承包项目和长葛清潩河综合治理项目被评为2020年安徽省重点环境保护示范工程。

5月12日，中共中央总书记、国家主席、中央军委主席习近平在山西太原考察调研时专程来到公司承建的汾河太原城区晋阳桥段，听取太原市汾河及"九河"综合治理、流域生态修复等情况汇报，沿河岸边步行察看汾河水治理及两岸生态保护、城市环境建设等情况，对太原汾河沿岸生态环境的沧桑巨变表示欣慰。

5月15日，公司总政务师兼集团办公室、信息与战略部主任索华炜获评国务院国资委2019年度中央企业信息报送先进个人。

5月16日，《人民日报》以《中企投入肯尼亚抗洪一线：期盼当地民众能早日回家》为题，聚焦报道公司紧急调动大型土石方设备，投入肯尼亚布西亚郡抗洪一线，全力保护当地受灾民众生命财产安全的事迹。

5月18日，央视网和中国经济网分别以《肯尼亚西部产粮区遭遇洪水，中国企业协助当地开展抗洪抢险》和《肯尼亚抗洪抢险，中国企业在行动》为题，聚焦报道公司肯尼亚恩佐亚防洪标段项目在肯尼亚布西亚郡抗洪抢险活动。

6月25日，波黑联邦总理法迪尔·诺瓦利奇，联邦运输通信部部长丹尼斯·拉西奇、联邦公路局局长阿德南一行到公司泊奇特利桥项目考察。

7月16日，公司营业执照法定代表人由何占颂变更为高宗文。

7月30日，安徽省青弋江分洪道堤坝生态防护工程荣获中国环境产业保护协会颁发的2019年度重点环境保护示范工程称号。

8月4日，公司与山东省德州市人民政府就十三局医院整体移交德州市人民政府管理签订框架协议。

8月18日，北方公司取得市政公用工程、建筑工程两项施工总承包二级资质证书。

8月18日，印发《中国电建市政集团"五二〇人才工程"实施方案》，启动"五二〇"人才战略。

8月26日，公司被住房和城乡建设部核准授予水利水电工程施工总承包特级资质。

9月17日，公司援建布隆迪农业示范中心项目举行移交仪式，布隆迪共和国总统恩达伊施米耶与中国驻布隆迪大使李昌林出席仪式并共同主持。

9月23日—24日，公司荣获第二届"天扬杯"全国建筑业财税知识竞赛决赛团体组银奖，王丰钢、李如昆、朱浩然获个人组银奖。

9月27日，公司所属十三局医院移交德州市政府管理。

10月19日，公司在商务部、杭州市政府联合主办，中国国际投资促进会承办的第十一届中国国际服务外包交易博览会上荣获中国数字服务暨服务外包领军企业百强、"一带一路"领军企业荣誉称号，公司党委书记、董事长高宗文荣获"一带一路"领域领军人物荣誉称号。

10月20日，公司荣获由安徽省环境保护产业发展促进会颁发的2020年AAA级环保示范单位称号。

10月23日，公司援建布隆迪农业示范中心项目在基特加举行的"2020年世界粮食日"活动上，受到布隆迪总统恩达伊施米耶盛赞。

11月10日，央视《新闻联播》快讯报道公司山东省德州市恩县洼滞洪区建设工程投资完成情况。

11月15日，公司8项成果在中国水利工程协会组织召开的2020年度水利工程优秀质量管理小组成果评价工作总结大会上被认定为水利工程优秀质量管理小组成果。

11月23日，喀麦隆《今日报》头版头条从施工质量、履行社会责任以及项目面对新冠肺炎疫情克服种种困难提前完工等方面，对公司明图姆项目进行全方位报道。

11月24日，公司五星级项目经理范连勇获全国劳动模范荣誉称号。

11月25日，公司以营业收入173.25亿元荣登2020天津企业百强榜第32位，比2019年度上升5位。

11月27日，北方公司总经理王永荣获山西省五一劳动奖章和山西省2019年度（A级）建筑业优秀项目经理荣誉称号。

11月28日，公司印尼雅万高铁铺轨项目50米钢轨在防城港装船首航，标志着国内首次实现长定尺钢轨批量出口。

11月30日，周世永、刘立宁荣获"天津好人"称号。

11月30日，S238怀宁公路改建项目荣获由安徽省环境保护产业发展促进会颁发的2020年重点环境保护示范工程称号。

12月1日，公司承建的阿尔及利亚混凝土粮仓项目、参建的巴基斯坦卡西姆燃煤电站项目荣获由中国施工企业协会颁发的2020—2021年度国家优质工程奖（境外工程）。

12月4日，公司蝉联水利建设施工主体信用评价AAA级企业。

12月7日，公司江水北送项目荣获安徽省AAA级环保施工示范工地。

12月9日，"一种便于拆装的基坑支护装置"获国家知识产权局授权的发明专利证书，"一种便于测试表面平整的道路勘测装置"等6件专利获实用新型专利证书。

12月9日，公司与上海电建签署孟加拉巴瑞萨350兆瓦燃煤电站项目大土建分包合同，合同金额为10003.47万美元。该项目由电建海投公司投资建设，上海电建为EPC总承包商。该项目是公司继巴基斯坦卡西姆港燃煤电站项目之后，与系统内火电板块企业合作的第二个火电项目，对公司巩固孟加拉乃至南亚市场具有重大意义。

12月16日，公司印尼雅万高铁首批50米长钢轨运抵印度尼西亚芝拉扎港，国内首次长定尺钢轨成功完成海上运输，标志着我国成为全球为数不多的可进行长定尺钢轨出口的国家之一。

12月16日，"狭窄场地超高层建筑地下结构逆作法施工关键技术"荣获由中国施工企业管理协会颁发的工程建设科学技术进步奖二等奖。

12月17日，哈尔滨地铁2号线一期工程南直路站荣获2019年度黑龙江省市政金杯示范工程奖。

12月17日，坦桑尼亚共和国总理卡西姆·马贾利瓦到公司伊拉麦拉客运、货运站项目考察。

12月23日，公司通过国家级高新技术企业重新认定，有效期为3年。

12月23日，东非公司董事长赵海军、欧洲公司董事长季奇、北非公司董事长赵勇祥在天津市劳动模范和模范集体表彰大会上被授予天津市劳动模范荣誉称号，深圳地铁12号线七工区项目部被授予模范集体荣誉称号。

12月29日，共青团中国电建市政建设集团有限公司第一次代表大会在天津召开。会议经民主选举产生共青团中国电建市政建设集团有限公司第一届委员会委员、书记与副书记。

12月31日，公司参与的"在电力及其他建设工程领域绿色施工的理论探索与实践应用"科技成果荣获中国电力企业联合会2020年度电力科技创新一等奖，徐世东、尹新红荣获个人一等奖。

2021年

1月7日，中国电建市政集团党委召开一届二次党代会，选举高宗文、赵景涛同志为中国共产党中国电力建设集团有限公司暨股份公司第二次党代会代表。

1月20日，公司党委书记、董事长高宗文获由黑龙江省市政工程协会颁发的2019年度优秀企业经理称号，轨道公司哈尔滨地铁项目经理崔治峰获优秀项目经理称号。

2月5日，电建股份党委、电建股份调整市政公司领导班子：任命张玉富为公司党委副书记，张书起为公司纪委书记；免去赵景涛公司党委副书记职务，张玉富公司纪委书记职务。聘任张玉富为公司董事、总经理，张书起为公司监事，张泽、史建波、季奇、赵勇祥为公司副总经理，王操为公司总工程师；解聘赵景涛公司董事、总经理职务，张玉富公司监事职务，杨涛公司总工程师职务。

3月5日，公司获由国务院国资委党委颁发的中央企业信访工作先进集体荣誉称号，韩冀辰获从事信访工作20年以上的信访工作者荣誉证书。

4月2日，公司颍河颍上段水系综合治理一期工程八里河泵站获安徽省水利行业工程建设质量最高荣誉奖"禹王杯"奖。

4月12日，经电建股份党委研究决定，任命李俊元同志为公司党委副书记，推荐为公司工会主席候选人。

4月29日，辛玉宽获天津市五一劳动奖章。

5月19日，公司11位领导全部签订2021年度领导班子经营管理目标责任书，实施国有企业经理层成员任期制和契约化管理。

6月8日，尼日利亚卡诺灌溉项目获2021年度尼日利亚国家工会表彰奖。

6月9日，公司肯尼亚330千米公路项目党支部获天津市先进基层党组织称号。

6月25日，公司发行7亿元永续中票，期限3+N，发行票面利率4.95%。该永续中票为天津区域首支AA+债项次级永续中票，发行利率处于同时期同业最低水平。

7月6日，王永、朱昌华、刘持鹏、李斌、王志强5人荣获山西省2020年度建筑业A级（优秀）项目经理称号。

7月28日，公司荣获由天津市精神文明建设委员会颁发的2018—2020年度天津市文明单位称号。

8月26日,刘暐旻荣获2021年8月"天津好人"称号。

9月18日,公司连续第8次荣获由中国水利企业协会颁发的全国优秀水利企业称号,公司党委书记、董事长高宗文荣获全国优秀水利企业家称号。

10月9日,央视《新闻联播》头条以《在习近平新时代中国特色社会主义思想指引下高质量共建"一带一路"硕果惠及世界》为题,报道公司雅万高铁铺轨项目最后一批钢轨运抵印尼铺轨基地。

10月26日,公司获得中国建筑业协会颁发的2021年度建筑业AAA级信用企业证书,有效期为3年。

11月1日,杭州千岛湖项目获2021年度浙江省建设工程"钱江杯"荣誉称号。

11月16日,S238怀宁段公路改建工程一期项目获由安徽省住房和城乡建设厅、交通厅、水利厅联合颁发的2021年度"黄山杯"奖。

11月24日,设计院收到天津市规划和自然资源局下发的甲级测绘资质(工程测量)证书。

11月27日,公司在津召开第一次定期董事会,完善健全董事会组织机构和制度建设,基本完成法人治理结构改革。

12月6日,成都轨道交通18号线工程、巴基斯坦PKM项目(苏库尔至木尔坦段)荣获由中国施工企业管理协会颁发的国家优质工程金奖,阿尔及利亚混凝土粮仓工程、黄浦江上游水源地工程、巴基斯坦卡西姆港燃煤电站工程获国家优质工程奖。

第一篇 体制与机构

◇ 第一章　体制
◇ 第二章　成员企业

第一章 体制

第一节 领导体制改革

一、局长负责制

2007年1月—2008年4月,工程局实行局长负责制。局长为法定代表人,对企业物质文明和精神文明建设负有全面责任。局党委在全局处于政治核心地位。

二、执行董事、总经理负责制

2008年4月1日,集团公司确定公司改制后名称为中国水利水电第十三工程局有限公司;6月,聘任何占颂为公司执行董事(法定代表人)、总经理。

三、法人治理阶段

遵照国务院国资委指示精神,按照电建集团党委部署,2018年3月对公司领导体制进行调整,聘任何占颂为公司董事长(执行董事)、法定代表人,任命何占颂为公司党委书记。

2019年10月17日,公司引进中银金融资产投资有限公司投资,中国电力建设股份有限公司股权占比80.12%,中银金融资产投资有限公司占比19.88%。公司由电建股份全资子公司变为电建股份控股子公司。2019年10月11日,召开股东会,同意新设股东会、董事会,董事会成员4人。公司开启法人治理阶段。

四、规范董事会建设

2021年11月4日,召开2021年第四次临时股东会,一致通过电建股份拟推荐的林文进、王永虎、罗友余3人为公司新增董事,董事会成员由4人增加至7人(另外4人为董事长高宗文,董事张玉富、董事关婧、职工董事李俊元),外部董事占多数,董事会下设战略与投资委员会、薪酬与考核委员会和审计与风险管理委员会,基本实现董事会规范建设。法人治理结构不断完善。

第二节 体制演变

一、企业名称变化

2008年4月1日,集团公司确定工程局公司改制后名称为中国水利水电第十三工程局有限公司。

2017年9月30日,公司收到国家工商总局《企业名称变更核准通知书》,核准企业名称变更为中国电建市政建设集团有限公司,行业及行业代码为市政道路工程建筑 E4813。准予企业集团名称为中国电建市政建设集团。按照天津市滨海新区市场和质量监督管理局核颁的营业执照,2017年10月23日起,公司更名为中国电建市政建设集团有限公司。

二、体制变化

2008年4月1日,集团公司确定公司制改制后名称为中国水利水电第十三工程局有限公司。公司制改制完成,体制由"工程局"变更为"工程局有限公司"。

2009年11月30日,由中国水利水电建设集团公司和中国水电工程顾问集团公司在北京共同发起设立中国水利水电建设股份有限公司。2011年10月18日，中国水利水电建设股份有限公司股票在上海证券交易所上市（证券简称中国水电，股票代码：601669）。公司由国有独资变为上市公司中国水电的一部分。

2014年1月，中国水利水电建设股份有限公司变更为中国电力建设股份有限公司，证券简称由中国水电变更为中国电建。公司变为上市公司中国电建的一部分。

2017年10月23日，公司更名为中国电建市政建设集团有限公司，公司迈上集团化发展新平台，实施集团化管控。

2019年3月5日，公司聘请北京正略钧策咨询股份有限公司，提供公司发展战略、组织体系、员工职业发展通道和薪酬体系策划方案。集团化管控体系逐步完善。

2019年10月11日召开股东会，同意新设股东会，同意公司新设董事会，董事会成员4人。公司开启法人治理新阶段。

2021年11月4日，召开2021年第四次临时股东会，董事会下设战略与投资委员会、薪酬与考核委员会和审计与风险管理委员会，基本实现董事会规范建设。

第三节　机构设置与产业结构调整

一、中国水利水电第十三工程局时期

2007年4月，水电集团公司成立中国水电建设集团港航有限责任公司，工程局疏浚业务整体划归港航公司。工程局对企业业务板块重新进行梳理和再造，集中精力培育路桥等核心业务，重点跟踪国家重点建设工程项目，大力开拓非水电建筑市场。

2007年5月15日，水电集团公司将其持有的北京流芳宾馆无偿整体划转给工程局。

2007年5月22日，撤销物资处，整建制并入多种经营处；监理中心、中心试验室并入勘测设计研究院，实行"一套班子、三块牌子"。

2007年6月15日，调整局财务管理部、资金结算中心机构和业务流程，局财务管理部更名为局财务产权部，局资金结算中心更名为局资金管理部。

2007年8月26日，调整局机关本部部分工作职能：将国外项目人员出境手续办理工作划归人力资源部；将企划经管部合同管理、统计工作职能划归工程技术部；将信息中心并入局办公室管理。

2007年8月26日，合并局市场开发部、国际工程部，成立局投标公司，投标公司下设国际市场一、二、三、四部，国内市场一、二部，国际合同译审部，国际项目保障部，综合部。

2007年11月1日，撤销一分局、疏浚工程处。

中国水利水电第十三工程局组织机构（2007年12月），如图1-1-1所示。

二、中国水利水电第十三工程局有限公司时期

2008年1月24日，合并局工程技术部和质量管理部，成立局工程管理部，撤销局工程技术部和质量管理部。

2008年3月26日，撤销局新闻中心，将其相关职能和人员并入局党委工作部。

2008年6月12日，撤销中国水利水电第十三工程局珠海工程处，6月13日，撤销中国水利水电第十三工程局武装保卫部。

2008年7月29日，成立中国水利水电第十三工程局国际项目保障部，撤销中国水利水电第十三工程局投标公司国际项目保障部，国际项目保障部为局机关职能部门。

2008年12月30日，公司完成注册地址从德

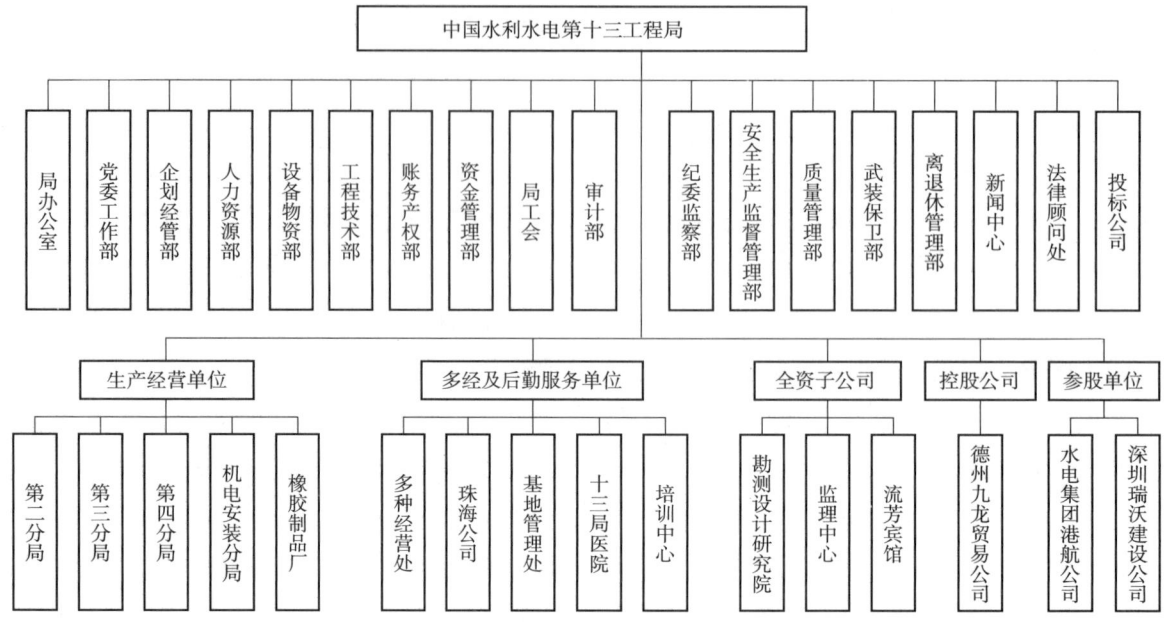

图1-1-1 中国水利水电第十三工程局组织机构（2007年12月）

州迁往天津工商变更，取得天津市新营业执照，注册资本由1.19亿元增资到5亿元，注册地址为天津市华苑产业区榕苑路2号4-2101。

2009年1月22日，在德州注册中水电十三局水电工程有限公司，注册资本金1.19亿元。9月16日，成立技术中心。

2009年10月27日，撤销公司驻也门经理部、驻斯里兰卡经理部。10月27日，成立青岛分公司。11月5日，成立驻阿尔及利亚经理部。

2009年11月13日，多种经营处更名为多种经营分公司。12月14日，成立天津国际贸易分公司。

2010年3月23日，投标公司更名为市场开发总公司，下设国内市场开发公司、海外市场开发公司、合同译审部、综合部。7月14日，公司整合基地处、培训中心及电视台业务，成立德州管理中心。管理中心下设基地管理处、职工培训处、离退休职工管理处。12月21日，撤销国际项目保障部，将其整建制并入公司天津国际贸易分公司。12月30日，撤销多种经营分公司，整建制并入九龙贸易有限公司。

2011年1月26日，成立铁路分公司，撤销公司驻阿尔及利亚经理部，成立全面风险管理办公室。2月22日，合并多种经营分公司与九龙贸易有限公司业务，将德州九龙贸易有限公司更名为德州天达工贸有限公司。3月25日，成立天津分公司。9月6日，成立中东经理部、北非经理部。9月13日，撤销市场开发总公司，成立海外市场开发公司与国内市场开发公司。

2012年3月28日，撤并基础事业部和全面风险管理办公室，成立投资管理部。

中国水利水电第十三工程局有限公司组织机构（2012年12月），如图1-1-2所示。

2013年4月17日，成立中西非经理部。6月3日，成立专家办公室。9月17日，整合技术中心与工程管理部为工程科技部，保留技术中心称谓，实行"一套机构、两块牌子"。9月17日，整合海外区域、项目各国内办事处并入公司天津国际贸易分公司，原天津国际贸易分公司更名为国际保障中心。9月26日，撤销海外市场开发公司，成立国际公司。11月18日，对公司部分组织机构进行调整完善，明确公司专家办公室为公司参谋、咨询和顾问机构，不承担日常事务管理和具体管控职能；增设公司海外事业部，为公司职能部门，与国际公司实行"一套人马、两块牌子"。11月

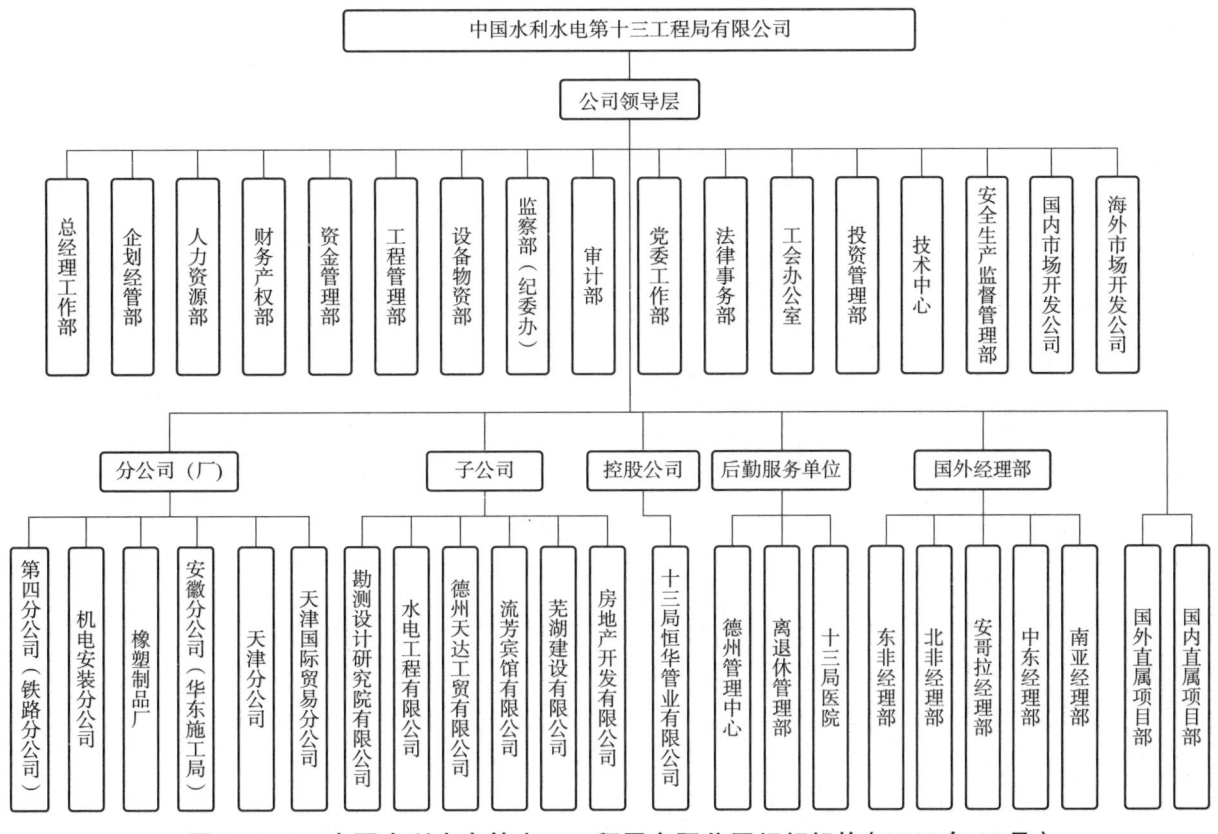

图1-1-2 中国水利水电第十三工程局有限公司组织机构（2012年12月）

25日，企划经管部更名为经济管理部。12月19日，成立欧洲经理部。

2014年3月7日，成立安徽公司，撤销华东施工局，安徽公司与华东市场开发部实行合署办公，实行"一套人马、两块牌子"。7月18日，山东电力管道工程公司划归公司管理。11月19日，成立康润物业管理有限公司。12月31日，撤销公司投资管理部。

2015年11月，成立北非公司。

2016年3月25日，安全环保部更名为安全质量环保部。4月6日，撤销北非经理部。4月19日，公司承接金寨县江环北路等综合管廊及道排工程PPP项目，为保证项目实施，成立金寨投资建设有限公司。9月27日，德州管理中心所属离退休职工管理部分立并单独设立，更名为离退休服务中心。9月27日，山东海益国际汽车销售维修有限公司自山东省德州市变更工商注册到天津滨海高新区，同时更名为天津斯泰克国际商贸有限公司，其英文名称相应变更为：STECOLTianjin International Trading Co. Ltd.。9月27日，撤销轨道安装公司、铁路公司，成立轨道交通公司。9月27日，德州天达工贸有限公司更名为德州实业总公司。9月30日，成立新闻中心，由公司党委工作部具体管理。10月11日，成立重大项目管理办公室，撤销公司专家办公室。10月19日，德州实业总公司更名为德州实业有限公司。10月24日，撤销东非经理部及其坦桑尼亚分部、乌干达分部，成立肯尼亚经理部、坦桑尼亚经理部。11月25日，德州劳动服务公司完成注销。12月30日，成立投融资事业部。

三、中国电建市政建设集团公司时期

2017年1月11日，天津斯泰克国际商贸有限公司更名为天津斯泰克国际贸易有限公司，内部规范简称为国贸公司。4月22日，撤销肯尼亚区域经理部，成立东非公司；坦桑尼亚区域经理部更名为坦桑尼亚经理部，纳入东非公司管理。8

月28日，成立中西非公司，同时撤销中西非区域经理部。8月30日，成立中亚经理部。

中国电建市政建设集团有限公司组织机构（2017年12月31日），如图1-1-3所示。

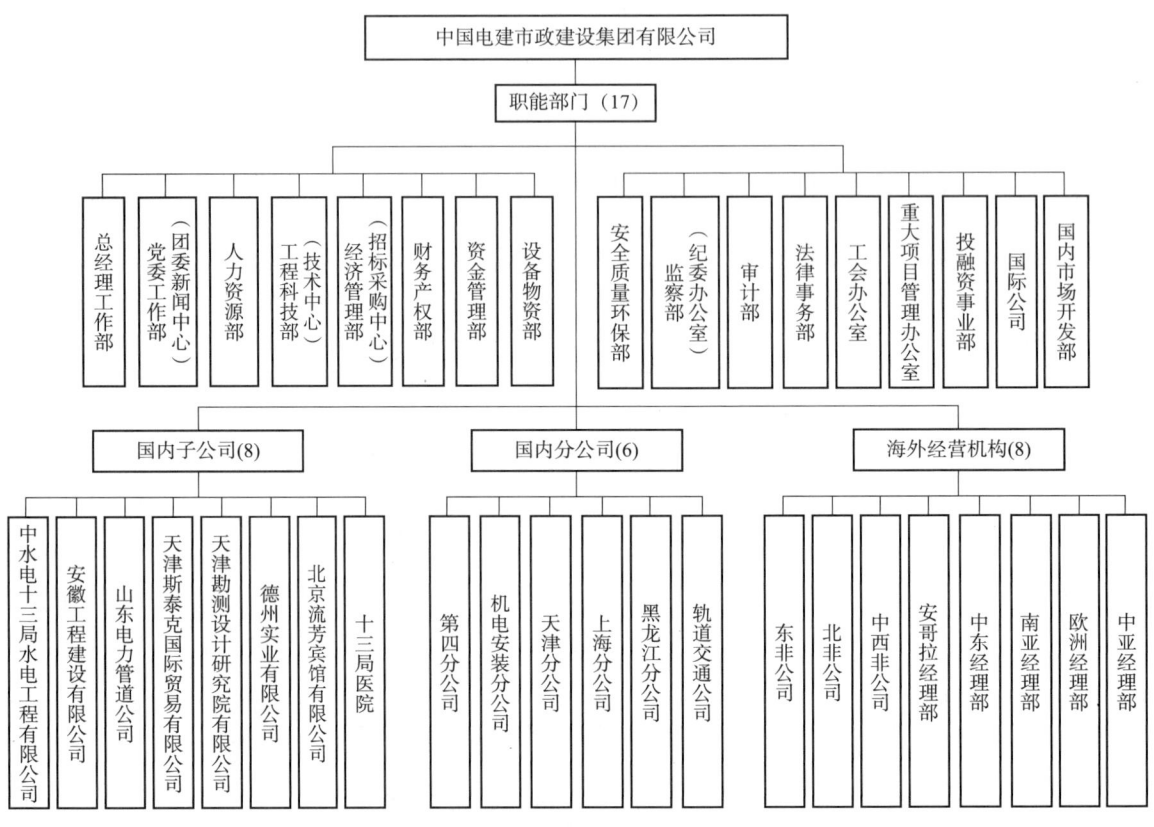

图1-1-3 中国电建市政建设集团有限公司组织机构（2017年12月31日）

2018年1月25日，成立水环境工程公司，水环境工程公司为市政集团直属二级非法人生产单位。1月26日，要求各成员企业、各单位本着依法合规、不影响生产经营和在建项目合同履约原则，适时做好各自更名工作。5月29日，撤销总经理工作部，成立集团办公室，主要职责为承担公司原总经理工作部管控职能，做好对公司党委书记、董事长、总经理及公司领导服务工作，完成党委书记、董事长、总经理及公司领导交办的任务。成立干部管理部，干部管理部与党委工作部合署办公，实行"一套人马、两块牌子"，主要职责为对公司管理的中层及以上领导人员和后备干部进行培养、管理工作。7月18日，成立北方国际工程有限公司。7月24日，安全质量环保部更名为安全环保部。

2019年1月16日，成立安哥拉公司，撤销安哥拉经理部；成立欧洲分公司，撤销欧洲经理部；撤销中东经理部，其在建项目及市场经营工作由国际公司负责。3月7日，成立公司管理咨询项目领导小组和工作组，推进管理咨询项目（公司发展战略、组织体系、员工职业发展通道和薪酬体系诊断与设计）高效开展。4月1日，成立西南非分公司，撤销安哥拉分公司；成立南亚分公司，撤销南亚经理部。6月5日，成立山东公司。7月24日，成立海外项目管理部。10月12日，国内市场开发部更名为国内市场开发总公司，内部增设生态环保开发部。10月18日，投融资事业部纳入市场开发总公司管理，其承担的公司资产管理职能转财务产权部管理。10月25日，北京办事处更名为北京分公司。10月29日，北京流芳宾馆更名为北京斯泰克国际商务有限公司。11月30日，撤销北京办事处。

2020年3月25日，公司与中电建南方建设投资有限公司共同发起成立中电建市政建设集团深圳工程有限公司。4月30日，公司调整总部机构设置，总部共设党委工作部（新闻中心）/干部管理部、集团办公室、信息与战略部、人力资源部、项目管理部、科技部（技术中心）、安全环保部、经济管理部（工程招标办公室）、设备物资部（集采办公室）、财务产权部、资金管理部、群众工作部/工会办公室、纪委办公室（巡察办公室）、审计部、法律风险管理部15个职能部门和国内市场开发总公司、国际工程有限公司两个国内外经营部门（事业部制）。4月30日，北京斯泰克国际商务有限公司更名为北京斯泰克工程管理咨询有限公司，同时营业范围增加建设工程监理、建设工程咨询、造价咨询、建设工程管理与技术咨询。9月23日，成立电建基地项目筹建处。9月27日，公司所属十三局医院移交德州市政府管理。

2021年6月9日，财务资金部由原财务产权部、资金管理部合并组建，两部门机构相应撤销，同时将保险业务划归至财务资金部。各单位相应部门名称统一为财务资金部。9月27日，按照国务院国资委深化改革三年行动和电建股份加强子企业董事会建设工作要求，成立董事会办公室，董事会办公室与公司信息与战略部合署办公。

中国电建市政建设集团有限公司组织机构（2021年12月31日），如图1-1-4所示。

结合集团化转型升级，公司不断地对组织架构进行优化调整，最终形成6+6+N核心架构（6家骨干企业、6家国外分公司、N家专业公司和经营平台）。

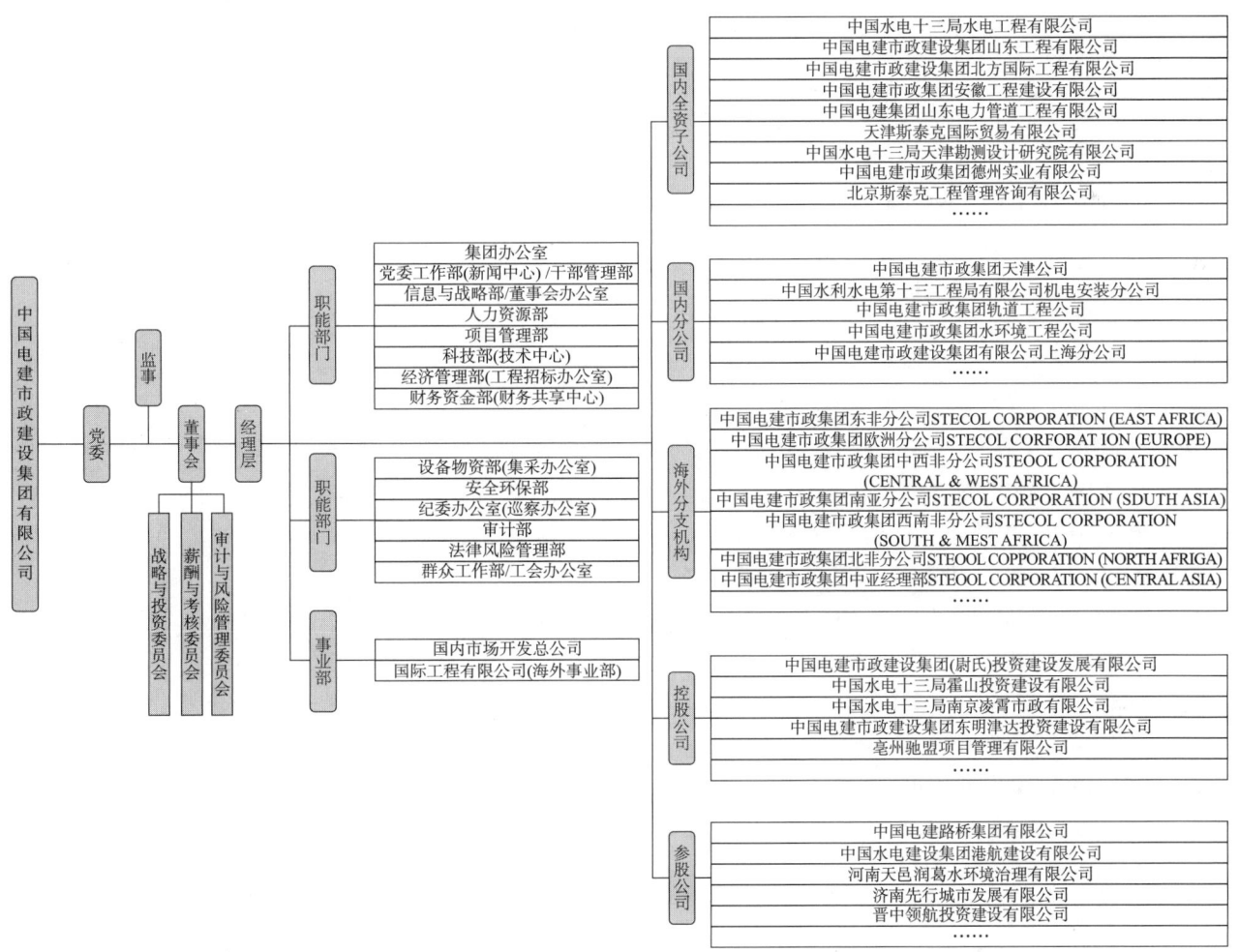

图1-1-4　中国电建市政建设集团有限公司组织机构（2021年12月31日）

中国电建市政建设集团全资、控股及参股公司，分公司，海外机构汇总，见表1-1-1至表1-1-3。

表1-1-1　中国电建市政建设集团全资、控股及参股公司汇总（截至2021年12月31日）

编号	公司名称	成立/变更时间	股比	登记状态
一	全资（29家）			
1	中国电建集团山东电力管道工程有限公司	1992-07-16	托管	存续
2	中国水利水电第十三工程局劳动服务公司	1989-08-02	100%	2016-11-25注销
3	北京斯泰克工程管理咨询有限公司 北京斯泰克国际商务有限公司（2019年11月—2020年5月） 北京流芳宾馆有限公司（1990年11月—2019年11月）	1990-11-14	100%	存续
4	中国水利水电第十三工程局珠海公司	1993-01-14	100%	2008-03-19注销
5	中国电建市政集团德州实业有限公司 中国水电十三局德州实业有限公司（2016年10月—2018年5月） 中国水电十三局德州天达工贸有限公司（2011年2月—2016年10月） 德州九龙实业有限公司（2000年12月—2011年2月）	2000-12-27	100%	存续
6	中国水电十三局天津勘测设计研究院有限公司	2001-07-23	100%	存续
7	中国水电十三局水电工程有限公司	2009-01-22 / 2019-12-05	100%	存续
8	中国电建市政集团德州房地产开发有限公司 中国水电十三局德州房地产开发有限公司（2010年4月—2019年10月）	2010-04-02	100%	存续
9	中国水电十三局芜湖建设有限公司	2012-07-20	100%	存续
10	天津斯泰克国际贸易有限公司 山东海益国际汽车销售维修有限公司（2013年7月—2017年1月）	2013-07-29	100%	存续
11	吉林省开吉工程建设有限公司	2013-10-29	100%	2016-10-12注销
12	中国电建市政集团安徽工程建设有限公司 中国水利水电第十三工程局安徽工程建设有限公司（2014年3月—2018年2月）	2014-03-27	100%	存续
13	德州康润物业管理有限公司	2015-04-08	100%	2018-12-19注销
14	中国电建市政集团安庆建设有限公司 中国水电十三局安庆建设有限公司（2015年5月—2018年4月）	2015-05-25	100%	存续
15	中国水利水电第十三工程局赋宁（天津）建设有限公司	2016-09-05	100%	2018-07-17注销
16	福州赋榕建设工程有限公司	2017-05-15	100%	存续
17	哈尔滨水电十三局管片有限公司	2017-05-16	100%	存续
18	马鞍山瑞津房地产开发有限公司	2017-10-23	100%	2020-05-15注销
19	中国电建市政建设集团（青岛）东方有限公司	2018-01-22	100%	2019-08-16注销
20	中国电建市政建设集团北方国际工程有限公司	2018-01-23	100%	存续
21	中国电建市政建设集团山东工程有限公司	2019-06-17	100%	存续
22	中国电建市政建设集团平原工程有限公司	2019-09-24	100%	存续
23	中国电建市政集团西南工程有限公司	2019-11-18	100%	存续
24	滑县赋安建设工程有限公司	2019-12-31	100%	存续
25	中国电建市政建设集团华南工程有限公司	2021-07-14	100%	存续
26	中国电建市政建设项目管理（淮北）有限公司	2021-08-27	100%	存续
27	中国电建市政建设集团烟台工程有限公司	2021-11-23	100%	存续
28	中国电建市政建设集团江苏津源工程有限公司	2021-12-02	100%	存续
29	中国电建市政建设集团（浙江）工程有限公司	2021-12-08	100%	存续

续表

编号	公司名称	成立/变更时间	股比	登记状态
二	控股公司（9家）			
1	中国水电十三局恒华（彰武）管业有限公司	2012-12-07	60%	存续
2	中国水利水电第十三工程局金寨投资建设有限公司	2016-04-25	90%	存续
3	中国水利水电第十三工程局怀宁投资建设有限责任公司	2017-01-12	80%	存续
4	中国水电十三局霍山投资建设有限公司	2017-02-14	90%	存续
5	中国水电十三局南京凌霄市政有限公司	2017-04-01	90%	存续
6	中国电建市政建设集团深圳工程有限公司	2020-03-13	50%	存续
7	中国电建市政建设集团东明津达投资建设有限公司	2020-05-22	85%	存续
8	亳州驰盟项目管理有限公司	2021-01-22	51%	存续
9	中国电建市政建设集团（尉氏）投资建设发展有限公司	2021-03-18	90%	存续
三	参股公司（30家）			
1	中国电建路桥集团有限公司	2006-04-30	7%	存续
2	中国水电建设集团港航建设有限公司	2007-04-02	14.78%	存续
3	中国水电津城投资发展有限公司	2010-02-04	10%	2018-12-11注销
4	中国水电建设集团（抚顺）投资建设有限公司	2011-06-15	40%	2018-12-24注销
5	中国电建地产集团抚顺有限公司	2011-06-15	40%	存续
6	中国水电建设集团房地产武汉有限公司	2011-06-20	25%	存续
7	中国水电集团朝阳风电开发有限公司	2011-11-29	30%	存续
8	中国电建路桥集团平潭投资发展有限公司	2014-09-23	23%	存续
9	朝阳中电建风力发电有限公司	2015-07-15	30%	存续
10	江门市应急备用水源管理有限公司	2015-12-08	28%	存续
11	中国电建安徽长九新材料股份有限公司	2016-01-14	17%	存续
12	京建工（福鼎）市政投资建设有限公司	2017-01-11	49%	存续
13	中国水电十三局（天津）股权投资基金合伙企业（有限合伙）	2017-05-10	49.98%	存续
14	晋中大禹市政工程有限公司	2017-08-16	10%	存续
15	怀宁县津宁城市发展有限公司	2017-10-26	45%	存续
16	中国电建市政建设集团凤阳投资建设有限公司 中国水利水电第十三工程局凤阳投资建设有限公司 （2017年12月—2018年8月）	2017-12-12	17%	存续
17	中国电建商业保理有限公司	2018-03-16	10%	存续
18	朔州瑞津工程建设有限公司	2018-05-16	41%	存续
19	河南天邑润葛水环境治理有限公司	2018-08-10	46%	存续
20	中国电建池州长智建工有限公司	2018-09-10	24%	存续
21	中国电建巩义生态水系建设有限公司	2018-09-17	30%	存续
22	山西黄河水务生态环保控股有限公司	2019-03-18	12%	存续
23	唐山全域治水生态建设集团有限公司	2020-05-08	8.18%	存续
24	济南先行城市发展有限公司	2020-05-09	49%	存续
25	山西中国电建置业有限公司	2020-06-08	15%	存续
26	中国电建（泌阳）环境建设发展有限公司	2020-09-03	28.5%	存续

续表

编号	公司名称	成立/变更时间	股比	登记状态
27	山东津岳房地产开发有限公司	2020-11-10	50%	存续
28	沛县文礼教育实业有限公司	2020-12-30	49.5%	存续
29	晋中领航投资建设有限公司	2021-10-14	44.61%	存续
30	中国电建廊坊水务建设发展有限公司	2021-11-18	30%	存续

表1-1-2　中国电建市政建设集团分公司汇总（截至2021年12月31日）

序号	公司名称	成立/变更时间	登记状态	备注
1	中国水利水电第十三工程局第一分局	1991-08-15	2007-11-27 注销	—
2	中国水利水电第十三工程局疏浚工程处	—	2007-11-01 撤销	内部机构未注册
3	中国水利水电第十三工程局有限公司第三分公司	1992-12-10	2017-07-05 注销	—
4	中国水利水电第十三工程局有限公司机电安装机械厂 中国水利水电第十三工程局机电安装分局机械厂（2004年8月—2018年6月） 中国水利水电第十三工程局机械厂（1992年12月—2004年8月）	1992-12-14	存续	—
5	中国水利水电第十三工程局有限公司橡塑制品厂 中国水利水电第十三工程局橡胶制品厂（1993年5月—2018年3月）	1993-05-14/ 2004-05-01	2018-03-16 注销	—
6	中国水利水电第十三工程局有限公司机电安装分公司 中国水利水电第十三工程局机电安装分局（1996年9月—2008年11月）	1996-09-11	存续	—
7	中国电建市政建设集团有限公司北京分公司 中国电建市政建设集团有限公司北京办事处（2018年5月—2020年12月） 中国水利水电第十三工程局有限公司北京办事处（2013年9月—2018年5月） 中国水利水电第十三工程局北京办事处（2007年3月—2013年9月）	2007-03-19	存续	—
8	中国电建市政建设集团有限公司吉林省分公司 中国水利水电第十三工程局有限公司吉林省分公司 （2008年4月—2018年11月） 中国水利水电第十三工程局吉林省分公司（2007年5月—2008年4月）	2007-05-01	2019-07-15 注销	—
9	中国水利水电第十三工程局上海分公司 中国水电十三局上海分公司（2007年7月—2015年8月）	2007-07-06	2021-08-18 注销	—
10	中国电建市政建设集团有限公司浙江分公司 中国水利水电第十三工程局有限公司浙江分公司（2008年4月—2019年1月） 中国水利水电第十三工程局浙江分公司（2007年12月—2008年4月）	2007-12-27	存续	—
11	中国水利水电第十三工程局珠海工程处	2008-01-14	2008-09-08 注销	—
12	中国水利水电第十三工程局武装保卫部	—	2008-06-13 撤销	内部机构未注册
13	中国电建市政建设集团有限公司安徽分公司 中国水利水电第十三工程局有限公司安徽分公司 （日期未知—2019年3月） 中国水利水电第十三工程局有限公司安徽办事处（2009年7月—日期未知）	2009-07-10	存续	—
14	中国电建市政建设集团有限公司江西分公司 中国水利水电第十三工程局有限公司江西分公司（2009年7月—2018年1月）	2009-07-14	存续	—
15	中国水利水电第十三工程局有限公司深圳分公司	2009-07-27	2013-01-09 注销	—
16	中国水利水电第十三工程局有限公司水电工程有限公司多种经营分公司 中国水利水电第十三工程局多种经营处（2007年5月—2009年11月）	2007-05-22/ 2009-12-22	2011-12-20 注销	—
17	中国水利水电第十三工程局有限公司天津国际贸易分公司	2009-12-30	2013-08-05 注销	—

续表

序号	公司名称	成立/变更时间	登记状态	备注
18	中国电建市政建设集团有限公司青岛分公司 中国水利水电第十三工程局有限公司青岛分公司（2010年6月—2020年9月）	2010-06-09	存续	—
19	中国水利水电第十三工程局有限公司铁路分公司	2011-01-26	2016-07-06 撤销	内部机构 未注册
20	中国电建市政集团天津公司 中国水利水电第十三工程局有限公司天津分公司（2011年3月—2018年）	2011-03-28	存续	内部机构 未注册
21	中国电建市政建设集团有限公司济南分公司 中国水利水电第十三工程局有限公司济南分公司（2011年4月—2018年1月）	2011-04-19	存续	—
22	中国电建市政建设集团有限公司江苏分公司 中国水利水电第十三工程局有限公司江苏分公司（2011年9月—2018年7月）	2011-09-02	存续	—
23	中国水利水电第十三工程局有限公司四川分公司	2011-10-21	2017-04-11 注销	—
24	中国水利水电第十三工程局有限公司辽宁分公司	2012-04-18	2021-02-01 注销	—
25	中国电建市政建设集团有限公司深圳工程分公司 中国水利水电第十三工程局有限公司深圳工程分公司 （2012年10月—2018年9月）	2012-10-15	存续	—
26	中国电建市政建设集团有限公司武汉分公司 中国水利水电第十三工程局有限公司武汉分公司（2013年3月—2018年5月）	2013-03-20	存续	—
27	中国电建市政建设集团有限公司河南分公司 中国水利水电第十三工程局有限公司河南分公司（2013年7月—2018年11月）	2013-07-18	存续	—
28	中国电建市政建设集团有限公司烟台分公司 中国水利水电第十三工程局有限公司烟台分公司（2013年7月—2018年1月）	2013-07-24	2018-10-24 注销	—
29	中国电建市政建设集团有限公司淮北分公司 中国水利水电第十三工程局有限公司淮北分公司（2014年4月—2019年4月）	2014-04-28	存续	—
30	中国水利水电第十三工程局有限公司重庆分公司	2014-06-23	2018-05-17 注销	—
31	中国水利水电第十三局工程轨道安装公司	2015-07-23	2016-07-06 撤销	内部机构 未注册
32	中国水利水电第十三工程局有限公司陕西分公司	2015-09-10	2017-08-21 注销	—
33	中国电建市政建设集团有限公司广州分公司 中国水利水电第十三工程局有限公司广州分公司（2015年12月—2018年9月）	2015-12-03	2021-09-23 注销	—
34	中国电建市政集团有限公司黑龙江分公司 中国水利水电第十三工程局有限公司黑龙江分公司（2015年12月—2018年2月）	2015-12-29	存续	—
35	中国电建市政集团有限公司常州分公司 中国水利水电第十三工程局有限公司常州分公司（2016年2月—2018年6月）	2016-02-01	2021-09-03 注销	—
36	中国电建市政集团有限公司轨道工程公司 中国水利水电第十三工程局有限公司轨道交通公司 （2016年9月—2018年2月）	2016-09-27	存续	内部机构 未注册
37	中国水利水电第十三工程局有限公司路面工程公司	2016-09-18	存续	内部机构 未注册
38	中国电建市政建设集团有限公司上海分公司 中国水利水电第十三工程局有限公司上海分公司（2016年12月—2018年4月）	2016-12-13	存续	—
39	中国电建市政建设集团有限公司沧州分公司 中国水利水电第十三工程局有限公司沧州分公司（2017年10月—2018年4月）	2017-10-12	2020-12-08 注销	—
40	中国电建市政集团有限公司水环境工程公司	2018-01-25	存续	内部机构 未注册
41	中国电建市政建设集团有限公司泰安分公司	2020-09-09	存续	—
42	中国电建市政建设集团有限公司定远分公司	2020-09-30	存续	—

续表

序号	公司名称	成立/变更时间	登记状态	备注
43	中国电建市政建设集团有限公司临沂分公司	2021-01-04	存续	—
44	中国电建市政建设集团有限公司聊城分公司	2021-01-04	存续	—
45	中国电建市政建设集团有限公司海南分公司	2021-03-12	存续	—
46	中国电建市政建设集团有限公司济宁分公司	2021-07-09	存续	—
47	中国电建市政建设集团有限公司望江分公司	2021-11-30	存续	—
48	中国电建市政建设集团有限公司平顶山分公司	2021-12-15	存续	—

表1-1-3 中国电建市政建设集团海外机构汇总（截至2021年12月31日）

编号	公司名称	设立/撤销时间
1	公司驻也门经理部、驻斯里兰卡经理部	2009-10-27 撤销
2	中国水电十三局有限公司驻阿尔及利亚经理部	2009-11-05 设立/2011-01-26 撤销
3	中国水利水电第十三工程局有限公司中东经理部	2011-09-06 设立/2019-01-16 撤销
4	中国水利水电第十三工程局有限公司北非经理部	2011-09-07 设立/2016-04-06 撤销
5	中国水电十三局北非公司	2016-04-06 设立
6	中国水电十三局中西非经理部	2013-04-17 设立/2017-08-28 撤销
7	中国水电十三局欧洲经理部	2013-12-19 设立/2019-01-16 撤销
8	中国电建市政集团欧洲分公司	2019-01-16 设立
9	中国水电十三局驻东非经理部	2016-10-24 撤销
10	中国水电十三局肯尼亚经理部	2016-10-24 设立/2017-04-22 撤销
11	中国水电十三局东非公司	2017-04-22 设立
12	中国水电十三局坦桑尼亚经理部	2016-10-24 设立
13	中国水电十三局沙特分公司	2017-01-19 撤销
14	中国水电十三局中西非公司	2017-08-28 设立
15	中国水电十三局中亚经理部	2017-08-30 设立
16	中国电建市政集团安哥拉经理部	2019-01-16 撤销
17	中国电建市政集团安哥拉分公司	2019-01-16 设立/2019-04-01 撤销
18	中国电建市政集团西南非分公司	2019-04-01 设立
19	中国电建市政集团南亚经理部	2019-04-01 撤销
20	中国电建市政集团南亚分公司	2019-04-01 设立

第四节 领导成员

一、中国水利水电第十三工程局时期（2006年12月—2008年4月）

2007年1月15日，以中水电人〔2007〕5号文件，聘任何占颂为水电十三局局长；刘晓辉、徐德阳、秦超为水电十三局副局长。童劲松不再担任水电十三局局长职务。

3月12日，中国共产党德州市委员会组织部以（干函〔2007〕7号）文件，同意增补刘晓辉、徐德阳、秦超三人为水电十三局党委委员。

3月19日，以中水电〔2007〕29号文件，聘任杨涛为水电十三局副局长兼总工程师。

9月5日，以中水电人〔2007〕147号文件，聘任杨长才为水电十三局副局长。

2008年1月11日，以中水电党〔2008〕10号文件，任命于晓同志为水电十三局党委书记；何占颂同志为水电十三局党委副书记（兼）。免去陈庆和同志水电十三局党委书记、党委委员职务；魏达同志水电十三局党委委员职务。中共德州市委组织部以干函〔2008〕1号文件，增补杨长才同志为中国共产党中国水利水电第十三工程局委员会委员。

二、中国水利水电第十三工程局有限公司时期（2008年4月—2017年11月）

2008年6月27日，以中水电人〔2008〕124号文件，聘任席国超为水电十三局总会计师。免去姚国良水电十三局总会计师职务。以中水电人〔2008〕135号文件，聘任何占颂为中国水利水电第十三工程局有限公司执行董事（公司法定代表人）；刘炳刚为中国水利水电第十三工程局有限公司监事。以上同志原在中国水利水电第十三工程局所任行政职务同时免去。以中水电人〔2008〕148号文件，聘任何占颂为中国水利水电第十三工程局有限公司总经理（兼）；于晓、杨涛、刘延超、刘晓辉、徐德阳、秦超、杨长才为中国水利水电第十三工程局有限公司副总经理；席国超为中国水利水电第十三工程局有限公司总会计师；杨涛为中国水利水电第十三工程局有限公司总工程师（兼）。以上同志原在中国水利水电第十三工程局所任行政职务同时免去。

9月1日，以中水电人〔2008〕193号文件，聘任何占颂为中国水利水电第十三工程局有限公司执行董事（公司法定代表人）；刘炳刚为中国水利水电第十三工程局有限公司监事。以上同志原在中国水利水电第十三工程局所任行政职务同时免去。以中水电人〔2008〕194号文件，聘任何占颂为中国水利水电第十三工程局有限公司总经理（兼）；于晓（兼）、杨涛、刘延超、刘晓辉、徐德阳、秦超、杨长才、闫修春为中国水利水电第十三工程局有限公司副总经理；席国超为中国水利水电第十三工程局有限公司总会计师；杨涛为中国水利水电第十三工程局有限公司总工程师（兼）；殷国宝为中国水利水电第十三工程局有限公司总经济师。以上同志原在中国水利水电第十三工程局所任行政职务同时免去。

10月20日，中共德州市委组织部以干函〔2008〕39号文件，增补闫修春、席国超、殷国宝为中共中国水利水电第十三工程局有限公司委员会委员。

2011年7月27日，以中水电股党〔2011〕49号文件和中水电股干〔2011〕12号文件，决定刘光荣同志任中国水利水电第十三工程局有限公司党委副书记、纪委书记（试用期一年）；决定聘任刘光荣为中国水利水电第十三工程局有限公司监事（试用期一年）。刘炳刚同志因年龄原因不再担任十三局公司监事、党委副书记、纪委书记职务。

2012年11月16日，以中水电股干〔2012〕50号文件，公司新一届经营班子由何占颂、赵景涛、杨涛、刘晓辉、徐德阳、秦超、杨长才、闫修春、席国超、殷国宝、张玉富、王宁坤等12人组成。聘任何占颂为公司执行董事（法定代表人）、总经理；赵景涛（兼）、杨涛、刘晓辉、徐德阳、秦超、杨长才、闫修春、张玉富、王宁坤为公司副总经理；席国超为公司总会计师；杨涛为公司总工程师（兼）；殷国宝为公司总经济师；聘任刘光荣为公司监事。以中电建党〔2012〕239号文件，决定赵景涛任公司党委书记，何占颂任党委副书记（兼），刘光荣任党委副书记、纪委书记，推荐刘光荣为公司工会主席候选人，并按有关规定履行民主程序。

2016年2月17日，以中电建股党干〔2016〕6号文件、中电建股党干〔2016〕7号文件，决定刘晓辉同志任中国水利水电第十三工程局有限公司党委副书记、纪委书记，免去刘光荣同志中国水利水电第十三工程局有限公司党委副书记、纪委书记职务。决定推荐刘晓辉同志为中国水利水电第十三工程局有限公司工会主席候选人，刘光荣同志不再担任中国水利水电第十三工程局有限公司工会主席职务。2月23日，以中电建股干〔2016〕3号文件，聘任高宗文为中国水利水电第十三工程局有限公司副总经理，刘晓辉为中国水利水电第十三工程局有限公司监事。解聘刘晓辉中国水利水电第十三工程局有限公司副总经理职务，刘光荣中国水利水电第十三工程局有限公司监事职务。3月1日，以中电建股干〔2016〕12号文件，解聘秦超中国水利水电第十三工程局有限公司副总经理职务。

三、中国电建市政建设集团有限公司时期（2017年11月—）

2017年11月27日，以中电建股党干〔2017〕60号文件，决定赵景涛同志任中国电建市政建设集团有限公司党委书记；何占颂同志任中国电建市政建设集团有限公司党委副书记；刘晓辉同志任中国电建市政建设集团有限公司党委副书记、纪委书记。以中电建股党干〔2017〕61号文件，推荐徐德阳同志为中国电建市政建设集团有限公司工会主席负责人，刘晓辉同志不再担任中国电建市政建设集团有限公司工会主席职务。以中电建股干〔2017〕57号文件，聘任何占颂为中国电建市政建设集团有限公司执行董事（法定代表人）、总经理；赵景涛、高宗文、杨涛、杨长才、闫修春、张玉富、王宁坤、屠清奎、李俊元为中国电建市政建设集团有限公司副总经理；刘晓辉为中国电建市政建设集团有限公司监事；杨涛为中国电建市政建设集团有限公司总工程师（兼）；殷国宝为中国电建市政建设集团有限公司总经济师；席国超为中国电建市政建设集团有限公司总会计师。解聘徐德阳中国电建市政建设集团有限公司副总经理职务。

2018年3月22日，以中电建股党干〔2018〕90号文件，决定何占颂同志任中国电建市政建设集团有限公司党委书记；赵景涛为中国电建市政建设集团有限公司党委副书记。免去赵景涛同志中国电建市政建设集团有限公司党委书记职务。以中电建股干〔2018〕92号文件，聘任何占颂为中国电建市政建设集团有限公司董事长（执行董事）、法定代表人；赵景涛为中国电建市政建设集团有限公司董事、总经理。解聘何占颂中国电建市政建设集团有限公司总经理职务。

2019年3月8日，以中电建股党干〔2019〕33号文件，决定高宗文同志任中国电建市政建设集团有限公司党委副书记；张玉富同志任中国电建市政建设集团有限公司纪委书记。免去刘晓辉同志中国电建市政建设集团有限公司党委副书记、纪委书记职务，改任咨询。以中电建股干〔2019〕26号文件，聘任殷国宝为中国电建市政建设集团有限公司副总经理；张玉富为中国电建市政建设集团有限公司监事；张泽为中国电建市政建设集团有限公司总会计师。解聘闫修春中国电建市政建设集团有限公司副总经理职务，改任咨询；张玉富中国电建市政建设集团有限公司副总经理职务；刘晓辉中国电建市政建设集团有限公司监事职务，改任咨询；席国超中国电建市政建设集团有限公司总会计师职务，另有任用；殷国宝中国电建市政建设集团有限公司总经济师职务。

2020年1月3日，以中电建股党干〔2020〕5号文件，决定高宗文同志任中国电建市政建设集团有限公司党委书记。免去何占颂同志中国电建市政建设集团有限公司党委书记职务。以中电建股干〔2020〕14号文件，聘任高宗文为中国电建市政建设集团有限公司董事长（执行董事）、法定代表人。解聘何占颂中国电建市政建设集团有限公司董事长（执行董事）、法定代表人职务，改任咨询；高宗文中国电建市政建设集团有限公司副总经理职务。

9月22日，以中电建股干〔2020〕65号文件，解聘杨长才中国电建市政建设集团有限公司副总经理职务，改任咨询。

9月27日，以中电建股党干〔2020〕38号文件，徐德阳同志不再担任中国电建市政建设集团有限公司工会主席职务，改任咨询。

2020年12月，屠清奎调入中国电建集团港航建设有限公司工作。

2021年1月15日，以中电建股党干〔2021〕6号文件，张玉富同志任中国电建市政建设集团有限公司党委副书记；张书起同志任中国电建市政建设集团有限公司党委委员、纪委书记。免去赵景涛同志中国电建市政建设集团有限公司党委副书记职务；张玉富同志中国电建市政建设集团有限公司纪委书记职务。以中电建股干〔2021〕10号文件，聘任张玉富为中国电建市政建设集团有限公司董事、总经理；张书起为中国电建市政建设集团有限公司监事；张泽、史建波、季奇、赵勇祥为中国电建市政建设集团有限公司副总经理；王操为中国电建市政建设集团有限公司总工程师。解聘赵景涛中国电建市政建设集团有限公司董事、总经理职务，改任咨询；张玉富中国电建市政建设集团有限公司监事职务；杨涛中国电建市政建设集团有限公司总工程师职务。

4月12日，以中电建股干〔2021〕41号文件，解聘李俊元中国电建市政建设集团有限公司副总经理职务。以中电建股党干〔2021〕19号文件，决定李俊元同志任中国电建市政建设集团有限公司党委副书记，推荐其为中国电建市政建设集团有限公司工会主席候选人。

10月29日，以中电建股干函〔2021〕12号文件，殷国宝不再担任中国电建市政建设集团有限公司副总经理，改任咨询。

公司历任领导任职情况，见表1-1-4至表1-1-6。

表1-1-4　历任主要行政领导

姓名	职务	出生年月	籍贯	学历	参加工作时间	任职时间	备注
童劲松	局长	1949年9月	湖南湘乡	中专	1970年1月	1997年10月—2007年1月15日	—
何占颂	局长，执行董事、总经理（兼），董事长（执行董事）	1961年3月	安徽怀宁	大学	1984年7月	2007年1月15日—2020年1月3日	—
赵景涛	董事、总经理	1962年12月	河北景县	大学	1985年7月	2018年3月22日—2021年1月15日	党委副书记
高宗文	董事长（执行董事）	1968年9月	安徽全椒	大学	1990年7月	2020年1月3日—	—
张玉富	董事、总经理	1966年8月	山东沂源	大学	1989年7月	2021年1月15日—	党委副书记

表1-1-5　历任党委书记

姓名	职务	出生年月	籍贯	学历	参加工作时间	任职时间	备注
陈庆和	党委书记	1952年4月	河南濮阳	大学	1969年3月	2004年10月—2008年1月11日	—
于晓	党委书记	1958年1月	山东烟台	大学	1972年12月	2008年1月11日—2012年11月6日	副局长（兼）
赵景涛	党委书记	1962年12月	河北景县	大学	1985年7月	2012年11月6日—2018年3月22日	副总经理（兼）
何占颂	党委书记	1961年3月	安徽怀宁	大学	1984年7月	2018年3月22日—2020年1月3日	—
高宗文	党委书记	1968年9月	安徽全椒	大学	1990年7月	2020年1月3日—	—

表1-1-6 历任副职

姓名	职务	出生年月	籍贯	学历	参加工作时间	任职时间	备注
何占颂	副局长	1961年3月	安徽怀宁	大学	1984年7月	1997年6月—2007年1月15日	—
刘炳刚	党委副书记、纪委书记（兼）、监事	1951年3月	河北故城	大专	1968年5月	1997年9月—2011年	—
刘光荣	党委副书记、纪委书记、工会主席、监事	1966年12月	重庆涪陵	研究生	1990年7月	2011年7月22日—2016年2月23日	—
魏 达	总经济师	1958年4月	山西大同	大学	1976年12月	2001年2月—2008年9月1日	—
殷国宝	总经济师、副总经理	1963年10月	山东烟台	大学	1980年12月	2008年9月1日—2021年10月29日	—
姚国良	总会计师	1957年9月	山东宁津	大学	1980年5月	2001年2月—2008年6月27日	—
席国超	总会计师	1972年11月	河南内乡	研究生	1997年7月	2008年6月27日—2019年3月8日	—
张 泽	总会计师、副总经理	1980年1月	山东菏泽	大学	2002年7月	2019年3月8日—	—
李汝伟	工会主席	1955年11月	山东邹平	大学	1976年8月	2001年2月—2012年	—
于 晓	副局长	1958年1月	山东烟台	大学	1972年12月	2003年9月—2008年1月11日	—
杨 涛	总工程师、副局长、副总经理	1964年8月	山东鱼台	大学	1986年7月	2003年9月—	—
刘延超	副局长、副总经理	1958年3月	吉林永吉	大学	1976年10月	2004年11月—2021年	—
刘晓辉	副局长、副总经理、党委副书记、纪委书记、工会主席、监事	1961年1月	北京	大学	1977年8月	2007年1月15日—2019年3月8日	—
徐德阳	副局长、副总经理、工会主席	1962年9月	山东德州	研究生	1983年2月	2007年1月15日—2020年9月27日	—
秦 超	副局长、副总经理	1961年1月	河南固始	大学	1982年8月	2007年1月15日—2016年3月1日	—
杨长才	副局长、副总经理	1962年9月	湖北汉川	大学	1981年11月	2007年9月5日—2020年9月24日	—
闫修春	副总经理	1960年11月	山东蓬莱	大学	1984年7月	2008年9月1日—2019年3月8日	—
张玉富	副总经理、纪委书记、监事	1966年8月	山东沂源	大学	1989年7月	2012年11月6日—2021年1月15日	—
王宁坤	副总经理	1970年4月	河北安新	大学	1993年7月	2012年11月6日—	—
高宗文	副总经理	1968年9月	安徽全椒	大学	1990年7月	2016年2月23日—2020年1月3日	—
屠清奎	副总经理	1971年1月	山东禹城	大学	1994年7月	2017年11月27日—2020年12月30日	—
李俊元	副总经理、党委副书记、工会主席	1969年2月	山东潍坊	研究生	1990年7月	2017年11月27日—	—
张书起	纪委书记、监事	1974年7月	山东陵县	大学	1994年7月	2021年1月15日—	—
史建波	副总经理	1979年11月	山东乳山	研究生	2003年7月	2021年1月15日—	—
季 奇	副总经理	1968年9月	山东蓬莱	大学	1991年7月	2021年1月15日—	—
赵勇祥	副总经理	1970年10月	陕西榆林	大学	1991年7月	2021年1月15日—	—
王 操	总工程师	1982年8月	江苏铜山	大学	2004年8月	2021年1月15日—	—

第五节　职工队伍

一、中国水利水电第十三工程局时期（2007年1月—2008年4月）

由于深化改革，企业转型，水电十三局实行减人增效举措，由2007年初的4324人减少到2008年末的4040人，其中主要减少的是工人数量，管理技术人员数量相对增加，由2007年初的2055人增加到2008年末的2371人，水电十三局逐渐实现由劳动密集型向管理、技术密集型企业转变。

二、中国水利水电第十三工程局有限公司时期（2008年5月—2017年9月）

随着企业改革、转型持续深入，公司营业收入逐年攀升以及海外事业快速发展，公司对管理人才，尤其是对大学毕业生的需求不断增加，同时工人数量相对减少，职工总人数连年递增，由2008年末的4040人增加至2017年末的5887人；管理人员总人数和占比持续增加，由2371人增加至4552人。

三、中国电建市政建设集团有限公司时期（2017年10月—2021年12月）

2017年10月，公司更名为中国电建市政建设集团有限公司，标志着公司发展进入新阶段，公司持续、快速发展，对人才需求进一步提高。自2018年起，公司职工人数持续稳定在6000人以上，管理人才突破5000人，管理人才总人数和占比趋于合理，为公司营业收入和新签合同额双跨200亿元提供了人才支撑和智力保障。

2007—2021年人员情况，见表1-1-7。

表1-1-7　2007—2021年人员情况

年份	人员情况		
	总人数	管理人员	技能人员
2007	3779	1950	1829
2008	4040	2371	1669
2009	4351	2728	1623
2010	4570	2967	1603
2011	4883	3425	1458
2012	5216	3934	1282
2013	5539	4139	1400
2014	5969	4367	1602
2015	5886	4480	1406
2016	5872	4374	1498
2017	5887	4552	1335
2018	6018	4853	1165
2019	6035	5017	1018
2020	6036	5110	926
2021	6062	5209	853

第二章　成员企业

第一节　国内成员企业

一、二公司

二公司前身是二分局，二分局于2005年1月由二、五分局合并而成，2012年4月与三公司、中水电公司整合成为水电公司。

2006—2011年，二公司在巩固和加强济南、安徽两个传统区域市场的同时，拓展长江三角区域市场，兼顾国外市场，市场经营不断实现突破。二公司多次获得先进党委、党风廉政建设优秀单位、"四好"领导班子、质量管理优秀单位、安全生产先进单位、劳动关系和谐单位、德州市五一劳动奖状等荣誉。

成立初期，二公司设有办公室、党委办公室、工会办公室、人力资源管理科、经济管理科、质量技术科、设备物资科、安全保卫科、经营科、财务科、审计科等。2008年8月，增设国际工程办事组、安全监管科、工程管理科、市场经营科，撤销安全保卫科、质量技术科、经营科。

二公司坚持以改革促创新、以创新求发展，不断推动企业转型升级，在巩固和扩大水电市场的同时，开拓非水电市场，并在市政园林景观、大跨度拱桥、基础处理、输水管线铺设、围垦造地等领域均实现新拓展。先后承建新沂河整治工程潮西段北Ⅱ标、安庆长春水库除险加固工程、青铜峡黄河标准堤防路面工程、安徽东沥闸工程、济南奥体箱涵工程、温州黄岙围堤工程、小清河综合治理工程、济南小清河洪园节制闸、南水北调山东济南市区段输水工程、黄山湖边水利枢纽工程、上海青草沙水库工程、南水北调中线漳古段SG13标工程等国家和地方重点工程。

二公司不断加强和完善管理制度，严格现场标准化作业，强化过程控制监督，深化工程创优，承揽工程多次获得国家级、省部级优质工程奖。临淮岗洪水控制工程荣获中国建筑工程"鲁班奖"、安徽省东沥闸加固与扩建工程荣获安徽省"黄山杯"、济南大明湖扩建工程获新中国成立60周年山东省"精品建设工程"、石嘴山市大武口区星光大道Ⅰ标段工程荣获"西夏杯"省级优质工程、济宁市南四湖湖东堤工程荣获山东省2006—2007年度山东省水利工程文明建设施工工地荣誉证书等。

历任主要领导任职情况：2006年1月—2011年12月，黄彦德、钱春立。

二公司2007—2011年经济指标完成情况，见表1-2-1。

表1-2-1 二公司2007—2011年经济指标完成情况

年份	营业收入（万元）	全员劳动生产率［元/（人·年）］	税金（万元）
2007	11122.9	395833.1	224.2
2008	16800.0	587412.6	338.6
2009	26509.0	838893.0	534.3
2010	27102.9	754955.2	546.3
2011	44500.0	1161879.9	897.0

二、三公司

三公司前身是三分局，2012年4月与二公司、中水电公司整合成为水电公司。三公司多次获得先进党委、党风廉政建设优秀单位、"四好"领导班子、质量管理优秀单位、安全生产先进单位、德州市劳动关系和谐单位、德州市五一劳动奖状等荣誉。

2007—2011年，三公司调整经营策略，立足山东、河北，辐射浙江、东北、郑州等建筑市场，以南水北调、济南、天津等成熟市场影响、带动周边领域，经营地域和施工领域得到延伸和扩展。充分发挥市政和水利水电工程施工优势，中标金额屡创新高，2009年初在东北市场首次承接合同额超亿元工程。三公司合理分析区域发展形势，重点市场跟踪发力精准，陆续承接南水北调、济南奥体、天津武清等多项国家、地方重点建设工程项目。同时，三公司紧跟公司"国际经营业务优先发展、大力开拓非水电建筑市场"战略方针，2007年3月，成立国际工程办公室，积极参与配合卡塔尔、肯尼亚等项目投标施工工作，国内国际两块市场协同稳步推进，助力"中国水电"成为国际工程界知名品牌，成为水电系统"走出去"行业代表。

三公司始终坚持以水利水电、市政公用为主的业务布局，先后承建南水北调中线京石段直管五标、南水北调中线石京段S50标、南水北调中线磁县二标、南水北调西黑山、温州戌浦江河口大闸枢纽、重庆桃子沟水库大坝、哈达山水利枢纽、济南济微路、济南奥体中心公路、天津滨海高新区道路与排水、天津武清开发区市政、辽宁抚顺绥化路等多项工程。

三公司不断加大技术管理力度，积极组织科研课题申报、施工工法及重大技术难题立项、施工工法编写等。如界河渡槽工程"大跨度上承式预应力混凝土拉杆拱渡槽施工技术研究"处于当时该类工程施工领域国际先进水平。

工程建设期间，南水北调多个项目被南水北调办公室授予优胜单位、文明工地、文明施工单位、工程建设优秀单位等荣誉称号。济南济微路建设工程、济南奥体中心市政道路工程在获得山东省市政金杯示范工程的基础上，先后获得全国市政金杯示范工程奖。

三公司多次调整组织结构设置，2011年底，三公司设置有总经理工作部、工程管理部、企划经营部、安全生产监督管理部、工程投标部、财务部、审计部、企划经营部、设备物资管理部、党委工作部、团委、工会、监察部13个管理部门。截至2012年4月，三公司在册职工总数459人，其中在岗职工427人，内退职工12人，其他职工20人。

历任主要领导任职情况：2007年1月—2009年7月，戚继舫、曲士新；2009年8月—2011年12月，柳爱华、曲士新。

三公司2007—2011年经济指标完成情况，见表1-2-2。

表1-2-2　三公司2007—2011年
经济指标完成情况

年份	营业收入 （万元）	全员劳动生产率 ［元/（人·年）］	税金 （万元）
2007	19327.0	603968.4	389.6
2008	17359.1	600660.2	349.9
2009	30628.0	984822.2	617.39
2010	53341.5	1524043.1	1075.2
2011	100677.3	2267506.1	2029.3

三、山东公司

山东公司前身——中水电十三局水电工程有限公司（简称水电公司）于2012年5月成立，是为解决二级单位规模偏小、业务同质化、专业特色不突出、市场竞争力偏弱等问题，由原二公司、三公司、中水电公司3家单位整合重组成立。

水电公司设有总经理工作部、人力资源部、财务资金部、工程管理部、企划经管部、市场开发部、安全生产监督管理部、设备物资部、审计监察部、党群工作部等10个部门。截至2018年底，水电公司在建工程19个，主要分布在山东、东北、安徽、福建、四川、江西等区域。

2019年6月，山东公司成立。水电公司原班人马整建制转入山东公司。同年8月，山东公司将机关总部从山东省德州市迁至山东省济南市。

初期，山东公司设有综合办公室、党群工作部（含纪检、工会等业务管理）、工程项目管理部、人力资源部、财务资金部、设备物资部、经济管理部（含风控、审计等业务管理）、安全环保部"七部一室"；另设有市场开发一部、市场开发二部。2020年5月，将市场开发一部、二部合二为一，设置市场开发部。2021年5月成立项目管理中心。2022年2月成立审计部。

山东公司着力提升自主营销能力，推动自有资质评审。截至2021年底，已拥有水利水电、市政公用、建筑工程施工等3个总承包三级资质，成为一家以房屋建筑、水利水电、市政公用、公路道路、土石方、水电设备安装等施工为主的市政集团旗下独立法人全资子公司。

山东公司承建安徽省青弋江分洪道工程、南水北调大屯水库工程、华山洼生态修复及功能提升项目湖区水体修复工程等多个水利项目；烟台金山湾生态城基础设施工程、济南新旧动能转换先行区崔寨北片区市政道路一期工程等多个市政项目；淮北市杜集区安置房工程、中科新经济科创园基础设施（B-1、B-2地块）工程总承包（EPC）工程等多个房建项目。

山东公司承建的济南市小清河综合治理一期工程第2标段工程、济南市小清河综合治理工程一期水利工程第9标段工程被评为2012年度全国市政金杯示范工程；辽宁省智慧城市市政工程获2015年度辽宁省智慧城市市政金杯奖；南水北调东线第一期鲁北段大屯水库工程获水利系统国家级别最高奖项"大禹奖"，并获2015年度山东省"泰山杯"奖；南水北调中线徐鸳口泵站工程获2016年度湖北省"江汉杯"奖；神化陕西甲醇下游加工项目（单体建筑）获2016—2017年国家优质工程奖；安徽S238怀宁段公路改建工程获2021年度安徽省"黄山杯"奖。

正挖法施工99米深复杂地质条件下的竖井施工技术、大管径长距离钢管双管同槽水下施工技术、深水位库区内泵房水下施工与二次钢平台转换施工技术景观桥塔安装施工关键技术、下穿铁路双向顶进关键技术等处于国内先进水平。

针对在建项目分布地区广、管控难度大现状，2019年山东公司筹建"数字工地可视化系统"，并多次进行升级改造，2021年上半年组建完成"项目管理中心"，有力提升公司对项目管控、指导和服务能力。山东公司也是市政集团首家推进"数字工地可视化系统"并成立"项目管理中心"的子公司。

工程主要分布在山东区域和安徽淮北区域。山东区域内，凭借国家级战略规划济南起步区建设良机，全面参与起步区基础设施建设，在起步区共计承建中科新经济科创园B-1、B-2地块等15个重点项目，签约合同额超78亿元，使起步区成为山东公司最重要的核心市场，并着力打造"一核五翼多维度"山东区域市场，先后成立临沂、聊城、济宁、泰安及烟台多家分公司，山东省内经营战略布局版图初步落地成形。安徽淮北区域内，凭借在建项目的良好信誉和技术管理优势，与安徽省淮北市政府、安徽煤化工合成材料基地管理委员会等政府部门签订合作协议，实现对安徽淮北区域市场深耕细作。

截至2021年底，山东公司在建项目26个，分布在6省10市，涉及市政、房建、水利等多个领域。职工人数921人，其中国内职工714人，出国人员207人；除正式职工外，另有中鲁、中达劳务派遣人员57人；国内职工中硕士9人，本科386人，专科209人，中专及以下学历110人；高级专业技术资格46人，中级专业技术资格182人，初级专业技术资格296人；国内员工获得注册一、二级建造师资格71人，其他执业资格人员24人。

水电公司历任主要领导任职情况：2012年4月—12月，刘光荣、刘晓辉、刘富凯；2013年1月—5月，刘光荣、刘富凯；2013年6月—2016年1月，刘富凯、徐继强；2016年2月—12月，徐继强、赵勇祥；2017年1月—2019年6月，徐继强、刘浩辉。

山东公司历任主要领导任职情况：2019年7月—2021年12月，徐继强、刘浩辉；2021年12月任起，徐继强、陈霖。

山东公司2012—2021年经济指标完成情况，见表1-2-3。

表1-2-3　山东公司2012—2021年经济指标完成情况

年份	营业收入（万元）	全员劳动生产率［元/(人·年)］	税金（万元）
2012	114212.9	1389451.5	2302.1
2013	103582.6	1430699.3	2087.9
2014	112577.7	1546397.1	2281.1
2015	120513.6	1469678.0	2416.4
2016	141005.1	1775882.8	1964.2
2017	141029.7	1931913.7	2210.7
2018	138157.7	2013960.6	2758.6
2019	197916.9	3116130.0	2550.6
2020	261679.9	3380310.0	2044.9
2021	278701.7	3784620.0	2411.7

四、水电公司

中水电十三局水电工程有限公司（简称水电公司），是以路桥为核心主业，水利、市政、房建等优势突出的专业化公司。具有项目（总承包）管理能力和生产实施能力的综合建筑施工企业。总部位于山东德州。

水电公司始建于1982年10月，前身是中国水利水电第十三工程局第四分局。2008年10月，更名为中国水利水电第十三工程局有限公司第四分公司（简称四公司）；2018年1月，更名为中国电建市政集团路桥工程公司（简称路桥公司）。2019年7月，撤销中国电建市政集团路桥工程公司，原路桥公司整建制转入水电公司，资产全部保留在水电公司，在建项目和完工未清算项目纳入水电公司管理，债权债务由水电公司承接。

为拓展铁路业务市场，2011年1月，市政集团将四分局铁路业务划归铁路分公司，成立中国水利水电第十三工程局有限公司铁路分公司。京沪高铁、贵广铁路人员划归铁路公司，负责开拓铁路市场。

2012年3月，铁路公司归并四公司。铁路公司216人，其中抚顺项目部46人，天津办事处2人划归天津分公司，其余全部并归第四分公司，实行"一套机构、两块牌子"。

2016年7月，将四公司在建国内轨道交通工程相关业务全部划归轨道交通公司管理，成立中国水利水电第十三工程局有限公司轨道交通工程公司（简称轨道交通公司），313人转入轨道交通公司。四公司由原来的路桥、轨道双核心主业变为以路桥、市政等为主营业务。

四公司整合资源，2017年2月，撤销租赁公司，改组成立路面公司及机械施工公司，2018年2月，市政集团将路桥公司所属晋中市综合通道建设工程PPP项目整建制划转至北方公司，成立中国电建市政集团北方建设工程有限公司，山西省7个项目、78名员工划归北方公司。

2019年7月，市政集团调整重组驻鲁相关单位，撤销路桥公司，原路桥公司全部人员整体转入水电公司。水电公司完成由分公司向子公司的转变。

2007年，四分局瞄准南水北调发展潜力，在河南安阳承接南水北调南阳项目，实现水利市场重要突破，辉县项目、潮河项目、南阳项目的依次承接为深耕河南区域市场打下坚实基础。

2008年2月，四分局承接京沪高铁项目，打响进军铁路市场第一枪。随后承接贵广铁路项目，市场经营出现新轮动。

2010年，路桥公司确立4大区域市场分别是以内蒙古为中心的北方区域市场，以河南南水北调为主的中原区域市场，以武邵、天津为主的集团投融资项目市场，以青岛分公司为中心的胶州湾区域市场。

2012年，由四公司承建的深圳地铁项目、武汉地铁项目、哈尔滨地铁项目依次开工，四公司城市轨道交通业务初具规模；2013年9月，四公司独立实施进驻蒙古国市场的蒙古国乔伊尔—赛音山达公路项目通车。

2017年，积极与国内优秀设计院合作，大力提升EPC总承包能力，承接鄂州市城东水厂项目，2018年，承接德州市德城区黑臭水体综合整治项目、红庙岭二期供水改造工程等五个项目。

2018年，紧跟国家乡村振兴战略，依次承接平原桃园施工总承包项目、平原县张官店原址安置项目、联化科技（德州）二期精细化工项目、德州平原和洋生物项目，成立平原分公司。

2019年11月，紧跟国家战略深耕粤港澳大湾区，广东中开路面项目、广东中开土建项目、广东台山市第二轮农村污水处理等项目落地，广东区域市场形成；2020年4月，承接雄安白沟引河项目，水电公司进入雄安市场。水电公司主营业务从路桥、市政、水利工程领域不断拓展，水系水生态、房屋建筑、铁路等多板块齐头并进，实现多元化发展。

水电公司施工范围遍及京津冀、山东、广东、福建、河南、湖北等国内数十个省（区、市）。先后参建京沪高铁、南水北调等多个国家级重点工程。随着市政集团"走出去"步伐加快，水电公司参与东非、中东等多个国家地区的重点工程建设，自主参建阿富汗、蒙古、巴基斯坦等多个国家工程项目。

在公路桥梁建设领域，水电公司先后参建广西柳桂高速公路、广西南宁机场高速公路、云南嵩待高速公路、重庆梁忠高速公路、河北津石高速公路、广东中开高速公路、广东佛清从高速公路等国家及地方重点工程。

在市政基础设施建设领域，承建新疆喀什开发区城东大道北延及跨恰克玛克河桥梁工程、广东中山市南外环道路改造工程等项目；参建天津大道、天津武清开发区、天津外环线等工程；通过EPC模式，承接鄂州城东水厂、福州琴亭湖等市政基础设施建设项目；通过PPP模式，签约晋中市综合通道建设工程、福建福鼎市滨海大道等一系列投融资项目。实现施工总承包项目向PPP总承包项目等领域转型。

在水利水电建设领域，参建国家南水北调安阳段、辉县段、南阳段、潮河段等国家重点工程；参建三江治理、卫河干流治理等河道治理工程；承建鄂州梁子湖水系连通EPC项目、洛阳小浪底南岸灌区工程、青岛即墨黄水东调项目等水利工程；参建郑州贾鲁河、常州长荡湖等河湖水环境综合整治工程；参与雄安新区建设，参建雄安新区新安北堤、白沟引河右堤防洪治理等工程项目。

在房屋建筑工程领域，积极贯彻落实国家乡村振兴战略，承建陵城区全面改薄项目、平原桃园施工总承包等项目；承建沛县教育合作项目（10所学校）、徐州安置房项目、沛县20万平方米标准厂房建设项目等。

2021年底，水电公司设有综合管理部、党群工作部、人力资源部、安全环保部、工程科技部、经济管理部、财务资金管理部、设备物资管理中心、市场开发中心等7个职能部门和两个管理中心。

重庆江习高速公路笋溪河特大桥获中国钢结构金奖、中国建设工程"鲁班奖"等国家级优质工程奖项；重庆江习高速公路路面项目、天津外环津蓟快速路互通式立交项目分别获得巴渝杯优质工程奖、"海河杯"省部级优质工程奖；青岛双积公路项目获评山东省平安工地示范工地；郑州107国道项目获郑州市工程质量安全奖、工程进度奖和文明施工奖；鄂州市城东水厂工程获鄂州市建筑工程优质结构奖；河北津石高速公路项目获电建优质工程奖；重庆梁忠路面项目获重庆市总工会重庆五一劳动奖状及重庆交通建设系统工人先锋号称号；津石高速公路党支部获电建集团优秀基层党组织等荣誉称号。2011年杨旭东同志被国务院国资委授予中央企业青年五四奖章；蒙古国乔伊尔—赛音山达公路项目经理郑术锋荣获由蒙古国总理颁发的国家荣誉勋章和蒙古国交通局颁发的蒙古公路建设杰出贡献者奖章。在建工程多次得到属地时任省市领导高度评价。

2010—2021年，先后成立青岛、河南、福州赋榕、平原项目、滑县、江苏津源6个分公司。

截至2021年底，水电公司在建项目23个，分布在9个省14个市，涉及市政、房建、水利等多个领域。职工人数550人，另有中鲁、中达劳务派遣人员87人；有硕士10人，本科336人，专科105人，中专及以下学历99人；高级专业技术资格60人，中级专业技术资格154人，初级专业技术资格251人；员工获得注册一、二级建造师资格69人，其他执业资格22人。

四公司历任主要领导任职情况：2006年1月—2011年6月，高宗文、苑吉峰；2011年8月—2012年10月，曲岩、苑吉峰；2012年10月—

2016年6月，张书起、苑吉峰、刘建平。

路桥公司历任主要领导任职情况：2016年7月—2018年1月，屠清奎、陈世鹏；2018年2月—10月，齐保军、陈世鹏；2018年11月—2019年6月，王操、齐保军。

水电公司历任主要领导任职情况：2019年7月—2020年12月，王操、齐保军；2021年1月任起，齐保军、孟召祥。

水电公司2007—2021年经济指标完成情况，见表1-2-4。

表1-2-4　水电公司2007—2021年经济指标完成情况

年份	营业收入（万元）	全员劳动生产率[元/(人·年)]	税金（万元）
2007	24777.4	37.3	801.3
2008	44089.9	57.3	1450.6
2009	46100.6	54.2	1554.2
2010	97999.6	106.8	3008.5
2011	74414.4	131.5	2432.1
2012	84438.1	143.8	2006.4
2013	109696.2	167.2	2220.9
2014	134595.4	189.6	2846.9
2015	80630.9	94.3	2316.9
2016	88612.7	163.2	3709.8
2017	147870.8	264.1	1917.5
2018	105326.8	221.3	1649.2
2019	150091.0	299.6	1965.0
2020	201440.0	389.6	4351.7
2021	235175.9	426.0	4110.2

五、天津公司

中国电建市政集团天津公司（简称天津公司），是中国电建市政建设集团有限公司下设的一家专业化分公司。

2011年3月25日，成立中国水利水电第十三工程局有限公司天津分公司（简称天津分公司），并将天津武清开发区基础设施总承包部和抚顺总承包部整建制划归天津分公司。2012年3月28日，原中国水利水电第十三工程局有限公司铁路分公司抚顺总承包部二工区施工人员和资产整建制划归天津分公司。

天津分公司初期设有总经理工作部、人力资源部、市场开发部、党群工作部、财务资金部、设备物资部、工程管理部（安全生产监督管理部）7个职能部门。后期根据发展需求，逐步形成综合管理部、党群工作部、人力资源部、财务资金部（投融资事业部）、设备物资部、工程管理部、安全环保部、市场开发部、经济管理部9个职能部门。

2018年1月26日，中国水利水电第十三工程局有限公司天津分公司更名为中国电建市政集团天津公司。

天津公司以房屋建筑为核心，以水环境治理、水利工程、市政建设等多个专业领域并进为发展方向，形成以环京津冀、湖北、江苏、河南、东三省五大区域市场相互依托，并向周边市场辐射的经营格局。在天津区域，利用属地优势，加强与中水北方勘测设计研究有限责任公司等本市企业交流合作；在河南、东三省、湖北、江苏等区域及周边区域市场，通过长葛市清潩河综合治理PPP项目、长春市新凯河水系综合治理工程、海赋江城二期项目、南京电建中储房地产有限公司地块（南京泛悦广场项目）等项目带动持续化、高端化市场开发。

2021年，天津公司在深耕传统竞标市场的同时，培育发展"投、建、营"全产业链发展能力，在长葛、巩义、尉氏、泌阳等地承接巩义市生态水系建设工程PPP项目、尉氏县2017年城区基础设施提升改造PPP项目等多个投融资项目。与电建股份内部中南院、华东院、电建路桥公司、电建地产公司等单位均有合作项目。

截至2021年底，天津公司累计承建武清开发区基础设施总承包工程、抚顺石化新城BT总承包工程、快速路系统二期项目——外环线东北部调线工程、武汉南国中心二期工程、天津八里台瀚文苑建设项目、深圳中联制药厂项目、长葛市清潩河综合治理工程、北京城市副中心水环境治理工程、雄安十万亩苗景兼用林工程、北京项目、中新天津生态城临海新城水系连通二期工程、唐山全域治水工程、大港粮食仓储物流项目等21个国家、省、市级重点项目。

天津公司荣获山东林学会科技奖一等奖3项，中国电建科技奖一等奖1项，中国施工企业管理协会科技奖二等奖1项，山东土木建筑学会科技奖二等奖1项，天津市建筑业协会科技二类成果1项，中国公路建设行业协会科技奖三等奖1项；省部级工法9项，中国电建工法12项；授权专利47件。拥有箱梁预制施工方法创新研究与应用、狭窄场地超高层建筑地下结构逆作法施工关键技术、雄安新区苗景兼用林大面积快速异地成活率技术研究、城市河道淤泥处置与生态治理施工关键技术等科技成果。

天津公司承建的北京项目荣获2019—2020年度结构长城杯金质奖工程荣誉称号、快速路系统二期项目——外环线东北部调线工程荣获2019年度天津市建设工程"海河杯"奖、武清开发区基础设施工程及武汉南国中心二期工程等5个项目荣获中国电建优质工程奖，累计荣获11项省部级优质工程奖项。

2021年7月，天津公司组建完成项目管理中心，成为市政集团首家成立项目管理中心的分公司。

截至2021年底，天津公司职工人数377人，中鲁、中达劳务派遣人员39人。其中博士1人，硕士22人，本科298人，专科54人，中专及以下学历2人。具有高级专业技术资格45人，中级专业技术资格120人，初级专业技术资格206人。国内员工获得注册一、二级建造师资格50人，其他执业资格人员22人。

天津公司历任主要领导任职情况：2011年3月—2014年10月，屠清奎、黄维民；2014年11月—2016年6月，屠清奎、齐保军；2016年7月—2017年1月，史建波、齐保军；2017年2月—2019年7月，史建波、齐宗海（其中2017年2月—4月齐宗海为党委副书记，主持工作）；2019年8月—2020年2月，史建波、付斌；2020年3月—2021年1月，史建波、杨旭东；2021年2月任起，杨旭东、冯国伟。

天津公司2012—2021年经济指标完成情况，见表1-2-5。

表1-2-5　天津公司2012—2021年经济指标完成情况

年份	营业收入（万元）	全员劳动生产率[万元/(人·年)]	税金（万元）
2012	30875.7	181.6	345.4
2013	41086.1	218.5	568.2
2014	54859.1	287.2	1479.4
2015	85723.4	463.4	1926.3
2016	100722.8	477.4	1601.3
2017	101648.8	471.7	924.6
2018	142568.9	599.0	4284.2
2019	207912.8	772.9	3175.1
2020	251358.8	798.0	2702.9
2021	240000.0	679.9	3029.8

六、管道公司

中国电建集团山东电力管道工程有限公司（简称管道公司）始建于1958年，前身是山东省电力线路器材厂；1992年增名为山东电力管道工程公司；2011年9月，按照国家电网主辅分离改革部署，管道公司整体划归到中国水电十三局；2014年7月，管道公司整体委托给市政集团管理。

2017年12月，管道公司名称变更为中国电建集团山东电力管道工程有限公司；2019年9月，管道公司将市场营销和项目管控部门由山东省新泰市搬迁至山东省济南市。

截至2021年底，管道公司设综合办公室、党群工作部、人力资源部、财务资金部、经济考核审计部、安全环保部、设备物资部、项目管理部、工程科技部等9个职能部门和市场开发公司1个直属单位。在全国设新泰、烟台、四川、深圳水体治理项目部、湖南毛俊项目部等17家分公司/项目部。有正式员工380人，本科及以上学历201人、占总人数52.89%，中高级职称105人、占总人数27.6%，技师及以上人员89人、占总人数23.4%，一级建造师26人、8人考取增项，二级建造师31人、12人考取增项，共占总人数15%；在岗员工平均年龄为37岁。

2017年5月，管道公司取得市政公用工程施工总承包一级资质；2020年5月，在水利水电施工总承包三级的基础上增加建筑工程施工总承包三级、环保工程专业承包三级和施工劳务资质。2014年以后，管道公司重点打造以管道建安施工为代表的线性工程优势业务和以PCCP、管片为代表的"拳头产品"，逐步形成以东北、两广、安徽等地为重点传统产业优势市场区域和以河北、湖南、四川等地为重点施工业务优势市场区域布局。

2014年，管道公司投建湖北管片厂，成功进军地铁管片市场；2016—2019年，多次中标辽宁省、吉林省工程，进一步深耕东北区域市场；2017年，承接河北津石高速公路桥梁预制项目，打响进军市政道路桥梁领域第一枪；2020年，承接湖南毛俊水库施工及PCCP采购项目，首次进入湖南市场；2020—2021年，相继承接四川省向家坝内江供水管道施工及采购项目，实现供水管道生产和施工一体化运营。

2019年12月，通过国家高新技术企业认定，管道公司是目前国内预应力钢筒混凝土管（Prestressed Concrete Cylinder Pipe，PCCP）混凝土制品领域通过高新认定的唯一厂家；5种产品加入电建集团装备产品分类推荐目录；拥有发明专利2件，使用新型专利33件；发起成立"中国预应力钢筒混凝土管（PCCP）质量创新联盟"，在同行业率先开展PCCP生产自动化研究；2021年，建成项目管理中心，试点运行智能物料验收系统，开发生产任务管理和实验室数据采集系统，打通生产业务管理链条。

管道公司是中国PCCP国家标准主要起草单位之一；在全国同行业首家实现PCCP设计、制造、运输、施工安装一体化；在全国同行业首家设计生产顶进施工法用PCCP；先后获全国守合同重信用企业、改革开放30年山东省建材工业最具影响力企业、中国PCCP产业发展30周年特殊贡献奖、中国PCCP十强企业、环渤海地区建材行业技术创新型诚信企业、山东省知名品牌、创新型企业、优质品牌产品等多项荣誉。

历任主要领导任职情况：2014年7月—2016年2月，刘晓辉；2016年2月—2017年5月，刘富凯、高学春；2017年5月任起，高学春、苏兆明。

管道公司2014—2021年经济指标完成情况，见表1-2-6。

表1-2-6 管道公司2014—2021年经济指标完成情况

年份	营业收入（万元）	全员劳动生产率[元/(人·年)]	税金（万元）
2014	73191.3	173.0	828.2
2015	63584.6	162.6	4470.6
2016	61965.7	157.3	5149.4
2017	65477.9	166.2	2972.7
2018	62423.7	158.4	2809.7
2019	64020.7	164.6	2973.4
2020	64053.1	170.4	3380.8
2021	82489.8	221.7	3554.4

七、安装公司

中国电建市政集团安装工程公司（简称安装公司）始建于1963年，前身是马颊河疏浚工程局机械修配厂，是一家从事集轨道交通工程、水工金属结构、风电塔架、大型压力钢管等产品制造安装，光伏电站、输变电、长输供水管线、高铁工程、风电基础等工程施工和汽车及机械设备维修于一体的专业化公司。

安装公司拥有国家质检总局颁发的水工金属结构生产许可证，包括超大型平面滑动闸门、超大型平面定轮闸门、大U形人字闸门、超大型弧形闸门、超大型拦污栅和大型压力钢管。电能认证中心颁发的光伏支架、塔架许可证，包括光伏支架、跟踪式光伏发电支架和固定式光伏发电支架，塔架型号及规格从750千瓦≤风力发电机组容量<1000千瓦、1000千瓦≤风力发电机组容量<2000千瓦、2000千瓦≤风力发电机组容量<4000千瓦。具有山东省市场监督管理局颁发的公用管道安装GB1、GB2特种设备生产许可证。

2007年，为解决后水电时期水工产品面临的问题，通过调研形成《基于风电塔筒制作的后水电时期市场转型》可行性报告，建立风电塔筒制作流水线。

2008年10月13日，更名为中国水利水电第十三工程局有限公司机电安装分公司。2012年12月，橡塑制品厂并入机电安装分公司。2016年11月31日，公司对安装公司、海益公司业务进行重组，汽车设备维修业务并入安装公司。2018年1月26日，轨道安装业务并入安装公司，更名为中国电建市政集团安装工程公司。

安装公司水电金属结构制作与安装工程遍布国内多条江河流域水电站，国内重点参建辽西北供水工程、乌江彭水水电站工程、四川大渡河瀑布沟电站工程、重庆银盘水电站工程、南水北调金属结构制作工程、青弋江分洪道工程等重点项目；国外重点参建苏丹麦洛维、刚果英布鲁、埃塞俄比亚泰克则、巴基斯坦杜伯华、乌兹别克斯坦等水电站项目。风电塔筒制作与风力发电机组安装工程遍及国内平原、山地与海上大型风电场，从内蒙古洪格尔草原、东北长岭平原、甘肃瓜州戈壁滩、河南平原、山西山地到江苏如东海上等风电场，重点参建内蒙古洪格尔风场塔筒制作工程、江苏如东海上风电场、吉林长岭、辽宁北票等风电塔筒制作与安装项目，在新能源行业具有较好影响力。输变电工程拓展到刚果、安哥拉、巴基斯坦等国家，重点参建安哥拉卡西吐农业灌溉输变电工程、巴基斯坦特里肯波斯顿升压站工程、刚果欧依欧变电站工程等输变电项目。轨道铺设工程从2009年京沪高铁轨道铺设项目开始，扩展到地铁轨道铺设，重点参建京沪高铁、西安地铁、哈尔滨地铁、深圳地铁、成都地铁、武汉地铁、巴基斯坦拉合尔等轨道安装项目。钢结构桥梁工程重点参建晋中市综合通道潇河钢结构大桥、津石高速千里堤特大钢桥、雄安新区省道S333东延新盖房特大桥等制作安装工程。

截至2021年底，安装公司获得专利92件，其中发明专利6件；"异形单拱肋超宽连续钢箱梁组合桥精细化施工技术"获中国电力建设集团有限公司中国电建科学技术奖一等奖等省部级科技成果11项（其中获得中国施工企业管理协会工程建设科技进步奖5项、获得中国电力建设企业协会电力建设科学技术进步奖1项、获得中国电建集团科学技术奖5项）；获得省部级工法27项。

成都轨道交通18号线轨道工程1标项目获国家优质工程奖；乌江彭水水电站金属结构制造工程、四川大渡河瀑布沟水电站引水系统闸门工程、甘肃瓜州干河口第四风电场风力发电机塔筒设备、埃塞泰可则水电站金属结构制作与安装工程、成都地铁4号线二期工程、晋中市综合通道建设项目潇河钢桥工程等获省部级优质工程奖6项；风力发电机组塔架获省部级优质产品奖；全国优质焊接工程24项，其中水电类项目14项（四川大渡河瀑布沟水电站引水系统闸门获得全国优秀焊接工程一等奖）、风电类项目8项（甘肃瓜州干河口第四风电场风力发电机塔筒设备获全国优秀焊接工程一等奖）、钢桥梁项目2项。"基于风电塔筒制作的后水电时期市场转型"可行性报告获中国水利水电建设集团公司企业管理创新成果奖。

大型风电塔架制作技术、超小径厚比高强钢岔管优化设计与制作技术、定性切割与数控编程合成应用技术、潮间带淤泥湿地区域风力发电设备安装技术、细粉砂与硬质层混合地质降水技术、大型PCCP输水管道配套管件承插口制作技术、高陡坡压力钢管安装技术、复杂山地条件大型风电塔架安装技术、腐蚀性地质条件下大口径钢制压力管道施工技术、时速140千米地铁轨道结构施工关键技术、连续组合栓接箱型钢桥梁制作安装技术、异形单拱肋超宽连续钢箱梁组合桥精细化施工技术等破解多项施工难题。经鉴定，异形单拱肋超宽连续钢箱梁组合桥精细化施工技术处于国际领先水平，时速140千米地铁轨道结构施工关键技术处于国际先进水平，大型风电塔筒精益制造与复杂山地条件下安装技术处于国内领先水平。

2007年，首单内蒙古洪格尔风电项目的签订，标志着安装公司进入风电新能源领域；风电成为重点开拓市场；2013年培育打造"大制造、大安装"业务，实现国内、国外两大市场并进，机械制造、机电安装两大业务并举；2017年不断深耕传统市场，大力拓展海外市场和新市场，推进"大制作、大安装、汽车及机械设备维修"专业分包业务板块全面发展战略；2018年制定以铺轨为主线，机电安装、海外事业协调发展的战略目标；到2021年底，安装公司以在建项目为依托，成立市场开发部、轨道事业部、机电安装事业部、建筑安装事业部等部门，全面开拓专业市场业务，坚持以铺轨、新能源为经营核心，机电、建筑安装协同共进的理念，针对轨道铺轨、新能源、金属结构制作项目、"小土建+大安装"机电等项目进行市场布局。

安装公司有职工622人，其中硕士2人，本科141人，专科145人，中专及以下334人；高级专业技术资格20人，中级专业技术资格57人，初级专业技术资格180人；注册一、二级建造师资格28人，其他执业资格2人；另有中鲁、中达劳务派遣人员199人。

截至2021年底，安装公司设有总经理工作部、党群工作部、人力资源部、财务资金部、设备物资部、质量管理部、技术研发部、项目管理部、安全环保部、市场开发部、经济管理部等11个部门，下设结构车间、金加工车间、动力车间和轨道事业部、机电事业部、建筑安装事业部、设备维修中心等单位。

历任主要领导任职情况：2007年1月—2008年9月，米兰彬、唐培洪；2008年10月—2009年7月，米兰彬、鞠子强；2009年8月—2015年2月，鞠子强、刘荣杰；2015年3月—10月，鞠子强、汪占云；2015年11月—2016年9月，鞠子强、陈世鹏；2016年10月—2018年1月，刘朝祥、鞠子强；2018年2月—10月，刘朝祥、鞠子强、汪占云；2018年11月—2020年11月，刘朝祥、鞠子强；2020年12月任起，刘朝祥、刘书臣。

安装公司2007—2021年经济指标完成情况，见表1-2-7。

表1-2-7　安装公司2007—2021年经济指标完成情况

年份	营业收入（万元）	全员劳动生产率[元/(人·年)]	税金（万元）
2007	10340.3	371953.6	288.5
2008	12483.0	493399.9	355.5
2009	18056.6	710889.3	622.2
2010	16098.2	579070.3	729.3
2011	20100.8	776092.2	569.4
2012	12651.5	662380.4	695.8
2013	20921.1	769159.5	871.9
2014	13585.4	475013.2	663.9
2015	17041.0	638239.1	1123.0
2016	24412.6	1089847.5	1005.0
2017	29585.5	1471913.3	861.6
2018	50648.1	1582753.9	1231.1
2019	70225.1	1407316.1	1887.1
2020	54561.1	1084712.8	830.8
2021	44249.4	781790.7	652.4

八、轨道公司

中国电建市政集团轨道工程公司（简称轨道公司），前身是中国水利水电第十三工程局有限公司轨道交通工程公司（简称轨道交通公司）。

2008年，中国水电集团中标京沪高铁JHTJ-3标段，公司作为重点工程局参加建设，首次涉足轨道交通业务领域。2011年1月26日，公司成立中国水利水电第十三工程局有限公司铁路分公司。2012年3月28日，公司将铁路分公司在抚顺项目施工的人员和资产划归天津分公司，其余全部整建制并入第四分公司，保留铁路分公司称谓，与第四分公司实行"一套人马、两块牌子"。2012年5月，随着集团中标深圳地铁7号线，进军深圳城市轨道交通市场；2015年7月23日，公司整合铁路及城市地铁轨道安装工程业务，成立中国水电十三局轨道安装公司。其间，先后承接武汉地铁、哈尔滨地铁、成都地铁等，轨道交通业务在多城市落地生根。

2016年7月6日，公司整合原四公司/铁路分公司地铁项目、轨道安装公司轨道工程项目及茅洲河综合治理项目，成立中国水电十三局有限公司轨道交通公司，同时撤销中国水电十三局铁路分公司、中国水电十三局轨道安装公司。轨道公司围绕轨道交通工程、水环境治理两大业务板块，突出"铺轨、盾构"两个专业特色，稳步发展地铁土建业务。铺轨、水环境综合治理业务发展良好，具备独立发展条件。

2018年1月22日，公司重新对轨道交通公司业务进行划分，轨道交通公司更名为轨道公司，原有的三大板块业务——地铁土建、轨道安装、水环境业务，分别调整到轨道公司、安装公司、水环境公司，轨道公司总部从湖北省武汉市迁至天津市。其间，承建的深圳地铁12号线对公司轨道交通业务发展起到承前启后的重要作用，深圳区域初步形成区域化管理格局。"十四五"期间，随着深惠城际先开段、雄安新区R1线以及琼西北供水工程、佛清从高速公路等项目的承接，轨道公司在粤港澳大湾区、京津冀地区、长三角经济带、成渝经济圈、海南自贸区等国家和地方重点发展战略区域的市场区域化逐步显现，涉及轨道交通、城际快线、公路、水利等多个工程领域，初步实现"专业+区域"、相关多元化的发展构想。

截至2021年底，轨道公司共完成发明专利授权6件、实用新型专利授权55件，施工工法13项，多项施工技术处于国内先进水平。

轨道公司获2018—2019年度天津市住建系统平安单位称号、2021年度成都市五一劳动奖章；轨道公司党委获2019年度天津市住建系统先进基层党组织称号；轨道公司团委获2018年度电建集团五四红旗团委称号。所属项目获国家优质工程奖2项，中国土木工程"詹天佑"奖1项，黑龙江市政金杯示范工程1项，广东省优质结构工程奖、四川省结构优质工程奖等省部级以上优质结构工程奖3项，第四批湖北省安全文明施工现场等省部级以上安全文明工地类奖项11项；天津市先进集体等省部级以上先进集体、工人先锋号3项。

截至2021年底，轨道公司共设置综合管理部（含人资业务管理），党群工作部（含纪检、工会、团委业务管理），工程科技部/技术中心，经济管理部/成本预算中心，市场开发部，安全环保部，设备物资部，财务资金部等8个职能部门。

截至2021年底，轨道公司有正式有职工409人，另有中鲁、中达劳务派遣人员37人；硕士学历12人，本科学历250人，专科学历129人，中专及以下学历18人；高级专业技术资格27人，中级专业技术资格135人，初级专业技术资格124人；获得注册一级建造师资格人员39人，其他执业资格人员6人。

轨道交通公司历任主要领导任职情况：2016年7月—2018年2月，张书起、汪占云。

轨道公司历任主要领导任职情况：2018年2月—2020年3月，张书起、宋卫强、杨旭东；2020年3月—2021年2月，张书起、宋卫强；2021年2月任起，宋卫强、杨久磊。

※地铁盾构业务

2012年5月，公司初次涉入城市地铁施工领域，参与深圳地铁7号线BT项目，包括土建、轨道铺设、常规设备安装及装修工程。2013年10月，成立公司首支盾构队。

2014年1月7日，公司购置首台盾构机"开拓者壹号"，在深圳地铁7号线珠光站—茶光站区间左线始发，也是深圳地铁7号线首台始发盾构机。

2016年7月6日，轨道交通公司成立后，负责盾构施工和装备管理。截至2021年底，公司管理盾构装备及相关配套设备60台套，其中盾构机11台，资产原值在市政集团国内设备资产中占比近四成。

截至2021年底，公司盾构装备先后参建深圳地铁7号线、武汉地铁11号线、深圳地铁5号线南延线、哈尔滨地铁2号线、杭州地铁5号线、深圳地铁4号线、深圳地铁12号线、成都地铁19号线、厦门地铁6号线、西安地铁16号线、深惠城际等多个城市轨道交通盾构区间，承接掘进总里程58037米。盾构施工质量、效益处于电建集团先进水平。

2018年4月，轨道公司成立盾构事业部，开展盾构维保人员星级评定，打通盾构专业人才职业晋升通道。

自深圳地铁7号线施工开始，截至2021年底，盾构事业部获得盾构相关专利19件，其中"地铁盾构施工远程信息化管理技术研究与应用"获得中国施工企业管理协会科学技术奖创新成果二等奖。发表工法15篇，其中《盾构下穿临海填石区施工工法》等7篇获评中国电建集团级工法。

轨道公司2016—2021年经济指标完成情况，见表1-2-8。

表1-2-8　轨道公司2016—2021年经济指标完成情况

年份	营业收入（万元）	全员劳动生产率[元/(人·年)]	税金（万元）
2016	120365.1	587.1	672.6
2017	121341.3	263.9	2860.1
2018	90804.2	247.9	1268.9
2019	92523.9	260.3	1543.5
2020	150675.1	396.5	2242.9
2021	151364.0	382.0	425.1

九、实业公司

中国电建市政集团德州实业有限公司（简称实业公司）是中国电建市政建设集团有限公司以实业经营为主的全资子公司，2016年10月成立，注册资本金3000万元，其职能是在宏观上加强对市政集团商业、服务业、房地产业等实体经济的管理。

实业公司组建初期有正式职工268人，另有中鲁61人、德惠劳务派遣人员27人。设总经理工作部、党群工作部、纪检监察审计部、人力资源经管部、安全质量技术部、财务资金部、市场开发部等7个机关职能部门；成立电梯门窗、宾馆餐饮、营销、房屋资产等4个分公司；紧密管理房地产公司和康润物业两个独立法人公司。经营业务主要为：房地产开发、综合物业管理、电梯门窗制作安装、宾馆餐饮、成品油及贸易、商品营销、房屋资产管理及运营等，同时履行公司德州基地管理相关职责。

2016年10月18日，德州管理中心、德州天达工贸有限公司、德州房地产开发有限公司、德州康润物业管理有限公司，整合为中国电建市政集团德州实业有限公司。其中，房地产开发公司、康润物业公司保留各自法人公司地位。

2017年，实业公司水电宾馆完成外部环境改造提升；位于水电新景苑的湖滨路便民超市开业；佳美超市、印刷厂和大厨房二个长期经营亏损单元停止运营。下半年，实业公司启动安徽凤阳项目餐厅管理新模式；收集"三供一业"分离移交财务相关资料；十三局加油站完成升级改造，更换罩棚和双层储油罐，增设三次油气回收设备，实现品质提升。

2018年初，实业公司水电宾馆完成内部升级改造，改造工程建筑面积约1400平方米，变更酒店名称为瑞津商务酒店。3月，实业公司以安徽公司金寨县江环北路等综合管廊PPP项目为试点，推动PPP项目运维管理。6月，实业公司电梯门窗分公司电梯维修资质从B级升级为A级，成为德州市唯一拥有A级电梯维修资质的企业。12月底，按照市政集团集团化发展要求，实业公司接管天津后勤中心和天津总部、环外两级总部餐厅。

实业公司职工杨海燕荣获2018年度天津市最美女性荣誉称号。

2019年2月，北京北控物业公司进驻德州基地家属区开展实质性物业管理。4月底，实业公司将金寨县江环北路等综合管廊PPP项目全面移交安徽公司。6月底，根据《市政集团驻鲁单位调整重组具体工作安排方案》，调整优化实业公司业务和组织结构，中国水电十三局德州房地产开发有限公司、马鞍山瑞津房地产开发有限公司全部人员由实业公司转入天津公司管理；实业公司电梯与门窗板块业务及人员、现有施工板块业务及人员、现有出国正式员工转入安装公司管理；将天津后勤事务管理中心及天津餐饮业务整体划转移交国贸公司管理，涉及相关人员划编国贸公司管理。12月，实业公司召开职工代表大会，全票通过《实业公司改革发展实施方案》（含实业公司中层岗位和员工岗位竞聘的通知）。实业公司相关业务剥离划转完成后，正式职工编制由118人减少至40人；组织机构精简优化为3个机关部门（综合管理部、党群工作部、财务管理部）和3个经营业务单元（营销分公司、瑞津商务酒店、房屋资产运营站）。同时负责中国电建市政集团基地资产管理与职工培训服务中心的相关工作。12月底，市政集团在山东德州成立中国电建市政集团基地资产管理与职工培训服务中心（内部简称资培中心），资培中心领导班子由实业公司领导班子兼任，实行"一套人马、两块牌子"。

2020年3月底，水电公司将原路桥公司办公楼及其院内附属建筑、单身宿舍楼等资产移交实业公司。

实业公司职工王慧荣获2020年度天津市最美女性荣誉称号。

2021年，第九次集资建房不动产权证首批出证376本。公司"三供一业"分离移交工作档案至实业公司。德州九州康医药有限公司承租实业公司银龙宾馆，面积约3031平方米，增加年租金约70万元，承租期至2028年8月31日。9月，德城区人民政府因新湖南路小学校改项目建设，经北京华源龙泰房地产土地资产评估有限公司进行评估，德城区人民政府以补偿总价值36748000元（大写：叁仟陆佰柒拾肆万捌仟元整），收回中国电建市政集团有限公司位于新华路以北、新湖南路小学以西、新湖南路小学以南、贵华家园以东地块（面积为8254.57平方米）国有土地使用权。同年12月13日，资培中心德州培训基地进入电建集团职业教育学院管理系统。

截至2021年12月，实业公司有正式职工47人，其中高级职称8人，中级职称14人，初级职称4人；另有中鲁、中达劳务派遣共7人；资培中心有正式职工72人，其中高级职称3人，中级职称9人，初级职称5人，高级技师2人，另有中鲁、德惠劳务派遣共15人。

历任主要领导任职情况：2016年10月—2019年7月，沈涛、付斌；2019年7月—2020年10月，沈涛；2020年11月—2021年11月，王宏晖、付斌；2021年12月任起，王宏晖、刘浩辉。

实业公司2017—2021年经济指标完成情况，见表1-2-9。

表1-2-9　实业公司2017—2021年经济指标完成情况

年份	营业收入（万元）	税金（万元）	备注
2017	6949.3	763.7	包含房地产公司、电梯分公司、康润物业、印刷分公司、佳美超市数据
2018	6829.3	1272.7	包含房地产公司、电梯分公司、康润物业、昆明滇池两项目数据
2019	4173.6	283.3	包含房地产公司、电梯分公司、昆明滇池两项目数据
2020	2490.5	185.1	—
2021	2711.1	206.7	—

十、安徽公司

中国电建市政集团安徽工程建设有限公司（简称安徽公司），是中国电建市政建设集团有限公司全资子公司，同时是中国电力建设集团有限公司旗下唯一在皖设立的独立法人单位。

21世纪初期，中国水利水电第十三工程局（为市政集团前身，简称十三局）将经营战略调整成"国内国外协调持续发展"。此外2003年、2007年淮河水系两次发生特大洪水，安徽省围绕除水害开展兴修水利，筑堤、建站、疏河、建库、干堤除险加固等水利建设项目纷纷上马。在企业内外部环境的共同推动下，安徽公司前身中国水利水电第十三工程局安徽办事处于2009年4月在合肥成立。初期，安徽办事处以承揽安徽周边水利工程为主要工作内容，做好工程投标工作。

2011年9月，公司在原安徽办事处的基础上成立中国水电十三局华东市场开发部，目的是深度开发安徽区域市场，同年企业获得安徽省水利工程建设施工企业信用评级AAA级称号。2012年4月9日，公司将中国水电十三局华东市场开发部更名为水利水电十三局华东施工局，力图更好地开发江西、浙江、上海等区域市场，并在安徽合肥为华东施工局购置办公场所。同年7月新办公地点装修完毕，企业办公地点整体迁移到安徽合肥深港产业园，华东施工局成立市场开发部、综合办公室、财务资金部。也是在这一时期，华东施工局开始涉足市政等非传统水利建设市场，2013年1月与安庆市签订安庆片区基础设施框架协议，并于同年12月与淮北市签订城市基础设施及安置房项目投资建设协议。

2014年3月，公司加快国内区域布局，成立中国水利水电第十三工程局安徽工程建设有限公司，负责开拓安徽及华东地区建筑工程市场，协调管控华东地区在建工程项目。2016年8月，公司将水电公司安庆项目整体划归安徽公司，至此，安徽公司实现从经营平台向实体公司跃进。

2017年12月，中国水利水电第十三工程局安徽工程建设有限公司更名为中国电建市政集团安徽工程建设有限公司；次年9月经市政集团党委批复，安徽公司党总支改建党委，党企融合取得新进展，全面加强党在公司治理结构中的把关定向作用。其间，市政集团重视推动安徽公司自持资质评审和升级工作，安徽公司于2018年取得水利水电工程施工总承包三级资质、市政公用工程施工总承包三级资质，并在2019年将市政公用工程施工总承包资质升级为二级。

2017年，市政集团同意安徽公司在合肥市包河区购地并筹建华东技术研发中心（即安徽公司机关大楼），同年9月11日电建股份批复同意购地申请。2017年11月30日，安徽公司在包河区竞拍到S1711地块，该地块位于合肥市包河区包河工业园西安路与山西路交叉口，占地面积10212.97平方米。华东技术研发中心于2020年10月26日整体竣工验收，同年11月1日，安徽公司办公地点由合肥深港产业园整体搬迁至华东技术研发中心。华东技术研发中心的启用不仅是安徽公司办公条件的跨越式改善，而且有力支撑了企业"立足安徽、面向周边、辐射赣桂"的发展格局，成为深耕华东、华南等多个核心市场的市政集团骨干子公司。经营区域涵盖安徽、江西、广西、山东等多个省（区、市），主要经营范围为水利、市政、公路、房建、水环境治理等工程施工领域。截至2021年12月，安徽公司在建项目22个。

截至2021年12月，安徽公司设职能部门8个（市场开发部、项目管理部、设备物资部、财务资金部、安全环保部、综合管理部、党群工作部、人力资源部）；委托管理金寨公司、霍山公司、凤阳公司、津达公司、驰盟公司。安徽公司共有正式职工286人，其中，硕士7人，本科学历163人，专科及以下学历116人；高级专业技术资格16人，中级专业技术资格69人，取得国家一级注册建造师资格33人，二级建造师资格24人。

安徽公司引江济淮工程（安徽段）江淮沟通段施工J006-1标在2018年荣获全国工人先锋号殊荣，安庆市破罡湖东站工程获得2018年度中国电建优质工程奖，淮北市孟山南路贯通工程荣获2017—2018年度安徽省建设工程"黄山杯"奖（省优质工程），颍河颍上段水系综合治理一期工程八里河站项目八里河泵站荣获2020年度安徽省水利工程"禹王杯"奖，霍山县生态新城路网PPP项目（西迎驾大道升级改造工程）荣获2020年度中国电建优质工程奖，九江市琵琶湖黑臭水体治理设计采购施工EPC总承包项目荣获2021年度中国电建优质工程奖，亳州市南部新区水系贯通河道综合治理（宋汤河六期）施工项目荣获2021年度安徽省风景园林"徽园杯"施工类银奖。

安徽公司先后参与诸多国家及地方重点工程建设，承建安徽引江济淮工程（安徽段）江淮沟通段施工J006-1标、安徽引江济淮工程（安徽段）江水北送段H003—1（河渠）标、引江济淮工程（安徽段）引江济巢段X001-1标、凤凰颈泵站改造及巢湖闸鱼道工程总承包1标、驷马山滁河四级站干渠（江巷水库近期引水）工程施工2标项目等大批水利项目。在路桥建设领域，安徽公司实施霍山县生态新城路网PPP项目、凤阳县G345国道改建PPP项目。在生态及水环境治理领域，先后承建九江市琵琶湖黑臭水体治理设计采购施工（EPC）总承包项目、巢湖生态清淤试点工程等项目。安徽公司充分发挥"资源、品牌、资本"叠加优势，实施金寨县江环北路等综合管廊及道排工程等多个PPP项目。截至2021年底，东明石化产业园发展环境综合提升PPP项目、亳州市三清大道（东绕城快速）PPP项目正在实施中。

安徽办事处、国内市场开发公司华东市场部、十三局华东施工局期间历任主要领导任职情况：2009年8月—2011年8月，李章中；2011年9月—2014年2月，杨世平。

中国水利水电第十三工程局安徽工程建设有限公司、中国电建市政集团安徽工程建设有限公司期间历任主要领导任职情况：2014年3月—2015年8月，杨世平、史建波；2015年8月—12月，史建波；2015年12月—2016年4月，史建波、陈法宝；2016年4月—6月，史建波；2016年7月—2017年4月，李章中、吴福祥；2017年5月—2020年6月，黄匡曦、吴福祥；2020年7月任起，黄匡曦、路涛。

安徽公司2012—2021年经济指标完成情况，见表1-2-10。

表1-2-10 安徽公司2012—2021年经济指标完成情况

年份	营业收入（万元）	全员劳动生产率[元/（人·年）]	税金（万元）
2012	18940.7	9019381.0	776.2
2013	26540.6	5769700.0	804.3
2014	25401.1	4456335.1	598.4
2015	41114.2	5873454.3	672.9
2016	55162.7	6129187.8	801.6
2017	60734.1	4076112.1	1075.0
2018	80225.1	4313177.5	1367.1
2019	101074.3	4701129.3	2548.2
2020	120799.1	5097007.6	825.5
2021	151527.4	5632988.8	1981.6

十一、水环境公司

中国电建市政集团水环境工程公司（简称水环境公司），是市政集团立足珠三角，专注打造城市黑臭水体治理、河湖整治、城市水利工程等水环境治理业务的专业分公司。

2016—2017年，市政集团参建当时国内最大单体水环境治理项目——深圳茅洲河流域水环境综合整治项目，该项目为广东省重点挂牌督办工程，是深圳市政府重点工程，也是股份公司战略转型升级重点项目。

通过茅洲河综合整治项目的实施，市政集团于2018年1月成立中国电建市政集团水环境工程公司，将原中国水利水电第十三工程局有限公司轨道交通工程公司所负责实施的茅洲河水环境综合整治工程、广州车陂治理工程、福田区排水管网正本清源工程划转至水环境公司，项目部所属人员、设备物资随项目一并划转。

水环境公司成立初期，职工总数130人，机关总部设在深圳宝安区，设有综合管理部、市场开发部、财务资金部、项目管理部4个职能部门；2018年12月，增设党群工作部、安全环保部；2020年3月，增设经济管理部、设备物资部，并将项目管理部更名为工程科技部；2021年3月，增设人力资源部；机关职能部门设置逐步完善，共计9个职能部门。2021年4月，水环境公司机关由深圳搬迁至天津。

水环境公司以茅洲河综合整治项目为起点，巩固水资源与水环境、市政等传统业务优势，抢抓新型基础设施业务，完善延伸水环境治理基础建设、水质提升、运营维护等产业链，以粤港澳大湾区为中心，先后承建深圳龙岗雨污分流项目、坪山正本清源项目、茅洲河正本清源项目、龙岗龙观两河坪地项目、茅洲河全面消黑项目等一系列水环境治理工程。

2019年9月，承接雄安新区安新县瀑河综合治理工程EPC总承包工程，打开雄安市场，随后签约雄安新区新盖房分洪道堤防加固和治理工程、千年秀林景观提升项目、雄安新区启动区EA1、EA2、NA10二期工程、雄安新区新安北堤加固治理等项目。水环境公司"市场南北互动、业务领域互补"的经营思路和市场布局落地见效。

2021年初，水环境公司根据发展实际和市场形势，适时调整经营思路，做精做深水环境治理专业，统筹推进市政、水利、房建等相关多元业务，2月中标河南洛宁县体育活动中心项目，5月中标洛宁县永宁大道工程项目，6月中标河南湖光城二期建设项目，10月中标河南郏县水系连通及水美乡村建设项目等。

截至2021年底，水环境公司在建项目22个，涉及市政公用、水利、房屋建筑等多个专业领域，初步形成以粤港澳大湾区为中心的南方区域、以雄安为中心的北方区域、以河南为中心的中部区域"三大区域"市场布局。

截至2021年底，有在册职工384人，其中，硕士学历13人，本科254人，专科104人，中专及以下学历13人；高级及以上专业技术资格24人，中级专业技术资格82人，初级专业技术资格109人；持有注册一级建造师资格23人，其他执业人员6人。

水环境公司承建的龙岗河末端调蓄池为亚洲第二大调蓄池，同时也是市政集团在建水环境治理改造最大单体建筑物，总占地面积75173平方米，基坑面积52000平方米，基坑深度14.7—21.9米，建成后可快速有效将初沉淀及过滤的河水输送至对岸的污水处理厂，恢复河道自净能力，保障河流水质达标。洛宁体育中心项目现浇空心楼盖，浇筑跨度及厚度规模在全国排名前三，单次浇筑混凝土方量高达3580立方米，创市政集团近十年内单次浇筑方量之最。雄安启动区项目2021年6月实现单月产值超2亿元，创造市政集团单个项目单月最高产值纪录。

截至2021年底，共获国家知识产权局授权发明专利2件；实用新型国家专利29件；国家级QC

成果2项；省部级QC成果28项；地市级QC成果8项；中国水利工程协会工法6项，中国电建集团工法5项，深圳市工法8项。

坪山项目获深圳市优质结构工程奖、深圳市建设工程安全生产与文明施工优良工地奖，被评为深圳市水务局"海绵城市"典范项目；龙岗项目和千年秀林项目获安徽省重点环境保护示范工程；茅洲河正本清源项目获安全管理优秀项目；茅洲河消黑项目荣获深圳市水务局"五好"工地；雄安新区新盖房项目获建功雄州十佳青年集体等多项荣誉。

历任主要领导任职情况：2018年1月—11月，于瑞波、王华侨；2018年12月任起，王华侨、于瑞波。

水环境公司2018—2021年经济指标完成情况，见表1-2-11。

表1-2-11 水环境公司2018—2021年经济指标完成情况

年份	营业收入（万元）	全员劳动生产率[元/（人·年）]	税金（万元）
2018	70686.4	4744055.1	336.7
2019	102253.9	4445821.0	317.2
2020	130102.1	5102041.7	352.0
2021	165181.9	5005512.6	349.0

十二、北方国际公司

中国电建市政建设集团北方国际工程有限公司（简称北方国际公司）是中国电建市政建设集团有限公司全资子公司，同时是中国电力建设股份有限公司落户山西的首家独立法人子企业。

2018年2月，市政集团将中国电建市政建设集团有限公司路桥工程公司所属晋中市综合通道建设工程PPP项目整建制划转至北方公司，成立中国电建市政集团北方建设工程有限公司，负责山西市场的开拓。2018年7月，以"北方国际公司"名称在山西省晋中市注册成功，注册资本金1亿元。

北方国际公司初期设有综合管理部、工程管理部、财务资金部、市场开发部等4个职能部门。2019年，增设党群工作部、安全环保部、设备物资部、经济管理部、人力资源部等5个职能部门，工程管理部更名为工程科技部。2021年，工程科技部更名为工程科技部（技术中心）。截至2021年底共设置9个职能部门。

成立之初，北方国际公司推进区域化发展，瞄准山西综改示范区的巨大发展潜力，主动参与山西晋中地方发展规划，同时推进业务版图向山西省外延伸，先后开拓重庆、甘肃、陕西、河北等区域市场，构建省内外立体营销体系。加强与国内优秀设计院合作，大力提升EPC总承包能力，成立4年累计签约16项EPC项目，实现施工总承包项目向EPC总承包项目等领域的转型。主营业务从市政、水利工程领域不断拓展，进入水系水生态、房屋建筑、电力工程、新能源（风电）等领域，形成"扎根晋中、深耕山西、辐射西北"的市场布局。

截至2021年底，北方国际公司完建、在建项目共计49个，主要分布于山西、陕西、甘肃、重庆等多个区域。承建晋中市综合通道建设工程PPP项目、晋中市环城南路西延工程、朔州经济开发区起步区及外部连接道路PPP项目、太原武宿（国际）机场空港配套工程（晋中区域）PPP项目、晋中市龙城大街区域水系综合治理项目等多项国家、省重点项目，先后建设完成10条总里程达46千米的城市主干道工程。其中，太原武宿（国际）机场空港配套工程（晋中区域）PPP项目总投资达95.88亿元，是市政集团成立以来承接的最大规模PPP项目。

2020年5月，习近平总书记在山西考察时，到北方国际公司参建的汾河太原城区晋阳桥段，沿河岸边步行察看汾河治理及两岸生态保护、环境建设等情况，对太原汾河沿岸生态环境的沧桑巨变表示欣慰。成功治理汾河为市政集团及北方国际公司在山西市场积累了良好的口碑。

北方国际公司注重"北方国际"品牌建设。2018—2019年，取得建筑工程和市政公用工程施工总承包三级和环保工程专业承包三级资质证书；2020年8月升级建筑工程和市政公用工程施工总承包二级；2021年5月取得水利水电工程和电力工程施工总承包三级。形成"以市政公用、建筑为主（二级资质），水利水电、电力、环保为辅（三级资质）"的资质结构。2020年，通过北方国际公司自有资质承接龙湖殿郦、晋中市城区雨污水调蓄设施等多个项目，实现市政集团二级单位自有资质承接项目零的突破。

北方国际公司承建的晋中市环城南路西延工程获评2020年度山西省示范工程，晋中市综合通道建设工程PPP项目先后获2020年度山西省示范工程称号、2021年度中国电建优质工程奖、2021年度山西省汾水杯、2021年度山西省优秀勘察设计一等奖、2021年度中施企协工程建设项目设计水平评价三等成果等荣誉，其中综合通道潇河大桥工程获2019年度优秀焊接工程、2020年度山西省示范工程、2020年度中国电建优质工程奖等多个专项奖项。北方国际公司连续两年（2020年、2021年）获晋中市优秀骨干企业称号。北方国际公司董事长王永获晋中市"晋中工匠"、山西省建筑业协会优秀项目经理等荣誉称号和山西省五一劳动奖章。

北方国际公司潇河大桥工程应用的"异形单拱肋超宽连续钢箱梁组合桥精细化施工技术"被电建集团鉴定为国际领先水平，并获2021年度中国电建科学技术进步奖一等奖、2022年度中国安装协会科学技术进步奖一等奖。

北方国际公司加强"产学"融合，与太原理工大学达成多类合作意向，合作"干冷地区人工湿地水质持续净化技术研究""平原水库水资源配置工程生态护坡技术研究与应用"等科技项目研发。

截至2021年底，北方国际公司职工人数298人，员工平均年龄29.72岁。其中，硕士研究生16人，大学本科226人，专科51人，中专及以下5人。高级专业技术资格21人，中级专业技术资格69人，初级专业技术资格99人。注册一级建造师21人，二级建造师8人，注册造价工程师4人，注册监理工程师1人，注册安全工程师4人。

2020年，北方国际公司分别与中亚经理部、中西非公司组成"结对子"单位。截至2021年底，输送到国外项目8人，接纳"结对子"单位回国员工28人。

2018年，北方国际公司在晋中设立集体户，有效利用本土资源，全面落实职工落户、子女就学、家属就业等相关政策。2019年3月，北方国际公司党委整建制转移至晋中市，归管于晋中市市直机关工委；2019年6月，经市政集团批复，北方国际公司在晋中购地并建设北方科研中心办公楼；2020年1月，北方国际公司工会加入晋中市总工会。截至2021年底，北方国际公司加入晋中市社会保险89人。公司属地化管理成效显著。

2019年，北方国际公司主动承担晋中市榆社县5个贫困村扶贫工作，进行"一对一"精准脱贫帮扶；2021年积极对接左权县麻田镇北艾铺村开展精准帮扶；在新冠肺炎疫情防控期间，通过晋中红十字会先后3次向平遥县捐赠疫情防控物资；在陕西疫情发生时，组织成立陕西斗门水库项目部志愿者抗疫小分队，助力当地政府开展疫情防控工作。

历任主要领导任职情况：2018年2月—2020年3月，屠清奎、王永、张福华；2020年3月—2021年8月，张泽、王永、张福华；2021年8月任起，王永、齐宗海。

北方国际公司2018—2021年经济指标完成情况，见表1-2-12。

表1-2-12　北方国际公司2018—2021年经济指标完成情况

年份	营业收入（万元）	全员劳动生产率[元/(人·年)]	税金（万元）
2018	100488.05	11820000.00	1195.15
2019	101764.43	7480000.00	4341.57
2020	122317.87	6400000.00	1249.16
2021	154021.64	6420000.00	1354.10

十三、设计院

中国水电十三局天津勘测设计研究院有限公司是公司所属全资子公司，主要面向公司内部提供设计、测绘、试验检测、BIM技术服务，稳步开拓公司外部市场经营。

2007年5月，中国水电十三局监理中心、中心试验室与中国水利水电第十三工程局勘测设计研究院合并重组，统称中国水电十三局勘测设计研究院，对外实行"一套班子、三块牌子"。其中，设计院和监理中心是两个法人单位。重组后，设计院成为集勘测、设计、试验、监理、科研于一体的单位。

2008年1月，中国水电十三局勘测设计研究院注册资本金从253.4万元增加至287.55万元。2008年4月，监理中心房屋建筑工程监理资质升级为乙级，水利水电工程监理仍为丙级。

2008年5月，中国水利水电第十三工程局勘测设计研究院更名为中国水电十三局德州勘测设计研究院有限公司，注册资本金为300万元；中国水电十三局监理中心更名为中国水电十三局德州监理中心有限公司，注册资本金为24.16万元。

设计院经营范围：建筑工程及相应工程咨询和装饰设计；岩土工程、工程测量，建筑模型制作，工程图纸描晒；计量、水利工程试验、建筑业试验、交通建设工程试验检测、土工试验。监理中心经营范围：水利工程建设监理、房屋建筑工程监理。

2010年12月，设计院注册地址由山东省德州市迁至天津市华苑产业园区榕苑路2号4-1601，中国水电十三局德州勘测设计研究院有限公司更名为中国水电十三局天津勘测设计研究院有限公司。

2011年11月，中心试验室取得水利水电混凝土和岩土类双甲级检测资质。2012年4月，测绘乙级资质异地变更至天津。

2012年12月，撤并中国水电十三局德州监理中心有限公司，注销其法人资格。

2013年7月1日，设计院机关总部搬迁至天津。同年，将设计室调整为设计一室和设计二室，成立设计管理部，负责管理工民建外其他设计工作、跟踪国内外市场设计工作。2014年，完成天津试验室筹建工作，购置安装调试100余台套仪器设备，中心试验室于10月由德州市迁至天津市，同月试验公路综合乙级资质迁移入津。

2015年10月，计量认证资质迁移入津，以天津本地检测市场作为突破口拓宽国内市场。2015年11月，取得天津市建筑行业（建筑工程）设计乙级资质。

设计院将卡塔尔、安哥拉、利比亚市场作为国外项目基地。2007—2013年，连年国外营业收入占年营业收入80%以上。测量业务从卡塔尔扩展到沙特、坦桑尼亚、巴基斯坦等国家。至2014年，逐渐形成卡塔尔、南亚、东非、安哥拉项目群。

2016年第四季度，分别与沙特阿美石油公司达曼学校和沙特吉达国民护卫队住宅配套项目签订BIM委托合同与SHOP-DRAWING设计合同。设计室成立BIM工作小组，开启BIM业务序幕。2021年7月，成立BIM技术应用中心。

2017年5月，变更设计院住所为天津滨海高新区华苑产业区（环外）海泰发展二道3号。

2017年，开拓地铁轨道工程控制测量项目。

2018年，实现营业收入翻番。设计紧跟公司发展重点，承接水环境治理、市政项目。海外业务进入新区域或国别。

2018年3月，中国水利水电第十三工程局有限公司中心试验室变更为中国电建市政建设集团有限公司检测中心。

2018年5月，设计院注册资本金由300万元变更至1200万元。

2019年，公司治理结构及设计院领导体制调整，设计院调整工作流程、议事规则，完善管理制度。结合经营重点，调整管理结构，形成"板块"加"区域"经营管理模式。

2021年，进入公路设计领域；开拓市政和房建检测项目；东非新增打井钻探业务。2021年11月，工程测量资质由乙级升为甲级。

2017年10月—2018年10月，设计院承接"三供一业"改造工程项目，2017年11月—2018年4月，承接肘各庄村对接帮扶项目。2018年8月、2019年9月—10月，检测中心参与天津市交通运输委组织开展的乡村公路建设质量安全检测志愿帮扶工作，检测中心深入农村地区、贫困地区，为行业了解掌握农村公路、扶贫公路建设质量现状提供大量第一手工程质量数据，相继收到国家交通运输部感谢信、天津市交通运输委员会通报表扬。

南亚区域巴基斯坦卡西姆电站测绘场景先后两次出现在央视报道中；检测中心收到国家交通运输部感谢信，被天津市交通运输委员会评为2019年度信用评价等级A级企业；设计院被评为2019年度纳税信用A级企业。

2019年12月，设计院启动高新企业申报培育工作。截至2021年底，取得1件发明专利；18件实用新型专利；2项计算机软件著作权。2019年2月，检测中心与天津滨海高新区科技发展局共建的协同创新实验室揭牌。2021年12月，天津市路桥工程材料企业重点实验室完成线上验收答辩，成为天津市唯一一家建筑施工领域重点实验室。

2021年，设计院拥有建筑行业（建筑工程）设计乙级资质、测绘甲级资质；检测中心拥有水利工程质量检测资质混凝土类和岩土类双甲级、公路工程综合类乙级资质，持有国家认监委颁发的CMA计量认证证书。

2021年底，设计院有职工181人。其中，正高级职称3人，高级职称33人，中级职称50人；一级建造工程师9人，注册安全工程师2人，注册质量工程师2人，注册结构工程师1人，一级建筑工程师2人，注册公用设备工程师1人，二级建筑工程师1人。

历任主要领导任职情况：2007年1月—7月，杨建军；2007年8月—2010年3月，杨建军、董洪福；2010年4月—2013年5月，宋业恒、董洪福；2013年6月—2014年3月，宋业恒、王保雨；2014年4月—2016年11月，宋慈勇、王保雨；2016年12月—2018年1月，宋慈勇、张建党；2018年2月—2021年7月，张建党、刘健；2021年8月任起，张福华。

设计院2007—2021年经济指标完成情况，见表1-2-13。

表1-2-13 设计院2007—2021年经济指标完成情况

年份	营业收入（万元）	全员劳动生产率[元/(人·年)]	税金（万元）
2007	1072.81	108364.53	9.44
2008	2250.93	195733.06	15.71
2009	2262.95	163981.68	22.14
2010	2643.34	187470.85	39.78
2011	2002.34	161479.19	42.19
2012	2145.95	163812.93	36.57
2013	2720.43	191579.93	36.98
2014	5301.42	331338.62	84.62
2015	5146.09	302711.27	147.32
2016	3150.59	166698.1	112.2
2017	3547.73	173908.58	118.21
2018	6354.66	324217.49	272.21
2019	6296.85	321267.95	228.5
2020	6723.24	268929.4	215.9
2021	5740.59	217446.44	154.73

十四、国贸公司

天津斯泰克国际贸易有限公司（简称国贸公司），2016年11月成立，由原天达工贸公司、山东海益国际汽车销售维修有限公司和国际保障中心3家单位整合重组成立。

2010年12月，中国水利水电第十三工程局有限公司多种经营分公司并入德州九龙贸易有限公司，更名为中国水电十三局德州天达工贸有限公司。

天达工贸公司设立8个管理部门：总经理工作部、党工部、人力资源部、财务管理部、技术设备部、经济管理部、安全环保部、工会；11个经营单位：贸易分公司、货代分公司、华苑仓储物流中心、电梯分公司、加油站、水电宾馆、银龙宾馆、金龙宾馆、佳美超市、印刷厂、食品厂（大厨房）；两个管理型单位：收费管理站、原汽修二厂房屋场地管理办公室。

2013年9月，公司将海外项目各国内办事处并入国际保障部，由十三局保障部更名为中国水电十三局国际保障中心（简称国际保障中心）。国际保障中心在原有合同签订、支付、退税等业务的基础上，增加出国人员手续及用车服务，设备物资收验货、装箱检尺及发运，权限内物资计划审批、招评标、物资理赔等。国际保障中心设立综合部、采购储运部、合同财税部3个部门，共有员工41人。

2016年11月，原山东海益国际汽车销售维修有限公司，以变更注册迁入方式在天津注册成立天津斯泰克国际贸易有限公司。以国际保障中心为基础，将天达工贸公司的国内外物流贸易、货代和仓储业务，山东海益国际汽车销售维修有限公司的工程机械、机电产品和设备配件的销售业务一并转入。

2017年5月，国贸公司整体从山东德州搬迁至天津市。

国贸公司成立之初设综合管理部（党群工作部）（含纪检、工会等业务管理）、财务资金部、合同事务部3个部门和国内贸易分公司、国际贸易分公司、设备销售分公司、保障服务分公司4个经营分公司。2019年3月，将保障服务分公司与国际贸易分公司重组成立国际贸易服务分公司，合同事务部重组成立经济与风险管理部；2019年4月，增设物达通分公司；2021年9月，国内贸易分公司重组成立营销中心。

截至2021年底，国贸公司成为天津市进出口商会副会长单位、天津市跨境电子商务协会会员、天津市高新区唯一一家外贸综合服务企业、天津市商务局主导政银保业务首批批复限额使用单位、国际货运代理企业等。拥有《海关AEO认证》《综服平台风控系统计算机软件著作权证书》《亚太贸易协定优惠原产地证书》《中国—东盟自由贸易区原产地证》《二类医疗器械经营证》《食品经营许可证》等多项资质证书。

国贸公司在天津拥有占地1万平方米的大型物流仓储中心，年装散货集装箱200余个，年物资吞吐量超5万立方米，皆通过质量、环境和职业健康安全管理体系认证。

2021年4月2日，斯泰克电商平台入驻电建商城，参与电建集团区域联采，服务电建集团成员，同时引进网上MRO工业品、劳保用品、办公用品等，与隆基、华为、东方雨虹、美的、三棵树、联塑等23家供应商签署战略合作协议。

国贸公司与小松、徐工、山推、柳工、陕汽、东风、中船等知名厂商建立代理合作，成为特级、一级代理商。提供工程配套施工成套设备、配件供应、售后服务等全产业链服务。

物达通作为国贸公司外贸综合服务平台，为集团内外企业提供物流、通关、收汇、退税、金融、关务咨询等进出口环节的服务。合作企业涵盖生产工厂、贸易公司、其他平台企业等，产品以纺织品、钢制品及设备为主。与新加坡、匈牙利、保加利亚、捷克、印度尼西亚、英国、美国等23

个国家和地区产生贸易往来。

国贸公司被评为2019年度天津市高新区高质量发展优秀企业、2020年天津滨海高新区消防安全先进单位，并受到天津市高新区防疫工作奖励。

2018年4月，开发应用出口退税风险管控系统（简称风控系统）；2018年9月30日，上线对外运行；2018年11月，配合完成海关AEO认证；2019年1月，完成申请软著—斯泰克物达通综服平台风控系统。

2019年6月，国贸公司与天津理工大学进行校企合作，研发仓储物流系统，获得软件著作权。

截至2021年底，国贸公司有正式职工103人，中达劳务派遣人员17人。其中，硕士5人，本科77人，专科14人，中专及以下学历7人；高级专业技术资格20人，中级专业技术资格36人，初级专业技术资格43人；获得注册一、二级建造师资格4人，注册安全工程师1人。

天达工贸公司历任主要领导人任职情况：2011年2月—2013年7月，李庆威、庞云翼；2013年7月—2016年10月，李庆威、付斌。

山东海益国际汽车销售维修有限公司历任主要领导人任职情况：2013年9月—2014年3月，唐培洪、沈清；2014年4月—5月，唐培洪、陶蕾；2014年6月—2015年12月，唐培洪；2016年1月—3月，唐培洪、关伟斌；2016年4月—9月，关伟斌。

国际保障中心历任主要领导人任职情况：2013年10月—2014年11月，王瑞卿；2014年11月—2016年11月，董洪福。

国贸公司历任主要领导人任职情况：2016年11月—2017年5月，李庆威；2017年5月—2018年12月，刘暐旻、李庆威；2018年12月—2021年11月，刘暐旻；2021年11月任起，刘暐旻、吴扬宇。

国贸公司2016—2021年经济指标完成情况，见表1-2-14。

表1-2-14　国贸公司2016—2021年经济指标完成情况

年份	营业收入（万元）	全员劳动生产率[元/(人·年)]	税金（万元）
2016	11176.26	1314768.19	118.50
2017	57328.81	6744566.32	246.86
2018	131584.13	15300479.85	864.09
2019	203650.27	18856506.12	1221.83
2020	183131.81	17441124.59	910.08
2021	164578.82	15978525.89	1143.11

十五、上海公司

上海公司成立于2015年8月，设有综合办公室（含党建、纪检、工会、人力资源等业务管理）、项目管理部（含设备物资业务管理）、市场开发部、财务资金部、安全环保部5个部门。市场主要分布于上海、浙江、山东、重庆、江西等区域。截至2021年底，上海公司员工从成立之初的16人发展到74人。

上海公司成立初期设定为经营平台，承接项目多为管理型项目。上海公司2019年9月从上海市宝山区迁址到上海市嘉定区。

上海公司抢抓"长三角一体化"发展机遇，2020年10月承接第一项自营型项目——乐清市中心区胜利塘北片东运路、云海路、陈砺路建设工程；同年12月底，承接重庆市巫山县水环境系统综合治理（一期）PPP项目，初步实现公司转型后的新突破。

上海公司经营范围主要以江浙沪区域为主、辐射周边多个省市。浙江市场借助杭州市新设临平区的契机，抢抓浙江共同富裕示范区市场际遇，上海公司扩大市场，改变经营思路，2021年10月10日，与临平区政府签署战略合作协议，共同推动项目实施。同时，公司进一步加强与系统内外技术实力领先设计院的密切合作，增强一体化竞争优势，实现公司业务结构转型。

上海公司获2013年度上海市水利优质工程

奖、2014年度中国电建优质工程奖、2015年度中国电建优质工程奖、2018年度上海市水利优质工程奖、2018年度中国电建优质工程奖、2020年度上海市政工程金奖、2021年度国家优质工程奖、2021年度浙江省钱江杯优质工程奖。

上海公司拥有形成环形重力坝综合施工工法、下穿高速工程大断面排水隧洞开挖施工工法、特大断面竖井式多孔控制闸滑模施工工法、涂区围堰填筑创新施工工法、下穿高速工程大断面排水隧洞开挖施工工法、深竖井钻爆开挖施工工法等多项省（部）级、公司级工法，并多次获得公司科技进步奖。

上海公司积极承担社会责任，所属重庆巫山项目在三峡集团长江大保护巫山区域爱心慰问及助学活动中向精准遴选出的困难家庭进行捐赠，助推桂坪村脱贫攻坚成果，巩固与乡村振兴有效衔接。

截至2021年底，上海公司在建项目4个，涉及水利、市政、港口与航道工程等领域。职工人数74人，其中，高级专业技术资格9人，中级专业技术资格19人，初级专业技术资格15人。国内员工获得注册一、二级建造师资格15人，造价工程师1人，注册安全师1人。

历任主要领导任职情况：2015年8月—2017年1月，杨世平；2017年1月—2018年2月，齐保军、蔡振春；2018年2月—2021年4月，蔡振春、刘佩河；2021年6月任起，何利超。

上海公司2017—2021年经济指标完成情况，见表1-2-15。

表1-2-15　上海公司2017—2021年历年经济指标完成情况

年份	营业收入（万元）	全员劳动生产率[元/(人·年)]	税金（万元）
2017	50205.09	9128198.182	291.61
2018	36628.99	6540891.071	127.23
2019	32813.09	4317511.842	152.66
2020	19091.45	2983039.063	62.59
2021	27502.04	3055782.222	52.62

十六、北京咨询公司

北京斯泰克工程管理咨询有限公司（简称北京咨询公司），由原北京斯泰克国际商务有限公司（前身为北京流芳宾馆）2020年5月8日更名成立，是市政集团全资子公司。营业范围：建设工程项目管理、酒店管理、技术咨询、经济贸易咨询、翻译服务、会议服务、出租办公用房、出租商业用房、住宿。

北京流芳宾馆是电力部中国水利水电工程总公司独资经营的综合性涉外一星级宾馆，下设商品部、美容美发、商务中心，提供住宿、餐饮、娱乐、会议等服务。设立"北京流芳宾馆旅行社"并配备导游、车辆等提供差旅服务，旅行社于2008年7月10日注销。

2007年1月1日—9月1日，北京流芳宾馆隶属于中国水利水电建设集团公司。

2007年9月，中国水利水电建设集团公司为支持下属企业发展国际业务，将北京流芳宾馆移交工程局管理。

2008年2月28日，北京流芳宾馆所有权划归工程局所有。

2008年8月1日，北京流芳宾馆更名为北京流芳宾馆有限公司。

2009年11月1日，驻北京办事处与北京流芳宾馆合并划归总经理工作部管理。

2013年1月1日，原住宿、餐饮等多种经营模式变为资产整体租赁、统一管理模式，扭亏为盈，实现国有资产保值增值。

2019年11月11日，北京流芳宾馆有限公司更名为北京斯泰克国际商务有限公司，增加公关策划、技术咨询、经济贸易咨询、翻译服务、会议服务等业务。

北京咨询公司成立初期申办建筑工程造价咨询、建筑工程监理、市政工程监理3项乙级资质，在原有资产管理经营业务的基础上增加工程监理、工程造价咨询业务。2020年7月，承接山西晋中洺悦宸苑项目一期工程监理咨询业务，合同额为276万元。2021年，先后承接太原武宿机场工程投标、雄安新区启动区管廊项目修编、电建基地办公楼项目清单编制、晋中洺悦宸苑项目二期监理咨询等业务，年营业收入491.71万元。

截至2021年底，北京咨询公司下设综合管理部、财税资金部、市场开发部、工程管理部4个部门。在职员工19人。其中，正式员工12人、外聘员工7人。

流芳宾馆历任主要领导人任职情况：2007年1月—2009年11月，成其忠、金海；2009年11月—2020年5月，索华炜、孙兆海。

北京咨询公司历任主要领导人任职情况：2020年5月8日任起，索华炜、杨建军、孙兆海。

十七、北京公司

中国电建市政集团有限公司北京分公司（简称北京公司）成立于2020年12月22日，前身为北京办事处。

北京公司成立后关停原办事处工作接待等业务，负责市政集团北京区域市场开拓、现有工程履约、出入境人员签证办理、机票集采、维稳信访、资料传递等工作。

（一）海外市场保障工作

1.2021年，送取海外员工资料及使馆签证190人次，办理出国护照签证及出境证总计1183人次，办理公证书21份，保函6份等。

2.2021年，办理出国人员行程共计449人次，采购机票465张，产生费用881.79万元，节省资金9.5万元。在海外航班机票极度紧缺且时常熔断的情况下，完成海外人员出行保障工作。

3.全年日常协助国际公司、国际保障中心及海外项目送递护照、出境证、保函等资料。

（二）国内后勤保障工作

北京办事处自成立以来积极协助公司职工及家属在北京就医，解决职工及家属重大疾病来京就医问诊难的问题，彰显了公司的人文关怀。

（三）历史沿革

十三局志书1962—2006年版未记载，补充1997—2002年相关资料。

1997年11月，北京办事处迁至朝阳区定福庄西街1号。

2002年12月，工程局用朝阳区定福庄41号楼置换水电二局位于东城区六铺炕地区塔楼配楼的6间房屋，办事处迁至东城区六铺炕水电东厂。

2007年3月19日，工程局在北京东城工商注册中国水利水电第十三工程局北京办事处。

2007年6月，办事处迁至北京市西城区裕民路4号。

2007年5月—2010年1月，办事处划归国际公司管理。

2013年9月18日，中国水利水电第十三工程局北京办事处变更为中国水利水电第十三工程局有限公司北京办事处。

2018年5月9日，中国水利水电第十三工程局有限公司北京办事处变更为中国电建市政建设集团有限公司北京办事处。

2020年12月，中国电建市政建设集团有限公司北京办事处更名为中国电建市政建设集团有限公司北京分公司，简称北京公司。

办事处历任主要领导人任职情况：1997年11月—2007年5月，郑慧来；2007年5月—2010年1月，张东雷；2010年1月—2013年3月，金海；2013年3月任起，孙兆海。

第二节　国外成员企业

一、国际公司

2007年8月26日，工程局合并局市场开发部、国际工程部，成立中国水电第十三工程局投标公司。下设国际市场一、二、三、四部，国内市场一、二部，国际合同译审部，国际项目保障部，综合部。

2010年3月20日，公司将投标公司更名为市场开发总公司，下设国内市场开发公司、海外市场开发公司、合同译审部和综合部。

2011年9月13日，撤销市场开发总公司；成立中国水电十三局海外市场开发公司，下设一部、二部、三部、综合部。

2013年9月26日，撤销中国水电十三局海外市场开发公司，成立中国水电十三局国际工程有限公司（简称国际公司）。国际公司作为公司所属实体化运作经营单位，以公司英文名"Sinohydro Tianjin Engineering Co.Ltd."对外开展国际市场经营活动，并作为公司非法人二级生产经营单位，内部独立核算，自负盈亏。

主要职责：一是负责公司海外市场开发与投标经营管理；以"SINOHYDRO TIANJIN"的名义开展海外自主营销；负责对外援助项目、中东和欧洲等高端市场项目、融资类项目、因市场开发需要承接的战略性项目实施管控。

二是代表公司履行海外市场开发管控职能，公司所属各单位（包括海外各区域经理部）应接受国际公司有关海外市场开发方面业务管理与指导。

三是充分发挥国际业务专业技术和项目管理等高端人才会聚效能，配合公司有关职能部门做好海外重点和高端项目管理和技术团队管理。

2013年12月19日，国际公司设置国际经营一部、国际经营二部、国际经营三部、项目管理部、合同管理部、综合部。

2016年2月2日，根据实际业务需求，重新设置国际业务一部、国际业务二部、国际业务三部、合同风险部、财务管理部、综合管理部。

2021年10月26日，调整组织机构，下设国际业务一部、国际业务二部、国际业务三部、综合部。

截至2021年底，国际公司有正式员工50人，其中，硕士及以上学历9人，大学本科学历40人，大学专科学历1人；35岁及以下11人，36—49岁30人，50岁以上9人；平均年龄41.12岁。

历任主要领导人任职情况：2011年9月13日—2013年11月19日，杨思松；2013年11月20日—2016年1月4日，何占颂、赵景涛、徐德阳；2016年1月5日—2017年4月23日，徐德阳、张玉富；2017年4月24日—2020年4月29日，王宁坤；2020年4月30日任起，范连勇。

二、东非公司

2004年4月28日，工程局成立中国水电十三局东非经理部，下设办公室、财务部和投标部。

2009年11月23日，成立东非经理部党总支。

2010年4月6日，成立东非经理部坦桑尼亚分部。

2011年9月6日，成立东非经理部工作委员会。

2012年5月9日，成立东非经理部乌干达分部。

2015年7月3日，成立东非经理部布隆迪分部。

2016年10月24日，公司撤销中国水电十三局东非经理部及其坦桑尼亚分部、乌干达分部；成立中国水电十三局肯尼亚经理部，负责肯尼亚、布隆迪、马拉维、南苏丹等国家的市场经营与生产管理工作；成立中国水电十三局坦桑尼亚经理部，负责坦桑尼亚、卢旺达、乌干达等国家市场经营与生产管理工作。

2016年12月28日，东非经理部工作委员会更名为肯尼亚经理部工作委员会。

2017年4月22日，撤销中国水电十三局肯尼亚经理部，成立中国水电十三局东非公司（简称东非公司），英文名称为"STECOL Corporation（East Africa）"。东非公司总部设在内罗毕，承担公司在东非区域包括肯尼亚、坦桑尼亚、卢旺达、乌干达、布隆迪、南苏丹、马拉维等国别市场的战略落地、市场拓展、配备资源、风险管控、考核评价、服务保障6大职能。坦桑尼亚经理部纳入东非公司管理。

2017年4月25日，成立东非公司工作委员会，撤销肯尼亚经理部工作委员会。

2019年4月30日，撤销坦桑尼亚经理部。

截至2021年底，东非公司设有坦桑尼亚代表处、卢旺达代表处、马拉维代表处3个国别代表处，以及综合管理部、市场开发部、财务资金部、工程管理部、安全环保部、合同风险部、合规管理部、设备物资管理中心等8个职能部门。有肯尼亚塔图城基地和卢旺达基加利经济特区两处办公和生活基地。

截至2021年底，东非公司有正式员工510人。其中，硕士及以上学历15人，本科学历317人，大专学历90人，大专以下学历88人，大专及以上学历占比82%，本科及以上占比64%。35岁以下261人，36—49岁171人，50岁以上78人。另有外聘员工381人，当地雇员8000余人。

历任主要领导人任职情况：2017年4月22日—2019年1月31日，张玉富、赵海军；2019年1月31日—2021年6月7日，赵海军、张建荣；2021年6月7日任起，张建荣、赵海军。

三、北非公司

2011年9月7日，公司成立中国水电十三局北非经理部，主要负责管理阿尔及利亚市场的在建项目。组织机构设有经营管理部、工程管理部、综合管理部三个部门，并于2013年重新调整为多种经营部、工程管理部、财务部、清关部及综合管理部。

2015年11月26日，公司撤销北非经理部，成立第一个海外分公司——中国水电十三局北非公司（简称北非公司）。主要负责阿尔及利亚及周边国家（摩洛哥、利比亚、埃及、突尼斯等）市场的开拓经营，实行内部经济独立核算、自负盈亏。

2017年4月，北非公司总部迁址阿尔及利亚首都机场附近，租赁当地私人用地建造北非公司总部营地，占地58亩，包含住宿办公楼、厂房、食堂、门卫室等配套设施。组织机构调整为七部一室，包括党工部、工程管理部、财务部、多种经营部、安全质量环保部、市场部、清关部、办公室。

2018年1月26日，中国水电十三局北非公司更名为中国电建市政集团北非公司。

2019年11月10日，北非公司再次调整组织机构，设有综合办公室、党工部、工程管理部、经管部、财务部、安全环保部、市场部、设备物资部。2021年8月29日，精简为四部一室，包括市场开发部、工程管理部、财务资金部、设备物资安全环保部以及综合办公室。

截至2021年底，北非公司在建项目5个，正式职工70人，中鲁劳务派遣人员24人，属地化雇员196人，其中，大学本科及以上人员49人，专科21人，中专及以下学历人员24人；具有高级专业技术资格11人，中级专业技术资格13人，初级专业技术资格12人；获得注册一、二级建造师资格5人，其他执业资格人员8人。

历任主要领导人任职情况：2015年12月—2016年12月，王宁坤；2017年1月—7月，王宁坤、赵勇祥；2017年8月—2021年1月，赵勇祥、李玉松；2021年2月—12月，于峰、李玉松。

四、西南非公司

2005年3月18日，工程局成立中国水利水电第十三工程局安哥拉经理部，主要负责开发安哥拉市场。

2007年，安哥拉经理部设置商务、资金、工程技术、人力资源、设备物资仓储运输等部门。2011年，重新调整组织机构，下设财务资金部、工程管理部、设备物资部和综合办公室。

2012年，安哥拉经理部推行项目区域化集中管理方式，合理配备人力物力等资源，达到高度共享、高效利用。2013年，以省为单位下设罗安达省、莫西科省、万博省、班固省、比埃省、宽多省、扎耶尔省7个省级项目管理部。

2018年1月26日，中国水利水电第十三工程局安哥拉经理部更名为中国电建市政集团安哥拉经理部。

2019年1月16日，撤销中国电建市政集团安哥拉经理部，成立中国电建市政集团安哥拉分公司。

2019年4月3日，根据电建市政集团国际市场属地化和海外区域发展战略部署，结合海外市场生产经营、市场开发和在建项目履约情况，撤销中国电建市政集团安哥拉分公司，成立中国电建市政集团西南非分公司（简称西南非公司）。

截至2021年12月，西南非公司有在职正式员工72人，中鲁、中达派遣员工38人，其中，30岁以下21人（正式19人，中鲁2人），占比29%。最高学历本科及以上54人，占比49%；最高学历专科19人（正式12人，中鲁7人），占比17%。一级建造师4人，高级职称以上7人，中级职称26人，初级职称17人。

历任主要领导人任职情况：2007年1月—2008年9月，刘晓辉；2008年10月—2012年3月，刘富凯；2012年4月—2016年9月，安郁军；2016年9月—2017年4月，徐德阳；2017年4月—2020年9月，李有兵；2020年10月—2021年12月，王延立。

五、中西非公司

2013年4月23日，公司成立中国水电十三局中西非经理部。设立经营部、信息部、译审部、保障部、工程管理部、财务部、综合办公室7个职能部门。

2014年12月，信息部并入经营部。

2016年4月，中西非经理部进行组织调整，下设市场开发部、合同风险部、综合管理部、财务管理部、项目保障部。

2017年8月29日，撤销中国水电十三局中西非经理部，成立中国水电十三局中西非公司（简称中西非公司），英文名称为"STECOL Corporation（Central-West Africa）"。设置综合管理部、市场经营部、项目管理部、财务管理部、设备物资部5个职能部门。

2018年1月29日，中国水电十三局中西非公司更名为中国电建市政集团中西非公司；4月，增设人力资源部，与综合管理部为"一套人马、两项职能"；9月，增设商务译审部。

2019年初，中西非公司将总部从刚果（布）首都布拉柴维尔迁至科特迪瓦首都阿比让。

截至2021年底，中西非公司班子成员共计11人，有正式员工178人，外聘员工131人，分包和厂家售后员工3人，共计312人。其中，在海外正式员工141人，外聘员工96人，分包和厂家售后员工3人，共计240人。正式员工中30岁以下80人，占比44.9%；本科学历及以上94人，占比52.8%，专科学历55人，占比30.1%；高级职称17人，中级职称32人，初级职称50人。

历任主要领导人任职情况：2013年4月—11月，张玉富、许立志；2013年11月—2015年4月，司圣文、许立志；2015年4月—2016年7月，司圣文、许立志、于峰；2016年7月—10月，司圣文、于峰；2016年10月—2017年8月，司圣文、鲜仕君、于峰；2017年8月—2021年2月，司圣文、于峰；2021年2月任起，司圣文、宋鹏。

六、欧洲公司

2013年12月19日，公司成立中国水电十三局欧洲经理部，主要负责开发欧洲市场。

2018年1月26日，中国水电十三局欧洲经理部更名为中国电建市政集团欧洲经理部。

2019年1月16日，成立中国电建市政集团欧洲分公司（简称欧洲公司），同时撤销欧洲经理部。下设综合部、市场部、财务部3个职能部门，并派人员入驻电建国际罗马尼亚、阿尔巴尼亚两个国别的联合营销代表处。欧洲公司主要负责电建市政集团在欧洲区域43个国别市场的经营及项目管理工作。

2021年，为增强实体管控能力，欧洲公司调整组织架构，成立综合管理部、市场开发部、财务资金部、项目管理部、设备物资部和安全环保部，负责分公司日常管理工作；设立塞尔维亚、波黑国别代表处，负责巴尔干地区的市场经营。

截至2021年底，欧洲公司中方员工63人，其中正式员工56人，外聘员工7人；本科47人，硕士研究生6人，博士研究生1人；高级职称6人，中级职称15人；注册一级建造师资格6人，注册安全工程师资格2人，注册监理工程师资格1人。外籍正式雇员共228人，其中华沙总部7人。外籍员工中，非工程类学士学位4人，研究生22人，工程师19人，高级工程师31人。

历任主要领导人任职情况：2013年12月—2016年4月，张福华；2016年5月—2019年1月，季奇；2019年9月—2020年11月，季奇、齐宗海；2020年12月—2021年2月，季奇、王金刚；2021年3月任起，李有兵、王金刚。

七、南亚公司

2009年10月27日，撤销驻也门经理部、驻斯里兰卡经理部。

2012年4月9日，成立中国水电十三局南亚经理部，下设办公室、财务部和市场开发部。同时撤销巴基斯坦经理部。

2016年1月，南亚经理部设置巴基斯坦伊斯兰堡代表处，派驻人员与电建国际区域代表处联合办公。

2017年6月，南亚经理部设置孟加拉国代表处常驻机构。

2018年1月，中国水电十三局南亚经理部更名为中国电建市政集团南亚经理部。

2019年4月1日，撤销南亚经理部，成立中国电建市政集团南亚分公司（简称南亚公司），英文名称为"STECOL Corporation（South Asia）"。

截至2021年底，南亚公司有职工150人，其中分公司总部15人，项目人员135人；中鲁、中达劳务派遣人员63人，劳务分包人员537人；研究生2人，本科68人，专科51人，中专及以下学历29人；具有高级专业技术资格18人，中级专业技术资格34人；获得注册一、二级建造师资格8人，其他执业资格人员5人。

历任主要领导人任职情况：2012年4月—2019年3月，韩东、孙金辉；2019年4月任起，郑术锋、汪占云。

八、中亚经理部

2017年8月30日，公司成立中国水电十三局中亚经理部，主要负责对接电建国际欧亚区域总部，做好乌兹别克斯坦、哈萨克斯坦、吉尔吉斯斯坦、塔吉克斯坦和土库曼斯坦等中亚国家及其他俄语区域国家市场经营，协调中亚区域在建项目管理工作。

2018年1月26日，中国水电十三局中亚经理部更名为中国电建市政集团中亚经理部（简称中亚经理部）。

2018—2019年，中亚经理部为满足日常工作及与电建市政集团各职能部门对接需求，设置综合管理部、市场开发部、工程合同部、财税事务部、设备物资部和安全环保部6个职能部门。

2020年，结合中亚市场生产经营、市场开发和在建项目履约情况，中亚经理部将6个职能部门调整为：综合管理部、市场开发部、项目管理部、财务资金部、设备物资部和安全环保部。

截至2021年底，中亚经理部有职工56人，其中国内职工2人，出国人员54人；中鲁、中达劳务派遣人员21人。硕士6人，本科37人，专科8

人，中专及以下学历5人。具有高级专业技术资格10人，中级专业技术资格17人，初级专业技术资格12人。注册一级建造师资格7人，其他执业资格人员4人。

历任主要领导人任职情况：2017年8月—2019年4月，王延立；2019年4月—12月，曲永耀；2019年12月—2021年12月，候学刚、曲永耀。

九、中东经理部

2011年9月6日，公司成立中国水利水电第十三工程局有限公司中东经理部，同时撤销公司驻卡塔尔经理部。

2012年1月6日，成立中东经理部党总支委员会。

2012年10月29日，为分层次开发沙特工程承包市场，拓展中国水电整体国际市场经营空间，成立中国水电十三局沙特分公司，英文名称：SINOHYDRO TIANJIN ENGINEERING CO., LTD SAUDI ARABIA BRANCH。

2016年3月9日，成立中共中国水电十三局有限公司中东经理部工作委员会，同时撤销中东经理部党总支。

2017年1月19日，撤销中国水电十三局沙特分公司，原沙特分公司人员由中东经理部统一管理。

2019年1月16日，撤销中国电建市政集团中东经理部，中东经理部管理的在建项目及市场经营工作由市政集团国际公司负责。

历任主要领导人任职情况：2011年9月—2015年4月，孙金辉；2015年4月—2019年1月，杨长才。

第三节 辅业单位

一、海益公司

山东海益汽车销售维修有限公司成立于2012年12月25日。2013年5月24日，山东海益汽车销售维修有限公司更名为山东海益国际汽车销售维修有限公司，由十三局橡塑厂陕汽重卡4S店、修理车间、滤芯车间整合重组成立，属于水电十三局旗下子公司，注册资本金1000万元。成立目的是做强做优汽车销售及设备维修保障业务，打造公司修理人才培养基地，强化工程设备供应和维修服务保障功能。

海益公司成立初期设有总经理工作部/党群工作部、企管部、财务部、设备物资部、工程机械销售部、运输设备销售部、设备售后服务部、储运部等8个部门，1个设备维修租赁分公司。

海益公司成立之初拥有国内一流的专业销售展厅、先进的维修及检测设备，着力提升销售业务和设备修理业务，推动自有汽车大修资质评审，持续维护陕汽重卡、潍柴、法士特等品牌星级代理。

主要销售业务包括运输设备销售和工程机械销售。运输设备销售业务包括陕汽重卡汽车及配件销售；工程机械销售业务包括小松、日立、徐工、柳工等工程机械设备及配件销售。

2014年3月，橡塑厂修理车间更名为海益设备维修租赁分公司。主要承揽汽车、工程机械设备维修及租赁业务，重点打造公司修理人员培养基地，一是归国修理人员的安置和再培训，发挥修理人员中转站和蓄水池作用；二是实时学习掌握新机型、新技术，实现维修技术再提升，为公司国外设备施工保驾护航；三是举办两届修理学员技能培训班，培养60余名修理人员陆续输送到公司国外各项目，充实国外设备维修力量。

海益公司拥有国内一流的陕汽重卡特约服务站，为德州区域内陕汽车辆用户提供24小时全天候服务，服务区域涵盖济南以北沧州以南区域。同时派遣服务人员驻陕汽国外维修服务，为公司销售到国外市场的陕汽车辆进行全方位维保。

2016年9月27日，公司将山东海益国际汽车销售维修有限公司自山东省德州市变更工商注册到天津滨海高新区，同时更名为天津斯泰克国际商贸有限公司，英文名称变更为"STECOL Tianjin International Trading Co Ltd."。注册资本金由原注册资本金1000万元增资至1亿元。

2016年11月31日，山东海益国际汽车销售维修有限公司人员（除安排至天津斯泰克国际商贸有限公司的13人外）及固定资产整体划转到安装公司。"海益设备维修租赁分公司"并入安装公司后，保留汽车设备维修板块业务，更名为"安装公司设备维修中心"，继续发挥设备维修服务保障功能，打造公司修理人员培养基地。

历任主要领导人任职情况：2013年9月—2014年3月，唐培洪、沈清；2014年4月—5月，唐培洪、陶蕾；2014年6月—2015年12月，唐培洪；2016年1月—3月，唐培洪、关伟斌；2016年4月—9月，关伟斌。

二、橡塑制品厂

橡塑制品厂始建于1976年，主要生产塑料浮体、排泥和吸泥胶管、自浮排泥胶管、钢管、钢塑复合浮筒、橡胶止水、金属结构、改性MC尼龙管、弹性体复合抗磨环和弹性体复合衬板、滤清器等产品，以及负责汽车销售和汽车工程机械维修业务。

2007年8月，橡胶制品厂自主研发胶管自动化行走装备，提高了胶管产品的质量和生产效率；制作3套自动化程度较高的浮体设备。

2008年10月13日，更名为中国水利水电第十三工程局有限公司橡塑制品厂；同年，对4台浮体设备更新改造，自浮式橡胶排泥管项目通过验收；汽车销售服务体系首次通过三项体系认证。

2009年，橡塑制品厂第二条Φ426毫米—Φ2020毫米螺旋钢管线投入生产；钢塑复合浮筒项目研制成功；汽修车间和汽车销售4S店合并，形成统一的汽车销售体系；"自浮式排泥胶管研制"获集团公司科技进步奖一等奖。

2010年，在坦桑尼亚、肯尼亚、利比亚先后建立3个汽车配件销售服务部。

2012年5月10日，获得国家质量监督检验检疫总局颁发的中华人民共和国特种设备制造许可证（压力管道元件A2级）。

2012年12月26日，橡塑制品厂与机电安装分公司业务重组。

历任主要领导人任职情况：2007年1月—2012年12月，王春明、孙会学。

三、德州管理中心

中国水利水电第十三工程局有限公司德州管理中心（简称德州管理中心）于2010年7月14日成立，由基地管理处、职工培训中心、离退休管理部整合而成，其职能是进一步发挥基地管理、离退休管理和职工培训工作职能，做好德州基地管理服务工作，让企业员工安心地投入生产经营工作中，使离退休职工享受公司发展成果。

管理中心下设基地管理处、职工培训处、离退休职工管理处。2010年8月25日，离退休职工管理处分立并单独设立，更名为中国水电十三局离退休职工管理部。9月，德州基地住宅东、西、南三个小区，供热系统接入德州市集中供热管网改造工程竣工。

2011年初，德州管理中心进行机构调整，划分为办公室、财务劳资科、安全生产监督管理科、工程技术科、水电暖管理科、综合管理科、培训科、鉴定所（科）、函授技能科、微山办事处管理办公室。12月，公司投入资金90万元为家属区重点部位安装电子监控设备。

2012年，德州管理中心完成北区单身楼沿街屋顶彩钢瓦更换安装、东区围墙拆除重砌、创建国家园林城市东西区绿化、济南办事处平房大修等大修项目8项，完成决算值50余万元。

2013年，公司投资76万元完成十三局职工活动中心改造项目，室内面积620平方米，室外面积2200平方米。

2014年，德州管理中心与离退休职工管理部合并，实施"一套人马、两块牌子"。9月30日，公司批复成立中国水电十三局离退部新泰管理办公室（简称新泰离退办），行使管道公司离退休人员管理职责。同年，完成基础设施大修工作及西区换热站迁移改造项目工程。

2015年6月30日，德州管理中心将十三局西区（水电新景苑）物业管理移交德州康润物业管理有限公司。

2016年9月27日，公司将德州管理中心所属离退休职工管理部分立并单独设立，更名为中国水电十三局离退休职工管理服务中心。同时，德州管理中心、德州天达工贸有限公司、德州房地产开发有限公司、德州康润物业管理有限公司，整合为中国电建市政集团德州实业有限公司（简称实业公司）。其中，房地产开发公司、康润物业公司保留各自法人公司。

2010—2016年，公司共投资2055.34万元用于德州基地住宅小区基础设施改造、水电暖设备设施维护及管线改造、地面硬化、环境卫生、绿化等。

截至2016年10月，德州管理中心有正式职工95人。

历任主要领导人任职情况：2010年7月—2014年6月，沈涛；2014年7月—2016年9月，邢子越。

四、德州康润物业管理有限公司

2014年11月19日，为完善公司后勤管理，德州基地住宅小区物业管理社会化、专业化和规范化，为落实国务院国资委央企分离移交"三供一业"政策，公司成立德州康润物业管理有限公司（简称康润物业），注册资金300万元，为市政集团二级法人单位。

康润物业设置综合管理部、秩序维护部、环境管理部、工程维保部4个部门。成立初期有正式职工8人，中鲁劳务派遣7人，其余外协队伍共25人。6月5日，公司在德州召开水电十三局德州基地物业管理改革座谈会，德州管理中心，房地产公司，四公司，天达工贸，中鲁国际，机电安装分公司，海益公司，港航公司，离退部，离休支部代表和小区西区、东区、南区、北区住户代表共百余人参加，十三局物业改革迈出第一步。6月15日，康润物业取得物业管理企业三级资质后，入驻十三局水电新景苑提供物业服务，进行物业服务管理改革试点工作。7月15日，康润物业与德州管理中心及房地产公司对西区二次加压泵房、消防智能设备进行现状交接。11月底，完成新景苑小区（十三局西区）高层8部电梯监控安装工作。十三局西区旧区一户一表电力改造工作完成，全部移交德州市供电公司。12月底，十三局西区旧楼房楼梯间粉刷及南门改造工程完成，公共区域环境基本实现与水电新景苑融为一体，满足西区物业服务管理要求。

2016年10月，根据《公司德州基地相关单位业务重组与机构改革方案》的要求，康润物业公司纳入实业公司。同时，康润物业根据德州市物价局印发的《关于水电十三局德州基地住宅小区（东区）普通住宅前期物业服务费标准的批复》《关于水电十三局德州基地住宅小区（南区）普通住宅前期物业服务费标准的批复》《关于水电十三局德州基地住宅小区（西区）普通住宅前期物业服务费标准的批复》《关于水电十三局德州基地住宅小区（北区）普通住宅前期物业服务费标准的批复》，确定德州基地住宅小区物业费收取标准。12月初，康润物业组织机构调整为综合管理部、各区物业经理、客服部、维修班4个部门，原德州管理中心职工纳入康润物业。12月中旬，公司印发《中国水电十三局有限公司德州基地住宅小区职工住户专项物业费补贴办法（试行）》，贯彻落实国有企业"三供一业"改革工作部署，推进公司基地管理和物业服务改革。12月底，康润物业进驻德州基地4个住宅小区，负责相关物业管理服务工作。

2017年起，康润物业服务范围已覆盖十三局德州基地4个住宅小区，多层82栋，高层、小高层6栋。11月中旬，十三局德州基地住宅小区供热设施维修改造工作完成，改造面积18.8万平方米，改造2300户，并移交德州市热力公司。截至2017年底，十三局基地住宅小区老旧小区绿化改造、修缮工程，共换填土方330立方米、种植绿篱（红叶石楠）706平方米、种植高杆红叶石楠球2株、种植白蜡树8棵，共修剪高大绿化树木近600棵。

2018年3月，康润物业协助设计院完成《中国电建市政集团德州基地可行性研究报告》。公司与北京北控物业管理有限公司签订《中国电建市政集团德州、微山基地分离移交协议》。12月下旬，康润物业在德州市工商局完成注销。12月底，德州基地4个住宅小区供电、供水改造完成，分别移交国家电网和德州水务，并移交北京北控物业管理有限公司。

截至2018年底，康润物业有正式职工10人，其中高级职称1人，中级职称2人，除正式职工外，中鲁劳务派遣7人。

历任主要领导任职情况：2014年11月—2016年5月，吴松、郑绍刚；2016年5月—2017年4月，吴松、刘皡旻；2017年5月—2018年12月，吴松、杨磊。

五、基地管理处

基地管理处主要负责德州基地4个小区4500多户职工群众供水、供电、供暖、房屋管理修缮、环境卫生绿化等基地后勤服务工作，同时还承担公司基地基础设施大修更改项目。基地管理处设办公室、物资供应科、工程技术质安科、房地产管理科、绿化环保科、社区治保科、房屋修缮科等11个部门。

2007年11月，成立中国水利水电第十三工程局微山办事处，微山办事处、天津工程处、一分局微山基地和一分局船厂隶属局基地管理处管理；十三局幼儿园挂靠基地管理处。

2008年3月，进行内部管理体制改革，成立综合管理科，撤销房地产管理科、绿化环保科、社区治保科、房屋修缮科，部门由原来的11个减少为7个。4月，协助德州中燃城市燃气发展有限公司为十三局北区354户住户安装燃气管道。

2009年7月9日，办理完成德州基地相关房产证38本，济南办事处房产证11本，共计49本。

2010年3月，将供水、供电、供热三个科室合并为水电暖管理科。

2007—2009年，十三局为改善德州基地住宅小区环境，共投资531.82万元，用于小区大修改造及小型基建项目，共计66项。种植树木410余棵，栽种花灌木2400余棵，修剪树木1050余棵，小区绿化成活率达到95%以上。

历任主要领导任职情况：2007年6月—2010年6月，沈涛。

六、天达工贸公司

中国水电十三局德州天达工贸有限公司（简称天达工贸公司）是中国水电十三局有限公司子公司。天达工贸公司是随着十三局业务板块整合，由多种经营分公司、德州九龙贸易有限公司两家经营单位合并重组而成。

水电十三局多种经营处，成立于1998年1月。2007年，十三局内部管理体制改革，撤销物资公司，加油站、佳美超市、国外项目服务部、天达电梯工程处整建制并入多种经营处。2009年12月，更名为中水电十三局水电工程有限公司多种经营分公司（简称多种经营分公司）。

德州九龙贸易有限公司，成立于2000年1月，原名为德州九龙实业有限公司，包括金龙宾馆和银龙宾馆。2006年5月，因增加贸易业务，德州九龙实业有限公司更名为德州九龙贸易有限公司。2009年7月，因中国水电十三局业务整合，将德州九龙贸易有限公司的宾馆业务转入公司多种经营分公司。

2011年初，多种经营分公司并入德州九龙贸易有限公司，设总经理工作部、党群工作部、人力资源部、财务管理部、技术设备部、经济管理部、安全环保部、工会8个管理部室；成立加油站、电梯分公司、印刷分公司、水电宾馆、银龙宾馆、金龙宾馆6个分公司；管理佳美超市、印刷厂、食品厂（大厨房）、收费管理站、原汽修二厂房屋场地管理办公室5个单位。2月22日，德州九龙贸易有限公司更名为中国水电十三局德州天达工贸有限公司。

2013年，成立货代分公司，同年4月，接管天津华苑仓储物流中心。

2014年，天达工贸公司国际项目服务分公司更名为天达工贸公司华苑仓储物流中心；撤销天达工贸公司天津办事处，成立贸易分公司国际市场部。

2015年6月，在德州首届青工电梯维保技能比武活动中，电梯分公司两名员工分别获一等奖和三等奖。获天津市2014—2015年度综合治理工作先进单位荣誉称号。

2016年9月，德州管理中心、德州天达工贸有限公司、德州房地产开发有限公司、德州康润物业管理有限公司，整合为中国电建市政集团德州实业有限公司（简称实业公司）。其中，房地产开发公司、康润物业公司保留各自法人公司。

截至2016年底，天达工贸公司有正式职工154人，随着单位整合，贸易和货代业务已剥离到天津斯泰克国际贸易有限公司。

历任主要领导人任职情况：2010年2月—2013年5月，李庆威、庞云翼；2013年5月—2016年10月，唐培洪、李庆威、付斌。

七、职工培训中心

职工培训中心成立于2001年5月，初期属十三局二级单位，主要负责工程局职工培训计划和年度计划实施，办理受训人员有关手续及培训档案建立与管理工作。

职工培训中心有教职工70余人，设办公室、综合部、干部培训科、工人培训科、成人教育（对外称水电十三局电大）、职业技能教育科（对外称水电十三局技校）。

2010年7月14日，十三局对基地管理处、职工培训中心、离退休管理部进行整合，成立中国水利水电第十三工程局有限公司德州管理中心（简称德州管理中心）。德州管理中心下设基地管理处、职工培训处、离退休职工管理处。

2011年，职工培训处围绕公司"十二五"期间的工作目标和要求，大力实施职工素质工程和人才强企战略，以内部培训、技能鉴定和学历教育为工作重点全面提升企业员工的综合素质和业务能力，以适应公司发展需要。

2010—2016年主要培训情况，见表1-2-16。

表1-2-16 2010—2016年主要培训情况

项目	职工培训		技能鉴定		成人教育
时间	期次	人次	技师（人）	高级技师（人）	大专及以上（人）
2010年	34	1873	28	14	205
2011年	23	1731	74	18	149
2012年	24	1802	89	13	88
2013年	21	1955	119	43	294
2014年	25	2557	40	26	195
2015年	36	2055	10	12	32
2016年	27	2036	16	10	36
合计	190	14009	376	136	999

2019年12月30日，市政集团在山东德州成立中国电建市政集团基地资产管理与职工培训服务中心（内部简称资培中心），领导班子由实业公

司领导班子兼任，实行"一套人马、两块牌子"，下设综合办公室和微山基地管理办公室，资培中心为公司费用管理单位，工作人员从实业公司划拨，编制控制在20人以内（含领导班子、微山基地人员）。

资培中心具体职责：一是代表公司对德州、微山等地的土地、办公楼、职工宿舍等进行日常管理和基建维修，就基地管理事务与所在地政府及相关部门进行工作对接；二是承担公司职工培训日常管理与服务保障工作；三是做好企业职工家属区"三供一业"分离移交后续工作，处置公司历次职工集资建房和水电新景苑相关遗留问题；四是承担实业公司转岗培训、内退、待岗职工及相关人员的日常管理工作。

2019年，资培中心完成职工培训42期，共计19949人次；技能鉴定37人。

2020年8月5日，首次承办股份公司外部培训2020年网络安全协作组华北二组交流会；9月，首次利用在线培训系统开展线上培训；2020年，资培中心完成职工培训29期，共计2639人次。

2021年，职工培训重点工作是提升培训管理和服务质量、内联外拓培训业务，建成供100人上机的信息化考试平台和实操工位，为开展职业技能鉴定业务奠定基础。资培中心培训基地进入电建集团职业教育学院管理系统，为区域化、专业化定向承接电建系统培训奠定了坚实基础。通过线上、线下培训形式，共完成职工培训38期，共计3552人次。

历任主要领导人任职情况：2001年4月—2009年11月，张本宝；2009年12月—2010年6月，米志勇；2010年7月—2014年6月，沈涛；2014年7月—2016年9月，邢子越；2016年10月—2019年6月，沈涛、付斌；2019年7月—2020年10月，沈涛；2020年11月—2021年11月，王宏晖、付斌；2021年12月任起，王宏晖、刘浩辉。

八、十三局医院

中国水电十三局医院成立于1962年，位于山东省德州市。医院由起步时的2名医生、2名护士，6间平房，发展为现在集医疗、急救、预防、康复、教学、社区医疗于一体的现代化二级甲等综合医院。

2013年8月8日，医院获德州市新生儿窒息复苏知识与技能竞赛团体第3名。

2014年3月24日，郭玉斌同志被评为德州市优秀急救人员，王炳花同志被评为2013年度全市医疗服务能力提升先进个人；5月9日，护理部主任梁洪梅被授予德州市优秀护士称号；11月4日，医院急诊科获德州市卫生计生系统院前急救技能大赛团体三等奖；12月7日，医院代表队获德州市第二届急救技能大赛团体组三等奖；黄家进、石玲玲、李斌分别获个人组急救技能操作二、三等奖。

2015年4月2日，按照公司要求，对1998年前会计档案进行清理鉴定、登记造册，并统一销毁。

同年5月13日，医院急诊科在德州市2015年度院前急救系统优秀急救站和优秀急救个人评选活动中，获全市优秀急救站称号，急诊科4名急救人员获全市优秀急救站人员称号；6月3日，经检查，十三局医院符合爱婴医院标准，通过爱婴医院审核。

2015年，医院投资170余万元加大基础建设工作力度，二次改造内三病房楼，装修体检中心。医院统一规划科室悬挂指示图，新增标识、标牌6000余项，并新增大厅地面指引标识、设置导医台。

2015年6月10日，十三局医院通过二级甲等综合医院现场考核。医院是全市第一家参照卫计委《二级综合医院评审（2012年版）》实施细则，利用标准化评审软件现场评审并通过的二级甲等综合医院。6月25日，德州市卫计委发文，确认十三局医院达到二级甲等综合医院标准，并予以公布。

截至2015年，医院拥有万元以上大中型医疗设备180余台套，全新1.5T磁共振、高档进口介入治疗设备、饱和氧及高压氧治疗系统、腹腔镜、椎间孔镜等微创治疗设备正在装机，先后购置16层螺旋CT机，日立、百胜等高中档彩超7台，数字遥控诊断X射线机（CR）、数字胃肠机、数字化X线摄影机、全数字口腔全景机、数字床旁机、日本奥林巴斯全自动生化分析仪、血液分析仪、美国雅培化学发光实验仪、五分类全自动血球仪、钼靶乳腺X光机、生物共振治疗机、动态心电图仪、血液透析仪、纤维喉镜、电子胃镜、宫腔镜、电子内窥镜系统、心电遥测监护系统、全能麻醉机、手术显微镜、532激光、YAG激光、眼底荧光造影、OCT、白内障超声乳化治疗仪，日本光电神经诱发电位仪、双床位胎儿监护仪、新生儿光疗暖箱、睡眠呼吸障碍监测诊断治疗系统、光量子美容仪等先进的医疗设备。

2016年10月21日，医院符合转诊条件的医保病人无须审批可直接异地转诊。

2018年1月24日，经中国医疗自媒体联盟理事会审核，医院成为中国医疗自媒体联盟第4批成员；2月1日，医院急救站被德州市卫计委评为2017年度全市优秀急救站；急诊科主任郭玉彬被评为优秀急救站主任；4月21日，医院完成德州市首例三叉神经痛微创球囊压迫术；5月7日，医院荣获山东省消毒与感染控制工作先进集体称号。

2020年3月7日，医院急救站在德州市第五届职工职业技能大赛中荣获团体二等奖。急诊科主任郭玉彬、石玲玲在院前急救技能大赛中获一等奖、德州市院前急救技能大赛标兵称号。

同年7月21日，召开医院党委会，会议议题讨论审议符合移交条件的中层干部和员工考核结果；8月4日，签署中国水利水电第十三工程局医院整体移交德州市人民政府管理框架协议；9月27日，德州市政府、德州市卫健委、中国电建市政建设集团举行签字仪式，标志着十三局医院移交德州市政府管理。

第二篇 市政公用、水利水电工程

◇ 第一章　市政公用工程
◇ 第二章　水利水电工程

第一章 市政公用工程

第一节 市政公用工程录

2007—2021年，承建市政公用工程共222个。代表性工程项目有济南市济微路综合改造工程、天津市武清区新城开发BT项目市政基础设施一期工程、辽宁抚顺石化新城基础设施建设项目、山东烟台金山湾生态城项目、天津外环线东北部调线工程第5标段、安徽淮北市孟山南路贯通工程、福建省平潭综合实验区金井一路市政道路工程、山西晋中市综合通道PPP项目、安徽霍山县生态新城路网工程PPP项目、哈尔滨地铁项目、巩义市生态水系建设工程PPP项目等。其中，济南市济微路综合改造工程被评为全国市政金杯示范工程；济南市小清河综合治理工程被评为全国市政金杯示范工程；安徽淮北市孟山南路贯通工程获安徽省"黄山杯"奖；天津外环线东北部调线工程及津蓟快速路互通式立交获天津市"海河杯"奖。

已建和在建市政公用工程一览，见表2-1-1。

表2-1-1 已建和在建市政公用工程一览

序号	工程项目	合同金额（万元）	开工日期	竣工日期	备注
1	山东省济南市济微路综合改造工程（合同2）	3000.00	2005年6月18日	2007年10月9日	被山东省市政工程协会评为2008年度山东省市政金杯示范工程，被中国市政工程协会评为2008年度市政金杯示范工程，被中国水利水电建设股份有限公司授予2008年度中国水电优质工程奖
2	山东奥体中心市政道路工程	8074.00	2006年7月26日	2009年9月29日	被中国市政工程协会评为2010年度全国市政金杯示范工程，被山东省市政工程协会评为2010年度山东省市政金杯示范工程
3	山东济南奥体中心大辛河箱涵工程	3146.00	2006年10月11日	2007年3月14日	—
4	山东奥体场馆东侧山体修复工程	600.00	2007年6月13日	2008年3月20日	—
5	河南郑州市东湖迎宾大道（郑开大道—东湖宾馆）新建工程	1255.63	2007年6月16日	2007年11月26日	—
6	山东济南第二工人文化宫广场道路施工及铺砖	635.00	2007年6月23日	2007年9月18日	—
7	山东济南大明湖综合治理工程	500.00	2007年10月15日	2009年9月20日	—
8	河南中牟县广惠街延长线公路新建工程NO.1合同段	1644.59	2007年11月8日	2009年8月22日	—
9	山东济南奥林匹克体育中心体育馆及网馆室外工程	1000.00	2007年12月20日	2009年9月28日	—

第二篇　市政公用、水利水电工程

续表

序号	工程项目	合同金额（万元）	开工日期	竣工日期	备注
10	山东济南奥体中心全运村市政道路工程施工第一标段	2520.59	2007年12月31日	—	—
11	山东济南小清河综合治理工程14标段	677.19	2008年2月14日	2008年6月19日	—
12	山东济南大辛河、龙泉湖水库综合整治工程三标段	5636.97	2008年2月25日	2011年1月24日	—
13	云南红河工业园区L7道路工程	2850.00	2008年3月8日	2008年12月23日	—
14	山东济南市小清河综合治理工程9标段	4959.56	2008年3月10日	2009年12月16日	被中国电力建设集团有限公司授予2013年度中国电建优质工程奖，被中国水利水电建设股份有限公司授予2013年度中国水电优质工程奖
15	山东济南市奥体中心东地块市政工程（一标段）	3899.80	2008年3月20日	2011年9月	—
16	天津市滨海高新区B区规划路十、B1区规划路十一道路排水及桥梁工程	4732.20	2008年4月9日	2009年12月25日	—
17	安徽淮水北调临涣输水管道工程	1976.81	2008年4月12日	2009年9月29日	—
18	山东济南市小清河综合治理工程（9标）埋件制作	57.84	2008年5月4日	2008年6月	—
19	天津市滨海高新区规划路路桥及排水工程第二标段	2697.06	2008年8月15日	2009年4月23日	—
20	山东济南市奥林匹克体育中心体育场市政工程（东侧）	800.00	2008年9月	2009年9月28日	—
21	山东济南市小清河综合治理工程一期北岸及跨河桥梁工程第Ⅱ标段	4742.27	2008年9月27日	2011年9月25日	被济南市市政工程协会评为2012年度济南市市政金杯示范工程，被中国水利水电建设股份有限公司授予2013年度中国水电优质工程奖，被中国电力建设集团有限公司授予2013年度中国电建优质工程奖
22	天津市滨海高新区起步区规划支路、C区规划次干路二十八道路排水工程	2677.87	2008年10月1日	2009年4月28日	—
23	天津市滨海高新区中心庄路，规划路十二，规划路九，起步区规划次干路二、六道路排水工程及起步区规划次干路六桥梁工程	4170.80	2009年2月2日	2009年8月30日	—
24	山东济南市奥体中心场馆工程中心东路	700.00	2009年3月20日	2009年9月28日	—
25	天津市滨海高新区起步区规划路一、C区规划路一道路桥涵排水；B区规划路三和四的4座桥梁工程	1220.24	2009年3月21日	2009年7月30日	—
26	山东济南市龙奥大厦西侧地块土石方场平工程	1446.00	2009年3月28日	2009年6月3日	—
27	宁夏灵武市宁东生活垃圾无害化处理工程	1101.87	2009年6月6日	2009年10月30日	—
28	辽宁大连市中石油国际储备库北区工程强夯地基处理工程（第三标段）	2539.00	2009年6月22日	2009年12月25日	—
29	河北中核沽源铀业有限责任公司总图运输—道路工程	946.28	2009年7月15日	2009年10月30日	—
30	宁夏银川市职业技术教育中心8#风雨操场、4#1-4汽车修理实训车间、10#商业实训基地工程	2750.80	2009年7月20日	2011年6月	—
31	山东颐馨园居住组团项目	2950.00	2009年12月	2012年5月	—

续表

序号	工程项目	合同金额（万元）	开工日期	竣工日期	备注
32	天津市武清区新城开发BT项目市政基础设施一期工程	85205.87	2010年2月23日	2011年12月31日	被中国水利水电建设股份有限公司授予2012年度中国水电优质工程奖
33	山东济南市小清河综合治理二期（二环西路—京福高速）水利（含桥梁、道路）工程Ⅳ标段	5629.82	2010年3月27日	2011年12月13日	—
34	天津港东疆港区南部供水二期工程二标段	497.76	2010年6月15日	2010年10月13日	—
35	安徽黄山市新安江湖边至花山段河道治理工程一级护岸工程2标段	406.12	2010年8月25日	2012年7月19日	—
36	北京香江西路道路等7项工程	9255.02	2010年10月9日	2011年8月	—
37	安徽黄山市新安江湖边至花山段河道治理工程二级护岸工程1标段	1369.10	2010年11月9日	2012年8月15日	—
38	2011西安世界园艺博览会广运潭防渗工程	1465.68	2010年11月20日	2011年01月19日	—
39	山东颐馨园居住组团项目	2950.00	2010年12月	2011年10月	—
40	云南红河工业园区红河顶津食品有限公司进厂道路BT投资建设总承包项目	600.00	2011年6月10日	2011年12月1日	—
41	抚顺市东洲区石化新城核心区建设BT项目	73893.90	2011年8月	2014年12月31日	—
42	烟台市福山区国有资产经营公司净水厂	1786.16	2011年9月27日	2014年8月20日	—
43	云南滇南中心城市大屯海污水处理厂配套主干管工程	3931.81	2011年10月13日	2013年12月1日	—
44	安徽宣城市主城区防洪工程城东联圩2010年度应急除险加固工程堤防防渗工程施工3标段	648.06	2011年12月8日	2012年5月17日	—
45	天津市武清区新城开发BT项目徐官屯、东蒲洼还迁小区一期工程	5000.00	2012年1月5日	2013年3月	—
46	辽宁省抚顺市清原县沙河子拦河闸工程	1798.68	2012年4月	2012年12月	—
47	天津滨海科技园规划路三道路排水及污水处理厂临时路改造工程、滨海林村药业、向阳坊排水工程、滨海科技园蓝领公寓一期室外雨污水管网工程	1865.73	2012年4月7日	2013年6月30日	—
48	山东省济南市小清河开发建设投资有限公司土建工程综合治理公用服务设施工程（板桥飞鹭）一标段	4833.55	2012年6月18日	2013年12月14日	2012年度全国市政金杯示范工程、2012年度山东省建筑工程质量"泰山杯"奖
49	惠来县中东部供水工程（生产和施工）	1881.92	2012年8月1日	2016年5月31日	—
50	山东平原县桃园街道整治工程项目	1813.37	2012年9月13日		—
51	福建省平潭综合实验区金井一路市政道路工程	37285.86	2012年10月2日	2017年9月14日	被中国电力建设股份有限公司授予2018年度中国电建优质工程奖
52	辽宁彰武管厂土建工程	7850.00	2012年10月20日	2013年12月20日	—
53	山东德州市经济开发区赵虎镇土地综合整治项目施工四标段项目	770.54	2012年11月19日	—	—
54	天津滨海科技园公共开闭间及市政场站外部电源破绿、拉管工程	450.32	2013年4月24日	2013年10月25日	—
55	阜新白石水源输水管线改造工程	1303.66	2013年7月1日	2013年10月30日	—
56	山东赵虎镇土地综合整治项目七标段项目	1041.00	2013年9月1日	—	—
57	天津滨海新区轻纺经济区纺一路项目	6804.56	2013年9月10日	2015年12月3日	—

续表

序号	工程项目	合同金额（万元）	开工日期	竣工日期	备注
58	天津滨海科技园津汉支线道路改造及排水一标	1963.00	2013年9月17日	2014年11月26日	—
59	山东济南市历下区工业园3号路、4号路施工应急采购（一标段）项目	1201.90	2013年10月11日	2015年9月15日	—
60	天津外环线东北部调线工程第5标段	43422.87	2013年11月25日	2018年7月31日	2020年被天津市建筑业协会授予天津市建设工程"海河杯"奖
61	安徽安庆市天柱山路东段改造项目	8222.18	2014年2月15日	2015年9月30日	—
62	山东济南奥体金融中心A栋、D栋楼室外配套市政项目	658.54	2014年3月1日	2014年6月30日	—
63	安徽天柱山路东段（独秀大道—港口路）绿化工程	1979.84	2014年3月5日	2015年9月30日	—
64	山东省烟台市金山湾生态城项目	49858.36	2014年3月14日	2016年12月25日	被中国电力建设股份有限公司授予2017年度中国电建优质工程奖
65	安徽淮北临涣工业园基地北路配套项目	6000.00	2014年4月1日	2016年6月10日	—
66	安徽淮北市职教园区市政工程项目	10000.00	2014年4月12日	2015年2月13日	—
67	安徽安庆市中山大道改造工程项目	10999.51	2014年4月13日	2016年10月17日	—
68	山东济南城投地块围墙、垃圾清运及场地看管项目	600.00	2014年5月6日	2014年10月15日	—
69	上海市崇明县土地整治第三包项目	3997.59	2014年5月20日	2015年9月14日	—
70	江苏省滨海县区域供水和县城污水处理厂迁建工程（Ⅱ标段）	3015.61	2014年6月1日	2015年9月1日	—
71	广东省韶关市工业西片区内涝整治工程（工业西转盘排涝工程）管道制作、安装工程施工合同	1485.20	2014年6月1日	2015年6月30日	—
72	辽宁抚顺智慧城市基础设施配套工程项目	7737.21	2014年6月10日	2014年11月20日	被辽宁省市政行业协会评为2015年度辽宁省市政金杯示范工程
73	安徽淮北市临涣工业园园区展示中心项目	1500.00	2014年6月24日	2015年9月22日	—
74	山东济南黄金山水郡市政二标项目	2592.78	2014年8月1日	2018年10月27日	—
75	安徽砀山县2014年农村饮水安全工程项目	2663.86	2014年8月20日	2015年5月28日	—
76	山东济南黄金山水郡市政三标项目	1425.30	2014年9月14日	2021年7月7日	—
77	山东济南东区水厂工程	12729.50	2015年1月16日	2016年12月26日	被中国电力建设股份有限公司授予2017年度中国电建优质工程奖
78	安徽淮北市孟山南路贯通工程	9737.93	2015年3月11日	2016年11月1日	被安徽省建筑业协会授予2017—2018年度安徽省建设工程"黄山杯"奖
79	安徽淮北临涣工业园项目	2500.00	2015年4月6日	2016年9月6日	—
80	临沂市罗庄区2015年农村饮水安全工程（管材第四标段）	701.12	2015年5月1日	2017年3月23日	—
81	丰县地面水厂一期取水泵站与输水管线工程B标段输水管线工程（生产）	1317.90	2015年7月27日	2017年7月15日	—
82	河南漯河龙江路道路改造项目	3416.18	2015年8月27日	—	

续表

序号	工程项目	合同金额（万元）	开工日期	竣工日期	备注
83	北京天堂河新机场桥梁项目	8045.41	2015年9月22日	2017年11月3日	—
84	安徽安庆外环西路项目	22518.65	2015年11月10日	2019年2月28日	—
85	广东江门市应急备用水源及供水设施工程	17500.00	2015年11月14日	2017年11月29日	被中国电力建设股份有限公司授予2018年度中国电建优质工程奖
86	江门市区应急备用水源及供水设施工程	1194.95	2015年11月14日	2016年11月1日	—
87	山东济南市浆水泉西路市政道路工程	1461.63	2015年11月15日	—	—
88	安徽金寨县江环北路等综合管廊及道排项目	56176.61	2016年4月19日	2018年8月1日	—
89	江苏南京洺悦府市政道路项目	2767.60	2016年4月20日	2018年1月22日	—
90	山东省齐州监狱外环道路施工招标第二标段	812.37	2016年8月25日	2017年6月2日	—
91	天津市东丽区环外35蒸吨及以下燃煤供热锅炉房并网民航大学、铁路信号厂锅炉房并网工程二标段	1924.44	2016年9月25日	2016年11月30日	—
92	安徽S209省道（金叶路段）综合管廊及道排工程	6205.39	2016年10月5日	2017年6月30日	—
93	贵州贵安新区荷园（二期）二标项目	10026.49	2016年10月30日	2021年9月18日	—
94	天津市和平区散煤治理改造工程四期1标	1000.00	2016年11月21日	2017年1月7日	—
95	山东武城县赵庄沟黑臭水体综合治理工程二标段	1760.00	2016年12月5日	2017年12月28日	—
96	江苏溧阳子午路项目	3446.39	2016年12月6日	2018年1月23日	—
97	武汉三金潭污水收集系统干管完善工程（谌家矶片区）—管道部分项目	3726.36	2016年12月8日	2018年6月5日	—
98	惠东县稔平半岛供水工程	7155.18	2017年1月2日	2020年12月30日	—
99	安徽长九（神山）灰岩矿项目	14016.34	2017年3月25日	2020年4月12日	—
100	江苏金牛湖野生动物园项目	5176.69	2017年4月15日	2019年11月11日	—
101	天津宁河区老城区金翠路雨水泵站项目	3544.88	2017年4月16日	—	—
102	上海黄浦江东岸防汛墙改造工程	1360.22	2017年4月18日	2017年9月20日	—
103	天津滨海高新区创新大道填土二期项目	6055.22	2017年4月22日	2018年10月25日	—
104	安徽淮北煤化工基地孟沟景观治理工程	1600.00	2017年5月15日	2018年4月27日	—
105	安徽淮北煤化工基地淮峦路建设工程	1800.00	2017年5月15日	2018年1月15日	—
106	江苏南京市龙西路建设项目	4823.50	2017年5月26日	2020年9月16日	—
107	天津青沆大沽再生水项目	9207.00	2017年7月1日	2017年10月	—
108	安徽霍山县生态新城路网工程PPP项目	82500.00	2017年7月4日	2021年3月31日	2020年被中国电力建设股份有限公司授予中国电建优质工程奖
109	山西晋中市综合通道PPP项目	180024.43	2017年7月9日	2021年5月30日	被中国电力建设股份有限公司授予2021年度中国电建优质工程奖，获2021年度"汾水杯"奖，2020年被山西省市政公用协会评为山西省精品示范工程奖，2021年获2021年度山西省优秀勘察设计奖，2021年获工程建设项目设计水平评价三等成果奖

续表

序号	工程项目	合同金额（万元）	开工日期	竣工日期	备注
110	福建涵江临港产业园一期改造升级项目（EPC）	70028.00	2017年7月24日	—	—
111	上海黄浦江东岸滨江公共空间贯通开放—ES6单元园桥工程	1202.41	2017年8月1日	2018年3月22日	—
112	安徽马鞍山汽车动力电池基地项目	1720.00	2017年8月10日	2021年1月10日	—
113	山东威海高新医疗器械产业园一期室外管网工程	360.81	2017年9月1日	2017年10月30日	—
114	安徽省和县区域石山大道工程一期道路项目	3494.16	2017年9月6日	—	—
115	江西省滨湖路道路工程	9371.00	2017年9月7日	2019年12月26日	—
116	S105排水沟渠（巢宁路）护岸工程	297.07	2017年9月10日	2018年6月30日	—
117	江苏南京市溧水区域迎宾大道（常合高速—滨淮大道）城市化改造施工总承包部	10084.95	2017年9月10日	2020年4月28日	—
118	湖北沔阳特色产业配套实施项目首开区总承包项目	51800.00	2017年9月18日	2020年6月19日	—
119	广东福田区排水管网正本清源工程（第四期）项目总承包（EPC）	16822.73	2017年9月25日	2019年7月24日	—
120	安徽环南京事业部来安区域华夏大道（规划支路—汊河大桥）施工总承包	13938.82	2017年10月27日	—	—
121	江苏环南京区域事业部溧水区域福源南路、福源北路道路施工工程	1912.00	2017年12月7日	2018年10月20日	—
122	江苏南京凌霄路工程PPP项目	37833.27	2017年12月10日	—	—
123	湖南长沙市现代电子商务产业园道路基础设施建设PPP项目	112476.38	2017年12月31日	—	—
124	山东德州市德城区黑臭水体综合整治EPC项目	6944.00	2018年3月1日	2018年8月31日	—
125	2018年滇池重点区域蓝藻水华应急处置试验项目	2936.89	2018年3月	—	—
126	河北雄安新区10万亩苗景兼用林建设项目施工总承包一标段	23200.00	2018年3月3日	2019年10月28日	—
127	华能德州热力有限公司南线热网一期工程配套16个小区二级网华嬉庄园小区二级管网工程	289.76	2018年3月20日	2018年12月3日	—
128	故城风电进场道路施工1标段	532.17	2018年4月15日	2018年7月15日	—
129	安徽淮北市开发区污水管网完善工程	900.00	2018年4月26日	2018年7月3日	—
130	山东沾化区污水输送管线工程项目一标段	1422.00	2018年5月	2018年10月30日	—
131	安徽淮北煤化工基地路网工程	9500.00	2018年5月1日	2019年9月30日	获2019年度淮北市建设工程"相王杯"奖
132	山西晋中市环城南路西延工程	53699.84	2018年5月3日	2019年8月3日	2020年被山西省市政公用协会评为山西省示范工程
133	山东威海市双岛东路跨羊亭河桥工程	5582.10	2018年5月6日	2019年5月31日	—
134	山东省滨州市阳信县幸福四路排水改造工程	1455.89	2018年5月10日	—	—
135	四川乌东德水电站攀枝花市移民安置专业项目	54651.00	2018年5月15日	—	—
136	安徽亳州市南部新区水系贯通河道综合治理（宋汤河六期）项目	6938.15	2018年5月18日	2020年1月23日	—
137	山东省阳信县河流镇城镇道路建设改造项目二标段	399.39	2018年6月12日	2018年11月15日	—
138	福州市花海公园受损江堤、池堤修复工程	1840.00	2018年6月15日	2018年10月14日	—
139	山东翟王镇东郭、二十里堡、娄家、李青芝、李纯白连片治理工程	390.64	2018年7月3日	2018年10月30日	—

续表

序号	工程项目	合同金额（万元）	开工日期	竣工日期	备注
140	深圳市龙华区小区排水管网改造工程（第六批）（施工总承包）—民治街道项目	19293.70	2018年7月6日	2021年1月7日	—
141	江苏雨花城南公馆项目纵六路道路工程	299.03	2018年7月18日	—	—
142	福建福鼎市滨海大道二期道路工程PPP项目	52160.24	2018年8月10日	—	—
143	中新天津生态城海博道（中天大道—海滨高速）再生水管道工程施工	1516.08	2018年8月15日	—	—
144	山西朔州经济开发区起步区及外部连接道路PPP项目	131920.92	2018年8月25日	—	—
145	山西晋中综合通道建设工程潇河大桥钢结构项目	17322.37	2018年9月	2021年6月30日	被中国电力建设股份有限公司授予2020年度中国电建优质工程奖，被中国工程建设焊接协会评为2019年度优秀焊接工程，2020年被山西省市政公用协会评为山西省精品示范工程
146	河南长葛市长葛产业新城滨河路工程	1284.79	2018年9月7日	2021年7月23日	—
147	天津中新生态城档案图书馆室外工程	2135.03	2018年9月15日	2020年9月29日	—
148	鄂州市城东水厂工程EPC总承包项目	18304.55	2018年9月19日	—	被鄂州市建筑业协会授予鄂州市建筑工程"吴都杯"奖
149	安徽省颍上县贫困落后村基础设施提升项目设计施工总承包（EPC）二标项目	9162.62	2018年9月25日	2019年1月16日	—
150	山东济南虹吸干渠北路（西沙中路—二环西路）市政道路及管网工程	3483.70	2018年9月27日	2019年8月20日	—
151	山东济南市顺河快速路南延建设工程施工三标段项目	19219.48	2018年11月1日	2019年11月22日	2020年被山东省住房和城乡建设厅授予山东省建筑工程优质结构杯奖
152	福州市红庙岭二期供水扩容改造工程	5532.24	2018年11月8日	2019年7月26日	—
153	天津康祥道、福全路道路、排水及照明工程	2352.06	2018年11月13日	2019年7月5日	—
154	山东虹吸干渠北路（腊山河西路—西沙中路）市政道路及管网工程施工	4326.13	2018年12月15日	2019年12月1日	—
155	重庆市观景口水厂（一期）工程	10571.52	2019年1月3日	2020年8月31日	—
156	安徽省淮北市朔西湖环湖步道工程	10063.25	2019年1月8日	2019年12月31日	—
157	江西都昌县城污水管网完善工程土建施工项目	6919.08	2019年3月4日	—	—
158	山东济南市世纪大道（工业南路-龙凤山路）道路建设工程施工三标段	23138.66	2019年3月5日	2020年12月4日	被中国电力建设股份有限公司授予2021年度中国电建优质工程奖，2020年被山东省住房和城乡建设厅授予山东省建筑工程优质结构杯奖
159	安徽淮北基础设施建设项目	40500.00	2019年3月12日	—	—
160	陕西神华榆林循环经济煤炭综合利用项目危废填埋场土建工程	14077.73	2019年4月26日	2020年12月30日	—

续表

序号	工程项目	合同金额（万元）	开工日期	竣工日期	备注
161	山西晋中市东大街改造项目	4986.37	2019年4月30日	2021年5月30日	—
162	山西晋中市锦纶路南延项目	7688.43	2019年4月30日	2021年5月30日	—
163	山西晋中市综合通道北段改造项目	11980.26	2019年4月30日	2021年5月30日	—
164	江苏无锡市河湖治理研究基地道路及绿化景观工程EPC总承包	1319.11	2019年5月6日	—	—
165	山东威海市大连路东延项目	15876.68	2019年5月10日	—	—
166	安徽省亳州市魏武大道雨污分流改造工程	9474.74	2019年5月28日	2019年12月8日	—
167	山西清徐森泰大街北延EPC项目	3469.22	2019年6月20日	2021年8月13日	—
168	山西清徐六合路北延EPC项目	3970.01	2019年6月20日	—	—
169	河北丰宁抽水蓄能电站场内道路防护与整治工程	2223.57	2019年6月26日	2020年11月26日	—
170	山西阳曲金度物流仓储厂房项目	23042.18	2019年7月19日	—	—
171	安徽淮北煤化工综合管廊二期项目	12000.00	2019年10月1日	—	—
172	山东济南二环北路施工二标项目	17386.38	2019年10月8日	2021年1月19日	—
173	山东济南先行区农村道路硬化工程1标项目	10039.26	2019年11月16日	2010年11月6日	—
174	山东济南先行区崔寨北片区市政道路项目	121730.36	2019年12月1日	—	—
175	深圳龙华街道2019年城中村综合治理工程——富泉新村等十一个项目	12856.26	2020年1月2日	—	—
176	深圳龙华街道2019年城中村综合治理工程——腾龙花园等五个项目（施工）	13972.20	2020年1月2日	—	—
177	山东博兴县麻大湖仁爱小镇桥梁工程第一标段（仙女桥）项目	795.04	2020年3月	—	—
178	山西清徐县西关大街北延（榆古路—改线307国道）EPC项目	32391.71	2020年3月15日	—	—
179	广西防城港钢铁基地厂前区配套设施工程第一阶段项目	4283.55	2020年4月5日	—	—
180	天津赛达十纬路（赛达三径路—津淄公路）道路工程	2016.79	2020年5月10日	—	—
181	山西鸣谦大街综合改造项目、农谷大道至太榆总退水渠道路建设及三支退综合改造项目、经纬南路综合改造项目	68098.95	2020年5月19日	—	—
182	山东朝阳山路北延项目	12289.52	2020年6月3日	—	—
183	天津滨海新区新港街道"三供一业"工程项目	1436.59	2020年6月18日	2020年7月26日	—
184	河北雄安新区千年秀林景观提升工程（二期）施工总承包项目	28587.29	2020年6月20日	—	—
185	安徽淮北煤化工基地淮新路及下穿青芦铁路立交桥工程	27174.00	2020年8月1日	—	—
186	北京昌平美丽乡村第十七标段项目	11264.02	2020年8月26日	—	—
187	山东济南国际标准地招商产业园基础设施（先行区片区）园区市政道路及管网一期工程施工总承包	115635.56	2020年9月5日	—	—
188	村里集农村通户道路硬化与生活污水治理工程	1936.61	2020年9月7日	—	—
189	浙江温州乐清市中心区胜利塘北片东运路（疏港公路至云海路）、云海路（东运至陈砺路）、陈砺路（疏港公路至228国道）建设工程	13319.16	2020年11月2日	—	—

续表

序号	工程项目	合同金额（万元）	开工日期	竣工日期	备注
190	安徽潜山市雪湖片区治理项目施工合同	4995.17	2020年11月27日	—	—
191	安徽潜山市雪湖片区治理项目专业分包合同	4480.71	2020年11月27日	—	—
192	内蒙古图书馆、科技馆配套附属工程（景观绿化工程）第二标段	1676.73	2021年3月1日	—	—
193	阜新市彰武县满堂红镇和大冷镇旱改水项目土地整理工程	3245.65	2021年3月1日	—	—
194	江苏南京江北新材料科技园外环路新建共线DN800供水管道工程	4838.32	2021年3月3日	2021年8月31日	—
195	喀什经济开发区城东大道北延及跨恰克玛克河桥梁工程	15137.30	2021年3月15日	—	—
196	河南尉氏县2017年城区基础设施提升改造PPP项目	148540.07	2021年4月19日	—	—
197	山西晋中市大唐双语学校周边路网建设工程	11810.45	2021年4月30日	—	—
198	河南省洛宁县永宁大道道路改造工程一标段	5236.72	2021年5月11日	—	—
199	安徽（淮北）新型煤化工合成材料基地水资源分质结晶循环利用	35000.00	2021年5月15日	—	—
200	路家洼、裴家村城中村改造项目（新东站安置三区二期）配套市政道路工程施工合同	12633.99	2021年5月15日	—	—
201	天津海河工业区基础设施建设工程（咸水沽片区）绿化工程	3746.67	2021年5月27日	—	—
202	赵楼煤矿采煤塌陷地复垦示范区项目（一期、二期）配套设施工程施工合同	3138.46	2021年7月1日	—	—
203	华电丰盛汕头电厂上大压小新建项目主体工程B标段建筑工程循环水管道标段工程合同	2260.80	2021年8月10日	—	—
204	保定市清苑区2021—2022年度农村生活水源江水置换项目一期EPC总承包工程	16136.80	2021年11月21日	—	—
205	福州琴亭湖体扩容工程泵闸机电安装工程	772.27	—	2017年7月15日	—
206	武汉地铁11号线药监局站外挂及主变电所工程	1725.27	—	2017年9月15日	—
207	江门市区应急备用水源及供水设施工程工艺及电气安装工程	312.62	—	2017年10月31日	—
208	云南滇池湖滨带水葫芦、大藻等漂浮植物打捞处置项目三标段	863.89	—	2018年5月21日	—
209	福州琴亭湖体扩容项目	17999.82	—	2018年12月4日	—
210	山东威海管线桥工程	842.83	—	2019年5月31日	—
211	天津西青区杨柳青镇大柳滩村生活污水处理工程	5298.49	—	2019年11月26日	—
212	安徽淮北煤化工基地淮盛南路市政工程	2440.00	—	—	—
213	山东东明石化产业园发展环境综合提升PPP项目	89462.64	—	—	—
214	安徽亳州市三清大道（东绕城快速）PPP项目	67170.48	—	—	—
215	河北雄安新区启动区EA1、EA2、NA10综合管廊建设工程	47928.64	—	—	—
216	河北雄安新区启动区EA1、EA2、NA10市政道路建设工程	31446.72	—	—	—
217	天津子牙河南路（天河桥—红旗北路）道路及配套管线工程施工	12739.01	—	—	—

续表

序号	工程项目	合同金额（万元）	开工日期	竣工日期	备注
218	河南泌阳县商务中心区基础设施建设、泌水河及梁河城区段生态工程PPP项目（三次）	35441.41	—	—	—
219	南水北调配套凌庄水厂供水保障工程（南干线至凌庄水厂原水管线）	1779.51	—	—	—
220	河北容东片区金湖公园四个专业公园工程施工一标段项目	31546.47	—	—	—
221	深圳至惠州城际铁路前海保税区至坪地段工程先开段施工总承包项目	151338.73	—	—	—
222	甘肃酒泉市瓜州安北第五风电场A区风电项目道路施工工程和监控中心土建及安装工程项目	1626.41	—	—	—

第二节 市政公用工程选介

一、山东省济南市济微路综合改造工程

工程位于山东省济南市，合同金额0.3亿元，合同工期为2005年5月20日—12月31日。建设单位为济南市城市建设投资有限公司。

本合同段长2.09千米，工程道路红线宽60米。

工程施工重难点：一是各专业管线地下情况复杂，协调关系较多；二是沿线障碍物拆除不及时；三是施工中为保证道路通行，使用半幅道路封闭施工。工程施工期间，全线分4个区域平行作业，每个区段内各分项工程采取流水作业。工程施工以快车道为主线，另有两侧各种管线、半幅横穿管线、慢车道和人行道，主要项目施工顺序按先地下后地上，先深后浅原则安排施工。

工程于2005年6月18日开工，2007年10月9日完工。工程获中国水电优质工程、山东省市政金杯示范工程、全国市政金杯示范工程等荣誉称号。

二、河南省中牟县广惠街延长线公路新建工程NO.1合同段

工程位于河南省中牟县，合同金额0.16亿元，合同工期为2007年10月10日—2008年8月10日。建设单位为河南省中牟县交通局。

工程路线全长6.09千米，一级公路设计标准，双向六车道，全线两侧设置非机动车道、人行道和绿化带，路基宽度50米；沥青混凝土路面，设计速度60千米/小时；桥涵汽车荷载等级为公路一级。

工程于2007年11月8日开工，2008年12月完成合同工程量，2009年8月22日竣工。

三、山东省济南市小清河综合治理工程9标段

工程位于山东省济南市，合同金额0.5亿元。合同工期为2008年2月26日—11月26日。建设单位为济南市小清河开发建设投资有限公司。

工程主要内容包括洪园节制闸的土方开挖、回填，混凝土浇筑，金属结构工程，交通桥工程，河道治理工程，临时工程。洪园节制闸设计洪水标准为100年一遇，设计流量766立方米/秒，相应设计洪水位为23.57米，校核洪水标准为200年一遇，校核流量937立方米/秒，校核水位24.53米。

工程于2008年3月10日开工，2009年12月16日竣工。2008年6月，混凝土浇筑强度达12000立方米。

2008年济南市降水量创历年新高。7月，小清河平均水位从往年的18.7米升高至20.7米，项目调整施工方案，在基坑内增设两条纵向围堰，配合泄洪，缓解度汛压力。施工中解决大体积混凝土温度控制、异形模板组装等技术难题，工程一次通过竣工验收，单位工程优良率达到100%。

工程被评为中国水电优质工程、山东省市政金杯示范工程、全国市政金杯示范工程，以及荣获山东省建筑工程质量"泰山杯"。

四、天津市滨海高新区B区规划路十、B1区规划路十一道路排水及桥梁工程

工程位于天津市滨海高新区，合同金额0.47亿元，建设单位为渤海高新区开发建设有限公司。

工程内容包括路基淤泥开挖、换填、路面、雨污水管道铺设及桥梁工程。

工程于2008年4月9日开工，2008年11月30日完成合同工程量，2009年12月25日竣工。

五、天津市滨海高新区中心庄路，规划路十二，规划路九，起步区规划次干路二、六道路排水工程及起步区规划次干路六桥梁工程

工程位于天津市滨海高新区，合同金额0.42亿元，合同工期为2009年2月25日—6月30日。建设单位为天津滨海高新区开发建设有限公司。

工程起于规划路一，终于杨北公路，道路全长2805.29米，去除路口实际修筑长度2610.71米。车行道面积47028平方米，人行道面积24051平方米。

工程地质条件复杂，路基大部分处于潮湿状态，雨水管线沟槽开挖深，边坡坍塌及滑坡现象严重，施工强度较高。

工程于2009年2月2日开工，2009年8月30日完工。

六、天津市武清区新城开发BT项目市政基础设施一期工程

工程位于天津市武清区，合同金额8.52亿元，建设单位为中水电津城投资发展有限公司。

工程内容包括承包范围内的区域配套基础设施工程，含市政道路、给水、雨水、污水、电力、供热、天然气及土地平整等，基础配套设施包括给水加压泵站、雨污水泵站等。

工程于2010年2月23日开工，2011年12月31日竣工。

公司积极参与集团投资达80亿元的天津武清新城开发BT项目，实现运营有序、管控到位，完成一期基础设施建设工程节点目标，受到天津市委市政府以及武清区领导多次肯定和表扬，成为天津市武清区市政建设标杆，树立"中国水电"在天津及环渤海湾经济圈非水电市场良好信誉与品牌形象。

工程获中国水电优质工程奖，依托本工程参与科研课题"建筑砖渣土在饱和软弱地基市政道路工程中的应用研究"获集团公司科学技术进步奖二等奖。

七、山东济南市小清河综合治理二期（二环西路—京福高速）水利（含桥梁、道路）工程Ⅳ标段

工程位于山东省济南市，初始合同金额0.56亿元，变更后合同金额为0.6亿元，合同工期为2010年3月27日—2011年4月30日。建设单位为济南市小清河开发建设投资有限公司。

工程主要内容包括河道工程、滨河南路及滨河北路市政道路及道路管线、道路交通设施、机场路桥梁工程及东吴家堡提水泵站工程。

工程于2010年3月27日开工，2011年12月13日通过完工验收。

八、抚顺市东洲区石化新城核心区建设BT项目

工程位于辽宁省抚顺市，投资总额约10亿元，为中国水电建设集团（抚顺）投资建设有限公司BT项目。

工程内容包括BT及项目总承包、房地产开发等。以BT形式合作投资总额约7.7亿元，以项目总承包形式合作投资总额约2.3亿元。房地产开发项目包含约311亩土地二级开发。其中，抚顺石化新城核心区规划面积约25平方公里，主要包括"五桥、六路、两坝、一公园和定向安置房"等。

工程2011年8月实际开工，2014年12月31日竣工。

九、福建省平潭综合实验区金井一路市政道路工程

工程位于福建省平潭市，合同金额3.73亿元，合同开工日期为2013年4月10日，完工日期为2017年9月14日。建设单位为平潭综合实验区先行实业有限公司。

工程道路总长8545米，施工范围包括道路土建工程、绿化工程、雨水工程、污水工程、给水工程管道安装，电力工程、电信工程、燃气工程、路灯工程、交通工程土建及预埋。

工程于2012年10月2日开工，2017年9月14日完工，工程获中国电建优质工程奖。

十、山东省烟台市金山湾生态城项目

工程位于山东省烟台市，由集团路桥公司采用BT投资建设，建安费静态总投资27亿元，其中公司承建二工区合同金额4.98亿元，总工期为24个月，建设单位为烟台市城市建设发展有限公司。

项目主要施工内容为7条道路排水工程，共计长10.86千米；1座跨湾大桥、3座跨河桥、1座过烟威高速桥，共计20762平方米；沥青混凝土、钢筋加工、梁板预制、内部实验检测、料场石方爆破及挖运约217万立方米。

工程主要难点为湿喷桩软基处理、高压旋喷桩软件处理、强夯置换、砂桩软基处理等。

施工高峰期月完成湿喷桩50.3万米，碎石垫层铺筑79979立方米，土工格栅铺设145380平方米，污水管线铺设4847米，强夯块石墩882根，路基填筑148500立方米。

工程于2014年3月14日开工，2016年12月25日完工。项目获中国电建优质工程奖；"提高湿喷桩成桩合格率""降低装饰塔空中安装定位偏差"获天津市建设系统QC成果二等奖；"海湾桥80米高三维曲线钢结构景观塔施工技术""半刚性基层沥青路面橡胶粉沥青应力吸收层性能及施工研究与应用"获中国电建科学技术三等奖两项，省部级工法一项。

十一、天津外环线东北部调线工程第5标段

工程位于天津市东丽区，标段全长3.58千米。合同金额4.34亿元。建设单位为天津高速公路集团有限公司。

标段施工任务为桥梁、路基、排水管线及一个泵站工程。道路桥梁全长3582.9米，桥梁最大单跨42米，新建排水管道4630米，最大管径1650毫米，新建雨水泵站1座，设计流量为2.5立方米/秒，基坑最深8.7米。

工程于2013年11月25日开工，2018年7月31日竣工。永金引河1号大桥及津蓟快速路互通式立交获天津市"海河杯"奖。

十二、安徽淮北市孟山南路贯通工程

工程位于安徽省淮北市，合同金额0.97亿元，合同日期为2015年5月10日—2016年6月20日，建设单位为淮北市重点工程建设管理局。

孟山南路是淮北市主要道路，设计标准为城市主干路。道路红线宽45米，全线长4300米，双

向六车道；机动车道和非机动车道采用沥青混凝土路面。

工程于2015年3月11日开工，2016年11月1日竣工。工程获安徽省建设工程"黄山杯"奖。

十三、安徽安庆市中山大道改造工程项目

项目位于安徽省安庆市，合同金额1.10亿元。建设单位为安庆市重点工程建设局。

工程主要建设内容包括道路工程、桥涵工程、管线工程、交通工程、照明工程等。此次改造工程路线全长3.97千米。

施工过程中因拆迁等原因，导致工期延误。工程于2014年4月13日开工，2016年10月17日完工。

十四、山东济南东区水厂工程

工程位于济南市历城区王舍人镇张马屯村，合同金额1.27亿元。建设单位为济南泉城水务有限公司。

工程主要服务于济南市东部城区。水厂日处理能力10万立方米。由高密度池、综合净水间、清水池、送水泵房、变配电间及吸水井、加氯间、加药间、臭氧发生间、浓缩池、污水脱水机房、综合楼、门卫等构（建）筑物组成，以及配套设备安装工程、工艺管线工程、给排水工程、道路工程、园林绿化工程等。

工程于2015年1月16日开工，2016年12月26日竣工。

作为公司首批次进行BIM技术应用的项目，东区水厂项目在进度计划编制、工程量计算、管线碰撞、设计优化等方面进行探索和研究。

作为国内首个采用V形砂滤池进行水质净化的水厂项目，水体处理全过程在没有施加外力情况下依靠各单体构筑物堰口高差形成重力流进行流动。项目共计有数百堰口，每个堰口高程必须按照设计要求精准完成，否则将会影响出水量和质量。在施工过程中，项目部采用可调节堰板代替整体现浇混凝土，为类似项目建设积累经验。工程获中国电建优质工程奖，天津市建筑业协会QC成果二等奖。

十五、广东江门市应急备用水源及供水设施工程

工程位于广东省江门市，合同金额1.75亿元。管理单位为江门市应急备用水源管理有限公司。

本项目为PPP类型投资项目，中国电建集团中南勘测设计研究院有限公司、江门市水务集团公司、水电十三局公司分别以42%、30%和28%的股权比例出资。

工程主要建设内容包括建设那咀水库至西江水厂DN1400供水管道约18千米；那咀水库取水泵站，取水规模为22万立方米/天；西江取水泵站，取水规模为8万立方米/天。项目建成后，将为蓬江区和高新区（江海区）提供可持续应急备用水源，可保证居民生活10天应急用水。

工程于2015年11月14日开工，2017年11月29日竣工。2018年5月，江门项目获得江门市建设工程优质奖；2018年11月，江门项目获得中国电建优质工程奖。

十六、安徽霍山县生态新城路网工程PPP项目

工程位于安徽省六安市，建设单位为霍山县住房和城乡建设局、霍山县交通运输局。

项目采用政府与社会资本合作方式投资建设，公司为项目社会资本方。合作期13年，其中建设期3年，运营期10年，总投资8.95亿元，建安费6.54亿元。

工程主要包括霍山县大河厂—高桥湾—黑石渡公路建设工程和西部迎驾生态新城路网工程，总长约40.91千米。

工程于2017年7月4日开工，2021年3月31日竣工验收，进入运营期。工程获中国电建优质工程奖。

十七、山西晋中市综合通道PPP项目

工程位于山西省晋中市，施工总承包合同，合同金额18亿元。建设单位为晋中市住房保障和城乡建设局。

项目采用政府和社会资本合作模式，晋中市公用基础设施投资控股（集团）有限公司与中国水利水电第十三工程局有限公司、水电十三局（天津）股权投资基金合伙企业（有限合伙）签订《晋中市综合通道建设工程PPP项目股东协议》，估算总投资28.2亿元，建设期19个月，运营期20年。

工程内容包含道路工程、桥梁工程、排水工程、照明工程、电力管线土建工程、绿化工程及交通工程中的道路标线施划等。

工程于2017年7月9日开工，2019年5月30日完工，2021年5月30日通过竣工验收。项目获中国电建优质工程奖、山西省"汾水杯"奖、山西省精品示范工程奖、山西省优秀勘察设计奖、工程建设项目设计水平评价三等成果奖。

十八、福建涵江临港产业园一期改造升级项目（EPC）

工程位于福建省莆田市涵江区，合同总额7亿元，总工期40个月，建设单位为莆田市涵江区兴化湾港口开发有限公司。

工程内容包含涵江临港产业园标准厂房一期项目（房建项目）、涵江临港产业园陆域形成一期东港路（国悦场段）及配套城市设施工程（市政项目）、涵江临港产业园防洪排涝（江口堤内）工程（水利项目）等共三项施工内容，分别计算工期，各项目开工日期分别为：房建项目2017年9月21日；市政项目2017年7月24日；水利项目2019年6月10日。

十九、广东福田区排水管网正本清源工程（第四期）项目总承包（EPC）

工程位于广东省深圳市，合同总额1.68亿元，合同工期400天。建设单位为深圳市福田区环境保护和水务局。

工程实施范围包括福田区10个街道89个小区管网改造。工程内容包括小区（室外）雨污分流改造工程、住宅（室内）雨污分流改造工程及其他相关排水系统设施分流改造。

工程于2017年9月25日开工，2019年7月24日通过竣工验收。

二十、山西晋中市环城南路西延工程

工程位于山西省晋中市，合同金额5.37亿元，合同工期246天。建设单位为晋中市住房保障和城乡建设局。

道路全长6.76千米，标准段红线宽度60米，绿线宽度90米。主要建设内容包括道路工程、排水工程、桥梁工程、电力管线土建工程、照明工程、绿化给水工程等。

工程于2018年5月3日开工，2019年8月3日通过竣工验收。项目2020年被山西省市政公用协会评为山西示范工程。

二十一、湖南长沙市现代电子商务产业园道路基础设施建设PPP项目

工程于2017年12月31日开工，位于长沙市雨花区，总投资约为20.1亿元，建设费11.24亿元，合同工期48个月，建设单位为长沙市盛道基础设施建设管理有限公司。

工程由公司与中国电建集团中南勘测设计研究院有限公司、中电建（北京）基金管理有限公司组成联合体共同实施。

二十二、山西朔州经济开发区起步区及外部连接道路PPP项目

工程实际开工日期为2018年8月25日，位于山西省朔州经济开发区新兴产业园区，合同总额13.19亿元，合同工期55个月，建设单位为朔州瑞津工程建设有限公司。

项目包含11条城市道路和1座雨水泵站，其中主干路6条，次干路5条，道路总长度34.18千米。工程主要包括道路工程、交通工程、照明工程、雨水工程、污水工程、给水工程、再生水工程、电力工程、电信工程、热力工程、燃气工程、绿化工程等。

二十三、山东济南先行区崔寨北片区市政道路项目

工程于2019年12月1日开工，位于济南市先行区，施工总承包合同额12.17亿元，合同工期440天。建设单位为济南新旧动能转换先行区管理委员会。

项目包含6条市政道路，全长12.3千米，建成后将形成"三纵两横一支"路网结构，为崔寨北区项目落地提供有效交通及市政基础设施支撑。

二十四、山东济南国际标准地市政道路及管网一期工程施工总承包一标段

工程实际开工日期为2020年9月5日，位于济南新旧动能转换先行区，合同金额11.56亿元，工期22个月，建设单位为济南先行投资有限责任公司。

工程主要内容为济南国际标准地招商产业园区城市主干路济太路（谢胡路以西）、横一路（谢胡路以西）、谢胡路（济太路以南）、次干路、支路等道路，管网、桥涵、景观河道、公园（绿地）、路灯及交通设施等。

二十五、河北雄安新区千年秀林景观提升工程（二期）施工总承包项目

工程于2020年6月20日开工，位于河北省雄安新区起步区与雄县组团之间，合同总额2.86亿元，合同工期10个月，建设单位为中国雄安集团生态建设投资有限公司。工程由公司（牵头方）与天域生态环境股份有限公司联合实施。

工程主要内容有园林绿化工程、水系水景工程、土方工程、建筑工程、电力电气工程、给排水工程、智能监控工程、景观小品及设施工程等。

二十六、安徽淮北煤化工基地淮新路及下穿青芦铁路立交桥工程

工程2020年9月4日收到开工令，开工日期为2020年8月1日，位于安徽省淮北市，合同总额2.72亿元，合同工期18个月，建设单位为安徽（淮北）新型煤化工合成材料基地管理委员会。

主要施工内容包括淮新北路、淮新南路及淮新路下穿青芦铁路立交桥工程三部分，有立交主体、引道U槽及涉铁相关工程、道路及附属工程。

第二章　水利水电工程

第一节　水利水电工程录

2007—2021年，承建水利水电工程共358个。代表性工程项目有南水北调中线工程、四川大渡河瀑布沟水电站、上海青草沙水库、南水北调东线工程、南水北调济南市区段输水工程、南水北调辉县段六标、南水北调南阳段一标、安徽省青弋江分洪道工程、黄浦江上游水源地金泽水库工程、江门市应急备用水源及供水设施工程、浙江千岛湖配水工程、海南省琼西北供水工程、珠江三角洲水资源配置工程、雄安新区白沟引河右堤

防洪治理工程、河南郑州市贾鲁河综合治理工程、长春市新凯河施工总承包项目、引江济淮工程、陕西斗门水库工程等。其中，四川大渡河瀑布沟水电站引水系统金属结构制作（闸门及拦污栅项目）获全国优秀焊接工程一等奖；南水北调东线第一期工程鲁北段大屯水库工程获山东省建筑工程质量"泰山杯"奖、中国水利工程优质（大禹）奖，被评为山东省建设工程文明工地；南水北调中线一期汉江中下游部分闸站改造工程（仙桃市泽口闸改造工程）获湖北省水利工程优质奖"江汉杯"奖；黄浦江上游水源地金泽水库工程（JSK-C3标）获中国电建优质工程奖、上海市水利优质工程奖、国家优质工程奖、上海市市政金杯奖；浙江千岛湖配水工程获浙江省建设工程"钱江杯"奖、浙江省十大最美水利工程；南水北调众多项目获中国电建优质工程奖。

已建和在建水利水电工程一览，见表2-2-1。

表2-2-1　已建和在建水利水电工程一览

序号	工程项目	合同金额（万元）	开工日期	竣工日期	备注
1	浙江温州鹿城区戍浦江河口大闸枢纽工程	5741.30	2003年10月	2007年8月21日	被温州市建设业行业协会授予2007年度温州市建设工程"瓯江杯"奖，被中国水利水电建设股份有限公司授予2008年度中国水电优质工程奖
2	重庆涪陵龙潭水利工程（一期）马鞍山隧洞项目	1113.54	2003年10月16日	2016年7月13日	—
3	浙江衢州塔底水利枢纽土建工程	5558.76	2003年11月18日	2007年4月24日	
4	重庆涪陵龙潭水利工程（一期）桃子沟水库枢纽工程	3219.68	2004年5月31日	2007年11月25日	
5	吉林省第二松花江松原市城市防洪工程	2556.57	2005年9月	2007年9月29日	
6	重庆大唐彭水电站闸门工程	5270.40	2005年9月21日	2007年7月31日	
7	安徽省阜阳市洪汝河下游河道近期治理部分建筑物工程	451.45	2006年4月1日	2007年8月22日	
8	黑龙江大顶子山航电枢纽金结安装工程	398.17	2006年5月	2007年6月30日	
9	山东胶东地区引黄调水界河渡槽工程	3534.14	2006年5月14日	2008年12月	
10	南水北调中线京石段应急供水工程石家庄至北拒马河段第五施工标段	12836.42	2006年8月1日	2010年5月26日	
11	南水北调中线京石段应急供水工程码头沟渠道倒虹吸项目（S50）	4769.06	2006年9月1日	2010年5月21日	
12	吉林伊通河长春市城区上段防洪工程（小板桥至黑嘴子桥段）第八标段——护岸工程	555.60	2006年10月1日	2007年11月25日	
13	青海大通河江源水电站工程引水系统工程	2695.45	2006年10月1日	2010年8月20日	
14	南水北调中线总干渠安阳段工程	12634.05	2006年12月12日	2016年5月13日	被中国电力建设股份有限公司授予2015年度中国电建优质工程奖
15	云南李仙江戈兰滩水电站引水发电系统金属结构（闸门）设备	1160.29	2007年1月2日	2008年5月	—
16	山东南四湖东堤工程济宁段17标段	1309.59	2007年3月6日	2009年12月5日	

续表

序号	工程项目	合同金额（万元）	开工日期	竣工日期	备注
17	山东引黄调水诸流河倒虹工程	665.70	2007年3月20日	2008年6月28日	—
18	四川大渡河长河坝水电站初期导流洞门槽制造工程	475.82	2007年5月7日	2007年8月	—
19	四川大渡河瀑布沟水电站引水系统金属结构制作工程（闸门及拦污栅项目）	4002.76	2007年5月7日	2009年3月9日	2010年被中国工程建设焊接协会授予全国优秀焊接工程一等奖，被中国水利水电建设股份有限公司授予2010年度中国水电优质工程奖
20	山东胶东引黄调水工程119标	1552.74	2007年5月31日	2010年11月10	—
21	南水北调总干渠马头沟倒虹吸金结制作工程	139.40	2007年7月11日	2008年4月20日	—
22	重庆乌江彭水水电站泄洪表孔临时挡水叠梁（六）工程	311.97	2007年9月10日	2007年9月30日	—
23	安徽沙颍河近期治理工程耿楼枢纽工程闸门制造1标	903.45	2007年9月15日	2008年12月5日	—
24	黑龙江松花江大顶子山左岸泄洪闸金属结构设备安装工程	281.12	2007年11月	2008年9月	—
25	江苏连云港小潮河治理工程	820.13	2007年11月4日	2008年5月8日	—
26	河南沙颍河涡河近期治理工程金结制作	603.84	2007年11月14日	2008年11月1日	—
27	河南鲇鱼山水库除险加固一期工程金结制作	398.73	2007年11月18日	2008年6月	—
28	广东阳春市合水水库加固除险工程	1572.88	2007年12月1日	2010年10月28日	—
29	松江河梯级电站双沟水电站金属结构闸门制造	534.43	2007年12月20日	2008年8月	—
30	安徽淮北大堤蒙城段加固工程	776.26	2007年12月22日	2008年12月25日	—
31	辽宁蒲石河抽水蓄能电站固定卷扬式启闭机	93.86	2008年3月2日	2009年4月	—
32	安徽淮北大堤怀远段加固工程	660.99	2008年3月6日	2009年1月9日	—
33	山东黄河龙口水利枢纽工程金属结构设备（闸门）制造	1342.47	2008年3月18日	2009年3月29日	—
34	山东南四湖湖东堤工程36标	541.18	2008年3月23日	2009年10月28日	—
35	内蒙古霍林河霍林郭勒市城区段防洪工程	10177.00	2008年5月5日	2013年11月	—
36	吉林松原市哈达山水利枢纽工程溢流坝金结制作和安装工程	3168.79	2008年8月21日	2009年8月11日	2011年被中国工程建设焊接协会评为全国优秀焊接工程
37	安徽省潜山县长春水库除险加固工程	1851.73	2008年10月11日	2010年12月4日	—
38	南水北调东线第一期工程济南—引黄济青济南市区段工程（济洛路—洪家园桥输水暗涵工程）	12182.45	2008年11月5日	2011年7月12日	—
39	南水北调东线第一期工程滕州市截污导流工程施工3标段	2428.76	2008年11月27日	2010年6月	—
40	山东南四湖湖东堤工程42标	1193.92	2008年12月8日	2009年12月5日	—
41	上海青草沙水库及取输水泵闸5标工程	8911.66	2008年12月10日	2011年12月27日	被中国电力建设股份有限公司授予2015年度中国电建优质工程奖

续表

序号	工程项目	合同金额（万元）	开工日期	竣工日期	备注
42	重庆乌江银盘水电站金属结构设备制造Ⅳ标段	4608.23	2009年2月6日	2010年5月	2011年被中国工程建设焊接协会评为全国优秀焊接工程
43	安徽黄山湖边水利枢纽工程	11770.38	2009年2月16日	2014年3月13日	—
44	南水北调辉县段六标项目	50571.56	2009年5月6日	2016年12月28日	被中国电力建设股份有限公司授予2016年度中国电建优质工程奖
45	四川省雅砻江锦屏二级水电站厂区枢纽闸门采购工程	3678.05	2009年5月18日	2014年6月5日	2014年被中国工程建设焊接协会授予全国优秀焊接工程奖
46	吉林大安灌区姜家围子泵站土建工程	5236.03	2009年5月25日		—
47	吉林哈达山水利枢纽工程（一期）A-07标段项目	17793.34	2009年5月28日	2017年9月28日	
48	安徽淮河干流上中游河道整治及堤防加固工程石姚段、洛河洼行洪区堤防退建加固及淮南市石姚段、洛河洼沿河路堤工程石姚段施工4标段	1562.14	2009年9月6日	2011年12月25日	—
49	吉林哈达山水利枢纽工程一期输水干渠金属结构、启闭设备采购及安装CD-05标	2985.82	2009年10月29日	2019年12月15日	—
50	山东莱阳市沐浴水库除险加固工程（第二期）	970.98	2009年11月3日	2011年6月18日	—
51	山东莱阳市沐浴水库除险加固工程施工土建第三标	1423.08	2009年11月3日	—	—
52	安徽省九成泵站更新改造工程施工2标	1079.30	2009年11月19日	2012年11月10日	—
53	南水北调东线第一期工程南四湖水资源控制工程大沙河闸工程启闭机设计制造	207.28	2010年2月16日	2011年3月13日	—
54	南水北调中线一期工程天津干线工程西黑山进口闸至有压箱涵段、保定市2段、廊坊市段工程	46196.73	2010年2月28日	2013年9月28日	被中国电力建设股份有限公司授予2015年度中国电建优质工程奖
55	山东潍坊市沿海防护（二期）防潮闸工程二标段	11869.15	2010年4月17日	2012年11月26日	—
56	南水北调中线一期工程漳河北至古运河南段磁县干渠工程第二施工标段项目	46032.26	2010年6月1日	2015年6月30日	被中国电力建设股份有限公司授予2015年度中国电建优质工程奖
57	南水北调中线SG13标项目	46345.24	2010年6月30日	2015年2月13日	工程获中国电建优质工程奖
58	山东引黄济津济淀应急调水王堤口渡槽改建工程金属结构制作	195.45	2010年7月17日	2010年11月20日	—
59	吉林大安灌区姜家围子泵站机电设备及部分金属结构设备安装工程	1052.56	2010年8月14日	2014年6月10日	—
60	山东省胶东地区引黄调水工程管道施工175标段	1873.40	2010年8月25日	2010年8月25日	—
61	南水北调中线一期工程总干渠沙河南—黄河南潮河段工程施工第七标段	27200.64	2010年9月28日	2014年12月10日	被中国电力建设股份有限公司授予2017年度中国电建优质工程奖
62	吉林白山发电厂白山电站尾水闸门采购	135.83	2010年10月	2010年11月8日	—

续表

序号	工程项目	合同金额（万元）	开工日期	竣工日期	备注
63	江西峡江水利枢纽工程电站厂房、灌溉进水闸拦污设备制造工程	1617.60	2010年10月13日	2013年6月30日	—
64	上海青草沙水库及取输水泵闸6标工程	9162.11	2010年10月20日	2011年12月27日	2013年被上海市水利工程协会授予上海市水利工程金奖
65	安徽安庆市麻塘湖水库中型灌区节水配套改造工程施工Ⅰ标	615.91	2010年11月25日	2012年5月9日	—
66	南水北调东线第一期工程鲁北段大屯水库工程	13796.72	2010年11月25日	2013年6月8日	被山东省住房和城乡建设厅授予2015年度山东省建筑工程"泰山杯"工程质量奖，被中国水利工程协会授予2017—2018年度中国水利工程优质（大禹）奖
67	江苏太仓市应急水源地工程围堤2标段	16659.20	2010年12月15日	2014年1月21日	被中国电力建设股份有限公司授予2014年度中国电建优质工程奖
68	江西省于都县峡山水电站工程闸门制造、安装及启闭设备制造安装	2868.00	2010年12月28日	2013年6月30日	—
69	南水北调东线一期工程胶东干线济南至引黄济青段（第六批）明渠段	7407.03	2011年2月18日	2012年12月11日	—
70	山东德州—马里费鲁水电站启闭机及附属设备制造	890.00	2011年2月27日	2012年6月14日	—
71	南水北调南阳段一标项目	66308.78	2011年3月7日	2016年5月23日	被中国电力建设股份有限公司授予2016年度中国电建优质工程奖
72	安徽桐城市大沙河综合治理（柏年河段）工程施工第5标段	1101.53	2011年3月8日	2012年5月7日	—
73	安徽桐城大沙河5标项目	1101.53	2011年3月8日	2015年3月30日	—
74	南水北调中线一期引江济汉工程渠道12标土建及金结设备安装、弃渣场表土剥离和复垦	5195.27	2011年6月29日	2014年12月19日	—
75	南水北调鲁北段小运河段项目	15473.48	2011年7月12日	2013年3月25日	—
76	南水北调中线工程潮桥—5标项目	14773.07	2011年7月20日	2015年2月5日	—
77	山东济南市小清河综合治理工程（二期）睦里闸至京福高速第一标段工程	9076.71	2011年8月20日	2013年6月14日	—
78	安徽省桐城市2011年6座重点小（二）型水库除险加固工程	422.46	2011年10月19日	2012年11月25日	—
79	安徽省枞阳县汤沟河（上段）堤防加固工程	652.50	2011年10月26日	2012年11月21日	—
80	安徽枞阳县汤沟河施工Ⅱ标项目	652.50	2011年10月26日	2015年3月10日	—
81	2011年防护区强排站工程	60.59	2011年10月30日	2012年4月30日	—
82	安徽省池州市贵池区2011年11座重点小（二）型水库除险加固工程施工Ⅱ标	336.32	2011年11月1日	2012年5月7日	—

续表

序号	工程项目	合同金额（万元）	开工日期	竣工日期	备注
83	安徽省宿松县二郎河孚玉镇联盟段防洪工程	2009.57	2011年11月3日	2013年8月7日	—
84	安徽省怀宁县十五座小水库除险加固工程1标	691.92	2011年11月12日	2012年7月9日	—
85	安徽省怀宁县皖水黄龙上段堤防加固工程	1117.54	2011年12月2日	2013年9月29日	—
86	安徽省明光市石坝河、涧溪河防洪综合治理工程施工3标	776.52	2011年12月10日	2014年5月16日	—
87	南水北调中线一期汉江中下游部分闸站改造工程（仙桃市泽口闸改造工程）	7770.90	2011年12月16日	2016年12月2日	被湖北省水利水电企业协会授予2015年度湖北省水利工程"江汉杯"优质奖
88	安徽安庆市大观区广成圩大龙潭段防洪工程2标	1066.56	2011年12月26日	2012年9月10日	—
89	安徽安庆市大观区大龙潭段防洪2标	1066.56	2011年12月26日	2014年1月8日	—
90	安徽省和县滁河防洪治理工程	853.50	2012年1月8日	2013年12月16日	—
91	安徽省明光市池河防洪综合治理工程施工3标	605.06	2012年2月25日	2012年12月26日	—
92	南水北调中线一期工程总干渠河南—黄河南（委托建管项目）禹州长葛段卷扬式启闭机、电动葫芦、闸门采购项目	2040.98	2012年3月12日	2013年12月30日	2015年被中国工程建设焊接协会授予全国优秀焊接工程奖
93	安徽省郎溪县中斗闸除险加固工程	2379.49	2012年4月28日	2013年11月14日	—
94	黑龙江镜泊湖进水口闸门	73.54	2012年5月20日	2013年6月20日	—
95	黑龙江莲花厂2号进水口闸门	93.66	2012年6月10日	2013年7月30日	—
96	重庆巫山县千丈岩梯级电站工程金属结构设备制造及安装项目	2577.61	2012年6月18日	2016年1月20日	2016年被中国工程建设焊接协会授予全国优秀焊接工程奖
97	南水北调工程天津干线徐水县TJ1-1标临时占地复垦工程	885.40	2012年6月29日	—	—
98	安徽省肥西县王桥小河（一期）治理工程施工2标	760.88	2012年9月1日	2013年12月17日	—
99	南水北调中线一期汉江中下游部分闸站改造工程金属结构及机电设备安装和调试工程	164.75	2012年9月24日	2014年6月30日	—
100	吉林哈达山水利枢纽溢流坝检修闸门维护施工工程	43.40	2012年9月28日	2012年11月28日	—
101	吉林哈达山水利枢纽溢流坝交通桥限高委托加工安装工程	11.90	2012年9月28日	2012年10月10日	—
102	安徽水阳江下游防洪治理工程土建3标项目	3491.90	2012年9月28日	2015年3月10日	—
103	辽西北供水工程（三段）施工二标项目	20018.00	2012年9月30日	2017年11月10日	—
104	南水北调中线一期汉江中下游部分闸站改造工程（第5标段）金属结构生产制作工程	704.75	2012年10月15日	2013年6月20日	—
105	安徽池州市江南产业集中区大同圩大通河堤防加固2标项目	1050.71	2012年10月20日	2014年12月10日	—
106	辽西北供水工程预应力钢筒混凝土管（PCCP）采购五标	127877.43	2012年10月20日	2015年6月30日	—

续表

序号	工程项目	合同金额（万元）	开工日期	竣工日期	备注
107	南水北调中线一期总干渠漳古段 SG13 标金属结构、设备安装	225.07	2012 年 10 月 23 日	2014 年 6 月 30 日	—
108	2012 年防护区强排站工程	66.05	2012 年 11 月 1 日	2013 年 4 月 30 日	—
109	安徽望江县泥塘沟河中段防洪工程 1 标	685.92	2012 年 11 月 11 日	2014 年 1 月 10 日	—
110	江西省于都县峡山水电站工闸门制造、安装及启闭设备安装	427.50	2012 年 11 月 14 日	2013 年 1 月 30 日	—
111	安徽省安庆市宜秀区 2012 年小（二）型水库除险加固工程施工 2 标	504.56	2012 年 11 月 15 日	2013 年 9 月 30 日	—
112	南水北调供水配套工程第三施工标段项目	2034.48	2012 年 11 月 19 日	2016 年 12 月 18 日	—
113	安徽省怀宁县小水库除险加固和长滩站更新改造工程施工 1 标	483.06	2012 年 11 月 25 日	2013 年 11 月 19 日	—
114	山东省公安厅综合训练基地防洪综合治理项目	985.99	2012 年 11 月 27 日	2014 年 8 月 10 日	—
115	安徽滁州市三湾水库除险加固工程	3080.01	2012 年 12 月 18 日	2015 年 1 月 28 日	—
116	浙江杭州市闲林水库大坝工程	8648.05	2012 年 12 月 25 日		—
117	安徽青阳县九华河上游庙前河段防洪项目	804.34	2012 年 12 月 28 日	2014 年 5 月 20 日	—
118	安徽安庆市菱湖风景区水环境综合治理项目	9262.78	2013 年 2 月 25 日	2015 年 11 月 20 日	—
119	南水北调漯河供水配套工程施工 8 标项目	1502.02	2013 年 3 月 3 日		—
120	安徽青弋江分洪道项目	141221.60	2013 年 3 月 12 日	2019 年 12 月 30 日	被中国工程建设焊接协会评为 2017 年度优秀焊接工程，2020 年被中国电力建设股份有限公司授予中国电建优质工程奖
121	河南郑州南水北调供水配套工程施工 3 标项目	3904.69	2013 年 3 月 15 日	—	—
122	安徽江南集中区九华河治理工程施工 2 标项目	2575.78	2013 年 3 月 20 日	2015 年 11 月 28 日	—
123	安徽无为县城南新城 3 号泵站排涝沟工程施工 3 标项目	992.95	2013 年 3 月 28 日	2019 年 12 月 31 日	—
124	山东胶州市胶河一期治理工程项目	1026.49	2013 年 3 月 31 日		—
125	辽西北供水工程预应力钢筒混凝土管配件内部委托制作工程	7274.80	2013 年 4 月 1 日	2015 年 7 月 31 日	—
126	辽西北供水工程（四段）管道建安工程三标	21650.00	2013 年 4 月 1 日	2020 年 6 月 1 日	—
127	辽西北供水工程管道建安四标项目	19607.63	2013 年 4 月 26 日	—	—
128	2013 年防护区强排站工程	66.05	2013 年 5 月 1 日	2013 年 10 月 30 日	—
129	辽西北供水工程预应力钢筒混凝土管（PCCP）采购 4 标	113765.87	2012 年 11 月 1 日	—	—
130	南水北调邢清干渠管线工程三标项目	3610.04	2013 年 6 月 8 日	2019 年 8 月 30 日	—
131	吉林松原哈达山门机检修	135.60	2013 年 7 月 1 日	2013 年 8 月 1 日	—
132	山东青岛白马河调水工程三标	2949.87	2013 年 7 月	2014 年 11 月 25 日	—
133	山东青岛大沽河拦河闸坝工程四标	6290.42	2013 年 7 月 8 日	2014 年 9 月 18 日	—
134	吉林松原哈达山溢流坝弧形闸门冬季泄流工程	240.27	2013 年 10 月 15 日	2014 年 12 月 20 日	—
135	安徽宣州区宛溪河施工 1 标项目	829.80	2013 年 10 月 20 日	2015 年 6 月 12 日	—

续表

序号	工程项目	合同金额（万元）	开工日期	竣工日期	备注
136	山东青岛黄岛区2013年农业综合开发工程二标	1502.90	2013年10月22日	2015年3月18日	—
137	辽西北供水工程（二段）5#支洞工程项目	1694.41	2013年12月5日	—	—
138	山东济南黄金山水郡窑头沟拱桥项目	738.00	2013年12月13日	2014年6月30日	—
139	河北衡水南水北调配套工程二标项目	1551.21	2013年12月18日	2018年9月19日	—
140	浙江宁波铜盆浦泵站工程项目	6143.79	2014年1月15日	2015年12月3日	—
141	安徽岳西县农田水利工程项目	1735.78	2014年3月1日	2015年1月7日	—
142	南水北调京石段渠段2标项目	2161.05	2014年3月1日	2015年1月19日	—
143	保定南水北调配套六标项目	2531.08	2014年3月22日	2020年7月30日	—
144	北京密云水库调蓄工程施工第十二标段项目	7226.06	2014年3月30日	2016年9月28日	—
145	山东济宁市南水北调续建配套工程4标项目	2628.29	2014年4月1日	—	—
146	石家庄市南水北调配套工程水厂以上输水管道工程正定段、元氏—赵县管线管材制造（2标）	4007.19	2014年4月1日	2014年6月1日	—
147	山东青岛错水河治理工程项目	850.75	2014年4月5日	2014年12月20日	—
148	浙江闲林水库库底清理工程项目	1618.33	2014年4月6日	—	—
149	安徽淮北老濉河综合整治工程项目	1900.37	2014年4月14日	2015年9月22日	—
150	安徽淮北西相阳沟清淤项目	208.61	2014年5月1日	2014年10月17日	—
151	安徽淮北城区截污项目	4373.20	2014年5月4日	2016年9月20日	—
152	濮阳市南水北调城市配套水厂工程（濮上路至京开大道管线）	1039.86	2014年5月8日	2014年9月2日	—
153	浙江闲林水库库区防渗及启闭机房工程项目	1295.56	2014年5月9日	—	—
154	河北石家庄南水北调配套工程四标项目	3275.91	2014年7月1日	2018年8月3日	—
155	安徽池州市2014年小型农田水利重点县工程项目	1373.47	2014年8月1日	2015年2月11日	—
156	上海嘉定区徐行镇唐家浜项目	1758.16	2014年9月10日	2021年7月14日	—
157	河北衡水南水北调十一标项目	1946.17	2014年9月14日	2018年8月21日	—
158	浙江灵州—绍兴±800千伏特高压直流输电工程绍兴换流站工程	8243.25	2014年10月16日	2016年12月28日	—
159	山东平度市农田建设工程项目	1035.47	2014年11月1日	2015年10月15日	—
160	安徽新汴河第五期治理石梁河地下涵项目	5259.56	2014年11月7日	2015年10月22日	—
161	安徽休宁县2014年中小河流治理施工1标项目	1392.59	2014年11月20日	2017年4月25日	—
162	山东黄岛区泊里镇农村规模化供水四标项目	911.55	2014年12月1日	2017年3月30日	—
163	安徽郎溪县2014年中小河流治理施工Ⅰ标项目	1407.02	2014年12月8日	2017年1月14日	—
164	安徽淮水北调埇桥区境内工程项目	2136.72	2015年1月10日	—	—
165	山东德州市2014年度国家新增千亿斤粮食产能建设项目施工禹城2标段	1749.76	2015年3月16日	—	—
166	山东济南市东区水厂工程建设工程施工劳务合同	547.92	2015年3月23日	2016年9月30日	—
167	浙江仙居县综合治理与生态修复工程2标	981.30	2015年4月10日	2017年10月18日	—
168	浙江苕溪清水入湖河道（安吉段）浑泥港整治工程施工Ⅰ标	4268.00	2015年4月28日	2018年7月31日	—

续表

序号	工程项目	合同金额（万元）	开工日期	竣工日期	备注
169	山东胶州市农村规模化供水工程二标项目	1867.64	2015年5月20日	2018年12月18日	—
170	黑龙江省黑干堤防工程第十五标段项目	28697.86	2015年5月25日	2018年11月27日	—
171	黑龙江省引嫩扩建工程乌北四标项目	6699.06	2015年6月3日	—	—
172	上海黄浦江上游水源地金泽水库工程JSK-C3标项目	23108.58	2015年6月19日	2017年7月13日	被中国电力建设股份有限公司授予2018年度中国电建优质工程奖，获2020—2021年上海市市政金杯奖，被中国施工企业管理协会授予2020—2021年度国家优质工程奖
173	安徽太和县2015年高标准农田水利建设示范县项目	1699.19	2015年6月26日	2016年7月31日	—
174	山东黄岛大村规模化供水工程三标项目	986.02	2015年8月17日	2017年12月13日	—
175	黑龙江松干十六标项目	12872.73	2015年8月31日	—	—
176	黑龙江松干二十四标项目	14889.96	2015年8月31日	—	—
177	安徽水阳江下游六圩段堤防加固施工2标	1775.10	2015年9月1日	—	—
178	河南漯河经济技术开发区输水管道供水项目	308.90	2015年9月10日	—	—
179	内蒙古赤峰水库除险加固工程	369.99	2015年9月15日	2015年12月4日	—
180	黑龙江省嫩干治理八标项目	8666.70	2015年9月21日	2021年11月8日	—
181	黑龙江省嫩干十一标项目	10211.46	2015年9月25日	2018年12月31日	—
182	安徽淠史杭灌区汲东干渠大观桥渠下涵除险加固项目	2358.67	2015年9月25日	—	—
183	南水北调阳谷续建配套工程二标项目	5072.62	2015年10月15日	2018年12月14日	—
184	山西辛安泉工程平顺支线项目	3645.95	2015年11月27日	—	—
185	安徽淮北污水管网完善工程三期项目	6559.22	2015年12月2日	2017年8月16日	—
186	安徽史灌河（安徽段）治理工程（二期）施工5标	2862.18	2015年12月8日	2020年1月14日	—
187	安徽安庆破罡湖闸站项目	7137.52	2015年12月11日	2017年11月1日	被中国电力建设股份有限公司授予2018年度中国电建优质工程奖，2020年被安庆市住房和城乡建设局授予安庆市优质工程"振风杯"奖
188	山东胶州市胶北街道办事处北台泉子崖片区节水灌溉项目	890.94	2015年12月26日	2016年6月10日	—
189	江苏太仓灰场改造项目	10398.01	2016年1月6日	2017年7月5日	—
190	北京秦屯河一标项目	1542.59	2016年1月6日	2020年8月	—
191	南水北调东阿续建配套工程三标项目	1617.68	2016年3月6日	—	—
192	浙江台州湾三山涂一期造田项目	15484.00	2016年3月20日	2017年12月22日	—

续表

序号	工程项目	合同金额（万元）	开工日期	竣工日期	备注
199	江苏泰兴市2016年度农田水利重点县项目01标	1376.53	2016年3月20日	2017年8月4日	—
194	江苏泰兴市2016年度农田水利重点县项目02标	1305.85	2016年3月20日	2017年5月10日	—
195	山东潍坊峡山水库15标项目	945.46	2016年3月26日	2018年11月	—
196	浙江千岛湖配水工程施工16标项目	45859.11	2016年3月28日	2020年6月30日	2021年获2021年度浙江省建设工程"钱江杯"奖
197	山东胶州碧沟河改道治理五标段项目	2090.01	2016年4月10日	—	
198	大伙房水库输水（二期）抗旱应急工程管道建安工程二标	12009.67	2016年4月10日	2020年11月24日	
199	江苏西港闸新建项目	6805.56	2016年4月28日	2018年12月28日	
200	上海崇明县三星土地整治项目	3445.82	2016年4月30日	2019年8月2日	
201	海南红岭灌区工程东干Ⅴ标施工项目	16488.99	2016年5月31日	2021年5月5日	
202	辽西北柴河三标项目	27730.41	2016年6月13日	—	
203	吉林省中部城市引松供水工程预应力钢筒混凝土管（PCCP）采购二标	15762.90	2016年8月1日	2019年6月30日	
204	内蒙古台子店水库抗旱应急水源工程	750.26	2016年8月10日	2019年1月14日	
205	内蒙古克什克腾旗抗旱应急水源项目	795.14	2016年8月10日	2019年1月15日	
206	吉林省中部城市引松供水工程辽源干线施工二标	5698.90	2016年8月21日	—	
207	吉林省中部城市引松供水工程四平干线施工二标	4845.71	2016年8月21日	—	
208	黑龙江依安县群胜大沟堤防工程（第一标段）	413.84	2016年8月30日	—	
209	黑龙江省伊春市金山屯区汤旺河治理工程（第二标段）	1173.08	2016年9月5日	—	
210	黑龙江省伊春市金山屯区汤旺河治理工程（第三标段）	862.02	2016年9月5日	—	
211	山西汾河太原段综合治理三期工程	3108.52	2016年11月1日	2020年12月25日	
212	安徽蚌埠天公河施工1标项目	3825.03	2016年12月25日	—	
213	浙江大田平原排涝一期工程新开河道施工Ⅰ标	15598.67	2016年12月26日	—	
214	江苏南京市秦淮河河道管理处2016年防汛消险工程	1996.34	2017年1月20日	2017年11月16日	
215	上海长江口青草沙水源地水库取水口防油围栏项目	2221.21	2017年1月20日	2018年7月30日	
216	江苏如东县泄洪河及配套桥梁项目	1473.61	2017年2月25日	2018年11月3日	
217	辽西北供水二期建安五标项目	7234.12	2017年2月27日	—	
218	南水北调中线邢石段槐河（一）倒虹吸防洪防护工程	1935.83	2017年2月28日	2017年6月30日	
219	河南淮河干流一般堤防加固工程（信阳）第Ⅸ标段项目	1618.59	2017年2月28日	2019年11月25日	
220	安徽颍河综合治理一期工程八里河站项目	6369.72	2017年3月12日	2019年11月30日	2020年被阜阳市水利局授予阜阳市水利优质工程一等奖，2020年被安徽省水利厅授予安徽省水利工程"禹王杯"

续表

序号	工程项目	合同金额（万元）	开工日期	竣工日期	备注
221	浙江温岭市南排工程（一期启动段）施工项目	2335.40	2017年4月7日	2019年7月26日	—
222	江苏戴堡中沟贯通工程	1208.18	2017年4月25日	2018年2月7日	—
223	安徽淮河干流临王段加固工程施工2标段	2006.06	2017年5月8日	2021年11月25日	—
224	江苏2016年市级高标准农田建设项目	798.66	2017年5月10日	2018年5月15日	—
225	山东胶州市2017年农村饮水安全工程一标段项目	2395.92	2017年6月8日	2018年12月27日	—
226	山东金堤河干流二期治理项目	762.66	2017年7月13日	2019年6月21日	—
227	宁夏中卫市沙坡头区第四排水沟水质提升工程（1标段）	1405.81	2017年7月18日	2020年5月29日	—
228	湖北武汉金融港应急排涝泵站项目	12434.03	2017年8月5日	2019年11月7日	获2020年度武汉市市政工程银奖
229	浙江省仙居县十三都坑出口段项目	2907.37	2017年8月9日	2019年7月26日	—
230	黑龙江蓝筹电站增效扩容改造工程（进水口拦污栅、龙门架起重设备、检修闸门及固定卷扬启闭机）采购工程	244.41	2017年8月10日	2019年11月15日	—
231	黑龙江蓝筹电站增效扩容改造工程进水口及调压井加固改造工程	449.77	2017年8月25日	2019年11月15日	—
232	安徽蒙城县2017年国家新增千亿斤粮食生产能力规划田间项目	3664.74	2017年9月10日	2018年5月24日	—
233	安徽霍邱县防洪治理二期施工Ⅲ标项目	4004.02	2017年9月10日	2019年12月25日	—
234	山东聊城市位山灌区续建配套与节水改造工程2017年度项目	1670.95	2017年9月23日	2018年10月25日	—
235	内蒙古西拉木伦河治理工程（开鲁县段）项目	4660.02	2017年10月10日	2019年11月11日	—
236	内蒙古辽河三江口地区省界堤防内蒙古科左后旗段施工第三标段	1693.77	2017年10月10日	2020年8月11日	—
237	江苏南京市象山水库坝体综合治理项目	483.93	2017年10月18日	2018年6月8日	—
238	安徽绩溪县扬溪源水库项目	6593.10	2017年10月28日	—	—
239	山东胶州市南胶莱河（机场段）河道治理工程右四标段	1228.21	2017年10月30日	—	—
240	甘肃华亭煤业集团有限责任公司石堡子水库除险加固工程	8717.58	2017年11月10日	2019年7月8日	—
241	黑龙江蓝筹电站增效扩容改造工程引水隧洞及2#发电机墩加固改造工程	572.81	2017年11月12日	2019年11月15日	—
242	上海2017年度黄浦江（闵行区）堤防专项维修工程	2025.08	2017年11月28日	2019年11月13日	—
243	江苏太仓市浏河水利枢纽套闸加固工程（设计施工EPC总承包）	2430.57	2017年12月4日	2018年5月3日	—
244	上海横沙岛（轮渡码头—反帝圩）海塘达标工程Ⅱ标	5260.86	2017年12月6日	2018年9月28日	—
245	山东滨州市徒骇河廿里堡闸除险加固工程闸门设备供货工程	235.05	2018年3月	2018年6月15日	—
246	上海松南郊野公园3号河河道护岸加固及整修（抢修）工程	137.00	2018年3月26日	—	—

续表

序号	工程项目	合同金额（万元）	开工日期	竣工日期	备注
247	吉林省哈达山松原灌区工程乾安灌片施工（第十九标段）安字泵站出水工程	664.11	2018年4月5日	2018年5月30日	—
248	安徽巢湖环湖防洪治理工程庐江县白山段堤防加固及崩岸治理工程施工项目	5225.36	2018年4月16日	2019年9月30日	—
249	江苏泰兴市2018年新增千亿斤粮食产能规划田间工程01标	1031.09	2018年4月24日	2019年1月30日	—
250	黑龙江省松花江干流堤防应急度汛工程肇源县堤防工程压损道路维修工程第二标段	933.97	2018年5月1日	2021年12月31日	—
251	国网黑龙江莲花水电总厂莲花厂2018年技改大修项目	164.64	2018年5月20日	2019年10月10日	—
252	安徽引江济淮J006-1标项目	58002.01	2018年8月6日	—	—
253	河北北方岭灰场一级子坝加高改造工程	829.85	2018年8月8日	2018年12月8日	—
254	江苏河湖治理研究基地项目堤防及土石方工程施工	1181.25	2018年8月15日	2019年12月31日	—
255	安徽长丰县霍集水库除险加固工程	2540.05	2018年8月25日	2019年11月8日	—
256	山西侯马浍河二库除险加固工程二标项目	2869.79	2018年9月15日	—	—
257	安徽定远县江巷水库挖库垫地工程施工4标项目	9818.55	2018年10月10日	—	—
258	安徽池州装配式建筑基地工程	7595.49	2018年11月19日	2020年9月1日	—
259	上海奉贤区2018年海塘维修工程	1103.88	2018年11月20日	2019年4月30日	—
260	浑河铁西区段防洪治理工程（大挨金—细河口段）大挨金段险工（第四标段）	2411.43	2019年2月20日	—	—
261	上海市2018年度黄浦江（闵行区）堤防专项维修工程	1511.20	2019年2月25日	2020年3月31日	—
262	山西清徐原水直供工程Ⅲ标项目	6300.74	2019年3月1日	—	—
263	浑河（大挨金—王纲堡桥段）河道岸滩综合治理工程（一标段）	6365.79	2019年4月13日	—	—
264	安徽引江济淮工程阜阳供水项目	19020.61	2019年4月20日	—	—
265	上海青草沙水库输水闸井拦藻设施工程	1950.12	2019年4月30日	2019年11月22日	—
266	上海淀浦河西闸工程项目	6864.12	2019年5月25日	2021年4月29日	—
267	细河铁西段（四环—入河口）水系综合治理工程施工第三标段	3149.18	2019年6月25日	—	—
268	山东聊城市位山灌区续建配套节水改造工程2019年项目	1967.71	2019年6月30日	2020年11月29日	—
269	蓬莱市污水管道、小皂河道清淤和低洼点整治工程施工	573.55	2019年7月2日	2020年6月1日	—
270	上海青浦区泖阳港泵站、西塘江西泵闸工程	3695.25	2019年7月5日	2021年10月15日	—
271	山西左权供水管线和泵站项目	5494.12	2019年8月2日	—	—
272	上海嘉定区苏州河支流（江桥镇、安亭镇）河道综合整治工程	12047.71	2019年8月15日	—	—
273	浑河（大挨金—王纲堡桥段）河道岸滩综合治理工程（二期）（施工二标段）	5817.85	2019年9月9日	—	—
274	珠江三角洲水资源配置工程土建施工A6标	68208.48	2019年9月18日	—	—
275	山东青岛市黄水东调承接工程施工（胶州段）12标段	5540.33	2019年10月23日	—	—

续表

序号	工程项目	合同金额（万元）	开工日期	竣工日期	备注
276	山东青岛市黄水东调承接（即墨段）工程	4710.73	2019年10月24日	2020年12月28日	—
277	山东济南长平滩区护城堤工程长清段施工4标项目	9900.00	2019年10月26日	—	—
278	深汕特别合作区下径水库除险加固工程	3213.77	2019年12月10日	—	—
279	河南滑县地下水超采区综合治理2019年度工程	7949.65	2019年12月10日	—	—
280	安徽引江济淮工程（安徽段）江水北送段H003-1（河渠）标	31177.34	2019年12月11日	—	—
281	山东青岛市黄水东调承接工程施工（平度段）1标段	5615.99	2019年12月23日	—	—
282	湖南省毛俊水库工程灌区C3标工程施工及预应力钢筒混凝土管（PCCP）采购安装	20078.29	2020年2月1日	—	—
283	山东小清河防洪综合治理工程（济南段）施工1标段	9389.36	2020年2月20日	2021年12月15日	—
284	贵州黔南州凤山水库工程施工期供水兼导流洞工程施工项目	6621.68	2020年2月20日	—	—
285	沈阳市排水防涝二期（二批）—沈大边沟排水系统等4项工程—沈大边沟排水系统二标段	2289.19	2020年2月24日	—	—
286	山东小清河防洪综合治理工程济南市巨野河防洪治理工程河道工程施工、监理—施工3标	5942.87	2020年2月29日	—	—
287	河南漯河市龙江生态城水系连通工程（一期）施工	4938.92	2020年3月1日	—	—
288	黑龙江大庆石化公司水气厂青泡污水氧化塘排水达标改造项目	3886.10	2020年3月16日	2020年7月25日	—
289	河北雄安新区白沟引河右堤防洪治理工程（二标段）	75122.97	2020年3月28日	—	—
290	河南洛阳市小浪底南岸灌区工程施工5标	22252.74	2020年3月30日	—	—
291	引绰济辽PCCP管线段施工二标	12103.42	2020年4月20日	—	—
292	山东武城恩县洼滞洪区建设工程水利三标	3830.65	2020年4月23日	—	—
293	湖北红旗渠新增雨季汛期排水通道升级改造工程	1202.00	2020年4月25日	2020年10月16日	—
294	浙江省建德市寿昌镇石泉、陈家千亩土地整治项目（EPC总承包）	12925.12	2020年5月7日	—	—
295	中新天津生态城临海新城水系连通二期工程	19414.07	2020年5月27日	2021年9月29日	—
296	山西古交市汾河下游三期河道治理工程二标段项目	2965.11	2020年5月27日	—	—
297	山东武城恩县洼滞洪区建设工程撤退路一标项目	6003.30	2020年5月31日	—	—
298	河北雄安新区新盖房分洪道堤防加固和治理工程	15634.39	2020年6月19日	—	—
299	陕西省斗门水库工程施工（三标段）	53582.61	2020年7月1日	—	—
300	河北省石家庄市鹿泉区水系连通及农村水系综合整治试点（古运河）2020年度项目	7626.32	2020年8月25日	—	—
301	上海浦航石油有限公司专用岸段海塘达标工程	1576.05	2020年9月15日	2021年2月3日	—
302	安徽肥西县2019年度"三达标一美丽"水利建设沙滩联圩达标工程施工2标项目	11010.75	2020年10月14日	—	—

续表

序号	工程项目	合同金额（万元）	开工日期	竣工日期	备注
303	山东临沂市淮河流域重点平原洼地邳苍郯新片区治理工程（一期）施工8标	10724.16	2020年10月30日	—	—
304	四川省向家坝灌区北总干渠一期一步工程内江供水管道内江段工程	20818.74	2020年11月17日	—	—
305	上海东风西沙取水闸防油围栏工程	1283.03	2020年11月18日	2021年6月18日	—
306	江苏泰兴市古马干河东段（西姜黄河—私盐港）治理工程施工01标	3227.64	2020年11月19日	2021年9月4日	—
307	天津市南水北调中线工程宝坻引江供水工程施工四标段	2714.56	2020年11月30日	—	—
308	重庆市渝西水资源配置工程	91000.00	2020年12月1日	—	—
309	山东临沂市兰山区方城河综合治理工程施工1标	3539.01	2020年12月4日	—	—
310	江西丰城市2020年度统筹整合资金推进高标准农田建设项目二标段	11224.00	2020年12月6日	2021年6月26日	—
311	安徽引江济淮试验工程弃渣场临时用地土地复垦施工标	8174.95	2020年12月23日	—	—
312	安徽合肥长丰县"三达标一美丽"水利建设工程陶楼灌区工程施工标	5829.52	2021年1月5日	—	—
313	安徽驷马山滁河四级站干渠（江巷水库近期引水）工程土建及安装工程施工2标	29633.76	2021年2月1日	—	—
314	上海金泽水库2020年生态治理提升项目生态浮床工程	1506.22	2021年3月1日	2021年9月16日	—
315	上海黄浦江上游金泽水源地新增跌水曝气工程	2680.00	2021年3月1日	2021年8月19日	—
316	河北新安北堤防洪治理工程（一期）剩余施工第四标段	32655.33	2021年3月25日	—	—
317	安徽安庆市大沙河治理工程（桐城段）二标段	10261.08	2021年3月5日	—	—
318	河北雄安新区新盖房分洪道（左堤）堤防加固和治理工程施工一标段	57383.19	2021年3月12日	—	—
319	四川省向家坝灌区北总干渠一期一步工程内江供水管道材料采购工程	23498.40	2021年3月15日	—	—
320	山东济南市东部水源四库连通调水工程三标段	3946.02	2021年4月10日	—	—
321	山东聊城市临清市引黄灌区农业节水施工标3项目	1625.35	2021年5月15日	2021年8月30日	—
322	山东卫河干流（淇门—徐万仓）治理工程卫河右岸龙王庙至王安堤河段治理工程	3208.90	2021年6月5日	—	—
323	山东济南市引黄灌区农业节水工程（商河县部分）二期工程	3140.75	2021年6月8日	—	—
324	晋州市城乡水源置换工程施工三标段	6697.06	2021年6月11日	—	—
325	安徽淮北市杜集区龙岱河及支流治理工程（Ⅱ标段）	3452.67	2021年6月25日	—	—
326	山东威海市蓝色海湾整治项目双岛湾西侧生态岸线修复三期工程	7488.20	2021年7月27日	—	—
327	江西宁都县团结水库除险加固项目设计、采购、施工总承包（EPC）	8734.71	2021年10月26日	—	—

续表

序号	工程项目	合同金额（万元）	开工日期	竣工日期	备注
328	重庆乌江银盘水电站金属结构设备制造下闸首一字门制造	240.00	2011年5月3日	2012年2月1日	被中国工程建设焊接协会授予2012年度全国优秀焊接工程优秀奖
329	重庆乌江银盘水电站进水口拦漂排采购	239.88	2011年12月10日	2012年3月25日	—
330	黑龙江溢洪道右挡墙大修主体工程	97.61	2012年7月28日	2012年8月30日	—
331	内蒙古尼尔基水利枢纽溢洪道弧门检修工程	32.00	2012年8月15日	2012年9月30日	—
332	黑龙江2号调压井快速门大修	95.81	2012年9月20日	2012年10月30日	—
333	2012年防护区强排站工程	66.05	2012年5月1日	2012年10月31日	—
334	2013—2014年防护区强排站工程	46.04	2013年11月1日	2014年2月28日	—
335	黑龙江省电力有限公司镜泊湖发电厂4号机组改造安装工程	14.50	2014年3月10日	2014年4月25日	—
336	黑龙江莲花厂溢洪道检修门机大修工程	85.12	2014年8月10日	2014年9月10日	—
337	黑龙江莲花厂溢洪道启闭机大修工程	65.11	2014年8月10日	2014年9月10日	—
338	吉林松原市哈达山仓库高杆灯安装	1.93	2014年9月1日	2014年9月15日	—
339	黑龙江莲花厂1号调压井快速门大修工程	97.26	2014年9月20日	2014年10月15日	—
340	吉林哈达山1#水轮发电机组C级检修工程	13.91	2015年1月12日	2015年1月21日	—
341	吉林松原市哈达山水电站机组维护检修工程	145.53	2014年1月1日	2015年1月21日	—
342	浙江宁波铜盆铺泵站安装项目	406.30	2014年3月10日	2015年2月1日	—
343	浙江杭州闲林水库金属结构设备安装工程	40.68	2015年1月6日	2015年4月6日	—
344	安徽省淮水北调工程埇桥区境内工程施工标金属结构设备安装、调试	48.46	2015年4月10日	2015年9月30日	—
345	黑龙江镜泊湖调压室及闸门大修	60.33	2015年6月30日	2015年9月30日	—
346	黑龙江镜泊湖尾水闸门及起吊设备	63.02	2015年6月30日	2015年9月30日	—
347	黑龙江水电总厂莲花厂尾水检修门水封更换	17.89	2015年9月10日	2015年10月15日	—
348	国网黑龙江水电总厂莲花厂进水口护坡加固大修工程	95.16	2015年9月5日	2015年11月5日	—
349	吉林松原市哈达山水利枢纽溢流坝弧门及液压启闭机检修合同	84.22	2017年4月20日	2017年6月30日	—
350	江苏泰兴市四桥闸站及执法基地码头护岸工程二标段	1209.29	2016年5月25日	2017年9月19日	—
351	安徽蒙城县农田建设项目第四标段施工项目	4479.02	2017年1月22日	2017年12月1日	—
352	南水北调茌平县续建配套工程十二标段项目	2042.48	2016年10月16日	2018年12月31日	—
353	安徽青弋江城区段北岸（中江桥至袁泽桥）防洪墙景观工程	1799.00	2019年3月1日	2019年9月17日	—
354	河北省唐山市玉田县流域水污染治理及水生态修复工程（一期）8标段	1753.65	2021年3月1日	—	—
355	河南郑州航空港区南水北调20#-1输水管线迁改工程项目	2319.02	2020年3月20日	2021年2月6日	—
356	海南省琼西北供水工程施工标一标段施工总承包项目	97739.24	2021年3月16日		

续表

序号	工程项目	合同金额（万元）	开工日期	竣工日期	备注
357	吉林省中部城市引松供水工程钢管（SP）采购二标	8056.13	2016年7月24日	2019年11月1日	被中国工程建设焊接协会评为2019年度优秀焊接工程
358	山东唐岛湾北岸清淤工程	11459.72	—	—	—

第二节　水利水电工程选介

一、浙江温州鹿城区戍浦江河口大闸枢纽工程

工程位于浙江省温州市鹿城区境内戍浦江入瓯江口处，合同金额0.57亿元。建设单位为温州鹿城区戍浦江河口大闸枢纽工程建设指挥部。

戍浦江河口大闸枢纽工程温州市"百项千亿"重点水利工程之一，工程总投资1.63亿元，是鹿城区单项投入最大的水利项目。工程具有挡潮防淤、排涝蓄淡、农田灌溉及通航等功能，为温州市防洪排涝工作发挥了巨大作用。

工程于2003年10月开工，2005年8月完成大闸主体部分施工，2006年底完成全部施工，2007年8月21日竣工。大闸经过2005年、2006年、2007年历次台风暴雨检验，无安全事故发生。

作为浙江省第一座在赶潮河段老河口上建闸的大型水利枢纽，工程具有施工难度大、技术要求高、施工条件复杂等特点。项目积极采用新技术新工艺，自行设计施工的淤泥质软基框格式钢管桩潮汐围堰，攻克了在潮汐影响下围堰施工与安全性技术难题，技术达到国内先进水平，科技成果荣获集团公司科技进步奖三等奖。

工程被评为温州市建设工程"瓯江杯"优质工程、中国水电优质工程。

二、浙江衢州塔底水利枢纽土建工程

工程位于衢江和乌溪江汇合口下游的衢江河段，合同金额0.56亿元，建设单位为衢州塔底水利枢纽发展有限公司。

工程施工前期正逢浙江省电、煤、油、运紧张，给施工生产保障带来很大压力；夏季施工持续高温，冬季高峰期施工遭遇南方30余年不遇的雨雪天气。

工程于2003年11月18日开工，2007年4月24日完工。

三、山东胶东地区引黄调水界河渡槽工程

工程位于山东省招远市辛庄镇，合同金额0.35亿元。建设单位为山东省胶东地区引黄调水工程建设管理局。

界河渡槽全长2040米，槽身采用3种结构形式，一是上承式预应力混凝土拉杆拱式矩形渡槽结构，跨度50.6米，共计21跨，长1062.6米；二是简支梁式预应力混凝土矩形渡槽结构，跨度20米，共计36跨，长720米；三是简支梁式普通钢筋混凝土矩形渡槽结构，跨度10米，共计18跨，长180米。

渡槽地面以上最大高度约30米，其中50.6米跨度上承式预应力混凝土拉杆拱渡槽结构在国内外水利工程渡槽设计方面首次使用，是工程实施技术关键。主要有两大技术难点，一是大跨度拉杆拱渡槽高支架在临近海边、风力较大情况下施工安全问题；二是拉杆与拱圈混凝土施工中模板设计、拱圈分缝、拉杆张拉及混凝土裂缝防治问题。

工程于2006年5月14日开工，2008年12月竣工。

依托工程开展的"大跨度上承式预应力混凝土拉杆拱渡槽施工技术研究"获得中国水利水电建设集团公司科学技术进步奖二等奖。成果经集团公司成果鉴定会鉴定，认为课题研究成果在此类工程施工领域总体上达到国际先进水平，形成大跨度上承式预应力混凝土拉杆拱渡槽成套施工工艺，可供类似工程借鉴，具有良好的社会经济效益。

四、南水北调中线京石段应急供水工程（石家庄至北拒马河段）

工程位于河北省保定市徐水县境内，合同金额1.28亿元，合同工期为2005年12月—2007年10月。建设单位为南水北调中线干线工程建设管理局。

工程包括渠道工程、西黑山节制闸控制工程、6座左岸排水建筑物（西黑山沟排水涵洞、东黑山沟排水涵洞、南釜山西沟排水涵洞、西釜山西沟排水涵洞、西釜山北沟排水涵洞、曲水沟排水涵洞）及4座公路交叉建筑物（西黑山公路桥、小黑山公路桥、小西桩公路桥、西釜山公路涵洞）以及西黑山分水口门工程等。标段总长6848.7米。工程等别Ⅰ等，主要建筑物级别一级。

因征地困难、村民阻工、基础处理变更、设备及埋件进场滞后等影响工期。在工程施工期间开展的安全、质量、进度评比考核中，项目多次在参建各标段中获得第一名；在2007年中线局组织的"决战京石段，大干一百天"劳动竞赛活动中荣获二等奖；被国务院南水北调办公室授予南水北调工程2006年度、2007年度文明施工单位称号。

工程于2006年8月1日开工，2009年12月18日完工，2010年5月26日竣工。

五、四川大渡河瀑布沟水电站引水系统金属结构制作工程（闸门及拦污栅项目）

工程位于大渡河中游，地处四川省西部汉源和甘洛两县交界处，工程合同额0.4亿元，合同工期为2006年9月1日—2008年5月1日。建设单位为国电大渡河流域水电开发有限公司。

瀑布沟水电站以发电为主，兼有拦沙、防洪等综合利用效益，是四川电力系统中骨干电站之一。电站金属结构由施工导流系统、泄洪系统、引水系统、厂房尾水系统、尼日河引水工程5部分的拦污栅、闸门和启闭机等组成。

工程包括进水口拦污栅栅槽、进水口拦污栅栅叶、进水口检修闸门门槽等，共计4113吨。

工程于2007年5月7日开工，进水口快速门埋件、检修门埋件2007年11月全部发货，2009年3月9日竣工。工程获全国优秀焊接工程一等奖，被评为中国水电优质工程。

六、哈达山水利枢纽工程（一期）溢流坝金属结构闸门采购、闸门及液压启闭机安装

工程合同金额0.32亿元，合同工期为2008年3月18日—2009年8月30日。建设单位为松原市哈达山水利枢纽暨松原灌区开发有限公司。

哈达山水利枢纽工程是以吉林西部生活和工农业供水为主，兼有发电、环境保护供水等功能的综合工程，由取水枢纽工程、防护区防护工程和输水工程组成。

工程包括溢流坝弧形工作闸门及其埋件、溢流坝检修闸门及其埋件、锁锭装置和门库等制作；溢流坝平面检修闸门及其埋件、门库和锁锭装置、溢流坝弧形工作闸门及其埋件、液压启闭机等安装。

工程于2008年8月21日开工，2009年8月11日竣工。

七、南水北调东线第一期工程济南—引黄济青济南市区段工程（济洛路—洪家园桥输水暗涵工程）

工程位于山东省济南市，合同金额1.11亿

元，变更后合同金额为1.22亿元，合同工期为2008年10月28日—2009年4月30日。项目法人为南水北调东线山东干线有限责任公司，建管单位为山东省南水北调济南—引黄济青济南市区段工程建设管理局市区段建管处。

济南—引黄济青济南市区段工程是南水北调东线第一期工程的重要组成部分，是山东省胶东输水干线西段一个单项工程，全长约150千米，途经济南市、滨州市和淄博市。济南市区段工程位于小清河左岸，沿小清河平行布置，为3孔无压钢筋混凝土箱涵，设计输水流量50立方米/秒，加大流量60立方米/秒，总长11.73千米，共分6个标段，本标段长2282.16米。工程包括土方开挖、回填，基础处理和暗涵钢筋混凝土浇筑。

工程施工高峰期投入管理人员64人，劳务施工队伍5支，劳务作业人员568人；进场各种设备共计232台套，其中施工设备151台套、测量设备14台套、试验设备67台套。施工高峰期，平均每天完成箱涵1.8节（每节长15米），完成混凝土浇筑约1100立方米，钢筋绑扎86吨。

工程具有工期紧、施工区内需拆迁建筑物和地下管线多、与小清河交叉施工等困难，最终项目克服拆迁缓慢、交叉干扰、下卧段深基坑施工难度大等诸多不利因素，确保了工程质量。先后被国务院南水北调工程建设委员会办公室、山东省南水北调工程建设管理局授予南水北调建设质量管理先进集体称号。

工程于2008年11月5日开工，2011年7月12日竣工。

八、南水北调辉县段六标项目

工程位于河南省新乡市辉县，签约合同额为5.06亿元，合同工期为2009年4月1日—2011年12月31日。建设单位为河南省南水北调中线工程建设管理局。

标段长度6.77千米。标段内共有建筑物12座，其中左岸排水交叉建筑4座，渠渠交叉1座，公路桥7座；混凝土总量约11.6万立方米，钢筋总量约4770吨。

项目于2009年5月6日开工，2016年12月28日竣工。工程获中国电建优质工程奖。

九、南水北调中线SG13标项目

工程位于河北省鹿泉市境内，签约合同额4.63亿元，合同工期为2010年6月1日—2013年3月1日。建设单位为河北省南水北调工程建设管理局。

标段全长12.79千米，其中渠道长11.46千米。共布设交叉建筑物15座，包括大型河渠交叉建筑物3座，左岸排水建筑物4座，渠渠交叉建筑物4座，控制工程4座。施工高峰期，项目投入管理人员108人，劳务施工队伍24支，劳务作业人员1200余人；投入设备共计650台套，平均每天完成渠道衬砌144米，日均完成混凝土浇筑约600立方米。

项目于2010年6月30日开工，2015年2月13日竣工。工程获中国电建优质工程奖。

十、南水北调东线第一期工程鲁北段大屯水库工程

工程位于山东省德州市，合同金额1.38亿元，总工期25个月，建设单位为南水北调东线山东干线有限责任公司。

大屯水库作为南水北调东线工程山东境内调蓄水库之一，是山东省鲁北输水工程的重要组成部分，其主要任务是调蓄南水北调东线向德州市德城区和武城县城区城市居民和工业供水量，保障南水北调东线鲁北输水工程完成供水目标。

标段长3200米，工程包括围坝填筑、库底铺膜、武城供水洞、围坝外侧排水沟、利民河东支衬砌土建施工及设备安装等工程。施工高峰期，坝体日填筑量达16800立方米，土工膜日铺设量多达12600平方米。

工程于2010年11月25日开工，2013年6月8日竣工。

水库总占地面积9732.9亩，库底采用全库盘铺膜防渗设计，解决无相对不透水层平原水库防渗难题，填补了国内高地下水位水库大面积铺膜防渗施工领域的空白，为全国平原水库之最，也是亚洲最大全库盘铺膜防渗平原水库之一。工程形成《平原水库大面积库盘铺膜防渗施工工法》录入中国水利工程协会《水利水电工程建设工法》；获中国水利水电建设股份有限公司科学进步奖和中国电力科学技术奖。

工程获山东省建设工程文明工地称号、山东省建筑工程质量"泰山杯"奖、中国水利工程优质（大禹）奖。

十一、南水北调中线一期工程天津干线工程西黑山进口闸至有压箱涵段、保定市2段、廊坊市段工程

工程位于保定市徐水县境内，合同额4.62亿元，合同工期为2009年7月15日—2012年7月15日。建设单位为南水北调中线干线工程建设管理局。

工程全长15.21千米。建筑物以输水箱涵为主，其中无压箱涵长6294.5米，有压箱涵长4093米；段内其他建筑物包括西黑山进口闸枢纽、东黑山陡坡、东黑山村东检修闸、文村北调节池、屯庄南保水堰（1#）、通气孔6座、西黑山沟排水涵洞、曲水河倒虹吸、中瀑河倒虹吸、屯庄河倒虹吸、张石高速公路公路涵、小型河渠和公路交叉建筑物16座；包括各类建筑物管理站进出通道公路共4.94千米及东黑山沟巡视道路交通桥1座。施工高峰期，项目投入管理人员139人，劳务施工队伍14支，劳务作业人员1111人；投入设备共计573台套。

工程于2010年2月28日开工，2013年9月28日竣工，2014年1月7日完成工程实体移交。

工程获中国电建优质工程奖；"穿越高速公路输水箱涵施工技术"获股份公司科学进步奖三等奖；《穿越公路浅埋暗挖施工工法》获评中国电建工法。

十二、南水北调中线一期工程总干渠沙河南—黄河南潮河段工程施工第七标段

工程位于河南郑州南郊，合同金额2.72亿元。建设单位为南水北调中线干线工程建设管理局。

标段全长约6.73千米，共有建筑物10座，包括2座河渠交叉建筑物、6座公路桥、1座生产桥、1座铁路桥。工程包括土石方开挖与填筑、混凝土及钢筋混凝土、砌石、钢筋制安、机电设备安装、金属结构设备安装、临时工程、水土保持工程及施工期环境保护工程等。

项目于2010年9月28日开工，2014年12月10日竣工。工程获中国电建优质工程奖。

十三、上海青草沙水库及取输水泵闸6标工程

工程位于上海市崇明县长兴乡，合同金额0.92亿元，合同工期为2011年2月16日—12月18日。建设单位为上海青草沙投资建设发展有限公司。

工程实施的主要目的是在非咸潮期自流引水入库供水，在咸潮期通过水库预蓄调蓄水量和抢补水来满足上海市原水供应需求。工程包括中央沙库区北围堤改造长约7034米，连通涵闸2座及水质富营养化预控技术实证基地2座，实证基地陆域土方吹填86万立方米。

工程于2010年10月20日开工，2011年12月27日竣工。

工程被评为2010年度上海市平安工地、上海市水务海洋系统2010年度文明工地，荣获上海市水利工程金奖。

十四、江苏太仓市应急水源地工程围堤 2 标段

工程位于江苏省太仓市，合同金额1.67亿元，工期540日历天。建设单位为太仓市重点工程发展有限公司。工程包括采砂吹填、充泥管袋充填、防渗墙等。

项目于2010年12月15日开工，2014年1月21日竣工。工程获中国电建优质工程奖。

十五、南水北调南阳段一标项目

工程位于河南省南阳市、平顶山市境内，合同金额6.63亿元。建设单位为南水北调中线干线工程建设管理局。

标段全长约6.44千米，共有建筑物11座，其中河渠交叉建筑物1座，左岸排水建筑物4座，渠渠交叉建筑物1座，退水闸1座，公路桥3座，生产桥1座。

工程于2011年3月7日开工，2016年5月23日竣工。工程获中国电建优质工程奖。

十六、南水北调中线一期汉江中下游部分闸站改造工程（仙桃市泽口闸改造工程）

工程位于汉江右岸徐鸳口处，合同金额0.78亿元，工期26个月，建设单位为湖北省南水北调管理局。

工程包括改造进水闸、主泵房、安装间、副厂房、进水池、出水池、穿堤拱涵、变电站、拦污栅、出水渠道以及配套深江节制闸、胜利闸等。

施工高峰期，月土方开挖55000立方米；浇筑混凝土6700立方米；钢筋制安890吨，金属结构安装350吨。

工程于2011年12月16日开工；2015年5月6日，全部单位工程通过施工合同验收；2016年12月2日，完成工程合同项目验收。工程获湖北省水利工程"江汉杯"优质奖。

十七、南水北调中线一期工程漳河北至古运河南段磁县干渠工程第二施工标段项目

工程位于河北省磁县境内，合同金额4.6亿元，合同工期为2010年1月—2012年6月。建设单位为南水北调中线干线工程建设管理局。

标段总长13.87千米，其中渠道长13.37千米，建筑物长0.5千米。包含大型交叉建筑物1座，左岸排水建筑物7座，渠渠交叉建筑物1座，铁路交叉建筑物1座，退水闸1座，排冰闸2座，分水闸1座。施工高峰期，项目投入管理人员108人，劳务施工队伍24支，劳务作业人员1200余人；投入设备共计650台套。平均每天完成渠道衬砌144米，日均完成混凝土浇筑约600立方米。

工程于2010年6月1日开工，2015年6月30日竣工，同年12月29日完成工程实体移交。

磁县二标地质条件十分恶劣，无可用筑堤之土，项目部开展泥砾筑堤施工技术研究，"大粒径泥砾筑堤施工技术研究及应用"获中国电建科技进步奖三等奖。

十八、辽西北供水工程预应力钢筒混凝土管（PCCP）采购4标

工程位于辽宁省沈阳市法库县境内，合同金额11.38亿元，合同工期为2012年10月31日—2015年11月30日。建设单位为辽宁西北供水有限责任公司。

工程包括现地建厂，PCCP管材设计、制造、防腐、检测以及管材交货、服务等。管道线路长36.08千米，管道长度144.41千米，管径DN3200毫米，管道覆土深度1.5~10米。

工程2012年11月1日开工建设产品生产线；2013年5月，完成型式试验并取得全国工业产品生产许可证；2014年10月29日，完成全部

标准管生产；2015年11月5日，完成全部管材发运。

项目部获按时试生产任务奖、按时完成年度生产任务奖、提前一年完成全部生产任务奖，奖励金额合计200余万元。

十九、重庆巫山县千丈岩梯级电站工程金属结构设备制造及安装项目

工程位于重庆市巫山县，机电安装公司签约实施，合同金额0.26亿元。建设单位为重庆巫山千丈岩水电开发有限公司。

工程包括压力管道安装，压力钢管总长约5千米，其中主管直径0.9~1.1米，长4.8千米，重2089吨；压力钢管材质Q235C和Q345C，主管管壁厚度10—36毫米。

工程于2012年6月18日开工，2016年1月20日竣工。

工程管道安装难度大，一级站大坝至五级站厂房，高差1557.7米，管线均沿陡峭山体分布，气候变化明显。局部管线坡度较大，最大坡度为43.48°。工程实施过程中，采用索道技术创新、压力钢管倒挂式安装技术创新、压力钢管工装技术创新等多个创新技术。工程获全国优秀焊接工程奖。

二十、安徽青弋江分洪道项目

工程位于安徽省芜湖市，为芜湖市建设投资有限公司委托公司代建项目，合同总额14.12亿元，合同工期37个月。

分洪道全长约47.28千米，防洪标准20~40年一遇。工程包括分洪河道及两岸堤防工程、青弋江干流节制闸枢纽、八尺口、房周及分洪道沿线排水涵闸和排水泵站支叉河流通闸等建筑物、跨越分洪道交通工程、工程相应水保、环保工程、施工图设计、地质详勘等。

工程于2013年3月12日开工，2019年12月30日完工并通过竣工验收。

青弋江分洪道工程金属结构设备制造获全国优秀焊接工程奖，项目获中国电建优质工程奖。

二十一、上海黄浦江上游水源地金泽水库工程JSK-C3标项目

工程位于上海青浦区，合同金额2.31亿元。建设单位为上海黄浦江上游原水有限公司。

工程利用两个现有湖荡作为水库库区主体，通过适当扩挖围护形成水库。标段轴线长3438.92米。工程包括堤身填筑48.43万立方米、地形塑造、混凝土结构物等内容。

2016年9月，通过上海市重大办领导期中履约检查；同年10月，上海市水务工程示范工地观摩活动在项目举办。

工程于2015年6月19日开工，2017年7月13日竣工。工程获中国电建优质工程奖、上海市水利优质工程奖、市政金杯奖、国家优质工程奖。

二十二、浙江千岛湖配水工程施工16标项目

工程位于浙江省余杭区。合同总额3.28亿元，变更后合同额4.59亿元，合同工期32个月，变更后工期51个月，建设单位为杭州市千岛湖原水股份有限公司。

千岛湖配水工程从千岛湖淳安县境内取水，通过输水隧洞将水引至杭州市余杭区闲林水库，为下游原水输水工程提供优质千岛湖水，同时在输水线路途中向建德市、桐庐县及富阳区部分区域供水，输水线路全长112.34千米。

标段范围包括桐村支洞控制段，闲林出口流量调节及消能设施、闲林水库取水口及下游取水建筑物等。工程包括输水隧洞（直径6.7米，设计配水流量38.8立方米/秒）、控制闸、水库取水口、溢流重力坝、交通道路等。设计年配水量9.78亿立方米，工程合理使用年限100年。

工程于2016年3月28日开工，2020年6月30日通过竣工验收。工程被评为浙江省建筑安全文明施工标准化工地、浙江省十大最美水利工程，获浙江省建设工程"钱江杯"奖。

二十三、吉林省中部城市引松供水工程预应力钢筒混凝土管（PCCP）采购二标

工程位于吉林省四平市，合同金额1.58亿元，合同工期为2016年4月1日—2019年6月30日。工程建设单位为吉林省中部城市供水股份有限公司。

工程包括现地建厂、PCCP管材（包括标准管、配件及异型管）设计、制造、防腐、检测以及管材交货、服务等。

工程于2016年8月1日开工，同年8月17日获得生产许可证；2018年10月31日完成标准管生产任务；2019年6月30日竣工。

二十四、大伙房水库输水（二期）抗旱应急工程管道建安工程二标

工程位于辽宁省沈阳市、辽阳市境内，合同金额1.2亿元。合同工期为2016年4月10日—2017年6月30日。建设单位为辽宁润中供水有限责任公司。

大伙房水库输水（二期）抗旱应急工程是在沈阳2号配水站—鞍山配水站新建输水管线，为解决大连供水紧张问题及盘锦压采地下水引起的供水短缺问题。

工程包括DN3200PCCP管和压力钢管安装，线路全长19498米，双管铺设。其中PCCP管36968米，压力钢管1957米。穿越河流2条，铁路2处，国道、省道4处。PCCP管、钢管、各类阀井、阀门、管道附件、构（配）件、管道镇支墩、过河、过路以及永久道路、临时道路、水土保持等建安工程。

工程于2016年4月10日开工，2020年11月24日竣工。

二十五、安徽省引江济淮J006-1标项目

工程于2018年8月6日开工，位于安徽省江淮分水岭以南，合同金额5.8亿元，合同工期48个月，建设单位为安徽省引江济淮工程有限责任公司。

标段总长5千米。设计输水流量290立方米/秒，设计输水位20.16~19.98米，最高通航水位23.86米，最低通航水位17.4米，设计百年一遇防洪水位25.53米。

二十六、河北雄安新区白沟引河右堤防洪治理工程（二标段）

工程于2020年3月28日开工，位于河北省雄安新区，合同金额7.51亿元，合同工期16个月，建设单位为中国雄安集团生态建设投资有限公司。

工程全长10.5千米，设计新堤顶宽度16米，防洪标准200年一遇，堤防工程级别一级。

二十七、浙江省建德市寿昌镇石泉、陈家千亩土地整治项目（EPC）

工程于2020年5月7日开工，位于浙江省杭州市建德市，合同金额1.29亿元，合同工期18个月，建设单位为杭州两山建设开发有限公司。公司（联合体牵头方）与江西核工业测绘院组成联合体共同实施。

项目土地整治面积约136.3公顷，其中垦造耕地（水田）99.35公顷，旱地改水田36.95公顷。

二十八、四川省向家坝灌区北总干渠一期一步工程内江供水管道内江段工程

工程于2020年11月17日开工，位于四川省内江市，合同金额2.08亿元，合同工期42个月，

建设单位为四川省向家坝灌区建设开发有限责任公司。

工程包括凌家湾泵站、管道末端出水建筑物等在内的全部建筑物土建、安全监测、PCCP管道及其附件等安装、各类阀（闸）门、压力钢管和伸缩节、拦污栅等金属结构及启闭设备、阴极保护、泵站设备、电气设备等全部土建和安装施工（含各类调试、试验和试运行），以及环保、水保、植物措施等。

二十九、新安北堤防洪治理工程（一期）剩余段施工第四标段

工程于2021年3月25日开工，位于河北省保定市安新县，合同金额3.27亿元。建设单位为中国雄安集团生态建设投资有限公司。

工程起点接崔工堤，终点接萍河口段，途经容城县三台镇，全长7.94千米。工程包括拆除工程、堤防加高加固工程、堤坡防护工程、堤防排水工程、堤顶及堤坡路面工程、景观绿化工程等。

第三篇 公路桥梁、轨道交通工程

◇ 第一章　公路桥梁工程
◇ 第二章　轨道交通工程

第一章　公路桥梁工程

第一节　公路桥梁工程录

2007—2021年，承建公路桥梁工程共41个。代表性工程项目有武夷山至邵武高速公路工程、天津大道工程、龙口至青岛公路莱西至城阳段土建工程六标段、扬州611省道邗江段工程、重庆江习高速笋溪河大桥项目、安徽S238怀宁段公路改建项目、河北津石高速公路项目、中山至开平高速公路土建工程、安徽G345凤阳段一级公路改建工程PPP项目等。其中，天津大道工程获"海河杯"金奖、国家优质工程银质奖、全国市政金杯示范工程奖；重庆江习高速笋溪河大桥项目被评为"巴渝杯"优质工程，获中国钢结构金奖、"鲁班奖"。

已建和在建公路桥梁工程一览，见表3-1-1。

表3-1-1　已建和在建公路桥梁工程一览

序号	工程项目	合同金额（万元）	开工日期	竣工日期	备注
1	南阳内乡至豫陕界高速公路土建工程第七合同段	14400.00	2005年4月20日	2007年8月	—
2	内蒙古海拉尔—满洲里一级公路5标工程	12131.40	2005年5月	2007年9月	—
3	陕西丹凤至陕豫界高速公路工程	15957.62	2006年3月1日	2008年8月15日	—
4	内蒙古莫旗卧罗河—前新发公路工程	842.99	2007年8月17日	2008年11月28日	—
5	内蒙古301线拉黑公路第二合同段	2470.35	2007年10月24日	2009年9月10日	—
6	福建省武夷山至邵武高速公路工程第二标段	10894.38	2007年12月18日	2009年12月21日	被中国水利水电建设股份有限公司授予2010年度中国水电优质工程奖
7	内蒙古包头土右旗萨拉齐镇东二环公路工程	4579.85	2009年6月23日	2010年12月8日	—
8	内蒙古包头市土默特右旗萨拉齐镇科园大道公铁立交引道工程	2274.11	2009年7月6日	2011年6月30日	—
9	河南国道107郑州段改建工程GDTJ-8标段	5311.66	2009年10月1日	2011年1月17日	—
10	福建省武夷山至邵武高速公路路面一标段	33370.52	2009年10月7日	2010年11月10日	被中国水利水电建设股份有限公司授予2012年度中国水电优质工程奖
11	天津大道路面工程一标段	9015.55	2010年1月15日	2010年9月20日	被中国市政工程协会评为2011年度全国市政金杯示范工程，2011年被天津市建筑业协会授予天津市建设工程金奖"海河杯"，被中国施工企业管理协会授予2011—2012年度国家优质工程银质奖，被中国水利水电建设股份有限公司授予2012年度中国水电优质工程奖

续表

序号	工程项目	合同金额（万元）	开工日期	竣工日期	备注
12	山东青岛双积公路高新区至红石崖段工程1标段工程项目	22454.54	2010年5月13日	2014年11月26日	被中国电力建设股份有限公司授予2015年度中国电建优质工程奖
13	天津武清开发区路面工程	7452.95	2010年6月1日	2011年12月31日	—
14	青岛海底隧道黄岛端连接线工程（滨海公路南段二期工程）一标段	8399.82	2010年6月20日	2011年6月22日	—
15	山东青岛市女岛港疏港公路工程	13232.78	2010年7月15日	2013年4月17日	被中国水利水电建设股份有限公司授予2013年度中国水电优质工程奖
16	山东红岛连接线双高路至海湾大桥红岛收费站段工程施工项目	10360.61	2010年9月20日	2014年3月3日	—
17	山东龙口至青岛高速公路莱西至城阳段土建六标段项目	23214.90	2012年5月10日	2015年8月27日	被中国电力建设股份有限公司授予2017年度中国电建优质工程奖
18	重庆梁忠高速公路项目	15738.53	2013年4月1日	2016年11月18日	—
19	安徽安庆市人民路（宜城路—渡江路）建设项目	4930.26	2013年5月20日	2014年6月19日	—
20	重庆梁忠高速公路第六项目	34022.07	2013年11月11日	2016年11月18日	—
21	内蒙古省道203线满洲里至阿拉坦额莫勒一级公路土建工程MA-1标	19471.22	2014年4月1日	—	—
22	内蒙古省道203线满洲里至阿拉坦额莫勒一级公路第二标段	10658.93	2014年8月6日	2017年12月25日	—
23	安徽安庆市潜江路三期工程项目	27928.73	2014年9月20日	2016年11月10日	—
24	重庆梁忠高速路面项目	57568.09	2015年1月14日	2016年11月18日	—
25	江苏扬州611省道邗江段项目	53447.15	2016年2月19日	2017年12月22日	被中国电力建设股份有限公司授予2018年度中国电建优质工程奖
26	重庆江习高速公路路面项目	14123.24	2016年11月1日	2018年6月21日	被重庆市建筑业协会评为2018年"巴渝杯"优质工程，被中国建筑业协会授予2018—2019年度中国建设工程"鲁班奖"
27	安徽S238怀宁段公路改建项目	39895.88	2016年12月28日	2019年9月21日	获2021年度安徽省建设工程"黄山杯"奖和2020年度安庆市"振风杯"奖
28	河北太行山高速公路津石段项目	171245.00	2017年9月9日	2020年11月28日	被中国电力建设股份有限公司授予2021年度中国电建优质工程奖，被中国工程建设焊接协会评为2019年度优秀焊接工程
29	安徽G345凤阳段一级公路改建工程PPP项目	75878.62	2018年9月30日	2021年2月8日	—
30	内蒙古博牙十八标高速公路项目	7100.00	2008年10月15日	2011年8月	—
31	北京延庆区昌赤路（王家山—白河堡）道路工程第三标段项目	26556.81	2018年12月12日	2021年12月15日	—
32	河北津石高速公路路面项目	103645.98	2019年3月1日	2020年11月28日	—
33	山东济南先行区四好农村路项目	31192.52	2019年5月25日	—	—
34	中山至开平高速公路项目路面LM-2标段施工项目	30508.00	2019年11月20日	—	—
35	河北保定市高铁站至S333连接线（一期）和省道S333东延工程	49834.11	2020年5月30日	—	—

续表

序号	工程项目	合同金额（万元）	开工日期	竣工日期	备注
36	江苏南京江北新材料科技园外环路及配套设施建设工程施工 WHL-SG2 标段	47866.00	2020年6月30日	2021年6月4日	—
37	中山至开平高速公路土建工程	77297.00	2020年6月30日	—	—
38	中山至开平高速公路项目（江门段）绿化工程3标段	5618.65	2020年6月30日	—	—
39	中山至开平高速公路项目（江门段）机电交安工程2标段	12346.00	2020年11月9日	—	—
40	广东省省道S242线梅县区梅西至程江公路建设工程（西部旅游快线）PPP项目	78986.44	—	—	—
41	佛（山）清（远）从（化）高速公路北段项目土建工程（TJ05标段）	66160.00	—	—	—

第二节　公路桥梁工程选介

一、福建省武夷山至邵武高速公路工程第二标段

工程位于福建省邵武县，合同额1.09亿元，合同工期为2007年12月18日—2009年7月15日。建设单位为福州武邵高速公路发展有限公司。

工程由福州武邵高速公路发展有限公司（中国水电建设集团控股、福建省南平市人民政府出资组建）投资建设，是中国水电建设集团投资经营的第一个BOT项目，全长91千米，分9个合同段，总投资44.5亿元。中国水电建设集团路桥工程有限公司为该项目设计施工总承包单位（责任方为中国水电建设集团路桥工程有限公司，协作方为福建省交通规划设计院）。

福建省武夷山至邵武高速公路，横跨武夷山、建阳和邵武三市，是福建省"三纵四横"高速公路网重要组成路段，是国家高速公路网京台线与福银线的联络线，是《海峡西岸经济区高速公路网规划》中武夷山至建宁公路的重要组成部分，也是武夷山国家级风景名胜区与泰宁金湖国家级风景名胜区相连接的重要旅游公路，与沈海线宁上联络线相连。

工程长约6.99千米，技术标准为双向四车道高速公路，设计行车速度100千米/小时，路基宽度26米，沥青混凝土路面。工程包括路基土石方工程、水泥稳定碎石底基层、桥涵工程等。大桥4座长度为607.5米，中桥3座。

工程于2007年12月18日开工，2009年12月21日主体工程完工，获中国水电优质工程奖。

二、福建省武夷山至邵武高速公路路面一标段

工程位于福建省邵武县，合同金额3.34亿元，合同工期为2009年4月1日—2010年5月1日。建设单位为福州武邵高速公路发展有限公司。

总长41.5千米，工程包括主线及匝道路床以上沥青混凝土路面工程、中央分隔带排水工程、超高路段路面排水工程、桥面沥青混凝土铺装层等。

工程于2009年10月7日开工，2010年11月10日竣工验收。工程获中国水电优质工程奖。

三、天津大道路面工程一标段

工程位于天津市，合同金额0.90亿元。建设单位为天津高速公路集团有限公司。

天津大道是天津市中心城区通往滨海新区首条快速客运通道，是天津市唯一以城市名称命名的市政工程。工程西起外环线津沽立交，东至中央大道，连接天津市中心城区小白楼商务区与滨海新区于家堡、响螺湾中心商务区，串联海河南侧多个组团，是中长距离快速客运生态景观大道，是带动海河南岸中下游发展的主骨架。全长36.2千米，双向八车道，计算行车速度80千米/小时。通过天津大道，从市区至滨海新区只需30分钟即可到达。

一标段全长约16.5千米，工程为约75万平方米的沥青混凝土道路路面。

工程于2010年1月15日开工，2010年9月20日竣工。

2011年度，获天津市建筑业协会天津市建设工程金奖"海河杯"，获中国市政工程协会全国市政金杯示范工程；2012年，获由中国施工企业管理协会颁发的2011—2012年度国家优质工程银质奖、中国水利水电建设股份有限公司颁发的中国水电优质工程奖。

四、山东青岛双积公路高新区至红石崖段工程1标段工程项目

工程位于山东省青岛市高新区，合同金额2.25亿元。建设单位为山东省青岛市公路管理局。

工程全长7.65千米。工程设计车速80千米/小时，路基宽度采用26.5米双向四车道，设计汽车荷载为公路Ⅰ级。工程包括路基借土填方67.5万立方米；设大桥1座，全长246米；中小桥6座，全长282.76米；分离立交1座，全长547米；涵洞11道。

工程于2010年5月13日开工，2014年11月26日竣工，获中国电建优质工程奖。

五、青岛海底隧道黄岛端连接线工程一标段

工程位于山东省青岛市，合同金额0.84亿元，合同工期为2010年7月—2011年5月。建设单位为青岛市公路管理局。

工程全长3.28千米，设计路面宽度为31.5米，立交段主线设计宽度为27米。工程包括路基、路面、立交、桥涵、排水、交通工程及附属设施。

工程于2010年6月20日开工，2011年6月22日竣工验收。

海底隧道和海湾大桥通车后，青岛进入"桥隧时代"，提高了人流、物流运行效率，对青岛经济发展有着深远影响。

参与开展的科研课题"真空联合堆载预压软基处理技术应用研究"获中国水电建设集团科学技术进步奖三等奖。

六、山东青岛市女岛港疏港公路工程

工程位于青岛市即墨市，合同金额1.32亿元，工期540天。建设单位为青岛即墨市公路管理局。

工程全长12.63千米，连接线长0.67千米。全线采用一级公路标准建设。工程包括路基、路面、桥梁、涵洞、排水等。路基宽度为24.5米，全线均为双向4车道，设计速度80千米/小时，桥涵荷载标准为公路Ⅰ级。全线共设小桥5座、通道1座、平面交叉口71处、涵洞36道。

工程于2010年7月15日开工，2013年4月17日竣工，获中国水电优质工程奖。

七、山东龙口至青岛高速公路莱西至城阳段土建工程六标段项目

工程位于胶东半岛中部地区，合同金额2.32亿元。建设单位青岛青龙高速公路建设有限公司。

工程全长9.52千米，工程包括路基工程、路面工程、桥涵工程、排水、路线交叉、交通工程及附属设施。主要包括构造物23个、互通立交1座、分离立交2座、大桥1座、中桥1座、小桥3座、通道15个。高峰期施工总人数731人。

工程主要施工特点如下：一是借土填筑，该地区降雨量丰富，冬季较长且寒冷，对路基土方

填筑影响较大；二是工程所经区域为平原，耕地宝贵，营地及施工布置时尽量减少占用耕地；三是标段构造物较多，施工过程中分段接头多；四是姜山互通立交区路线复杂，桥梁为现浇连续箱梁且宽度渐变。施工难点为台背回填和桥台强夯，标段结构物较多，台背回填25处，换填透水性材料约7.4万立方米；台后强夯5107平方米，满夯7633平方米。

工程于2012年5月10日开工，2015年8月27日竣工，获中国电建优质工程奖。

八、重庆梁忠高速公路项目

工程起于重庆梁平碧山川渝界，止于黔江。总长13.47千米。合同金额1.57亿元。建设单位为重庆渝广梁忠高速公路有限公司。

工程包括土石方开挖、填筑，互通式立交3处，大桥5座，中桥2座，互通匝道桥4座，总长2209米；天桥12座，总长635.7米；涵洞65座，总长2584.8米，以及防护、排水工程等。

工程于2013年4月1日开工，2016年11月18日竣工。

九、重庆梁忠高速路面项目

工程位于重庆市梁平碧山镇，合同金额5.76亿元，合同工期为2013年3月1日—2015年12月31日。建设单位为重庆渝广梁忠高速公路有限公司。

工程全长71.58千米。主线双向四车道高速公路，整体式路基宽24.5米，分离式路基宽12.25米。

工程于2015年1月14日开工，2016年11月18日竣工。

十、安徽安庆市潜江路三期工程项目

工程位于安徽省安庆市，合同金额2.79亿元，合同工期为2014年8月31日—12月31日。建设单位为安庆市重点工程建设局。

工程全长6.14千米，设计采用双向10车道，路幅宽80米。工程包括道路工程、桥梁工程、管线工程、交通工程、照明工程等。

工程于2014年9月20日开工，2016年11月10日竣工。

十一、江苏扬州611省道邗江段工程

工程位于江苏省扬州市，合同金额5.34亿元。建设单位为扬州市邗江区交通局。

工程总长25.26千米。工程包括路基、路面、桥梁、涵洞及相关附属工程，共有桥梁13座，涵洞78道。

项目采用一级公路标准建设，设计速度100千米/小时，一般路段路基宽26~43米。

工程于2016年2月19日开工，2017年12月22日竣工，先后被江苏省交通运输局评选为省干线公路建设工程十佳项目、标准化工地示范项目和省级平安工地示范项目；获中国电建优质工程奖。

十二、安徽S238怀宁段公路改建项目

工程位于安徽省安庆市，合同金额3.99亿元。建设单位为怀宁县交通运输局、安庆市公路管理局怀宁分局。

主线长16.55千米，路基宽度24.5米；金拱连接线长8.17千米，路基宽度40米；秀山—公岭连接线长4.6千米，路基宽度12米。

工程于2016年12月28日开工，2019年9月21日通过竣工验收，获安徽省建设工程"黄山杯"奖、安庆市"振风杯"奖。

十三、重庆江习高速公路路面项目

工程位于重庆市，合同金额1.41亿元。建设单位为重庆江习高速公路投资发展有限公司。

工程总里程70.46千米，是渝南地区新的对外出口通道，同时具有较强的旅游高速功能。设计汽车荷载为公路Ⅰ级，双向四车道高速公路，设计速度80千米/小时，整体式路基宽度24.5米。

路面Ⅱ标段全长35千米。

项目于2016年11月1日开工，2018年6月21日竣工。

实施长隧道阻燃温拌沥青混凝土上面层施工技术、大纵坡高速公路沥青混凝土结构面层施工技术获电建集团科技奖；工程获"巴渝杯"优质工程奖、中国钢结构金奖、"鲁班奖"。

十四、河北津石高速公路项目

天津至石家庄高速公路全长171.24千米。设计速度120千米/小时，宽度33.5米，六车道，高速公路标准，是国家高速公路网重要组成部分，也是京津冀核心区域互相联系的一条重要高速干线。

本标段为冀津界至保石界段，合同金额17.12亿元，合同工期36个月，建设单位为中电建冀交高速公路投资发展有限公司。中电建路桥集团有限公司委托公司实施。

主线施工长度为27千米，其中主线路基施工长度约17.1千米，桥涵结构物长度为9.7千米。结构物68座、涵洞通道47座、服务区1处。

工程于2017年9月9日开工，2020年11月20日完工，同年11月28日竣工，获中国电建优质工程奖，被评为全国优秀焊接工程。

十五、河北津石高速公路路面项目

合同金额10.36亿元，合同工期18个月，建设单位为中电建冀交高速公路投资发展有限公司。中电建路桥集团有限公司委托公司实施。

全长71.84千米，其中包括互通7座（枢纽互通2座），服务区2座。

工程于2019年3月1日开工，2020年11月20日完工，同年11月28日竣工。

十六、安徽G345凤阳段一级公路改建工程PPP项目

工程位于安徽省凤阳县北部地区，采用PPP模式运行，合同约定合作期12年，其中建设期2年，运营期10年，项目总投资11.52亿元。公司作为社会资本方中标。2017年12月12日，公司注册成立凤阳投资建设有限公司。合同总价7.59亿元，含暂定金1719.82万元。

工程起于凤阳县与明光市行政分界处石门山林场，利用现状道路走廊带东接现状G345明光段老路，自东向西经小溪河镇、大溪河镇、板桥镇、临淮关镇、府城镇等地，终点利用凤阳城区现状凤翔大道接蚌埠市东海大道，全长42.58千米，按照Ⅰ级公路标准建设。

工程包括路基工程、路面工程、桥梁工程、涵洞工程、安全设施及预埋管线、交通监控、超速限载及照明工程、绿化及环境保护等。

工程于2018年9月30日开工，2021年2月8日竣工，同年3月1日进入运营期。

工程采用软基固化技术进行软弱地基处理，形成软弱地基固化施工工法，工艺利用软土固化剂和水泥添加到土壤中，自动和水发生反应，使水泥结合力和土粒子密度得到提高，强度也得到增强，改良后处理土会成为造岩体。软基固化技术实施减少淤泥挖除量5万余立方米，节约石方填筑3万吨，减少灰土施工3万余立方米，缩短工期约50天，节约资金320余万元。

十七、中山至开平高速公路土建工程

工程于2020年6月30日开工，起点位于中山市翠亨新区马鞍岛，与在建深中通道相接，终点位于江门恩平市，在凤山与开阳高速公路相交。二期工程TJ-4A标段，合同金额7.73亿元。建设单位为中电建（广东）中开高速公路有限公司。中电建路桥集团有限公司中标并委托公司实施。

工程全长4994米，设计速度100千米/小时，双向六车道，高速公路标准，设有特大桥4座，分别是永安一路分离式立交1435米、城南路分离式立交1038米、岐江河大桥1340米、G105分离

式立交1181米，桥梁同中山市现有城市快速路南外环路共线修建，桥梁拆除一处，拆除南外环路岐江河大桥及其引桥，以双层桁架拱桥结构形式与中开高速岐江河大桥共线重建。

十八、江苏南京江北新材料科技园外环路及配套设施建设工程施工WHL-SG2标段

工程位于南京市六合区，合同总额4.79亿元，合同工期184天。建设单位为南京高新城市建设发展有限公司。

工程内容包括新建桥梁10座，其中大桥2座，中桥8座，涵洞41处，新建桥涵设计汽车荷载等级采用公路Ⅰ级。路线平面交叉5处，分离式立交桥1处，交通工程沿线设施有加油站1处，停车场2处。

工程于2020年6月30日开工，2021年5月30日完成所有施工内容，2021年6月4日通过竣工验收。

第二章 轨道交通工程

第一节 轨道交通工程录

2007—2021年，承建轨道交通工程共26个。代表性工程项目有京沪高铁项目、广东深圳地铁7号线项目、武汉地铁11号线项目、深圳地铁4号线项目、西安地铁14号线一期工程、成都轨道交通19号线二期工程、新建潍坊至烟台铁路工程、雄安新区至北京大兴国际机场快线项目、深圳市轨道交通12号线PPP项目等。其中，京沪高铁6项科研成果获中国施工企业协会科技进步奖，13项成果获京沪公司科技进步奖，8项成果获集团公司科技进步奖，国家级工法2项，省部级工法5项，铁道部火车头奖1项。在铁路建设领域树立了较好企业品牌形象，积累了丰富的施工建设经验，形成了专业管理和施工队伍。京沪高速铁路工程被授予第十二届中国土木工程詹天佑奖；深圳地铁7号线项目获第十六届中国土木工程詹天佑奖、2017—2018年度国家优质工程奖；武汉地铁11号线项目获国家优质工程奖。

已建和在建轨道交通工程一览，见表3-2-1。

表3-2-1　已建和在建轨道交通工程一览

序号	工程项目	合同金额（万元）	开工日期	竣工日期	备注
1	京沪高速铁路三标段第七工区	38857.00	2008年1月18日	2011年5月30日	—
2	贵阳至广州铁路GGTJ-12标段	61606.53	2009年5月1日	2014年12月26日	
3	京沪高速铁路三标段铺轨工程	38560.32	2010年6月4日	2011年5月30日	—
4	深圳地铁7号线7301-1标段项目	87925.99	2012年10月23日	2016年6月14日	被中国电力建设股份有限公司授予2016年度中国电建优质工程奖，被中国施工企业管理协会授予2016—2017年度国家优质工程金质奖，被中国土木工程学会、北京詹天佑土木工程科学技术发展基金会授予第十六届中国土木工程詹天佑奖

续表

序号	工程项目	合同金额（万元）	开工日期	竣工日期	备注
5	深圳地铁7号线轨道铺设项目7510标段	11696.87	2014年9月1日	2016年7月6日	—
6	深圳地铁7号线BT项目7501标段常规设备安装及装饰装修工程	14298.62	2014年10月1日	2016年6月14日	—
7	武汉地铁11号线土建四标段项目	78939.00	2014年10月28日	2017年9月15日	被湖北省建设工程质量安全协会评为2016—2017年度湖北省建筑结构优质工程，被中国电力建设股份有限公司授予2018年度中国电建优质工程奖，被中国施工企业管理协会授予2018—2019年度国家优质工程奖
8	四川成都地铁4号线二期工程轨道工程Ⅰ标项目	12934.40	2015年9月23日	2016年10月21日	被中国电力建设股份有限公司授予2018年度中国电建优质工程奖
9	黑龙江哈尔滨地铁2号线六标、十一标项目	109304.51	2016年4月1日/2015年10月20日	2021年7月9日	被黑龙江省市政工程协会授予2019年度黑龙江省市政金杯示范工程奖
10	深圳地铁5号线南延线工程5122标梦前区间项目	13680.20	2016年5月2日	2019年9月3日	—
11	武汉地铁11号线轨道标	46985.32	2016年8月26日	2017年9月15日	—
12	深圳地铁4号线4301-3工区项目	44460.00	2016年9月3日	2020年9月25日	—
13	湖南长沙地铁4号线二标段铺轨工程	9175.12	2017年9月15日	2019年3月28日	—
14	深圳地铁12号线土建七工区项目	139457.97	2018年1月10日	—	—
15	四川成都轨道交通18号线轨道工程Ⅰ标	58709.39	2018年6月5日	2020年1月16日	被中国电力建设股份有限公司授予2021年度中国电建优质工程奖，被中国施工企业管理协会授予2020—2021年度国家优质工程金奖
16	黑龙江哈尔滨市轨道交通3号线二期工程人民广场站地下停车场施工项目	3870.71	2019年2月1日	—	—
17	成都轨道交通19号线二期工程施工总承包项目轨道1工区	73137.46	2019年10月10日	—	—
18	黑龙江哈尔滨市轨道交通2号线一期工程哈北车辆基地工程第2标段	6180.00	2019年11月15日	2021年5月12日	—
19	成都轨道交通19号线二期工程土建7工区项目	182105.79	2019年11月15日	—	—
20	西安市地铁1号线三期工程施工总承包项目1标段（轨道工程）	16934.29	2019年12月31日	—	—
21	陕西西安地铁14号线一期工程2标段轨道工程	7450.09	2020年3月6日	2021年5月26日	—
22	山东新建潍坊至烟台铁路工程WYTLSG-2标段	91639.64	2020年11月4日	—	—
23	河北雄安新区至北京大兴国际机场快线项目设计施工总承包一标段项目	174358.60	2021年3月20日	—	—
24	新建潍坊至烟台铁路工程WYTLSG-2标二分部	33000.00	—	—	—
25	西安地铁2号线二期工程施工总承包项目1标段轨道工区	11407.93	—	—	—
26	深圳市轨道交通12号线PPP项目施工总承包轨道工程三工区	38149.84	—	—	—

第二节 轨道交通工程选介

一、京沪高速铁路三标段第七工区

工程位于山东省邹城市和滕州市境内。合同金额3.89亿元，合同工期为2008年1月18日—2012年1月18日。建设单位为京沪高铁有限公司。

工程全长10.12千米，工程主要内容包括荆河特大桥、张山口大桥、西南岭大桥、焦庄大桥、朱庄三村大桥和龙山隧道工程，路基工程4387米、箱涵10座、框构2座。

工程主要特点、难点如下：一是技术标准高、施工过程控制严格；二是桥梁工程数量大，结构形式多样；三是专业齐全、工程零散；四是劳务分包管理难度大；五是新技术、新工艺、新材料应用多，技术创新难度大。

工程于2008年1月18日开工，2011年5月30日竣工。

京沪高速铁路是《国家中长期铁路网规划》中建设里程最长、投资规模最大、技术含量最高的一项工程，是我国第一条具有世界先进水平的高速铁路，也是继三峡工程以来又一个国家级特大型工程。建成后，全程5小时高峰4.5分钟一列；年输送旅客单方向8000多万人次；京沪高速铁路北接京津冀地区、南衔长江三角洲，通道吸引区域人口占全国人口比例超过四分之一，舒缓原有线客货运能力，促进沿线经济发展。京沪高铁项目的承接，标志着公司实现大土木、大市场、跨行业经营战略取得重大突破。施工期间，七工区多次获京沪高铁济南指挥部"绿牌"奖励。

2011年6月30日15时，京沪高速铁路首趟列车从北京南站出发，标志着京沪高铁正式开通运营，标志着公司已全面掌握岩溶地区桩基施工、无砟轨道板铺装、无缝轨道焊接与安装等高铁施工核心技术，促进公司铁路施工水平快速提升，增强核心竞争力，是公司铁路建设道路上的重要里程碑。

参与的科研课题京沪高速铁路路基施工关键技术研究、高速铁路隧道施工关键技术研究、京沪高速铁路施工关键技术研究分别获中国电建集团科学技术进步奖一等奖、二等奖、特等奖；2013年，科研课题高速铁路无缝线路关键技术研究与应用获中国电力建设集团有限公司科学技术进步奖二等奖、中国电建集团科学技术进步奖一等奖。

工程被授予第十二届中国土木工程"詹天佑"奖。

二、京沪高速铁路三标段铺轨工程

工程位于山东省滕州市，合同金额3.86亿元，合同工期为2010年4月1日—12月31日。建设单位为京沪高铁有限公司。

工程包括崔马庄至曲阜段正线铺轨，崔马庄线路所、泰山西站、曲阜东站站线铺轨，铺有砟道岔、无砟道岔、粒料道床及线路有关工程。京沪高速铁路为双线，设计速度350千米/小时。正线全长264.6双线千米，含德州东、济南西、泰山西、曲阜东等4个车站和禹城、崔马庄2个线路所及济南南铺轨基地1处。主要工程量包括正线无砟轨道铺轨241.6千米，站线铺新轨8.67千米，无砟轨道铺设0.3千米，有砟轨道铺岔20组，无砟轨道铺岔22组，铺粒料道床28988立方米。

工程于2010年6月4日开工，2011年5月30日竣工。

工程建设期间，京沪高铁三标段在全线率先完成轨道铺通，实现"主体工程质量零缺陷"，一次性通过单位工程验收、静态验收和初步验收，中央电视台现场采访，于当日新闻频道播出，树立了企业的良好形象。

在京沪高铁施工过程中，公司创造多项纪录，包括月铺板1902块全线铺板最高纪录，以及单机日灌板156块世界纪录，无砟轨道施工实现国内第一组42号道岔现场铺设，并一次通过铁道部工管中心验收，在全线率先完成铺轨任务。铺轨工区多次获京沪高铁济南指挥部"绿牌"奖励。

科研课题"京沪高速铁路无砟轨道板综合施工技术研究"获中国水利水电建设集团公司科学技术进步奖一等奖，中国施工企业管理协会科学技术奖、科技创新成果一等奖，中国铁道学会铁道科技三等奖。

三、贵阳至广州铁路GGTJ-12标段

中标单位为水电十四局，主导实施单位为水电四局，合同金额19.4亿元，公司实施份额为6.16亿元。工程建设单位为贵广铁路有限责任公司。

12标段全长16.79千米，公司承担施工线路长10.67千米，包括9座桥梁和路基工程施工（不含桥面系和箱梁制运架），占标段线路总长度的64%。主要工程量为混凝土浇筑39.34万立方米、路基挖方81.45万立方米、填方26.1万立方米。

工程于2009年5月1日开工，2014年12月26日完工。

贵广铁路设计标准高、工程形式复杂多样，其中大跨度悬臂浇筑连续梁、复杂地质条件下的旋挖钻施工、软土路基基底处理等是公司第一次接触，特别是大跨度悬臂浇筑连续梁共有7联，总长度为1036米，5联贵广、南广四线并行，国内少见。

公司依托该工程形成的"贵广高铁悬臂浇筑四线连续箱梁施工工艺"被天津市高新技术成果转化中心鉴定为国内先进，获电力建设科学技术进步奖二等奖、中国施工企业管理协会科学技术奖科技创新成果二等奖；《四线连续梁双拼式挂篮施工工法》被录入2014年度水利水电工程建设工法；"一种双拼式桁架挂篮"被授权为国家使用新型专利。

四、四川成都地铁4号线二期工程轨道工程I标项目

项目位于四川省成都市，合同金额1.29亿元。工期目标为2015年10月1日开始铺轨，2016年2月28日全线洞通，2016年5月30日全线短轨通，2016年6月30日全线长轨通。建设单位为成都地铁有限责任公司，投融资单位为中电建成都建设投资有限公司。

工程正线全长约17.58千米，分为东、西延线，其中西延线全部为地下线，长约10.90千米，共设置8站8区间。铺新轨22.03千米，另有60千克/米钢轨9号单开道岔13组，60千克/米钢轨5米交叉渡线2组。

工程于2015年9月23日开工，2016年10月21日竣工，获中国电建优质工程奖。

五、黑龙江哈尔滨地铁2号线六标、十一标项目

工程位于黑龙江省哈尔滨市，六标和十一标两个标段合同金额共计10.93亿元。建设单位为中电科哈尔滨轨道交通有限公司。

两标段包括5站3区间，线路总长3.29千米，主要施工内容为补充勘探、建筑物管线状况调查、土建工程、区间盾构施工隧道及附属工程。

十一标于2015年10月20日开工，六标于2016年4月1日开工，两个标段于2021年6月25日完成所有施工内容，2021年7月9日竣工，获黑龙江省市政金杯示范工程奖。

六、深圳地铁7号线BT项目

工程位于广东省深圳市，合同金额198亿，合同工期为2011年5月30日—2016年10月30日。建设单位为深圳市地铁集团有限公司。

公司承接深圳地铁7号线7301-1标段土建工

程，合同金额8.79亿元；7501标段常规设备安装及装饰装修工程，合同金额1.43亿元；7510标段轨道铺设工程，合同金额1.17亿元。7301-1标段位于深圳市南山区，线路沿沙河西路及龙珠大道方向设置，正线长4.01千米，包含3站4区间；7501标段位于深圳市南山区，包含5站5区间，主要施工内容包括通风空调系统、低压动照系统、给排水及水消防系统、装饰装修工程等；7510标段轨道铺设工程含10站9区间，包含轨道工程正线、出入线、辅助线、联络线，共需铺设整体道床轨道约69.72千米，铺设60千克/米钢轨9号整体道床单开道岔41组、交叉渡线6组。

深圳地铁7号线7510标段轨道铺设工程正线全线为地下线，以西丽湖站为起点，太安站为终点，全长30.16千米，设28座地下车站；在深云站和安托山站区间左侧设深云车辆段一处，右侧设安托山停车场一处，车辆段和停车场由出入线与深云站及安托山站连接，轨道工程设7310标和7311标。正线、出入线、辅助线、联络线、铺设整体道床轨道70.23千米，铺设60千克/米钢轨整体道床9号单开道岔42组、交叉渡线6组；车辆段、停车场轨道铺设22.63千米，50千克/米钢轨7号单开道岔铺设56组，交叉渡线5组。

深圳地铁7号线为中国电力建设集团承建的第一条地铁线。项目具有工期紧迫、内容繁多、环境复杂、地层多样等特点，区间、车站地面建筑物密集，盾构隧道穿越大沙河、平南铁路桥、南坪快速路，还有混凝土雨水管、控制性电力管和临近高压燃气管道，区间地质复杂，隧底为微风化及中风化岩层，上部为黏土及沙砾层，形成上软下硬地层，部分地层为全断面硬岩。龙珠区间存在36处孤石，长距离硬岩段掘进约800米，上覆软弱富水砂层约500米，下穿超高压燃气管道、高压电力线管道，与超高压燃气管道并行约900米；下穿平南铁路、南坪快速二期。矿山法区间普遍分布砂层、砾质黏性土、全风化花岗岩，遇水变软，围岩极易坍塌变形，下穿龙珠大道、沙河西路，尤其5、7号联络线下穿留仙宾馆、西丽幼儿园、壮丽大厦等建筑物群、桩基群。前期工程难度大、周边环境复杂、地层多变。

项目部划分为"7个管理工点""4个阶段"施工。"7个管理工点"，即茶光站、珠光站、龙井站、西茶矿山法区间、龙桃矿山法区间、珠龙和茶珠盾构法区间等7个工点。

7301-1标段土建工程于2012年10月23日开工，2016年6月14日竣工；7501标段常规设备安装及装饰装修工程于2014年10月1日开工，2016年6月14日竣工；7510标段轨道铺设工程于2014年9月1日开工，2016年7月6日竣工。

项目开展"地下连续墙预制钢套管导向嵌岩施工工艺""富水砂砾层盾构掘进关键技术""富水软弱地层地铁联络线隧道施工关键技术"等课题研究，解决围护结构施工入岩、穿砂层，盾构施工穿越上软下硬地层，矿山法软弱地层下穿建筑物群等技术难题，为项目安全施工提供保障。

2012年9月10日，龙桃区间竖井率先开工，随后龙井站、珠光站、西茶区间相继进场施工，珠光站为7号线首个封顶车站；2014年1月24日，两个盾构区间第一个双线贯通标段；2015年2月17日，完成隧道双线贯通，提前11天完成里程碑工期；2016年10月28日，地铁7号线通车运营，比预定通车时间提前两个月。

标段被评为深圳市双优工地、广东省双优工地；工程获深圳市优质结构工程奖、广东省优质结构工程奖、中国电建优质工程奖、国家优质工程金质奖和中国土木工程詹天佑奖。

七、武汉地铁11号线轨道标

工程位于湖北省武汉市，合同金额4.70亿元，合同工期为2016年8月1日—2018年9月30日。建设单位为武汉地铁集团有限公司。

工程包括全线轨道工程正线、辅助线、联络线铺轨总长41.81千米。其中车辆段库内线轨道为整体道床线路，包括一般短枕式、平过道式、检查坑式、车辆工艺股道等；库外线轨道为碎石道床线路。

工程于2016年8月26日开工，2017年9月15日竣工，获国家优质工程奖。

八、深圳地铁4号线4301-3工区项目

工程位于广东省深圳市，合同总额3.68亿元，变更后为4.45亿元，合同工期45个月，建设单位为港铁技术咨询有限公司。

工程共2站1区间，两车站全长522.07米，深度为16.9~29.8米，附属结构基坑深度为13.7~15.5米。区间左线长1091.32米，右线长1085.45米，隧道埋深为10.5~15米，采用盾构施工。

工程于2016年9月3日开工，2020年9月2日完工，2020年9月25日竣工。

九、成都轨道交通19号线二期工程土建7工区项目

工程于2019年11月15日开工，位于四川省成都市，合同金额18.21亿元，合同工期38个月，建设单位为成都轨道交通集团有限公司。中国电力建设股份有限公司、中国电建集团铁路建设有限公司、中国电建市政建设集团有限公司等10家单位组成联合体中标。公司承建工程土建7工区施工内容。

工程包括3站2区间，公司承建的天府商务区站—蓝家店站盾构区间右线长1947.54米；左线长1953.63米，双线长3901.17米。隧道顶部最大埋深为50.68米，最小埋深为5.1米。区间共设置3处联络通道，采用喷锚构筑法施工，其中3#联络通道设置废水泵房。蓝家店站总长220米，标准段宽37.4米，有效站台长185.2米。车站小里程端为站前矿山法暗挖区间，大里程端为盾构接收井，连接站后矿山法暗挖区间。车站顶板覆土厚度为2.59~3.59米。底板坐落在中风化泥岩或中风化砂岩上，基坑底宽度为37.4~43.9米，深度为33.5~34.8米。设2个出入口，2组风亭，均为地下一层结构，采用明挖法施工。

十、陕西西安地铁14号线一期工程2标段轨道工程

工程位于陕西省西安市，合同金额0.75亿元，合同工期7个月，建设单位为西安市地下铁道有限责任公司，中建安装集团有限公司中标后将工程2标段分包给公司。

地铁全长13.65千米，均为地下线，范围为辛王路站（不含）至港务大道（不含）共3站4区间，长度为6.55千米。

工程于2020年3月6日开工，2020年9月25日完工，2021年5月26日竣工。

十一、山东新建潍坊至烟台铁路工程WYTLSG-2标段

工程于2020年11月4日开工，跨越山东省莱州市朱桥镇、招远市蚕庄镇、金岭镇及辛庄镇两市四镇。建设单位为济青高速铁路有限公司。中国电建路桥集团有限公司（联合体牵头方）、中国电建市政建设集团有限公司、山东高速铁建装备有限公司等6家公司组成联合体中标，签约合同金额58.14亿元。公司实施合同金额为9.16亿元，合同工期48个月。

正线长度为17.84千米，路基长度为10.76千米，车站1座（招远站）、正线桥梁12座、隧道1座、框架涵26座、盖板涵5座、框构小桥1座、框构中桥1座。重难点工程为灵山隧道。

十二、河北雄安新区至北京大兴国际机场快线项目设计施工总承包一标段项目

工程于2021年3月20日开工，一标段第一、

二工区包括两站两区间，线路全长2.23千米，合同金额17.44亿元，合同工期33个月，建设单位为河北雄安轨道快线有限责任公司。

线路全长约86.21千米，高架段约65.38千米，U槽及过渡段约1.08千米，地下段约19.75千米。中国电建集团铁路建设有限公司（牵头方）、中国电建市政建设集团有限公司、广州地铁设计研究院股份有限公司等5家公司组成联合体共同实施。一标段线路长约9.87千米，包含3个车站、4个区间。工程费投资约35.36亿元，其中包含同期实施部分投资约9.92亿元。

第四篇 水环境综合治理、新能源工程

◇ 第一章　水环境综合治理工程
◇ 第二章　新能源工程

第一章 水环境综合治理工程

第一节 水环境综合治理工程录

2007—2021年，公司承建水环境综合治理工程共60个。代表性工程项目有安新县瀑河综合治理工程、河南长葛市清潩河综合治理工程、亳州窑鸿沟和窑鸿支沟综合治理工程、安徽合肥庐江县白山后街小河镇区段综合治理工程、深圳龙岗区龙岗河流域和观澜河流域消除黑臭及河流水质保障工程、深圳宝安区2019年全面消除黑臭水体工程（茅洲河片区）、深圳2020年龙岗区龙岗河流域和观澜河流域河流水质提升及污水处理提质增效工程等。

已建和在建水环境综合治理工程一览，见表4-1-1。

表4-1-1 已建和在建水环境综合治理工程一览

序号	工程项目	合同金额（万元）	开工日期	竣工日期	备注
1	深圳茅洲河流域水环境综合整治工程宝安四标项目	109371.00	2016年9月3日	2018年8月31日	—
2	江苏长荡湖生态清淤项目	5173.31	2016年11月12日	—	—
3	河南郑州市贾鲁河综合治理一标项目	87100.00	2017年1月10日	—	—
4	北京市通州区水环境综合治理项目	42175.95	2017年5月3日	—	—
5	北京水环境治理工程（潮牛片区）项目	15091.80	2017年5月3日	—	—
6	上海嘉定区2017年黑臭河道治理项目	21507.80	2017年7月18日	2019年12月19日	—
7	山东聊城市河湖水系连通工程	32505.76	2017年8月1日	—	—
8	长春市新凯河施工总承包项目	100343.64	2017年8月5日	2021年12月7日	—
9	广州车棠治理工程第四工区项目	4594.00	2017年9月6日	—	—
10	广州市天河区渔沙坦等九村污水治理和自来水改造工程	18039.00	2017年11月30日	—	—
11	北京平谷区2017年农村治污工程（第一批）PPP项目（第二标段）污水收集管网工程	19332.38	2017年12月13日	—	—
12	山东华山洼生态修复及功能提升项目湖区水体修复工程施工第一标段	25552.80	2018年4月8日	2019年7月17日	—
13	河南巩义市生态水系建设工程PPP项目第一标段项目	33000.00	2018年5月18日	—	—
14	广东深圳龙岗河流域下游及观澜河流域雨污分流EPC（设计采购和施工）项目	37878.60	2018年6月22日	—	—
15	茅洲河流域（宝安片区）正本清源工程EPC总承包部四工区项目	57328.87	2018年6月22日	—	—
16	河南长葛市清潩河综合治理工程政府和社会资本合作项目	96166.33	2018年7月23日	2021年7月20日	—
17	深圳市坪山区正本清源工程（一标段）EPC总承包项目	52281.81	2018年7月25日	2021年12月15日	2021年获深圳市优质结构工程奖

续表

序号	工程项目	合同金额（万元）	开工日期	竣工日期	备注
18	江西九江市琵琶湖黑臭水体治理设计采购施工（EPC）总承包项目	28233.04	2018年8月1日	—	获2021年度中国电建优质工程奖
19	安徽黄陂湖流域水环境综合治理工程施工Ⅲ标项目	24952.51	2018年9月29日	—	—
20	江西长江大保护工程九江项目	22173.90	2018年10月29日	—	—
21	深圳龙岗河流域下游及观澜河流域雨污分流工程	179322.00	2019年2月10日	—	—
22	深圳市横岭龙田水质净化厂互联互通工程	1733.15	2019年4月12日	—	—
23	宝安区2019年全面消除黑臭水体工程（茅洲河片区）	46320.00	2019年5月1日	—	—
24	山东济南刘公河施工一标项目	29807.24	2019年5月22日	—	—
25	山西晋中市龙城大街区域水系综合治理项目	91677.60	2019年6月1日	—	—
26	山东济南市历城区土河综合治理工程示范段施工二标项目	5690.55	2019年6月20日	—	—
27	天津滨海科技园东北部雨水泵站项目	2684.64	2019年7月15日	—	—
28	广东丁山河清污分离工程	797.75	2019年9月10日	2020年3月17日	—
29	河北安新县瀑河综合治理工程EPC总承包	2280.62	2019年10月28日	2020年7月20日	—
30	上海30座泵站新增排口漂浮垃圾清捞装置工程	1407.01	2019年11月28日	2020年3月27日	—
31	湖北省鄂州市梁子湖水系连通工程梁子湖至梧桐湖段EPC项目	12490.08	2019年12月3日	—	—
32	湖北襄阳市襄州区城区黑臭水体整治工程（EPC）总承包项目	5118.78	2019年12月8日	2021年8月30日	—
33	海南文昌市文教河坡柳水闸饮用水水源地水质达标治理工程	4490.71	2019年12月16日	—	—
34	河北唐山市全域治水清水润城县区工程PPP项目丰润区项目	27142.56	2020年4月1日	—	—
35	河北唐山市全域治水清水润城乐亭县PPP项目	36754.70	2020年4月1日	—	—
36	山西城乡水源保护和环境改善示范项目河道整治和疏浚土建工程	12997.35	2020年4月10日	—	—
37	2020年深圳市龙岗区龙岗河流域、观澜河流域河流水质提升及污水处理提质增效工程（一阶段、二阶段）	60245.62	2020年5月20日	—	—
38	深圳市坪山区市政路老旧排水管网修复工程（二标段）EPC总承包项目	37151.49	2020年7月1日	—	—
39	深圳市坪山区正本清源查漏补缺工程（二标段）EPC总承包项目	38846.80	2020年7月1日	—	—
40	安徽合肥庐江县白山后街小河镇区段综合治理工程	4329.86	2020年7月12日	2021年9月30日	—
41	安徽合肥庐江县巢湖生态文明先行示范区马槽河生态清洁小流域建设集镇污水收集处理工程一标段	15012.73	2020年8月20日	2021年11月12日	—
42	湖北金融港泵站二期设备安装工程	1358.00	2020年9月8日	2021年2月1日	—
43	河北容城县农村生活污水综合整治项目（EPC）一标段总承包项目	2498.67	2020年9月9日	2021年6月2日	—
44	广西大新县民生街、养利路污水管网改造工程设计施工（EPC）总承包项目	4381.41	2020年9月22日	—	—
45	广东台山市第二轮农村生活污水处理设施建设PPP项目社会资本方采购项目	23680.00	2020年10月1日	—	—
46	天津南开区2020年排水管网混接点改造工程项目	2181.12	2020年10月20日	—	—
47	安徽亳州窑鸿沟、窑鸿支沟综合治理工程项目三标段	4152.15	2020年11月15日	2021年8月21日	—
48	山西曲沃县史村、里村、高显、曲村等四个建制镇镇区生活污水处理设施建设项目工程总承包	5800.00	2020年11月27日	—	—

续表

序号	工程项目	合同金额（万元）	开工日期	竣工日期	备注
49	山西省娄烦县涧河水生态西延项目设计施工总承包第二标段	3554.21	2020年11月30日	—	—
50	山西省娄烦县水源涵养林工程建设项目设计施工总承包第三标段	2987.81	2020年11月30日	—	—
51	山西晋中市城区雨污水调蓄设施建设项目工程总承包	1223.00	2020年12月11日	2021年1月19日	
52	重庆市巫山县水环境系统综合治理（一期）PPP项目第三批项目1标段（江东新区污水处理工程等五个子项目）施工承包	14523.89	2020年12月31日	—	
53	安徽亳州市道东片区药都大道以南中水管网工程施工项目	5961.30	2021年3月1日	—	
54	四川乌东德水电站攀枝花市仁和区棉花地、命卡安置点外部供水工程	3638.36	2021年4月15日	—	
55	安徽省巢湖生态清淤试点工程	24246.27	2021年4月23日	—	
56	安徽亳州市第三水厂配套供水设施改建工程供水管网改造项目	3016.45	2021年5月13日	—	
57	上海市2021年度排口垃圾拦截装置维护工程	597.04	2021年8月1日	—	
58	广东龙岗区排水系统提质增效排查与评估	521.00	—		
59	深圳市宝安（茅洲河片区）全面消黑工程EPC总承包部四工区项目（二次经营）	31394.29	—		
60	广东省中山市南朗流域水体综合整治工程	66747.07	—		

第二节 水环境综合治理工程选介

一、深圳茅洲河流域水环境综合整治工程宝安四标工程

工程位于深圳市宝安区，为公司实施的第一项水环境综合治理工程，建设单位为深圳市宝安区环境保护和水务局，EPC总承包单位为中电建水环境治理技术有限公司，合同签约日期为2016年4月20日，合同金额10.94亿元，合同工期24个月。

工程主要包括沙井街道黄埔广深高速以东片区、沙井街道黄埔广深高速以西片区、松岗街道楼岗潭头片区、松岗街道楼岗松岗大道以东片区雨污分流管网、沙井河截污工程，施工内容为现有立管改造、管道清淤疏通、破坏化粪池修复、新建二三级雨污水支管、新建隔油池、新建河道补水管道等。其中，雨污分流管网施工，管网总长度约为247千米。

工程于2016年9月3日开工，2018年8月31日竣工。受社区升级改造工程、外环高速工程及街道微循环工程冲突等外界因素影响，雨污分流管网施工总长度实际变更为182千米。

施工过程中，项目在总承包单位组织的茅洲河综合整治项目各次评比中均名列第一，2018年在深圳市政府举办的11·30全面完工劳动竞赛中夺得第一名，深度拓展了公司品牌在广深地区的影响力。通过项目的实施，后续承接广州车棠项目、天九小区雨污等项目，成功进入广州市场。

二、长春市新凯河施工总承包项目

工程位于长春市城区西南侧，合同总额19.12亿元。公司与中国电建集团华东勘测设计研究院有限公司（联合体牵头人）组成联合体共同实施，公司实施合同金额10.03亿元，合同工期41个月，建设单位为长春城投建设投资（集团）有限公司。

工程内容主要包括黑臭水体清淤、防洪、水生态治理、城市面源污染、水生态维护等。

工程于2017年8月5日开工，2021年12月7日竣工。

三、河南巩义市生态水系建设工程PPP项目第一标段项目

工程于2018年5月18日开工，位于河南省巩义市，合同总额15.01亿元（含税），建设期3年，运营期20年。公司与中电建路桥集团有限公司（牵头人）、中电建（北京）基金管理有限公司组成联合体共同实施，公司实施合同金额3.3亿元。建设单位为中电建巩义生态水系建设有限公司。

工程内容包括景观工程及伊洛河入黄口综合治理工程金沟控导上延工程，主要为伊洛河两岸18千米土方整理、园林绿化、景观建筑、绿道、附属设施安装等。

四、河南郑州市贾鲁河综合治理一标项目

工程于2017年1月10日开工，位于河南省郑州市，合同金额3.21亿元，变更后为8.71亿元，变更后工期51个月。中国电力建设股份有限公司、中电建路桥集团有限公司、中国水利水电第十一工程局有限公司组成联合体中标，委托公司负责一标段施工。建设单位为郑州市贾鲁河综合治理工程项目公司。

贾鲁河是淮河支流沙颍河的主要支流，是河南省中部地区的一条骨干排水河道，也是郑州市主要排水河道。

一标段全长5.52千米，新建拦水坝5座。变更后增加二标段二工区施工，全长6.08千米，主要结构物有拦水坝1座、排水涵闸1座、重建桥梁1座。

五、河南长葛市清潩河综合治理工程政府和社会资本合作项目

工程位于河南省长葛市，合同总额9.62亿元，变更后为10.69亿元，合同工期24个月，变更后为36个月，建设单位为河南天邑润葛水环境治理有限公司。

工程施工范围为关庄闸至菜姚公路段，以及支流西小洪河入清潩河口上游，全长16.7千米，主要包括河道清淤疏浚、岸堤、护坡、道路改造、液压闸新建、景观桥新建改造、景观节点建设。

工程于2018年7月23日开工，2021年7月20日竣工。

六、深圳龙岗河流域下游及观澜河流域雨污分流工程

工程于2019年2月10日开工，位于深圳市龙岗区，合同金额17.93亿元，合同工期35个月。中电建水环境治理技术有限公司中标，委托公司实施坪地工区。建设单位为深圳市龙岗区环境保护和水务局。

工程内容从地块分流改造、市政管网修复完善、黑臭水体整治、面源污染防治、河道补水、水安全与水生态6个方面对龙岗河流域进行统筹梳理、系统治理，实现所有小区、城中村正本清源全覆盖，所有建成区污水管网全覆盖等。

七、宝安区2019年全面消除黑臭水体工程（茅洲河片区）

工程于2019年5月1日开工，位于深圳市宝安区，合同金额4.63亿元，变更后为7.77亿元，合同工期8个月，变更后35个月。中电建水环境治理技术有限公司和中国电建集团华东勘测设计研究院有限公司联合中标，委托公司实施四工区。

工程包括老旧管网拆除新建工程、老旧管网缺陷修复工程、老旧管网清淤疏浚工程、正本清源完善工程、重点面源污染源整治工程、河道防洪完善及排水口整治工程、小微水体整治工程、小湖塘库整治工程、景观生态修复工程等。

八、晋中市龙城大街区域水系综合治理项目

工程于2019年6月1日开工,位于晋中市中心城区北部,合同金额8.97亿元,合同工期730天。建设单位为晋中市城市管理局。

工程主要内容包括生态绿化、水系、水利以及管线迁改。

九、河北安新县瀑河综合治理工程EPC总承包

工程位于河北省保定市安新县,EPC总承包合同总额2386.88万元(设计费106.26万元,工程费2280.62万元),合同工期7个月。中电建生态环境集团有限公司、中国电建集团贵阳勘测设计研究院有限公司、中国电建市政建设集团有限公司组成联合体共同实施。建设单位为安新县农业农村局。

工程治理河段总长度为5.7千米。主要工程包括农村沿河截污管道,共1861米,设污水处理站1座,处理规模20立方米/填;沿河存量垃圾处理共7250立方米;河道清淤共3.5万立方米;对河道进行底质改良、人工曝气机、生态浮床、微生物附着基安置、修复生态湿地,以及恢复水生动植物群落构建。

工程于2019年10月28日开工,2020年7月20日竣工。

十、2020年深圳市龙岗区龙岗河流域、观澜河流域河流水质提升及污水处理提质增效工程

工程于2020年5月20日开工,位于深圳市龙岗区,合同金额6.02亿元,合同工期12个月,变更后为19个月。中电建生态环境集团有限公司中标,委托公司实施坪地工区。建设单位为深圳市龙岗区水务局、中电建生态环境集团有限公司。

工程包括补水通道设施完善、河道挡墙安全隐患修复、人工湿地、雨污干支管网完善、三水分离、通沟底泥厂建设、碧道建设、已建小区管网修复及清淤、管线迁改及保护等。

十一、安徽合肥庐江县白山后街小河镇区段综合治理工程

工程位于安徽省合肥市,合同总额0.43亿元,合同工期12个月,建设单位为庐江县生态清洁小流域水利工程建设管理处、白山镇人民政府。

工程总面积为21.57平方千米。施工内容包括岸坡治理、新建人行桥、拆除重建交通桥、河道清淤疏浚、新修河坝、改建斗门及新建防洪闸、沿河截污等。

工程于2020年7月12日开工,2021年9月30日竣工。

十二、亳州窑鸿沟、窑鸿支沟综合治理工程项目三标段

工程位于安徽省亳州市,合同总额0.42亿元,合同工期260天。建设单位为亳州城建发展控股集团有限公司。

工程治理长度为3.5千米,治理面积为26.1万平方米。主要建设内容包括河道拓宽、重塑水系、重塑地形、水系驳岸整理、土方外运、景观广场、平台铺设、园路、休息设施、绿化、绿道标识等。

工程于2020年11月15日开工,2021年8月21日竣工。

第二章　新能源工程

第一节　新能源工程录

2007—2021年，承建新能源工程共39个。代表性工程项目有甘肃瓜州干河口第四风电场工程、重庆巫山县千丈岩梯级电站工程、天润山东德州夏津风电场二期项目、辽宁北票西山风电场项目等。其中，甘肃瓜州干河口第四风电场工程风力发电机塔筒设备A标段获全国优秀焊接工程一等奖；重庆巫山县千丈岩梯级电站工程金结设备安装项目、天润山东德州夏津风电场二期项目、辽宁北票西山风电场项目（49.5兆瓦）塔筒制作均获全国优秀焊接工程奖。

已建和在建新能源工程一览，见表4-2-1。

表4-2-1　已建和在建新能源工程一览

序号	工程项目	合同金额（万元）	开工日期	竣工日期	备注
1	内蒙古锡盟洪格尔风电场一期工程风力发电机塔筒设备制作	1558.28	2007年7月30日	2008年6月	—
2	内蒙古大唐赤峰赛罕坝风力发电机组塔架及附件制作	1547.99	2008年7月28日	2009年7月	—
3	吉林长岭风电场二期工程塔筒制造、安装与风机安装项目	3002.55	2008年8月19日	2009年2月20日	—
4	辽宁朝阳喀左中三家项目风力发电机组塔架制作	2319.57	2009年7月20日	2010年4月9日	—
5	吉林白城二期风电场项目风力发电机组塔架采购合同	1142.25	2009年8月6日	2009年11月15日	—
6	内蒙古达茂旗天润风电有限公司金风达茂示范风电场三期（49.5兆瓦）塔架制作工程	2948.37	2010年3月16日	2010年6月5日	—
7	甘肃瓜州干河口第四风电场工程风力发电机塔筒设备A标段	6114.03	2010年5月	2010年12月30日	被中国工程建设焊接协会授予2012年度全国优秀焊接工程一等奖，被中国水利水电建设股份有限公司授予2013年度中国水电优质工程奖
8	柬埔寨青岛东方铁塔公司陕西靖边风电一期工程	176.46	2010年9月18日	2010年12月23日	—
9	中电投南阳方城风电场二期工程塔筒制作	1492.61	2011年1月	2011年10月27日	—
10	山西朔州平鲁大山台风电场三期项目塔架制作工程	3908.37	2011年6月18日	2013年10月17日	—
11	山西大唐新能源山西利民风电场二期（49.5兆瓦）工程风机塔筒采购项目	2059.61	2011年7月26日	2013年1月20日	—
12	江苏如东海上风电场（潮间带）（100兆瓦）示范项目塔筒制作1期	2278.48	2012年8月11日	2013年12月30日	—

续表

序号	工程项目	合同金额（万元）	开工日期	竣工日期	备注
13	江苏如东海上风电场（潮间带）（100兆瓦）示范项目风机与塔筒安装工程1期	2278.48	2012年8月11日	2014年6月25日	—
14	甘肃武威光伏电站一期（50兆瓦）光伏阵列基础土建施工（B标段）	1114.89	2012年9月10日	2012年11月15日	—
15	江苏如东风电场海上风机土建工程1期	1525.95	2013年1月20日	2014年6月28日	—
16	甘肃武威光伏发电站一期工程光伏组件固定式支架制作（C包）	546.42	2013年3月10日	2013年4月20日	—
17	中电投陕县雷震山风电场工程塔筒制作	1209.69	2013年6月18日	2014年4月20日	2015年被中国工程建设焊接协会授予全国优秀焊接工程奖
18	山东海阳小纪镇九龙山风电工程风力发电机组塔筒采购	4848.12	2014年12月24日	2016年4月15日	—
19	河南陕县盘陀山风电场工程塔筒制作工程	2701.51	2015年5月1日	2017年3月9日	—
20	吉林长岭风电三期工程塔筒制作项目	2189.65	2015年5月5日	2015年12月20日	2016年被中国工程建设焊接协会授予全国优秀焊接工程奖
21	山西大唐新能源利民风电场三期工程A标段塔架制作工程	3804.61	2015年5月19日	2016年12月13日	—
22	辽宁北票西山风电场项目	12769.47	2015年9月20日	2016年7月5日	被中国工程建设焊接协会评为2017年度优秀焊接工程
23	河南襄城县紫云山48兆瓦风电场塔筒合同	2386.95	2015年10月16日	2018年2月13日	—
24	中电投天津静海源泰德润9MWP分布式光伏项目	1573.97	2015年10月25日	2016年5月15日	—
25	中电投天津静海中兴盛达8MWP分布式光伏项目	1420.91	2015年10月25日	2016年5月15日	—
26	河北华润电力曹妃甸电厂二期项目	3881.99	2016年5月10日	2019年4月26日	—
27	天润山东德州夏津风电场二期项目	7005.60	2017年7月13日	2018年12月18日	2020年被中国工程建设焊接协会评为全国优秀焊接工程
28	辽宁北票王子山和西山风电场水毁修复施工工程	245.00	2018年1月20日	2018年2月9日	—
29	中电投陕县雷震山二期风电场工程塔筒制作采购合同	1761.23	2018年5月15日	2019年12月24日	—
30	河南中广核周口范营分散式风电项目	1214.47	2018年12月	2019年6月24日	—
31	河南中广核周口扶沟分散式风电项目	2621.08	2018年12月	2019年4月13日	—
32	甘肃通渭陇阳200兆瓦风电场工程（二三期）风机吊装项目	1288.00	2019年8月1日	2020年7月23日	—
33	河南濮阳6兆瓦、台前6兆瓦分散式风电项目风力发电机组塔筒及法兰设备采购	1939.26	2019年8月2日	2020年1月13日	—
34	河南顿丘140兆瓦风电项目塔筒制作采购项目	4345.19	2020年8月6日	2020年11月20日	被评为优秀焊接工程

续表

序号	工程项目	合同金额（万元）	开工日期	竣工日期	备注
35	山西转型综改示范区晋中开发区嘉源谷国际贸易港（谷瑞达）电力迁改工程	12031.50	2021年3月1日	—	—
36	2.0兆瓦风力发电机组塔筒采购合同	37.94	—	2012年10月	
37	山西平鲁石堂山二期199.5兆瓦风力发电项目塔架制作	3426.39	—	2015年3月25日	
38	山西神池润宏二期风电项目塔架采购项目	3288.95	—	2020年7月31日	
39	山西绛县54兆瓦分散式风力发电项目	3996.53	2019年11月30日	2020年9月14日	被评为优秀焊接工程

第二节　新能源工程选介

一、辽宁朝阳喀左中三家项目风力发电机组塔架制作

工程位于辽宁朝阳喀左中三家风电场，合同金额0.23亿元，合同工期为2009年7月30日—11月10日。投资方为大唐新能源风电有限公司，总承包方为新疆金风风电技术有限责任公司。

工程主要内容为20套塔架制作与运输。风机类型金风82-150三类风区。

工程于2009年7月20日开工，2009年12月10日完工，2010年4月9日竣工。

二、内蒙古达茂旗天润风电有限公司金风达茂示范风电场三期塔架制作工程

工程位于内蒙古包头东北部，合同金额0.29亿元。建设单位为达茂旗天润风电有限公司。主要内容为风电塔筒制作。

工程于2010年3月16日开工，2010年6月5日完工，2010年4月9日竣工。

三、甘肃瓜州干河口第四风电场工程风力发电机塔筒设备A标段

工程位于甘肃瓜州，合同金额0.61亿元，合同工期为2010年5月7日—2011年1月20日。主要内容为53套金风风力发电机组塔筒、基础环安装，共计6541.26吨。

工程于2010年5月开工，2010年12月30日竣工。工程获全国优秀焊接工程一等奖，被评为中国水利水电建设股份有限公司优质工程。

四、吉林长岭风电场三期工程塔筒制作项目

工程位于吉林省松原市，合同金额0.22亿元。建设单位为长岭中电建新能源风力发电有限责任公司。工程施工任务包括风力发电机组塔筒、基础环、运输、现场技术服务及其完整的技术检验验收竣工资料、质量保证服务等。

工程于2015年5月5日开工，2015年12月20日竣工。

施工中，自制自行式悬臂自动焊工装等焊接工艺装备，提高了焊接操作可靠性，保证了焊接质量。研发设计专用防腐转台和储存支撑，有效保证防腐质量，为类似风电塔筒施工提供经验。获全国优秀焊接工程奖。

五、辽宁北票西山风电场项目

工程位于辽宁省朝阳市，合同金额1.28亿元。工程建设单位为朝阳中电建风力发电有限公司。

工程分为制作部分和安装部分。制作部分包

括25套塔筒制作；安装部分包括25台塔筒制作运输吊装、25台风机吊装、35千伏箱变安装调试试验、塔筒至箱变电缆敷设、塔筒上山安全运输与机组叶片拖曳、大型设备道路清障、设备采购、风机机组采购等相关工作。

工程于2015年9月20日开工，2016年7月5日竣工，获全国优秀焊接工程奖。

六、天润山东德州夏津风电场二期项目

工程位于山东省德州市，总合同金额0.70亿元。工程建设单位为北京天源科创风电技术有限责任公司。

工程分3种机型，分别是140米钢混式塔架5套；120米钢混式塔架39套；100米传统钢塔架5套，共由49台塔架的211节塔筒组成，钢结构制作总量达10092吨，是公司成立以来最大的风电制作项目。

工程于2017年7月13日开工，2018年12月18日竣工，施工中通过使用智能数控系统，提高板材利用率，降低材料损耗，进一步降低原材料采购成本。工程获全国优秀焊接工程奖。

第五篇 工业与民用建筑、其他工程

◇ 第一章　工业与民用建筑工程
◇ 第二章　其他工程

第一章　工业与民用建筑工程

第一节　工业与民用建筑工程录

2007—2021年，承建工业与民用建筑工程共84个。代表性工程项目有湖北武汉海赋江城建设项目、神华陕西甲醇下游加工工程、安徽联中梧桐里二期项目、淮北市杜集区东庄安置房工程、武汉南国中心二期项目、河北保定市万和春天住宅小区项目、湖州莫干山高新区地信小镇云创科技大厦和信息科技大厦项目、江苏沛县国资公司2020年教育合作项目、怡和清徐国际教育小镇EPC总承包项目、淮北市煤化工基地安置房二期项目、济南中科新经济科创园基础设施项目、济南先行区崔寨片区新材料产业园租赁住房A-6地块项目工程总承包等。其中神华陕西甲醇下游加工工程获国家优质工程奖。

已建和在建工业与民用建筑工程一览，见表5-1-1。

表5-1-1　已建和在建工业与民用建筑工程一览

序号	工程项目	合同金额（万元）	开工日期	竣工日期	备注
1	水电十三局工业园3#厂房室内地面	60.20	2008年3月1日	2008年5月	—
2	天津市武清区东浦洼还迁小区二期（路东片）1-22号楼桩基础施工	1545.65	2010年11月23日	2011年1月3日	—
3	山东德州基地西区棚户区住宅改造工程总承包部	22535.90	2010年10月25日	2016年10月25日	—
4	奥体金融中心A、D栋楼土石方工程及基坑支护	2260.89	2011年6月22日	2011年8月23日	—
5	天津华苑实验中心项目	4064.00	2011年10月20日	2013年7月16日	—
6	（四川成都）中国水电"云立方"一期二标段总包工程	13813.54	2012年3月20日	2013年11月28日	—
7	中国水电湖北武汉海赋江城建设项目	13462.85	2012年6月15日	2013年12月30日	—
8	神华陕西甲醇下游加工工程	4668.00	2012年10月5日	2013年11月26日	被中国施工企业管理协会授予2016—2017年度国家优质工程奖
9	山东鲁研（陵县）研发中心项目	766.37	2013年3月17日		—
10	山西神头第二发电厂水资源置换项目	1321.24	2013年6月25日	2015年1月16日	—
11	华苑实验中心大型机械实验室及室外配套工程	633.16	2013年7月1日	2013年12月15日	—
12	湖北武汉南国雄楚广场主体建筑安装三标段工程	23034.28	2013年7月1日	2014年12月12日	被中国电力建设股份有限公司授予2015年度中国电建优质工程奖
13	陕西神华陕西厂前区单体项目	8500.00	2013年8月16日	—	—
14	湖北武汉海赋江城二期项目	23697.14	2013年10月1日	2015年11月24日	—
15	天津艺境名苑四期项目	15336.42	2014年2月20日	2016年4月13日	—

续表

序号	工程项目	合同金额（万元）	开工日期	竣工日期	备注
16	湖北武汉海赋江城二期 B-6-b 项目	11687.70	2014年3月24日	2016年6月18日	被中国电力建设股份有限公司授予2016年度中国电建优质工程奖
17	安徽联中梧桐里二期项目	25767.58	2014年12月1日	2017年12月14日	—
18	安徽淮北市杜集区东庄安置房工程	30000.00	2015年1月1日	2018年3月31日	被中国电力建设股份有限公司授予2019年度中国电建优质工程奖，2021年获2019年度淮北市建设工程"相王杯"奖
19	湖北武汉海赋江城二期 B-6-c 项目	33671.69	2015年1月17日	2016年12月30日	被中国电力建设股份有限公司授予2017年度中国电建优质工程奖
20	江苏南京海赋尚城项目	12086.70	2015年1月17日	2018年5月30日	—
21	天津现代产业区标准厂房项目	6177.03	2015年2月18日	2016年12月5日	—
22	湖北武汉管片厂土建工程	2800.00	2015年3月6日	2018年12月20日	—
23	天津西青区辛口示范小城镇五期农民还迁定向安置用房项目地块九桩基工程	2000.28	2015年4月15日	2015年5月30日	—
24	重庆梁忠高速房建项目	9777.94	2015年9月20日	2016年11月15日	—
25	天津八里台示范小城镇三期翰文苑（三标段）项目	24177.64	2015年10月8日	2020年5月11日	—
26	湖北武汉南国中心二期项目	48596.92	2016年4月19日	2019年12月26日	被湖北省建设工程质量安全协会评为2018年度湖北省建筑结构优质工程，被中国电力建设股份有限公司授予2021年度中国电建优质工程奖
27	江苏省南京泛悦广场项目	57937.48	2016年7月29日	2019年9月18日	—
28	黑龙江省鸡西翰沃商贸城项目	14688.00	2016年8月31日		—
29	天津福雅园住宅小区项目	26244.58	2016年10月10日	2018年11月29日	—
30	天津医科大学临床医学院教学楼、宿舍楼等提升改造工程	1425.20	2016年10月22日	2017年11月13日	—
31	安徽濉溪县韩村镇马店幸福家园项目	13000.00	2017年1月1日	2019年3月22日	—
32	山东德州市陵城区"全面改薄"项目	4134.57	2017年2月10日	2017年9月16日	—
33	安徽南科院水环境生态实验室项目	341.13	2017年6月28日	2018年9月30日	—
34	河北保定市万和春天住宅小区项目	25890.00	2017年9月13日	2021年7月26日	—
35	河北省高碑店市和谷产业园项目	13127.07	2017年9月16日	2020年6月30日	—
36	安徽怀宁县2017年老城城中村及高岭路地块棚户区改造EPC项目	45439.80	2018年3月1日	—	—
37	湖北武汉凌悦华府项目	23743.97	2018年4月10日	2020年6月17日	—
38	山西某部队公寓住房项目	4939.39	2018年4月26日	2020年12月10日	—
39	山西某部队太原二期经济适用住房项目	9012.87	2018年5月10日	—	—
40	天津一汽丰田发动机有限公司 TNGA1.5L 发动机项目	8324.79	2018年6月1日	2019年6月19日	—

续表

序号	工程项目	合同金额（万元）	开工日期	竣工日期	备注
41	安徽淮北煤化工基地标准化厂房建设工程	5000.00	2018年7月1日	2020年9月11日	—
42	江苏太仓市新建住宅用房施工总承包项目	15791.69	2018年9月21日	2021年11月30日	—
43	深圳中联制药厂区项目	19500.00	2018年11月8日	—	
44	天津市西青区杨柳青示范小城镇农民安置用房建设项目幼儿园（地块二）	2407.20	2018年11月10日	—	
45	天津市西青区杨柳青示范小城镇农民安置用房建设项目B2地块（贵福苑）	69868.97	2018年11月17日	—	
46	2527工程外场营房项目	37934.44	2018年12月10日	2019年9月30日	2020年被北京市优质工程评审委员会授予北京市结构长城杯工程金质奖
47	华东研发中心	6499.06	2019年4月16日	2020年10月26日	
48	山东乡村振兴齐鲁样板平原县桃园街道办事处合作开发项目	14645.31	2019年5月13日	—	—
49	湖州莫干山高新区地信小镇云创科技大厦、信息科技大厦项目	61191.74	2019年6月20日	—	
50	山东德州养老示范城项目	38550.68	2019年7月10日	2021年12月24日	
51	天津第九八三医院体检科整修、营区综合整治等项目	319.27	2019年8月20日	2019年11月20日	
52	山东德州养老示范城项目安装工程	1967.37	2019年8月24日	—	
53	辽宁93392部队既有营房抗震加固及节能改造工程	1916.17	2019年10月3日	2021年8月16日	
54	江苏无锡市河湖治理研究基地项目科研辅助用房工程土建安装施工总承包	920.75	2019年10月20日		
55	天津市西青区中医医院建设项目	26520.69	2019年10月23日	—	2020年度被评为天津市建设工程优质结构工程
56	安徽怀宁人民医院妇儿分院及附属用房建设EPC项目	9787.93	2019年10月26日		
57	天津西青区杨柳青镇大柳滩村大柳滩农贸市场配套服务工程	297.52	2019年11月1日	2019年12月	
58	宁夏银川房建项目	49019.00	2019年11月15日		
59	天津杨柳青镇双轨制大柳滩村改造提升及道路工程	67956.99	2019年12月11日		
60	山东济南先行区中科院新经济科创园工程总承包EPC项目	43897.33	2019年12月26日		
61	天津泰津房地产开发有限公司津滨开（挂）2018-3号地块项目桩基础及基坑支护工程	4101.09	2020年2月7日	2020年5月5日	
62	山西省太原市怡和清徐国际教育小镇EPC总承包项目	226880.90	2020年3月2日	—	
63	山东二期精细化工生产项目建筑工程	10800.00	2020年3月17日	2021年11月25日	
64	津滨开（挂）2019-3号地块项目桩基础及基坑支护项目	2370.87	2020年4月25日	2021年5月20日	
65	山东济南市中科新经济科创园基础设施项目	116653.01	2020年5月6日		
66	北方科研中心项目A座	2424.53	2020年6月25日		
67	山东省平原县王庙镇张官店项目——原址安置区施工总承包项目	3152.26	2020年7月2日		

续表

序号	工程项目	合同金额（万元）	开工日期	竣工日期	备注
68	安徽智能安全帽、铝合金模板生产项目	21000.00	2020年8月1日	—	—
69	河南省沈丘县北城办事处2019年三里井（二期）棚户区建设项目2标段	26000.00	2020年8月25日	—	—
70	山西晋中市龙湖殿郦商住小区项目	25616.76	2020年9月25日	—	—
71	安徽（淮北）新型煤化工合成材料基地人居环境改善工程安置房二期项目	57695.00	2020年10月1日	—	—
72	山西晋中洺悦宸苑项目建设工程一期总承包（EPC）	36126.65	2020年10月1日	—	—
73	江苏沛县国资公司2020年教育合作项目	140604.22	2020年10月20日	—	—
74	山西省榆次第一中学校二期工程、经纬中学二期工程	15450.64	2020年11月16日	—	—
75	山东济南先行区崔寨片区新材料产业园租赁住房A-6地块项目工程总承包（EPC）	83855.52	2020年12月29日	—	—
76	河南省洛宁县全民健身体育活动中心项目	17130.47	2021年3月11日	—	—
77	电建基地项目	19061.80	2021年4月	—	—
78	烟台宇光机械产业有限公司增资项目	7860.00	2021年5月1日	—	—
79	中水北方新科研楼及配套工程文体中心项目	1110.28	2021年6月20日	—	—
80	黑龙江大庆龙湖小镇项目	15030.21	2021年7月1日	—	—
81	中水北方新科研楼及配套工程项目——新科研楼及变电站工程	21986.19	2021年7月15日	—	—
82	天津杨柳青镇养老院建设项目	8281.56	2021年8月14日	—	—
83	山西省晋中洺悦宸苑项目建设工程一期总承包（EPC）	39603.20	2021年8月16日	—	—
84	天津市粮食仓储物流项目二期	26766.67	2021年9月9日	—	—

第二节　工业与民用建筑工程选介

一、山东德州基地西区棚户区住宅改造工程总承包部

工程位于德州市老城区中部，合同金额2.25亿元，合同工期为2011年1月1日—2012年12月2日。建设单位为中国水电十三局德州房地产开发有限公司。

工程总用地面积4.64公顷，总建筑面积8.9万平方米，建筑占地面积10322.5平方米，小区规划住宅楼14栋，其中高层建筑面积约49000平方米，多层建筑面积约40000平方米。

工程于2010年10月25日开工，2016年10月25日竣工。

二、中国水电湖北武汉海赋江城建设项目

工程位于武汉市江岸区，合同金额1.35亿元，合同工期为2012年7月5日—2014年4月26日。建设单位为中国水电建设集团房地产武汉有限公司。

工程用地面积24187平方米，地上部分建筑面积67724.6平方米，地下部分建筑面积15221.2平方米，总建筑面积82945.8平方米，由4栋28层高层建筑构成，设全地下室一层，临街栋号首二层为商业。其中地下室和主楼基础均为桩基础，桩基采用预应力混凝土空心方桩，地下室主体结构形式为框架结构，主楼主体结构形式为框架剪力墙结构。

工程于2012年6月15日开工，2013年12月

30日竣工，获武汉市建筑安全文明施工示范项目"黄鹤杯"奖。

三、湖北武汉海赋江城二期项目

工程位于湖北省武汉市江岸区，合同金额2.37亿元，合同工期为2013年9月1日—2016年8月15日。建设单位为中国水电建设集团房地产武汉有限公司。

工程总建筑面积124069.23平方米。工程为框剪结构，1#、3#、车库为框架结构，主楼为现浇剪力墙结构，采用管桩、灌注桩、承台底板基础，设计使用年限50年。

工程于2013年10月1日开工，2015年11月24日竣工。

四、湖北武汉海赋江城二期B-6-b项目

工程位于湖北省武汉市江岸区，合同金额1.17亿元，总工期700天。建设单位为中国水电建设集团房地产武汉有限公司。

工程总建筑面积64411.56平方米，框剪结构，主楼为现浇剪力墙结构，采用管桩、灌注桩、承台底板基础，设计使用年限50年。

工程于2014年3月24日开工，2016年6月18日竣工，获中国电建优质工程奖。

五、湖北武汉海赋江城二期B-6-c项目

工程位于湖北省武汉市江岸区，合同金额3.37亿元，总工期578天。建设单位为中国水电建设集团房地产武汉有限公司。

工程由9栋高层住宅楼、1栋2层商铺及1层地下室组成，总建筑面积为167034平方米，框剪结构，主楼为现浇剪力墙结构，采用管桩、灌注桩、承台底板基础，设计使用年限50年。

工程于2015年1月17日开工，2016年12月30日竣工，获武汉市建筑安全文明施工示范项目"黄鹤杯"奖、中国电建优质工程奖。

六、神华陕西甲醇下游加工工程

工程位于陕西省毛乌素沙漠，合同金额0.47亿元。建设单位为神华集团有限责任公司。

工程内容主要包括68万吨/年MTO装置、32万吨/年LDPE装置、35万吨/年聚丙烯装置、配套公用工程和辅助设施及厂外甲醇输送管道工程等，共计37个单元。

工程气候条件恶劣，沙漠地区风沙大，工期紧，安装要求精度高。检维修中心厂房为厂区内最大重型钢结构单体建筑，钢材使用量近2000吨，最大跨度32米，高度27米，恶劣环境对于重型钢结构大型构件吊装、焊接十分不利，安全隐患极大；质量管理检测要求严格，全部采用石化标准；同时钢结构施工人员设备较多，安全风险较高，管理难度大。钢结构安装施工高峰配备100余人，投入8台起重设备同时分区域吊装。

工程于2012年10月5日开工，2013年11月26日竣工，获国家优质工程奖。

七、湖北武汉南国雄楚广场项目主体建筑安装工程三标段工程

工程位于湖北省武汉市，合同工期为2013年7月1日—2014年12月10日，合同金额2.30亿元。建设单位为武汉南国洪创商业有限公司。

工程总建筑面积约13万平方米，包括2栋22层商业loft办公楼和1个配电房，框架—核心筒结构，采用CFG桩复合基础加筏板基础，设计使用年限50年。

工程于2013年7月1日开工，2014年12月12日竣工，获中国电建优质工程奖。

八、安徽淮北市杜集区东庄安置房工程

工程位于安徽省淮北市，合同金额3亿元，工期20个月，建设单位为淮北市东兴建设投资有限责任公司。

工程包括1#-18#安置房和社区服务中心，总

建筑面积12.9万平方米。其中住宅楼结构形式为剪力墙二级，社区服务中心为框架结构。

工程于2015年1月1日开工，2018年3月31日完工，被评为淮北市建筑安全质量标准化示范工地，获中国电建优质工程奖、淮北市建设工程"相王杯"奖。

九、天津福雅园住宅小区（1#~19#住宅楼、配建一~配建七、地下车库）

工程位于天津市滨海新区，合同金额2.62亿元，合同工期为2016年6月15日—2017年7月15日。建设单位为天津滨海中地置业有限公司。

工程总建筑面积76766.46平方米，工程包括住宅楼、配建、地下车库等。结构类型为框剪结构。

工程于2016年10月10日开工，2018年11月29日竣工。

十、湖北武汉南国中心二期项目

工程位于湖北省武汉市江汉区，合同金额4.86亿元，合同工期37个月，建设单位为湖北南国创新置业有限公司。

工程包括1栋高端住宅和2栋办公写字楼，总建筑面积约14.81万平方米，办公楼结构为框架，住宅楼结构为剪力墙。

工程于2016年4月19日开工，2019年12月26日竣工。获评湖北省建筑结构优质工程、获中国电建优质工程奖。

十一、河北保定市万和春天住宅小区项目

工程位于河北省保定市，合同金额2.59亿元，合同工期25个月，建设单位为保定景欣房地产开发有限公司。

工程总建筑面积16.28万平方米，包括12栋住宅楼、6栋配套商业、1座幼儿园及1个地下车库，建筑设计使用年限50年。

工程于2017年9月13日开工，2021年6月20日完工，2021年7月26日竣工。

十二、湖州莫干山高新区地信小镇云创科技大厦、信息科技大厦项目

工程位于浙江省湖州市，合同金额6.12亿元，合同工期28个月，建设单位为德清中创地理信息产业园建设有限公司。

工程占地面积5.7万平方米，总建筑面积18.3万平方米，建筑高度93.9米。

工程于2019年6月20日开工，截至2021年底。

十三、山西省太原市怡和清徐国际教育小镇EPC总承包项目

工程位于山西省太原市清徐县，合同总额22.69亿元，合同工期36个月，建设单位为清徐怡和房地产开发有限公司。

工程包括商住区建设和学校建设，商住区项目占地面积11.17万平方米，总建筑面积约43.57万平方米；学校用地面积9.32万平方米，总建筑面积约10.51万平方米。主要建设内容包括建筑工程、装饰装修工程、安装工程、小区配套工程。

工程于2020年3月2日开工，截至2021年底。

十四、山东济南市中科新经济科创园基础设施项目

工程位于山东省济南市新旧动能转换先行区，合同总额11.67亿元，合同工期24个月，建设单位为济南先行投资有限责任公司。

工程占地面积7.76万平方米，总建筑面积22.62万平方米，其中地上建筑面积15.56万平方米，地下建筑面积7.06万平方米。

工程于2020年5月6日开工，截至2021年底。

十五、河南省沈丘县北城办事处2019年三里井（二期）棚户区建设项目2标段

工程位于河南省周口市沈丘县，合同总额2.6

亿元，合同工期24个月，建设单位为沈丘县城区改造建设投资开发有限公司。

工程总建筑面积9.33万平方米，包括5栋26层住宅、1层地下室及地下车库。

工程于2020年8月25日开工，截至2021年底。

十六、山西晋中市龙湖殿郦商住小区项目

工程位于晋中经济技术开发区。合同金额2.56亿元，合同工期781天，建设单位为龙湖房地产开发有限公司。

工程占地面积11.97万平方米，总建筑面积7.49万平方米。

工程于2020年9月25日开工，截至2021年底。

十七、江苏沛县国资公司2020年教育合作项目

工程位江苏省徐州市沛县，合同总额14.06亿元，合同工期24个月，建设单位为沛县文礼教育实业有限公司。

工程包括沛县城区及乡镇范围内1所特殊教育中心、1所高中、2所初中、3所小学共7所学校，总建筑面积29.9万平方米。

十八、淮北市煤化工基地安置房二期项目

工程于2020年10月1日开工，位于安徽省淮北市濉溪县，合同金额5.77亿元，合同工期30个月，建设单位为安徽临涣工业园循环经济发展有限公司。

工程总用地面积约8.5万平方米，总建筑面积约22.3万平方米，地上建筑面积约18.3万平方米，地下建筑面积约4万平方米。

十九、山西晋中洺悦宸苑项目建设工程一期总承包（EPC）

工程于2021年8月16日开工，位于晋中市榆次区北部新城，合同金额3.96亿元，合同工期700天。建设单位为山西中电建置业有限公司。

工程占地面积4.52万平方米，总建筑面积6.74万平方米。

二十、山东济南先行区崔寨片区新材料产业园租赁住房A-6地块项目工程总承包

工程于2020年12月29日开工，位于济南新旧动能转换先行区，合同总额8.39亿元，合同工期24个月，建设单位为济南先行城市发展有限公司。

工程总建筑面积约17.3万平方米，其中地上总建筑面积12.5万平方米，地下车库建筑面积4.8万平方米，包括14栋高层住宅、1栋3层配套服务中心以及地下1层车库，局部地下2层，换热站位于地上，配电间等设备机房位于地下车库。

第二章 其他工程

第一节 其他工程录

2007—2021年，公司承建其他工程共20个，主要为港口航道、码头等工程。代表性工程项目有浙江省温州市洞头县黄岙二期围涂促淤堤工程、江苏条子泥一期匡围工程、安徽长九（神山）灰岩矿项目码头一期工程。其中，江苏条子泥一期匡

围工程4标-2工程、安徽长九（神山）灰岩矿项目码头一期工程水域部分土建及安装工程获中国电建优质工程奖。

已建和在建其他工程一览，见表5-2-1。

表5-2-1 已建和在建其他工程一览

序号	工程项目	合同金额（万元）	开工日期	竣工日期	备注
1	浙江宁波北仑港四期集装箱码头地基处理第一标段	1050.00	2003年12月8日	2007年4月	—
2	安徽大唐淮北发电厂陈圩干灰场建设工程	561.28	2006年10月8日	2007年4月13日	—
3	西安市浐河广运潭人工湖湖底防渗工程一标	1805.21	2006年10月25日	2007年12月	—
4	西安市浐河广运潭驳岸、码头工程施工第一标段	1559.77	2006年11月6日	2007年12月	—
5	浙江省温州市洞头县黄岙二期围涂促淤堤工程	9731.69	2007年6月20日	2010年7月28日	—
6	新海能源（珠海）有限公司码头浅点疏浚工程	381.90	2008年4月25日	2008年5月1日	—
7	新海能源（珠海）有限公司2008年码头扫浅工程	294.29	2008年4月25日	2008年5月3日	—
8	TSL500架运提升横梁加工制造	18.00	2008年5月	2008年11月	—
9	河北460矿床铀钼综合回收矿冶工程-尾矿库工程	1327.86	2009年3月20日	2009年10月30日	—
10	安徽池州市主城区水系贯通工程升船机土建工程	1818.00	2010年3月1日	2011年9月2日	—
11	江苏条子泥一期匡围工程4标-2工程	13551.21	2012年11月21日	2014年4月3日	被中国电力建设股份有限公司授予2016年度中国电建优质工程奖
12	辽宁盘锦辽滨沿海经济技术开发区海工基地吹填工程	14568.12	2014年5月30日	2015年11月	—
13	德州市2016年度国家新增千亿斤粮食产能建设项目施工第13标段	1548.63	2016年11月28日	2017年12月31日	—
14	安徽长九（神山）灰岩矿项目码头一期（工程水域部分土建及安装工程）	39431.00	2017年2月18日	2019年12月26日	2020年被中国电力建设股份有限公司授予中国电建优质工程奖
15	中核沽源铀业有限责任公司绿色矿山及尾矿库土工膜铺设工程	808.64	2020年4月10日	2020年11月	—
16	山东威海市蓝色海湾整治行动项目双岛湾西岸生态岸线整治修复一期工程	4600.47	2020年7月24日	—	—
17	玉清湖水库至鹊华水厂调水工程二期工程（济齐路东段及穿越铁路专项原水管线工程）钢筋混凝土套管（DN2400毫米，Ⅲ级）	1616.85	2021年1月1日	—	—
18	山东长九（神山）灰岩矿项目二期矿石加工系统土建及安装工程（二标段）	12631.17	2021年3月1日	—	—
19	河北中核沽源铀业有限责任公司尾渣库治理工程	633.89	2021年5月1日	—	—
20	苏州港太仓港区三期围滩吹填工程东侧堤塌陷整治工程	108.20	2016年5月17日	2017年10月10日	—

第二节 其他工程选介

一、浙江省温州市洞头县黄岙二期围涂促淤堤工程

工程位于浙江省温州市洞头县大门镇，合同金额0.97亿元，合同工期为2007年4月25日—2008年6月28日，建设单位为温州市瓯江口开发建设总指挥部。

工程是已围垦开发黄岙一期工程外围部分，围涂南侧临海，与灵霓海堤工程和霓屿岛相望，北侧靠大门岛陆域，东濒东海，西隔温州湾与乐清市相距9.5千米。主要由修建围堤、排水（涝）闸及围区内进排水河道等主要建筑物组成，围涂总面积5518亩。施工内容包括水下3.8千米促淤堤基础土工布铺设、碎石垫层铺筑、插打塑料排水板以及堤身抛石等。

工程于2007年6月20日开工。因台风频繁，加上炸药控制严格，造成工期延误。2009年12月25日工程全部完工，2010年7月28日竣工。

二、江苏条子泥一期匡围工程4标-2工程

工程位于江苏省东台，合同金额1.36亿元，合同工期为2013年3月20日—11月15日，建设单位为江苏省沿海开发（东台）有限公司。

工程主要内容为东围堤9552米长、2#隔堤2434米长、3#隔堤2184米长，包括软体排、充填袋、吹填、抛石、护面、路面、海堤河等；其他包括相关临时工程搭建、保滩、拆除及现场恢复、围堤填筑、抛石护脚、堤基处理、堤身护坡、堤顶道路和素混凝土路肩、龙口制作与合龙、安全监测等。

工程于2012年11月21日开工，2014年4月3日完工，获中国电建优质工程奖。

三、辽宁盘锦辽滨沿海经济技术开发区海工基地吹填工程

工程位于辽宁省盘锦辽滨沿海经济技术开发区，合同金额1.46亿元。建设单位为盘锦船舶修造产业园项目建设指挥部。吹填工程量约885.6立方米。

工程于2014年5月30日开工，2015年11月竣工。

四、安徽长九（神山）灰岩矿项目码头一期工程水域部分土建及安装工程

工程位于安徽省池州市，合同金额3.94亿元，建设单位为中电建安徽长九新材料股份有限公司。

工程规模为新建7个5000吨散货出口泊位，设计年通过能力为3575万吨，使用岸线长度975米。码头设计为高桩梁、板结构，桩基为Φ1500毫米钻孔灌注桩，外设Φ1600毫米钢护筒；上部结构为横梁、纵梁、面板、面层、停靠船设施等。

工程于2017年2月18日开工，2019年12月26日竣工。

长九（神山）灰岩矿工程水上施工泥浆循环利用及处理技术入选重点环境保护使用技术及示范工程名录，被评为重点环境保护实用技术及示范工程，获中国电建优质工程奖。

第六篇 国际化经营

◇ 第一章　国际市场经营
◇ 第二章　国际工程

2007—2021年，公司坚定贯彻国际业务优先发展战略，国际业务经历从小到大、从弱到强的发展历程，经营体系建设逐渐完善，生产经营规模逐步壮大，核心竞争力不断增强，品牌知名度持续提升。

2007年，工程局制定经营工作管理办法，从组织机构、工程信息管理、工程合同管理、中标项目实施、经营基金提取和管理、分支机构设置和管理等方面规范工程局国内外经营管理工作。2013年，公司制定国外工程项目投（议）标管理办法，加强对国外工程项目备案、资格预审、投标、澄清和合同谈判、项目交接等投标阶段的管理。

2015年11月，在北非市场撤销经理部成立北非公司，实行内部经济独立核算、自负盈亏，是公司首个海外分公司。"十三五"期间，公司紧跟电建集团国际业务"三步三大"发展战略，推进驻外机构实体化建设，实现属地化经营。截至2021年底，设立北非公司、东非公司、中西非公司、欧洲公司、南亚公司、西南非公司和中亚经理部7个驻外机构。

2007—2021年，国际业务进入高速发展阶段，成为公司营业收入与利润的重要来源。15年来，共承接国际工程354项，累计签约合同额161.92亿美元。2007—2021年国外工程新签合同额，见表6-0-1。

表6-0-1　2007—2021年国外工程新签合同额

年份	新签合同额（亿美元）	年份	新签合同额（亿美元）
2007	8.09	2015	15.05
2008	9.89	2016	15.52
2009	5.73	2017	10.93
2010	4.31	2018	12.53
2011	7.71	2019	11.85
2012	10.53	2020	12.58
2013	13.17	2021	10.83
2014	13.20	—	—

2013年之前，公司主要以中水对外公司、电建国际公司等为窗口单位承接国际工程。随后，电建集团推进母子品牌战略进行分层营销，公司开始使用自主品牌参与国际工程承包业务。截至2021年底，以自主品牌签约国外项目合同金额累计约37亿美元，占2013—2021年同期国外签约总合同额的32%。

公司不断优化市场布局，深耕非洲传统市场、持续开发欧洲高端市场、耐心培育亚洲潜力市场，推动区域市场精准营销。2007—2021年，先后进入马尔代夫、利比亚、沙特、南苏丹、马里、蒙古国、波兰、卢旺达、布隆迪、乌干达、纳米比亚、阿尔巴尼亚、刚果（金）、伊朗、喀麦隆、多哥、摩洛哥、贝宁、尼日利亚、安提瓜和巴布达、罗马尼亚、马拉维、老挝、印度尼西亚、波黑、加纳、莫桑比克、科特迪瓦、塞尔维亚等29个国别市场。国际业务覆盖亚洲、非洲、欧洲等市场，涉及英、法、俄、葡、阿拉伯语5大语系地区。

15年来，公司国际业务专业领域、承包类型、商业模式日益变化，呈现多元化发展。从最初水利水电、市政、房建、公路及港口航道等传统领域，扩展到铁路、机场、地铁，再到粮食仓储、新能源、污水处理、输变电及火电配套等特色业务领域，形成由交通基础设施、市政基础设施、工业与民用建筑、水利与水环境治理、能源电力等领域构成的"大建筑"专业格局。项目承包类型不再局限于单一施工承包，还涉及DB总承包、采购施工总承包、EPC总承包、F+EPC总承包、设备供货等多种类型。探索商业模式创新，保持现汇竞标项目相对竞争优势，有序推进融资业务发展，稳妥跟进电建集团投建营一体化业务，逐步推动公司国际业务形成现汇、融资、特许经营"三业并举"格局。

多年来，坚定贯彻国际业务优先发展战略为企业积累了资本，培养了人才，锻炼了队伍，提高了影响，为公司整体规模发展做出巨大贡献。2017年，公司迈入集团化发展新平台，立足于海外工程竞争领域国际一流承包商市场定位，国际业务向高质量发展迈进。

第一章 国际市场经营

第一节 发展战略

2007—2010年，工程局按照以国外为主，国内外协调持续发展的发展战略，进入以国外为主，转变经济增长方式，提高经济效益和经营质量，建立现代企业制度，增强企业可持续发展能力为主要内容的"质"的全面发展阶段。

一、"十二五"期间（2011—2015年）

"十二五"期间，公司坚持国际业务优先发展战略，努力成为国际业务领先、管理先进、专业化能力较强、可持续发展能力较强的质量效益型中国水电旗下国际强企。2012年，进一步调整明确"优先国际、统筹国内、突出主业、相关多元、做强做优、国际一流"的企业发展战略。

二、"十三五"期间（2016—2020年）

2017年，电建集团对新时期中国电建国际业务战略体系进行总结和阐述。具体可以概括为"三步三大"：一是"三步走"战略，即集团化、属地化、全球化；二是"大转型"战略，即电建集团从传统承包商向综合性建设投资集团转型升级；三是"大融入"战略，即融入"一带一路"等国家倡议和融入当地经济社会发展；四是"大品牌"战略，即坚持母子品牌协同发展。

公司紧跟电建集团步伐，在"十三五"发展规划中，提出"优先国际、内外并进、突出主业、相关多元、做强做优、国际一流"发展战略；在2020—2022年的3年滚动发展规划中将发展战略修改为"国际优先、内外并进，战略引领、管理先进，做强做优、国际一流"。

三、"十四五"期间（2021—2025年）

公司在"十四五"发展规划提出成为电建市政领军者、国际一流承包商的发展愿景。国际业务发展紧跟电建集团国际业务发展战略，提出"做强国内、做优海外，聚焦主业、优势多元，创新驱动、管理高效"发展战略。

第二节 品牌建设

2010年12月1日，公司取得对外承包工程资格证书，对外经营英文名称为"SINOHYDRO TIANJIN ENGINEERING CO., LTD."，简称"SINOHYDRO TIANJIN"。

2013年，公司贯彻电建股份"分层营销"海外营销布局精神，在电建股份许可国别市场打造"SINOHYDRO TIANJIN"自主品牌，多途径推进中小型竞标项目营销，有效补充与扩展"SINOHYDRO"品牌影响力。

2016年3月，为进一步强化和提升自主营销国别市场内相关专业领域的国际经营能力，公司将英文名称"SINOHYDRO TIANJIN"变更为"STECOL CORPORATION"（简称STECOL），以此来增强品牌专业独立程度，扩大品牌影响力，并成立国际业务品牌策划工作小组，策划和实施"STECOL"品牌海外推广工作。推动STECOL相关域名注册，变更对外承包工程资格证书，更新公司章程、营业执照、资质证书、财务报表、无诉讼证明等资质文件以及相关文件公证和认证，更新公司英法文网站、宣传资料、内部资料等名称，推动国外各分支机构办理品牌名称变更等。

2017年6月27日，印发《中国水电十三局有限公司国际业务品牌管理办法》，对STECOL品牌名称、使用范围及品牌管理做出明确规定。

2013—2021年，公司以STECOL品牌签约国外项目合同金额累计约37亿美元，品牌经营规模持续壮大。STECOL品牌成为电建集团旗下以大土木工程承包为主体的重要子品牌之一。

第三节　市场开拓

一、东非区域市场

2013年以前，公司在肯尼亚、坦桑尼亚市场主要以SINOHYDRO名义开展经营活动。2007年3月21日，签约肯尼亚恩组亚地区三镇一期供水和环卫项目。2007年10月5日，签约肯尼亚伊玛里—哦咯伊托克托克公路项目，是公司在肯尼亚市场承接的首个公路项目。2008—2009年，相继签约肯尼亚松高罗电站工程、肯尼亚萨苏木大坝修复工程、肯尼亚内罗毕—锡卡公路升级改造工程第二标段、坦桑尼亚盖塔—乌萨嘎拉公路项目1标段与2标段（118公路）、坦桑尼亚新吉他—巴巴提—岷晋古公路升级工程、坦桑尼亚克坦噶公路项目、坦桑尼亚坦噶—浩乐浩乐公路升级工程等。2010—2011年，相继签约肯尼亚加撒拉尼污水干线工程、坦桑尼亚佩拉米霍—姆宾加公路升级工程、坦桑尼亚马尼奥尼—伊蒂吉—恰亚公路升级工程、坦桑尼亚基戈马机场修复升级工程、肯尼亚尼北方走廊项目亚马萨瑞—基苏木—基西安公路修复工程。其间，签约的肯尼亚330千米公路项目是公司在东非市场承建的首个融资类EPC公路项目。

2011年10月17日，公司分包中国航空技术国际工程有限公司签约的南苏丹12层赤道大厦工程，进入南苏丹市场。

2013年6月19日，公司以SINOHYDRO的名义签约卢旺达基加利经济特区基建二期项目，进入卢旺达市场。

2013年9月9日，公司以STECOL自主品牌签约布隆迪最高法院建设项目，是公司作为主包商与国外业主直接签约并落地的第一个项目。

2013年10月29日，公司以SINOHYDRO的名义签约乌干达米特亚纳综合医院项目，进入乌干达市场。

2012—2013年，公司以SINOHYDRO的名义签约坦桑尼亚下鲁伏输水干管建设工程、坦桑尼亚伍约伟—布万加—比哈拉穆洛沥青路升级工程第一标段与第二标段、肯尼亚内罗毕花园城市商城一期工程、肯尼亚内罗毕瑞如污水处理项目。

2013—2021年，公司在布隆迪市场使用STECOL自主品牌开展经营活动，相继承接布隆迪—卢旺达跨国工程三标段、布隆迪尼亚维亚莫农田水利整治项目、援布隆迪农业示范中心项目、布隆迪鲁武布农田水利项目、布隆迪穆戈来洛灌溉区农田整治项目二标段、布隆迪基隆多省灌溉项目等。

2014年8月18日，签约肯尼亚内罗毕外环路（C59）升级工程，是公司以STECOL自主品牌在肯尼亚市场与国外业主直接签约的第一个公路项目。

2015年10月9日，公司与当地公司——HORIZON组成联营体签约卢旺达鲁本盖拉公路项目。

2016年4月26日，以STECOL品牌签约肯尼亚卡玛提拉—切普通盖沥青公路升级和维护工程（C104），是公司在肯尼亚承接的第一条乡村公路。之后，相继承接了肯尼亚乡村公路163A、163B、192、193、232标段等一系列乡村公路项目，截至2021年12月，累计签约合同额5.1亿美元。

2016年12月30日，以SINOHYDRO的名义签约卢旺达胡也66千米公路项目EPC合同，是公司在卢旺达承接的第一个融资类项目。

2017年4月，公司成立东非公司。11月22日，以SINOHYDRO的名义签约肯尼亚恩佐亚河下游建设工程第一标段与第二标段。

2018年3月26日，公司以SINOHYDRO的名义签约马拉维利隆圭17.6千米供水管线项目，进入马拉维工程市场。

2018年10月9日，签约坦桑尼亚阿鲁沙新供水系统建设工程，合同金额11041.92万美元，是公司在坦桑尼亚承接的最大单体合同。2018年12月10日，签约坦桑尼亚达累斯萨拉姆市快速公交系统二期工程1标段，是公司在海外承建的第一个快速公交项目。

2019年4月，以SINOHYDRO的名义签约卢旺达那巴龙格河二号水电站项目，是公司承接的第一个融资类水电站项目。2020年2月7日，中卢双方签署卢旺达那巴龙格河二号水电站项目融资协议，项目落地。

2019年6月17日，电建市政集团与电建国际公司签署肯尼亚年金制公路项目LOT32标段EPC合同，是公司承建的第一个年金支付模式国外工程项目。

2019年7月—2020年7月，公司以STECOL品牌承接坦桑尼亚伊拉麦拉客运、货运站项目，坦桑尼亚多多马城市酒店建设工程，坦桑尼亚伊岭噶机场修复升级改造项目，肯尼亚锡卡高速走廊快速公交（BRT）设计施工项目。

2021年9月13日，坦桑尼亚多多马MSALATO新国际机场建设工程一期1标段第一部分基础设施项目，由中国水电建设集团国际工程有限公司（SINOHYDRO，简称水电国际）牵头，与中国江西国际经济技术合作有限公司（CJIC，简称江西国际）、北京中航空港建设工程有限公司（SACE，简称北京中航建设）组成联营体签约，水电国际委托电建市政集团具体负责该项目实施。

2007—2021年，公司在东非市场累计签约合同额52.41亿美元，开辟了卢旺达、布隆迪、乌干达和马拉维等国别市场。

二、北非区域市场

公司一直以SINOHYDRO的名义在北非市场开展经营活动。2007年10月1日，工程局承接利比亚瓦迪·海亚梯4500套房建项目，合同金额4.36亿美元。

2008年，公司与水电三局组成联营体分包中国水利电力对外公司主包的阿尔及利亚德拉迪斯大坝项目。

2013年，公司承接阿尔及利亚9个混凝土粮仓及附属设施设计施工交钥匙工程、阿尔及利亚233兆瓦光伏电站建设工程。

2014—2015年，公司相继承接阿尔及利亚苏克哈斯省多个房建项目，共8个施工合同分布在3个地块。

2017年12月22日，公司分包摩洛哥120兆瓦太阳能电站工程项目，进入摩洛哥市场。

2007—2021年，公司在北非市场累计签约合同额16.22亿美元，业务涵盖水利、新能源、粮食仓储、房屋建筑等工程领域。

三、西南非区域市场

公司一直以SINOHYDRO的名义在西南非市场开展经营活动。2007年5月—2009年5月，工程局相继签约安哥拉多行业紧急恢复项目一期供水项目奎托供水工程、安哥拉卢埃纳机场修复项目一期和二期工程、安哥拉卢埃纳—卢库塞134千米公路修复工程、安哥拉奎托瓜纳沃纪念碑项目一期和二期工程等。

2011年，相继签约安哥拉比耶省昆巴市医院项目、安哥拉罗安达入户连接工程、安哥拉梅农盖10兆瓦紧急燃油电厂工程。2012年4月9日，签约安哥拉卢埃纳市供水系统建设及配水管网修复和扩建工程。

2013年11月14日，公司签约援纳米比亚哈达普水产养殖中心改造项目，进入纳米比亚市场。

2014年2月—2016年8月，公司相继签约安哥拉奎托—夸纳瓦莱燃油电厂及城市供电项目，安哥拉罗安达吉隆戈供水项目第一、三、四、五、八、九、十标段，安哥拉聂莱亚道路修复工程项目，安哥拉南宽扎省松贝至伊沃河桥公路修复工程。

2019年1月8日，公司以STECOL品牌签约莫桑比克Package A 4个输变电项目，采用F+EPC模式推动，进入莫桑比克市场。

2019年4月，成立西南非公司。2019年10月2日，签约安哥拉库内内省抗旱工程LOT1和LOT2标段。2020年12月25日，签约安哥拉扎伊尔省姆班扎刚果新机场项目。

2007—2021年，公司在西南非市场累计签约合同额24.35亿美元，开辟了纳米比亚和莫桑比克市场。

四、中西非区域市场

2011年7月28日，公司以SINOHYDRO的名义签约刚果（布）凯塔—别斯—喀麦隆边境段公路整治工程。2012—2016年，以SINOHYDRO的名义签约刚果（布）韦索码头修复升级工程、刚果（布）布拉柴维尔奥林匹克村房建工程，以STECOL自主品牌签约刚果（布）援助基金会办公大楼项目、刚果（布）奥林匹克马克勒体育场馆建设工程、刚果（布）凯塔公路工程二期项目等。

2015年8月19日，公司以STECOL的名义签约刚果（金）戈马公路项目，进入刚果（金）市场。

2017年8月，成立中西非公司。

2017年10月27日，公司以POWERCHINA品牌签约援多哥广电设施改造项目，进入多哥市场。

2017年11月3日，公司以SINOHYDRO的名义签约喀麦隆明图姆公路整治项目，进入喀麦隆市场。2018—2021年，相继签约喀麦隆乌杜拉公路工程、喀麦隆七座桥修复项目、喀麦隆德肋撒基金会"两院一校"工程项目、喀麦隆雅温得市政道路项目。

2018年6月19日，公司以SINOHYDRO的名义签约贝宁多功能体育场项目，进入贝宁市场。2018年8月3日，签约贝宁市政道路修复与整治项目。

2018年7月6日，公司以SINOHYDRO的名义签约尼日利亚卡诺灌溉项目，进入尼日利亚市场。

2019年初，中西非公司总部从刚果（布）首都布拉柴维尔搬迁至科特迪瓦首都阿比让。2020年8月31日，以SINOHYDRO的名义签约科特迪瓦塔阿博—科苏—布瓦凯2地区第二条225千伏输电线路建设项目，进入科特迪瓦市场。

2019年6月18日，公司以STECOL自主品牌签约加纳阿克拉交通管理工程建设项目，进入加纳市场。2020年10月22日，签约加纳政府优先基础设施项目一期第8标段。

2007—2021年，公司在中西非市场累计签约合同额14.26亿美元，开辟了刚果（金）、喀麦隆、多哥、贝宁、尼日利亚、加纳、科特迪瓦等国别市场，项目涉及公路、码头、房建、市政、体育场、供水、灌溉、输变电等领域。

五、欧洲区域市场

2012年10月24日，公司以SINOHYDRO的名义签约波兰弗罗茨瓦夫防洪项目，进入欧盟市场。2016年2月22日，以SINOHYDRO的名义签约波兰海乌姆—卢布林400千伏输变电建设工程，是电建集团在欧洲市场承建的第一条高压输电线路项目。2018年4月16日，以POWERCHINA的名义签约波兰贝司奇查杜兹尼卡河莎莱尤夫古勒奈与杜纳河克罗斯诺维采防洪水库项目。

2018年9月14日，公司以SINOHYDRO的名义签约罗马尼亚雅西公路维护项目，进入罗马尼亚市场。

2018年10月4日，公司以SINOHYDRO的名义签约阿尔巴尼亚木瑞斯灌区项目，进入阿尔巴尼亚市场。

2019年6月20日，公司以SINOHYDRO的名义签约波黑泊奇特利至兹维罗维奇高速公路项目2标段，进入波黑市场。

2019年8月22日，公司签约波兰S14高速公路项目，是在波兰以STECOL自主品牌承接的第一个项目，也是中资企业自2010年以来在欧盟市场承接的第一条高速公路项目。

2020年6月26日，公司（STECOL）与波兰英特康工程有限公司（INTERCOR）、中国水电建设集团国际工程有限公司（SINOHYDRO）组成松散联营体，签约波兰E75铁路奇热夫至比亚韦斯托克段项目，是中国建筑企业在欧盟国家的首个铁路竞标项目。

2020年12月11日，公司以SINOHYDRO的名义签约塞尔维亚新萨瓦河大桥项目，进入塞尔维亚市场。

2021年1月28日，公司以STECOL自主品牌签约波兰A2高速公路LOT4标段设计与施工项目。

欧洲市场规模迅速扩张和区域内项目良好履约为公司提供了新的经济增长点。截至2021年12月，公司在欧洲市场开辟了波兰、罗马尼亚、阿尔巴尼亚、波黑、塞尔维亚等国别市场，累计签约合同额14.07亿美元。

六、南亚与东南亚区域市场

2007年4月14日，工程局承接的马尔代夫福纳多岛房屋援建项目开工，是在马尔代夫市场的第一个项目。

2010年6月9日，公司承建巴基斯坦达拉瓦特大坝项目，是公司首次独立承担、自主实施的海外EPC大坝项目。

2011年8月5日，公司和港航公司组成联营体分包巴基斯坦纳拉渠道修复工程。

2013年11月30日，公司以SINOHYDRO的名义中标援助菲律宾"海燕"台风灾区临时避难所建设工程，是公司在菲律宾的第一个项目。

2014年4月，巴基斯坦杜伯华水电站项目收到业主签发的完工证书。项目于2005年10月5日开工，施工队伍几进几出，经历2005年南亚大地震、2010年特大洪水及地区安全形势紧张等自然灾害及社会安全问题，是公司在国外独立承担实施的第一个水电站工程。

2015年8月22日，公司在巴基斯坦分包卡西姆港2×660兆瓦燃煤电站工程项目2号机组全部土建部分和钢结构安装，之后签约脱硫系统合同、煤场系统合同、工业废水处理池和废水处理站合同等多个分包合同。2016年5月31日，分包拉合尔轨道交通橙线项目轨道工程、给排水与消防工程。2016年6月29日，分包PKM高速公路（白沙瓦—卡拉奇高速公路项目）苏库尔—木尔坦段，分包工程长29.7千米。

2017年1月，公司分包孟加拉国达舍尔甘地污水处理厂项目CI标土建与安装工程，时隔18年后重返孟加拉国市场。

2017年7月13日，公司分包巴基斯坦特里肯波斯顿132千伏升压站项目，是在海外市场参建的第一个风电项目。

2018年10月29日，公司承建印度尼西亚雅加达至万隆高速铁路项目，工程内容包括铺轨基地含焊轨厂、存枕场、道砟存放场及铺轨基地线路等建设，定尺钢轨采购、运输、焊接，正线无砟轨道铺设（不含轨道板预制及铺设）、正线有砟轨道铺设（含道砟的生产加工）、站线和动车段轨道铺设、无缝线路及附属工程等。

2020年2月18日，公司分包孟加拉国巴瑞萨350兆瓦燃煤电站工程除烟囱和机力通风冷却塔以外的全部主体建筑工程。

公司在南亚与东南亚市场工程足迹遍及巴基斯坦、马来西亚、泰国、菲律宾、斯里兰卡、马尔代夫、孟加拉国、老挝、印度尼西亚等国别市场。2007—2021年，在南亚与东南亚市场累计签约合同额16.39亿美元，在建项目主要分布在巴基斯坦、孟加拉国和印度尼西亚市场。

七、中亚区域市场

2011年5月27日，公司以SINOHYDRO的名义签约乌兹别克斯坦费尔干纳水资源处理一期项目。

2012年1月24日，公司签约蒙古国赛音山达公路项目，进入蒙古国市场。

2017年8月，公司成立中亚经理部，以乌兹别克斯坦市场为据点，做大做强中亚市场。11月1日，公司以POWERCHINA的名义签约乌兹别克斯坦水电站修复Ⅲ标段。

2018年6月—2019年12月，公司以SINOHYDRO的名义相继签约乌兹别克斯坦利泰国际二期纺织厂项目、乌兹别克斯坦费尔干纳水资源处理二期工程LOT1和LOT2、乌兹别克斯坦费尔干纳州和库瓦索伊地区灌溉井项目。

2021年12月31日，公司以STECOL品牌签约哈萨克斯坦克孜拉尔达—热孜卡兹甘公路改造项目，进入哈萨克斯坦市场。

公司在中亚市场充分发挥已有技术、资源及业主关系等优势，依托电建国际欧亚区域总部高端平台，与电建集团形成优势互补、分工协作、分层营销的工作局面。2007—2021年，公司在该市场累计签约合同金额5亿美元。

八、中东区域市场

2006年2月，工程局通过承建卡塔尔多哈路塞尔场地工程进入卡塔尔市场，主要以SINOHYDRO的名义在中东市场开展经营活动。2008年3月，中标卡塔尔路塞开发区基础设施第一标段（CP1），由水电三局、水电十三局及水电十局组成紧密型联营体实施，水电十三局占30%，主合同于2009年5月10日签订。

2009年1月22日，公司承接卡塔尔西湾地区、伍姆斯拉和阿尔高三地供水项目（GTC182），是中国水电在中东市场承接并委托公司独立实施的第一个项目。2011年，承接卡塔尔GTC333项目、卡塔尔多哈高速公路第六标段工程。2014年12月30日，承接卡塔尔经济区海水淡化厂管线工程（GTC606）。

2010年10月22日，公司承接沙特延布场地发展项目第四期工程，进入沙特市场。

2012—2016年，陆续承接沙特军营开发二期第27号场地工程、沙特延布工业学院扩展项目、沙特吉达KAP军营一期工程、沙特延布工业学院娱乐设施建设工程、沙特阿美石油公司达曼学校项目、沙特吉赞临建营地分包项目（以STECOL的名义分包）以及沙特吉达国民卫队家属营地项目等。

2007—2021年，公司在中东区域市场累计签约合同额20.27亿美元。

九、美洲区域市场

2018年5月19日，公司使用"POWERCHINA"品牌签约援安提瓜和巴布达两个社区中心项目，首次进入美洲市场。项目位于加勒比岛国安提瓜和巴布达。主要工程内容为在圣约翰和圣菲利普两个地区建设社区中心，包括社区诊所、社区服务中心和相应的办公、配套设施等。

第四节　国际工程人才培养

2013年6月，公司深化国际优先发展战略，推进海外项目人才国际化、本土化建设，印发《关于加强海外项目国际化和本土化人才引进及使用工作的通知》，要求海外经理部、项目部探索海外项目劳动用工模式，建立海外员工国际化、本土化人才管理体制和用工制度，加大国际化人才、本土化人才的引进、使用力度；公司海外经理部成立专门人力资源管理机构并安排专职管理人员，负责本区域各项目人力资源统筹调配。

2018年11月，印发《中国电建市政集团国际人才属地化推进管理办法（试行）》，为落实中国电建集团国际业务发展"三步走"战略，加快推动市政集团国际业务属地化建设，实现国际业务经营模式转型升级，国外分公司（区域经理部）、项目部在海外经营活动中直接聘用市场营销人员、中高层项目管理人员、工长、各工种高级技术人员等外籍人才，国外分公司打造立体属地化经营网络，聘任当地经验丰富的合同、法律、商务、税务专家，世界知名咨询企业高管，开展与当地政府和企业多种形式合作，实现优势互补、合作共赢。

2019—2021年，公司持续推进国际化发展战略，连续3年组织符合条件人员参加项目管理师（PMP）培训、资格认证考试。提升人员专业素质，掌握风险管理和高水平项目管理能力。

2020年，公司为做好国内外单位资源互动和业务交流，开展海外公司（区域经理部）与国内骨干成员单位"结对子"工作。国内单位在人才输送、技术支持、业务保障等方面，积极对接各自的海外分公司（经理部），充分发挥好国内资源整合与配套保障优势；信息共享，做好内外联动，发挥企业内部沟通与效率优势。

2021年3月，印发《中国电建市政集团国内外单位"结对子"工作专项考核办法》。建立"结对子"专项考核指标体系，对人才队伍建设，人才库建设，人员培训、使用、交流学习和干部选拔方面进行考核。从紧配置分公司本部和项目（管理）部人力资源，严控外聘中方人员人数；做好分公司内部调配工作；在人员完成工作任务办理退场手续时，做好回国人员思想工作，国内"结对子"单位为回国工作人员提供与其国外职级相称的工作岗位。原则上退场人员工作关系转至国内"结对子"单位。国内外加强沟通协调，增强互联互动，密切协作配合，提高公司人力资源整体效率。

2022年3月，公司推进海外项目人才本土化建设，解决海外项目人才短缺瓶颈问题，印发《中国电建市政集团有限公司国际业务本土化人才管理办法》，明确海外用人单位本土化人才管理职责，提高外籍员工任用比例，与所在国有关劳工部门、职业介绍机构加强沟通建立联系，进行国内外籍留学生招聘，对外籍员工进行动态管理，并建立外籍员工业绩档案。

第二章　国际工程

第一节　国际工程录

2007—2021年，工程局进入欧洲市场，新开辟马尔代夫、利比亚、沙特、南苏丹、马里、蒙古国、波兰、卢旺达、布隆迪、乌干达、纳米比亚、阿尔巴尼亚、刚果（金）、伊朗、喀麦隆、多哥、摩洛哥、贝宁、尼日利亚、安提瓜和巴布达、罗马尼亚、马拉维、老挝、印度尼西亚、波黑、加纳、莫桑比克、科特迪瓦、塞尔维亚等29个国别市场，共承揽各类国际承包工程355项（包括合同终止与未落地项目），完成230项。已建和在建国际工程一览，见表6-2-1。

表 6-2-1　已建和在建国际工程一览

序号	项目编码	工程名称	主合同额（万美元）	实施份额（万美元）	实际施工期	工程内容	备注
1	GW20130005	布隆迪基特加省多部委大楼修建工程	1800.00	1800.00	—	基特加省13层的多部委大楼修建和内部装修	合同终止
2	GW20130016	布隆迪最高法院建设项目，LOT1：主体工程/附属工程/道路管网/卫生洁具/管道工程	199.38	199.38	2013年10月—2016年2月	办公楼共7层，地下1层，地上6层，总建筑面积为3178.51平方米	完工
3	GW20140005	布隆迪–卢旺达跨国工程：公路改造和促进南北通道交通便利（三期）项目3标段	3146.93	3146.93	2014年6月—2017年12月	公路全长44.5千米，沥青混凝土路面，路面宽度为7米	完工
4	GW20140021	布隆迪尼亚维亚莫A段沼泽地农田水利整治工程（±538.50公顷）	816.21	816.21	2014年9月—2017年2月	修建取水和调节工程、主河道建筑物，二级河道建筑物，三级河道建筑物等	完工
5	GW20170024	援布隆迪农业示范中心工程	569.99	569.99	2018年6月—2020年9月	新建综合办公楼1栋、培训基地1座、加工车间、综合站房等，总建筑面积约3430平方米	完工
6	GW20190001	布隆迪卡扬扎省鲁武布沼泽地农田水利整治项目二标段与三标段	266.53	266.53	2019年2月—2021年3月	渠道开挖约38万立方米，利用土方填筑约25万立方米，渠道借土填方约8万立方米，田地平整约590公顷，各式闸门18个	完工
7	GW20210003	布隆迪布班扎省基行噶市穆戈来洛灌溉区农田整治项目LOT2	64.46	64.46	2021年3月—2021年11月	整修所有二级灌溉渠道和排水沟以及交通土路（14.612千米）	完工
8	GW20070001	肯尼亚恩组亚地区三镇一期供水和环卫项目–1和2阶段改造和扩建工程	2363.25	2363.25	2007年5月—2010年1月	新建1个水处理厂，扩建2个水处理厂，修复1个水处理厂	完工
9	GW20070006	肯尼亚伊玛里—哦咯伊托克托克公路工程	6346.57	6346.57	2008年2月—2011年8月	公路全长112.5千米，其中主线全长98.8千米，沥青混凝土路面，路面宽度6.5米，路肩宽度为1.5米	完工
10	GW20070007	肯尼亚焦摩肯亚塔国际机场排污扩建和改良工程	1152.11	1152.11	2007年10月—2009年1月	在机场范围内铺设（DN150~450毫米）排污管，铺设从机场到如艾附近内罗毕市政排污干线连接管线（DN525毫米）等	完工
11	GW20080006	肯尼亚恩祖亚供水与环卫项目二期	1673.40	1673.40	2008年8月—2010年8月	包括深井取水口、泵站、钢结构水塔、供水及污水管线、供水处理厂和污水处理池等	完工
12	GW20080011	肯尼亚松高罗电站工程	5155.22	5155.22	2008年11月—2012年7月	尾水直接引水发电，装机2万千瓦（2×1万千瓦），变电站系统（2台12500千伏安主变）	完工
13	GW20080012	肯尼亚内罗毕—锡卡公路升级改造工程第二标段	14004.40	14004.40	2009年1月—2012年7月	把原有的4车道沥青路改造和拓宽为8/6车道，路段长14千米	完工
14	GW20080013	肯尼亚萨苏木大坝修复工程	3202.19	3202.19	2008年12月—2010年11月	包括泄洪道修复，大坝防护石块整砌，提供和安装大坝以及泄洪道检测仪器，封闭临时泄洪道和拆除临时围堰等	完工
15	GW20090012	肯尼亚科密拉—欧鲁赤灌溉项目第一与第二标段	3882.24	3882.24	2009年10月—2012年10月	分为科密拉和欧鲁赤两个标段，工作内容包括渠首取水结构物、主渠及附属结构物、支渠及附属结构物、拦砂结构物、三级排水系统等	完工

续表

序号	项目编码	工程名称	主合同额（万美元）	实施份额（万美元）	实际施工期	工程内容	备注
16	GW20100001	肯尼亚伽撒拉尼污水干线工程	1879.26	1879.26	2010年9月—2012年4月	包括内罗毕市区瑞艾、伽撒拉尼北部、伽撒拉尼南部、克雷沃克斯以及若瑞卡等5个地区的污水干线铺设	完工
17	GW20110002	肯尼亚尼北方走廊项目亚马萨瑞—基苏木—基西安公路修复工程	8542.35	8542.35	2012年2月—2015年7月	现有沥青道路的加宽和修复，总长25千米，双向2车道，路面宽度为11/16米	完工
18	GW20110006	肯尼亚穆拉雅南北供水工程第一标段堪达拉供水工程	998.55	998.55	2011年10月—2013年8月	包括取水口修复、源水管线、水处理厂扩建、输水管线、蓄水池等	完工
19	GW20120005	肯尼亚尼亚胡鲁鲁供水与环卫工程第1标段与第2标段	1288.76	1288.76	2012年5月—2014年5月	包括供水工程和污水工程两个标段，其中新建水处理厂日供水能力为1.3万立方米	完工
20	GW20120016	肯尼亚萨苏木大坝进水塔阀门更换工程	184.12	184.12	2012年5月—2013年7月	包括两个闸阀和两个锥阀更换	完工
21	GW20120019	肯尼亚琦尤与丹杜拉区污水干线施工和丹杜拉污水处理厂扩建工程	1892.25	1892.25	2012年10月—2016年7月	包括丹杜拉污水处理厂厌氧稳定池施工，丹杜拉污水管线重修，琦尤河污水管线施工	完工
22	GW20120020	肯尼亚马辛加—基图伊供水与环卫工程A、B标段	2641.18	2641.18	2012年10月—2015年6月	各类管线172千米，取水口工程1座、饮用水处理厂1座、提升泵站5座、蓄水池5座、污水处理池1个	完工
23	GW20130006	肯尼亚毕塞尔料场开采运输工程	5000.00	5000.00	—	每月开采、粉碎不低于28000吨石灰石并运送到位于阿斯河的东非波特兰水泥厂	合同终止
24	GW20130013	肯尼亚内罗毕瑞如污水处理工程	2371.45	2371.45	2013年11月—2016年5月	建设56.5千米的污水管线，825个混凝土人井，新建一个每天处理容量20736立方米的污水处理系统，污水处理池施工等	完工
25	GW20130014	肯尼亚内罗毕花园城市商城一期工程	4955.74	4955.74	2013年7月—2016年6月	一座两层的商品零售中心的施工，总建筑面积接近70000平方米	完工
26	GW20130015	肯尼亚内罗毕温泉谷商业园工程	935.36	935.36	2013年7月—2016年7月	总建筑面积为22542平方米	完工
27	GW20130029	肯尼亚丹杜拉、坎昆多公路、基贝拉、阿普希尔和基锐察瓦杜工污水管线工程	572.31	572.31	2013年12月—2016年7月	包括丹多拉东第二个污水箱涵、坎昆多公路污水管线、基贝拉第二条污水管线、阿普希尔第二条污水管线施工等	完工
28	GW20130031	肯尼亚花园城市住宅楼一期工程	1410.00	1410.00	2013年12月—2015年8月	4栋住宅楼，每栋8层，共76套住宅，总建筑面积14520平方米	完工
29	GW20130032	肯尼亚C70和A2公路交叉口工程	143.00	143.00	2013年9月—2015年7月	2千米长6米宽沥青混凝土路面施工，包括2个箱涵和2个管涵	完工
30	GW20130034	肯尼亚焦摩肯尼亚塔国际机场跑道承载能力及仪表降落系统升级和道面修复工程	7434.90	7434.90	2015年3月—长期停工	4千米主跑道升级和修复，3千米滑行道升级和修复，停机坪新建和修复	停工
31	GW20130035	肯尼亚欧鲁赤灌溉基础设施整体规划建设项目	937.19	937.19	2014年1月—2016年5月	公司共承接5个标段，总计78千米混凝土衬砌沟渠，29.7千米土排水沟	完工

续表

序号	项目编码	工程名称	主合同额（万美元）	实施份额（万美元）	实际施工期	工程内容	备注
32	GW20130036	肯尼亚爱尔雷特市政基础设施改造一期工程	621.06	621.06	2014年5月—2016年7月	修建9米宽市政道路616米，5.5米宽市政道路33005米，沥青混凝土路面	完工
33	GW20140008	肯尼亚内罗毕—锡卡（A2）高速公路维护工程	635.98	635.98	2014年5月—2016年10月	所有类型人行道和主车道维修	完工
34	GW20140022	肯尼亚内罗毕外环路（C59）升级工程	8509.12	8509.12	2015年1月—2019年3月	将现有单车道升级至双向双主车道，总长13千米	完工
35	GW20140026	肯尼亚塔图城公路前期施工准备项目	98.20	98.20	2014年7月—2015年3月	修建一条7米宽的碎石路面，总长7.8千米	完工
36	GW20140038	肯尼亚内罗毕卢阿拉卡浸会路建设工程	112.53	112.53	2014年3月—2016年3月	包括640米道路升级改造	完工
37	GW20150002	肯尼亚花园城市二期住宅施工项目	1689.93	1689.93	2015年4月—2016年9月	新建56栋包括四个卧室的独立小楼，每栋3层，层高3.1米，每栋建筑面积225平方米，总建筑面积为12594平方米	完工
38	GW20150007	肯尼亚塔图城污水管线施工项目	74.51	74.51	2015年9月—2016年8月	工作内容为5.2千米污水管线施工	完工
39	GW20150012	肯尼亚塔图城供水基础设施和内部污水建设工程	334.62	334.62	2016年1月—2017年1月	7.63千米的UPVC污水管线施工，两个泵房施工以及相关电气设备的安装等	完工
40	GW20150013	肯尼亚恩贡山OL-Ndanyat风电场设计施工项目	4663.78	4663.78	—	新建14兆瓦风电场	融资项目未落地
41	GW20150015	肯尼亚330千米公路项目	58025.32	58025.32	2017年8月—2021年6月	全长330千米，分为3个标段，已施工标段为LOT1标段，实际施工长度192千米	完工
42	GW20160001	肯尼亚APL3×350兆瓦燃煤电站总承包项目工程施工分包框架合同	12000.00	12000.00	—	总装机容量为105万千瓦	融资项目未落地
43	GW20160006	肯尼亚卡玛提拉—切普通盖沥青公路升级和维护工程（C104）	3328.83	3328.83	2016年4月—2019年3月	公路全长81千米	完工
44	GW20160010	肯尼亚恩贡山风电项目（30兆瓦）	7649.80	7649.80	—	新建30兆瓦的风电场，场内布置12台风机，单机2.5兆瓦	融资项目未落地
45	GW20160014	肯尼亚蒙巴萨港驳船码头护岸工程B标段	252.05	252.05	2016年7月—2017年12月	驳船码头海堤防护工程，施工面积约5000平方米	完工
46	GW20160015	肯尼亚亚塔大坝、灌渠、供水和污水工程：亚塔灌渠修复第一标段	598.00	598.00	2016年6月—2017年12月	对现有的灌渠进行清淤和钢筋混凝土衬砌，灌渠总长32千米	完工
47	GW20160023	肯尼亚乡村公路升级维护工程163A标段	1340.15	1192.69	2016年10月—2019年3月	全长34千米，沥青双表处路面	完工
48	GW20160024	肯尼亚乡村公路升级维护工程163B标段	1219.87	1219.87	2016年10月—2019年3月	全长35千米，沥青双表处路面	完工
49	GW20170001	肯尼亚乡村公路升级维护工程192标段	2224.21	2224.21	2016年12月—2020年9月	全长63千米，沥青双表处路面，主路面宽度6米，两侧路肩各0.5米	完工

续表

序号	项目编码	工程名称	主合同额（万美元）	实施份额（万美元）	实际施工期	工程内容	备注
50	GW20170002	肯尼亚乡村公路升级维护工程193标段	2181.41	2181.41	2016年12月—2019年3月	全长57千米，沥青双表处路面	完工
51	GW20170006	肯尼亚乡村公路升级维护工程232标段	2827.17	2827.17	2017年6月—2020年5月	长度56千米，沥青混凝土路面，主路面宽度6米，两侧路肩各1米	完工
52	GW20170007	肯尼亚乡村公路升级维护工程275标段	3489.82	3489.82	2017年6月—2019年5月	长度约70千米，石子预裹沥青双表，主路面宽度6米，两侧路肩各0.5米	完工
53	GW20170012	肯尼亚KarimenuII供水项目大坝工程	8290.10	8290.10	2019年8月—	水库库容为2650万立方米，大坝枢纽工程包括：施工导流、大坝、溢洪道、取水塔、道路、金属结构、机电设备及附属工程等	在建
54	GW20170013	肯尼亚乡村公路升级维护工程334标段	3134.60	3134.60	2017年10月—2019年2月	全长65千米，双表处面层，路面6米宽，两侧路肩各0.5米	完工
55	GW20170020	肯尼亚恩佐亚河下游建设工程第一标段与第二标段	5087.08	5087.08	2018年6月—	一标由灌溉引水系统和防洪排水系统两部分组成，二标段内容为加固升级恩佐亚河下游两岸原有防洪土堤	在建
56	GW20180003	肯尼亚塔图城工业园基础设施建设工程	1125.12	1125.12	2017年12月—	包括8.7千米市政道路建设、路宽7米、双表路面；路灯及附属设施安装；雨水、排水和供水管线等	在建
57	GW20180008	肯尼亚塔图城排水沟工程项目	158.90	137.72	2017年8月—2018年4月	包括12.17千米的单侧泄水孔暗置排水沟施工	完工
58	GW20180009	肯尼亚塔图城TC501市政道路项目	236.07	236.07	2017年12月—2019年4月	包括2.164千米的沥青混凝土道路及其里程范围内的人行道、涵洞、道路标识牌、道路标线、绿化、照明设施等	完工
59	GW20180016	肯尼亚乡村公路升级维护工程517标段	3146.61	3146.61	2018年7月—	长度为67.6千米，主路面宽6米，两侧路肩宽各为0.5米	在建
60	GW20180017	肯尼亚内罗毕东外环和北外环升级扩建项目	35743.59	35743.59		包含东环和北环两段道路，主路全长52千米	融资推动
61	GW20180026	肯尼亚乡村公路升级维护工程444标段	1677.41	1677.41	2018年8月—2021年3月	全长32千米，主路宽度6米，两侧路肩各0.5米，沥青双表处面层	完工
62	GW20180027	肯尼亚乡村公路升级维护工程527标段	1702.76	1702.76	2018年8月—2021年1月	全长36千米，主路宽度6米，两侧路肩各0.5米，沥青混凝土表层	完工
63	GW20180028	肯尼亚内罗毕东部道路修复工程1标段	946.16	946.16	2018年7月—2019年9月	长度为30千米，为现有不同路段修复项目	完工
64	GW20180031	肯尼亚乡村公路升级维护工程552标段	2976.71	2976.71	2018年11月—2021年3月	全长75千米，主路面宽为6米，两侧路肩宽各为0.5米，碎石双表路面	完工
65	GW20180035	肯尼亚马拉巴供排水建设项目2标段（排水部分）	305.43	305.43	2018年12月—	主要施工内容包括新建4000立方米/天污水处理厂，铺设16千米污水主管线和9.2千米污水支线，新建进厂路、职工房及卫生设施等	在建

续表

序号	项目编码	工程名称	主合同额（万美元）	实施份额（万美元）	实际施工期	工程内容	备注
66	GW20190002	肯尼亚纳罗克污水处理系统建设项目	1700.27	1700.27	2019年4月—2020年12月	新建污水处理厂（3750立方米/天）及相应污水池建设，铺设41.7千米污水支线，铺设5.6千米污水主线，5千米深箱涵，500户用户连接，94千米供水管网扩建和2500户入户连接	完工
67	GW20190006	肯尼亚乡村公路升级维护工程102标段	957.15	957.15	2019年5月—2020年4月	全长20.3千米，行车道宽度6米，两侧路肩各0.5米，双表处面层	完工
68	GW20190008	肯尼亚乡村公路升级维护工程557标段	2409.02	2409.02	2019年5月—	全长65千米，行车道宽度6米，两侧路肩各0.5米，沥青混凝土面层	在建
69	GW20190009	肯尼亚塔图城别墅区市政道路工程	763.29	608.56	2019年5月—2021年12月	长7.3千米、宽6米的沥青混凝土道路及其里程范围内的给排水管线、人行道、照明设施、道路标识牌、道路标线、绿化等	完工
70	GW20190010	肯尼亚年金制公路项目LOT32标段	7344.42	7344.42		全长约66.5千米，道路行车道宽3.25×2米，路肩宽1×2米	融资推动
71	GW20190013	肯尼亚乡村公路升级维护工程558标段	1519.78	1519.78	2019年8月—	长度为43千米，主路面宽为6米，两侧路肩宽各为0.5米，沥青混凝土路面	在建
72	GW20190014	肯尼亚乡村公路升级维护工程559标段	1339.57	1339.57	2019年8月—	长度为35千米，主路面宽为6米，两侧路肩宽各为0.5米，沥青混凝土路面	在建
73	GW20190015	肯尼亚乡村公路升级维护工程560标段	1146.64	1146.64	2019年8月—	长度为30千米，主路面宽为6米，两侧路肩宽各为0.5米，沥青混凝土路面	在建
74	GW20200003	肯尼亚KarimenuII大坝供水项目水厂管线工程	6183.98	4500.00	2018年6月—	修建7万吨/天水处理厂，70.18千米输水管线，一座23500立方米清水池	在建
75	GW20200010	肯尼亚茅茅公路建设项目第三标段：涅里郡路段	4464.10	4464.10	2020年3月—	全长109千米，主路宽6米，路肩1米，主路为5厘米厚沥青混凝土面层加铺单表处，路肩为双表处	在建
76	GW20200017	肯尼亚锡卡高速走廊快速公交（BRT）设计施工项目一期、二期	5229.41	4183.50	2020年7月—	分为两段，第一段长20.18千米，第二段长7千米，施工内容包括：改建原有10处人行天桥，设计建造10处BRT车站，建设BRT快速车道，设计和建造3处换乘站和车辆仓库，新建1座U形立交桥，智能化交通系统设计和安装等	在建
77	GW20200021	肯尼亚切帕里亚—宽扎中心—切普科贝格—卡博姆博—塔木格—切普尼奥道路升级（沥青标准）和维护工程	1213.27	1213.27	2020年11月—	全长44千米，沥青双表处路面，主路面宽度6米，两侧路肩各宽0.5米	在建
78	GW20210004	肯尼亚伊坦贝—莫顿托—巴拉尼—萨美达—伊戈尔/里克莫尼—莫索罗—奥格伯道路升级维护项目（乡村公路590标段）	1168.19	1168.19	2021年4月—	全长36.3千米，行车道宽6米，两侧路肩各宽0.5米	在建

续表

序号	项目编码	工程名称	主合同额（万美元）	实施份额（万美元）	实际施工期	工程内容	备注
79	GW20210005	肯尼亚彼基纳—马坦佳马诺—尼亚科雷雷—尼亚马拉穆贝道路升级维护项目（乡村公路595标段）	816.55	816.55	2021年5月—	全长23.1千米，行车道宽6米，两侧路肩各宽0.5米，沥青混凝土路面	在建
80	GW20210006	肯尼亚皮埃—穆林度柯—蒙布尼—基姆布伊尼—恩丁迪鲁库—马鲁鲁莫—基安德格瓦道路升级维护项目（乡村公路597标段）	2078.79	2078.79	2021年5月—	全长55千米，行车道宽6米，两侧路肩各宽0.5米，沥青混凝土路面	在建
81	GW20210007	肯尼亚伊查马拉—坦加迪—鲁图内—卡里鲁—基马提米胡迪—吉特瓦伊尼—卡里迪道路升级维护项目（乡村公路599标段）	1523.55	1523.55	2021年5月—	全长45千米，行车道宽6米，两侧路肩各宽0.5米，沥青混凝土路面	在建
82	GW20210008	肯尼亚基苏木—切梅利尔—穆霍罗尼道路建设第二标段：米瓦尼至切梅利尔段建设项目	4628.85	2777.31	2021年9月—	全长43.4千米（包括主路27.4千米及1条支线16千米），行车道宽7米，沥青混凝土路面	在建
83	GW20210012	肯尼亚基安布郡基安布—阮尼卡斯巴特—加桑加—加奇—蒂利西道路升级维护项目（RWC607标段）	3077.93	3077.93	2021年7月—	全长约90千米，由多个路段组成，行车道宽6.5米，两侧路肩各宽1米	在建
84	GW20210016	肯尼亚基里尼亚加郡皮埃—穆比瑞—恩基瑞安布—基安穆图古—卡如曼迪—穆布瑞道路升级维护项目（RWC611标段）	1844.67	1844.67	2021年8月—	全长53千米，行车道宽6米，两侧路肩各宽0.5米，沥青混凝土路面	在建
85	GW20210017	肯尼亚泰塔塔维塔郡姆托姆瓦吉—达维达—姆巴莱—万代伊—布拉道路升级维护项目（RWC608标段）	1996.18	1996.18	2021年8月—	全长54千米，行车道宽6米，两侧路肩各宽0.5米，沥青混凝土路面	在建
86	GW20210020	肯尼亚基安布郡肯雅塔道路（C565）升级绿化项目	1616.03	1292.83	2022年1月—	全长约23千米，现有道路升级和道路两侧绿化及排水沟、人行道等附属设施建设	在建
87	GW20130009	卢旺达基加利特别经济区基础设施建设二期工程	1445.35	857.24	2013年7月—2015年6月	长6.6千米、宽7米沥青混凝土路面，45千米供水管线与消防管线，13.4千米污水管线，48千米地下供电线路，16千米地下光纤通信线路等	完工
88	GW20140007	卢旺达戈萨哈沼泽地农田水利整治项目	1067.37	747.16	2014年5月—2016年12月	主要施工内容包括灌渠和排渠，泵站，既有大坝修复和加高，新建道路，既有桥梁修复等	完工
89	GW20150011	卢旺达鲁本盖拉—吉西扎公路工程	3430.94	2401.66	2015年10月—2021年5月	全长23.6千米，将现有砂砾石道路改造为沥青砼路面	完工
90	GW20170003	卢旺达卡吉图巴—加比洛公路修复升级工程	3480.20	3480.20	2016年12月—2020年12月	原有60千米沥青双表处路面升级为沥青混凝土路面并加宽	完工
91	GW20170021	卢旺达胡也66千米公路融资项目	7791.54	5843.65	2019年3月—	将66.3千米的土路升级改造为宽7米的沥青混凝土路面和新建5千米的市政道路	在建

续表

序号	项目编码	工程名称	主合同额（万美元）	实施份额（万美元）	实际施工期	工程内容	备注
92	GW20180015	卢旺达雅戈塔雷—卢工姆公路修建升级项目	5394.41	4315.53	2018年5月—	全长73.3千米，主要是修筑和升级路面宽度为7米的沥青混凝土道路	在建
93	GW20190004	卢旺达穆桑泽市及其周边地区供水管网设计、修复、升级和扩建工程	759.72	493.82	2019年1月—	市区和市郊的各种HDPE管线、泵房、蓄水池、公共取水点等	在建
94	GW20190011	卢旺达亚鲁古鲁支线道路修复、升级和维护工程（两个标段）	1319.09	1055.27	2020年7月—	LOT1全长34千米，LOT2全长35千米	在建
95	GW20190019	卢旺达那巴龙格河二号水电站项目	21404.82	13913.13	2018年6月—	项目合同类型为EPC+F，电站装机容量为43.5兆瓦，包括大坝、发电厂房、导流、溢洪设施等，年平均发电量为2.6亿度电	在建
96	GW20190027	卢旺达鲁本盖拉—朗布拉公路修复工程	1545.88	1236.70	2019年11月—	路线全长19.2千米	在建
97	GW20190031	卢旺达如巴乌城市及其周边地区供水管网设计、修复、升级和扩建项目	269.20	269.20	2019年3月—	包括市区和市郊的各种HDPE管线、泵房、蓄水池、公共取水点等	在建
98	GW20200004	卢旺达雅戈塔雷市沥青道路建设项目二期	796.49	796.49	2020年1月—2021年6月	路线全长11.8千米	在建
99	GW20180002	马拉维利隆圭17.5千米供水管线项目	744.88	744.88	2018年7月—2020年1月	供水管线供货安装总计17.5千米，最大管径DN700	完工
100	GW20190022	马拉维利隆圭供水与环卫工程—利隆圭市优先配水管网修复项目	2710.20	2710.20	2019年8月—	供货安装约181千米供水管线，管径范围为50~800毫米	在建
101	GW20190023	马拉维利隆圭供水与环卫工程—优先输水管网新建及配套设施修复项目	1269.45	1269.45	2019年8月—	供货安装约22千米球墨铸铁管供水主管线，管径范围为300~800毫米	在建
102	GW20210011	马拉维希雷河谷改造项目—1号干渠（MC1）和2号干渠（MC2）施工项目	7842.11	2980.00	2020年6月—	主要渠道总长度约45千米	在建
103	GW20110017	南苏丹12层赤道大厦工程	1118.64	1118.64	2011年10月—2016年4月	办公楼地上14层，局部15层，为钢筋混凝土独立基础、框架—局部剪力墙、现浇密肋梁加空心砖楼板结构，占地面积7104平方米，总建筑面积9551.21平方米	完工
104	GW20130012	南苏丹苏人解书记处总部大楼项目	2023.59	2023.59	—	建筑面积7166平方米，占地面积9200平方米	融资项目未落地
105	GW20080002	坦桑尼亚辛扬戈供水二号合同分水口工程	414.75	414.75	2007年11月—2008年7月	修建10座水塔，以及连接主管线与水塔的支管线，DN100管线共计2550米，DN150管线共计6325米	完工
106	GW20080003	坦桑尼亚盖塔—乌萨嘎拉公路项目1标段与2标段	6400.80	6400.80	2008年2月—2010年2月	设计加施工合同，公路全长90千米，原有砂石路升级为沥青路面，分为LOT1、LOT2两个标段	完工
107	GW20080008	坦桑尼亚达累斯供水3B与3C合同项目	1072.49	1072.49	2008年8月—2009年12月	包括271千米的UPVC管道铺设、10000户用户连接、68个公众取水点、84个水亭，以及配套的闸阀、冲洗阀和消防栓等	完工

续表

序号	项目编码	工程名称	主合同额（万美元）	实施份额（万美元）	实际施工期	工程内容	备注
108	GW20090004	坦桑尼亚新吉他—巴巴提—岷晋古公路升级工程第一标段：新吉他—卡泰什段	4218.03	4218.03	2009年3月—2012年2月	总长65.1千米，双车道沥青双表处路面，路面宽度为6.5米，两侧单表处路肩各宽1.5米	完工
109	GW20090005	坦桑尼亚新吉他—巴巴提—岷晋古公路升级工程第二标段：喀泰什—达雷达	5240.88	5240.88	2009年3月—2012年8月	总长73.8千米，双车道沥青双表处路面，路面宽度为6.5米，两侧单表处路肩各宽1.5米	完工
110	GW20090010	坦桑尼亚克拉维—木卡他—汉德尼公路升级工程第一标段与第二标段	9307.96	9307.96	2009年12月—2013年7月	第一标段公路长约54千米，第二标段公路长约65千米，将现有砂砾路面升级改造为标准沥青砼路面。车行道截面宽度6.5米，两边设有1.5米宽铺砌路肩	完工
111	GW20090018	坦桑尼亚坦噶—浩乐浩乐公路升级工程	5339.26	5339.26	2010年5月—2012年10月	65千米道路升级改造、桥梁、箱涵、管涵和附属排水结构物等	完工
112	GW20100002	坦桑尼亚多多马—巴巴提公路升级工程第一标段	3060.18	3060.18	2011年6月—2017年1月	全长43.65千米，将原来砂砾路升级改造为沥青混凝土路，车行道宽度6.5米，两边路肩各1.5米	完工
113	GW20100003	坦桑尼亚佩拉米霍—姆宾加公路升级工程	5920.21	5920.21	2010年8月—2014年1月	将78千米砂砾土路升级改造为沥青双表处公路，行车道宽6.5米，两边路肩各宽1.5米	完工
114	GW20100004	坦桑尼亚马萨西和纳钦圭阿供水工程	2305.80	2305.80	2011年2月—2013年8月	包括球铁管或钢管约87千米，配水PVC管线约255千米，3个2000立方米砼水池，3个4000立方米砼水池，1个6000立方米砼水池，2处提升泵站等	完工
115	GW20100008	坦桑尼亚尼则噶—塔波拉公路升级工程第二标段：普盖—塔波拉段	4688.81	4688.81	2011年2月—2015年1月	全长56.1千米，将原来砂砾路升级改造为沥青标准路（其中50千米为沥青双表处，6.1千米为沥青混凝土路面），车道宽度为6.5米，两边路肩各1.5米	完工
116	GW20100009	坦桑尼亚马尼奥尼—伊蒂吉—恰亚公路升级工程	8101.69	8101.69	2013年12月—2015年6月	设计+施工合同，公路全长约89.3千米，设计路面宽为9.5米（双向2车道）	完工
117	GW20110011	坦桑尼亚基戈马机场修复升级工程	1382.78	1382.78	2011年12月—2013年6月	将现有机场进行修建和升级改造	完工
118	GW20110012	坦桑尼亚塔波拉机场修复升级工程	786.34	786.34	2011年12月—2013年5月	将现有机场部分进行修建和升级改造	完工
119	GW20110014	坦桑尼亚坦噶市政道路升级和排水工程	589.14	589.14	2011年11月—2013年1月	现有砂砾石路面升级为7米宽沥青车行道路面以及排水沟、人行道、自行车道等	完工
120	GW20120009	坦桑尼亚多多马大学供水和污水工程	1690.31	1690.31	2013年3月—2016年4月	包括修建泵房、蓄水池、废水稳定塘、铺设供水管道和污水管道以及相关配套管网建设	完工
121	GW20120015	坦桑尼亚桑给巴尔供水和环卫项目第二标段奔巴乡村供水和环卫工程—水资源、蓄水设施及供水管网施工工程	831.61	831.61	2012年7月—2014年6月	在奔巴岛中南部五个地区建设独立供水系统，包括51口饮水井，135千米高密度聚乙烯（HDPE）供水管道，以及7座大型倒锥形高架水塔及地面水池	完工

续表

序号	项目编码	工程名称	主合同额（万美元）	实施份额（万美元）	实际施工期	工程内容	备注
122	GW20120022	坦桑尼亚伍约伟—布万加—比哈拉穆洛沥青路升级工程第一标段与第二标段	6320.70	6320.70	2012年11月—2018年10月	将现有沙砾石路（第一标段长45千米，第二标段长67千米）升级为沥青双表处路面，宽度为6.5米，两侧路肩为1.5米或2米	完工
123	GW20120023	坦桑尼亚下鲁伏输水干管建设工程	7585.27	7585.27	2012年11月—2016年4月	DN1800毫米钢管主管道施工，管线长约56千米	完工
124	GW20140004	坦桑尼亚屯杜鲁—曼噶卡—塔姆巴斯瓦拉公路（202.5千米）升级项目第二标段：纳卡帕尼亚—屯杜鲁段（66.5千米）	3645.71	3645.71	2014年7月—2016年11月	全长66.5千米，对现有砂砾土路升级改造、新建桥梁和管涵箱涵及附属排水结构物等	完工
125	GW20140006	坦桑尼亚达累斯萨拉姆市基甘博尼跨海大桥及引道路面工程	1120.92	1120.92	2014年4月—2016年4月	项目全长5.1千米，包括匝道和现有道路扩宽路段	完工
126	GW20140034	坦桑尼亚基戈马乌吉吉市政开发建设工程第二标段	697.91	697.91	2014年10月—2015年10月	道路全长8.5千米，双向两车道沥青混凝土路面，路面行车道宽度7米，两侧人行道各1米	完工
127	GW20150001	坦桑尼亚桑给巴尔地区专员多功能办公楼建设工程	4208.83	4208.83	—	新建1栋综合办公楼，地下两层为停车场，总建筑面积为30218.5平方米	合同终止
128	GW20160016	坦桑尼亚多多马城市规划DMC项目	344.41	344.41	2016年6月—2017年7月	包括垃圾场开挖与支护、汽车站附属设施、排水混凝土边沟衬砌、现有设施拆除和修复、新建排水涵洞、市政道路升级改造、人行道铺装等	完工
129	GW20160017	坦桑尼亚多多马城市规划CDA项目	394.05	394.05	2016年6月—2017年6月	包括排水混凝土边沟衬砌、现有设施拆除和修复、新建排水涵洞、市政道路升级改造、人行道铺装等	完工
130	GW20170014	坦桑尼亚桑给巴尔供水基础设施建设工程第2标段	1191.23	1191.23	2017年9月—2019年11月	包括新建两个混凝土高位蓄水池，开挖铺设19.95千米供水主管线，以及68.64千米输水支管线施工等	完工
131	GW20170019	坦桑尼亚阿鲁沙中央商务区供水和排污管网修复工程	1210.43	1210.43	2018年1月—2020年3月	修建长度为46.7千米新水管网，移除并替换14.4千米超载污水管道和329个沙井，新建11.7千米污水管道和278个沙井	完工
132	GW20180014	坦桑尼亚阿鲁沙市政工程5标段	991.96	991.96	2018年6月—	包括15.4千米现有道路升级，新建排水沟、涵洞、人行道、太阳能路灯和标志牌等附属工程，以及新建垃圾处理厂和升级学校体育场	在建
133	GW20180018	坦桑尼亚伊拉麦拉市政工程1标段	931.97	839.06	2018年6月—2019年12月	全长12.1千米、宽7米的沥青混凝土道路修复和升级	完工
134	GW20180019	坦桑尼亚多多马市政工程6标段	1095.55	1015.59	2018年7月—2019年12月	包括大型停车场及停车场内附属设施，8.6千米现有道路升级，6.5千米渠道护坡及涵洞，16座人行天桥，太阳能路灯和标志牌等附属设施	完工
135	GW20180032	坦桑尼亚阿鲁沙水处理厂改善及SEKEI中心站修复工程	365.78	365.78	2018年10月—2021年2月	包括对4个现存老旧水处理厂进行修复和改建	完工

续表

序号	项目编码	工程名称	主合同额（万美元）	实施份额（万美元）	实际施工期	工程内容	备注
136	GW20180033	坦桑尼亚阿鲁沙新供水系统建设工程	11041.92	11041.92	2018年12月—	包括约176千米直径为250~1200毫米钢管主输水管线，约400千米HDPE管供水管网，10个蓄水池（圆形最大6000立方米，方形最大10000立方米），5个中转提升泵站（共31台离心泵），43台深井泵安装及泵房施工，29台水锤罐施工，以及管线全程流量计压力监控机电系统安装等	在建
137	GW20180034	坦桑尼亚达累斯萨拉姆市快速公交系统二期工程1标段	9548.00	9548.00	2019年5月—	新建20.3千米道路、2座天桥、29个大型公交站及1座人行天桥，铁路桥开孔增设2道箱涵，改扩建现有排水结构物（管涵、箱涵、边沟等），给排水管线改造工程，TTCL通信系统工程，太阳能交通信号和太阳能路灯等	在建
138	GW20190016	坦桑尼亚伊拉麦拉客运、货运站项目	1183.65	1183.65	2019年7月—2022年1月	修建1处大型现代化客运站和1处现代化货运站	完工
139	GW20190024	坦桑尼亚多多马城市酒店建设工程	436.67	436.67	2019年9月—2021年3月	建设一栋12层中层建筑（包括地下室+基层+夹层+9层标准层），占地面积900平方米，建筑面积5150平方米，其中地上11层（建筑面积4466平方米），地下1层（建筑面积684平方米），框架剪力墙结构，建筑高度为43.65米	完工
140	GW20200001	坦桑尼亚基邦多城镇连接段沥青道路（恩杜塔路口—基邦多镇—基邦多连接段）升级改造工程（25.9千米）	1644.84	1644.84	2020年7月—	将25.9千米现有土路升级为11米宽沥青混凝土道路	在建
141	GW20200002	坦桑尼亚卡柳阿—马拉加拉西—伊隆达道路（156千米）升级改造工程第二标段：卡泽拉巴沃—查古段（36千米）	1418.53	1418.53	2020年8月—	将36千米现有土路升级为9.5米宽沥青双表处道路	在建
142	GW20200008	坦桑尼亚/布隆迪鲁蒙格—吉塔萨工程（45千米）和卡宾贡—卡苏鲁—马诺乌（260.6千米）跨国公路升级项目第二标段：坎延尼—穆噶韦段（70.5千米）	4295.93	4295.93	2020年10月—	将70.5千米现有土路升级为11米宽沥青混凝土道路	在建
143	GW20200009	坦桑尼亚/布隆迪鲁蒙格—吉塔萨工程（45千米）和卡宾贡—卡苏鲁—马诺乌（260.6千米）跨国公路升级项目第三标段：穆噶韦—恩杜塔段（59.35千米）	3684.74	3684.74	2020年10月—	将59.35千米现有土路升级为11米宽沥青混凝土道路	在建

续表

序号	项目编码	工程名称	主合同额（万美元）	实施份额（万美元）	实际施工期	工程内容	备注
144	GW20200011	坦桑尼亚达累斯萨拉姆市基隆多尼市政道路修复升级项目第8标段：玛皮玛—乌拉斐基段	813.43	813.43	2020年3月—	将7.31千米现有道路升级为沥青混凝土道路	在建
145	GW20200012	坦桑尼亚达累斯萨拉姆港班达尼路升级项目	647.21	647.21	2020年6月—	包含3条线路，总长2.1千米。将现有道路升级为沥青混凝土道路，并新建两侧人行道等	在建
146	GW20200013	坦桑尼亚伊岭噶机场修复升级改造项目	2086.41	2086.41	2020年7月—	升级2.1千米跑道为沥青混凝土等级，跑道宽30米，并新建滑行道、停机坪，以及安装AGL灯光、导航和气象监测等助降系统	在建
147	GW20200022	坦桑尼亚基戈马原水泵站项目	429.25	416.46	2020年11月—	新建一座原水泵站，以及原水管道建设，进场道路维护及其他附属设施安装等	在建
148	GW20210013	坦桑尼亚马拉格拉斯—伊伦德—伍温扎公路（51.1千米）升级项目	2717.76	2717.76	2021年7月—	全长51.1千米现有道路修复。路面宽9.5米	在建
149	GW20210019	坦桑尼亚多多马MSALATO新国际机场建设工程一期1标段第一部分基础设施项目	7186.71	7186.71	2021年9月—	包括新建停机坪、滑行道、起飞跑道、机场排水及机电安装等	在建
150	GW20130023	乌干达卫生系统强化工程，第1、2标段——米特亚纳综合医院项目	609.09	609.09	2014年2月—2014年11月	修建医院大楼、实验室、诊所、员工宿舍以及配套设施	完工
151	GW20070005	阿尔及利亚德拉迪斯大坝工程	8973.98	4576.73	2008年5月—2014年11月	主坝为黏土心墙堆石坝，坝顶长956米，坝顶宽10米，最高高度76米	完工
152	GW20080001	阿尔及利亚布萨达城市防洪工程	1389.84	1389.84	2008年4月—2012年11月	包括土石方施工、浆砌石挡墙、钢筋混凝土结构排水通道、明渠、挡土墙、溢流堰顶、盖板涵	完工
153	GW20080007	阿尔及利亚玛乌阿纳大坝项目	7350.00	7350.00	2008年12月—2016年12月	结构为黏土心墙堆石坝，坝顶长884米，坝顶宽7米，最高高度76米	完工
154	GW20090013	阿尔及利亚麦迪亚省布格祖勒湖治理项目A标段（南区）	2256.06	2256.06	—	包括开挖及回填、防浸蚀湖岸防护、石笼及砌石堤防防护	合同终止
155	GW20120030	阿尔及利亚九个混凝土粮仓及附属设施设计施工交钥匙工程	25282.26	25282.26	2014年10月—	9个项目地勘、设计、土木工程施工、机电设备采购与安装、空载及负载联动试车	在建
156	GW20130038	阿尔及利亚233兆瓦光伏电站建设工程	52345.54	39259.15	2014年1月—2018年4月	三个标段共计233兆瓦多晶硅光伏板发电站建设施工	完工
157	GW20140009	阿尔及利亚苏克哈斯房建项目	16083.14	16083.14	2014年7月—	8个施工合同分布在3个地块，分为房建项目和公建项目两种类型，其中房建项目包括5个施工合同（共计2250套公租房及室外配套工程），公建项目包括3个施工合同（法院、6000座大学城和2000座教学楼），均属交钥匙工程	在建

续表

序号	项目编码	工程名称	主合同额（万美元）	实施份额（万美元）	实际施工期	工程内容	备注
158	GW20170004	阿尔及利亚住建部下属的房管局（AADL）1700套住房项目	5129.73	4725.28	2014年4月—2021年2月	1700套房设计、采购和施工，结构类型为框架小梁砖或其他结构，分为F3、F4两种户型	完工
159	GW20170017	阿尔及利亚BRN光伏电站项目	1374.82	1229.78	2017年11月—2019年9月	电站装机容量10兆瓦	完工
160	GW20200014	阿尔及利亚50兆瓦光伏电站项目第1与第2标段	3213.69	3213.69	2019年11月—	50兆瓦光伏电站1标段为6兆瓦和3兆瓦2个光伏电站，2标段为4兆瓦和3兆瓦2个光伏电站	在建
161	GW20070009	利比亚瓦迪·海亚梯4500套房建项目	43600.00	43600.00	—	在利比亚AWBARI地区规划、设计并施工4500套独立住房	合同终止
162	GW20170018	摩洛哥NOORTAFILALT 120兆瓦光伏电站土建及安装工程	2142.57	2142.57	2018年2月—2021年6月	项目总装机容量为120兆瓦，分为3个40兆瓦光伏电站	完工
163	GW20070002	安哥拉多行业紧急恢复项目一期供水项目奎托供水工程	2038.45	1854.99	2007年6月—2010年1月	Cussola水处理厂升级改造	完工
164	GW20070003	安哥拉农业灌溉二期工程	5400.70	5400.70	2007年9月—2010年11月	4个地区共计9240公顷农田田间灌溉系统	完工
165	GW20070004	安哥拉卢埃纳机场修复项目一期工程	986.57	986.57	2007年6月—2009年12月	修复卢埃纳机场950米跑道	完工
166	GW20070008	安哥拉卢埃纳—卢库塞134千米公路修复工程	9085.60	6854.17	2008年5月—2013年7月	路线全长133.28千米，设计速度80千米/小时，双车道，行车道宽度为7米，路基宽度为9米	完工
167	GW20070010	安哥拉卫生部和教育部项目追加工程（万博中心医院、万博市医院、救护车供货、两所农学院及三套别墅）	4822.86	4822.85	2009年1月—2010年4月	万博中心医院、万博市医院、万博农学院、比埃农学院等追加工程，并提供100辆救护车	完工
168	GW20070011	安哥拉奎托农贸市场建设项目	787.80	535.76	2008年6月—2010年3月	市政大市场施工，围墙以内占地面积25519.04平方米，总建筑面积11629.85平方米	完工
169	GW20080009	安哥拉卢埃纳市政道路修复项目	3249.35	3249.35	2008年4月—2008年8月	修复22千米市政道路，包括路面清理和沥青混凝土铺设，以及路沿石、人行道修复等	完工
170	GW20080010	安哥拉卢埃纳机场修复项目二期工程	2698.56	2698.56	2008年6月—2009年12月	修复卢埃纳机场2400米跑道	完工
171	GW20080015	安哥拉万博嘎拉市医院项目	428.60	428.60	2008年12月—2011年6月	新建一所健康中心及相应设备供应，焚烧间、发电机房等辅助设施	完工
172	GW20080016	安哥拉卢埃纳军营房建和道路修复项目	870.26	680.99	2009年1月—2011年11月	修复卢埃纳军区大楼及院内道路，新建荣比将军住房，增加室内空调及弱电系统及室外道路等基础设施	完工
173	GW20080017	安哥拉威热省房建项目	49.34	49.34	2008年11月—2009年3月	修复住房、院内道路和绿化	完工
174	GW20080018	安哥拉罗安达供水系统改造二期项目	4890.61	4890.61	2010年6月—2012年6月	包括配水中心和120千米供水管网两部分	完工
175	GW20090001	安哥拉安杜洛37千米市政路修复工程	53.20	53.20	2008年7月—2009年5月	分解为3个合同，分别包括10千米市内路、12千米和13千米市外路	完工

续表

序号	项目编码	工程名称	主合同额（万美元）	实施份额（万美元）	实际施工期	工程内容	备注
176	GW20090002	安哥拉罗安达 Ramiro 渠道修复工程	63.58	63.58	2008年8月—2008年11月	修通一条交通道路到达水源，并建设1座涵洞	完工
177	GW20090003	安哥拉万博省92套简易住宅工程	210.28	210.28	2008年8月—2009年5月	万博省嘎拉比和埃楚哈市两片小区建设92套简易住宅	完工
178	GW20090006	安哥拉安杜洛—尼亚雷阿公路修复项目	3075.06	3075.06	2009年4月—2014年7月	全长42.2千米，9米宽沥青混凝土路面	完工
179	GW20090007	安哥拉奎托瓜纳沃纪念碑一期项目	1600.15	1600.15	2008年9月—2009年6月	20套别墅、给排水、电、水池水井和纪念碑门前广场、修路修桥、武器展览区	完工
180	GW20090008	安哥拉甘德杰拉斯灌区30套简易房住宅	102.20	102.20	2005年7月—2008年2月	甘德杰拉斯灌区30套简易住宅	完工
181	GW20090009	安哥拉洛比托宾馆建设项目	730.90	730.90	2009年4月—2019年10月	新建7层宾馆	合同终止
182	GW20090011	安哥拉卢埃纳加油站路面修复项目	50.00	50.00	2009年6月—2009年6月	卢埃纳市区加油站内3000平方米路面修复	完工
183	GW20090014	安哥拉卢埃那和平广场房建项目	713.94	352.51	2009年10月—2011年11月	欧式建筑造型，设计建筑面积1118平方米，为单层框架填充墙结构，钢筋混凝土平屋面，主要功能分区为阅览区、客厅、会议礼堂及辅助功能间	完工
184	GW20090015	安哥拉索约市政建设项目	3832.74	3832.74	2011年2月—2013年12月	包括场地清理、土方工程、道路工程、环境工程、结构工程、机械工程、装饰工程、电气工程、勘测工程以及总理餐厅游泳池与水池等	完工
185	GW20090016	安哥拉卢埃纳机场三期项目	2446.53	1716.37	2011年7月—2012年12月	修复卢埃纳机场停机坪和滑行道，以及附属排水渠和围墙等	完工
186	GW20090017	安哥拉安度鲁市政道路项目	411.26	411.26	2008年7月—2009年8月	安杜鲁37千米市政道路修复工程	完工
187	GW20100006	中国水利水电建设集团安哥拉罗安达基地门前道路修复项目	60.00	60.00	2009年8月—2009年12月	修复中国水电建设集团基地门前的市政道路，包括路面清理和沥青混凝土铺设，地下雨水和污水管网铺设及污水泵站修建	完工
188	GW20100007	安哥拉卢埃纳院长别墅项目	53.35	53.35	2009年12月—2010年7月	新建一栋别墅及修复一栋别墅	完工
189	GW20100010	安哥拉奎托瓜纳沃纪念碑二期项目（安哥拉宽多房建二期项目）	2553.23	2072.03	2010年9月—2012年5月	1座纪念碑，2栋餐厅和25套别墅等	完工
190	GW20100011	安哥拉奎图五栋楼修复工程	90.00	90.00	2010年9月—2011年1月	比埃省奎图市5栋居民、商业楼临街一面外墙修复	完工
191	GW20100012	安哥拉莫西科中心医院围墙	14.55	14.55	2010年7月—2010年10月	莫西科省中心医院围墙建造	完工
192	GW20100013	安哥拉万博省政府招待所修复工程	42.28	42.28	2011年6月—2011年10月	省政府招待所修复	完工
193	GW20110004	安哥拉比耶省省长官邸修复项目	300.36	300.36	2011年4月—2012年3月	对比耶省省长官邸进行修复，包括门窗更换，内外墙粉刷，给排水系统修复，房屋主体结构修复及围墙修复等	完工

续表

序号	项目编码	工程名称	主合同额（万美元）	实施份额（万美元）	实际施工期	工程内容	备注
194	GW20110007	安哥拉比耶省昆巴市医院项目	950.35	950.35	2012年7月—2016年4月	在安哥拉比耶省昆巴市建设一所市级医院，包括门诊、急诊、住院部、药房、厨房餐厅、停尸房及室外附属设施等10个区块，总建筑面积约为5482平方米	完工
195	GW20110008	安哥拉索约军营修复项目	184.90	184.90	2011年7月—2011年10月	新建两座营房，修复1所宿舍，修复和增加阅兵场看台和照明系统等	完工
196	GW20110009	安哥拉比耶省奎托市六个公共饮水点项目	33.26	33.26	2007年6月—2010年1月	奎托供水主管线增加6个公共饮水点建设，包括土方开挖、回填，PVC管道及设备安装等	完工
197	GW20110015	安哥拉罗安达入户连接工程	9675.59	7692.09	2012年4月—2016年9月	罗安达市5个行政区辐射管网及254507户入户连接，施工区域涵盖整个罗安达市外围，施工面积达420平方千米	完工
198	GW20110016	安哥拉莫西科TPA电视台工程	210.00	210.00	2011年9月—2012年8月	建筑面积约为795平方米，办公楼主体两层、局部一层	完工
199	GW20120001	安哥拉奎托电信楼修复工程	38.40	38.40	2011年7月—2012年4月	奎托电信大楼部分屋顶和阳台修复	完工
200	GW20120002	中国水电卡西图农场项目一期建设项目	47.33	47.33	2011年12月—2012年9月	农场面积约7公顷。准备建设成为中水电蔬菜、园林花卉基地	完工
201	GW20120006	安哥拉梅农盖10兆瓦紧急燃油电厂工程	1813.21	1468.70	2012年5月—2013年1月	10兆瓦机组供货、安装，能满足15天使用燃油池，15千伏变压器，15千伏线路以及电厂用办公楼、围墙等辅助设施	完工
202	GW20120007	安哥拉卡西图和奎贝里港城市供水工程	2886.87	2886.87	2013年3月—2014年12月	取水泵站、水池、水处理厂、供水管线、入户连接等	完工
203	GW20120010	安哥拉比耶省奎托市政大楼主管线保护工程	20.02	20.02	2011年9月—2012年4月	土方回填夯实、钢筋网片铺设、混凝土浇筑、导流墙砌筑	完工
204	GW20120011	安哥拉卢埃纳妇产科医院工程	3668.58	2800.00	2009年9月—2015年3月	主体单层框架结构房屋，医院所配套医疗设备及安装等，建筑面积8000平方米	完工
205	GW20120012	安哥拉卢埃纳市供水系统建设及配水管网修复和扩建工程	4500.00	2920.00	2012年4月—2014年12月	取水泵站、水处理厂、水塔、管线及部分入户连接	完工
206	GW20120013	安哥拉奎图入户连接工程	546.38	546.38	2012年9月—2015年6月	6000个入户连接，包括PE管和PVC管共计50千米管线等	完工
207	GW20120014	安哥拉马央哥配水中心修复及扩建工程	2898.67	2898.67	2013年7月—2017年3月	新建1个容积为10000立方米清水池；拆除1个旧清水池，并在此基础上新建两个单元水池，容积均为18000立方米；新建泵房、发电机房、配电室、加氯间、管理房等	完工
208	GW20120018	安哥拉万博省FAPA大楼与PALMEIRAS大楼拆除工程	365.22	365.22	2012年8月—2013年4月	楼房拆除工程	完工
209	GW20120025	安哥拉罗安达坊达区供水管线工程	1093.27	1093.27	2010年6月—2012年6月	19千米直径600毫米供水主管线铺设以及2个1000立方米蓄水池新建	完工

续表

序号	项目编码	工程名称	主合同额（万美元）	实施份额（万美元）	实际施工期	工程内容	备注
210	GW20120026	安哥拉罗安达拉道纳配水中心办公楼建设工程	700.00	700.00	2013年6月—2017年4月	对罗安达供水局设计大楼进行装修	完工
211	GW20120027	安哥拉卡西图城市排水工程	3098.34	3098.34	2013年10月—2015年10月	卡西图市雨水管线、污水管线、污水提升泵站、污水处理厂（7000立方米/天）等	完工
212	GW20120028	安哥拉罗安达本菲卡供水管线铺设工程	831.42	831.42	2012年5月—2013年1月	埋设8千米铸铁管供水主管线	完工
213	GW20120029	安哥拉万博军事学院修复和扩建工程	2000.00	2000.00	2012年11月—2016年1月	现有建筑修复，发电机房及设备、水井水池和泵房及设备、活动室、餐厅、监狱、检阅台、停车场、道路、围墙、大门等建筑新建或扩建，总建筑面积约25000平方米	完工
214	GW20130002	安哥拉奎托2.5千米道路修复工程	87.62	87.62	2012年6月—2012年9月	修复从奎托水厂连接到市政道路简易道路，长度为2500米、宽6米，局部地段混凝土硬化处理	完工
215	GW20130007	安哥拉莫西科省卢埃纳600米公路修复项目	47.72	47.72	2019年2月—2019年9月	道路长622米，宽9米，路面结构为20厘米厚天然砂砾基层，5厘米厚沥青混凝土面层，两侧伏字形排水沟	完工
216	GW20130010	安哥拉宽多—库邦戈省一、二级中学建设工程	887.27	887.27	2013年10月—2015年1月	教学楼、学生公寓、校长公寓、体操室、食堂、发电机房、咖啡阅览室、洗衣房、岗亭、运动场、道路、围墙、绿化等工程，房屋建筑总面积约6750.76平方米	完工
217	GW20130018	安哥拉莫西科省卢奥新机场沥青混凝土道面和机场进场连接道路路面工程	1498.37	1498.37	2013年9月—2014年1月	卢奥新机场飞行区范围（机场跑道、停机坪、联络道、防吹坪、服务车道等）沥青混凝土道面、机场进场连接道路沥青混凝土路面	完工
218	GW20130019	安哥拉穆苏鲁岛穆苏鲁海运旅客码头与玛考库海运旅客码头站房、附属建筑和基础设施建设工程	921.61	921.61	2013年10月—2014年2月	售票亭、商店、办公室、厕所、亭子、发电机房、避雨棚等	完工
219	GW20130020	安哥拉比耶省聂莱亚市政府多功能厅修复项目	21.83	21.83	2011年2月—2012年3月	政府多功能大厅主体修复及附属办公室等设施建设工作	完工
220	GW20130027	安哥拉萨普尔（SAPú）市政规划项目及施工工程	592.13	592.13	2013年5月—2017年4月	29栋住房和基础设施，每套房子面积为150平方米	完工
221	GW20130037	安哥拉万博陆军高级军事学院修复项目	972.06	972.06	2012年11月—2016年1月	万博陆军高级军事学院现有建筑物修复以及图书馆、多功能语音教室、学生宿舍等建筑物新建	完工
222	GW20140001	安哥拉扎耶尔省索约陆港道面工程	898.37	898.37	2013年7月—2017年3月	10.5万平方米35厘米厚底基层、23厘米厚水稳基层、12厘米厚沥青混凝土面层施工	完工
223	GW20140010	安哥拉奎托—夸纳瓦莱燃油电厂及城市供电项目	4060.55	4060.56	2014年7月—2015年12月	由5台额定功率1500千瓦燃油发电机组组成7.5兆瓦燃油发电站设计、采购、施工工作	完工

续表

序号	项目编码	工程名称	主合同额（万美元）	实施份额（万美元）	实际施工期	工程内容	备注
224	GW20140012	安哥拉卡西图环城路土方工程	447.50	447.50	2014年9月—2015年9月	长度23.2千米一级道路、桥梁设计、采购、施工	完工
225	GW20140013	安哥拉卡西图市马步巴斯省政府办公楼项目	452.42	452.42	—	总计约32000平方米3栋办公楼新建，包括2栋4层建筑物，1栋5层建筑物，及其他所有相关附属设施设计、采购及施工	未生效
226	GW20140014	安哥拉奎托—夸纳瓦莱城市供水系统修复及扩建项目	2388.85	2388.85	2014年3月—2015年12月	750立方米/小时取水口新建，465立方米/小时水处理厂新建，3000米管径500毫米PE原水管线，4000立方米压力水池一座，300立方米高位水塔1座，总计约5千米配水管网，6400个入户连接及其他配套设施	完工
227	GW20140015	安哥拉本格拉省卡通贝拉市乳制品工业厂区及配电中心建设工程	2412.87	2412.87	—	厂区道路、绿化、供水、雨水污水排水、供电系统、乳制品车间、电力系统及乳制品车间基础等	未生效
228	GW20140018	安哥拉本格拉省卡通贝拉市生活用纸工业厂区及转换车间建设工程	1514.48	1514.48	—	主要工作内容有生活用纸车间及转换车间土建及结构物部分	未生效
229	GW20140024	安哥拉索约市基础设施一期第二阶段建设项目	2151.33	2151.33	2017年6月—	2.1千米市政沥青混凝土道路及附属工程，10千米直径500毫米供水管线、雨水及污水排水系统，现存4000立方米蓄水池屋面、围墙及管网系统修复、城市箱变及低压供电、照明系统等	停工
230	GW20140025	安哥拉罗安达皇家棕榈度假村临时道路工程	32.82	32.82	2014年4月—2014年6月	5.5千米道路原地面清表工作，5.5千米长20厘米厚路基填筑工作，相应简易排水沟约11千米等	完工
231	GW20140028	安哥拉金贝莱城市供水系统修复和扩建项目	1350.13	1350.13	—	新建7200立方米沉淀罐、500立方米清水池、4500立方米蓄水池、100立方米压力水塔各一座，新建供水管线31千米，入户连接800户，供水点55个，饮水点25个	未生效
232	GW20140029	安哥拉北隆达省敦多市多功能体育馆工程	1260.00	1260.00	2015年4月—	新建能容纳2800人占地约6464平方米体育场1座	合同终止
233	GW20140033	安哥拉宽多库班戈省1000套社会住房第二期45套住房项目	741.38	265.56	2012年8月—2015年7月	社会住房，型号"T3"，含主体砌筑、配套装修工程、安装工程，以及配套设施	完工
234	GW20140037	安哥拉梅农盖新电厂至老电厂中压输电线路与配电房改造工程	399.67	399.67	2012年9月—2013年1月	梅农盖新建电厂至老电厂7.2千米双回中压输电线路测量、设计、采购、安装及老电厂配电房土建、电气设备采购安装、调试运行等	完工
235	GW20150005	安哥拉比耶省聂莱亚道路修复工程	1631.44	1468.30	2015年9月—2016年12月	约12千米市政道路修复，沥青混凝土面层	完工
236	GW20150006	安哥拉莫西科省卢威—卢奥河公路修复工程	3923.11	3923.11	2016年1月—2018年1月	31千米公路修复工程	完工

续表

序号	项目编码	工程名称	主合同额（万美元）	实施份额（万美元）	实际施工期	工程内容	备注
237	GW20160003	安哥拉万博城市供水系统扩建工程二期第1标段	7247.11	7247.11	2017年4月—2020年4月	新建宽多河上22500立方米/天供水能力取水系统（包括取水口、水处理厂、引水及蓄水），新建古尼噶玛河上23000立方米/天供水系统（包括取水口、水处理厂、引水及蓄水系统），新建44.2千米球墨铸铁管管线，供水系统1年运行维护期等	完工
238	GW20160011	安哥拉罗安达吉隆戈供水项目	45366.89	45366.89	2017年3月—	净水厂处理能力50万吨/天（6.0立方米/秒）	在建
239	GW20160021	安哥拉南宽扎省松贝至伊沃河桥公路修复工程	5847.70	4853.59	2016年8月—2019年6月	总长78.2千米安哥拉国道EN100修复工程（路面结构为15厘米厚天然颗粒料底基层、20厘米厚选择性土壤基层、沥青黏结层及透层、5厘米厚沥青混凝土面层）	完工
240	GW20160022	安哥拉马兰热姆苏鲁至多博卡班古公路修复工程	3386.60	3386.60	2016年10月—2019年2月	总长43.4千米安哥拉国道修复工程（路面结构为15厘米厚天然颗粒料底基层、20厘米厚选择性土壤基层、沥青黏结层及透层、5厘米厚沥青混凝土面层）	完工
241	GW20170008	安哥拉南宽扎省松贝市道路基础设施建设三标段	13080.00	13080.00	2017年2月—停工	总长23.24千米道路新建工程，路面宽度为20米，双向4车道，中间为10米中央分隔带，两侧路面宽度各10米	停工
242	GW20170010	安哥拉本戈省丹德市给噶布区供水管网建设项目	361.64	361.64	2019年1月—停工	建设2.45千米净水管网、施工600户入户连接及14.7千米入户配水管网	停工
243	GW20170022	安哥拉本戈省丹德市阿苏卡雷El区供水管网建设项目	361.58	362.58	2019年1月—停工	配水管网安装和入户连接工作	停工
244	GW20180004	安哥拉卢埃纳郊区供水管网及入户连接设计施工项目	984.91	984.91	2019年7月—	配水管网安装和入户连接工作	在建
245	GW20190026	安哥拉Manda和Jambeco区域灌系统项目	137.47	137.47	2019年5月—2021年4月	建设2座长度分别为160米和180米的拦水坝，高度3.5米，坝顶宽度3米	完工
246	GW20190028	安哥拉本戈省Dande-Quirindo河桥梁新建项目	83.16	83.16	2020年9月—	1座桥梁以及修复桥梁两侧共681米连接道路	在建
247	GW20190029	安哥拉南宽扎省EN120-KeVe河桥/AltoHama道路：8千米道路重建及84千米道路修复、维护和保养项目	485.27	485.27	2020年8月—	道路全长90.9千米	在建
248	GW20190030	安哥拉莫西科省Luena大学入口道路：1千米道路重建项目	176.92	176.92		莫西科卢埃纳市通往大学1千米市政道路修复	项目取消
249	GW20190032	安哥拉库内内省抗旱工程LOT1与LOT2标段	13574.84	13574.84	2020年6月—	由两个标段构成，LOT1为库内内河取水设施、卡福至库马托渠道以及10个集水池建设；LOT2为库马托至东本都拉、库马托至纳玛昆德渠道以及20个集水池建设	在建

续表

序号	项目编码	工程名称	主合同额（万美元）	实施份额（万美元）	实际施工期	工程内容	备注
250	GW20200015	安哥拉莫西科省卡松布沿线170千米土路局部修复项目	263.88	263.88	2019年4月—11月	局部平整修复卡松布沿线170千米道路	完工
251	GW20200016	安哥拉莫西科省市政道路建设工程（3.2千米）	300.01	300.01	2019年9月—2020年2月	3.2千米的市政道路及附属设施建设施工	完工
252	GW20200024	安哥拉扎伊尔省姆班扎刚果新机场工程	15451.40	6180.56	临建阶段，未施工	新机场设计、施工、供货、设备安装及设备配备，公司主要负责跑道及停机坪等土建	在建
253	GW20190005	莫桑比克PackageA四个输变电项目	16561.86	16561.86	—	包含4个工程标段，分别是长度约90千米275千伏输变电线路及变电工程，长度165千米110千伏输变电线路及变电工程，长度约560千米中压33千伏配网及附属工程，长度约260千米中压33千伏配网及附属工程	融资推动
254	GW20130017	援纳米比亚哈达普水产养殖中心改造工程	1878.1	1878.1	2013年10月—2016年4月	占地面积约为64581平方米，改造后哈达普水产养殖中心设计生产能力可达到年产罗非鱼商品鱼33.5吨、罗非鱼苗种90万尾、每班加工罗非鱼500公斤、每次冷藏量20吨	完工
255	GW20180010	贝宁市级综合体育场建设工程LOT3与LOT4标段	5056.04	5056.04	2018年10月—2021年11月	两个标段，在10个城市建设10个体育场馆，包括看台、标准足球场、手球场、篮球场、排球场地建设，体育场管委会办公和住宿用房及配套附属设施建设等	完工
256	GW20180024	贝宁市政道路修复与整治工程LOT2A与LOT3A标段	7459.28	7459.28	2018年8月—2021年3月	两个标段，包括清表、拆除工程、土方工程、底基层、基层、花砖面层、沥青混凝土面层、路缘石、矩形排水沟、电话线迁移、电网迁移、供水管道迁移等	完工
257	GW20210009	贝宁德久古—佩洪科—凯鲁—巴尼科拉道路整治与沥青铺设工程2标段与3标段	6076.00	6076.00	2021年9月—	沥青混凝土路面、排水结构物和防护工程、桥梁、信号装置和公共照明工程等	在建
258	GW20170015	援多哥广电设施改造项目	476.63	476.63	2017年12月—2019年4月	建设综合演播楼1座，其中包括演播室后期制作用房、音乐录音室、广播直播室及播出机房等技术用房，并提供必要广电设备	完工
259	GW20110003	刚果（布）凯塔—别斯—喀麦隆边境段公路整治工程	15039.83	15039.83	2011年12月—2015年11月	修建一条全长121千米从凯塔至别斯沥青公路，其中包括3座钢筋混凝土梁桥和1段190余千米别斯—喀麦隆边界土路	完工
260	GW20120003	刚果（布）韦索码头修复升级工程	743.86	743.86	2013年1月—2015年10月	拆除现有旧码头，新建长120米钢板桩码头；建设港口行政楼；返建港口领导住房；重建港口员工宿舍；整治港内道路及供、排水管网等	完工
261	GW20120021	刚果（布）布拉柴维尔港修复工程	3267.01	3267.01	—	布拉柴维尔货运码头修复改造以及约罗港（YORO）修复	停工

续表

序号	项目编码	工程名称	主合同额（万美元）	实施份额（万美元）	实际施工期	工程内容	备注
262	GW20130004	刚果（布）布拉柴维尔金特雷区奥林匹克运动村6栋楼房修建工程	12136.79	12136.79	2013年9月—2015年8月	建设6栋相同宿舍楼，每栋楼为4层，总建筑面积为11.19万平方米，同时包括每栋楼室内装饰及桌椅床等家具配备	完工
263	GW20130011	刚果（布）援助基金会办公大楼项目	1480.35	1480.35	—	建筑面积共6900平方米，地上6层，地下1层，为钢筋混凝土框架结构	签约未实施
264	GW20130021	刚果（布）布拉柴维尔医科大学国立镰状贫血细胞研究中心建设项目	1592.65	279.11	2013年4月—2015年4月	镰状贫血细胞治疗研究中心、宿舍楼、会议厅、门卫室、院内绿化、喷泉、停车场、院内给排水管道布置等工作内容，总占地面积为18960平方米	完工
265	GW20130022	刚果（布）波多波多法院建设项目	199.67	199.67	2013年6月—2015年6月	建设一栋843平方米二层楼，框架结构，空心砖填充墙	完工
266	GW20130028	刚果（布）盆地省莫萨嘎码头修复项目	1077.27	1077.27	—	现有库房修复、浮码头更换、砌石护坡、扶梯栈桥、系船柱、发电机组房修复、饮用水供水系统整治、电网修复、港口设施和结构物修复、疏浚工程、港口路基整治、码头围墙建设、供电和码头设备供应等	签约未实施
267	GW20140002	刚果（布）布拉柴维尔姆皮拉区市政道路（圣托佩兹环岛—达朗盖医院），邦岗谷楼道路和卢安贵道路整治工程以及斯也湄河流桥梁修建工程第二标段	2778.25	2778.25	2015年7月—2017年1月	2条市政道路，一座宽14米，跨度18米钢管桩基础跨河桥，以及附属排水、照明系统等	停工
268	GW20140003	刚果（布）萨苏大学6号与8号宿舍楼工程	688.97	688.97	2014年4月—2014年11月	包括6号及8号宿舍楼基础工程、钢筋混凝土框架、砌筑工程及抹灰工程等	停工
269	GW20140016	刚果（布）奥优市578套住房建设与431套住房修复工程，合计1009套住房	1685.92	1685.92	2014年4月—2015年4月	奥优市郊区578套住房建设与431套住房修复	完工
270	GW20140017	刚果（布）奥贝利—奥杜卡和奥多—奥库奴两段公路沥青铺设工程	1958.49	1958.49	2014年6月—2015年6月	奥优市郊区奥贝利—奥杜卡（4.3千米）和奥多—奥库奴（22.3千米）两段公路沥青铺设	停工
271	GW20140019	刚果（布）援助基金会心脏病诊疗中心项目	1962.38	1962.38	2013年4月—2015年5月	心脏病外科诊疗医院，建筑面积6380平方米	完工
272	GW20140020	刚果（布）奥林匹克马克勒体育场馆建设项目	1324.31	1324.31	2014年6月—2015年5月	新建1栋室内体育馆，总建筑面积5211平方米，总高度为18米，顶部球形网架结构跨度约60米	完工
273	GW20140030	刚果（布）韦索市政道路整治和沥青铺设工程	4178.24	4178.24	2014年12月—2015年8月	道路总长度为17千米，路面宽度为7米（部分路段宽9米），两侧人行道宽均为2米，路面结构为30厘米毛拉姆底基层，20厘米级配碎石基层及5厘米沥青混凝土面层	完工
274	GW20140035	刚果（布）布拉柴维尔姆皮拉区住房重建工程	1296.20	1296.20	2015年7月—2016年6月	布拉柴维尔市姆皮拉爆炸区灾后重建一部分，主要包括二层、三层和四层3种类型社会性住房48套，以及相应配套工程，总建筑面积9815平方米	停工

续表

序号	项目编码	工程名称	主合同额（万美元）	实施份额（万美元）	实际施工期	工程内容	备注
275	GW20150003	刚果（布）韦索棕榈园修复改造项目一期工程	526.68	526.68	2015年5月—2016年4月	126套职工住房修复和供水供电，以及值班室、学校、医院、发电机房等附属设施，总建筑面积约7253平方米	完工
276	GW20150004	刚果（布）恩塔姆边境检查站项目	745.69	745.69	2015年8月—2017年12月	职工住房、接待所、医务室、安全室、寄存处管理站、场地内仓库、金属结构存货场、负载检查站地磅等	完工
277	GW20150010	刚果（布）测绘大楼项目	644.58	644.58	2015年12月—2017年6月	6层地上建筑，地下停车场1层，总建筑面积为3762平方米	停工
278	GW20160004	刚果（布）高原省刚博玛市政道路整治与沥青铺设工程	5893.08	5893.08	2016年6月—2017年6月	17.2千米沥青混凝土市政路，其中新建14千米，修复3千米；路宽为7—18米不等，两侧人行道宽为1.5米	停工
279	GW20160025	刚果（布）森贝—恩塔姆公路整治与沥青铺设工程	12468.72	12468.72	2017年3月—2019年9月	第一标段公路总长80.2千米；第二标段公路总长90.8千米，沥青砼道路设计宽度7米，两侧双表处路肩各宽1.5米	完工
280	GW20190017	刚果（布）布拉柴街区道路修复项目2标段	444.68	444.68	2019年6月—2021年5月	道路总长度5139米，主要将现有土路升级为花砖路	完工
281	GW20200006	刚果（布）恩塔姆边境检查站二期项目	646.75	646.75	2020年9月—2022年6月	建造边检站道路网和沥青混凝土路面小型机动车停车区，铺设钢筋混凝土面重型货车停车场，建造两个称重站、建筑物，供应和安装设备，安装公共照明以及各种网络扩展（电力，饮用水供应，消防安全等），饮用水井钻探等	完工
282	GW20150008	刚果（金）布娜刚—鲁丘鲁—戈马道路修复和现代化（100千米）工程	1000.00	1000.00	2016年9月—2018年4月	旧路路基处理、碎石土底基层、级配碎石基层及沥青双表处面	完工
283	GW20180012	刚果（金）戈马供水和机电基础设施工程	755.13	755.13	2018年7月—2021年3月	升级基武湖1号和2号泵站系统，新增两台685立方米/小时抽水泵，铺设约80.9千米UPVC管道，供应和安装19.5千米HDPE管道，建设2座5000立方米钢筋混凝土圆形地下蓄水池等	完工
284	GW20190012	加纳共和国阿克拉市交通管理工程建设项目	1166.99	1166.99	2020年1月—2021年1月	土建部分分包施工	停工
285	GW20200020	中国水电加纳政府优先基础设施项目一期第8标段	3892.11	3892.11	2020年12月—	主要包括8段道路，总长59.4千米，路面宽度6.0米/7.0米，双表处沥青路面	在建
286	GW20160020	喀麦隆克里比输变电工程	7153.20	7153.20	—	总长约40千米225千伏单塔双回线路，225/30千伏主变、2×60米双母线GIS园区变电站等	融资推动
287	GW20170011	喀麦隆明图姆公路整治项目	6138.61	6138.61	2017年11月—2021年1月	项目全长67.5千米，包括7.5米宽沥青砼路面，2米宽双表处路肩，排水边沟，桥涵结构物，安全信号装置等	完工
288	GW20180001	喀麦隆乌杜拉公路修复工程	1465.42	1465.42	2018年2月—2021年4月	道路全长87千米，道路土方、毛拉姆基层、沥青三表处面层、管涵和排水沟、路缘石施工等	完工

续表

序号	项目编码	工程名称	主合同额（万美元）	实施份额（万美元）	实际施工期	工程内容	备注
289	GW20190003	喀麦隆国家道路网优先道路七座桥梁修复工程	732.59	732.59	2019年1月—2022年4月	7座桥梁加固修复，包括桥面、桥梁支座、盖梁、桥墩、护栏修复及信号装置等	完工
290	GW20200007	喀麦隆德肋撒基金会"两院一校"工程项目	2299.65	2299.36		院区内场地平整、围墙以及建筑工程建设，总建筑面积26842.2平方米	签约未实施
291	GW20210014	喀麦隆雅温得市政道路工程（5区和7区）	1655.71	1655.71	2021年7月—	项目分布在雅温得市的5区和7区，5区包含3条道路共6.66千米，7区包含4条道路总长度5.62千米	在建
292	GW20200018	科特迪瓦塔阿博—科苏—布瓦凯2地区第二条225千伏输电线路建设工程（标段1）	1775.69	1775.69	2020年8月—	瓦塔阿博变电站扩建、科苏变电站扩建、225千伏总长125千米输电线路、其他附属工程等	在建
293	GW20210001	科特迪瓦阿比让市Y4环城高速公路整治工程（路段2）：安亚玛立交桥—北部高速公路	5539.20	5539.20	2021年2月—	13千米双向四车道沥青道路、8个跨线桥梁结构物等	在建
294	GW20180011	尼日利亚卡诺河灌溉工程	6122.14	6122.14	2018年12月—	主要为卡诺河灌溉方案改造和扩建以及提嘎、卢宛堪亚和查拉瓦峡谷大坝安全补救工程	在建
295	GW20140036	阿尔巴尼亚贝拉特绕城公路融资项目	9349.84	9349.84		建设全长4.2千米双向单车道外环路，2.5千米奥苏姆河道整治工程以及总面积约38公顷填开发区	融资项目未落地
296	GW20180030	阿尔巴尼亚木瑞斯至萨那灌区—克鲁提亚V1和V2段修复工程	349.30	349.30	2018年10月—2019年10月	修复7.6千米主渠道，11.2千米二级渠道；修复13.3千米主渠道、10.3千米二级渠道以及三级管网	完工
297	GW20190018	波黑泊奇特利至兹维罗维奇高速公路建设工程二标段：泊奇特利桥工程	3691.74	2417.59	2019年6月—	修建一座特大桥梁，为平衡悬臂预应力混凝土结构，长945米，7跨，设置桥柱6个，桥柱最高高度为97米	在建
298	GW20120024	波兰弗罗茨瓦夫排洪系统河道开挖扩建与伦济拦河坝泄洪改造工程	8863.06	8863.06	2012年11月—2016年10月	河道清淤与拓宽、堤岸翻新、水闸修复及设备安装等	完工
299	GW20160008	波兰海乌姆—卢布林400千伏输变电建设工程	4821.10	4821.10	2016年2月—	工程沿线总长度约67千米，工程主体设计要求2×400千伏双回输电线，但工程安装为单回路1×400千伏以备以后扩建	在建
300	GW20180007	波兰贝司奇查杜兹尼卡河"莎莱尤夫古勒奈"与杜纳河"克罗斯诺维采"防洪水库项目	6352.79	6352.79	2018年4月—	设计蓄水量分别为1067万立方米和190万立方米，设计拦河坝长度分别734米和452米，最大设计坝高分别为20米和14米；包括拦河坝、控制闸、溢洪道、沉砂池、河道防护等工程	在建
301	GW20190020	波兰S14罗兹西部绕城高速公路设计与施工项目	18408.78	18408.78	2019年8月—	长度约16千米，沥青高速公路路面	在建
302	GW20190021	波兰绿山奥得河—新苏尔防洪项目（LOT1）与奥得河—克罗斯诺—维斯卡防洪项目（LOT2）	6200.30	6200.30	2020年1月—	两个标段，包括新筑堤防、旧堤加固、排涝泵站、社区道路等	在建

续表

序号	项目编码	工程名称	主合同额（万美元）	实施份额（万美元）	实际施工期	工程内容	备注
303	GW20200019	波兰 E75 铁路奇热夫至比亚韦斯托克段项目	107537.78	52147.57	2020 年 6 月—	升级改造从奇热夫到比亚韦斯托克现有 71.24 千米双线电气化铁路和 5 个主要车站及附属设施	在建
304	GW20210002	波兰 A2 高速公路 LOT4 标段设计与施工项目	14130.23	14130.23	2021 年 1 月—	全长约 12.89 千米，双向 4 车道高速公路	在建
305	GW20180029	罗马尼亚雅西公路周期性维护项目	2311.75	2311.75	2019 年 4 月—12 月	对现有道路路面进行修复和维护	完工
306	GW20200023	塞尔维亚新萨瓦河大桥项目	11430.93	11430.93	—	原址旧桥拆除、新建萨瓦河大桥、大桥两侧引路 3 部分	未开工
307	GW20030001	巴基斯坦杜伯华水电站项目	12060.25	12060.25	2013 年 6 月—2014 年 1 月	工程由水库、大坝、引水系统、发电厂房、尾水建筑物、开关站、输电线路等组成，挡水坝为混凝土重力坝，最大坝高约 48.5 米，发电厂房共安装 2 台主发电机组，总装机容量 130 兆瓦	完工
308	GW20080004	巴基斯坦卡拉奇 DHA 排洪主渠工程	1568.37	1568.37	2008 年 1 月—11 月	铺设长度为 6000 米预制钢筋混凝土矩形箱涵，钢筋混凝土箱涵盖板的预制、安装及入孔的预留，防护工程的施工以及其他附属工程等	完工
309	GW20090019	巴基斯坦达拉瓦特大坝 EPC 项目	9063.81	9063.81	2010 年 6 月—2014 年 9 月	坝高 46.5 米、长 306 米，是一座集防洪、灌溉、发电兼有改善区域环境、旅游等综合效益的多功能大坝	完工
310	GW20110005	巴基斯坦信德省水利项目一期纳拉渠上下游修复工程	7496.00	7496.00	2011 年 8 月—2013 年 12 月	3 条渠道开挖及水工建筑物，渠道总长约 86 千米	完工
311	GW20110018	巴基斯坦马基节制闸和开普洛渠道修复工程	2652.08	2652.08	2012 年 4 月—2015 年 1 月	渠道清淤及其相关建筑物及取水口等工作	完工
312	GW20150009	巴基斯坦卡西姆港 2×660 兆瓦燃煤电站土建分包工程	3734.78	3734.78	2015 年 9 月—2017 年 5 月	2# 机组主厂房、锅炉房、转运站及输煤廊道等全部土建工程和钢结构安装	完工
313	GW20160002	巴基斯坦萨西瓦尔燃煤电站地基处理及临建工程	736.08	736.08	2015 年 6 月—11 月	级配碎石换填垫层施工	完工
314	GW20160007	巴基斯坦 PKM 高速公路苏库尔—木尔坦段分包工程	21326.12	21326.12	2016 年 8 月—2019 年 11 月	路段长 29.7 千米	完工
315	GW20160009	巴基斯坦卡拉奇中州水泥厂一期项目 EPC 合同框架协议	25000.00	25000.00	—	新建一条 5000 吨每天新型干法水泥生产线	项目未落地
316	GW20160013	巴基斯坦拉合尔轨道交通橙线项目轨道、给排水及消防工程	4601.00	4601.00	2016 年 5 月—2020 年 10 月	轨道工程包括正线及辅助线、出入线和车辆段等轨道铺设工作及线路附属工程；给排水及消防系统包括车站、低下区间、排水系统等以及与其他相关系统接口工作	完工
317	GW20160018	巴基斯坦卡西姆港 2×660 兆瓦燃煤电站土建分包试桩及场地回填工程	434.82	434.82	2014 年 5 月—11 月	钢筋混凝土灌注桩施工及实验，主厂区约 38 万立方米场地回填、土坝及护坡等	完工

续表

序号	项目编码	工程名称	主合同额（万美元）	实施份额（万美元）	实际施工期	工程内容	备注
318	GW20160019	巴基斯坦卡西姆港2×660兆瓦燃煤电站土建分包混凝土供应项目	759.78	85.50	2015年9月—2017年12月	卡西姆电站混凝土供应	完工
319	GW20170009	巴基斯坦特里肯波斯顿风电工程B区132千伏升压站土建安装及集电线路施工项目	3874.40	3874.40	2017年8月—2018年12月	B区132千伏升压站土建安装及集电线路施工	完工
320	GW20180021	巴基斯坦卡西姆港2×660兆瓦燃煤电站脱硫建筑工程合同（C标段）	489.00	489.00	2016年1月—2018年1月	卡西姆燃煤电站脱硫工程C标段区域内全部土建工程，包括：脱水楼、制浆楼、循环泵房、氧化风机房、卸料间、综合管架、石灰石块仓及支架、吸收塔及事故浆液池，工艺水箱、沟道、支墩、废水缓冲池、氧化出水池等地下设施	完工
321	GW20180022	巴基斯坦卡西姆港2×660兆瓦燃煤电站斗轮机基础及驱动小间和材料库检修楼	326.02	326.02	2016年1月—2016年11月	斗轮机基础及驱动小间和材料库检修楼土方工程、钢筋混凝土工程、混凝土表面防腐、二次灌浆、螺栓安装、混凝土盖板制作和安装、地面工程、屋面工程、H型钢和轨道安装、照明接地、移交消缺、安全文明施工等	完工
322	GW20180023	巴基斯坦卡西姆港2×660兆瓦燃煤电站工业废水池剩余工作及工业废水处理站	78.97	78.97	2017年1月—2017年3月	工业废水池剩余工作及工业废水处理站相关所有土建及安装工程	完工
323	GW20210015	巴基斯坦巴沙大坝（土建标）及唐吉尔水电站项目	6087.98	2983.11		唐吉尔水电站土建施工、机电设备安装、金属结构采购及安装、电站运行维护等	未开工
324	GW20130033	援助菲律宾"海燕"台风灾区临时避难所建设工程	1000.00	1000.00	2013年12月—2014年2月	援建166间9960平方米临时校舍	完工
325	GW20180005	老挝南欧江三级水电站厂房尾水检修阀门及附属设备采购项目	94.71	94.71	2018年5月—2019年6月	水电站金结制造安装	完工
326	GW20180006	老挝南欧江七级水电站引水发电系统拦污栅及闸门设备制作工程	83.56	83.56	2018年5月—2019年5月	水电站金结制造安装	完工
327	GW20060006	马尔代夫福纳多岛房屋援建项目	333.07	333.07	2007年4月—2008年4月	建设房屋66套	完工
328	GW20170005	孟加拉国达尔甘地污水处理厂项目CI标土建与安装工程	11414.79	11414.79	2017年8月—	厂外污水提升泵站、污水干管、污水处理厂	在建
329	GW20190025	孟加拉国巴瑞萨350兆瓦燃煤电站工程主体建筑工程施工分包工程	10003.47	10003.47	2019年10月—	除烟囱、冷却塔、全厂桩基、取水口、特殊消防工程以外全部建筑工程施工	在建
330	GW20100005	援也门塔依兹农村学校项目	68.68	68.68	2020年4月—10月	总建筑面积约580平方米，包括新建学校教室、管理用房及卫生间等辅助用房，围墙，道路，给排水，以及原有旧教室维修	完工

续表

序号	项目编码	工程名称	主合同额（万美元）	实施份额（万美元）	实际施工期	工程内容	备注
331	GW20180020	印度尼西亚雅加达至万隆高速铁路项目	21061.04	21061.04	2017年4月—	全线铺轨任务，含铺轨基地建设和轨枕预制	在建
332	GW20120004	蒙古国乔伊尔—赛音山达公路工程第二标段	3186.49	3186.49	2012年3月—2013年9月	标段全长86.4千米，路面宽8米，双向单车道，每侧还有1米宽砂砾料路肩	完工
333	GW20120017	蒙古国乌哈胡达格—嘎顺苏海图铁路基础设施建设项目第5、第6与嘎顺苏海图编组站到边境处标段土建工程	5102.12	5102.12		标段全长112.33千米，包括道路清基、路基土石方挖填、稳定层填筑、排水工程、动物通道、交叉口及永久砾石便道等	合同终止
334	GW20130025	蒙古OT风电融资项目	24035.27	24035.27	—		融资项目未落地
335	GW20110001	乌兹别克斯坦费尔干纳水资源处理一期工程	4883.18	4883.18	2011年8月—2015年10月	费尔干纳州的阿尔蒂亚里克、巴格达、里斯坦3个市部分灌溉排渠修复改善及地下水资源开发利用等	完工
336	GW20170016	乌兹别克斯坦水电站修复Ⅲ标段	7406.84	7217.23	2017年11月—2021年3月	包括下波兹苏梯级电站（HPP-14）、塔什干梯级电站（HPP-9）和沙赫里汉梯级电站（SFC-2）3个电站扩容改造	完工
337	GW20180025	乌兹别克斯坦利泰国际二期纺织厂项目	2640.00	2640.00	2018年6月—	2号厂房为12万锭纺纱车间，3号厂房为织布车间，结构形式为四周钢筋结构辅房，中间为单层轻钢结构	2号厂房完工，3号厂房停工
338	GW20190007	乌兹别克斯坦费尔干纳水资源处理二期工程LOT1与LOT2	1563.98	1563.98	2019年4月—	LOT1渠道标段主要工程内容为61.88千米混凝土衬砌主渠、田间渠及渠系结构物的修复；LOT2灌溉井标段主要工程内容为105口灌溉深井及配套水泵设施安装、电力设施安装和泵房及金属围栏等附属工程	在建
339	GW20200005	乌兹别克斯坦费尔干纳州和库瓦索伊地区灌溉井建设项目	1190.87	1190.87	2019年12月—	建设138口灌溉井及配套水泵、电力供应系统、排水设施、泵房及护栏等	在建
340	GW20060001	卡塔尔多哈路塞尔场地准备项目	43432.70	20847.70	2006年2月—2019年2月	3条深水航道、港池、鹦螺湖、平潮区开挖；深海挖沙建造海滩；回填海岸、场地以及人工岛，包括软基替换、夯实；6处约10千米海岸线结构物	完工
341	GW20080005	卡塔尔路塞开发区基础设施第一标段（CP1）	64186.09	19255.83	2008年4月—2021年12月	公共设施箱涵、市政道路、饮用水系统、污水系统、灌溉水系统、雨水系统、66千伏和11千伏开关站与配电系统、通信管网、ELV管网、交通信号系统等	完工
342	GW20080014	卡塔尔西湾地区、伍姆斯拉和阿尔高三地供水工程（GTC182）	15689.13	15689.13	2008年10月—2011年7月	建设6个600万加仑混凝土蓄水池，18千米管径600~1200毫米球墨铸铁管线，1座可容纳7台变频泵的新泵站及其附属设施等	完工

续表

序号	项目编码	工程名称	主合同额（万美元）	实施份额（万美元）	实际施工期	工程内容	备注
343	GW20110010	卡塔尔老萨尔瓦水池和泵站重建升级工程	3465.83	3465.83	—	新建一个3000万加仑混凝土蓄水池、办公楼、加氯间、污水池以及配套设施	合同终止
344	GW20110013	卡塔尔多哈高速公路第六标段（P6）	6210.18	6210.18	2012年1月—2014年12月	总长约3.5千米，双向各3车道交通干线，包括2座跨线立交桥（每座长130米，桥面宽约32米）	完工
345	GW20140023	卡塔尔经济区海水淡化厂管线工程（GTC606）	21513.80	21513.80	2014年9月—2017年11月	球墨铸铁管线及附属阀室、镇墩和沿线光缆设计含地勘、地形测量、水力研究、水击分析、初设和详设	完工
346	GW20100014	沙特延布场地发展项目第四期工程	3999.97	3999.97	2010年12月—2019年5月	场地平整，场区雨水、污水、上水、电力、电话、桥梁道路、绿化、消防停车场、洗浴卫生、警局安保、急救设施以及相应辅助设施建设	完工
347	GW20120008	沙特军营开发二期第27号场地工程	12702.10	12702.10	—	总建筑物数量2849栋（不含家具），总建筑面积约150000平方米	合同终止
348	GW20130001	沙特延布工业学院扩建项目（A楼+B楼）	2790.23	2790.23	2012年12月—2018年9月	办公室、实验楼、教学楼等建筑物采购、施工、测试、试运行等	完工
349	GW20130003	沙特吉达KAP军营一期工程	9602.34	9602.34	—	18栋男子监狱及配套设施，包括办公楼、卫生室、仓库、餐厅、配电室、门卫警卫室和场地道路、停车场、混凝土围墙等	合同终止
350	GW20140011	沙特延布工业学院娱乐设施建设工程	1065.38	1065.38	2014年4月—2019年5月	总建筑面积13247平方米。主要内容为建设学生中心、自助餐厅和室内体育馆、室内游泳池等配套设施及附属供排水系统、消防系统、污水系统、雨水系统、通信系统、配电系统和安全综合系统	完工
351	GW20150017	沙特达哈兰南部地区住宅社区学校建设项目	21484.39	21484.39	2015年12月—2021年4月	分两个标段，包括2所幼儿园、2所女子小学、2所男子小学、1所残疾人学校（男女分部）；2所中学预科（男女各1所），2所高中（男女各1所）	完工
352	GW20150019	沙特吉赞临建营地分包项目	60.00	60.00	2014年10月—2015年1月	临建营地占地面积4000平方米，满足160人生活起居需要	完工
353	GW20160012	沙特吉达国民卫队家属营地项目	7754.80	7754.80	2016年5月—2021年5月	1栋幼儿园，1栋男子小学，1栋女子小学，1栋男子中学，1栋女子中学，1栋清真寺，以及室外配套设施工程等，总建筑面积37558平方米	完工
354	GW20150014	伊朗北部三省105000公顷农田改造及平整项目	41828.83	41828.83	—	伊朗北部3省105000公顷农田改造及平整	融资项目未落地
355	GW20180013	援安提瓜和巴布达两个社区中心项目	860.32	860.32	2018年11月—2020年8月	在圣约翰和圣菲利普两个地区建社区中心，包括社区诊所、社区服务中心和相应的办公、配套设施等。两个社区的建筑面积分别为1565.7平方米和1371.7平方米，共计2937.4平方米	完工

第二节 东非工程

一、布隆迪最高法院建设项目

布隆迪最高法院建设项目是公司作为主包商以自主品牌与国外业主直接签约并落地的第一个项目。

项目位于布隆迪首都布琼布拉市,工程内容为建设布隆迪高级法院办公楼,共7层,地下1层,地上6层,总建筑面积为3178.51平方米。主要施工内容包括办公楼主体工程施工、附属工程施工、道路施工、管网铺设以及卫生设备和管道安装工程。

项目于2013年9月9日签约,合同金额199.38万美元,合同工期18个月,质保期12个月,业主为布隆迪司法部,资金来源为比利时王国捐赠。

项目于2013年10月22日开工,2016年2月24日完工移交。

二、布隆迪—卢旺达跨国工程3标段

布隆迪跨国公路工程三标段项目是公司以自主品牌与国外业主直接签约的第一个公路项目。

项目位于首都南部马坎巴省,北距布琼布拉120千米,南距坦桑尼亚基戈马64千米,属于布隆迪—卢旺达跨国东部走廊交通设施基建工程第三期项目之一,全长44.5千米。项目于2014年5月19日签约,合同金额3146.93万美元,合同工期24个月,业主为布隆迪交通公共工程设施部,资金来源为非洲发展银行。

施工内容包括砍伐树木、灌木清除和覆盖面挖除,土方开挖、回填和挖清,修建一条宽7米沥青混凝土路面,修建钢筋混凝土排水沟、纵向砌筑排水沟,新建钢筋混凝土涵洞和箱形涵洞以及安装三色信号灯等。

2014年7月17日,布隆迪共和国总统皮埃尔·恩库伦齐扎为项目开工奠基与剪彩。中国驻布隆迪共和国大使馆大使、布隆迪交通公共工程与设施部部长、非洲发展银行代表等出席仪式。

2017年10月26日,布隆迪总统皮埃尔·恩库伦齐扎出席项目竣工典礼并剪彩,布隆迪参议会议长恩迪库里约、中国驻布隆迪大使李昌林及布隆迪多名政府官员参加。作为三标段合同内容的一部分,首都布琼布拉红绿灯安装工程的实施,结束了布隆迪首都没有红绿灯的历史。

三、援布隆迪农业示范中心工程

2017年12月15日,公司与商务部国际经济合作事务局签订援布隆迪农业示范中心项目实施合同,合同金额569.99万美元,合同工期24个月,质保期24个月。

项目位于布隆迪布班扎省吉航加市穆戈洛洛,距首都布琼布拉约30千米,新建总占地面积12.5公顷,总建筑面积约3430平方米农业示范中心,包括农产品加工区、养殖示范区、种植示范区和办公生活区等。

2018年6月1日,项目开工。施工高峰配备中方人员23人,当地雇员230人。2020年5月25日,项目比原计划提前6天完工,实际完成营业收入3714.28万元。

2020年9月17日,项目举行移交仪式,布隆迪共和国总统恩达伊施米耶与中国驻布隆迪大使李昌林出席仪式并共同主持。

2020年10月23日,布隆迪总统恩达伊施米耶在政治首都基特加主持"2020年世界粮食日"活动,盛赞布隆迪农业示范中心项目。他说,这是一个伟大的项目,将为布隆迪培训更多的技术人员,会大大提升布隆迪种子本土化水平。

四、肯尼亚恩组亚地区三镇一期供水和环卫工程

肯尼亚恩组亚地区三镇一期供水和环卫项目

是工程局在肯尼亚受中国水利水电建设集团公司委托实施的第一项工程。

项目于2007年2月24日中标，2007年3月21日签约，合同金额2363.25万美元，合同工期30个月，质保期1年，业主为维多利亚湖北部供水局，资金来源为德国复兴信贷银行与肯尼亚政府配套资金。

工程包括新建可普勒水处理厂，日水处理能力1万立方米；扩建维布耶镇水处理厂，原日水处理能力2900立方米，扩建后日水处理能力7900立方米；扩建邦戈马镇水处理厂。原日水处理能力2200立方米，扩建后日水处理能力7200立方米；恩组亚水处理厂修复后日水处理能力1万立方米。

项目于2007年5月2日开工，2010年1月25日完工移交。

五、肯尼亚伊玛里—哦咯伊托克托克公路工程

肯尼亚伊玛里—哦咯伊托克托克公路项目位于肯尼亚南部，是工程局在肯尼亚实施的第一条公路工程。

项目于2007年8月14日中标，2007年10月5日签约，使用品牌为"SINOHYDRO"，合同金额6346.57万美元，合同工期30个月，质保期24个月，业主为肯尼亚公路与公共工程部，资金来源为阿拉伯银行。

公路全长112.5千米，其中主线全长98.8千米，沥青混凝土路面。实际开工时间为2008年2月5日。项目穿越整个马赛居住区和爱波塞利野生动物园，气候干燥，土壤天然含水率小，地下水源难寻，工程沿线地表径流大多已经干涸，水源严重匮乏，路槽与底基层料源也不充足，运距较远。

2011年4月14日，项目全线开通，肯尼亚总统姆瓦伊·齐贝吉为工程通车揭碑剪彩。2011年8月23日，项目完工移交。

六、肯尼亚松高罗电站工程

肯尼亚松高罗电站位于肯尼亚西部维多利亚湖附近，内罗毕西北360千米，距离基苏木63千米。项目为引水式发电站，由引水建筑物、引水钢管、发电厂房、尾水结构、开关站等组成。发电引水水头61.2米，引水最大流量为39.9立方米/秒，总装机容量为25兆瓦。

项目是竞争性招标，资金来源为日本JICA银行80%贷款和肯尼亚电力公司20%自有资金，工程分土建和机电2个独立标招标，土建标为施工合同，机电标为EPC合同，中标后合二为一。

项目于2008年9月9日中标，2008年9月11日签约，使用品牌为"SINOHYDRO"，合同金额5155.22万美元，合同工期1092天，质保期12个月，业主为肯尼亚电力公司，咨询为日本NIPPONKOEI公司。

项目于2008年11月7日开工；2012年4月10日，项目首台机组发电；2012年4月23日，第二台机组发电；2012年7月18日，项目完工移交。

七、肯尼亚内罗毕—锡卡公路升级改造工程第二标段

肯尼亚锡卡公路是东非第一条高速公路，是连接肯尼亚首都内罗毕市与其卫星城锡卡市的重要交通干线。工程分为3个标段。2008年9月15日，公司以"SINOHYDRO"品牌中标第二标段，2008年11月14日项目签约，合同金额14004.40万美元，资金来源为非洲开发银行。

标段全长14.1千米，工程内容为将原双向4车道改造为双向8（或6）车道，同时，在主车道两侧增加辅助车道、自行车道、人行道、排水系统、道路照明系统、交通信号系统、道路标线以及中央隔离带绿化景观等。标段共有38座建筑物，其中包括较大型主路跨支路立交桥2座、支

路跨主路立交桥2座、跨河桥梁2座、跨铁路桥1座、地下通道3座、人行天桥4座、排水（箱/圆）涵洞24座。混凝土总量超10万立方米，土石方开挖143万立方米，土石方回填149万立方米，沥青混凝土10.3万立方米。

工程于2009年1月26日开工。2009年12月11日，总统齐贝吉等政府要员出席参加项目开工奠基揭碑典礼。

项目在执行过程中，围绕前期策划目标，以项目进度为核心，一线作业队采用责任制管理，实施安全、质量、进度责任制，逐周、逐月检查核实、兑现，职能科室以保障一线施工为原则实施问责制，实施"传、帮、带"。开展科技创新实践活动，进行技术革新，在施工期完成路缘石液压轧制设备改造革新、半圆形钢模和橡胶气囊结合现浇大直径管涵施工工艺革新、排水沟施工工艺改进、预制件倒运设备改造、加筋挡土墙模板改制等多项技术创新。

项目重视属地化人力资源管理，对当地力工和操作手采取公开招聘、面试考试等多种措施把关，对招聘人员实行合同制管理，同时聘请当地警察经常给当地雇员上课，讲解当地法律常识。管理过程中，严格执行当地劳工法、工资薪酬相关法律，在工作中要求中方带班长及时和当地雇员沟通，避免矛盾冲突和过激现象发生，工资实行打卡制度，降低项目部提现发工资被抢风险，宣传企业文化精神，鼓励当地优秀雇员长期为企业服务。从业务技能上给予培训和悉心指导，定期举行业务技能比赛，针对能够计件的工序均实行计件工资责任制，体现多劳多得，定期组织评选优秀雇员活动。

2010年1月26日，坦桑尼亚副总统阿里·穆罕默德·谢因参观项目施工现场。2010年9月3日，乌干达公路基金委员会主席率代表团参观施工现场。

2011年3月3日，中国中央电视台、中国新华社、中国国际广播电台、肯尼亚国家电视台、城市电视台、24小时电视台以及肯尼亚广播电台，肯尼亚《人民报》《国民日报》《标准日报》等新闻媒体对项目进行联合采访。

2011年8月29日，全国政协副主席王志珍慰问肯尼亚锡卡公路项目员工，欣然题词："引水筑路，情系非洲。"

2011年9月29日，卢旺达运输部部长在内罗毕访问期间到项目参观考察。2011年11月28日，南苏丹道路交通部部长考察项目施工现场。

2012年9月3日交工（实际竣工时间自2012年7月24日算起）。

2013年11月，荣获2012—2013年度国家优质工程奖。

2015年3月23日，结束两年缺陷质保期，拿到最终履约证书。

八、肯尼亚萨苏木大坝修复工程

肯尼亚萨苏木大坝修复工程于2008年11月11日签约，使用品牌为"SINOHYDRO"，合同金额3202.19万美元，合同工期24个月，质保期365天，业主是肯尼亚阿西水务局，资金来源为法国开发署（AFD）。

工程包括泄洪道修复，大坝防护石块整砌，提供和安装大坝以及泄洪道检测仪器，封闭临时泄洪道和拆除临时围堰等。工程量包括土方开挖112372立方米，石方开挖2100立方米，石方爆破45000立方米，混凝土浇筑28100立方米，抛石护岸7900立方米。

工程于2008年12月9日开工。2009年11月23日，项目部为所在地贾比尼镇4所小学、4所高中捐资助学，并资助1名孤儿至高中毕业。在举行的捐资助学仪式上，项目员工代表、驻地咨询、当地政府代表、附近8所学校师生代表出席。向4所小学师生代表发放自动笔、文具盒、足球、排球等学习文体用品，向每位优秀高中生代表发放

12500先令的"中国水电"奖学金，并为一名孤儿缴齐学费。此举在当地传为佳话，在肯尼亚树立了良好的企业形象。

项目溢流坝下部混凝土浇筑是项目重点和难点，由于原溢流坝支撑体系受到严重破坏，原坝体存在坍塌风险。项目部成立科技攻关小组，研究建筑物稳定体系。通过分析、计算、模拟等方式，维持原支撑体系，在施工过程中采用隔仓浇筑方式。2010年7月15日，溢流坝下部混凝土浇筑全部完成，解除原坝体安全隐患。

2010年8月，项目部优化设计、精心组织、加大投入，仅历时1个月将紧急溢洪道填筑至设计高程，确保水库在雨季到来之前具备蓄水能力。

2010年9月13日，大坝主体工程提前3个月完工；2010年11月3日项目收到完工证书，比合同工期提前一个月。

2011年4月26日，肯尼亚水利与灌溉部部长、法国驻肯尼亚大使代表、项目业主阿西水务局及项目投资方法国发展署代表等出席竣工典礼。

九、肯尼亚伽撒拉尼污水干线工程

肯尼亚伽撒拉尼污水干线工程位于内罗毕市区东北部，距内罗毕市中心大约25千米。项目于2010年3月4日签约，使用品牌为"SINOHYDRO"，合同金额1879.26万美元，工期24个月，质保期12个月，业主是肯尼亚阿斯水务管理局，资金来源为世界银行。

工程包括内罗毕市区瑞艾、伽撒拉尼北部、伽撒拉尼南部、克雷沃克斯以及若瑞卡等5个地区污水干线铺设，与丹朵拉污水干线连接。工作范围包括所有材料的采购、管线铺设、检验以及维修等。主要工程内容包括铺设49千米预制砼污水管道、检修孔及附属工程等。

原合同开工日期为2010年4月12日，由于业主征地问题没有解决，图纸需全部重新设计，致使项目无法按时开工。2010年9月7日，经业主和咨询工程师批准，项目开工。

与原设计相比，咨询提供的新设计图最主要的区别是新设计线路中有734米箱涵悬空地面，仅靠间隔10米的74个支墩支撑。这一变动不仅增加了箱涵段工程量，还增加了箱涵段施工难度。项目部最终采用土模做基础，再在其上固定箱涵模板的方法，这一创新既减少架空施工风险，又加快施工进度。2011年5月18日，项目箱涵段全部完工。

2012年4月27日，项目通过竣工验收。项目咨询、业主和内罗毕水公司代表出席交接仪式，对工程质量给予高度评价。工程移交后，由内罗毕水公司负责运营管理。2012年5月2日，收到由业主颁发的完工证书。

十、肯尼亚尼北方走廊项目亚马萨瑞—基苏木—基西安公路修复工程

肯尼亚尼北方走廊项目亚马萨瑞—基苏木—基西安公路修复工程是肯尼亚北方走廊公路网的一部分，是肯尼亚政府承诺加大基础设施建设、改善城乡道路交通的一项重大民心工程。项目于2011年8月3日签约，使用品牌为"SINOHYDRO"，合同金额8542.35万美元，合同工期30个月，质保期365天，业主是肯尼亚国家公路局，资金来源为世界银行与肯尼亚政府。

工程内容为肯尼亚亚马萨瑞至基西安公路和基苏木市内道路修复与升级，全长25千米，其中亚马萨瑞至基西安长18千米，基苏木市内道路长7千米。主要施工内容包括原有沥青道路加宽、修复，道路排水系统、照明系统、交通信号和道路标线，沿线穿路建筑物和桥梁等各种附属结构物施工。

2012年2月2日，肯尼亚总统齐贝吉出席项目开工典礼。

2015年7月17日，提前通车并通过验收。

十一、肯尼亚内罗毕瑞如污水处理工程

肯尼亚内罗毕瑞如污水处理项目于2013年6月24日中标，2013年10月1日签约，使用品牌为"SINOHDYRO"，合同金额2371.45万美元，合同工期24个月，质保期12个月，业主为肯尼亚内罗毕城市发展部，资金来源为世界银行。

项目位于肯尼亚首都内罗毕市东北部瑞如镇，主要施工内容包括56.5千米混凝土承插口污水管线，1050个预制混凝土检查井，每天处理20736立方米污水处理系统，房建和进场道路等附属工程。

项目于2013年11月1日开工，成立之初便面临预付款支付迟缓、路权和施工图纸提供不及时等不利因素，实施过程中又因污水厂设计变更石方开挖量大增、污水管沟石方开挖深度增大、城区管网污水管材变更批复迟缓等原因导致施工难度增大。项目部根据实际情况及时调整施工计划，加强与咨询和业主沟通，督促并协助其解决相关问题，经过30个月奋战，项目按期交工。

2016年5月25日，项目收到业主签发交工证书，项目交工。

十二、肯尼亚内罗毕花园城市商城一期工程

肯尼亚内罗毕花园城市商城一期工程于2013年7月4日中标，2013年7月15日签约，使用品牌为"SINOHYDRO"，合同金额4955.74万美元，合同工期481天，保修期为12个月，业主为肯尼亚内罗毕花园城市零售公司，资金来源为英联邦投资集团。

工程位于肯尼亚首都内罗毕瑞如区域，为城市新兴商业圈。项目共分七期，第一期、第二期为购物中心、商品零售城、办公室等，第三期至第七期为住宅小区建设，共500套。一期主要施工内容包括1座两层的商品零售中心、零售中心楼顶上办公室、地下停车场、地上停车场等。主要建筑物类型为商品零售店、餐厅、展览厅、仓库、电影院、办公楼、药店、厕所、商场等。

项目于2013年7月24日开工，2016年7月完工。

十三、肯尼亚内罗毕外环路（C59）升级工程

2014年8月8日，公司以自主品牌中标肯尼亚内罗毕外环路项目。项目位于肯尼亚首都内罗毕，连接锡卡高速公路和内罗毕东部环道，将沿线市场、工业区、学院等连接成一个整体，并把乔莫·肯尼亚塔国际机场融于其中，形成贯穿内罗毕东部区域的交通大动脉。

2014年8月18日，项目签约，合同金额8509.12万美元，合同工期36个月，质保期365天，业主是肯尼亚城市公路局，资金来源为非洲开发银行。这是公司以自主品牌在肯尼亚签约的第一个公路项目。

项目全长13千米，工作内容为将现有单车道升级为双向双主车道，包括服务道、人行道和自行车道，同时还包括3座跨河桥，3座行车天桥，2座高架桥通道和1座铁路桥。

2015年1月22日，肯尼亚内罗毕外环路项目举行开工典礼。肯尼亚总统乌胡鲁·肯雅塔出席并讲话，他指出，外环路项目建设将对肯尼亚当地经济发展起到良好带动作用，增加肯尼亚社会就业率，造福当地群众，是一项利国利民的好工程，希望相关部门协调合作，希望水电十三局能够高效履约，在规定的合同期内优质、高效地完成施工任务。

2019年3月20日，项目完工。

十四、肯尼亚330千米公路工程

肯尼亚330千米公路项目是公司在东非承建的首个融资类EPC公路项目。

2010年9月9日，公司以"SINOHYDRO"品牌与肯尼亚国家高速公路局共同签署项目开发备

忘录。

2011年2月9日签订合同。合同形式为在业主设计的基础上由承包商进行优化设计EPC（交钥匙）合同，资金来源拟从中国政府优惠贷款。

项目起于肯尼亚南部基布韦济，终于中部乌苏埃尼，全长330千米。主要工程内容是升级现有砂石路面为沥青道路，并改造相应桥梁箱涵。项目共分3个合同段：第一标段全长145千米，合同金额约为2.3亿美元，工期42个月；第二标段103千米，工期42个月，合同金额约为2.1亿美元；第三标段全长82千米，合同金额约为1.4亿美元，工期30个月。

2012年10月20日，中国进出口银行肯尼亚代表处进行项目贷前调查。

2016年9月20日，项目签署补充合同协议，其中第一标段长度调整为191.7千米。

项目第一标段于2017年8月16日开工。在履约过程中，项目部结合现场实际，合理组织，科学筹划，克服管理难度大、施工用水紧张、石料运输困难、征地拆迁滞后、地方干扰严重等多层困难，大力施行精细化、规范化、标准化管理，积极进行设计优化和各项风险管控，落实属地化管理相关要求，确保项目完工各项指标安全可控。

项目获得天津市先进基层党组织等多项荣誉称号。

2020年12月20日，肯尼亚330千米公路项目一标段主线完工通车。

2021年6月3日，项目一标段主体工程通过业主验收。业主验收团队确定接收范围为全部已完成主体工程，项目一标段进入缺陷责任期。

2021年6月25日，项目收到业主颁发的竣工接收证书。

十五、肯尼亚卡玛提拉—切普通盖沥青公路升级和维护工程（C104）

肯尼亚卡玛提拉—切普通盖沥青公路升级和维护工程是肯尼亚"五年一万千米公路建设计划"的一部分，是公司在肯尼亚中标承接的第一条乡村公路。

2016年2月17日，公司以自有品牌"STECOL"中标肯尼亚卡玛提拉公路项目。项目于2016年4月26日签约，合同金额3328.83万美元，合同工期3年，质保期12个月，业主为肯尼亚乡村公路局，资金来源为政府资金。

项目位于肯尼亚西北部，距离艾尔多雷特约120千米，全长77.93千米，施工内容包括路基土石方、天然砂砾底基层、水泥稳定砂砾基层、沥青双表处路面及桥涵排水等。

项目所处地区平均海拔2800米，最高处海拔3300米，施工区域一侧为悬崖深沟，一侧为山峰，地势险峻，坡陡弯急，且常年多雨，施工难度极大。项目部认真组织策划，制定科学合理的施工组织方案，以质量、安全和环保为管理重点，积极采用施工新工艺，项目部克服高海拔、降雨多、任务重等问题，2019年3月20日完工进入质保期，2020年8月13日收到缺陷责任期满证书。

项目所在地区是当地土豆主产区，公路通车后，极大地方便了当地居民农产品运输，推动了经济发展，受到当地政府及居民广泛好评。

十六、肯尼亚乡村公路升级维护工程275标段

肯尼亚乡村公路275标段项目位于肯尼亚卡贾多郡，是公司以"STECOL"品牌在肯尼亚"五年一万千米公路建设计划"中标承接的一条重要乡村公路。

项目全长约70千米。主要施工内容包括清表清障、路基土石方施工、道路管涵、箱涵、桥梁等结构物混凝土施工，路面标志、标线等。

项目于2017年5月19日签约，合同金额3489.82万美元，其中施工期为2936.69万美元，维护期为553.13万美元。施工工期36个月，质保

期12个月，维护期36个月。业主是肯尼亚乡村公路局，资金来源为政府资金。

项目于2017年6月19日开工。施工高峰期中方员工达到24人，外籍员工达到245人，机械设备98台套，每月平均上报账单金额接近198万美元。

项目根据现场实际情况和施工技术要求，积极推动设计变更，土方施工方面在保证道路设计满足行车和安全要求的情况下做到挖填平；大型结构物方面将项目2座跨河灌注桩桥梁变更为大型箱涵，降低施工工期和难度，提高利润较大的混凝土方量。

项目所处地区位于肯尼亚卡加多郡的热带草原气候区，降雨时间分布极不均匀。项目填方量较大，为保证施工质量，组建夜班队伍，在夜间进行拌料和施工面上料，保证第二天施工进度和土料含水率。

2017年，在肯尼亚旱季期间，项目多次向当地学校捐赠水源和学习生活用品，资助成绩优异的学生完成小学学业；多次利用水车和装载机，扑灭火灾，挽回当地居民财产损失；多次救援交通事故车辆，并将伤者送往医院救治。

在雨季来临前，通过与当地居民长期相处建立了良好关系，以开挖蓄水池换取施工用料和免费用水，解决旱季施工用水问题，降低施工成本。项目全线70千米，平均每10千米就有大小蓄水池10余个，在旱季能提供近5万立方米的施工用水。

项目在施工过程中注重技术总结和新技术应用。2019年研发实用新型专利"一种轻型沥青桶转运工具"提高在沥青脱桶过程中工人的效率，降低时间和人工成本；研发实用新型专利"一种快速测量各种坡比的工具"帮助现场施工人员快速检测路面、边坡和各种结构物坡比，降低坡比校准时间成本，提高施工效率；研发实用新型专利"一种移动式渗透井"提高河道蓄水池使用效率；研发实用新型专利"一种铰接式混凝土管涵模板"提高项目结构物施工效率，节约模板耗材成本，加快施工进度。总结发表论文《沥青双表处公路质量控制及病害治理》。

2019年5月24日，项目提前一年完工并进入质保期，2020年6月10日通过质保期验收，实现营业收入19554.12万元，毛利率31.56%。

2020年7月6日，项目收到业主颁发的缺陷责任期证书，项目完成缺陷责任期内合同义务，进入维护期。

十七、肯尼亚恩佐亚河下游建设工程第一标段与第二标段

2017年10月30日，公司使用"SINOHYDRO"品牌中标肯尼亚恩佐亚河下游建设工程第一标段与第二标段。2017年11月22日签约，业主是肯尼亚水利、公共卫生和灌溉部，咨询工程师是德国特克贝尔工程咨询公司与肯尼亚象限工程咨询公司联营体。

第一标段（灌溉标）签约合同金额3727.57万美元，合同工期36个月，质保期12个月，资金来源为世界银行（占比70%）和德国复兴信贷银行（占比30%）。一标段由灌溉引水系统和防洪排水系统两部分组成。灌溉引水系统主要包括分水堰、引水闸、连接渠、主渠、二级渠、三级渠以及渠道结构物节制阀、沉砂池、箱涵、倒虹吸、跌水及人行桥；排水系统主要包括主排水渠、二级排水渠、三级排水渠以及渠道结构物等。

第二标段（防洪标）签约合同金额1359.51万美元，合同工期24个月，质保期12个月，资金来源为世界银行（占比100%）。工程内容为加固升级恩佐亚河下游两岸原有防洪土堤。包括恩佐亚河两岸防洪堤维护升级、排水渠、毛拉姆维护道路，以及若干服务防洪堤的小型结构物等。

工程渠道总长度超过180千米，防洪堤总长度超过37千米，工程征地存在区域广、面积大、环境复杂特点。

2018年6月12日开工。项目部配备中方管理人员26人，其中正式工和中鲁外聘员工各13人，肯尼亚籍雇员278人。项目施工高峰期混凝土浇筑最大强度2880立方米/月，主渠渠道土方施工最大强度288400立方米/月。

2018年6月，肯尼亚布西亚郡卜亚拉镇出行道路年久失修，车辆和人员通行严重受阻。项目在接到当地社区求助后，积极组织人员和设备开展道路修复工作。布西亚郡国会议员给项目发来感谢信，高度赞扬项目善行义举。

2019年2月25日，肯尼亚主流报纸《星报》以《五十三亿肯先令恩佐亚河下游工程助力粮食增产，抵御洪涝灾害》为题，以项目正在施工的取水口结构物为配图，大篇幅报道工程投产后带来的经济效益和社会效益。

由于业主征地拆迁工作严重滞后，防洪标段一直无法满足承包商进场施工条件。项目部在做好工程变更的同时，积极主动配合业主和监理解决进场施工难题，考虑到河道外侧和右岸征地情况复杂，先后提出河道内侧单边傍坡、北岸优先施工等工程变更，获得业主和监理一致认可，在满足进场施工条件的同时，降低了生产成本，提高了施工效率。2019年5月下旬，防洪标段进场施工。

2019年6月7日，肯尼亚共和国副总统威廉·鲁托亲自为项目开工纪念碑揭牌，并操作项目设备动土，宣布项目启动。肯尼亚共和国水利部部长、农业部部长、部分国会议员、布西亚郡郡长等肯尼亚政府各部门高层以及当地民众和媒体采访团等300余人出席。

2020年5月初，肯尼亚布西亚郡遭受特大洪水袭击，郡内恩佐亚河段出现严重汛情。项目部在肯尼亚新冠肺炎疫情特殊时期，全力开展抗洪抢险救灾工作，封堵决堤口、加固受损堤坝、帮助受灾群众撤离自救。肯尼亚水利部、希亚郡政府、布西亚郡政府及郡议会、中国驻肯尼亚大使馆等权威机构先后为项目积极履行社会责任，展现中国企业责任与担当点赞。项目抗洪抢险救灾行动得到国内众多主流媒体关注，中国国际广播电台、央视网、《经济日报》、人民网、《人民日报》、学习强国等多家中央媒体平台先后对救援活动进行报道。项目社会责任案例《抗洪抢险无国界，电建相助渡难关》荣获中国电建2021年度社会责任优秀案例一等奖。

2020年7月，肯尼亚希亚郡恩佐亚桥的桥梁与路堤连接处被洪水冲毁，导致人员和车辆均无法通行，严重影响当地社区居民工作和生活。项目部在接到求助后，第一时间组织技术骨干进行现场查勘，确定修复方案并迅速组织落实，经过一天紧张施工，完成桥梁修复工作。肯尼亚希亚郡政府给项目发来感谢信，对项目义务修复受损恩佐亚桥表示赞赏和感谢。

2021年10月，肯尼亚吴宫迦镇发生一起油罐车突然侧翻事故并导致柴油泄漏，污染当地通行主干道，造成相关路面极为湿滑，存在重大交通隐患。为确保夜间行车安全，应吴宫迦镇警察局请求，项目部连夜组织人员、设备和材料赶赴现场紧急处置，在污染区域设置三角警示牌，利用石粉和高压水车对污染路面进行反复覆盖和清洗，经过两个多小时的紧张工作，将受污染路面清理完毕，消除交通安全隐患。吴宫迦镇警察局发来感谢信，对项目部义务帮助清理油污路面，避免次生事故表示感谢。

截至2021年底，实现营业收入12523.37万元人民币，为合同额的37.1%。

十八、肯尼亚年金制公路项目LOT32标段

肯尼亚年金制公路项目LOT32标段是公司承建的第一条年金支付模式国外工程。

2014年6月27日，肯尼亚政府对"五年一万千米公路建设计划"公开招标资格预审，考虑到此次招标规模及政府发展肯尼亚基础设施的

决心，公司以"SINOHYDRO"品牌和自有品牌有选择地参与14个标段资格预审。

2014年9月30日，公司两个品牌通过资格预审，参与正式招标。根据项目规模和地理位置，以"SINOHYDRO"品牌参加Lot8、Lot9、Lot32投标，以公司自主品牌（SINOHYDRO TIANJIN）参加LOT20投标。

2014年10月，招标文件正式发布。经过对招标文件及补遗解读，"五年一万千米公路建设计划"合同模式为PPP下年金支付模式，且为投资类项目，电建国际公司认为不符合当时公司经营策略且风险较大，建议放弃。后经公司研究，可以转变思路和当地财团联合，以财团贷款带动银行贷款，承包商以名义出资人成立项目公司，投资收益归属财团及贷款银行，只做EPC承包商。

2014年12月23日，电建国际公司开会研究，认为："从项目层面风险考虑，该项目还具有很大不确定性，许多关键信息目前尚不知晓，因此也无法判断是否继续跟进项目。在国际公司层面，如果希望分担风险并提高公司积极性，SPV组成可采取国际公司与公司联营，由公司占大比例主导模式。"

准备标书期间，肯尼亚总统、副总统及交通部、财政部部长为"五年一万千米公路建设计划"召开多次会议，且信心十足。公司继续参与投标。

2015年1月7日，Lot32标段投标。2月13日，商务标开标。3月20日，收到第一中标人信函，邀请进入谈判阶段。

2015年3月—4月，公司参加3轮谈判，就技术、EPC报价与业主达成一致。

2015年下半年至2016年上半年初，因整个年金项目融资成本超出肯尼亚政府预料，项目暂时搁置，但公司东非经理部仍积极与业主沟通，尽可能向前推动。

2016年3月，肯尼亚政府宣布继续进行年金计划。4—10月，公司就LOT32EPC和OM报价、合同、技术附件等进行多轮谈判并达成一定成果。

电建国际公司经过对银行出具的模型进行分析，发现该项目投资收益率可观，决定变更投标模式，转由电建集团投资。

2017年2月28日，电建国际公司安排人员至肯尼亚参与并逐步主导LOT32标段技术、商务、法律合同谈判。公司安排专门人员协助电建国际公司与业主、设计分包商沟通联系。

因项目为里程碑支付且扣款机制较为苛刻，为保证EPC阶段实施，公司预先采购120万美元设备以准备随时进场。

2019年6月17日，公司与电建国际公司签署肯尼亚年金制公路项目LOT32标段EPC合同，EPC合同金额4676.62万美元，合同工期24个月。之后又签署委托实施运维合同，金额为2593.63万美元。业主为肯尼亚高速公路局，电建集团投资。

项目位于肯尼亚东南部乞力马扎罗山脚下，跨越卡加多和塔韦塔两个郡，紧邻肯尼亚和坦桑尼亚两国边境。年金公路项目特许经营期10年，含2年建设期和8年维护期。项目公司依据特许经营协议通过收取公路局每季度支付年金，偿还建设期投资和工程维护成本，特许经营期结束后移交项目。肯尼亚政府出台PPP法案和年金专项法规，并且开始征收燃油附加税用于未来支付年金。

道路全长约66.5千米，主要施工内容包括清表、清障和路基土石方施工、修建标准管涵、箱涵及道路排水系统升级等。

截至2021年底，项目尚未实质性开工。

十九、肯尼亚锡卡高速走廊快速公交（BRT）设计施工工程

随着肯尼亚经济的快速发展，肯尼亚首都内罗毕城市交通拥堵问题日益凸显，严重影响民众出行和经济活动正常运转，政府为进一步加大公交优先力度，推进公交体制改革，完善运营环境，推出快速公交（BRT）建设项目。

2020年7月6日，公司以"STECOL"品牌与上海市政总院组成联营体，签约肯尼亚锡卡高速走廊快速公交（BRT）设计施工项目，EPC合同，合同金额5229.41万美元，公司实施金额4183.50万美元（80%）。项目为肯尼亚政府第一条公开招标的快速公交系统工程，合同工期18个月，质保期12个月，业主是肯尼亚内罗毕城市交通管理局（NaMATA），资金来源为政府资金。

项目位于肯尼亚首都内罗毕，内容包括快速公交车道、车站以及其他附属设施设计和建设。线路总长度约27千米，专用道长度20.18千米，全线共设中途站13组25个，包括改建天桥10个、建设停保场2个以及首末站及相关配套设施。

2020年8月4日项目开工。项目投入中方人员33人，当地雇员400人（高峰期），机械设备142台套。

项目沿线23组站台和BRT车道改造在锡卡高速公路主车道中间位置，锡卡公路日均通行量约20万辆，是肯尼亚交通最繁忙的路，当地交通车辆超速、违章现象严重，施工期间交通分流和安全防护是管控重点。

由于项目位于锡卡公路沿线，自开工以来备受社会各界关注。2021年7月27日，肯尼亚住建部常秘到项目现场进行参观考察，对施工进度和质量给予充分认可和高度评价，项目负责人接受CGTN国家电视台采访，详细介绍当前施工进度情况和进度计划安排。

截至2021年底，实现营业收入5144.13万元人民币，为实施金额的17.4%。

二十、卢旺达基加利特别经济区基础设施建设二期工程

卢旺达基加利经济特区基建二期项目是公司在卢旺达市场承建的第一个项目。

项目于2013年5月7日中标，2013年6月19日签约，使用品牌为"SINOHYDRO"，合同金额1445.35万美元，合同工期547天，质保期365天。业主是由卢旺达政府、卢旺达国家开发银行、社保局、保险公司以及民营企业构成的一个半国营企业，资金来源为业主自筹。

项目位于卢旺达经济开发区，主要工程内容包括沥青混凝土路面及相关人行道、路灯与标志牌等；供水管线与消防管线及相关水塔、阀室等；污水管线、相关控制室、阀室、人井和泵房等；地下供电线路、相关控制室、实验室及箱式变电站等；地下光纤通信线路、相关控制室与检查井等。

项目于2013年8月21日开工，由公司与当地HORIZON CONSTRUCTION LIMITED公司组成联营体实施，公司在联营体中占比59.31%。项目部克服初期资金不足，缺乏设备、物资支援等重重困难，保障按期完工。

2015年6月26日，收到业主颁发的完工证书。

二十一、卢旺达鲁本盖拉—吉西扎公路工程

2015年10月9日，公司与当地HORIZON公司组成联营体签约卢旺达鲁本盖拉公路。联营体股比为公司占70%，当地公司占30%。签约合同金额3430.94万美元，合同工期15个月（其中包括动员期2个月），质保期12个月。业主是卢旺达交通发展署，资金来源为阿拉伯四家银行和卢旺达政府资金。

项目是公司在卢旺达承建的第一条公路项目，主要施工内容包括将现有25.2千米砂砾石道路改造为沥青砼路面，管涵、箱涵、40米桥梁等结构物施工，铅丝笼、浆砌石、挡土墙、排水渠道衬砌等防护工程。

项目于2015年10月16日开工，作为连接两个地区的主干道，穿越数十个村落，可利用场地非常有限。在工期紧、施工任务重的情况下，施

工有序安排和交通疏解是工程施工重点。

施工高峰期中方员工达到75人，外籍员工数量达到1100人，机械设备达到150台套。项目聘任在当地有威望、会管理、具有一定知识水平的当地雇员作为雇员办公室主任，当地雇员和中方管理人员之间架起一座沟通桥梁，避免中方管理人员与当地雇员直接接触，通过抓好关键少数方式，提高管理成效。

2018年项目入选中国国务院新闻办公室、中国驻卢旺达大使馆等单位承办的"美丽中国美丽卢旺达"图片展，是中资企业在卢旺达市场唯一荣登《人民画报》2018年特刊的公路工程项目。

2020年7月31日，主体完工，进入质保期。

2020年11月，"一种石料厂破碎站石料输送设备"获批为国家实用新型专利。

2021年5月17日，收到竣工验收证书，交工资料获得业主批准，实际完成营业收入21098.54万元人民币。

二十二、卢旺达胡也66千米公路融资工程

卢旺达胡也66千米公路项目是公司在卢旺达承接的第一个融资类项目。

2016年6月30日，公司推动以"SINOHYDRO"品牌与项目业主签署项目开发MOU。

2016年12月30日，项目EPC合同签约，合同金额7791.54万美元。资金来源为中国进出口银行两优贷款，业主是卢旺达运输发展局，业主代表为澳大利亚雪山工程咨询公司（SMEC），合同工期36个月（包括设计工期），缺陷责任期24个月。

项目位于卢旺达南部省，是卢旺达南部地区重要城际公路，沟通胡也、基贝霍、穆尼尼、恩戈马等多座城镇。项目起点位于胡也市，终点位于恩戈马市，终点向南行驶4千米即可抵达布隆迪边界。项目全长66.3千米，其中5千米为市政道路。主要工程内容为将现有土路升级改造为10米宽沥青混凝土路面，行车道宽度7米，两侧路肩为1.5米沥青双表处路面，另外包括10千米路灯安装和排水系统等设施。

2018年7月23日，国家主席习近平与卢旺达总统卡加梅共同见证两国关于"一带一路"建设等多项双边合作文件签署，胡也公路项目位列其中。

2019年3月29日，卢旺达时任基建部副部长让·维汉甘耶、中国驻卢旺达经商处参赞王嘉欣参加项目开工典礼，卢旺达《权威消息报》、时代网站等多家媒体进行报道。

项目于2019年4月9日开工。施工高峰期配备中方管理人员54人，当地雇员600余人，设备175台套。

2019年4月，"一拖二正反转同步可调节卷扬机传动装置"获批国家实用新型专利。

2019年5月25日，项目组织人员与业主经理和监理团队一同参加卢旺达传统的"乌姆甘达"义务活动。

2019年6月23日，新华网、人民网等媒体发表题为《中国援建卢旺达道路项目助力卢旺达发展》图文报道。

2019年8月20日，中国国际电视台对项目进行实地采访。

2019年10月11日，在卢旺达胡也地区年度工作总结大会上，项目部获得由胡也市市长颁发的年度感谢状，对项目部积极履行社会责任、积极服务当地社会的举动表示感谢。

2019年11月19日，项目部收到卢旺达南部省卡拉玛县政府的感谢信，称赞并感谢项目部对该地区发展建设所提供的帮助。

2020年4月27日，项目部收到亚鲁古鲁市市长写来的感谢信，对项目在新冠肺炎疫情封锁期间克服困难、不惧风险为当地抢修道路、打通抗疫生命通道表示诚挚的敬意及感谢。卢旺达媒体

时代新闻对此次救援进行报道。

2020年9月26日，卢旺达时任基建部部长、南方省省长一行到项目现场考察，项目进度、质量获得部长赞赏。

2020年12月，项目部收到胡也市市长的感谢信，感谢项目为胡也区政府实现2019—2020年度发展目标所作出的杰出贡献。

截至2021年底，累计完成合同金额的71.1%。

二十三、卢旺达那巴龙格河二号水电站工程

卢旺达那巴龙格河二号水电站项目是公司承接的第一个融资类水电站，也是在卢旺达市场承接的第一个水电站。

2019年4月，公司以"SINOHYDRO"品牌与卢旺达能源发展有限公司签署最终项目补遗合同，公司作为牵头方与华东勘测设计研究院组成联营体共同负责实施。

项目位于卢旺达那巴龙格河干流上，坝址距首都基加利约27千米。工程主要目的是发电，兼顾下游防洪及灌溉。工程由93米高黏土心墙堆石坝、左岸开敞式溢洪道、左岸引水发电系统、冲沙兼放空洞和输电线路组成。电站总库容为8.038亿立方米，装机容量43.5兆瓦，总工期56个月，资金来源为中国进出口银行优惠贷款。项目资金是当时中国政府向卢旺达政府提供的最大一笔优惠贷款。

2019年12月30日，项目前期可研和详勘阶段主要工作结束。

2020年2月7日，中国驻卢旺达大使饶宏伟代表中方与卢旺达政府签署项目融资协议，项目落地。

2020年6月30日，中国进出口银行与卢旺达经济财政部签署项目贷款协议，项目进入实施阶段。

截至2021年底，项目收到合同额20%预付款，完成项目主营地建设，以及部分临时道路、砂石料系统和拌和站施工。

二十四、马拉维利隆圭17.5千米供水管线工程

马拉维利隆圭供水管线项目是马拉维首都利隆圭2015—2020年投资发展计划的一部分，是公司在马拉维市场承建的第一项工程。

工程于2018年1月24日中标，2018年3月26日签约，使用品牌为"SINOHYDRO"，合同金额为602.36万欧元，合同工期12个月，质保期12个月，业主是利隆圭水务局，资金来源为欧洲投资银行。

施工内容包括设计供水总管线约17.5千米。阀室包括连接阀室、排气阀室、冲洗阀室及流量计量阀室总共60个。

项目于2018年7月24日开工。

初入市场，施工期间遇到材料紧缺、设备老旧、当地员工技能水平低、当地部门和供应商信任度低、交通不便等种种困难，所需物资均需第三国转运。项目部积极调研，了解市场行情，主动与各部门进行沟通，最终打通由坦桑尼亚达雷斯萨拉姆转港，通过陆运转运到现场内陆运输通道。2018年10月26日，项目首批转港和陆运货物按计划到场。

2019年2月13日，欧洲投资银行代表团到项目考察，业主及咨询工程师等陪同参加。代表团参观项目主管线、结构物及穿路段施工情况，对现场文明施工、安全防护措施等给予肯定。通过现场查看球墨铸铁管安装施工工艺，对项目部规范施工、科学回填、施工质量等表示赞赏。此次考察是公司与欧洲投资银行在马拉维市场的第一次接触。

2020年1月14日，项目最后一条管线冲洗完成，标志着17.5千米供水管线及阀室施工等内容全部完成，通过验收。实际完成营业收入4375.95万元。

二十五、南苏丹12层赤道大厦工程

南苏丹赤道大厦是南苏丹首都朱巴地标性建筑，是公司在南苏丹承建的第一个项目。工程包括新建一座办公楼，地上14层，局部15层，总占地面积7104平方米，总建筑面积11073.49平方米，总建筑标高54米。

项目于2011年10月17日签约，签约主体为中国航空技术国际工程有限公司，合同金额1118.64万美元，合同工期670天，质保期6个月，业主为肯尼亚UAP地产公司。

2013年12月，因南苏丹爆发军事冲突，项目一度停工，公司13名员工安全撤离回国。

南苏丹局势稳定后，2014年6月全面复工，历经1年多艰苦施工，2015年12月底全部完工。

2016年7月7日，南苏丹首都爆发大规模军事冲突，6名项目员工生命受到严重威胁。公司成立南苏丹应急领导小组，并派东非经理部负责人立即飞赴南苏丹邻国乌干达，成立通信应急联络中心，准备随时撤离。

2016年7月10日，南苏丹局势越发紧张，为确保尽早具备随时撤离条件，项目部利用两天时间完成工程和财务资料收集、登记、转移，现场物资设备的集中、整理、登记、拍照等准备工作，并与当地信誉好的安保公司进行现场管护移交。项目部每天召开碰头会议，总结工作、沟通外部信息、疏导大家的紧张情绪；及时同业主单位、监理采取电话、邮件、函件形式沟通，为以后合同管理工作打下基础。

2016年7月12日上午，项目部接到电建集团海外事业部转发国务院国资委办公厅的撤离通知；中午，中国驻南苏丹大使馆电话通知现场撤离小组，要求各单位自行撤离，使馆和经参处提供必要协助；下午，载有公司6名员工、水电五局4名员工、3名黎巴嫩员工等42名撤离人员的包机，离开朱巴飞往肯尼亚内罗毕国际机场。

2016年7月15日15时10分，载有从南苏丹安全撤离回国的公司员工航班平安抵达首都国际机场。

二十六、坦桑尼亚盖塔—乌萨嘎拉公路项目1标段与2标段

坦桑尼亚盖塔（GEITA）—乌萨嘎拉（USAGARA）公路项目是工程局以"SINOHYDRO"品牌承建的坦桑尼亚117公路延续工程，内部称为"118公路项目"。

工程于2007年12月1日中标，2008年1月7日签约，设计+施工合同，公路全长90千米，分为LOT1、LOT2两个标段。LOT1合同金额3362万美元，LOT2合同金额3038.8万美元，合同工期均为24个月，质保期36个月。业主为坦桑尼亚国家公路局，资金来源为政府资金。

项目是十年公路段改进计划中高级环维多利亚湖走廊工程的一部分，将盖塔—乌萨嘎拉原有砂石路升级为沥青路面。LOT1标段衔接117公路终点，自盖塔镇至西格玛（SENGEREMA）镇，长50千米；LOT2标段接LOT1终点，自西格玛镇至乌萨嘎拉镇，长40千米。

工程于2008年2月1日开工。坦桑尼亚总统基奎特为项目开工剪彩，工程部部长等政府官员参加。

项目实施分为3个明显不同的阶段：初步设计阶段、详细设计阶段、施工阶段。主要施工内容包括路基土石方、底基层摊铺、基层摊铺、双表处路面、桥涵及排水沟、其他附属工程、碎石料生产、布斯斯（BUSISI）和肯刚构（KIGONGO）两个码头施工。

2009年4月3日，人民网对项目"大干100天，确保完成任务"进行报道。2009年是项目最关键一年，必须在年内完成所有剩余工程。项目部上下团结一致，以周密部署和合理统筹安排为前提，结合117公路实施经验，合理组织和调动

人员、设备，分解节点目标，并着重培养职工团队协作精神，有效提高工作效率。项目在党的建设、领导班子建设、党风廉政建设、员工队伍建设、工作机制建设以及经济指标、经营管理、生活文化环境等方面都取得显著成绩，被评为电建股份2009年度文明工程项目。

工程于2010年2月1日完工。

二十七、坦桑尼亚新吉他—巴巴提—岷晋古公路升级工程

坦桑尼亚新吉他（SINGIDA）—巴巴提（BABATI）—岷晋古（MINJINGU）公路升级工程位于坦桑尼亚辛吉他和曼亚拉两省，是连接坦桑尼亚中部城市辛吉他与边境旅游城市阿鲁沙（ARUSHA）的重要干线公路，道路紧邻东非大裂谷，地形险恶，施工难度较大。

工程于2008年12月29日以"SINOHYDRO"品牌中标，2008年12月30日签约，业主为坦桑尼亚国家公路局，由非洲开发银行与坦桑尼亚政府共同出资。工程分两个标段，一标段合同金额4218.03万美元，合同工期30个月，质保期12个月；二标段合同金额5240.88万美元，合同工期33个月，质保期12个月。

第一标段为新吉他—卡泰什（KATESH）段，总长65.1千米（含2.4千米新吉他市绕城路），结构物63座。工程设计为双车道沥青双表处路面，路面宽度为6.5米。

第二标段为喀泰什—达雷达（DAREDA）段，总长73.8千米，（结构物部分包括89座管涵），25座箱涵。工程设计为双车道沥青双表处路面，路面宽度为6.5米。

项目于2009年3月11日开工。项目部统筹两个标段施工组织，错开施工高峰期，把资源和费用消耗降至最低，克服"裂谷风"等不利因素影响，高标准完成施工建设任务，工程进度、质量多次得到业主、咨询及非洲开发银行的肯定和赞扬。

第一标段完工时间为2012年2月29日，第二标段完工时间为2012年8月10日。

二十八、坦桑尼亚克拉维—木卡他—汉德尼公路升级工程

坦桑尼亚克拉维（KOROGWE）—木卡他（MKATA）—汉德尼（HANDENI）公路升级工程，起点为坦桑尼亚坦噶省（TANGA）克拉维，终点为坦噶省汉德尼，内部称"坦桑尼亚坦噶公路工程"，施工内容为将原砂砾路面升级为沥青路面。

项目于2009年6月11日中标，2009年6月15日签约，使用品牌为"SINOHYDRO"，业主为坦桑尼亚国家公路局，资金来源为政府资金，监理单位为澳大利亚雪山国际工程咨询公司。

项目分两个标段：一标段全长约54千米，包括30米桥梁一座、箱涵16座、管涵60座，合同金额4427.7万美元，合同工期23个月，质保期12个月，2009年12月25日开工。

二标段全长约65千米，包括箱涵17座、管涵93座，合同金额4880.26万美元，合同工期27个月，质保期12个月，2010年7月15日开工。

项目部克服工地范围内极度缺水，业主资金极度短缺等困难。一标段于2012年11月23日完工，二标段于2013年7月18日完工。

2014年12月，二标段荣获2014年度中国电建优质工程奖。

二十九、坦桑尼亚坦噶—浩乐浩乐公路升级工程

坦桑尼亚坦噶—浩乐浩乐（HOROHORO）公路项目是公司在国外承接的第一个千年挑战基金项目。

项目于2009年12月15日中标，2009年12月22日签约，使用品牌为"SINOHYDRO"，合同金额5339.26万美元，合同工期27个月，质保期12个月。业主为千年挑战基金——坦桑尼亚

（MCA—T），资金来源为美国千年挑战基金，监理单位为印度国际咨询技术公司（ICT）。

项目位于坦桑尼亚坦噶省境内，起始于坦噶省城东北方向，沿印度洋海岸向北通往肯尼亚边境。工程包括65千米的道路升级改造、桥梁、箱涵、管涵和附属排水结构物等。

项目计划开工日期为2010年1月22日，实际开工日期为2010年5月5日。

项目部按照施工规范和美国标准推进，做到施工与环境保护相结合，施工与安全管理相统一，施工与工程质量要求相一致。

2012年4月20日，项目实现主体工程贯通并具备通车条件，安全、环境、质量均达到美国标准，得到监理和业主的肯定，在坦桑尼亚公路建设中树立标杆，并为公司承接国外高标准公路积累了宝贵的经验。

2012年11月1日，项目与坦噶省肯澳毛尼中学举行足球场交接仪式。足球场由项目无偿援助，省长将足球场命名为"SINOHYDRO足球场"。省长、市教育局局长及学校校长分别发言，对项目为当地社会做出的贡献表达真诚谢意。项目部为学校学生赠送足球和球服。坦噶省3家新闻媒体进行报道。

2013年12月20日，收到履约证书，合同履约完成。

三十、坦桑尼亚佩拉米霍—姆宾加公路升级工程

坦桑尼亚佩拉米霍（PERAMIHO）—姆宾加（MBINGA）公路升级工程，起点为佩拉米霍路口，终点为姆宾加市，全长78千米。

项目于2010年7月2日中标并签约，2010年8月9日开工，合同金额5920.21万美元，使用品牌为"SINOHYDRO"，合同工期27个月，质保期12个月，由美国千年挑战基金投资建设，业主为千年挑战基金——坦桑尼亚，监理单位为爱尔兰尼古拉公司。主要施工内容为将原砂砾路面升级为沥青双表路面，设计行车道宽6.5米，两边路肩各宽1.5米，双向两车道。

项目部严格执行环境与社会、健康与安全方面的标准，在施工过程中采用P3项目管理软件，使工程进度动态可控，现场施工井然有序，如期履约，赢得美国投资方、业主、监理以及当地政府和居民高度赞赏。根据工程设计不精确、业主不断增加工作量等实际情况进行合理变更索赔，使工程扭亏增盈。

2014年1月24日，收到监理公司签发的完工证书，工程自2014年1月7日全线进入质保期。

2014年7月19日，坦桑尼亚总统基奎特出席项目竣工剪彩仪式，为项目奠基石揭幕并剪彩。中国驻坦桑尼亚大使吕友清、中国驻坦经济商务代表林志勇参加。他在致辞中对项目竣工给予高度评价。吕友清盛赞中、美、坦3方在项目执行过程中的有效合作，树立起中资企业积极履行社会责任的良好形象。

三十一、坦桑尼亚马尼奥尼—伊蒂吉—恰亚公路升级工程

坦桑尼亚马尼奥尼（MANYONI）—伊蒂吉（ITIGI）—恰亚（CHAYA）公路升级工程全长约89.3千米，设计+施工合同，工程内容为将现有土路、碎石路升级改造为标准沥青路面，达到主干道标准，设计路面宽为9.5米（双向2车道），设计速度为100千米/小时。

项目2010年7月27日使用品牌"SINOHYDRO"中标，2010年7月30日签约，合同金额8101.69万美元，合同工期36个月，质保期36个月，业主为坦桑尼亚国家公路局，资金来源为政府资金，监理单位为爱尔兰尼古拉斯奥德华咨询公司。

项目于2013年12月19日开工；2015年6月15日完工通车，进入为期3年缺陷责任期。

2017年7月25日，坦桑尼亚总统约翰·马古

富力出席项目竣工典礼，对公司为当地基础设施建设做出的贡献表示高度赞赏。

2017年9月27日，在距离项目部大约40千米处的姆海西动物自然保护区内，5头非洲象在寻找水源时，不慎掉入泥坑，进退不得，生命垂危，急需解救。接到当地政府人员求助后，项目部迅速组织人员及设备争分夺秒赶往现场，并在途中与当地官员和保护区负责人共同商定救援方案。经过几个小时紧张救援后，大象成功获救。

2017年10月上旬，新华社、《人民日报》、央视四套、凤凰网、腾讯新闻等国内外百余家媒体，先后以《非洲民众齐呼China，只因中企花5小时做的这件事》为题，报道公司坦桑尼亚马尼奥尼公路项目救助非洲象的跨国义举。网友们称赞这是"中国企业的跨国义举，展示的是中国形象，赢得的是普遍尊敬"。

在中国驻坦桑尼亚大使馆召开2017年度中资机构、华侨华人公共外交总结表彰及工作交流会上，公司荣获2017年度公共外交先进集体称号。使馆公参徐晨宣读颁奖词："中国电建集团在营地附近紧急救助受困大象，并在第一时间通报大使馆。这种保护环境、爱护动物的感人事迹，受到国内外媒体的广泛传播和点赞，真正做到了讲好'中国故事'，在当地树立了良好的企业形象，为国家赢得了国际舆论支持。"中国驻坦桑尼亚大使王克在讲话中强调："水电十三局救助大象事件是公共外交成功的范例，大使馆倡导中资机构和个人根据自身特点，相互交流和启发，共同做好公共外交活动；加大宣传力度，利用各种媒体发声，为中非友谊的发展作出新的贡献。"

三十二、坦桑尼亚基戈马机场修复升级工程

坦桑尼亚基戈马机场修复升级工程位于坦桑尼亚西部基戈马—尤吉吉（KIGOMA—UJIJI）镇，是公司在坦桑尼亚承建的第一个机场跑道工程。

项目于2011年8月24日中标，2011年9月15日签约，使用品牌为"SINOHYDRO"，合同金额1382.78万美元，合同工期550天，质保期365天，业主为坦桑尼亚机场管理局，资金来源为世界银行。

工程内容是将现有机场进行修建和升级改造，主要包括对机场跑道、停机坪、滑行道重建并升级至沥青路面标准，以及相关雨水排水系统和跑道上路面标识施工。

2011年12月14日项目开工。在机场不停航和确保夜间施工安全的基础上，项目部精心组织，抓住黄金施工期，克服雨季带来的施工困难，优质高效完成施工任务。

2013年2月4日，坦桑尼亚总统基奎特到项目参观考察，在现场查看已移交的临时跑道施工区域，观看沥青混凝土层取样试件。坦桑尼亚航空管理局副总裁向基奎特介绍项目进展情况及远期规划。基奎特对项目在施工质量控制、跑道主体工程施工进度、现场文明施工等方面的工作表示满意。

2013年4月10日，项目主体跑道摊铺工作全线完工，标志着主体工程结束。

2013年6月4日，工程通过由世界银行、坦桑尼亚航空管理局、咨询工程师组成的代表团进行交工验收，进入缺陷责任期。各方代表对工程质量表示赞赏，对工程提前10天交工表示祝贺。

三十三、坦桑尼亚伍约伟—布万加—比哈拉穆洛沥青路升级工程

坦桑尼亚伍约伟（UYOVU）—布万加（BWANGA）—比哈拉穆洛（BIHARAMULO）沥青路升级工程，简称布万加公路项目，位于坦桑尼亚西北部，连接盖塔省（GEITA）和卡盖拉省（KAGERA），是公司在坦桑尼亚盖塔省承建的第4条公路项目。

项目于2012年8月15日中标，2012年10月22日签约，使用品牌为"SINOHYDRO"，业主为

坦桑尼亚国家公路局，资金来源为政府资金。

项目分两标段，一标段合同金额2793.17万美元，合同工期21个月，质保期12个月，主要工程内容为将45千米砂砾路升级为车道宽度为6.5米标准沥青路面；二标段合同金额3527.53万美元，合同工期27个月，质保期12个月，主要工程内容为将67千米砾石路升级为车道宽度为6.5米标准沥青路面。

项目计划开工日期为2012年11月28日，二标段实际开工时间为2013年7月1日。施工期间，由于业主支付不到位，为减少垫资损失，项目部先后暂停施工3次。

2017年11月4日，应坦桑尼亚盖塔公路局及查托机场方面请求，项目通过设备支持方式，提供沥青撒布车1台，帮助查托机场进行碎石路面透层油撒铺工作，加深当地政府及相关部门友谊，提升企业在当地社会声望。

2017年10月23日，项目一标段完工，进入质保期。

2018年3月10日，坦桑尼亚总统约翰·马古富力出席项目一标段竣工典礼并剪彩。坦桑尼亚国家工程部及公路局等多名政府官员陪同参加。坦桑尼亚国家电视台对竣工典礼进行现场直播。在与坦桑尼亚经理部负责人握手时，马古富力用一句中文"谢谢"表达对企业的感谢。他高度赞扬企业履约能力，对企业克服重重困难完美履约给予肯定，希望再接再厉，把握坦桑政府大力加强投资基础设施良机，承接更多基础设施建设工程。

2018年7月16日，二标段开展双表处路面施工；10月26日，二标段沥青双表处路面全线贯通，标志着项目主体工程完工；自2018年10月31日起进入质保期阶段。

2018年11月16日，项目一标段通过最终缺陷验收；11月17日，收到业主和监理工程师签发的履约证书，标志着缺陷责任期结束。

2019年11月27日，项目二标段通过由业主代表组织的最终缺陷验收，标志着项目质保期结束并移交业主。

布万加公路项目自2012年签约，至2019年项目通过最终缺陷验收，历时7年，施工期间，项目部积极应对签约币种严重贬值、施工设备陈旧、山区施工环境复杂、业主资金支付不及时等各种不利因素，最终推动项目完成履约。

三十四、坦桑尼亚下鲁伏输水干管建设工程

坦桑尼亚下鲁伏输水干管建设工程（简称坦桑尼亚鲁伏供水项目）位于坦桑尼亚经济中心达累斯萨拉姆市，是坦桑尼亚政府2012—2013年度重点民生工程，主要内容是新建供水管线，提升达累斯萨拉姆市区的供水能力，满足首都人口持续增长和经济发展需求。

2012年9月12日，公司以"SINOHYDRO"品牌与坦桑尼亚达累斯萨拉姆水务局签订鲁伏供水项目施工承包合同书，合同金额7585.27万美元，合同工期15个月，质保期365天。项目业主是达累斯萨拉姆市供水和污水管理局，由世界银行和坦桑政府共同提供资金。主要施工内容包括钢管采购和安装施工，以及相应冲刷阀、空气阀、隔离阀、穿河穿路砼结构物等施工。项目输水压力钢管干管管线起点为鲁伏水处理厂，终点为达累斯萨拉姆市区内大学城蓄水池。

2012年11月22日，项目开工；2013年4月19日，压力钢管开始安装；2016年4月5日，项目部收到业主和监理工程师共同签发的完工证书。

2017年12月15日，项目部收到项目监理工程师签发的履约证书。

三十五、坦桑尼亚阿鲁沙新供水系统建设工程

坦桑尼亚阿鲁沙新供水系统建设项目位于坦

桑尼亚第三大城市阿鲁沙，是当时坦桑尼亚单体合同额最大的供水项目，也是公司在坦桑尼亚承接的最大单体合同。

项目于2018年9月14日中标，2018年10月9日签约，使用品牌为"SINOYHYDRO"，合同金额11041.92万美元，设计+施工合同（PC），工期25个月，质保期12个月，业主是坦桑尼亚阿鲁沙城市供水和卫生管理局，资金来源为非洲发展银行（ADB）及非洲共同成长基金（AGTF）。

主要工程内容为长约176千米的主输水管线、约400千米的供水管网、10个蓄水池（单体最大1万立方米）、5个中转提升泵站、43台深井泵安装及泵房施工、29台水锤罐以及管线全程流量计压力监控机电系统安装等。项目建成后，将全面覆盖并改善阿鲁沙城地区供水设施条件，提高供水效率，进一步提高当地居民生活水平。

项目于2018年12月8日按照合同约定开工。项目工期紧，体量大，签合同就开始计算工期，对项目前期组织动员和履约挑战极大。项目机电设备占比超过20%，群井打水，5级提升泵同时打水到市区，联动调试难度大，设备繁杂，特别是新冠肺炎疫情暴发以后，设备生产运输都严重不可控，给项目履约带来巨大挑战。项目超过85%的管线位于阿鲁沙市区，共计穿路116余次，穿河161处，作业区居民多、路网密集、地下设施复杂且无资料、道路交通复杂，施工干扰严重。业主提供只是初步设计，错误多，尤其是机电土建不能很好对应，机电参数不明确，承包商须完善施工图，增加项目技术准备难度、成本和施工周期。

2019年，项目发起为期3个月的大干热潮，克服雨季施工及机电设备批复、生产、运输、安装周期短的困难，2019年12月4日提前完成首个通水节点。通水当日，坦桑尼亚阿鲁沙省省长、业主代表及咨询工程师代表到场见证。阿鲁沙省省长对项目高质量控制和快进度管理给予高度肯定，对公司良好执行能力表示称赞。

施工高峰期配备中方员工100人，外籍员工1000人，机械设备240台套，月平均上报账单金额接近400万美元。

项目在施工期积极融入当地，在保证施工进度的前提下，帮助沿线社区修缮当地道路和学校，协助当地交通局进行事故车辆救援。2019年11月9日，收到"梅鲁地区"议会感谢信，对项目无私帮助表示感谢。2020年1月16日，项目代表应邀参加坦桑尼亚阿鲁沙甘博文理中学新校舍捐赠移交仪式。中国驻坦桑大使王克也应邀出席此活动。坦桑尼亚教育部部长恩达莉查科高度赞扬企业社会责任意识，表示项目修缮学校善举将被载入校志，成为中坦两国人民深情厚谊的生动写照。

2021年10月17日，坦桑尼亚总统萨米娅·苏卢胡·哈桑女士到项目考察，对工程质量表示非常满意，对项目为当地居民提供充足就业岗位及为他们开展技能培训的做法表示赞赏。

项目共设2处井群和5座提升泵站，其中提升泵共计33台，为3.3千伏高压供电，是当时坦桑尼亚最大的泵站供水系统，技术要求高，调试难度大。项目克服疫情期间海运时间长、成本高、海运不确定、厂家代表进场缓慢等不利因素，保证机电设备进场。合理安排人力设备资源，精心组织施工。2021年12月5日，项目首批提升泵有水调试，一项重要施工节点完成。

2021年12月23日，坦桑尼亚水利部常秘安东尼桑加一行代表坦桑尼亚总统见证项目重大节点通水。当地执政党代表、业主董事会主席、业主、咨询工程师等陪同视察，多家当地媒体进行现场直播报道。水利部常秘表示，阿鲁沙新供水系统项目作为阿鲁沙省乃至坦桑尼亚重要的政治民生工程，总统格外关注，有幸代表总统见证项目通水，实现总统在2021年10月份视察项目时对当地居民12月份通水的承诺，项目建成后将极大改善当地居民的用水及卫生条件，更好地推动当地经济社会发展。

截至2021年底，实现营业收入48708.69万元人民币，为合同额的54.2%。

三十六、坦桑尼亚达累斯萨拉姆市快速公交系统二期工程1标段

坦桑尼亚达市BRT二期一标段项目位于坦桑尼亚第一大城市达累斯萨拉姆，是公司在海外承建的第一个快速公交项目。

工程主要内容为建设全长20.3千米快速公交道路、天桥、大型公交站，铁路桥开孔增设两道箱涵，改扩建排水结构物，改造给排水管线，新建通信系统工程、太阳能交通信号和路灯等。

2018年5月，业主启动项目招标程序；2018年11月6日，项目中标；2018年12月10日，项目正式签约，使用品牌"SINOHYDRO"，合同金额8316.7万美元，合同工期3年，质保期1年，业主为坦桑尼亚国家公路局，资金来源为非洲开发银行和非洲共同成长基金。项目于2019年5月6日开工。

项目位于坦桑尼亚最大的城市，连接南北交通主要干道，属于典型市政工程，分项工程多、施工顺序不连续，不能形成流水施工。施工区域内，电力、水利、TTCL通信、煤气管道、石油管道等多项公共设施需要改移，种类多、部门多、相互协调困难。

项目部在施工期加强当地雇员聘用管理，建立完善奖惩分明的当地雇员管理系统，与当地劳工局积极沟通，保持良好的关系，开展当地司机安全文明驾驶培训，组织年度优秀雇员评选表彰活动。在保证施工的同时，积极履行社会责任，定期在项目周边、社区举办艾滋病宣传活动，救助当地事故车辆、帮助当地政府修缮道路等，融入当地，取得周边社区支持，展示良好的企业形象。

施工高峰期配备中方员工110人，外籍员工1100人，机械设备280台套，月平均上报账单金额为600万美元左右。

2010年10月2日，签订合同补遗，合同金额增长至9548万美元。

2021年9月16日，坦桑尼亚国家公路局新任公路局局长、当地政府部门、业主代表在监理及项目负责人的陪同下到项目参观考察，坦桑尼亚国家电视台及多家媒体现场采访报道。公路局局长对项目所做的努力表示赞赏，对施工进展表示满意，对跨线桥、沥青混凝土和BRT道路施工组织、质量以及现场文明施工等给予高度评价。

截至2021年底，实现营业收入23810.97万元人民币，为合同额的35.3%。

三十七、坦桑尼亚伊拉麦拉客运、货运站工程

坦桑尼亚伊拉麦拉（ILEMELA）客运、货运站项目是公司在坦桑尼亚承建第一个综合车站类项目。

项目位于坦桑尼亚第二大城市姆万扎市（兆瓦ANZA），为缓解市区交通压力和满足日益增长的公共交通出行需求，姆万扎伊拉麦拉市政厅推出客运站、货运站项目。工程主要内容在伊拉麦拉区尼亚姆洪格尔（NYAMHONGOL）附近修建一处大型现代化客运站和一处现代化货运站。

项目于2019年7月8日中标，分为两个合同段，客运站合同金额817.74万美元，货运站合同金额365.91万美元，使用自主品牌"STECOL"，2019年7月17日签约，合同工期551天（含30天动员期），质保期12个月，项目业主为伊拉麦拉市政厅，资金来源为政府资金。

客运站工程内容包括修建一座占地面积约27000平方米的现代化综合客运车站，建筑面积约12400平方米。室内工程包括拥有银行、超市的地下一层、地上四层商业楼，二层多功能候车厅，70余间零售商店，保安室，以及配套给排水、电气设备、装饰装修工程。室外工程包括停车场、

人行道、绿化及围墙等。

货运站工程内容包括露天货车停放及装卸区（8000平方米）、修理车间，两栋仓储货栈，建筑面积3200平方米汽车旅馆及配套给排水、电路、装饰装修工程、收费公厕、人行道、保安室、绿化及围墙等。

2019年7月30日，项目按计划开工。客运站屋顶采用IT5屋面瓦和聚碳酸酯PC板流线型设计，弧长约20米，造型多变，施工难度较大，需要通过增加侧面不锈钢压条来控制PC板柔性材料变形。

施工高峰期配备中方员工21人，当地雇员220人，机械设备35台套。

2020年12月17日，坦桑尼亚总理卡西姆·马贾利瓦到项目考察，姆旺扎省省长、基督教会姆旺扎地区主席、伊拉麦拉地区议员等陪同。总理对公司为当地修建基建设施和提供就业机会表示感谢，指出姆旺扎伊拉麦拉区正在建设一个特别项目，将客运站与货运站建在一起，这种项目在坦桑尼亚非常少见，要求坦桑尼亚籍雇员积极学习电建市政集团中方管理人员施工经验和技术，通过双方共同努力，确保项目履约。

截至2021年底，累计完成合同额的80%。

三十八、坦桑尼亚多多马城市酒店建设工程

坦桑尼亚多多马城市酒店建设工程是公司在坦桑尼亚承建的第一个酒店工程。

项目于2019年7月31日中标，使用"STECOL"品牌，2019年8月27日签约，合同金额436.67万美元，合同工期12个月，质保期365天，业主为多多马市政厅，资金来源为政府资金。

工程包括建设一栋12层中层建筑（包括地下室+基层+夹层+9层标准层），占地面积900平方米，建筑面积5150平方米，其中地上11层（建筑面积4466平方米），地下1层（建筑面积684平方米），框架剪力墙结构，建筑高度为43.65米。包括电气、ICT、空调通风、电梯、给排水及消防等服务设施，以及停车场、人行道和围墙等外部工程。酒店建成后拥有住宿、会议、餐饮等多种使用功能。

项目于2019年9月1日按计划开工。施工期，项目配备中方管理人员7人左右，外籍员工（包括第三方劳务公司提供的人力）约200人，投入塔吊、混凝土拌和机、混凝土罐车等主要机械设备约10台套。施工高峰期时，混凝土浇筑最高强度约250立方米/天。

项目于2021年3月31日完工，实际完成营业收入436万美元。

三十九、坦桑尼亚伊岭噶机场修复升级改造工程

坦桑尼亚伊岭噶（IRINGA）机场升级改造项目位于坦桑尼亚伊岭噶市，距离首都多多马约250千米，属于坦桑尼亚十五年国家发展计划中交通改善二期规划（TSIPII）的组成部分，是公司布局坦桑尼亚中南部基建市场的重要成果。

项目于2020年5月12日中标，2020年5月15日签约，使用"STECOL"品牌，合同金额2086.41万美元，合同工期20个月，质保期12个月，资金来源为坦桑尼亚政府自筹，业主为坦桑尼亚公路局，项目接收单位为坦桑尼亚伊岭噶机场管理局。

机场设计等级3C，设计吞吐量为25万人次/年。施工内容为升级沥青混凝土等级2.1千米跑道，跑道宽30米，并新建滑行道、停机坪，以及安装AGL灯光、导航和气象监测等助降系统。

项目于2020年7月24日开工。2021年3月中旬，开始机场跑道土方施工工作。土方施工重点为土方开挖及土方填筑工作，要在较短时间内完成超过50万立方米土料填筑、23万立方米土料开挖，形成一条长度为2.1千米的3C级跑道路基。

由于需要维持机场正常运营，两道工序不能同时开展，只能分段施工。结合实际，项目部以机场跑道土方填筑为优先施工步骤，迅速组织人员和设备展开施工。

由于项目所在地石料缺乏，为解决约7万立方米石料缺口，项目部从建立伊始便开始寻找合适的石料厂用地，在得到业主预付款支付后，项目部积极协调动员，在最快时间敲定设备人员等问题。2021年6月初，自建石料厂完成设备安装和调试工作，开始试生产。

项目在施工期间，加强属地化雇员管理。2021年12月22日，项目部开展优秀雇员表彰活动，项目总监理工程师、全体中方管理人员以及当地雇员参加。表彰活动依据东非公司优秀雇员评选管理办法，评选出8名项目优秀雇员。

截至2021年底，实现营业收入2432.17万元人民币，为合同金额的16.4%。

四十、坦桑尼亚多多马MSALATO新国际机场建设工程一期1标段

坦桑尼亚多多马MSALATO新国际机场建设工程一期1标段第一部分基础设施项目位于坦桑尼亚首都多多马市，距离多多马市区约10千米。

2020年7月14日，中国水电建设集团国际工程有限公司（SINOHYDRO，简称水电国际）牵头，与中国江西国际经济技术合作有限公司（CJIC，简称江西国际）、北京中航空港建设工程有限公司（SACE，简称北京中航建设）组成联营体参与项目投标。联营体股比分别为50%、25%、25%。

项目于2021年8月9日中标，2021年9月13日签约，合同金额7186.71万美元，合同工期36个月，质保期12个月，业主为坦桑尼亚国家公路局，资金来源为非洲开发银行。项目签约后，江西国际、北京中航建设将联营体股份转让给水电国际，水电国际委托电建市政集团实施项目。

施工内容主要包括新建1条长3.6千米、宽60米的跑道，以及建设服务车道、停机坪、排水系统、污水管线、供水管线、污水处理厂、机场照明系统、导航盲降系统等。项目为国际4E级机场，设计采用美国民航局（FAA）机场施工技术规范150/5370—10H。

截至2021年底，仍处于施工准备期阶段。

四十一、乌干达卫生系统强化工程，第1、2标段——米特亚纳综合医院工程

乌干达米特亚纳综合医院项目是公司在乌干达市场承建的第一个项目。项目位于乌干达米特亚纳镇（MITYANA），距离首都坎帕拉69千米，是乌干达政府2014—2015年度重点民生工程。

项目于2013年10月14日中标，2013年10月29日签约，合同金额609.09万美元，合同工期18个月，质保期365天，业主为乌干达政府，资金来源为世界银行。

工程主要内容为现有医院修复加固和部分建筑物新建，主要新建建筑物为病房楼（包含病房、活动场所、太平间）、药房及实验室、门诊楼（包含门诊室、急诊室行政办公室）、发电机房、胎盘处理池、药物垃圾池、员工宿舍、洗衣房、员工食堂、公共厕所等。建筑结构为框架结构、钢筋混凝土独立基础，总面积为9382平方米。

项目实际开工日期为2014年2月24日。项目开工后，项目部在资金短缺，工程图纸不清晰，工程师指示变更繁多情况下，经过项目员工努力，于2014年底完成所有结构工程，进入室内外装修阶段。

2015年3月6日，乌干达共和国卫生部部长到项目检查。检查过程中，部长对项目进展情况表示满意。

2015年12月18日，项目举行竣工交接仪式；12月23日收到乌干达卫生部、咨询公司、米特亚纳医院及公司联合签署的移交证书，并投入运营。

第三节　北非工程

一、阿尔及利亚德拉迪斯大坝工程

阿尔及利亚德拉迪斯大坝工程位于阿尔及利亚塔抽达区东部迈德杰子河流上，坝体结构为黏土心墙堆石坝，坝顶长956米，坝顶宽10米，最高坝高为76米，水库库容1.37亿立方米。工程内容包括主坝、副坝、溢洪道、防渗铺盖、导流洞、灌浆廊道、取水塔、控制室、饮用水和灌溉水输送管道、水机设备、电气自动控制系统等。

项目总包商为中国水利电力对外公司，主合同金额8973.98万美元，由电建市政集团（51%）和水电三局（49%）组成联营体分包实施，公司实施金额4576.73万美元。工程于2008年5月27日开工。由于业主没有解决库区黏土料场征地、移民和横穿坝轴线当地公路改线等问题，加之工程反滤料等存在技术问题，大坝一直无法实现填筑。

2010年11月7日，业主解决部分库区黏土料场征地问题，项目部开始实施黏土料场补充勘探、碾压试验等工作，并先后攻克反滤料、坝壳料等技术瓶颈。反滤料级配包络线优化设计、反滤料设计宽度减小、坝壳料级配放宽、大坝坝坡放缓、黏土液限标准放宽、黏土立面混合开采及填筑工艺等设计方案和建议相继获得业主和法国设计咨询公司批准，2011年5月4日实现大坝黏土心墙填筑。项目部抓住旱季施工机遇，进一步完善和强化内部管理，精心组织，抢抓旱季施工，实现7月—10月高强度填筑。

2012年2月2日—8日，项目所在阿尔及利亚赛迪夫省遭受当地30年一遇雪灾，平均积雪厚度超过0.7米，项目所在地最大积雪厚度超过1米，导致当地交通瘫痪，居民出行和物资供应受阻。应业主和当地政府请求，项目部从2月4日—12日，陆续派出3台装载机、1台推土机和1台平地机，全面清除道路积雪，疏通当地交通，受到当地居民称赞，当地电视台、广播和报纸等新闻媒体对此事进行报道。2012年2月27日，德拉迪斯大坝项目所在地赛迪夫省政府召开由省长主持的表彰大会，高度赞扬项目部在当地雪灾救援中所作的工作，并表示衷心感谢。

2014年11月16日，阿尔及利亚水利部大坝司工程验收委员会对大坝工程进行为期两天全面检查，并宣布自11月17日起，项目通过临时验收进入质保期。

2017年7月16日，由业主方阿尔及利亚水利部大坝司组成的验收委员会，对大坝工程现场和资料进行全面查看，确认临时验收时提出的意见已经全部处理完毕，对取水设备和电气设备进行试运行操作，运行状况良好。验收委员会一致认为，德拉迪斯大坝项目施工满足合同要求，宣布无保留意见最终验收。

二、阿尔及利亚九个混凝土粮仓及附属设施设计施工交钥匙工程

阿尔及利亚九个混凝土粮仓项目于2012年10月28日中标，项目含税合同金额为187亿第纳尔，约合2.53亿美元。业主为阿尔及利亚国家粮食局（OAIC），监理公司为SETO—YKHLEF监理联营体，资金来源为政府资金。

九个粮仓项目分布于阿尔及利亚东部、中部和西部地区。东部地区包括盖勒马省（GUELMA）3万吨粮仓、汉舍莱省（KHENCHELA）3万吨粮仓、吉杰尔省（JIJIL）5万吨粮仓、康斯坦丁省（CONSTANTINE）5万吨粮仓、米拉省（MILA）5万吨粮仓、乌姆布瓦吉省（OUMELBOUAGHI）3万吨粮仓；中部地区包括迪巴萨省（TIPAZA）5万吨粮仓；西部地区包括奥兰省（ORAN）3万吨粮仓、特莱姆森省（TLEMCEN）3万吨粮仓。

项目由中国水电建设集团国际工程有限公司（SINOHYDRO，简称水电国际）牵头，与国合建

设集团有限公司（GH），国家粮食储备局郑州科学研究设计院（ZZSRD）和阿尔及利亚北非公司（SNA）4家单位组成联营体，2013年3月24日与阿尔及利亚国家粮食局签订EPC施工合同，联营体股比分别为40%、30%、20%、10%，其中水电国际合同份额委托公司实施。合同签订后，联营体另外3家成员相继将其合同份额转让给水电国际，由公司独自实施。主合同工期30个月，质保期12个月，外加10年缺陷责任期。

项目主要工程包括9个筒式粮仓设计、土建工程施工、粮仓运行机电设备采购与安装、空载及负载联动试车。具体构筑物包括筒仓、工作塔、发放塔、办公室、维修车间、门卫、地磅房、消防泵房、室外道路、地下管线等。工作塔、发放塔及附属设施结构形式相同，筒仓主体为圆筒形钢筋混凝土多筒仓链接薄壁结构，单仓内径为11米、储粮高度40米，项目设计粮食总储量35万吨。按地块仓储容量分为3万吨和5万吨两个级别。工作塔为地下一层、地上九层，占地面积307.05平方米，建筑面积2256.94平方米，建筑高度66.9米。发放塔为地下一层，地上三层，占地面积421.65平方米，建筑面积1452.73平方米、建筑高度25.8米。

2014年10月19日，项目开工。根据施工规范要求，项目部对中国和欧洲筒仓设计标准进行较全面的对比和计算，在中欧标准规范融合的基础上，提出对筒仓滑模施工过程进行安全性评价。项目部通过减少管理层次，建立高效、精干管理组织，组织多种专业、众多人员同一时间立体交叉施工，实现滑模施工期间每天24小时连续作业。

工程采用先进液压爬升滑模技术，实现多个8连体和10连体薄壁筒仓进行同步顶升并一次性浇筑成型，达到采用一套滑模系统进行多部位整体施工一举多得效果，极大地节约了工期和成本。项目部结合当地资源特点，在施工过程中创新利用人工砂进行多次配合比设计试验和现场单仓滑模试验，用人工砂代替河砂进行筒仓滑模施工，并保证薄壁筒仓防裂以及内壁清水混凝土质量要求。项目创新施工工序，采用对输送装置进行地面组装后整体提升方法，解决施工过程超长超高安装困难问题，即对输送管道进行分段组装、整体安装方式，实现安装系统性和高效性。2016年12月15日，大直径多连体筒仓液压滑模施工工法、高耸式多连体筒仓顶板模板支撑施工工法、大直径多连体筒仓下连廊锥斗施工工法被评为电建集团工法。

项目为阿尔及利亚首个全自动化粮仓，2018年3月—5月，项目多次组织阿方人员到中国进行培训，由阿尔及利亚国家粮食局局长助理纳比尔先生和国家粮食局设备技术署署长助理亚新先生亲自带领，涉足北京、天津、上海、郑州、西安、苏州等国内一线城市粮仓项目及粮仓设备厂家。

首个混凝土粮仓康斯坦丁地块于2018年6月竣工，阿尔及利亚国家农业部部长参加康斯坦丁粮仓项目竣工揭牌仪式，CCTV和新华社及阿当地多家新闻媒体进行现场采访，粮仓项目施工进度及施工质量赢得了阿尔及利亚农业部部长和地方政府的高度认可和赞誉。

2018年10月4日23时，米拉地块筒仓上层滑模施工完成。至此，粮仓项目9个施工地块滑模施工任务全部完成。

2018年11月—2021年3月，一种升降式高压柜转运装置、多连体筒仓混凝土浇筑分料器、一种用于多连体薄壁筒仓滑模系统的固定结构、一种盖板制作工具、一种钢管套丝辅助装置、一种沥青加热装置、一种铜接线端子灌锡加热枪、一种高压脉冲除尘器喷吹结构、一种斗提机料带安装结构、一种多连体筒仓锥斗管道定位装置被认定为国家实用新型专利。

2019年5月30日，项目荣获阿尔及利亚国家粮食局最佳设计奖。

2019年8月，全部主体完工；11月，全部进入临时验收阶段。

经装粮运行后，2020年6月21日，康斯坦丁省粮仓收到临时验收证书；8月30日，米拉省粮仓收到临时验收证书；10月3日，乌姆布瓦吉省粮仓收到临时验收证书；12月17日，吉杰尔省粮仓收到临时验收证书。

2020年12月，项目被评为2020—2021年度国家优质工程奖，境外多联体薄壁混凝土筒仓施工综合技术研究与应用被评为山东土木建筑科学技术三等奖、中国电建科学技术进步奖一等奖。

截至2021年底，累计实现营业收入128070.74万元人民币。

三、阿尔及利亚233兆瓦光伏电站建设工程

阿尔及利亚233兆瓦光伏电站总装机容量为233兆瓦，15个电站分为3个标段：一标段位于阿尔及利亚北部地中海平原区和中部高原区，共计4个并网型光伏电站，分布于苏克哈斯、巴特纳、杰勒法和拉格瓦特4省，装机容量分别为15兆瓦、2兆瓦、33兆瓦和40兆瓦，总装机90兆瓦；三标段位于阿尔及利亚中部高原和荒漠地区，各电站零散分布相距500千米，跨越4个省份，装机容量从20兆瓦至30兆瓦不等，总装机容量为90兆瓦；五标段位于阿尔及利亚南部Adrar省，地处撒哈拉沙漠腹地，装机容量从2兆瓦至3兆瓦不等，各电站零散分布相距800千米，总装机容量为53兆瓦。

项目于2013年11月26日中标，2013年12月11日签约，EPC合同，签约合同金额约为5.23亿美元，项目业主为阿尔及利亚电力和新能源公司。EPC总承包商为水电国际、水电顾问集团组成联营体，联营体授权电建市政公司（75%）、中国电建中南勘测设计研究院有限公司（25%）组成项目经理部，代表联营体负责整个工程设计、采购、施工、调试、运行、培训、移交等工作。

施工内容包含合同范围内承担全部临建、土建和安装工程施工等，包含清表、场平、临建、支架基础、设备基础、集电线路、场区防护、升压站建筑及附属、道路、排水、弃渣场等建筑施工以及所有组件、支架、钢构架和电气设备安装、调试、试运行等。

项目于2014年1月23日开工。项目施工初期，使用SWDL600型号钻机，由于电站所在地地下土质不确定性增加，SWDL600型号钻机风机出风量小，满足不了现场土质成孔需求，不适合沙土环境工作，钻孔效率低，平均每个桩基钻孔耗时30分钟。针对此现象项目经过多次试验，改为采用山河智能SWD-165一体化液压潜孔钻机，提高钻孔速度。2016年4月，《戈壁滩光伏电站桩基快速施工工法》被中国电力建设企业协会评为优秀工法；2016年5月，"攻克沙漠地质混凝土灌注桩施工质量难题"被天津市建筑施工行业协会评为QC成果二等奖；2017年5月，"提高戈壁滩光伏电站螺旋桩一次验收合格率"被天津市建筑施工行业协会评为QC成果三等奖。

项目工程设备全部由中国光伏设备生产厂家设计和生产，设备采购量巨大且供货商分布全国多个省市，既有厂家单独生产设备，又有厂家联合生产设备，且设备生产结束后厂验程序复杂，集港难度大，项目专门设置国内设备物资办公室及海外清关小组。国内设备物资办公室下设技术科、招标科、设备监造科、发运科等，具体负责各个设备厂家设备监造、组织进行厂验、组织发货集港等事务。海外清关小组负责设备到港后清关资料递交、合法性资料提交及海外设备运输到场工作。各个厂家严格按照阿尔及利亚南部及北部极端气候进行专项技术强化，提供定制版专业设备及材料，直接带动中国设备出口额4.21亿美元。

项目电气试验多、专业性强，根据设计要求，多次进行光伏电站电气设备安装、调试、检修、

试验专题培训。

2016年1月12日，装机容量5兆瓦的昆塔站点首先实现并网发电。2016年12月，第五标段荣获电建集团优质工程奖。

2017年5月，"提高光伏电站支架安装合格率"被天津市建筑施工行业协会评为QC成果三等奖；2017年11月，"提高光伏支架安装速度"被中国水利工程协会评为QC成果二等奖，荣获电建集团优质工程奖。

2018年4月8日项目竣工验收。2018年5月，"提高中压插接式电缆头制作的合格率"被天津市建筑施工行业协会评为QC成果二等奖。

2019年8月—11月，一种光伏板角度测量装置、一种光伏电站建设用变压器运输装置、一种光伏电站用防破损固定结构、一种光伏板太阳能板运输工具、一种陆地光伏电站修建用装置被认定为国家实用新型专利。

2019年12月，荣获境外工程"鲁班奖"。

四、阿尔及利亚苏克哈斯房建工程

阿尔及利亚苏克哈斯房建项目位于最东部的苏克哈斯省，共有8个施工合同分布在3个地块，分为房建项目和公建项目两种类型。其中房建项目包括5个施工合同共计2250套公租房及室外配套工程，公建项目包括法院、6000座位大学城、2000座位教学楼3个施工合同，均为政府资金项目。

姆道鲁什市500套公租房及室外配套项目位于苏克哈斯省姆道鲁什市，属于施工+采购合同。共27栋楼房500套住房和15间底层商铺，每套住房使用面积为67平方米，建筑面积约100平方米；结构为框架小梁砖，层高为地上5层。2014年3月29日签约，合同金额1863.24万美元，2014年7月1日开工，业主为苏克哈斯省房管局。

姆道鲁什市550套公租房及室外配套项目位于苏克哈斯省姆道鲁什市，与500套项目相邻，属于施工+采购合同。共27栋楼房550套住房和14间底层商铺，每套住房使用面积为67平方米，建筑面积约100平方米；结构为框架小梁砖，层高为地上5层、个别6层。2014年3月29日签约，合同金额2071.68万美元，2015年3月1日开工，业主为苏克哈斯省房管局。

姆道鲁什市400套EPC公租房及室外配套项目位于苏克哈斯省姆道鲁什市，与500套和550套项目相距不远，属于设计+施工+采购合同。共22栋楼房400套住房和6间底层商铺，每套住房使用面积为67平方米，建筑面积约100平方米；结构为框架小梁砖，层高为地上5层、个别6层。2014年6月1日签约，合同金额1477.91万美元，2015年10月1日开工，业主为苏克哈斯省房管局。

塞得拉塔市500套公租房及室外配套项目位于苏克哈斯省塞得拉塔市，属于施工+采购合同。共27栋楼房500套住房和10间底层商铺，每套住房使用面积为67平方米，建筑面积约100平方米；结构为框架小梁砖，层高为地上5层。2014年4月2日签约，合同金额1902.23万美元，2014年8月1日开工，业主为苏克哈斯省房管局。

塞得拉塔市300套EPC公租房及室外配套项目位于苏克哈斯省塞得拉塔市，与本市500套项目相距很近，属于设计+施工+采购合同。共16栋楼房300套住房和10间底层商铺，每套住房使用面积为67平方米，建筑面积约100平方米；结构为框架小梁砖，层高为地上5层、个别6层。2014年6月17日签约，合同金额1108.44万美元，2015年9月1日开工，业主为苏克哈斯省房管局。

苏克哈斯省法院项目位于苏克哈斯省会苏克哈斯市，属于施工+采购合同。项目为地下一层、地上四层、附楼地上一层对称单体建筑，结构为框架小梁砖，建筑面积约2.6万平方米，包括室内电器、音响、监控等安装及室外整治的综合性项目。2014年6月22日签约，合同金额为1785.83万美元，2014年8月1日开工，业主为苏克哈斯省公共设备局。

2000座位教学楼项目位于苏克哈斯省会苏克哈斯市，属于施工+采购合同，为8000座位综合大学城项目的一栋建筑。项目地上四层对称单体建筑，结构为框架小梁砖，建筑面积约6500平方米。2014年8月6日签约，合同金额458.23万美元，2015年3月1日开工，业主为苏克哈斯省公共设备局。

6000座位大学城项目位于苏克哈斯省会苏克哈斯市，属于施工+采购合同。项目共由5个部分——阿拉伯语、外语和人类社会学研究院，经济学、贸易学和管理学院，图书馆，技术试验大厅，招待所组成。18栋建筑面积约5.75万平方米，结构形式均为框架小梁砖结构，其中最高建筑层高为46.5米。2014年9月30日签约，合同金额5415.58万美元，2015年5月1日开工，业主为苏克哈斯省公共设备局。

截至2021年12月底，各项目进入收尾阶段。

五、利比亚瓦迪·海亚梯4500套房建工程

2007年10月1日，中国水电建设集团与利比亚福利住房项目执行委员会签署利比亚瓦迪·海亚梯4500套房建项目设计加施工EPC合同，合同金额4.36亿美元。

项目位于利比亚南部瓦迪·海亚梯省，地处利比亚腹地、撒哈拉沙漠北缘，工程包括4500套独立住宅设计和施工，分布在塞卜哈到奥巴里区间内约140千米长公路两侧，共有15个区块20个地块，是工程局在利比亚承建的首个项目，也是工程局当时承接合同金额最大的单项工程。

项目于2008年7月开工。经过一年多的设计、商务及各项组织工作，2009年3月28日，开始浇筑第一仓垫层混凝土。

2010年底，累计完成主体框架1885套，墙体砌筑1523套，给排水安装工作在数个地块展开，样板间施工已经启动。

随着利比亚局势进入紧急状态，2011年2月21日，公司召开紧急会议，即时启动海外突发事件应急预案；2月23日，公司成立利比亚紧急状态应急领导和工作小组，全面投入利比亚紧急事态应对工作。2011年3月5日，最后一批82名员工乘飞机抵达北京首都机场。至此，参建员工全部安全回国。

六、摩洛哥120兆瓦太阳能电站工程

摩洛哥太阳能电站工程项目总装机容量120兆瓦，由3座电站组成，每座电站装机容量40兆瓦，分别位于米苏尔市、伊尔福德市、扎古拉市，是公司在摩洛哥承建的第一个项目。

项目业主为摩洛哥国家电力和自来水局—电力分局（ONEE-BE），资金来源为世界银行贷款和清洁技术基金优惠贷款。项目品牌为中国海外工程有限责任公司（COVEC），由中国电建集团中南勘测设计研究院有限公司进行EPC总承包。

2017年12月22日，公司与总包方签订施工分包合同，分包金额为14000万元人民币，施工工期12个月。

公司负责现场土建及安装工程分包工作，施工内容包括清表、场平、临建、支架基础、设备基础、集电线路、场区防护、升压站建筑、道路、排水、弃渣场等土建工程，以及所有组件、支架、钢构架等的安装和电气设备安装、调试、试运行。

项目于2018年2月10日开工。3个电站均为大型地面集中式并网光伏电站，采用欧盟、德国、美国等国家规范，质量标准要求高。业主实行项目全过程管理，遵从欧洲标准，从原材料报批、采购、进场到最终成品检验、验收，制定严格管理制度。项目采用计算机辅助软件对进度、资源、成本等进行预先筹划，选择最优方案，以达到工期、成本、质量目标。施工高峰期有中方劳务70余人，当地劳务260余人，施工机械50余台。为避免高温导致混凝土质量问题，采取两班倒作业

形式，白天灌注桩支模，晚上温度低时进行混凝土浇筑，保证施工质量。

2019年5月5日，项目开始安装光伏组件，3个电站总计9300组支架，每组支架含40片光伏组件，共计372000片；2019年12月24日，扎古拉电站124000块组件全部安装完成，标志着主体工程全部完成。

2020年12月30日，伊尔福德电站并网发电；2021年5月13日，米苏尔电站并网发电；2021年6月1日，扎古拉电站并网发电。

项目实施期间，完成公司高新技术产业科技立项"多孔凝结岩地质排水沟施工技术研究与应用"和"光伏组串开路电压多路同时测量技术研究与应用"两项课题。

第四节　西南非工程

一、安哥拉多行业紧急恢复项目一期供水项目奎托供水工程

安哥拉多行业紧急恢复项目一期供水项目奎托供水工程位于安哥拉比耶省奎托市。

项目于2007年4月20日中标，2007年5月4日签约，使用品牌为"SINOHYDRO"，合同类型为EPC合同，合同金额2038.45万美元，合同工期24个月，缺陷责任期12个月，资金来源为世界银行。实施金额1854.99万美元。

项目于2007年6月4日开工，主要内容包括取水口及取水泵站、水处理厂、输水管道、2×2000立方米高位蓄水池及53千米城市供水管网，水处理厂采用均质滤料气水反冲洗滤池技术，技术水平较为先进，是当时世界银行第一批贷款项下安哥拉政府的4个城市供水项目中设施最完整、工艺水平最先进、自动化控制程度最高的项目。

项目配备中方人员50人（其中项目班子成员10人、职工40人）。投入各类主要生产设备共计27台套。

2009年6月完工，由于设计原因，工期延期到2009年12月。项目2010年1月15日通过验收，累计确认主营业务收入12832.72万元人民币，按照各年当期汇率折合1854.99万美元，实现利润约210万美元。

二、安哥拉卢埃纳机场修复工程

安哥拉卢埃纳机场修复项目位于安哥拉东部莫西科省卢埃纳市北，业主为安哥拉公共工程部，资金来源为政府资金。合同分一期合同和二期合同，一期工程合同额为986.57万美元、二期工程合同额为2698.56万美元，合计3685.13万美元。主包商为中国水电建设集团国际工程有限公司（SINOHYDRO）。

工程是将变形严重已不能承接大型飞机起落的原跑道修复扩建为4-C级新跑道。在保持飞机通航的情况下将长2.4千米、宽30米老跑道扩建，扩建后跑道长3.35千米、宽45米，两侧道各有7.5米道肩和45米宽安全带，跑道建成后能承接50吨以上大型飞机。一期合同内容为950米新建加长段，二期合同内容为原2400米老跑道的扩建和修复。

一期工程于2007年5月中标，2007年6月签约，EPC合同，合同工期12个月，缺陷责任期12个月。项目于2007年6月开工。原设计十分粗糙，项目部进场后自行开展测量、设计，并与监理工程师沟通，监理工程师延期至2008年9月20日提供设计图纸，导致延误工期并且工作量增加。不同型号飞机起降需要不同距离，在施工过程中，保证通航是一个很大的难题。项目配备中方人员52人，配备沥青拌和站、稳定土拌和站、挖掘机、自卸车等设备55台套。一期工程于2009年9月完工。

二期工程于2008年1月中标，2008年2月26

日签约，合同工期12个月，缺陷责任期12个月，2008年2月开工。配备中方人员48人，配备沥青拌和站、稳定土拌和站、挖掘机、自卸车等设备58台套。二期工程2009年2月完工。

2011年11月，荣获中国水电优质工程奖。

三、安哥拉卢埃纳—卢库塞134千米公路修复工程

安哥拉卢埃纳（LUENA）—卢库塞（LUCESSE）134千米公路修复工程位于安哥拉莫西科（MOXICO）省，是安哥拉东部交通干道。起点是莫西科省首府卢埃纳市，公路向东南延伸到达卢库塞，路线全长约133.28千米，全线包括7座桥梁、33座新建和改建管涵。

项目于2007年7月中标，2007年8月14日签约，EPC合同，使用"SINOHYDRO"品牌，合同金额约9085.6万美元，合同工期15个月，缺陷责任期28个月，业主为安哥拉公共工程部，资金来源为政府资金。实施金额为6854.17万美元。

项目于2008年5月23日开工，2010年9月完工。

2014年4月9日，项目举行竣工剪彩仪式，安哥拉建设部部长瓦德马勒、莫西科省省长桑托斯及其他省政府和国家公路局部分要员出席。

四、安哥拉奎托瓜纳沃纪念碑工程

安哥拉奎托瓜纳沃纪念碑项目位于安哥拉南部宽多省奎托夸瓦拉市，属于安哥拉政府"政治性工程"，整个工程分期建设纪念碑、广场、博物馆、图书馆、宾馆等。项目合同类型为EPC合同，业主为安哥拉公共工程部，资金来源为政府资金。

一期项目2008年8月中标，使用"SINOHYDRO"品牌，2008年8月22日签约，合同金额1600.15万美元，合同工期6个月，质保期12个月。工程主要内容包括20套别墅、武器展览区、路桥修复、水池水井、室外水电等工程建设。实施金额为1600.15万美元。项目于2008年9月12日开工，2009年6月30日完工移交。

二期项目于2009年5月1日签约，使用"SINOHYDRO"品牌，合同金额2553.23万美元，合同工期24个月，质保期24个月。工程内容包括1座纪念碑、2栋餐厅、博物馆、图书馆、25套别墅和武器展览区等。实施金额为2072.03万美元。项目于2010年9月1日开工，2012年5月31日项目通过竣工验收。

五、安哥拉比耶省昆巴市医院工程

安哥拉比耶省昆巴市医院项目位于安哥拉比耶省昆巴（CUEMBA）市，工程内容为建设一级市级医院，包括门诊、急诊、住院部、药房、厨房餐厅、停尸房及室外附属设施等10个区块，总建筑面积约为5482平方米。

项目于2010年12月中标，使用"SINOHYDRO"品牌，2011年1月12日签约，EPC合同，合同金额950.35万美元，合同工期13个月，质保期36个月，业主为安哥拉卫生部，资金来源为政府资金。

项目于2012年7月1日开工。地处偏僻，物资匮乏，交通运输状况极差，有150千米的土路，凹凸不平，项目初期正值雨季，给项目施工运输成本带来很大困难。项目设计钢屋架和陶瓦屋面，产生大量钢屋架人字梁等焊接工作，由于建筑物长度较长，部分跨度较大，因此使用方钢尺寸也较大，使焊接难度增加。

项目配备中方人员52人，当地雇员85人，投入机械设备约32台套。

项目于2016年4月1日完工，实际完成营业收入838.26万美元。

六、安哥拉罗安达入户连接工程

安哥拉罗安达入户连接工程位于安哥拉首都罗安达市，工程主要内容为罗安达市5个行政区（SAMBA、SAMBIZANGA、KILAMBAKIAXI、

CACUACO、VIANA）共计254507户的供水管网及入户连接，施工区域涵盖整个罗安达市外围，施工管线总长度达3200多千米，施工面积达420平方千米。工程包括管网施工图编制及管网入户连接建设两大部分，包含设计、采购和安装施工。

项目于2011年8月4日签约，EPC合同，使用"SINOHYDRO"品牌，合同金额9675.59万美元，合同工期27个月，缺陷责任期12个月，业主为安哥拉罗安达国营供水公司，资金来源为中国国家开发银行。实施金额为7692.09万美元。施工高峰期配备中方员工65人。

项目于2012年4月25日开工；2015年6月，业主签发合同补遗，工期调整为53个月；2016年9月27日完工。

七、安哥拉梅农盖10兆瓦紧急燃油电厂工程

安哥拉梅农盖燃油发电站项目是公司承建的第一个海外燃油电厂项目。

项目位于安哥拉宽多—库邦戈省省会梅农盖市西南部，距离城市中心约2千米，规划面积约90000平方米，长宽各300米。电厂主机设备采用韩国现代重工制造的7台9H21/32型柴油发电机组，机组总容量10兆瓦（当地环境条件下）。柴油发电机组配套用燃油、润滑油、电控、化学水处理、高低温冷却水等附属系统由韩国现代重工负责设计、供货。

项目于2011年12月15日签约，EPC合同，使用"SINOHYDRO"品牌，合同金额约1813万美元，合同工期7个月，质保期12个月，业主为安哥拉国家电力公司，资金来源为政府资金。实施金额为1468.70万美元。

项目于2012年5月21日开工。电厂办公楼、火灾报警系统、消防系统围墙大门等均由国内河南电力勘测设计院负责设计。由于韩国和中国设计标准及所用电压等级不同，在设计过程中存在一些问题，如韩国现代电机设备三相额定电压为415伏，中国电动设备三相额定电压为380伏，415伏已超过额定电压5%，容易对电机等设备造成损伤，在设备采购方面造成很大困难。

2013年1月7日，完工并发电运行。

八、安哥拉卢埃纳市供水系统建设及配水管网修复和扩建工程

安哥拉卢埃纳市供水系统建设及配水管网修复和扩建工程位于安哥拉莫西科省卢埃纳市，设计日供水量1.3万吨，建成后为卢埃纳市近12万人口提供生活用水。分部工程内容包括清水池、办公化验楼、拦河坝、取水泵房、增压泵房、机械絮凝斜管沉淀池、二级泵房及配电室、加氯加药间、反冲洗泵房、砂滤池、污泥脱水机房、污泥浓缩池（2座）、污泥匀质池、排泥池、回收水池、仓库、发电机房、配水井、传达室及大门、原水管线、市区给水管线、厂区道路、绿化、给排水、围墙及其他附属工程。

项目于2012年4月9日签约，EPC合同，使用"SINOHYDRO"品牌，合同金额4500万美元，合同工期24个月，质保期18个月，业主为安哥拉莫西科省政府，资金来源为中国进出口银行与安哥拉政府配套资金。实施金额为2920万美元。

2012年4月9日开工；2014年12月23日，项目供水点通水成功；2015年2月14日完工移交。

九、安哥拉奎托—夸纳瓦莱燃油电厂及城市供电工程

安哥拉奎托—夸纳瓦莱燃油电厂及城市供电项目于2014年2月25日签约，EPC合同，使用"SINOHYDRO"品牌，合同金额4060.55万美元，工期18个月，质保期12个月，项目业主为安哥拉宽多—库邦戈省政府，资金来源为政府资金。

项目主要工程内容包括7.5兆瓦燃油电厂建设、15千伏变配电工程、部分主街道照明工程

和低压入户连接工程。燃油电厂由5台额定功率1500千瓦燃油发电机组组成，作业内容包括施工图绘制、土建、设备供货及安装、变压器、燃油系统、水处理系统安装、系统调试和试运行、业主人员培训工作等。变配电工程主要包括20千米15千伏架空线路施工、9台630千伏安箱式变电站安装、4台250千伏安柱上变压器安装和15千伏中心配电开关站施工。主街道照明工程主要包括300盏太阳能灯具安装、部分街道单臂路灯安装和双头灯杆安装。低压入户连接工程主要包括400伏和220伏低压线路施工以及220伏入户连接（4000户）安装等。

2014年7月22日正式开工。项目燃油电厂主机设备（5台）和与其配套的散热系统、供油系统、润滑油系统、冷却水系统、供气系统（启动）、同步装置和变配电系统均由韩国现代重工公司提供，单台机组容量为2126千伏安，额定功率为1701千瓦，出口电压为6.6千伏，频率为50赫兹，其他辅助生活消防系统、火灾报警系统和通信系统由项目部从国内采购。

施工期项目投入中方人员约30人，当地雇员约65人，投入机械设备约22台套。

2015年12月7日完工移交。

十、安哥拉比耶省聂莱亚道路修复工程

安哥拉聂莱亚道路修复工程位于安哥拉比耶省聂莱亚市，属于安哥拉国家公路重建计划中的一部分，是一项重要民生工程。主要工程内容为约12千米市政道路修复，以及配套排水、人行道、路牙石等公共附属设施。

项目于2015年8月6日签约，2015年9月30日开工，EPC合同，使用"SINOHYDRO"品牌，合同金额1631.44万美元，合同工期14个月，质保期365天，业主为安哥拉国家公路局，资金来源为中国国家开发银行。实施金额为1468.3万美元。

2016年4月15日，当地雨季将近结束，项目进入施工准备状态；5月1日，项目进入最佳施工状态。在道路基层施工过程中，天然砂砾料塑性指数和液限过高，CBR值不达标，不符合项目部执行南非规范标准。项目部经试验最终确定天然砂砾料中加入重量比20%碎石和30%砂子，保证改良后的基层混合料满足南非规范标准。

2016年7月，项目部在做好项目施工管理的同时，积极履行社会责任，利用3天时间完成聂莱亚市郊便民大市场道路修复工作，得到市政府和当地百姓的赞扬。

2016年9月30日主体施工结束；12月27日完工移交，实际完成营业收入1631.44万美元，实现净利润502万美元。

2016年底，项目获得安哥拉国家公路局比耶省公路厅颁发的2015—2016年度优质工程证书，聂莱亚市政府颁发的社会贡献证书，比耶省政府颁发的2016年优质工程证书。

十一、安哥拉罗安达吉隆戈供水工程

安哥拉罗安达吉隆戈供水项目位于安哥拉首都罗安达市，工程包括LOTE-Q1、LOTE-Q3、LOTE-Q4、LOTE-Q5、LOTE-Q8、LOTE-Q9和LOTE-Q10区七个标段，合同金额合计45366.89万美元（其中第一标段34760.95万美元，第三标段2086.27万美元，第四标段1478.44万美元，第五标段2062.8万美元，第八标段2500.55万美元，第九标段1478.44万美元，第十标段999.44万美元）。业主为安哥拉水利能源部罗安达公共供水公司（EPAL），咨询单位为黎巴嫩DAR公司。

项目第一标段（LOTE-Q1ETA）为水处理厂项目，净水厂处理能力50万吨/天（6.0立方米/秒），合同工期36个月，质保期5年（其中材料的质保期5年，机电设备的质保期1年），监理单位为德国GAUFF公司。主要施工内容包括地形测量和地质勘探、宽扎河原水取水系统、6.6立方米/秒的

原水泵站、原水压力管道和配件、水处理厂、办公楼及其他配水系统附属设施的建设、从网电接入点到原水泵站和水处理厂的供电系统、水厂内外的排水系统、所有设备的数字监控系统及其他附属设备等。

2016年3月3日，第一标段合同签订。2017年3月29日，第一标段开工。2017年11月24日，项目部召集设计分包商上海市政设计院、长江规划勘测设计研究院和苏伊士水务在天津召开设计启动会，正式启动Q1、Q8、Q10三个标段的融合设计工作，会议对各方设计任务进行分工。2018年1月18日，业主发函正式确定对Q1、Q8、Q10三个标段进行融合设计。2019年4月19日，中国驻安哥拉大使龚涛到项目考察指导；8月6日，Q1、Q8、Q10融合系统初步设计图纸及说明获得业主咨询批准；10月25日，受融资因素影响，项目停工。

项目第三标段（LOTE-Q3CD-CACUACO），合同工期22个月，缺陷责任期12个月，监理单位为SOLIDAENGLDA/VHM。主要施工内容包括新建2座17500立方米矩形水池、水塔、送水泵房、加氯间、仓库、发电机房及配电室、办公楼、传达室等构（建）筑物，以及新建雨污水收集系统、场区道路、绿化等辅助配套设施。2014年4月28日，第三标段合同签订。2017年7月27日，第三标段开工。2018年10月18日，受融资因素影响，项目向业主提交停工通知。

项目第四标段（LOTE-Q4CD-ZANGO），合同工期20个月，缺陷责任期12个月，监理单位为GBCONSULTORES。主要施工内容包括新建2座10000立方米矩形水池、水塔、送水泵房、加氯间、仓库、发电机房及配电室、办公楼、传达室等构（建）筑物以及新建雨污水收集系统、场区道路、绿化等辅助配套设施。2014年4月28日，安哥拉罗安达吉隆戈供水项目Q4标段合同签订。2017年9月20日，Q4标段开工。2018年6月18日，加氯间主体框架完成；7月18日，仓库主体框架完成；8月28日，清水池主体完成；12月12日，送水泵房主体完成。2019年3月18日，厂区给水、雨水管线完成；6月1日，办公用房主体完成；8月20日，业主批准将Q4标段合同工期顺延至2020年4月15日。2021年3月26日，业主批准一揽子解决方案，合同额减少风险已得到解决。

项目第五标段（LOTE-Q5CD-AEROPORTO），合同工期22个月，缺陷责任期12个月，监理单位SOLIDAENGLDA/VHM。主要施工内容包括新建2座20000立方米矩形水池、水塔、送水泵房、加氯间、仓库、发电机房及配电室、办公楼、传达室等构（建）筑物，以及新建雨污水收集系统、场区道路、绿化等辅助配套设施。2014年4月28日，第五标段合同签订；2017年7月27日，第五标段开工；2018年9月17日，加氯间主体框架完成；11月9日，清水池主体完成；11月17日，仓库主体框架完成。2019年1月17日，送水泵房主体完成；8月20日，业主批准将Q5标段合同工期顺延至2020年4月26日；9月14日，办公用房主体完成；11月12日，厂区给水、雨水管线完成。2021年3月26日，业主批准一揽子解决方案，合同额减少风险已得到解决。

项目第八标段（LOTE-Q8CD-BOMJESUS），合同工期24个月，缺陷责任期12个月，监理单位COTEFISANGOLA。主要施工内容包括新建2座25000立方米矩形水池、水塔、送水泵房、加氯间、仓库、发电机房及配电室、办公楼、传达室等构（建）筑物，以及新建雨污水收集系统、场区道路、绿化等辅助配套设施。2014年4月28日，第八标段合同签订。2019年10月25日，受Q1、Q10标段融资因素影响，项目停工。

项目第九标段（LOTE-Q9CD-PIV），合同工期24个月，缺陷责任期12个月，监理单位GBCONSULTORES。主要施工内容包括在一期已有工程的基础上，扩建2座10000立方米水池、送水泵房、加氯间、仓库、发电机房及配电室、综合办公用房、传达室等构（建）筑物，以及扩建雨污水收集系统、场区道路、绿化等辅助配套设施。2014年4月28日，第九标段合同签订；2017年5月18日项目开工；2018年6月17日，仓库主体框架完成；8月18日，清水池主体完成；8月21日，送水泵房主体完成。2019年4月6日，办公用房主体完成；7月19日，厂区给水、雨水管线完成；8月5日，业主批准将Q9标段合同工期顺延至2020年3月31日。2020年10月21日，业主批准一揽子解决方案，合同额减少风险已得到解决。

项目第十标段（LOTE-Q10ETAP），合同工期36个月，质保期5年（其中材料质保期5年，机电设备质保期1年），监理单位为安哥拉IMPULSOANGOLA。主要施工内容包括地形测量和地质勘探、废水处理站、废水处理站供电及由发电机组构成应急供电系统、水厂内外排水系统、所有设备数字监控系统及其他附属设备等。

2016年3月3日，第十标段合同签订；2017年3月29日，业主颁发开工令，进入合同工期；2019年10月25日，受融资因素影响，项目停工。

十二、安哥拉南宽扎省松贝至伊沃河桥公路修复工程

安哥拉南宽扎省松贝至伊沃河桥公路修复工程于2016年8月签约，2016年8月30日开工，使用"SINOHYDRO"品牌，合同金额5847.70万美元，工期34个月，质保期3年，项目业主为安哥拉建设部国家公路局，资金来源为LCC框架协议预算资金（中国国家开发银行）。实施金额为4853.59万美元。

项目主要工程内容为总长78.2千米安哥拉国道EN100修复，设计速度100千米/小时。其他附属工程内容包括现有旧路面拆除、土石方开挖和回填、现有涵洞、排水沟等排水设施拆除和新建，以及标志标线、反光道钉、防撞护栏、护坡等。

工程施工期跨越3个雨季，工期紧张，按照业主要求需要在施工同时保证道路交通不断，许多路段两侧都是较大沟壑或山体，无法修筑临时交通便道，只能采取半幅施工半幅开放方式，施工和管控难度较大。工程沿线车流量较大，且多为重型车辆，路面结构层设计只有1层沥青混凝土面层，沥青面层施工质量是重点。项目部建设碎石站1座，沿线设几处碎石料堆以节省施工运输时间，建设沥青拌和站1座并建设1个约300立方米沥青池，用来储存沥青。

项目配备中方人员37人，安哥拉雇员210人，投入工程设备146台套。施工高峰期，土方施工最大强度80000立方米/月，颗粒料底基层最大强度18000立方米/月，级配碎石施工最大强度18000立方米/月，沥青混凝土施工最大强度8000立方米/月。

项目于2019年6月30日完工，完成营业收入5847.7万美元，实现利润9800多万元人民币。

十三、安哥拉库内内省抗旱工程LOT1与LOT2标段

安哥拉库内内省抗旱工程位于安哥拉库内内省，项目由两个标段构成。

LOT1标段主要工程内容包括取水口建设、10千米球墨铸铁压力管道安装、46.5千米混凝土衬砌渠道施工、10个集水池及30个饮水点建设。

LOT2标段主要工程内容包括50.03千米西侧CCO混凝土渠道、53.1千米东侧CCE混凝土渠道、20个集水池及40个饮水点。

项目于2019年8月22日中标，2019年10月2日签约，使用"SINOHYDRO"品牌，合同工期18个月，质保期36个月，业主为安哥拉水利能源部下属国家水资源局，资金来源为安哥拉政府资金。LOT1标段合同金额6570.13万美元，LOT2标段合同金额7004.71万美元。

项目合同开工日期为2019年11月15日，实

际开工日期为2020年6月9日。施工高峰期配备中方人员（含分包商）72人，当地雇员786人，投入主要施工机械设备约243台套。高峰期日混凝土浇筑量约1000立方米。

2021年7月，项目进入攻坚阶段；7月10日，安哥拉总统若昂·劳伦索考察项目，对项目施工质量及进度表示满意。

2021年12月，项目生产进入全面冲刺阶段。项目组建抢工突击队，整合各项资源，统筹推进工程进度。

整合设备设施，在渠道沿线原有3个混凝土拌和站的基础上，加密5个流动拌和站，提高150多千米混凝土浇筑进度，减少施工过程中二次搬运，同时调剂4台装载机，确保拌和站正常上料需要，调剂10台挖掘机，确保沿线道路和挖方段边坡整形如期完成。

截至2021年底，累计完成合同金额的68.3%。

十四、安哥拉扎伊尔省姆班扎刚果新机场工程

安哥拉扎伊尔省姆班扎刚果新机场项目位于扎伊尔省姆班扎刚果市城南，工程主要内容为新建1座机场，设计参考机型为波音777-300，航站楼约1.3万平方米，跑道长3.5千米，附属设施包括停机坪、控制塔、消防站、停车场、进场道路等。

项目于2020年11月23日中标，2020年12月25日签约，EPC合同，使用品牌为"SINOHYDRO"，合同金额约15451万美元，工期18个月，质保期24个月，业主为安哥拉交通部，资金来源为西班牙BBVA银行融资。

项目由中电建建筑集团有限公司与电建市政集团组成联营体委托实施，联营体股比分别为60%、40%。电建建筑集团主要负责机场航站楼及机电部分，公司主要负责跑道及停机坪等土建部分。

2021年12月3日，项目开工奠基仪式在扎伊尔省政府及施工现场举行。安哥拉交通部部长、扎伊尔省省长等参加，安哥拉TPA电视台及多家主流媒体进行现场报道。

截至2021年底，项目未实质性开工。

十五、援纳米比亚哈达普水产养殖中心改造工程

2013年9月13日，公司中标援纳米比亚哈达普水产养殖中心改造项目，是公司承建的首个商务部援外项目。

项目于2013年11月14日签约，合同金额1878.1万元人民币，固定总价合同，合同工期13个月，质保期24个月（其中防水工程质保期60个月），业主为商务部国际经济合作事务局，资金来源为中、纳两国政府2009年2月9日签订经济技术合作协定规定的无偿援助款项，监理单位为国内贸易工程设计研究院，设计单位为北京大洋碧海渔业规划设计院。

项目位于纳米比亚哈达普省，距首都约260千米，隶属纳米比亚渔业和海洋资源部，占地面积约为64581平方米。项目主要工程内容为新建水产品加工车间及冷库1座、露天商品鱼池塘改造、商品鱼养殖大棚、大规格苗种培育大棚、室外配套工程及设备等。

2013年10月26日项目开工。

工程实施过程中，项目部克服新市场环境不熟悉、国内设计与当地标准不匹配等诸多困难，得到业主、中国大使馆经参处、纳米比亚及中国监理方、中国设计院一致认可，纳米比亚政府对项目实施进度和工程质量给予充分肯定和高度评价。

2016年4月28日项目完工。改造后的哈达普水产养殖中心设计生产能力可达到年产罗非鱼商品鱼33.5吨、罗非鱼苗种90万尾、每班加工罗非鱼500公斤、每次冷藏量20吨。

2016年7月8日，水产养殖中心交付纳方使用。纳米比亚渔业与海洋资源部部长伯纳德、常秘莫塞斯，哈达普省省长伊萨克，联合国粮农组织纳米比亚总代表安马渡，中国驻纳米比亚大使馆临时代办吴伟，经参处参赞刘华博等出席移交典礼。吴伟和伯纳德分别代表各自政府签署对外移交证书，共同为水产养殖中心剪彩，揭牌并发表讲话，伯纳德在演讲中感谢中方水电十三局克服重重困难，高效优质完成这一重要民生工程。吴伟对项目所取得的成绩给予充分肯定，并希望项目人员继续努力，为中纳友谊做出更大贡献。

2017年4月28日，项目质保期结束，获得纳米比亚渔业和海洋资源部颁发的杰出贡献奖。

第五节　中西非工程

一、贝宁市级综合体育场建设工程LOT3与LOT4标段

贝宁多功能体育场项目是公司进入贝宁市场承建的第一个项目，分为LOT3和LOT4两个标段，LOT3标段分布在阿普拉惠、贾克托梅、多哥波、科梅、大波波；LOT4标段分布在维达、阿夫朗库、阿乔红、波贝、凯图，共计10个体育场。施工内容基本相同，主要内容为进行场地清障清表，多功能体育场的足球场建设，人造草坪铺设，塑胶跑道施工，手球场、篮球场、网球场建设，体育场管委会办公住宿场所建设，场内道路、停车场、照明、给排水、绿化等附属工程。

项目于2018年4月24日中标，2018年6月19日签约，使用"SINOHYDRO"品牌，合同工期13个月，质保期12个月，业主为贝宁生活环境与可持续发展部生活环境开发署，资金来源为贝宁政府财政预算。LOT3标段合同金额为2553.14万美元，LOT4标段合同金额为2502.9万美元。

项目合同开工日期为2018年7月18日，实际开工日期为2018年10月1日。

项目体育场分布较分散，相互之间距离远，分布在10个不同的城市，对项目部人员配备、设备调配等方面造成较大困难。项目图纸和材料批复时间较晚，业主与监理工程师随意变更设计，严重阻碍项目进度。项目认真分析原因，根据实际情况重新调整施工部署，2020年9月—12月，在4个月的时间里实现完成产值1500万美元，占合同额1/3。

施工高峰期中方员工达到98人，外籍员工数量达到1500人，机械设备达到175台套，每月平均上报账单金额接近350万美元。

项目部积极履行社会责任，履约期间帮助项目沿线人民修缮附近学校改善教育教学环境，修缮平整附近村庄道路改善交通，免费对当地村民进行健康知识宣讲，讲授新冠肺炎疫情防控措施等，赢得当地政府和人民一致好评，先后收到贾科托梅市、科梅市、阿普拉惠市、阿乔红市、博努市的感谢信。

2020年6月4日，业主签订1号补充协议，将工期延长7.5个月；2020年8月26日，业主签订2号补充协议，将工期延长9个月；合同完工日期调整为2020年11月30日。

2021年1月20日，项目最后一个体育场的足球场草坪和塑胶跑道铺设完毕；2021年3月31日主体完工。

2021年7月，为期1周的贝宁国家校园足球锦标赛在项目部所建体育场举办。项目部积极配合活动主办方落实场地、后勤保障及卫生防疫等各项流程，做好场地草坪维护、卫生保洁、用电对接等各项服务，同时制定安全应急预案。2021年7月31日，足球锦标赛落下帷幕，贝宁体育部部长、国际足联代表等相关人员出席闭幕仪式。贝宁体育部部长代表贝宁市政府发言，表示体育场投入使用对贝宁体育事业发展有积极推动意义，并致辞感谢场地建设者支持。

2021年11月16日，项目10个体育场全部完成临时验收进入质保期。实际完成营业收入27905.48万元人民币。

二、贝宁市政道路修复与整治项目LOT2A与LOT3A标段

贝宁市政道路修复与整治项目位于贝宁共和国科托努市区，是贝宁政府沥青路项目的一部分，2018年7月3日中标，2018年8月3日签约，使用"SINOHYDRO"品牌，单价合同，业主为生活环境和可持续发展部/生活环境和领土发展署，资金来源为德意志银行。

项目主要施工内容包括电信网迁移、电网迁移、水网迁移等网络迁移工作，清障、清表工程，泻湖沙、黄沙土等材料，水泥稳定级配碎石、连接层、沥青花砖等路面工程，排水沟、箱涵等结构物施工，包括LOT2A和LOT3A两个标段。

LOT2A标段合同金额为3890.8万美元（不含税），合同工期20个月，质保期12个月，标段内共有17条道路，共计18.73千米，其中花砖道路4条（7.35千米），沥青道路13条（11.38千米）。

LOT3A标段合同金额为3568.48万美元（不含税），合同工期15个月，质保期12个月，标段内共有23条道路，共计16.78千米，其中花砖道路19条（12.18千米），沥青道路4条（4.60千米）。

项目于2018年8月6日开工。施工高峰期中方员工达到126人，外籍员工数量达到2200人，机械设备达到231台套，每月平均上报账单金额接近300万美元。

项目地处热带雨林，受降雨量大和降雨频繁影响，结构物施工、路基回填及路面施工受到限制，全年有效施工工期短。项目花砖铺设总量44.49万平方米，是施工的重中之重。项目部经过现场实地考察，针对各个施工难点，进行技术革新，主动向监理、业主提出设计变更建议，业主认可的部分为出水口排水沟位置迁移、箱涵八字挡土墙变更为铅丝笼沉石等变更项，降低了施工难度，为项目增加收益近60万美元。

项目部严格遵守市区施工安全环保要求，加大安全环保投入，强化安全环保人员配备，减少施工对居民出行不利影响，加强社区文化交流，第一时间解决因施工导致影响居民日常生活问题。2019年9月4日，项目部为社区文化体育活动（马拉松、诗歌竞赛等）提供支持，面对当地学校电力供应不稳定情况，向社区所在学校学生提供照明灯具，获得社区政府和民众好评。

项目多次被贝宁国家电视台、《民族报》采访报道，在当地产生深远影响。2020年2月初，贝宁国家广播电视台晚间新闻栏目报道项目建设情况，沿路居民在接受采访时表示："以前的道路泥泞不堪，晚上不敢出门，感谢承包商将我们从低洼的水淹区解救出来，得益于承包商的良好施工，现在道路变得越来越好，营商环境也越来越好，生意越来越多，非常感谢政府和承包商。"

2020年5月28日，科托努市市长亲自授予项目经理孟令刚"荣誉市民"称号。

2020年6月8日，项目部收到国家知识产权局颁发的"一种用于石料厂发电机的除尘装置""一种适用于砂土性质安装的预制基础植入箱""一种用于混凝土排水沟降水的简易集水装置""一种用于安置混凝土排水沟盖板的简易型辅助施工小车"等4件国家实用新型专利证书。

2020年6月13日，LOT2A标段沥青路面全线贯通；2020年7月7日，LOT3A标段沥青路面全线贯通。

2021年3月10日，在科托努市RUE3139-3153路，项目部为沿路两处学校修建及粉刷学校围墙，为当地所在学校学生提供了良好的学习环境。

LOT2A标段经过2次合同变更，最终合同工期为24.5个月；LOT3A标段经过2次合同变更，最终合同工期为23.5个月。2021年3月16日，LOT3A标段完成临时验收；2021年3月18日，

LOT2A标段完成临时验收。项目实际完成营业收入7428.9万美元。在当地共同建设的12个标段中，LOT2A和LOT3A标段率先完成现场施工，进入临时验收阶段。业主在递交总统府、部长的总结报告中称赞企业实力和信誉。

三、援多哥广电设施改造工程

2017年9月30日，公司使用"POWERCHINA"品牌中标援多哥广电设施改造项目。

援多哥广电设施改造项目是为了配合中方"文化走出去"，实现中国广播电视节目在多哥落地。而援助多哥改造现有广电设施项目，是公司进入多哥市场承建的第一个项目。工程内容为建设1座综合演播楼，其中包括演播室后期制作用房、音乐录音室、广播直播室和播出机房等技术用房，并提供必要的广电设备。综合演播楼新建面积1030平方米，共两层，建筑高度为11.15米，建筑局部高度为15.35米；新建消防水泵房建筑面积42平方米，单层，消防水泵房建筑高度4.9米。项目设计范围包括综合演播楼和消防水泵房建筑、结构、暖通、给排水、电气、智能化、广播电视工艺、声学、200平方米演播室的舞美装修（中档）、工程概算，不含场区及综合管网设计。

项目于2017年10月27日签约，2017年12月6日开工。管理模式为中方代建，承包方式为采购—施工总承包（PC），合同金额为3225.88万元人民币，折合476.63万美元，合同工期16.5个月，质保期24个月，业主为中华人民共和国商务部，资金来源为中国政府援助资金。

声学装修是项目装饰装修工程最重要的组成部分，装修质量好坏直接影响到各技术用房使用效果和播出质量。项目部施工前邀请声学装修专家赴现场指导，以图、表等书面形式向施工班组进行技术交底，将设计图、施工方法等内容清晰地传递给施工人员。精心策划每道工序，细心管理，抓好过程控制环节。

广播电视工艺设备安装专业性很强，是项目重点和难点。项目部从招标采购确定供货商至商检、发运、清关、安装、调试、培训，克服周期较长困难，筹划做好各个环节管控。委托中国检验认证集团检验有限公司对援外物资实施产地检验，确保质量符合援外物资检验一览表中对援外物资的描述和质量要求。

项目施工高峰期投入中方员工35人，外籍员工70人，机械设备5台套。

项目通风工程声学装修房间为多联机系统，风管机和通风管道安装在双层吊顶里面，必须安装调试完毕后才能进行吊顶、地面施工，而铜管冷媒管焊接是通风工程施工里面最关键的工序，施工难度高，风险大。2019年1月20日，技术人员对完成焊接的铜管进行加压测试，经检查铜管无渗漏处，空调系统经过试运行，制冷效果良好，表明铜管焊接工作一次成功。

2019年3月10日，项目光纤铺设完成后，综合演播楼制作电视、广播节目一次性实现传输和发送。

项目于2019年4月20日完工验收，实际完成营业收入3179.09万元人民币。

四、刚果（布）凯塔—别斯—喀麦隆边境段公路整治工程

刚果（布）凯塔—别斯—喀麦隆边境段公路整治工程是公司在刚果（布）市场承建的第一个工程项目。

工程是刚果（布）政府改善和发展基础设施建设公路项目之一，是刚果（布）国家公路交通网的重要组成部分，是连接刚果（布）与喀麦隆的重要通道，也是非洲中部区域一体化重要通道。工程施工内容主要包括169千米沥青路面及118千米小型路面整治。全线共计8座多跨桥梁，163座箱涵，以及1个停车场、2个称重站、2个收费计量站、2个社区中心、2个医疗中心等多处附属设施。

项目于2011年3月29日中标，2011年7月28日签约，EPC合同，使用"SINOHYDRO"品牌，合同金额15039.83万美元，合同工期43个月，质保期12个月，业主为刚果（布）大型工程建设委员会，资金来源为非洲发展基金（FAD）和刚果（布）国家预算。

2011年4月20日，公司成立刚果（布）凯塔公路工程项目部，2011年12月27日，项目按计划开工。

2012年5月17日，项目举行开工典礼。刚果（布）总统萨苏率领公共工程部部长等政府及当地官员出席，中国驻刚果（布）段参赞、公司副总经理徐德阳出席开工仪式。

项目土方填挖共计699万立方米，级配碎石基层摊铺43.3万立方米，沥青混凝土摊铺7.1万立方米，建设多跨桥梁8座、箱涵163座，工程量大。项目地处刚果（布）北部热带雨林，雨季时间长，降雨量大，有效施工时间短，工期非常紧张。施工高峰期中方员工达到160人，外籍员工数量达到1000人，机械设备达到300台套，每月平均上报账单金额接近800万美元。

2014年1月20日，项目为桑噶省"米歇尔·甘贝拉高中"捐赠篮球场。桑噶省当地政府官员主持捐赠仪式，桑噶省省长出席仪式。

2014年10月26日，项目完成100千米沥青路面摊铺施工任务。

2014年10月27日，刚果（布）总统签署凯塔公路别斯—森贝沥青路面延长段工程项目增补合同，增补合同额占原合同额的39.7%，项目合同工期延至2015年7月。增补主要工程内容为48千米道路沥青混凝土路面、双表处路肩、过水箱涵、排水边沟及路缘石等施工。

2014年11月1日，由非洲发展银行、日本国际协力机构、中非发展银行、中非经济共同体、喀麦隆政府、刚果（布）财政部及大型工程委员会组成代表团共20人，在业主代表、监理及承包商的陪同下，到项目现场考察。代表团一行对项目施工进度及施工质量表示满意，希望项目部更加重视安全环保、职业健康及社会公益事业。

2015年7月31日，项目主体完工。2015年11月18日—20日，由刚果（布）重大工程委员会、国家验收委员会、非洲发展银行代表、监理公司等单位组成验收组对项目进行竣工验收。验收组对项目道路、桥梁、附属设施等进行实地检查，经讨论一致认为项目整体符合规范、质量合格、外形美观，达到临时验收标准，同意通过竣工验收，项目进入为期1年的保修期。

2016年2月11日，项目举行竣工典礼，刚果（布）总统萨苏出席。中非经济共同体、非洲发展银行代表及各国驻刚大使等参加。萨苏总统对工程竣工表示祝贺，对工程质量和施工进度给予高度评价，并亲自为竣工典礼进行剪彩。桑噶省省长、中非经济共同体副秘书长、刚果（布）国土整治及大型工程委员会部长、装备及公共工程部部长分别在仪式上致辞，强调凯塔公路作为非洲中部区域一体化通道的重要意义，对项目良好履约给予高度赞扬。刚果（布）国家电视台对竣工典礼进行全程报道。2月12日，《布拉柴维尔快报》整版头条对凯塔公路竣工典礼及项目情况进行详细介绍。

2016年12月1日，项目被授予2016年度中国电建优质工程奖。

2016年12月3日，项目收到履约证书，实际完成营业收入2.06亿美元。

五、刚果（布）韦索码头修复升级工程

刚果（布）韦索码头工程位于刚果河支流桑戈河（Sangha）韦索市境内。主要工程内容包括拆除现有旧码头，新建长120米钢板桩码头，建设港口行政楼，返修港口领导住房，重建港口员工宿舍，整治港内道路及供、排水管网等。

项目于2012年1月4日中标，使用品牌为

"SINOHYDRO"，中标金额为743.86万美元，工期8个月，业主为刚果（布）重大工程委员会，资金来源为刚果（布）政府财政预算。

项目于2013年1月11日开工，公司将项目作为刚果（布）凯塔公路项目的附属工程，由凯塔公路项目部组织实施。

项目码头钢板桩桩长12.5米，打桩入土深度5.3米，水下地质条件复杂，有大量的沉木、废旧混凝土块，打桩施工难度极大。面对重重困难，凯塔公路项目部多次召开施工技术研讨会，克服技术难点，提供大量人力物力支持，抽调精干力量组织施工。2013年7月15日，韦索码头钢板桩打桩施工完成。

2014年9月10日，刚果（布）大型工程委员会副部长奥玛尼率国家工程验收委员会对项目进行预验收，在随后的验收总结会议上，验收委员会与项目部就验收结果以签字形式进行确认，项目按照合同规范要求竣工。

2015年11月29日，业主验收组对项目120延米钢板桩码头、配套行政楼、员工宿舍、码头住房、港口领导住房及室内外管网等进行全面检查，对项目施工形象和质量表示满意，一致通过最终验收。

六、刚果（布）布拉柴维尔金特雷区奥林匹克运动村6栋楼房修建工程

刚果（布）奥林匹克村房建工程位于刚果共和国首都布拉柴维尔市金特雷地区，布拉柴维尔市中心东北方向约25千米处的萨苏大学校区内，建成后将为参加第十一届非洲运动会的运动员提供休息服务，是刚果（布）奥林匹克体育中心整体规划的重要组成部分。

工程包括6栋相同运动员公寓，总建筑面积为11.19万平方米，无地下室，地上三层，局部四层，建筑高度为17米，局部高度为20米，框架结构。建筑结构安全等级二级，设计使用年限50年，地基基础设计等级丙级，非抗震设计。施工内容包括6栋楼主体工程、装饰装修工程、给排水、电气安装以及室内配套家具安装摆放，房屋内部普通精装修，达到入住条件。

项目于2013年1月25日中标，2014年2月25日签约，使用"SINOHYDRO"品牌，合同金额12136.79万美元，合同工期20个月，质保期12个月，业主为刚果（布）大型工程委员会，资金来源为政府资金。

项目合同开工日期为2013年6月13日，实际开工日期为2013年9月1日。

刚果（布）交通运输业极不发达，从黑角港到布拉柴维尔只有一列火车往返，运输效率低、速度慢且经常出现中途滞留现象，周期长，车皮紧张，运输费用昂贵，而公路路况差、流量大、交通拥挤。项目部根据采购周期和海运、清关周期，提前规划，共组织发运集装箱1100多个，没有因为材料问题耽误工期。

为降本增效，项目部自建碎石场和购置采砂船生产砂石料，为本项目及其他项目提供大量混凝土骨料及石粉，降低材料成本；严格管控5家分包商，分包价格控制在预算价和指导价内，减少人工成本。

项目部将每栋楼分为8个区段，为确保工程总进度按计划完成，及时调整施工顺序，组成立体交叉施工，连续施工，节省工期。当地季节全年分干湿两季，土建施工尽量赶在雨季前完成。随着工程施工工作面逐渐增多，项目部鼓励分包商雇用当地雇员来解决人工问题。经实践检验，中方师傅在工作中兼带学徒，带领当地雇员边学边干，解决人力不足的同时节约成本。

工程混凝土浇筑量达5.54万立方米，在主体框架混凝土施工中，部分梁、柱出现蜂窝、麻面、孔洞，观感质量差。项目部积极寻找解决办法，在麻面部分充分浇水湿润后，用原混凝土配合比砂浆，将麻面抹平、压光，使颜色保持一致，修

补完后，用塑料布包裹保湿养护。

工程抹灰面积达41.3万平方米，局部出现外墙面龟裂，该裂缝很细、很浅，只发生在面层。其主要原因是当地气温高，抹灰前对墙面浇水湿润不够，导致墙面空鼓或者干缩性裂缝。项目部正确选用水泥、石灰膏、黄砂之间配合比，严格执行操作规程和操作工艺，抹灰前清洗墙面，保证足够湿润，以提高黏结率。对已出现裂缝或者空鼓的墙面，重新返工，将原有的缝隙打开，用弹性腻子修补。

施工高峰期配备中方员工120人，中方劳务工人400人，外籍员工700人，投入机械设备192台套。

2015年8月25日，项目完工移交，累计完成施工产值13433万美元，实现净利润11083.86万元。

2015年9月1日，刚果（布）政府举行授勋仪式，为非运会准备期间做出突出贡献企业授勋。"SINOHYDRO"被刚果（布）总统授予骑士勋章。刚果（布）政府对项目部在非洲运动会运动员公寓等配套设施建设中展现出的卓越组织管理能力、工程质量和工程进度大为赞赏。

2015年9月4日—19日，第十一届非洲运动会在刚果（布）布拉柴维尔举办。奥林匹克村房建工程以优越的区位环境与工程质量为非洲运动会提供良好服务。

2016年12月，项目荣获2016年度中国电建优质工程奖。

七、刚果（布）奥林匹克马克勒体育场馆建设工程

2014年6月3日，公司以自主品牌"STECOL"中标刚果（布）奥林匹克马克勒体育场馆建设工程。

工程是为保证2015年非洲运动会在刚果（布）首都布拉柴维尔举行而新建的1栋室内体育馆。工程总建筑面积5211平方米，总高度为18米，三层（顶部标高11.6米），顶部球形网架结构跨度约为60米，钢筋混凝土框架、球形钢网格屋顶、彩色型钢瓦屋面结构形式。主要施工内容包括室内体育馆主体建设、装饰装修、玻璃幕墙、水电安装、消防安全系统、监控系统、通风系统；室内篮球场、网球场、排球场、手球场场地以及相关比赛设施；室内LED大显示屏、音响系统等设施；室外警卫室、地面硬化、绿化、给排水系统、化粪池、蓄水池、停车场、旗杆、发电机房、变压器以及发电机等；体育厂区外道路整治工程等。

项目于2014年6月14日签约，2014年7月7日开工。合同金额约为1324.31万美元，合同工期11个月，质保期12个月，业主为刚果（布）大型工程委员会，资金来源为政府资金。

2014年12月13日，刚果（布）国家电视台对项目进行专访和报道，扩大了公司在刚果（布）的市场影响力。

2014年12月26日，马克勒体育场馆主体框架结构混凝土施工全部完成。在刚果（布）由中资公司承建的4座相同体育场馆建设项目中，施工进度处于第一位，受到监理和业主方一致好评。

2015年8月20日，刚果（布）大型工程委员会、第十一届非运会组委会、总统府代表、财政部、体育部、内政部组成验收委员会依次对体育场馆主场地、座位席、主席台、VIP室、医疗室、器材室等功能区域进行详细检查和验收，验收委员会对工程质量和形象表示满意，一致认为工程符合设计要求，通过验收。在验收总结会议上，验收委员会与项目部就验收结果以签字形式进行确认。

2016年11月4日，项目质保期结束，通过由刚果（布）大型工程委员会、教育部、体育部、内政部等部委组成的验收委员会最终验收。

八、刚果（布）森贝—恩塔姆公路整治与沥青铺设工程

2016年10月10日，公司以自主品牌"STECOL"中标刚果（布）森贝—恩塔姆公路整治和沥青铺设工程第一、二标段［简称刚果（布）凯塔公路工程二期项目］。

项目位于刚果（布）北部桑噶省森贝市至喀麦隆南部边境恩塔姆地区，是中部非洲交通大走廊的重要组成部分。主要施工内容包括土方工程、路面工程、桥涵工程、信号装置、称重站及附属工程等。沥青混凝土路面设计宽度7米，箱涵194个，桥梁27座，排水沟86.5千米，称重站2个。

项目于2016年10月25日签约，合同工期28个月，质保期12个月，业主为刚果（布）大型工程委员会，资金来源为非洲发展银行与刚果（布）政府配套资金。第一标段合同金额为6029.56万美元，公路总长80.2千米；第二标段合同金额为6439.16万美元，公路总长90.8千米。

2017年3月15日，项目按计划开工。

项目所在地雨季长达半年，路线穿行在非洲三国交界原始森林中，交通困难、物资匮乏、基本没有通信信号，所在区域疟疾和各种疾病横行。

项目混凝土需求总量在7万立方米左右，河砂需求量较大，项目部集思广益，多方寻找，在施工沿线1家当地采矿公司发现大量采矿遗留废弃料，通过筛分实验，可以获得满足技术规范的砂子，然后利用项目现有筛分设备设计组装河砂筛分系统，解决混凝土用砂难题，为项目节约成本。

项目部自行生产石料，满足技术规范要求，且在洛杉矶磨耗值指标上有一定优越性，为混凝土、级配碎石和沥青混凝土质量增值。

项目部对当地地形和水文资料进行详细调研，发现原设计中27座桥梁所处地势均较为平缓且现有水流流量少，有的在旱季基本没有水流。结合之前桥改箱涵案例，项目部准备了周全的水利计算书，积极和监理单位进行沟通对接，经过数轮谈判，监理单位同意将桥梁设计改为大孔径箱涵，有效加快了施工进度。

施工高峰期中方员工达到153人，外籍员工数量达到1600人，机械设备达到420台套，每月平均上报账单金额接近450万美元。

项目在履约过程中注意环境保护和对当地居民的安全教育培训，施工过程中质量、安全和进度均有良好表现，并按期履约，获得当地政府多次好评，收到感谢信6封。2017年7月，项目获刚果（布）内政部特殊贡献奖。

2019年4月19日，项目土方工程全部完工；2019年4月29日，底基层全部铺设完成；2019年5月13日，基层全部铺设完成。

项目沥青铺设长度共158千米，沥青混凝土用量合计6万余立方米，项目所在地降雨量大，雨季持续时间长，因沥青铺设对温度、压实度要求严格，下雨期间，粘油离析较大，沥青温度下降较快，对施工造成极大困难。面对时间紧、任务重等情况，项目部统筹规划，合理组织调配人员、设备，通过举办旱季"大干竞赛"及签订经济责任制等方式激发员工施工热情。2019年5月17日，项目沥青全部铺设完成，实现全线通车。

2019年6月21日，项目一标段、二标段同时启动技术性验收，标志着项目进入竣工验收新阶段；2019年9月27日，通过临时验收，进入质保期。

2020年3月6日，项目举行竣工典礼。刚果（布）总统萨苏、中国驻刚果（布）大使马福林、刚果（布）大型工程委员会部长、各国使团出席竣工典礼。萨苏总统对项目在施工条件较为困难的情况下能高质量如期履约表示祝贺，表示该项目是刚果（布）连接喀麦隆等周边国家的主干道，在极大改善当地交通条件的同时，更促进了沿线区

域经济发展，是造福刚果（布）人民和促进中部非洲一体化的重大民生工程。

2021年1月14日，刚果（布）国家完工验收委员会对凯塔公路二期项目进行最终验收。国家完工验收委员会由刚果（布）大型工程委员会牵头，道路维护部、国家监察委、交通区域整合部等7个部门组织参与验收。验收委员会对项目临时验收整改项进行逐一检查，对项目最终整改结果表示满意，并签发最终完工证明。项目实际完成营业收入12310万美元，利润率约15.1%。

九、刚果（金）布娜刚—鲁丘鲁—戈马道路修复和现代化工程

刚果（金）布娜刚—鲁丘鲁—戈马道路修复和现代化项目是公司在刚果（金）承建的第一个项目。

项目起点为北基伍省省会戈马市，终点位于布娜刚，全长约100千米，是刚果（金）国家公路交通网的重要组成部分。项目按年度投资分阶段实施，首年度计划投资约1000万美元，新建12千米道路。项目主要施工内容为旧路路基处理、碎石土底基层、级配碎石基层及沥青双表处路面。项目主合同为中刚基础设施建设股份有限公司与刚果（金）大型工程局（业主）、华刚矿业股份有限公司签署三方合同。

2015年8月19日，公司与中刚基础设施建设股份有限公司签署委托工程施工协议，中文合同文本，委托实施金额为1000万美元，工期12个月，质保期12个月，资金来源为华刚矿业股份有限公司。

项目合同开工日期为2016年9月31日，实际开工日期为2016年11月5日。

项目所在地属于当地叛军活动范围，时有交火现象。项目设立安全联络情报员，全天候负责整个项目安全信息、安全情报收集及安全措施、安全计划制定，并就安全问题与相关部门沟通联系。做好刚果（金）各级政府、官员、大使馆、经参处、中国维和部队、GOMA微信群、刚果（金）正能量等各方面信息沟通，及时了解项目所在地区政经、社会治安形势，根据形势变化，及时做好风险监测和预警，就安全方面存在的问题，及时向大使馆报告。

当地不仅偷盗行为极为普遍，入室抢劫事件也是频繁发生，项目聘请保安公司、警察和宪兵长期驻扎营地，保护人员和设备物资安全。当地政局不稳定，特别是在政府换届选举和重大节日时，街头暴乱频发，项目部为保障中方人员人身安全，暂停施工，前往邻国躲避。

施工期间，项目配备中方人员20人左右，外籍员工70人左右，机械设备59台套。

项目所需石料数量不满足自建石料厂要求，石料均在当地采购。自2016年9月开始，项目多次考察当地市场，寻找石料加工企业，最终确认当地对外销售石料企业数量较少，并且产能较低，不能满足进度需求。当地施工企业中有两家石料加工能力较强，但不对外销售，处于自给自足状态。项目部一方面与这两家企业多次洽谈，对方答应在满足自身需求之后，为项目加工所需石料；另一方面动员产量小的加工企业，加班加点开足马力生产，项目领导经常走访加工企业，择机择时帮助它们解决生产困难，尽最大可能提高产量。项目为保证石料"颗粒归仓"，安排专人负责石料运输事宜，每天将成品石料尽数运至项目场地储存。经过长达半年的储备，施工进度得到充足保障，为按时完工奠定了基础。

2017年10月31日，项目双表处路面与原有路面贯通，标志着戈马公路主体工程全部完成。

项目临时验收日期为2018年4月18日，最终验收日期为2019年7月18日，实际完成营业收入1000万美元。

十、中国水电加纳政府优先基础设施项目一期第8标段

中国电建集团北京勘测设计研究院有限公司与中国水电建设集团国际工程有限公司签订中国水电加纳政府优先基础设施项目一期第8标段的委托实施协议，北京院以"背靠背"模式委托公司进行项目履约。2020年10月22日，公司与北京院签署项目内部委托实施协议，2020年12月20日开工。委托实施金额为3892.11万美元。

项目为老路升级改造工程，包含6条乡村路、2条城镇道路，合计总长度为59.4千米。主路段管涵、箱涵、两侧排水沟涵结构物共计202个，混凝土边沟总计3.2万米，辅助工程包括道路指示牌及标线等。项目工期30个月，质保期12个月，业主为加纳公路部，电建集团使用卖方信贷从国内融资为项目提供资金，加纳政府以铝矾土矿开发收益作为还款来源。

项目各条道路分散在阿散蒂省阿特威玛恩庞努阿县内，相互间距离较长，项目部积极寻找有能力、有资质且具有当地施工经验的中国分包商进行施工，在偏远施工道路附近就近建立分包队伍临时营地，相应人员设备常驻临时营地。为规避风险，业主推荐的每家当地队伍施工长度控制在5—7千米，对当地分包商杜绝"以包代管"，内部加强管理，加强监管力度，责任到人，每个施工作业面每天安排专人巡视、检查，做好记录，做到无死角、无漏洞，每周召开例会，制定周进度计划，如有滞后及时查明原因，在保证质量的前提下加快进度。项目签署分包合同15份，分包施工工程6项。

施工高峰期自主施工部分中方员工达到30人，外籍员工数量达到57人，机械设备达到33台；分包队伍中方人员18人，当地分包商队伍236人；月平均上报金额为168.84万美元。

施工过程中，项目部积极推进各项设计变更。成功将施工工艺复杂的U形涵变更为施工方便管涵；将改线路段换填石方在不改变单价的情况下，替换为矿区废弃鹅卵石，为项目部节省成本100万美元，项目部利用1套土方设备用时20天完成合同产值150万美元；推进单项工程优化设计，减少单价较低的土方工程量，新增砌石护坡、波形护栏，增加U形砼排水沟等优质单价工程。

2021年1月4日，业主签发1号与2号变更令，对项目中两条道路进行线路与长度变更，将原设计43.8万美元/千米变更为64.53万美元/千米，单公里造价提升47%且均为优质单价。

2021年11月26日，加纳乡村道路局局长发来感谢信，感谢项目部在新冠肺炎疫情暴发高峰期，克服超长雨季困难，在施工进度方面取得实质性和决定性进展，在质量控制和安全管理方面作出杰出成绩。

截至2021年底，项目累计实现营业收入9214.34万元人民币，为委托金额的35.6%。

十一、喀麦隆明图姆公路整治工程

喀麦隆明图姆公路整治项目是公司进入喀麦隆市场承接并实施的第一项工程。

项目作为布拉柴维尔—雅温得经济走廊喀麦隆境内唯一陆路通道，建成后将明图姆至恩塔姆路段连通起来，作为中非共同体大通道的一部分，为当地社区居民便利生活及经济走廊建设奠定基础。道路全长67.5千米，项目主要施工内容包括道路土方、箱涵、桥梁、底基层、基层、沥青混凝土面层、路肩双表、路面信号装置施工等，同时也包括合同外两处停车场的施工。

项目于2017年8月28日中标，2017年11月3日签约，2017年11月17日开工。使用"SINOHYDRO"品牌，合同金额6138.61万美元，合同工期36个月，质保期12个月，业主为喀麦隆公共工程部，资金来源为非洲发展银行、日本国际合作银行以及喀麦隆政府配套资金。

项目有多处大挖方段，平均开挖深度15米，均采用明挖施工，土方开挖量大。项目部对土方开挖和调运进行合理部署，开挖过程中做好防护措施，按设计要求分级开挖，土方调运高峰配备足够施工机械及人工量，提前确定出最佳运输路线和弃土场。

项目部委托喀麦隆国家实验室进行沥青混凝土原材料试验及配合比设计，在沥青面层施工中，项目实验室紧跟现场施工，第一时间获取试验资料，不断调整各项试验参数，在符合规范前提下，降本增效。结合本地区气候条件及设计标准选用符合要求的沥青种类，以减少或消除沥青面层温缩裂缝；摊铺作业也尽可能连续，尽量避免冷接缝，无法避免时则严格按照要求将已压实摊铺带边缘切割整齐，清除浮料。

施工高峰期项目配备中方员工45人，外籍员工400余人，投入机械设备146台套，每月平均上报账单金额接近160万美元。

2018年6月—2019年7月，项目持续推进属地化建设，与明图姆市政府达成当地技校学生委培合作意向。前后共计2批近10名当地技校毕业生到项目各部门实习，有效促进了当地技能性人才就业，拓展了企业品牌效应。

2018年12月，为让当地人了解更多艾滋病防治知识，项目部在明图姆市当地雇员营区生活广场开展以"珍爱生命预防艾滋"为主题的预防艾滋病宣传活动。

2019年7月24日，喀麦隆国家电视台在喀公共工程部业主代表的陪同下，到项目采访。采访组对明图姆项目工程履约、现场形象进度、拉动当地劳动力就业、履行社会责任、特别是为雇员提供优越生活设施等方面给予高度赞赏。

2020年6月中旬，项目全线基层摊铺工作完成；6月24日，项目全线沥青混凝土路面全部摊铺完成；11月17日，项目主体工程全部完工。

2020年11月23日，喀麦隆《今日报》对明图姆公路项目进行头版头条宣传报道。分别从施工质量、履行社会责任以及项目面对新冠肺炎疫情克服种种困难提前完工等方面，对明图姆项目进行全方位报道。《今日报》社记者在文中这样称赞项目部施工质量："我们从雅温得出发，经过桑梅丽玛和朱姆，终于来到我们的目的地——明图姆；进入明图姆雷雷路段，我们明显感觉到行车更加舒适，路面更加平整，这和沿途路段的感受明显不同，很难想象这么高质量的工程，只用了不到三年的时间就完成建设。"

2020年12月18日，当地社区为项目部带来全体居民的感谢，感谢项目在当地大量招聘雇员、聘用当地翻译、年轻工程师等，为当地年轻人提供就业平台，多次为当地医院、学校等提供援助。

2021年1月26日，喀麦隆国家验收委员会对项目进行工程临时验收。业主代表、监理团队、南部省政府部门代表及项目领导参加。验收委员会对全线各处施工质量表示满意，验收专题会议上与项目部就验收成果进行签字确认。

2021年12月22日，喀麦隆公共工程部部长、刚果（布）桑噶省省长、日本JICA银行、非洲发展银行、中非国家银行负责人一行参观项目竣工路段，并在恩塔姆隆重举行项目全线竣工典礼剪彩仪式，喀麦隆国家电视台等多家媒体随行。

项目实际完成营业收入27814.92万元人民币。

十二、科特迪瓦塔阿博—科苏—布瓦凯2地区第二条225千伏输电线路建设工程

科特迪瓦塔阿博—科苏—布瓦凯2地区第二条225千伏输电线路建设项目是公司在进入科特迪瓦市场承建的第一项工程。主要施工内容包括塔阿博（TAABO）变电站扩建工程、科苏（KOSSOU）变电站扩建工程、从塔阿博变电站到科苏变电站修建225千伏总长125千米输电线路、其他附属工程等。

项目于2020年7月14日中标，2020年8月31

日签约，2020年10月15日开工。EPC合同，使用"SINOHYDRO"品牌，合同金额1775.69万美元，合同工期18个月，质保期12个月，业主为科特迪瓦能源公司，资金来源为政府资金。

施工高峰期配备中方员工25人，外籍员工120人，投入机械设备35台套，每月平均上报账单金额接近76.07万美元。

铁塔组装是项目重要施工节点，项目部组织铁塔组立塔施工方案专题会议，全面考虑各种立塔方案的利弊，最终采用外拉线抱杆分片组立铁塔技术方案，该方案减少高空作业工作量，增加项目施工安全性，同时提高施工效率。2012年12月25日，项目组装225千伏第一基DT1（ZN93）铁塔，标志着输变电项目进入铁塔组立阶段。

截至2021年底，项目累计完成合同金额的12%。

十三、尼日利亚卡诺灌溉工程

尼日利亚卡诺灌溉项目，位于尼日利亚北部卡诺州卡诺市以南，距离卡诺市20千米。主要工程内容包括1条主渠、3条支渠及44个渠系（其中修复41个，扩建3个）的渠道、衬砌、检修道路、各级闸门修复工作，1座东支渠节制闸建设，小型混凝土结构物预制与安装，14处灌区办公室建设，提嘎（TIGA）、卢宛堪亚（RUWANKANYA）、查拉瓦峡谷（CHALLAWAGORGE）3座大坝修复工作。

项目于2018年5月11日中标，7月6日签约，2019年1月8日开工，使用"SINOHYDRO"品牌，合同金额6122.14万美元，原合同工期48个月，质保期12个月。项目业主为尼日利亚联邦水资源部，由尼日利亚灌溉改善管理项目单位代表，资金来源为世界银行。

项目渠系工程分布于44个分、子灌区，涉及灌溉面积约14444公顷，施工面广，地点分散，导致人员、设备和材料调拨频繁且管理不便，是项目主要施工难点。

项目所在区域属于热带草原气候，总体高温多雨，全年分为旱季和雨季。每年6—10月为雨季，且降雨量极大，对项目土方工程影响严重。项目部在实施过程中加强对降雨监测工作。在渠道开挖与填筑施工时，采用分段施工方法，同时缩短每段土方作业长度，做到"边填筑、边开挖、边衬砌"。渠道开挖成型后尽快完成渠道混凝土衬砌，降低降雨对施工质量影响。

施工高峰期配备中方员工48人，外籍员工数量近1000人，设备投入近240台套，每月平均上报账单金额近430万美元。

2020年12月23日，业主签发项目毛渠新增合同，毛渠增加长度1065.64千米，增加合同额为1218.75万美元，合同工期增加1年。

2021年2月，项目部梳理施工方案，考察施工现场，对关键线路毛渠、田间路、排渠系统施工方法进行优化，将原"取土场借土填筑"方案优化为"从排渠取土填筑"。新方案主要通过扩大排渠开挖断面，将排渠挖方料填至毛渠、田间路上，完成毛渠、田间路填筑，同时完成排渠挖方，取土场零借土以及自卸车零需求。

2021年3月，项目部在了解邦库尔镇警察局巡逻警车需要维修的情况后，主动联系当地警察，并对其中两辆巡逻警车进行维修保养，为周边地区安全提供有力保障。

2021年6月，获尼日利亚国家工会表彰奖。

2021年8月，经过几个月实践，优化后的人工开挖毛渠施工方案收效明显。项目毛渠工程累计长度为1299千米，工程量巨大。经业主批准，项目部将毛渠机械开挖变更为人工开挖，工作面高峰期时当地员工超过400人，每天平均开挖进度超过2千米，尤其在雨季效果更甚。毛渠系统新方案既加快施工进度，又能够为业主节约征地赔偿，还能减少项目自卸车对原有道路的破坏，一举三得，获得业主好评与支持。

2021年10月，项目部帮助邦库尔镇

（BUNKURE）修建一所治疗疟疾的医院，为尼日利亚抗击疟疾贡献力量，解决当地居民就医困难问题。

2021年12月7日，业主以正式信函方式给项目发来感谢信，感谢项目在履约过程中表现出来的专业素养和负责任态度，表示期望今后继续合作。

截至2021年底，项目实现营业收入18490.12万元，为合同金额的45.5%。

第六节 欧洲工程

一、阿尔巴尼亚木瑞斯至萨那灌区—克鲁提亚V1和V2段修复工程

阿尔巴尼亚木瑞斯至萨那灌区项目是公司进入阿尔巴尼亚市场承建的第一项工程。

项目位于阿尔巴尼亚中西部地区，分为V1和V2两段，其中V1段位于费里行政区，主要内容是修复7.6千米主渠道和11.2千米二级渠道，以及Bitaj泵站修复；V2段位于DiVjaka行政区内，主要内容是修复13.3千米主渠道和10.23千米二级渠道，以及三级管网建设。

项目于2018年8月22日中标，2018年10月4日签约，使用"SINOHYDRO"品牌，合同金额约为349.30万美元，合同工期8个月，质保期12个月。业主为阿尔巴尼亚农业和农村发展部，资金来源为世界银行，合同语言为英语，合同基础为菲迪克施工合同条件（FIDIC 2010版），适用法律为阿尔巴尼亚法律。

项目合同开工时间为2018年10月4日。开工后，项目部尝试属地化管理，在中方管理人员少、当地资源匮乏的情况下，通过精心组织、科学管理、积极调度、灵活调整施工方案，最大限度克服困难，确保项目履约。

项目于2019年10月9日完工。

2021年3月17日，项目收到由业主和监理工程师签发的履约证书，标志着项目缺陷责任期结束。

二、波黑泊奇特利至兹维罗维奇高速公路建设工程二标段泊奇特利桥工程

2019年4月24日，由中国水电建设集团国际工程有限公司（35%，牵头方）、阿塞拜疆AZVIRT公司（35%）、中电建路桥集团有限公司（30%，技术牵头方）组成的联合体中标波黑泊奇特利至兹维罗维奇高速公路建设工程二标段泊奇特利桥工程。项目位于波黑穆克联邦实体境内，属于波黑泛欧5C走廊11千米高速公路项目的一部分。工程主要施工内容为修建一座长约0.98千米特大桥梁。桥梁为平衡悬臂预应力混凝土桥，沿曲线布置，箱形断面，双向四车道，宽约22米，桥柱最大高度为97米。

泊奇特利大桥是中国企业在波黑承建的第一座桥梁，也是中企第一次在波黑同欧盟开展第三方合作，项目实施对于中波乃至中国和中东欧17+1合作具有重要示范价值，对于推动共建"一带一路"具有重要意义。

项目于2019年6月20日签约，2019年9月26日开工。合同金额3289.44欧元，折合3691.74万美元，合同工期900天，质保期730天，业主为波黑穆克联邦高速公路公司，资金来源为欧洲投资银行。项目签约后，电建集团内部份额委托公司实施，实施金额为2417.59万美元。

泊奇特利大桥在大跨度高墩曲线型桥梁中具有鲜明代表性，一是地形地质条件复杂，连接段桥墩直接坐落于山体上，深厚覆盖层中含有厚度不一的固结层，对桩基承载力具有重要影响；二是曲线型桥梁空间三维变位突出，同时高墩大跨度、下部墩、桩变形必须与上部现浇梁统一考虑，才能准确进行施工变形控制；三是施工过程中会出现悬浇梁段合龙误差较大和成桥线形与设计目

标不相吻合的可能。

泊奇特利大桥还存在个性技术难点，一是施工过程中地勘及桩基试验结果与设计阶段存在差异，桩基采用全护筒法施工，国内少见；二是中空薄壁变截面桥墩极有特色。

施工高峰期配备管理人员25人，劳务人员282人。其中中方人员3人，当地雇员2人，合作方3人，分包商204人，其他分包商94人，主要使用属地化团队进行施工。

截至2021年底，实现营业收入9288.76万元人民币，为委托金额的55.8%。

三、波兰弗罗茨瓦夫排洪系统河道开挖扩建与伦济拦河坝泄洪改造工程

波兰弗罗茨瓦夫排洪系统河道开挖扩建与伦济拦河坝泄洪改造工程，简称波兰弗罗茨瓦夫防洪项目，位于波兰下西里西亚省弗罗茨瓦夫市奥得河流域，工程目的是对欧洲著名河流奥得河（OdraRiVer）进行沿河环境治理、河道淤积清理、船运航道设施完善等综合治理。

项目于2012年4月5日中标，2012年10月24日签约，11月15日开工。使用"SINOHYDRO"品牌，设计+施工合同，合同金额约为8863万美元，合同工期1080天，质保期365天。业主为波兰弗罗茨瓦夫市水务管理局，资金来源为世界银行、欧洲发展银行及波兰政府自筹资金。

工程共分为5、6、7三个工区。5号工区施工内容包括3.6千米城市运河清淤，岸坡改造及沿线桥墩修复，上下游船闸机械、控制自动化系统升级改造及新建进水口结构物；6号工区施工内容包括约11千米奥得河主河道疏浚、拓宽、边坡保护，部分防洪堤新建及翻新或新建渡口；7号工区施工内容包括南、北两座船闸闸室修复，机械部件翻新，控制系统自动化升级及修建新进水口和鱼道等构筑物。

项目设计、施工、材料等全采用欧洲和波兰双标准。公司初次进入欧盟与波兰市场，对欧盟环保标准、质量体系以及属地化管理要求学习、适应与融合是项目履约的关键。

项目部精心组织筹划，对外加强与当地公司、业主和工程师的沟通，做到"言出必行，行之必果"，逐步获得当地公司、业主、工程师对中国企业的信任与赞赏。对内加强项目员工合同意识培养，按照欧盟高度社会化分工要求，聘请社会相关部门、企业或具备资质的个人，对入职培训、安全健康、环评报告、动植保护、化石、考古、排爆等提供专业服务；制订严谨的水上施工计划，提交工程师报批并获得相关航运部门批准，保证航道内施工不中断通航；执行现场经理是项目第一责任人，现场工程师、专家和工头等承担各自专业资质证书内质量责任体系。

项目部进行高度本土化组织模式实践，采取以聘用波兰当地雇员为主、中方人员协调配合为辅的方式，充分利用当地资源、充分调动并发挥当地雇员作用，做到人、材、机和项目管理全面属地化。在项目实施期间，逐渐摸索并形成了一套成熟的属地化管理方式。

施工高峰期项目配备中方人员22人，波方管理人员29人，外籍技工50人，外籍劳工114人，分包商人数175人；投入链斗式挖泥船、德国大型水上挖掘机、驳船、22~25米长臂挖机（带GPS）、钢板桩机等各类设备70多台套。

2016年10月11日，项目收到最后一个里程碑完工证书，进入缺陷责任期。项目为当地居民创造了大量就业岗位，极大地提升了弗罗茨瓦夫市洪水防御能力，美化了当地河道景观，获得了当地政府和居民一致好评。中国电建也被弗罗茨瓦夫市地方水务管理局称为"在波兰非常值得信赖的国际承包商"。

2017年8月底，《人民日报》以《中企在这里筑起新"防洪墙"》《波兰"威尼斯"旧貌换新颜，全靠了中国企业》为题，对工程建设成果进

行报道，报道中写道："中国企业在波兰成功履约，在当地筑起新'防洪墙'，更筑起了欧洲人民对中企的'信任墙'。相信中国企业将以此为新起点，走进更广阔的欧洲基建市场。"

2017年10月，"一种渠道断面快速测量及衬砌施工工装""钢板桩施工用定位装置"获批国家实用新型专利；2017年11月，"一种用于螺旋顶管机的三合一组合管""一种分体式螺旋顶管机的导向头"获批国家实用新型专利；2017年12月，《河道内深基坑加筋钢板桩围堰及降水创新施工工法》被评选为电建集团工法。

2018年1月24日，收到履约证书，标志着项目缺陷责任期结束。项目成为中国建筑企业在欧盟市场成功履约并首个取得履约证书的项目。通过变更与索赔，项目实现最终结算金额为11677万美元。

2017年11月，项目被评选为2017年度电建集团优质工程奖；2018年4月，"一种护城河临时防洪装置""一种水利工程用闸门结构""一种水利淤泥清理及处理装置"获批国家实用新型专利；2018年5月，"提升河道拓宽及边坡防护工程水下开挖精度""提高钢板桩水上施工精度""提升低温环境下砌筑工程施工质量合格率"QC成果获得天津市建筑施工行业协会表彰。

2019年11月，项目荣获2018—2019年度国家优质工程奖。

四、波兰海乌姆—卢布林400千伏输变电建设工程

波兰海乌姆—卢布林400千伏输变电建设工程位于波兰卢布林省，工程内容为建设一条连接海乌姆市至卢布林市约67千米的400千伏架空输电线路，构成波兰东部输电网络扩展的一部分。

项目是电建集团、公司在欧洲市场承建的第一条高压输电线路工程。EPC项目，包含征地和设计等风险较大工作内容。为降低相关风险，项目投标阶段，投标团队通过与最优备选分包商签订标前协议方式来保证分项工作实际成本可控。

项目于2016年1月14日中标，2016年2月22日签约，使用品牌为"SINOHYDRO"，合同金额4836.82万美元（含VAT），合同72个月，质保期96个月，业主为波兰国家电网公司，资金来源为业主自筹与欧盟资金。

项目自签约之日起开始计算工期，2019年10月进入施工阶段。

由于波兰为土地私有制，土地所有者个人财产保护意识强，规划和征地工作难度较大，设计工作需要不断根据征地工作进展进行调整，导致项目前期工作周期较长，由此带来材料、人工等成本在长周期过程中上涨风险以及施工期较短、施工强度大等问题。

施工高峰期，配备管理人员32人，劳务人员295人，其中中方人员37人，当地雇员10人，分包商人员280人。施工高峰期最大强度单日浇筑混凝土约300立方米，组立铁塔约80吨，架设导线10千米。

2020年3月，波兰经历一个暖冬后提前进入雨季，导致施工现场土地湿软，工程车辆进入现场时会严重破坏当地乡村道路，影响当地居民出行，居民向当地政府投诉，暂停工程车辆的交通许可，工程面临窝工风险。由于波兰开始出现新冠肺炎疫情，为避免施工后期遭受疫情影响，项目采取多种方式加快施工进度。项目部尝试在施工现场周边寻找当地农户，租借当地农户拖拉机等大型农业运输设备，临时进行施工材料和工器具运输，消除窝工风险。经过成本核算，租借农用运输设备成本比使用工程运输设备更有优势。当地农户由此获得经济利益后，对工程排斥情绪降低。项目部在社区解除禁令后，依然与当地农户维持长时间合作。

2021年9月，完成主体施工。工程总计浇筑混凝土约20000立方米（含预制件），组立铁塔

177基，约6500吨，架设导线约615千米，架设复合光纤地线（OPGW）约144千米，交叉冲突重建63处。总计投入人力约10500工日，挖掘设备450工日，运输车辆1500工日，起重设备550工日，牵引设备1700工日。

2021年10月25日，通电试验成功，进入试运行状态；12月初，项目线路试运行工作完成。

截至2021年底，实现营业收入25412.75万元人民币，为合同金额的80.9%。

五、波兰贝司奇查杜兹尼卡河"莎莱尤夫古勒奈"与杜纳河"克罗斯诺维采"防洪水库工程

2018年3月19日，中国电力建设股份有限公司（POWERCHINA）中标波兰贝司奇查杜兹尼卡河"莎莱尤夫古勒奈"与杜纳河"克罗斯诺维采"防洪水库项目。

项目于2018年4月16日签约，分为两个独立合同。莎莱尤夫水库项目签约合同金额为4096.35万美元，克罗斯水库项目签约合同金额为2256.44万美元。两个合同工期都为1187天，质保期365天，业主为波兰国家水务控股公司下属弗罗茨瓦夫地方水务局，资金来源为世界银行。

莎莱尤夫水库和克罗斯水库设计均为干水库，日常不蓄水，主要起到汛期防洪与蓄洪调节作用，水库主要建筑结构级别为Ⅲ级水工建筑物，防洪标准为200年一遇洪水。

莎莱尤夫水库项目位于贝司奇查杜兹尼卡河流域，水库最大漫滩面积为118.7公顷，最高蓄水高程海拔为340.6米，最大蓄水能力为1067万立方米。主要施工内容包括碾压式黏土主坝、副坝各1座，主坝长734米，副坝长288米，主坝最大高度为20米，顶宽5米。主要结构物包含洪水闸（长117.5米）、溢洪道（长127米）、沉砂池和排水管涵、办公楼（287平方米）及设备维修间（451平方米）等。库区开发工作还包括拆除公共建筑物，重建供水系统、供电系统和电信系统，拆装现有桥梁，移除与工程设计相冲突的树木和灌木（包括树根）等。

克罗斯水库项目位于杜纳河流域，最大蓄水能力为190万立方米。坝长452米，最大高度为14米，顶宽5米，最大蓄水高程为海拔321.60米。主要结构物包括洪水闸（长82米）、溢洪道（长182米）、沉砂池、排水管涵、办公楼（287平方米）及设备维修间（451平方米）等。库区开发工作还包括拆迁1处电线，重建1处地下电信线路，移除10年一遇洪水区树木和灌木，为水库建成1座服务建筑（166.2平方米）等。

项目2018年9月4日开工。开工后，项目部立即组织地质、水利、道路等各方面专业人员对施工现场进行全面勘察，经探坑开挖、钻孔、地基承载力试验等一系列调研，项目部发现原进场路基础、大坝基础、借土场等核心施工区域地勘结果与原设计文件中地质信息均存在重大出入，项目部立即审核原设计文件准确性，同时向工程师报告该情况，要求工程师复核其原设计准确性并予以确认。

2019年3月，工程师分别确认两个水库项目进场道路存在设计缺陷，并于6月份完成进场道路设计更新。

2019年3月28日，项目部在莎莱尤夫小学组织开展以"普及项目基本知识提高安全意识"为主题的安全教育培训。有效增进了与项目所在地社区的文化交流，加强了当地居民对中国公司的了解。

2019年8月，工程师和业主通知项目部原设计主体工程，如拦河坝及下部防渗结构、泄洪闸、溢流堰等均存在重大设计缺陷，全部需要重新设计并随后向项目部递交设计更新计划。

2019年8月28日，公司成立中国电建市政集团波兰奥得河防洪水库项目管理部，统一实施管理波兰莎莱尤夫与克罗斯水库建设项目、绿山奥

得河—新苏尔防洪项目与奥得河—克罗斯诺—维斯卡防洪项目。

2020年4月28日，获得电建集团2019年度青年文明号荣誉。

2021年9月8日，莎莱尤夫水库项目和克罗斯水库项目签订主合同补充协议，二次经营增加合同额约3700万美元，莎莱尤夫水库项目工期延长18个月，克罗斯水库项目工期延长17个月。

项目主体以坝体填筑工程为主，项目所在地雨水较多，坝体填筑施工之前需提前执行土壤晾晒工作，受天气影响较大。每年6—7月为施工高峰期，月均土方填筑量为莎莱尤夫水库项目7.5万立方米，克罗斯水库项目2.5万立方米。

施工高峰期配备中方管理人员10人，外籍管理人员32人（含司机、文员等），服务人员20人（实验、测量等），工人和操作手300人。

截至2021年底，累计完成合同金额的51.7%。

六、波兰S14罗兹西部绕城高速公路设计与施工工程

波兰S14罗兹西部绕城高速公路设计与施工项目是公司以自有品牌"STECOL"在波兰市场承接的第一项工程，也是中资企业近十年来在欧盟市场承接的第一条高速公路项目。

项目位于波兰中部罗兹省罗兹市，属于罗兹绕城高速公路的一段，项目主要内容为设计并建造一段长约16千米的双向四车道快速路，其中包含沥青路面、改路、辅路、地基加固、桥涵结构物、人行道及自行车道、道路排水系统、道路照明、道路围栏、绿化种植及其他道路相关基础设施建设等。

项目于2019年7月10日中标，2019年8月22日签约，设计＋施工合同（DB合同），合同金额18408.78万美元，合同工期35个月（不含冬季期，实际工期44个月），质保期60个月，业主为波兰国家高速公路管理局罗兹分局，资金来源为欧盟资金与业主自筹。

项目主合同设置有两个合同里程碑，一是签订合同10个月内提交施工许可申请，二是开工22个月内完成合同额30%合同任务。项目合同工期35个月，仅设计期就占去20个月，施工工期被严重压缩，而且合同第二里程碑节点控制难度非常大。

2019年8月22日，项目签约后即开始计算工期。开工后，项目部成立设计管理团队与当地设计院密切配合进行初步设计工作。其间，波兰新冠肺炎疫情对设计审批造成严重影响，项目部多次组织设计协调会，明确重点事项及完成时间，并指派专人负责跟踪处理。

2021年4月，波兰S14高速公路项目和波兰A2高速公路LOT4标段项目合并管理。

2021年4月29日，项目获得施工许可，现场各项工作全面开展。

项目合同语言为波兰语，项目部改变从国内带人带队伍施工模式，充分整合利用当地资源，主要聘请当地管理人员，由少数中方骨干和当地员工相互配合，共同管理项目日常工作。通过前期探索和磨合，中方与当地员工配合良好，共同推动项目有序进行，实现高端市场管理模式新突破。

项目投入人力资源85人，其中中方管理人员10人，劳务人员1人；波方管理人员40人，劳务人员34人。投入设备132台套，其中自有设备54台套，租赁设备79台套，主要为土方设备和运输设备，自有设备原值3777.42万元。

项目施工高峰期最大月强度为桥涵混凝土浇筑4602立方米，土方开挖154910立方米，土方回填107802立方米，碎石底基层24822立方米，碎石基层27136立方米，沥青路面基层10980立方米。

2021年7月30日，项目获得工程师批复30%合同额，提前两个月完成合同第二里程碑任务。

施工进度也获得工程师与业主的一致好评，波兰国家高速公路总局总经理及罗兹分局总经理多次到项目现场检查，对项目进度和质量给予肯定。2021年9月15日，波兰当地媒体《罗兹图片日报》在对项目报道中将项目进度称赞为"中国速度"，该报道也被业主内部网站转载。

WK-PGD-10号铁路桥是项目全线唯一一处节点控制分项工程，合同要求铁路桥所在国铁16号线翻新工程实现2021年12月18号按期通车。项目部从设计和施工方案入手，修改原方案为逆作法，利用地下连续墙作为桥台支撑结构，上部结构采用钢砼组合梁结构，不需要模板支架系统，施工速度快，可以大大缩短桥面施工时间。铁路桥详细设计和施工方案获得批准后，项目争分夺秒抢抓施工黄金期，仅用时4个月便完成铁路桥主体施工。

2021年12月14日，WK-PGD-10号铁路桥通过验收，拿到本项目第一个使用许可。

截至2021年底，项目累计完成合同金额的31.3%。

七、波兰E75铁路奇热夫至比亚韦斯托克段工程

2020年3月30日，由波兰英特康工程有限公司（INTERCOR）、中国水电建设集团国际工程有限公司（SINOHYDRO）、电建市政集团（STECOL）组成松散联营体中标波兰E75铁路奇热夫至比亚韦斯托克段项目。项目是波兰当时公开招标最大基础设施建设项目，也是中国建筑企业在欧盟国家的首个铁路竞标工程。

2020年6月26日项目签约，合同分为两个合同包，PackageA为单价施工合同，PackageB为设计+施工合同（DB合同）。合同金额约为107537.78万美元，合同工期37个月，质保期72个月，业主为波兰国家铁路公司，资金来源为欧盟资金和业主自筹。

项目主要内容是升级改造从奇热夫到比亚韦斯托克现有71.24千米双线电气化铁路。项目分为8个标段，包括轨道工程、路桥工程、建筑工程、电气工程、通号工程、给排水工程、环境工程等13个专业，采用欧洲规范、欧洲列车控制系统ETCS，项目正线采用60E1无缝钢轨、站线采用49E1钢轨，正线+站线轨道总长约192千米，工程建成后，将现有客运列车运行速度由最高160千米/小时提升至200千米/小时。

项目由INTERCOR，SINOHYDRO，STECOL组成民事合伙伙伴公司（CLP）"E75CBS.C"负责项目具体执行。项目公司股权占比为INTRECOR占50%，SINOHYDRO占40%，STECOL占10%。在电建集团内部，SINOHYDRO份额委托STECOL实施。

项目公司招聘人员组成项目部，负责项目执行工作。联营体配备主要人员包括项目管理委员会3人（三家合伙人代表各1人）、项目经理1人、生产经理1人、合同副经理1人、副经理1人、部门经理10人（招标采购部、技术部、合同部、财务部、计量控制部、质量部、施工部、行政办、波英翻译组、律师、QHSE专员等）。施工团队包括工程经理24名、专业工程师20名、施工队长15名。公司投入主要人员包括中方员工11人、波兰员工36人。

项目属于罕见铁路工程全专业类别总承包项目，执行欧盟、波兰国家铁路公司双标准，紧密联营体运行模式及深度属地化运行，对项目决策机制、运行流程、管控方法提出新要求。

2020年6月，项目签约即开工，正值欧洲新冠肺炎疫情暴发高峰期，国际旅行受限，中方人员无法及时进场，联营体合作模式未定，项目执行团队薄弱，业主对总包商履约能力表示担忧。公司组织专家团队，短时间完成新型合伙模式谈判签约，招聘人员，分包及大宗物资采购谈判，2020年12月提前完成合同第1阶段，扭转被动局

面，增强业主对总包商信心。

施工期最大月产值约4000万美元，人均月产值50万美元。

截至2021年底，实现营业收入35987.91万元人民币，约占施工份额的10%。

八、波兰A2高速公路LOT4标段设计与施工工程

2021年1月28日，公司以"STECOL"品牌，与波兰国家高速公路管理局华沙分局签署波兰A2高速公路LOT4标段项目设计与施工合同，合同金额14130.23万美元，工期36个月（不含冬季期，实际工期42个月），质保期60个月，资金来源为欧盟资金与业主自筹。项目是继S14高速公路项目之后，公司在欧盟承接的第二条高速公路工程。

项目位于波兰首都华沙市以东约75千米，属于A2高速公路雷肖维克至谢德尔采区间第四标段，项目主要内容为设计并建造长约12.89千米双向4车道快速路，其中包含沥青路面、改路、辅路、地基加固、桥涵结构物、人行道及自行车道、道路排水系统、道路照明、道路围栏、绿化种植及其他道路相关基础设施建设等。

项目实施特点是属地化程度较高，主要聘请当地管理人员，少数中方骨干和当地员工相互配合，共同管理项目日常工作。项目设计阶段，项目部配备中方员工1人，当地员工8人共同推动项目进展。

项目实施难点，一是环保要求高，大桥施工难度大，项目需设计修建一座主线大桥，长595米，共13跨，最大跨径47.8米，最小跨径32.5米，桥宽37.2米，梁体为预应力钢筋混凝土单箱箱梁结构，施工工期仅有19个月，且自然保护区施工环保要求高，对施工时间、施工技术选择有诸多限制；二是路面平整度控制要求高，合同规定沥青路面磨耗层平整度IRI指数小于1.1米/千米，远小于国内规范要求的2.0米/千米；三是受到新冠肺炎疫情影响，波兰建筑市场环境发生剧烈变化，能源价格，沥青、钢铁、水泥等建材以及人工价格出现大幅上涨，原合同价格无法覆盖项目成本，项目履约面临前所未有的困难和不确定性。

项目主合同设置3个合同里程碑节点，一是签订合同10个月内提交施工许可申请；二是获得施工许可后一个月内完成并提交施工图设计和施工规范文件；三是项目进入施工阶段后19个月内完成道路施工并获得道路主线使用许可。

2021年1月28日，项目签约后即开始计算工期。

2021年4月，公司充分利用S14公路项目现有资源与履约经验，成立波兰中部高速公路项目管理部，将A2公路项目和S14公路项目合并管理，将设计管理团队转移至A2公路项目，充分利用S14项目在设计履约过程中的经验，全面负责项目设计管理工作。

2021年10月28日，提交施工许可申请文件，比合同要求日期提前一个月完成第一里程碑任务。

截至2021年底，处于第二里程碑中施工图设计阶段。

九、罗马尼亚雅西公路周期性维护工程

2018年9月14日，中国水电建设集团国际工程有限公司（SINOHYDRO）与罗马尼亚国家公路基础设施管理公司签署罗马尼亚雅西公路周期性维护项目。合同工期36个月，质保期36个月，资金来源为国家财政预算，合同语言为罗马尼亚语，适用罗马尼亚法律。主要商务条件包括履约保函是子合同金额的10%，子合同工程完工初交后，退还70%，36个月质保期满后退还剩余30%；无合同调差，无预付款，无质保金，违约罚款为合同金额的10%~20%，业主收到账单后于60日内支付。

项目位于罗马尼亚东部弗朗恰（VRANCEA）郡境内福克沙尼（FOCSANI）市附近，是公司进入

罗马尼亚市场承建的第一项工程。主要施工内容包括约183万平方米沥青路面修复（在现有沥青路面上加铺6厘米沥青混凝土面层）、3.9万平方米道路标线和2.9万立方米砾石路肩加高。

项目合同模式为框架协议，在3年框架期内，业主根据现有道路损毁情况，每年签署一个或多个施工子合同，并在子合同中指定具体工作范围和工期。最终实际工程量不确定，现场施工活动不连续，但短时间内对资源需求较大。

公司选配熟悉欧洲市场规则、精干高效的项目部负责履约监管，项目部根据项目合同特点和当地资源情况，主要采取分包模式进行项目实施。

2019年3月26日，正式签署前2个施工子合同，含税合同额约为428万美元。

2019年4月18日，业主签署1号子合同开工令，4月22日开工，合同额约为258万美元。

2019年6月10日，路面分包商进场，现场施工开始。

2019年8月9日，因业主预算消减，取消2号子合同。

2019年10月31日，1号子合同完工，实施工程额约为197.1万美元。

2019年12月9日，收到业主确认函，终止框架协议。

十、塞尔维亚新萨瓦河大桥工程

塞尔维亚新萨瓦河大桥项目位于塞尔维亚首都贝尔格莱德市中心萨瓦河上，主要工程内容为拆除现有旧萨瓦河大桥，并在旧桥原址建设一座新桥。新建5跨多用途钢拱桥，桥长420米，左岸引道长156.3米，右岸引道长468.57米，桥面宽38.11米，主跨166米。桥面中间为双线有轨电车通道，两侧分别为2车道汽车通道，最外侧为自行车及人行道。全桥钢结构重约6600吨。

项目为融资类项目，商务合同于2020年12月11日签署，签约品牌为中国电建集团国际工程有限公司，设计施工总承包合同（DB合同，99版FIDIC黄皮书），合同金额9401.98万欧元，折合11430.93万美元，合同工期3年（设计+施工），缺陷责任期2年。合同生效条件为融资协议落地后合同生效。项目主管部门为塞尔维亚建设、交通和基础设施部，业主为贝尔格莱德市国土开发公共机构，资金来源为法国巴黎银行商业贷款（85%，中国出口信用保险公司承保）与业主财政预算（15%）。

项目主跨架设方案拟采用在岸边临时拼装场内进行整体拼装完成后，再用驳船进行浮运架设至设计桥位，其中桥梁主跨整体提升，驳船水中浮运，整体下落等施工有较高技术难度。

截至2021年底，项目未正式开工。

第七节 南亚与东南亚工程

一、巴基斯坦杜伯华水电站工程

杜伯华水电站是工程局在国外独立承担实施的第一个水电站工程。项目位于巴基斯坦西北边境省（N.W.F.P）考黑斯坦（KOHISTAN）区印度河主要支流杜伯华河上，南距首都伊斯兰堡约270千米。

工程构成主要为高水头、长隧洞引水式发电站，由挡水建筑物、沉砂建筑物、引水建筑物、发电厂房、尾水结构、开关站及输电线路等组成。项目主要内容包括厂房、开关站、导流工程、混凝土坝、沉砂隧洞、引水隧洞、调压系统隧洞、压力钢管平洞、地下竖井、压力钢管、钢闸门、门机等金属结构制作、安装。其中隧洞开挖近10千米，部分地段岩石破碎，地质条件复杂，地下水丰富，施工条件恶劣，安全风险较大。

原合同开工日期为2003年6月30日，完工日期为2010年7月6日，设计工期7个月，施工工期53个月，质保期36个月。2003年主要进行设备采购和设计工作。杜伯华项目详细设计工作于2003年11月30日全部提交咨询工程师，前期人员、设备、物资等准备工作完成。详细设计方案2004年3月19日得到工程师批复。2004年底，工地厂房区及调压井区的临建施工全部完成。

由于业主前期准备工作严重不足，无法按原计划签发开工令。2005年2月16日，项目人员返回国内；4月1日组建国内工作组，继续开工准备；2005年5月26日，项目部与业主（水电发展署）签订堰坝基础与结构设计方案变更、导流方案变更及其单项总价调整的"1号补充协议"；2005年10月3日，项目部与业主又签订关于杜伯华水电站项目施工前初估新增工作项及其单价的议定、新增工程量重新评估和确定、合同总价调整、施工工期延期方面的"2号补充协议"。合同总价由原来4632万美元调整到7136.50万美元，施工阶段工期由原来53个月延长到57个月；2005年10月4日工程师签发施工开工令，项目2005年10月5日进入施工阶段；2006年3月4日，引水隧洞交通洞洞口平台开挖完成；2006年10月28日，帷幕灌浆开始。截至2006年12月，堰坝导流洞全部完工，进行上游围堰截流，堰坝基坑开挖、右岸喷锚支护、引水隧洞洞挖等工作开始。

项目大坝左、右岸坝肩及基坑土石方开挖施工高峰期施工强度50000立方米/月，大坝混凝土浇筑施工高峰期强度15000立方米/月，关键线路引水隧洞上、下游段两工作面月施工高峰期进尺220米。

2007年11月，巴基斯坦政府军围剿塔利班，安全局势骤然紧张，项目施工被迫停止，全部人员紧急撤退回国内；2008年3月，安全局势好转，项目人员陆续返回项目。

2010年7月28日—29日，巴基斯坦遭遇特大洪水，项目坝区营地被急剧上涨的河水淹没，迫使在现场施工的188名中方工程技术人员连同负责保护的巴军队紧急撤至地势较高的山上。随后，上涨洪水连带泥石流将主营地淹没，厂区83名中方人员撤出，3名人员不幸遇难。

经过多次合同变更和补充协议签订，项目合同额最终增加至12060.25万美元。2013年2月19日，项目部召开动员会，提出"大干一百天，六月抢发电，保质又安全，满意交答卷"，确保按业主要求5月31日前完成主体工程。

2013年4月1日，大坝完成封顶；4月30日，项目引水隧洞衬砌全线完成；5月13日，项目最后一个施工隧洞——冲砂洞开挖完成，冲砂主洞以及与沉砂洞4个出水口闸室连接段全部贯通；6月20日，项目堰坝底孔通水；9月26日14时，电站下闸蓄水，工程已经具备发电条件。

2014年4月，项目收到业主签发的完工证书，标志着项目完工验收工作已经完成；2014年1月21日起，进入质保期，质保期3年。

2019年6月14日，项目部收到业主发来的维修期证书。

二、巴基斯坦达拉瓦特大坝EPC工程

巴基斯坦达拉瓦特大坝项目位于巴基斯坦信德省特达地区，距卡拉奇约120千米，是公司首次独立承担、自主实施的第一项海外EPC大坝工程。

工程主要包括坝区和灌区两部分。坝区含混凝土重力坝、上坝道路和869.45米引水钢管系统，坝顶总长306米，最大坝高46.5米，水库库容1.5亿立方米。灌溉区域为25000英亩，灌渠总长46千米，包括1条主渠、3条支渠和1条斗渠。

项目于2010年2月15日中标，业主为巴基斯坦水电开发署，资金来源为政府资金。2010年6月9日，业主与SINOHYDRO—MAJ联营体签订EPC总承包合同，合同金额约为9063.81万美元，合同工期36个月，质保期2年，2年质保期内库区水位未达到364英尺则质保期延长1年。

项目开工日期为2010年6月30日。

2012年1月10日，项目完成大坝基础开挖工作；1月24日开始处理坝基缺陷；2月14日，大坝混凝土浇筑施工拉开序幕。

2013年3月9日，项目举行大坝主体竣工仪式。巴基斯坦总统扎尔达里出席仪式并在致辞中说，大坝项目的建设和运行不但可为数千人带来稳定就业，更可以有效控制洪涝灾害，促进周边方圆100平方千米地区的农业发展，同时还可以有效缓解巴基斯坦能源危机，有助于从根本上解决巴社会经济问题和能源短缺问题。

2013年6月25日，大坝通过业主验收。项目部26日收到业主来函，称赞项目在合同规定期限内，高质量、高标准地完成大坝主体施工及水工钢结构闸门安装，已具备蓄水条件，同意大坝进入库区蓄水试运行阶段。

2013年12月，荣获2013年度中国电建优质工程奖。

2014年9月1日，正式进入维修期。

三、巴基斯坦信德省水利项目一期纳拉渠上下游修复工程

巴基斯坦纳拉渠修复工程位于巴基斯坦南部信德省境内，在卡哈尔和桑哥尔之间，距离海德拉巴160千米，距卡拉奇320千米。工程主要内容包括纳拉渠上游段、下游段和兰托渠（RANTO）三条渠道清淤及水上建筑物。纳拉渠上游段约为14千米，下游段约为50千米，兰托渠约为22千米，总计约为86千米，土方开挖总量约1100万立方米。主要建筑物包括上游3个跌水、2个主干渠节制闸和3个支流节制闸及部分渠段抛石防护。

项目于2011年6月3日中标，2011年6月27日签约，合同金额约为7496万美元，合同工期24个月，质保期12个月，主包商为中国水利水电对外公司（CWE），业主是巴基斯坦信德省灌溉部，资金来源为世界银行。

2011年8月5日，公司和中国电建集团港航建设有限公司组成联营体与主包商签署分包协议。联营体股比分别为公司51%，港航公司49%。

项目于2011年8月1日开工，开始计算工期。项目部不惧洪水封路，不怕条件艰苦，克服重重困难，在挖泥船抵达工地后迅速完成组装和下水，并一次性试车成功开工。2011年12月2日，项目土方工程开工，2013年12月31日完工移交。

2014年12月，以项目和开普洛渠修复工程为主体的信德省水利系统改造一期项目获英国建筑工业2014年度海外工程奖。这是继该项目被世行评为世行南亚区域环保工作样板项目之后获得的又一殊荣。

四、巴基斯坦卡西姆港2×660兆瓦燃煤电站土建分包工程

巴基斯坦卡西姆港2×660兆瓦燃煤电站工程项目是"中巴经济走廊"和国家"一带一路"倡议在巴基斯坦首个落地实施的能源建设工程，同时也是电建集团在巴基斯坦投资的第一个大型火电项目，为集团一号工程。

项目位于巴基斯坦卡拉奇东南约37千米，卡西姆工业区南侧，厂址西侧紧邻钢厂取水明渠，西距既有KESC电厂约0.5千米，北侧紧邻园区，南侧紧邻通往阿拉伯海的航道。

项目业主为巴基斯坦卡西姆港电力有限公司，总投资额约为12亿美元，资金来源为中水电海外投资有限公司（占总金额51%）和卡塔尔投资公司（QInVest）（占总金额49%）。

2015年8月22日，山东电力建设第三工程公司为EPC总承包方，公司负责实施其中2号机组全部土建部分和钢结构安装，双方签署分包合同，合同金额约为3735万美元。

2016年，在原有合同的基础上，公司先后与总包方陆续签订脱硫系统合同、煤场系统合同、工业废水处理池和废水处理站合同等，合计合同

额1118.94万美元。

项目开工日期为2015年9月29日。项目施工内容多，工程量大，施工周期长，主厂房区域是整个电厂施工重点，包括汽机房和煤仓间。主厂房施工主要包括主体钢结构吊装、压型板底模楼板、外墙压型板封闭、厂房内接地照明、通风空调、屋面防水等。

项目投入中方管理人员50人左右，中方劳务人员100人，外籍员工为800人，机械设备85台套。

项目于2017年5月30日完工，实现营业收入30601.19万元。

巴基斯坦卡西姆燃煤电站工程是公司首次参与实施火力发电土建及钢结构安装施工工程，填补了火电建设施工领域空白，对拓展企业经营业务范围意义重大。

2021年12月，卡西姆燃煤电站荣获2020—2021年度国家优质工程奖。

五、巴基斯坦PKM高速公路苏库尔—木尔坦段分包工程

巴基斯坦PKM高速公路（白沙瓦至卡拉奇高速公路项目）苏库尔—木尔坦段是中巴经济走廊最大的交通基础设施项目，在中巴经济走廊联委会框架下予以重点推动。总合同金额为28.9亿美元，项目起点为信德省苏库尔市，终点为旁遮普省木尔坦市，业主为巴基斯坦国家公路局（NHA），项目总承包方为中国建筑股份有限公司，业主为巴基斯坦国家公路管理局（NHA），资金来源为中国进出口银行贷款，EPC合同，工期3年。涉及路基路面、排水防护、绿化、桥涵、房建、交安设施、智能交通等，是一个完整的公路系统工程。

项目分包协议签署于2016年6月29日，分包金额为21326.12万美元

工程长29.7千米，双向六车道，设计速度120千米/小时。主要施工内容包括土方（含防洪工程）、路面、桥梁、立交桥、涵洞、牲畜通道、排水和冲刷防护、附属工程、路边设施、智能交通系统及景观美化/绿化工程等。

项目实际开工日期为2016年8月5日。

工程线路较长，土方量大，工期紧，任务重，不确定因素多。各种材料资源短缺且存在涨价风险，尤其是石料和砂、沥青；桥涵结构物多且分散，施工组织协调难度大；巴基斯坦人大多信仰伊斯兰教，每日朝拜需要一些时间；本地大型机械设备较缺乏，数量少，型号少，且多为二手设备，质量难以保障。面对上述情况，做好施工中各种资源在时间和空间上的最佳配备，做到经济效益和社会效益双赢。

2017年10月13日，项目底基层试验段开始施工；11月8日，桩基全部施工完成；11月23日，完成首榀预制梁安装；12月28日，碎石基层开始施工。

2018年3月28日，桥梁下部结构全部完成；4月13日，沥青基层试验段开始施工；6月19日，项目预制梁全部安装完成；9月7日，桥梁主体结构全部完成；10月4日，沥青磨耗层试验段开始施工；12月20日，项目底基层施工完成。

2019年3月21日，主线沥青磨耗层施工完成。

在施工高峰期投入中方人员75人，培训和使用巴籍雇员980人，国内入场和整合使用当地设备共300余台套。施工高峰期最大月强度为混凝土浇筑8000立方米、土方填筑650000立方米、底基层60000立方米、基层70000立方米、面层16000立方米。

合同完工日期为2019年8月4日。2019年7月22日，业主签发实质性完工证书，项目提前完工。

2019年9月18日—20日，巴基斯坦国家公路局质检团队对PKM高速公路项目进行竣工验收；

11月6日，PKM高速公路项目落成仪式在伊斯兰堡举行。

2020年12月16日，业主签发移交证书。分包项目累计完成营业收入126280.32万元人民币。

2021年12月，荣获2020—2021年度国家优质工程金奖。

六、巴基斯坦拉合尔轨道交通橙线项目轨道、给排水及消防工程

巴基斯坦拉合尔轨道交通橙线项目是公司在海外参建的第一个轨道交通项目。

橙线项目位于巴基斯坦第二大城市拉合尔市，全长27千米，设有26个站点，2015年4月20日正式签约，是"一带一路"倡议下中巴经济走廊首个签约实施的大型轨道交通项目。项目由中国铁路国际有限公司和北方国际合作股份有限公司具体实施，中国进出口银行提供融资支持。

2016年5月31日，公司以"SINOHYDRO"品牌与总包方签署轨道工程、给排水与消防工程分包协议。轨道工程分包金额为3527.62万美元，给排水与消防工程分包金额为1073.38万美元。

轨道工程主要包括正线及辅助线、出入线25.81千米（单线）、车辆段10.29千米（单线）的线路以及9组60公斤/米9号道岔、36组50公斤/米7号道岔、1组60公斤/米钢轨9号交叉渡线、1组50公斤/米钢轨7号交叉渡线铺设、钢轨焊接、无缝线路放散锁定及线路附属工程。

给排水与消防工程包括26座车站、2座主变电所、1座车辆段和1座停车场生产、生活给排水系统、消防系统以及与其他相关系统接口工作。

项目实际开工日期为2016年7月31日。

项目部由项目经理、总工程师、副经理、安全总监等组成项目班子，配备8个职能部门进行项目管理，组建2个作业队进行生产任务具体实施。保证施工里程碑工期是项目重点，项目部按照标段内铺轨基地设置、标段内工程数量和分布范围，设置合理工作面及制定合理进度计划，以保证工程按期完工。

项目高峰期进场人员共计541人，其中中方人员96人，巴方员工445人。

轨道工程投入主要施工机械设备、工机具等共计112台套；给排水与消防工程投入主要施工机械设备、工机具等共计60台套。

2020年10月8日，完工移交，实现营业收入约3970万美元。

七、巴基斯坦特里肯波斯顿风电工程B区132千伏升压站土建安装及集电线路施工工程

巴基斯坦特里肯波斯顿风电项目位于巴基斯坦信德省特达地区，是公司在海外参建的第一项风电工程。

风电场总装机容量150兆瓦，由3个装机规模50兆瓦独立片区组成，各片区安装29台单机容量1.7兆瓦风电机组，每个片区配套建设1座132千伏升压站。

项目于2017年6月19日中标，签约品牌为中国水电工程顾问集团有限公司，业主为特里肯波斯顿咨询有限公司，资金来源为世界银行。由中国电建集团华东勘测设计研究院有限公司负责总包实施。

2017年7月13日，华东院与公司签署分包合同，合同金额3874.4万元人民币。合同工期9个月，质保期1年。

分包合同主要工作内容为B区132千伏升压站土建安装及集电线路施工。升压站作为风电场控制中心和运行管理人员办公生活基地，布置在风电场片区中部。升压站内布置控制楼、住宿楼、附属楼、户外主变及高压配电装置、事故油池、无功补偿装置、门卫室、计量室、瞭望塔等建筑物。按风电机组布置及线路走向划分，B站风电场片区设4回33千伏集电线路。4个联合单元由4

回33千伏直埋电缆路径及部分架空线接至风电场升压站33千伏配电装置。

分包项目实际开工日期为2017年8月4日，实际完工日期为2018年12月31日。实际完成营业收入4324.4万元。

八、援助菲律宾"海燕"台风灾区临时避难所建设工程

2013年11月的"海燕"台风，是西北太平洋有记录以来最强热带气旋之一，也是菲律宾有史以来最大的自然灾害。灾害发生后，中国红十字会及时派出中国红十字国际救援队赴菲开展人道主义救援工作。

根据灾区需求，经中国红十字会执委会研究决定，向菲律宾"海燕"台风重灾区紧急援建一批临时性安置用房，并确定由公司承担安置房建设任务，2013年11月30日授标。

公司接到援建任务后，迅速组织人力、订购材料、紧急雇用货船，第一批建设人员于2013年12月5日抵达菲律宾莱特省塔克洛班市。

2013年12月20日，中国红十字会与菲律宾红十字会正式签署临时校舍援建备忘录。

2014年1月25日，援建166间9960平方米临时校舍全部建设完成，实际施工期约为2个月。临时校舍采用彩钢活动板房结构，布设槽钢柱作为活动板房基础，槽钢插入地面以下深度1.2米，采取斜拉钢丝绳加固，可满足抵抗7级大风要求。

2014年2月10日，援建校舍移交仪式在菲律宾莱特省塔克洛班市举行。项目实际结算产值为1277.47万元。

九、马尔代夫福纳多岛房屋援建工程

马尔代夫福纳多岛房屋援建项目，也称为中马友谊住房项目，位于马尔代夫福纳多岛南部。福纳多岛面积约为0.5平方千米，距离首都马累220千米，只能乘货船或快艇进出岛。

工程是中国红十字会和中华慈善总会为马尔代夫海啸救灾捐助项目。中国红十字会和中华慈善总会与马尔代夫政府于2005年8月25日签署谅解备忘录。业主为马尔代夫共和国国家灾难管理中心住房和基础设施重建部，承包方为中国水电建设集团国际工程有限公司（SINOHYDRO），由工程局具体负责实施。

项目主要为单层砖混结构住宅房，单栋建筑面积92.5平方米，三室二厅二卫一厨一储，层高4.1米。基础中设有直径120厘米、深2.5米的钢筋砼水井。

2007年4月14日开工。工程质量由马尔代夫政府聘请新西兰工程师与中国红十字会和慈善总会聘请的工程师联合检查验收，工程要求严格，施工难度大。

2007年5月，马尔代夫全国无木材市场，直接影响屋面木结构安装和木门窗制作。

从2007年5月开始，"登革热"病在岛上横行，工地每天平均有10人因此病缺勤，中方人员几乎每人病过1次，其中有4人得过2次，直接影响工程进度。9月，在马尔代夫全国无水泥市场的情况下，进口五金件在马累海关清关时，踪影全无，混凝土工程停工待料。

中方人员组织材料供应，多船次海运水泥1584吨、石子2059吨、砂子2810吨、钢筋119吨、木材316立方米等材料进场，以保证工程进度。

2008年4月6日项目完工，建设完成救灾房66栋，总建筑面积6105平方米。

2008年4月9日，中国红十字会代表团团长、红十字会常务副会长江亦曼在使馆经参处领导陪同下，在马尔代夫福纳多岛举行中马友谊村住房交接会。交接会上，项目经理张耀正把66套灾民住房钥匙交给中国红十字会常务副会长江亦曼，并由江副会长转交给当地政府。在中斯友谊村交

接会上，江亦曼副会长代表中国红十字会把完工证书交给斯里兰卡红十字会。

十、孟加拉国达舍尔甘地污水处理厂项目CI标土建与安装工程

达舍尔甘地污水处理厂项目位于达卡市区，贡加瑞亚河东侧。工程主要建设用途为处理达卡市区城市生活污水，以消除生活污水对巴鲁河的污染。项目建成后将成为孟加拉国乃至南亚地区最大污水处理厂，日处理能力达50万立方米。

2015年，公司开始跟踪项目进展，多次派遣专业团队赴孟加拉国实地考察，做好现场调研工作。8月30日，中国水电工程顾问集团有限公司与项目业主达卡水务局（DWASA）签署EPC总承包合同，资金来源为中国进出口银行。

2017年1月，公司与总包方签署项目CI标土建与设备安装工程分包合同。合同金额约为7.2亿人民币，2017年8月1日开工，项目工期36个月，质保期12个月。

主要施工内容包括厂外污水提升泵站（6立方米/秒）土建施工及设备安装，污水干管（2×4.4千米）土建施工及安装（污水干管由甲方提供），污水处理厂地表处理、厂区及进场道路吹填、厂区进场道路桥梁及贝雷桥改造、土建施工及安装（污泥焚烧系统供货和安装除外），自控设备及安防系统埋管工作，提供甲方、业主和工程师设施，整个污水处理厂所有设备（除污泥焚烧系统外）单机调试及联动调试，完成本合同内所需服务、商务和技术支持、临时工程和临时设施等。

土建部分施工高峰期投入中方人员约115人，孟方人员约600人；安装部分施工高峰期投入中方人员约58人，孟方人员约180人。施工高峰期月均浇筑混凝土约5600立方米，月浇筑混凝土峰值约为6930立方米，日浇筑混凝土峰值约为690立方米。

2018年11月4日，完成生化池第一仓混凝土浇筑。

2020年6月13日，完成初沉池最后一仓混凝土浇筑。项目部历时587天，完成生化池、初沉池和二沉池的主体结构施工，浇筑混凝土总量约8万立方米。

2020年9月15日，"一种精准切割伸缩缝泡沫板的装置""一种用于锥形底板二期混凝土施工的装置"获批国家实用新型专利。

2021年，"创新大流量污水井分流封水处理工艺""提高砖墙砌筑一次验收合格率"获得天津市2020年度优秀QC成果三等奖。

截至2021年底，实现营业收入57400.04万元人民币，为合同额的73.2%。

十一、孟加拉国巴瑞萨350兆瓦燃煤电站工程主体建筑工程施工分包工程

孟加拉国巴瑞萨燃煤电站位于孟加拉国南部博尔古纳（Barguna）地区，紧邻孟加拉湾，亦处于孟加拉国政府规划建设的深水港帕亚拉港（PayraPort）区域，是中国电建集团海外投资有限公司与孟加拉国ITG公司合作开发燃煤电站项目，电站装机容量为350兆瓦。

项目EPC总包方为上海电力建设有限责任公司，业主为孟加拉国巴瑞萨发电有限公司，监理单位为山东诚信工程建设监理有限公司，设计单位为中国电建集团河北省电力勘测设计研究院有限公司、中国电建集团江西院电力设计院有限公司、中国电建集团福建龙净环保股份有限公司。

2020年2月18日，公司与总包方上海电力建设有限责任公司签署分包合同，分包合同金额约为1亿美元，合同工期832天。

分包合同工作范围包括除烟囱和机力通风冷却塔以外全部建筑工程施工，包括但不限于主辅生产工程、与厂址有关工程、全厂降水工程等。主辅生产工程施工内容包括热力系统、燃料供应系统、除灰系统、水处理系统、供水系统、电气

系统、脱硫系统、附属生产工程等。与厂址有关工程施工内容包括水质净化、地基处理。

2019年10月30日，项目克服基坑被淹，前期中方施工人员紧张，物资紧缺等困难，浇筑第一罐混凝土，标志着项目开工。

2020年11月23日，主厂房钢结构开始吊装，地面以上工作开始。

施工高峰期配备中方员工420人，外籍员工1500人，机械设备150台套，月平均上报账单金额接近900万美元。

截至2021年底，实现营业收入26713.86万元人民币，为合同额的39.9%。

十二、印度尼西亚雅加达至万隆高速铁路工程

印度尼西亚雅加达至万隆高速铁路项目，简称雅万高铁，是国家"一带一路"倡议重要成果，是由中印尼两国政府主导搭台、中国高铁全方位整体"走出去"的第一单，也是电建集团和公司参建的第一项境外高铁工程，是采用中国标准、中国技术、中国装备在世界高铁建设上的醒目展示，对于推动中国铁路特别是高铁"走出去"，具有重要示范效应。

项目设计为双线铁路，最高速度350千米/小时，线路最大坡度30‰，总工期36个月，资金来源为国家开发银行贷款与印尼政府融资。

2017年4月4日，由中国水电建设集团国际工程有限公司（SINOHYDRO）与中国铁路国际有限公司、印尼WIKA公司[PT.WijayaKarya（Persero）Tbk]、中国中铁股份有限公司、中车青岛四方机车车辆股份有限公司、中国铁路通信信号股份有限公司、中国铁路设计集团有限公司组成承包商联合体与业主KCIC（PTKereta CepatIndonesia China）正式签署EPC合同。电建股份公司随后成立"中国电力建设股份有限公司雅万高铁项目部"作为在印度尼西亚设立的监督管理机构。

2018年10月29日，公司与中国水电建设集团国际工程有限公司签署委托实施协议，委托工作范围对应合同金额为21061.04万美元，项目于2018年6月9日开工，工期55个月，质保期12个月。

委托实施内容包括铺轨基地（含焊轨厂、存枕场、道砟存放场）及铺轨基地线路等建设，定尺钢轨采购、运输、焊接，正线无砟轨道铺设（不含轨道板预制及铺设）、正线有砟轨道铺设（含道砟的生产加工）、站线和动车段轨道铺设、无缝线路及附属工程施工等。

主要工程量包括建设铺轨基地1处、厂焊钢轨292.5千米、正线铺轨279.8千米、场站线铺轨31.4千米、道岔铺设80组、道砟铺设44万立方米。

项目施工过程中，50米钢轨为中国首次出口，运输过程中倒运次数多，在印尼境内首次通过既有窄轨铁路方式运输，印尼铁路线路条件差，钢轨运输过程中安全和质量风险大；新建焊轨厂，在热带雨林高温高湿的气候条件下将50米钢轨焊接成500米长钢轨，焊接质量要求高；轨道由万隆至雅加达单向铺设，受土建施工影响制约较大，各参建单位采取中外合作模式，协调难度大；轨道施工专业性强，精度高，相关机械需专业人员操作，且印尼人员无相关经验，组织难度大；有砟轨道最高设计速度为300千米/小时，对道砟质量、轨道捣固及精调要求高；设计最大坡度30‰，其中25‰以上的坡度共计15处（22.2千米），按铺轨方向上坡3处（2.7千米），下坡12处（19.5千米），轨道铺设安全风险大。

施工高峰期配备中方员工243人，外籍员工950人，机械设备233台套。

2021年10月29日，项目部收到印尼铁路公司发来的感谢信。信中表示，50米钢轨运输试验的成功为火车公司提供长钢轨运输方案，试验数

据为印尼铁路运输安全提供支撑，运输方案打破了传统钢轨运输模式，将是火车公司运输史上重要的方案之一，50米钢轨运输在印尼铁路运输史上是一个重要里程碑，具有划时代意义，也将促进印尼铁路运输事业飞跃。

截至2021年底，实现营业收入22856.62万元人民币，为委托金额的17.4%。

第八节　中亚工程

一、蒙古国乔伊尔—赛音山达公路工程第二标段

蒙古国赛音山达公路项目是公司在蒙古国市场承建的第一项工程。

项目位于蒙古国南部，全长176.4千米，业主为美国千年挑战基金，公司承建工程第二合同段工程施工，全长86.4千米，含路基、路面工程、涵洞工程及附属设施工程。项目位于蒙古国戈壁区，风沙大、天气干热、早晚温差大、水源及人烟稀少，当地也主要以畜牧业为主，工业较落后，基础设施匮乏。

项目于2012年5月1日开工。主包商为江西省水利水电建设有限公司。

2013年9月5日，项目举行竣工通车仪式。蒙古国国家总理、交通部部长、美国驻蒙古国大使、业主、东戈壁省各级市交通局局长等300余人出席。蒙古国总理感谢承包商对蒙古国作出的贡献，指出，乔伊尔—赛音山达公路是蒙古国公路建设史上建设速度最快、施工工艺最严、工程质量一流的优良工程，是蒙古国"千禧之路"的重要组成部分，是乔伊尔市至赛音山达市第一条公路，公路建成通车缓解了两地交通压力，贯通蒙古国国家公路交通网络，极大改善了乔塞两地出行条件，对推动蒙古国国家经济发展具有重要意义。

2013年9月7日，项目经理郑术锋荣获由蒙古国国家总理签授的荣誉证书和国家交通部部长签授的道路施工卓越奖章。

2014年10月17日，项目质保期结束。

二、乌兹别克斯坦费尔干纳水资源处理一期工程

乌兹别克斯坦费尔干纳水资源处理一期项目于2011年2月24日中标，2011年5月27日签约，施工总承包合同，使用"SINOHYDRO"品牌，合同金额4883.18万美元，合同工期1274天，质保期12个月，业主为乌兹别克斯坦农业与水利部水利基础设施项目办，资金来源为世界银行。

项目主要施工内容包括1300千米排渠和截渗渠开挖工作，修复及新钻竖直排水井275口，新钻减压井1411口，新钻水位观测井34口，新钻自流井10口，新建建筑物250个，浅地表水平排水施工110千米（SHD波纹管）及土地深耕等工作。减压井是重要分项工程之一，分布于费尔干纳盆地6700公顷农田间排渠网上，节点工期为2011年8月—2015年1月。

项目于2011年8月2日开工。施工高峰期配备中方员工100名，月施工产值约120万美元。

项目减压井工作面零星分布，且地表以下地质多为松散卵石，成孔十分困难。2014年8月9日，项目部克服先期清关及中期遇到地质问题等困难，提前6个月完成减压井分项工程。

项目于2015年10月14日按期完工。

三、乌兹别克斯坦水电站修复Ⅲ标段

乌兹别克斯坦水电站修复Ⅲ标段包括乌兹别克斯坦下博兹苏梯级电站（HPP-14）改造项目、塔什干梯级电站（HPP-9）改造项目和沙赫里汉梯级电站（SFC-2）改造项目，总装机容量38.65兆瓦。HPP-14是将容量扩充到15兆瓦，年平均发电量为0.9亿千瓦时；HPP-9是将容量扩充到16.6兆瓦，年平均发电量增加到1.02亿千瓦时；

SFC-2是将容量扩充到7.05兆瓦，年平均发电量为0.5亿千瓦时。

下博兹苏伊水电站是Nizhny-Bozsu梯级电站第一级，改造后安装2台立式混流式机组，单机容量为7.5兆瓦，额定水头26.15米，额定转速166.7转/分钟，额定电压6.3千伏。主要施工内容包括1#、2#水轮发电机及附属系统、金属结构（闸门、门架、2#压力管道）、35千伏室外变电站等设计、供货与安装调试，同时还包括站内建筑物翻新、2#压力管道基础浇筑、主厂房行吊控制系统智能化改造、压力前池修复、旧设备拆除等。

塔什干水电站是塔什干梯级电站第四级，位于塔什干Bozsu运河上，改造后安装2台立式混流式机组，单机容量为8.3兆瓦，额定水头37.22米，额定转速250转/分钟，额定电压10.5千伏。主要施工内容包括1#、2#水轮发电机及附属系统、金属结构（闸门、门架、1#压力钢管）、35千伏/110千伏室外变电站等设计、供货与安装调试，同时还包括站内建筑物翻新、主厂房行吊控制系统智能化改造、尾水清淤、旧设备拆除等。

沙赫里汉水电站位于乌兹别克斯坦共和国安集延地区，是Shakhrikhan HPPC ascadeonSFC第二级水电站，改造后安装1台立式轴流转桨机组，装机7.05兆瓦，额定水头22.05米，额定转速250转/分钟，额定电压6.3千伏。主要施工内容包括35千伏/110千伏开关站、水轮发电机组及其附属系统安装、金属结构（闸门、门架）等设计、供货与安装调试，同时还包括站内建筑物翻新、主厂房行吊控制系统智能化改造、引水渠修复、旧设备拆除等。

项目于2017年10月1日中标，2017年11月1日签约，EPC合同，使用"POWERCHINA"品牌，合同金额7406.84万美元，合同工期24个月，质保期24个月，业主为乌兹别克斯坦水电股份公司，资金来源为中国进出口银行提供优惠贷款与乌兹别克斯坦政府配套资金。实施金额为7217.23万美元。

项目合同开工日期为2018年8月1日，实际开工日期为2018年9月14日。

项目主合同由乌兹别克斯坦水电股份公司与中国电建股份有限公司签署，中国电建股份公司委托公司实施，公司作为总包方，将设计（E）+机电设备采购（P）分包给中国电建集团成都勘测设计研究院有限公司实施，成都勘测设计院公开招标选定水轮发电机组厂家进行生产供货，合同相关方较多，实施管理难度大。

项目施工内容涵盖土建、金属结构、水轮发电机组、户外高压开关设备以及监控保护等。项目配备土建分包队、金属结构安装队、机电安装队、水轮发电机组及其附属设备分包队，机械设备等配置永久机电设备安装、调试、试验所需工器具、试验设备以及特殊材料。

项目施工强度最高峰为2019年9月—2020年7月，其间连续对三座水电站水轮发电机、电站及其附属设备等进行平行交叉工作，受新冠肺炎疫情影响，最高峰时间顺延至2020年底，其间人员设备需求量为项目峰值。

2019年12月17日，项目部组织开展"'一带一路'爱心传，中乌人民情相连"主题捐赠活动，为沙赫里汉梯级电站所在地安集延州希尔曼布拉格学校和医疗中心捐赠急需学习和生活用品。

2020年3月，乌兹别克斯坦开始采取封城防疫措施，项目正在进行永久机电设备安装调试工作，设备厂家专家无法抵达现场，项目积极采取措施，成立专项机电安装队伍，全面介入安装分包队伍各项工作中，从定转子现场叠片下线至机组发电并网，充分利用网络优势，组织各厂家对项目专业机电人才进行远程指导和培训，不仅解决专业人员短缺问题，也最大限度减少因疫情而导致工期延后，同时也为公司锻炼出部分专业机电人才，将疫情对项目影响降至最低。

2020年3月底，项目部在当地封城前实现第一台机组投入运营，解决当地电力短缺问题，为当地防疫工作贡献一份力量。

2020年底，项目实现5台机组全部投产发电，其间收到业主感谢信，当地国家媒体多次对项目进行采访和宣传。

项目合同完工日期为2020年7月31日，实际完工日期为2021年3月13日。

截至2021年底，实现营业收入50800.87万元人民币。

四、乌兹别克斯坦利泰国际二期纺织厂工程

乌兹别克斯坦利泰国际二期纺织厂项目位于乌兹别克斯坦共和国卡什卡达利亚州卡尔西市法艾兹波德村。项目于2018年5月24日授标，2018年6月15日签约，使用"SINOYHYDRO"品牌，2018年6月25日开工，固定单价合同，合同金额约为2640万美元，业主为利泰纺织国际有限责任公司，资金来源为业主自筹。

项目建筑总面积90000平方米，其中纺纱车间65000平方米，织布车间17000平方米，原棉仓库8000平方米，工作内容包括建筑框架结构、钢结构、高低压柜变压器电气安装、消防排烟、雨水、污水、暖通管网和厂区道路等配套工程。项目主要工程内容为建设1座12万锭纯棉精梳紧密纺工厂和1座144台喷气式织机厂，总建筑面积为90000平方米。纺纱厂房为单层大跨度轻钢结构厂房，四周附房为单层钢筋混凝土框架。车间占地面积58419平方米，建筑面积64173平方米，建筑高度为8.1米。

2019年上半年，厄尔尼诺气象带来多雨和高地下水位给项目基础工程施工造成极大困难。项目部对地质条件进行深入研究，编制湿陷性黄土地质条件基础施工质量控制措施，努力推进施工进度。对独立基础均进行半年以上沉降观测，沉降稳定后进行上部主体框架和钢结构施工，确保主体框架结构和钢结构施工安全完成。研究制定地沟与地坪、消防排烟与空调通风等土建安装工程网格化分区与网络化施工工序，保证各专业工作有条不紊地进行。

施工高峰期配备中方管理人员20人，中方技术人员73人，当地雇员200人，投入各类施工设备139台套。

2021年11月26日，纺纱车间、原棉库、室外配套管网和道路工程通过乌兹别克斯坦国家建筑监督机构、国家消防监督机构、国家卫生监督机构、卡尔西建设机构等相关政府部门和业主共同检查验收，工程质量合格，达到竣工移交标准，进入保修期。织布车间由于业主甲供材原因，2021年12月20日停工。

2021年12月20日，利泰国际二期纺织厂举行投产典礼，项目所在地区卡什卡达利亚州州长穆罗乔恩·阿奇莫夫、金昇国际集团总裁特别助理、利泰国际纺织有限责任公司总经理出席典礼并致辞。

第九节　中东工程

一、卡塔尔多哈路塞尔场地准备工程

卡塔尔多哈路塞尔场地准备工程位于卡塔尔多哈市北郊。工程区域约7千米长，5千米宽。工程目的是通过开挖3条航道与互通港池，修筑海岛、护岸、挡土墙和景观沙滩，场地回填后安置居民20万人。主要工作内容包括3条深水航道、港池、鹦螺湖、平潮区开挖；深海挖沙建造海滩；回填海岸、场地以及人工岛，包括软基替换、夯实；6处约10千米的海岸线结构物。

项目为固定总价施工合同，2006年1月22日中标，2月2日签订合同，业主为卡塔尔Diar房地产投资公司，合同总金额约为4.35亿美元，由中国水电建设集团公司与公司组成联营体施工，集

团公司为责任方，公司施工份额为48%。开工日期为2006年2月2日，合同工期900天。

工程于2006年2月2日开工；2019年2月12日，全部完工；2020年3月19日，缺陷责任期结束。

二、卡塔尔路塞开发区基础设施第一标段（CP1）

项目位于卡塔尔多哈市区以北9千米路赛新城内，东面为海岸线，西面与阿克豪（AlKhor）高速公路相连，总面积约3.2平方千米，是路赛新城内最大的基础设施项目。主要工作内容为约9千米双舱主综合管廊和约4千米双舱支综合管廊、4座66千伏变电站和40座11千伏变电站、约200千米高中低压电缆、2座雨水泵站、2座灌溉水泵站、2座饮用水泵站、约120千米市政管网（饮用水、灌溉水、雨水、污水及地表水）、约20千米空调冷却水管道、约10千米真空垃圾管道、约20千米市政公路、1座通信交换站及相关通信光缆等。

项目于2008年3月13日中标，2009年5月10日签约，2008年4月1日开工。使用"SINOYHYDRO"品牌，固定总价施工合同，签约金额约为64186万美元。由水电三局、公司及水电十局组成紧密型联营体实施，水电三局作为联营体牵头方占50%股比，公司及水电十局分别占30%、20%股比。

项目以"基础设施+机电"为主，技术及质量要求严格（需由第三方独立试验室试验）。道路类型较多，道路断面类型共有15种，路面类型共有6种。地下综合管廊施工强度大，开挖深度大，砼工程量大，相应钢筋加工和绑扎强度大，进度影响其他后续项目。许多工作项目与相关地方部门接口比较多（供排水、供电、通信、道路、灌溉等）。其他标段承包商（地下车库和地下轻轨等项目）也在本区同期施工，施工干扰大。其中在相同区域各承包商进场及道路全由CP1负责或协调，部分设备需要承包商设计，部分机电工程需要指定分包商来提供。

施工高峰期，现场大型设备约400台套；砼方量约60万立方米、钢筋7万吨；中外方人数约5000人；结构砼浇筑最大月强度约3万立方米。

项目实际完工日期为2021年12月31日，实际完成营业收入161428万美元。

三、卡塔尔西湾地区、伍姆斯拉和阿尔高三地供水工程

卡塔尔西湾地区、伍姆斯拉水厂和阿尔高水厂三地供水项目于2008年10月14日中标。2009年1月22日签约，EPC合同，合同编号为GTC/182/2007，使用"SINOYHYDRO"品牌，签约合同金额约为1.57亿美元，合同工期30个月，质保期24个月，业主是卡塔尔水电公司，该工程是中国水电在中东市场承接并委托公司独立实施的第一项工程。

工程分布于多哈市东北部西岸、尤穆萨拉和阿尔霍3个区域，主要工程内容为建设6个600万加仑混凝土蓄水池，18千米管径600—1200毫米球墨铸铁管线，1座可容纳7台变频泵新泵站及其附属设施等。

项目于2008年10月14日开始计算工期；2009年5月7日上午，项目开工仪式在施工现场举行；2011年7月13日，在主营地办公室举行竣工典礼。

四、卡塔尔多哈高速公路第六标段（P6）

卡塔尔多哈高速公路第六标段工程位于多哈工业区东部，主要对已有东部工业区道路进行升级，建成双向各3车道交通干线。

项目于2011年9月11日中标，2011年12月28日签约，使用"SINOYHYDRO"品牌，合同金额为6210.18万美元，合同工期548天，质保期

400天，业主为卡塔尔公共工程署，资金来源为业主自筹。

工程主要内容为3.5千米高速公路，包含两座跨线立交桥（每座长130米，桥面宽约32米）、沥青砼路、洪水排放系统、临时排水系统、已有电网重建和升级、污水管线重新铺设、街灯、交通标志、路面标志和交通信号灯、景观工程等。

项目于2012年1月15日开工，2014年12月17日完工移交。

五、卡塔尔经济区海水淡化厂管线工程（GTC606）

卡塔尔经济区海水淡化厂管线工程，简称GTC606管线项目，是战略供水项目的一部分，将水从卡塔尔经济区130MIAG海水淡化厂输送至战略水池以及现存管网系统。工程施工内容主要包括DN1600、DN1400、DN1200、DN900、DN600球墨铸铁管道安装，总长约77.03千米，光缆约80千米。

项目于2014年10月14日中标，12月30日签约，EPC合同，合同编号GTC606/2013，合同金额21513.80万美元，2014年9月8日项目实际开工，合同工期27个月，质保期24个月，业主是卡塔尔水电总局。

2016年10月，项目业主告知项目部，业主与海水淡化厂协议约定，供水管线应在淡化厂产水之前贯通，以免淡化厂由于闲置而遭受额外损失。项目部综合现场进度、人员设备和物资材料情况，对现场施工计划进行局部调整，从原本双线同时施工调整为优先保证首段管线按期完成。首段管线是GTC606项目交叉最多、最复杂的一段，14千米管线中包括阀室37个，穿越正在施工中高速道路5处、顶管4处，与现存管线连接6处。面对项目开工许可严重滞后、设计批复后变更、作业面无法连贯、工期短等困难，项目部抽调人力，集中力量优先对该管线段施工，按计划完成管线安装、阀室施工安装及回填、管线初终压、冲洗、消毒等工作。

施工高峰期配备中方员工120人，外籍员工约1400人，机械设备810台套，每月平均上报账单金额接近800万美元。

2017年4月4日下午，随着海水淡化厂泵站启动泵水，项目首段14千米DN1600管线被业主接纳入卡塔尔南部水管网，标志着项目部完成首段全线通水节点目标。在卡塔尔政府规划6个战略管线项目中，GTC606项目开工最晚、施工难度最大，是第一个实现并网通水目标项目。

2017年5月9日，卡塔尔水电总局专门致函，对项目部如期完成里程碑节点和实现第一、第二段管线并网表示诚挚感谢，对承包商在项目履约中展现出的专业素养和高效率工作态度表示高度赞扬。这是卡塔尔水电总局历史上首次向项目履约单位颁发感谢信。

2018年1月21日，项目取得业主颁发第4份TOC（工程移交证书），也是最终一个TOC，标志着项目主体工程全部移交。项目实际完成营业收入139967.63万元人民币。

2018年11月，工程荣获2018年度中国电建优质工程奖。

六、沙特达哈兰南部地区住宅社区学校建设工程

沙特阿美石油公司达曼学校建设项目于2015年12月10日签约，EPC合同，使用"SINOHYDRO"品牌，2015年12月5日开工，工期1000天，质保期12个月。沙特阿美石油公司成立项目管理团队（SAPMT），以业主名义管理项目。

项目分为两个标段，一标段合同金额为12003.59万美元，主要施工内容包括3个校区、8栋建筑物、3层以下框架结构，总建筑面积为6.49万平方米；二标段合同金额为9480.8万美元，主要施工内容包括2个校区、4栋建筑物、3层以下

框架结构，总建筑面积为4.8万平方米，两个标段合计建筑面积11.29万平方米。

工程标准以欧美标准为主，要求高。沙特阿美石油公司对项目人员配备、材料采购、质量管理和安全管理等有严格管理程序，对项目管理、质量管理和安全管理有定期考核评价机制，连续考核评价不合格会影响承包商后续项目承接。

根据招标文件要求，项目部人员配备中部分关键人员需要业主批准，共计18人，包括项目经理、总工程师、项目控制经理、采购经理、施工经理、QA经理、QC经理、HSE经理、进度计划工程师、沟通经理、施工主管、首席建筑师、首席设计师、首席土建/结构工程师、首席电气工程师、首席机械工程师、首席采暖通风与空调工程师、首席弱电工程师。参照合同文件要求，聘用当地英语能力强，有一定工程基础的设计、HSE、QA、QC、协调等方面高级管理人员，同时配备相应专业人员配合协调。

2017年4月—2019年3月，为项目施工高峰期。其间，项目实际投入中方和外籍劳务人员数分别为246人和1351人（不包括专业承包商投入人员），合计1597人。2017年5月—2018年10月，在当地市场上租赁50吨及以上吊车13台，20米及以上升降机14台，挖掘机15台，以及自卸车、长臂叉车、平地机、压路机等各种重型设备共计95台套以满足施工强度需要。

项目于2021年4月13日实际完工，截至2021年底，共完成营业收入22222.45万美元。

七、沙特吉达国民卫队家属营地工程

沙特吉达国民卫队家属营地项目于2016年3月15日中标，5月16日签约，使用"SINOHYDRO"品牌，合同金额7754.80万美元，工期618天，质保期1年，业主为阿美石油公司。

工程主要内容为幼儿园、女子小学、男子小学、女子中学、男子中学、清真寺、诊所、护士站、零售商店、警察局、女子娱乐中心、男子娱乐中心等大小12栋建筑物，总建筑面积约为37558平方米，另包含建筑周围硬化、绿化及灌溉等附属工程。

项目于2016年5月22日按计划开工。项目系统多、接口等工作受其他合同单位影响较大，各系统运行和试运行周期长，关闭项目困难。

施工高峰期，项目配备施工人员超过1000人，管理人员200人，完成月最大产值为合同总金额的5.2%。

项目实际完工日期为2021年5月18日，实际完成营业收入8032万美元。

第十节 美洲工程

援安提瓜和巴布达两个社区中心工程。 援安提瓜和巴布达两个社区中心项目是中国政府经援项目，项目位于加勒比岛国安提瓜和巴布达，建设地点在安提瓜岛圣约翰和圣菲利普两个地区。项目于2018年5月19日签约，使用"POWERCHINA"品牌，合同金额5485.69万元人民币，合同工期14个月，建设单位为商务部国际经济合作事务局。

项目主要工程内容为在圣约翰和圣菲利普两个地区建设社区中心，包括社区诊所、社区服务中心和相应办公、配套设施等。两个社区建筑面积分别为1565.7平方米和1371.7平方米，共计2937.4平方米。

2018年6月15日，公司全权委托天津公司作为项目合同履约和风险承担责任主体，全权行使对项目组织实施、合同履约和风险控制等项目管理职责。

项目于2018年11月30日开工，2020年8月10日完工。获得中国驻安巴大使馆、安巴政府高度认可，安巴总理贾斯顿·布朗及各界政要专程率当地有关部门负责人、医疗专家、各媒体团队

对两个社区进行参观。布朗总理表示："中国电建是一个具有真正实力的国际企业，在全球新冠肺炎疫情暴发的情况下，依然能高效施工和管理，在关键时期为安巴人民送上一份珍贵礼物，两个社区建成将大大提高和改善安巴公共卫生医疗难题，这也体现着中国和安巴两国人民同舟共济，共同面对国际疫情等重大事项时的友谊。"

2020年10月12日，项目收到中国商务部以及设计监理公司的工程质量竣工验收证书，被评定为优良援建项目。医疗社区中心投入使用后，可为居民提供公共卫生服务、门诊服务、急诊及转诊、诊疗技术、检查检验、药品服务、康复服务、口腔服务、心脏病诊疗、肾病诊疗等多项服务，并可承担附近岛屿医疗救治任务。

第七篇 党群工作

◇ 第一章　公司党委
◇ 第二章　公司纪委
◇ 第三章　企业文化与精神文明建设
◇ 第四章　文明单位创建
◇ 第五章　公司工会
◇ 第六章　共青团及青年工作
◇ 第七章　精准扶贫

第一章 公司党委

第一节 组织机构

2007年，水电十三局下设机关、一分局、三分局、四分局、五分局、机电安装分局、汽修总厂、医院、离退部9个党委；二分局、多经处、橡胶厂、物业公司4个党总支；山西项目、新疆项目、天达公司、巴基斯坦杜伯华项目、孟加拉经理部等12个直属党支部。

2007年3月—12月，局党委在全局开展领导干部作风建设年活动，分集中学习、统一思想，查找问题、认真剖析，深入整改、巩固提高3个阶段进行，旨在全面加强领导干部思想作风、学风、工作作风、领导作风、生活作风建设，着力解决突出问题，实现领导干部作风进一步转变。

2007年，继续探索国外项目党建工作方法，强化对国外项目党建工作指导，推动国际化经营持续健康发展。

2008年，水电集团实施整体改制上市，作为子公司，公司所属各级党组织紧密结合实际，探索在规范法人治理结构的条件下，党委参与企业重大问题决策规划。同年9月，根据水电集团党委《关于工程局（厂）公司改制后党委、纪委、工会、团委名称的通知》（中水电党〔2008〕70号），工程局公司制改建后，党委更名为"中共中国水利水电第十三工程局有限公司委员会"。

2008年，公司党委进一步落实水电集团《关于加强国内项目党建工作的指导意见》和《关于加强海外工作机构党建工作的指导意见》，加强国际国内项目党建工作，切实做到"三个基本"：一是加强基本组织建设，做到组织健全；二是开展基本活动；三是健全基本制度。国外项目党建工作逐渐走向成熟规范，为项目实施提供有力组织保障和精神动力，树立"中国水电"良好形象。

2009年3月—6月，公司党委扎实开展学习实践科学发展观活动，共有8个基层党委、4个直属党总支、18个直属党支部的1120余名在职党员参加，活动分学习调研、分析检查、整改落实3个阶段进行。公司党委围绕"党员干部受教育、科学发展上水平、人民群众得实惠"总要求，立足当前注重实效，制定7个大项38条整改措施，初步解决影响和制约科学发展的突出问题和群众关心的现实问题。8月13日，公司党委举行学习实践科学发展观活动群众满意度测评，群众评议满意度为100%。

2010年4月，印发《中国水电十三局有限公司关于加强国外项目党组织建设的实施意见》及《党建工作考核评价办法》，积极探索国外特殊环境下开展党建工作新途径，进一步增强党组织凝聚力和战斗力，国外项目党建工作得到新加强。

2010年6月—2012年7月，公司以创建五优领导班子、五好党支部和争当五个模范为载体，深入开展创先争优活动，成立活动领导小组及8个调研小组，制定活动安排、学习计划、调研分工等，编制《辅导材料汇编》1000册；组织党委中心组开展专题学习10次；召开专题组织生活会；开展争创"四强四优"讲评活动。活动期间提出合理化建议792个；开展技术革新项目193

个；为群众和社会做好事、实事936件；完成急难险重任务192件，切实取得良好效果。

2010年9月，印发《水电十三局关于开展争创"四好党委（党总支）""五好党支部"和争当"五个模范"活动的实施意见》及考核评价办法、考核评分标准。同年12月，印发《关于加强国内项目党建工作的实施办法》，把项目党建工作提高到一个新水平，推动公司党建工作再上新台阶。

2011年，公司党委先后成立了铁路分公司党总支、阿尔及利亚德拉迪斯大坝项目党工委、东非经理部党工委、天津分公司党总支、中东经理部党总支，新成立沙特延布场地项目、刚果（布）凯塔公路项目、巴基斯坦达瓦特大坝项目等6个国外项目党支部，撤销东非经理部党总支，进一步加强国内外项目党建工作。

2011年6月，印发《水电十三局党建工作责任制实施办法》，在全公司开始推行党建工作责任制，年中、年底对二级单位组织两次责任制考核并进行民主测评，肯定成绩、指出不足，切实促进公司党建工作水平提高。在2011年股份公司系统综合考核中，公司党建责任制工作名列第一。

2011年，印发《公司海外工作机构党建工作指导意见》，进一步明确"三同时、三基本"要求，努力打造公司海外党建工作品牌。在巴基斯坦杜伯华水电站"7·29"抗灾救援和利比亚瓦迪·海亚梯房建项目撤离行动中，杜伯华项目、利比亚项目党员干部在紧急关头临危不乱，有效组织，充分显示党组织战斗力。同年8月，中央企业海外党建第三调研组到公司肯尼亚锡卡公路项目、沙特供水项目检查指导工作，公司海外项目党建工作及创先争优活动受到国资委、中组部领导高度评价。

2012年，公司党委下设二级党委7个，党工委3个、直属党支部12个。各级党组织体系完善、领导机制健全，实行"双向进入、交叉任职"，既坚持党对国有企业领导，又保证公司法人治理结构顺畅运行，实现企业决策、执行和监督体制机制科学化。

2012年4月，印发《关于在创先争优活动中开展基层组织建设年的实施方案》，认真开展基层党组织分类定级工作。公司116个基层党支部中，51个支部被评定为"好"，56个支部被评定为"较好"，无"差"支部。在"整改提高、晋位升级"阶段，为加强对基层党建工作指导，编制《党建工作文件汇编》。

2012年9月，印发《公司工程项目党建工作责任制考核评分办法》，进一步明确项目党建要求，简化考核标准。四季度，公司党委副书记、纪委书记刘光荣带队对东非项目群、安哥拉项目群共15个项目进行党建工作检查。公司海外项目党建工作基础扎实，对保障海外项目履约起到重要作用。

2013年，公司党委成立房地产开发公司党支部、北非经理部党支部、中西非区域经理部党工委、恒华管业公司党支部、国际工程有限公司党委，对华东施工局、机电安装公司、天达工贸公司等18个单位党组织进行调整充实。截至2013年底，公司下设二级党委7个、党工委4个、党总支6个、直属党支部14个。

2013年7月—12月，公司党委组织开展群众路线教育实践活动，着力抓好"学习教育、听取意见，查摆问题、开展批评，整改落实、建章立制"三个环节，聚焦"四风"征求意见及建议涉及四大方面341条，落实"四风"整改，各级干部思想精神面貌、工作作风都发生可喜转变。一是会议、文件明显减少，形式主义、官僚主义现象得到遏制；二是公务招待明显减少，业务经营费大幅下降，享乐主义、奢靡之风基本消除；三是对海外市场开拓重点和总部业务部门管理职责进行重新定位；四是加强对基层海外员工和离退休人员、弱势群体的人文关怀，进一步改善干群关系。

2013年6月—2014年2月，公司党委开展党建管理提升活动，全面梳理党建工作制度和业务流程。在与水电八局、十一局党建工作对标的基础上，制定4项整改措施，提升党建水平。

2014年，公司党委对中西非经理部、四公司、天津公司等单位党组织进行调整，截至2014年底，下设二级党委7个、党工委6个、党总支4个、直属党支部10个。

2015年，公司党委成立安庆公司、康润物业公司、上海公司、轨道安装公司4个直属党支部，调整增补南亚经理部、管道公司、东非经理部、管理中心、设计院、国际公司、天津公司等单位党组织成员。截至2015年底，下设二级党委9个、党工委6个、党总支3个、直属党支部11个。

2015年5月，公司党委开展三严三实专题教育，重点在公司、二级单位领导班子及公司中层以上领导干部中进行，全体党员参加所在支部开展的专题教育，确保全覆盖。专题教育共查摆问题5项，制定整改措施11条。

2016年，在公司对二级单位业务结构、组织机构进行调整的同时，公司党委对基层党组织进行调整，新成立党委2个、党支部2个，撤销党委2个、党支部4个，完成6个二级党委和1个直属党支部换届选举，选优配强班子和队伍，确保党的建设"四同步、四对接"。着重提升基层党建理论水平，组织开展多种形式基层党组织座谈交流会，促进各级党组织书记党建主体责任意识回归和党建业务能力提升。建立基层党组织书记履行党建工作责任述职评议考核制度。印发《公司直属党组织书记述职工作制度（暂行）》，规定各直属党组织书记需每年向公司党委述职2次。

2017年，公司党委下设二级党委12个、党工委6个、党总支1个、直属党支部5个，党员总数达2582名（在职党员1746名，退休党员836名）。公司直属党组织中，安徽公司党总支、轨道交通公司党委、实业公司党委、设计院党委、机关党委、国际公司党委、国贸公司党支部等7家单位，分别以召开党员代表大会或党员大会形式，先后进行换届选举。公司122个三级党支部中，56个党支部进行换届选举。

2017年，印发《"两学一做"学习教育常态化制度化实施方案》，将"两学一做"作为党员教育基本内容，长期坚持、形成常态。完善规章制度，先后修订《关于建立"三会一课"纪实报告检查制度的意见》《关于建立健全主题党日制度的意见》《关于进一步严格党员领导干部双重组织生活制度的通知》等，保证党建各项制度科学、实用。

2018年，四公司党委更名为路桥公司党委；安徽公司党总支升格为党委；成立水环境公司党委、北方公司党委；先后调整国内市场开发部、设计院、上海公司、水环境公司、轨道公司、北方公司等单位党组织负责人，指导管道公司、水环境公司、实业公司、安徽公司等单位进行换届选举工作。印发《党建工作手册》，有效指导和促进基层党建工作开展。

2019年，深化三基建设，以整顿软弱涣散基层党组织作为着力点，督促国内所属17家单位对109家党支部进行全面排查体检，发现问题35项，制定44项针对性整改措施。以健全基层党组织建设为发力点，开展标杆党支部创建活动，发挥基层党组织战斗堡垒作用。成立西南非公司党工委、南亚公司党工委、欧洲公司党工委、山东公司党委，撤销中东经理部党工委、路桥公司党委，将实业公司党委改建为党总支，对国内市场开发部党支部进行更名，调整中西非公司、中亚经理部、东非公司、西南非公司、东非公司、北非公司、欧洲公司等党组织班子成员。

2020年，公司党委认真宣贯国有企业基层组织工作条例，印发《党支部标准化建设三年行动计划的实施方案》《党支部标准化建设工作标准》，全面贯彻"一年夯实基础、两年深化拓展、三年全面达标"的总体思路，着力夯实党组织基础工作，成立标准化建设领导小组及工作机构，统筹推进工作。印发《党支部工作手册》300册，发放基层党支部学习落实，对公司13个二级单位党委，148个党支部开展专项整顿工作。2020年度，共有58个党支部达标，达标率为39%，2021年度，共有47个党支部达标，支部达标率达70.5%，各支部坚持问题导向，制定整改措施90余项。

2020年，公司党委印发《关于推进党建工作与生产经营深入融合 引领公司高质量发展的指导意见》，有效提升公司治理效能和党建工作质量，努力把党的政治优势、组织优势和群众工作优势转化为企业竞争优势、创新优势、发展优势；印发《关于加强境外机构党建工作的实施办法（2020年版）》，切实规范和加强境外机构党建工作，推进境外业务高质量发展。

2021年，公司党委落实中央关于在全党开展党史学习教育重要部署，扎实推进党史学习教育走深走实。公司96个党支部按照规定程序召开党史学习教育专题组织生活会，查摆问题，共收集问题172条，同时制定切实可行的整改措施；高度重视"我为群众办实事"实践活动，分类建立项目清单，下发相关文件制度5项，帮助职工群众解决实际问题。

2021年，公司党委先后对水电公司、天津公司、南亚公司、北非公司、轨道公司、欧洲公司、水环境公司、东非公司、西南非公司、设计院、北方公司等11家党组织班子进行变动调整；轨道公司党委、上海公司党支部进行换届选举。截至2021年底，公司直属党组织24个，其中二级党委13个、党工委7个、党总支2个、直属党支部2个；三级党支部146个，在职党员总数2014人，海外党员401人。

第二节 领导班子思想作风建设

2007年，工程局领导班子把统一思想、转变观念作为工作重点，以科学发展观为指引，提出创建全面国际化组织模式、打造集团旗下国际强局目标，开展作风建设年活动，按照"八个坚持、八个反对"要求，加强对党员领导干部的监督检查。

2008年，公司领导班子被电建集团授予四好领导班子称号。对公司级评选出的四好领导班子成员实行动态管理，保证创建活动质量。

2007—2009年，领导班子下基层、下项目时间占全年三分之一以上，许多领导同志长年在生产经营一线，带领职工真抓实干，得到广大群众的认可。

2010年9月，公司党委转发《中国水利水电建设股份有限公司党委中心学习组学习制度》，提出坚持三个结合和三个三分之一原则，进一步规范党委中心学习组理论学习。组织专题学习14次，重点学习国有企业党建工作会议精神和中央企业选人用人满意度座谈会精神，《中央企业领导人员管理暂行规定》《中央企业领导班子和领导人员考核评价办法》等内容。组织专题辅导报告，近70名中层干部参加培训。

2011年，公司党委贯彻落实《中共中央办公厅转发〈中央组织部关于进一步加强和改进领导班子思想政治建设的意见〉的通知》精神，把思想政治建设放在领导班子建设首位，深化四好领导班子创建活动，并逐步延伸到大中型项目部。加强领导人员教育培训，集中学习15次，重点提高六种意识和六种能力。9月份，编制《中国水利水电第十三工程局有限公司关于"三重一大"决策制度的实施办法（暂行）》，对"三重一大"内容和范围、决策程序、组织实施和监督检查、责任追究等内容进行规范，有效规避决策风险。

2012年，严格按照"三必退"和"三不兼"纪律要求，对公司部门主任以上领导人员持股、投资和兼职情况进行认真自查，公司领导12人、助理级领导23人、部门主任13人均无违规现象。

4—6月，组织开展"强化廉洁从业意识、保持党的纯洁性"主题教育活动，组织中层干部参观天津西青监狱，进行警示教育。7月，印发《关于国内外经理部、工程项目部执行"三重一大"决策制度的暂行规定》，强化领导人员廉洁从业意识。12月，印发《中国水电十三局有限公司党委议事规则》，健全党委集体领导制度。贯彻落实《关于转发〈中国水利水电建设股份有限公司党委中心学习组学习制度〉的通知》，推行四步学习法，组织集中学习13次。

2013年，公司党委把贯彻落实中央八项规定精神作为切入点，进一步突出作风建设。公司领导带头执行八项规定，针对职务消费、公务用车、业务招待管理费用等制定一系列制度规定，截至年底，公司总部业务招待费同比下降40.71%，会议费同比减少20.73%，车辆购置运行费同比减少56.99%。公司领导深入基层，加强调研，撰写调研报告14份，印发《关于做好海外员工人文关怀工作实施细则》，连续两次为部分低收入职工和内退职工提高工资标准，为一线职工解决实际问题。聚焦"四风"，广泛征求意见建议341条。12月，印发《中国水电十三局有限公司领导班子"四风"问题整改方案》，抓好"四风"整改。同年，中心组学习会与党政联席会、党委会一同召开，采取先开会后学习方式组织学习16次。

2014年，作为开展群众路线教育实践活动先进单位，公司党委在集团总结大会上做经验交流。10月14日，转发《中国电力建设股份有限公司贯彻执行〈国有企业领导人员廉洁从业若干规定〉实施细则》，促进各级领导人员廉洁从业。

2015年，对照"严以修身、严以用权、严以律己，谋事要实、创业要实、做人要实"要求，执行有关职务消费和公务接待相关规定，把"八项严禁"落到实处，着力控制"三公"经费支出。公司领导干部深研细读《习近平谈治国理政》《习近平关于党风廉政建设和反腐败斗争论述摘编》等重点书目，用好《优秀领导干部先进事迹选编》《领导干部违纪违法典型案例警示录》两面镜子，学习焦裕禄、杨善洲、沈浩等先进典型事迹。5—10月，分3个专题开展学习研讨，带头查摆解决"不严不实"问题，抓好整改落实和立规执纪。2015年，公司党委中心组集中学习12次，370余人次参加。

2016年，公司领导班子严格按照"两学一做"学习教育要求，认真贯彻习近平总书记关于"四个铁一般""七个有之""五个必须"等重要论述，增强"四个意识"，带头坚定理想信念，带头严守政治纪律和政治规矩，带头树立和落实新发展理念，带头落实全面从严治党主体责任，带头攻坚克难、敢于担当。以《习近平谈治国理政》《习近平总书记重要讲话文章选编（领导干部读本）》为基本教材，学习《习近平总书记系列重要讲话读本（2016年版）》，学习习近平总书记对国资国企改革发展和党的建设的重要论述。公司12名班子成员包干二级单位26个，联系直属党支部12个；二级单位123名党组织班子成员包干所属党支部、党小组116个；累计开展集中学习467次，集中研讨321次，专题党课298次，实现学习教育"横到边、纵到底"。1年来，公司班子成员经常性深入国内外施工生产一线检查调研，时间占60%以上，撰写调研报告13篇。

2017年，公司领导班子成员坚持学习制度化、规范化、常态化，推动理论武装工作深入开展。通过集中学习与个人自学相结合、理论学习与专题研讨相结合、内部培训与引入社会师资相结合等方式提高学习效果，组织中心组学习6次、扩大学习4场545人次。落实"主体责任"，加强作风建设，邀请职工家属参与廉洁知识竞赛，为构建"家庭助廉"机制、推进"家文化"建设做出有益探索和尝试。12月，公司领导班子到二级单位、部分项目部进行党的十九大精神宣讲，与职工分享学习体会，就如何结合实际工作落实习近平总书记的讲话提出意见。

2018年,按照"学深、悟透、做实"原则,公司各二级单位领导班子成员进行党的十九大精神宣讲,实现宣讲工作全覆盖。全年共组织中心组学习7次,领导干部个人自学12次。

2019年,在"不忘初心、牢记使命"主题教育中,公司领导班子认真落实从严从实要求,共组织中心组学习17次,结合聚焦解决当前工作中存在的实际问题进行研讨,边学习、边调研、边检视、边整改,将"改"字贯穿始终,集中研究解决一批当前存在的突出重点问题,进一步明确初心、凝聚人心、提升效率、提高公司经营管理能力,主题教育取得积极成效,切实增强职工群众获得感、幸福感、安全感。12月24日,国务院国资委党委书记、主任郝鹏在中央企业负责人会议上首次提出第一议题,即要把学习贯彻习近平总书记最新重要讲话和重要指示批示精神作为党委会第一议题进行传达,公司党委严格贯彻落实。

2020年,领导班子认真贯彻《中共中央关于加强党的政治建设的意见》,严格落实"第一议题"要求,及时跟进学习贯彻习近平总书记重要指示批示精神,公司上下进一步增强"四个意识"、坚定"四个自信"、坚决做到"两个维护"。将《习近平谈治国理政》(第三卷)、《习近平新时代中国特色社会主义思想学习问答》、《习近平关于国有企业改革发展和党建论述摘编》等作为党委中心组学习重要内容,结合实际用好中心组学习、研讨班、专题党课等举措,持续推动习近平新时代中国特色社会主义思想大学习、大普及、大落实。9月,印发《中国电建市政建设集团有限公司党委贯彻落实习近平总书记重要指示批示工作办法》,确保习近平总书记重要指示批示在公司不折不扣落到实处。

2021年3月起,公司领导班子每月开展1次专题学习研讨,做到学史明理、学史增信、学史崇德、学史力行。按照第一议题办法要求,认真学习习近平总书记在党史学习教育动员大会、庆祝中国共产党成立100周年大会上的重要讲话,持续跟进学习习近平总书记最新讲话和指示批示精神。学好用好《论中国共产党历史》《毛泽东、邓小平、江泽民、胡锦涛关于中国共产党历史论述摘编》《习近平新时代中国特色社会主义思想学习问答》《中国共产党简史》等指定学习材料和《中国共产党的100年》《中华人民共和国简史》《改革开放简史》《社会主义发展简史》等重要参考材料,深入学习习近平总书记关于国有企业改革发展和党的建设的重要论述。2021年,党委会学习传达习近平总书记重要讲话和指示批示精神8次24项,组织中心组学习13次,学习习近平总书记重要讲话和指示批示精神60余项,不断将学习宣贯习近平新时代中国特色社会主义思想引向深入。

第三节　党员工作

2007—2009年,公司党委共发展党员40余名,各级党组织围绕生产经营活动中的重点难点任务,开展创先争优活动。其间,公司党委共表彰先进基层党组织45个,优秀共产党员149名,优秀党务工作者20名。

2010年,公司党委坚持"把工作骨干培养成党员,把党员培养成工作骨干"的原则,严格控制数量,注重发展质量。新发展党员40名。在党员信息管理方面,参加天津市组工网操作员培训,进一步建立健全党员数据信息管理工作。

2010年10月,公司党委印发《水电十三局关于加强和改进党员管理工作的意见》,明确党员管理总体要求、主要原则、主要内容,党员组织关系、党的组织生活、民主评议党员、发展党员工作等,成立党员管理工作领导小组,建立健全工作责任制,将党员管理工作纳入党建责任制进行考核。

2011年，按照"成熟一个，发展一个"标准做好党员发展工作，全年共发展党员45名。对外转接组织关系及时规范，强化党员组织关系和党籍管理。在利比亚瓦迪·海亚梯房建项目撤离行动中，驻的黎波里办事处党员顾宁为安全转移人员作出贡献，受到我国驻利使馆和国务院国资委党委的表彰，被国务院国资委党委授予中央企业优秀共产党员称号，事迹登上《人民日报》。

2012年，全年共发展党员35名。公司党委制定《2012年度党员教育培训计划》，分别为党员领导干部、全体党员、基层党务人员以及新党员的教育培训分层次作出安排、提出要求。

2013年，全年共发展党员40名。制定《关于党费收缴、使用和管理的办法》，进一步规范党费使用程序和范围，加强对留存党费管理，认真做好天津、山东两地党内信息统计工作。

2014年，全年共发展党员49名。按照党员属地化管理要求，公司党委将海外机构及国内直管项目（德州以外地区）的3个党工委、2个党总支（包括44个基层党支部）总计501名党员党组织关系由中共山东省德州市直机关工委转移至中共天津市城乡规划建设交通工委，并对山东省、天津市党员管理信息系统进行数据维护。

2015年，全年共发展党员35名。针对公司所属单位项目分散，党员流动性大的特点，重点加强与国内外项目党组织沟通，强化党籍管理，为党员组织关系排查奠定基础。对山东省、天津市党员管理信息系统进行数据维护，截至2015年底，公司党员总数2631名，其中在职党员1741名（含国外党员430名），离退休党员890名。

2016年，全年共发展党员53名，组织四期入党积极分子培训，为308名党员转接组织关系。全面开展党员组织关系摸底排查工作，对2007年以来调离公司的112名离职党员进行逐个落实，确保把每名党员都纳入党组织有效管理。

2016年4月—12月，公司党委开展"学党章党规、学系列讲话，做合格党员"学习教育，围绕推动公司改革发展，开展"推动'十三五'，先锋先行"主题活动，引导和带动党员立足岗位、发挥先锋模范作用。

2016年，根据上级党委要求，对公司2008年4月—2015年12月，党费收缴管理等情况进行全面自查梳理，广泛征求意见，审慎制定党费核查督缴实施方案，进行党费补缴工作。

2017年，全年共发展党员43名，组织党员发展对象和新党员培训班3期。

2018年，全年共发展党员63名，组织党员发展对象和新党员培训班3期，为402名党员办理组织关系转接，为30余名辞职党员办理跨省转接。开展党费收缴、账户管理、制度建设、财务管理、使用管理等方面工作自查，对补缴党费工作进行专项检查并接受天津市审计局审计。修订公司《党费收缴、使用和管理办法》。继续完善党员信息系统中补充信息录入工作。

2018年，公司党委制定《优秀共产党员、优秀党务工作者和先进基层党组织评选表彰办法》，进一步规范"两优一先"评选表彰工作。持续推进"两学一做"学习教育，开展"党员干部下基层""党徽在岗位闪光"等系列活动，有效促进企业生产经营工作，党建价值创造作用日益突出。

2018年12月，电建股份党委表彰改革开放40周年先进典型人物，公司原总经理助理、恒华管业公司总经理米兰彬，公司副总经理兼总工杨涛，公司党委书记、董事长何占颂分别被授予改革开放40周年"老典型""新典型""优秀企业负责人"荣誉称号。

2019年，全年共发展党员82名，组织发展对象和新党员培训班5期，为420名党员办理组织关系转接，为43名辞职党员办理跨省转接，将北方公司党组织关系整建制转移至晋中市市直机关党委，做好党组织关系转接、党员档案、信息名册等移交工作。

2020年，全年共发展党员95名（天津片区62名，德州片区10名，管道公司13名，北方公司10名），较上年增加9%。全年为236名党员办理党组织关系转接，认真落实中央退休人员社会化管理工作要求，为30余名在津退休党员办理党员关系移交。进一步规范党员档案管理，内部移交党员档案60份；转移辞职党员档案23人次。处理十三局医院移交工作中党员档案问题10人次，9月，将医院党员档案移交德州市人社局。

2020年3月，公司党委制定《2019—2023年党员教育培训工作规划》，进一步推进学习型党组织建设，提高公司党员教育培训工作质量。2021年9月，公司所属各级党组织开展实施情况中期评估工作。

2021年，全年共发展党员158名，其中天津片区75名，德州片区29名，管道公司15名，北方公司39名，发展数量较上年增加66.3%。

2013—2021年，公司党委共表彰先进基层党组织281个，优秀共产党员810人次，优秀党务工作者172人次。

第四节 历次党代会

2007—2021年，公司共召开2次党代会。

一、中共中国水利水电第十三工程局第八次代表大会

中共中国水利水电第十三工程局第八次代表大会于2013年8月8日在天津召开，出席会议的正式代表有97名。大会指导思想是：以邓小平理论、"三个代表"重要思想和科学发展观为指导，认真贯彻落实党的十八大精神和党的群众路线教育实践活动要求，坚持科学、创新、规范、专业、务实的工作思路，强化党的思想建设、组织建设、作风建设、反腐倡廉建设和制度建设，把党的政治优势、组织优势、群众工作优势转化为企业的竞争优势、创新优势和科学发展优势，为创建中国电建旗下国际一流强局提供坚强有力的政治保障和组织保障。

中共中国水利水电第十三工程局第八届委员会委员：

王宁坤　刘光荣　刘晓辉　闫修春　杨　涛
杨长才　何占颂　张玉富　赵景涛　秦　超
徐德阳　殷国宝　席国超

书　记：赵景涛
副书记：何占颂　刘光荣

二、中共中国电建市政建设集团第一次代表大会

中共中国电建市政建设集团第一次代表大会于2018年2月25日—26日在天津召开，出席会议的正式代表有117名。大会指导思想是：高举中国特色社会主义伟大旗帜，以习近平新时代中国特色社会主义思想为指导，深入学习贯彻党的十九大精神，认真落实天津市第十一次党代会精神和市委十一届二次、三次全会部署，全面总结公司成立以来的党建工作，明确今后4年党建工作目标和主要任务，切实履行全面从严治党主体责任，团结动员各级党组织、广大党员和干部职工，统一意志，振奋精神，开拓进取，扎实工作，为推动公司持续健康发展而努力奋斗。

中共中国电建市政建设集团第一届委员会委员：

王宁坤　刘晓辉　杨　涛　杨长才　何占颂
张玉富　赵景涛　徐德阳　殷国宝　高宗文
席国超

书　记：赵景涛
副书记：何占颂　刘晓辉

第二章　公司纪委

第一节　组织机构

2013年8月,中共中国水利水电第十三工程局第八次代表大会选举产生由于杰、刘光荣、范明生、郎保国、赵乃明5名委员组成的纪律检查委员会,选举刘光荣为纪委书记,范明生为纪委副书记。

2018年2月,中共中国电建市政建设集团第一次代表大会选举产生由于杰、付文博、刘晓辉、刘燕平、李洪瑞、范明生、索华炜等7名委员组成的纪律检查委员会,选举刘晓辉为纪委书记,范明生为纪委副书记。

2020年11月,按照电建股份党委纪检监察体制改革要求,公司撤销监察部,单独设立纪委办公室,配备专职纪检监察工作人员6人。

2020—2021年,公司设立党委的10家成员企业均设立纪委,设立党总支、直属党支部的3家成员企业均配备纪检委员。2020年6月,所有海外机构党工委均设立纪工委,配备纪工委书记共计7人。

公司历任纪委书记任职情况:

2011年7月—2016年2月,刘光荣;2016年2月—2019年3月,刘晓辉;2019年3月—2021年2月,张玉富;2021年2月任起,张书起。

第二节　纪检工作

2007—2021年,公司纪委根据组织架构和人员变动情况,调整公司党风廉政建设和反腐败工作领导小组,建立职责清晰、分工明确的领导体制和工作机制。

2007—2021年,公司及二级单位层层签订党风廉政建设责任书累计4857份,形成横到边、纵到底的责任网络体系。按照年度工作重点,不断修订党风廉政建设和反腐败工作责任制考核评价指标体系,开展责任制考核工作。2016年起,对7家海外机构采用自查自评和职工测评、领导评价相结合"三位一体"的考核方式进行考核。

2007—2021年,公司纪委共受理信访举报126件次,给予党政纪处分18人次,给予组织处理39人次。

针对不同时期出现的突出问题,先后开展工程建设领域专项治理、商业贿赂专项治理、纪检监察系统会员卡专项清退、领导人员特定关系人违规分包工程治理、"四风"问题整治、违规私设"小金库"专项治理、王晓林案件典型特征问题自查自纠、"四个专项整治"、联合开展财经纪律专项、民企挂靠国资问题、"靠企吃企"等各类专项整治活动。

2007—2021年,公司纪委紧抓日常监督不放松,参与工程分包、设备物资采购等重点领域招标监督2500余批次。对新提拔任用的483名干部开展任前廉洁谈话,出具廉洁鉴定意见。

2008—2012年,公司纪委制定《惩防体系建设2008—2012五年规划》《惩治和预防腐败体系实施细则》,建立惩防体系建设工作领导小组,运用惩防体系建设信息系统,完成公司200余名中层以上干部的信息采集和录入,实现领导人员廉洁从业信息在线申报。

2010—2012年,公司连续3年组织股份公司惩防体系建设第三片区交流研讨会。2011年5月，组织承办国资委惩防体系建设第三组第二小组交流研讨会。2012年，公司纪委参加电建集团交流研讨会，实现惩防体系建设工作信息共享、资源共享、经验共享。

2012年和2017年，先后编制两版《海外工程项目管理制度简明手册》，为规范海外项目管理工作搭建基本制度体系和政策平台。

2017年，公司纪委编制《全面监督"十三五"规划》，以此为基础，逐步完善问题会商、联动处置、成果共享等工作机制，推动各类监督资源整合和协同联动，构建完成较为完善的"1+X"大监督工作格局。

2018年，制定《关于深入贯彻落实中央八项规定精神进一步加强作风建设的若干规定（2018年版）》，对公务接待、履职待遇等各方面提出具体要求，突出政策规定的可操作性。

2019年，开展纪委系统"不忘初心、牢记使命"主题教育。先后发放《全面从严治党重要论述摘编》《党的十九大以来查处违法违纪党员干部案件警示录》等纪检监察书籍370余册，组织党员领导干部270余人观看革命历史影片《周恩来回延安》和警示教育片《欲望的代价》《叩问初心》，两级纪委召开专题民主生活会12次，查摆问题121条。

2020年，编制《公司执纪监督工作制度汇编》，作为统一指导公司和各单位信访受理与案件查办工作的依据性文件。

2021年，印发《关于贯彻落实中共中央关于加强对"一把手"和领导班子监督的意见》《公司党委书记、纪委书记、班子成员与所属单位"一把手"落实实施办法主要职责清单》，形成"抓好本级、带好下级，一级抓一级、层层抓落实"的监督格局。

2014—2018年，开辟廉洁文化宣传长廊，编制《企业文化手册——廉洁文化篇》和《职工违纪违法预防手册》，举办"海河清风"廉洁文化作品展，携手天津市检察院联合开展廉政号列车开进武汉、深圳、晋中在建项目群活动。

2019—2021年，创新教育手段，打造廉洁教育"四+"机制建设，开创"市政说廉"微信公众号，制作中共十九届中央纪委五中全会公报、党史廉政故事、《中国共产党组织处理规定（试行）》主题展板、组织"两规定一条例"党纪法规专项线上考试，保证廉洁教育全覆盖。

2007—2021年，公司党风廉政建设责任制考核成绩始终名列电建股份水电施工板块第一方阵，多次被评为党风廉政建设和反腐败工作先进单位。

第三节　巡察工作

2018年4月，按照电建集团党委巡视巡察工作安排，公司党委推动巡察工作深入开展。成立巡察工作领导小组，并下设巡察工作办公室，与纪委办公室合署办公。

2018—2021年，公司党委印发《巡察工作实施办法》《项目巡察实施办法》，以及年度《巡察工作实施计划》《巡察工作要点》等，编制《政治巡察工作流程》，及时更新巡察准备、了解、报告、反馈、移交、整改、评估等环节配套文件，构建配套完善、有效管用的巡察制度体系。

2018—2021年，公司党委共完成对13家国内所属单位党组织（党委10个、党总支2个、直属党支部1个）常规巡察，国内单位巡察实现全覆盖。

2021年5月，公司党委启动项目巡察工作。至2021年底，公司8家所属单位党组织对40个项目部开展项目巡察。

2021年7月28日—8月26日，电建集团党委第一巡视组对公司开展违规挂靠专项巡视，公司党委组成3个巡察组同步对所属25家子企业、绝对控股公司开展专项巡察。

第三章 企业文化与精神文明建设

第一节 企业精神

2009年，公司提出新四种精神，即"遵章守规、不断进取、追求完美的职业精神；吃苦耐劳、不断开拓、勇于超越的创业精神；学以致用、不断实践、永不懈怠的学习精神；竞争合作、不断创新、和衷共济的团队精神"，将2000年提出的四种精神"不甘落后，争创一流；不怕挫折，锲而不舍；不畏艰险，勇挑重担；不计名利，乐于奉献"定义为优良传统。

新四种精神的提出，具有鲜明时代特色，顺应公司内外部环境变化与企业改革发展，成为企业新时代与时俱进精神的象征。

自此，公司大力提倡"弘扬优良传统，倡导四种精神"。

第二节 企业内部媒体

一、《开拓者》报

2008年10月14日，《开拓者》由日常黑白版和重大主题铜版彩色印刷，改为全彩。

2010年7月1日，公司由山东德州迁至天津市。8月31日，《开拓者》内部资料准印证刊号由山东省内部资料准印证第0035号，变更为津内部资料性准印证报型第10007号。根据天津市委宣传部要求，每年进行准印证重新核发工作，2021年《开拓者》准印证号为20210155号。

2017年9月20日，《开拓者》印刷单位由天津市众邦制版印刷服务有限公司，变更为天津市泽豪印刷科技有限责任公司。

2017年12月8日，《开拓者》编印单位由中国水利水电第十三工程局有限公司党委变更为中共中国电建市政建设集团有限公司委员会。

2019年9月6日，《开拓者》印刷单位由天津市泽豪印刷科技有限责任公司，变更为天津市汇丰彩色印刷有限公司。

2020年7月，由于纸媒式微，《开拓者》印刷数量由2000份/期变更为500份/期。

2020年10月，市政集团内部报纸《开拓者》报获得"首届工程建设行业传媒作品大赛优秀报刊"称号。

曾担任报社编辑（负责人）的有：巨风、于冰、刘胤、张晓秋、陈绵方、刘武林、高一凡、魏洁萱等。

二、网站

2011年7月5日，公司对网站域名进行变更，公司网站由原域名http://www.sdssj.com变更为http://tianjin.sinohydro.com。

2013年10月11日，公司新闻网站改版并上线运行。在保留原网站部分栏目的基础上，主页面新增加集团信息、党群工作、社会责任等栏目，将原"企业动态"内容分解为综合管理、党群工作、工程动态等。同年10月22日，公司英文网站上线运行。公司中英文网站由党委工作部负责版面和栏目审定，总经理工作部负责技术支持。

2014年3月10日，公司法语网站上线运行。

2018年3月27日，市政集团新版网站上线运行，网站域名变更为http://www.stecol.cn/，手机网站同步上线。新版网站共设置关于我们、资讯中心、工程建设、人力资源、企业文化、信息公开等6个一级栏目，以及公司要闻、集团信息、综合管理、国际业务等29个二级栏目。

截至2019年6月，市政集团山东公司、水电公司、轨道公司、设计院、天津公司、安徽公司、安装公司、实业公司、管道公司、国贸公司、水环境公司和北方公司等12家二级单位网站上线运营。

（一）电子邮箱管理

2011年7月5日，公司对邮件系统域名进行变更，邮件系统域名由m.sdssj.com变更为mail.tianjin.sinohydro.com。

2017年11月，公司邮件系统域名变更为https://mail.stecol.cn/。

（二）网站管理

2017年6月，公司及所属网站均纳入电建集团网站群建设进行统一建设和运维管理，网站服务器及安全防护设施均架设在集团公司。各上网单位依据《中国电力建设集团（股份）有限公司网络安全管理办法》，确保公司基础信息网络和重要信息系统安全。

三、十三局电视台

2010年，公司总部搬迁至天津，水电十三局电视台仍保留在山东省德州市。德州电视台第11频道为水电十三局专用频道，每周播发两次《十三局新闻》和文艺节目。自2012年10月起，播发频率改为每两周一次。

2012年，公司庆祝建局五十周年期间，十三局电视台参与公司宣传片《辉煌的历程》前期拍摄，并提供资料和素材。

2014年12月30日，经公司党政联席会议研究决定，2015年1月1日起停办十三局电视台定期新闻等栏目。自1963年建局初期成立工程局广播室，至2014年12月31日，水电十三局广播电视台共为职工家属提供了51年的优质新闻和节目。

四、微信公众号

2015年3月15日，公司开通微信公众号，微信号为"sinohydrotianjin"，名称为"水电十三局"，3月19日通过认证；4月1日正式推送第一条微信消息，两个月后，粉丝数量破千；2016年4月7日，水电十三局公众号开通评论功能。

2017年11月6日，微信公众号由"水电十三局"更名为"中国电建市政集团"；2017年11月1日，微信号由"sinohydrotianjin"改为"STECOLCORPORATION"。

公司微信公众号以小切口、大主题为宗旨，采用图文为主的形式，并配有音乐、视频等多种方式表达，内容涵盖公司内部重大新闻、重点工程进展、科技创新成果、党建工作、员工（尤其是海外员工）的工作生活等。

2016年7月27日发布的《快来，选出你心中的"十佳总工"》阅读量超10万，创历史最好成绩。

曾担任微信公众号编辑（负责人）的有：巨风、潘驯江、于冰、刘胤、张晓秋、陈绵方、高一凡、刘武林、魏洁萱等。

五、视频号

2020年4月15日，公司紧跟新媒体发展趋势，开通抖音号STECOL，发布第一条视频动态《个人所得税汇算清缴划重点来啦》；2020年9月2日发布的《你若安好，便是晴天》获得9000多次观看量。

2020年12月11日，公司开通"中国电建市政集团"微信视频号并发布第一条视频号动态《安全rap上线》；2020年12月31日发布的《回首

2020》获得4.9万观看量。

第三节 精神文明建设与企业形象

2007年以来，市政集团在国内外建造众多精品工程的同时，主动承担央企社会责任，热心公益事业，树立敢作为、有担当的大国央企形象。

2007年2月15日，公司承建的斯里兰卡中斯友谊村项目部向中国红十字总会新疆维吾尔自治区红十字会捐赠40万元人民币，收到新疆红十字会发来的感谢信和感谢状，表示将按照捐赠意愿将善款用于最需要帮助的人，向公司表示衷心感谢。

2008年"5·12"汶川大地震发生后，公司积极做好四川地震灾区捐赠工作，累计向四川灾区捐献300余万元钱物；同年，公司东非经理部相继向肯尼亚灾民捐助大米，向坦桑尼亚当地政府捐赠活动板房；由安哥拉经理部牵线搭桥，安哥拉万博省文化厅邀请河北吴桥杂技团到安哥拉巡回演出，公司企业形象和"SINOHYDRO"品牌影响力大幅提升。

2008—2013年，公司每年出席德州市慈善总会组织的"慈善月"活动，连续5年获德州慈善最具爱心捐赠企业。

2009年10月20日，公司被德州市委宣传部、市委组织部、市经济委员会、市总工会、市企业文化建设协会联合授予德州市首批企业文化创新成果奖；12月16日，三公司济南经理部获得济南市龙洞地区建设领导小组评选的支持第十一届全运会重点工程建设特别贡献奖，戚继舫等10名同志获支持第十一届全运会重点工程建设特别贡献奖先进个人。

2011年1月7日，公司被德州市委、市政府评为支持农村合村建区先进单位；1月12日，公司被天津高新区工委、管委会联合授予天津高新区"十一五"突出贡献百强企业称号，公司执行董事、总经理何占颂被授予天津高新区"十一五"优秀企业家称号。

2011年8月29日，全国政协副主席王志珍在肯尼亚首都内罗毕出席首届中非民间论坛"中非友谊井"出水仪式，中国水利水电建设集团公司获中非友谊贡献奖，公司副总经理兼东非经理部总经理秦超代表集团出席开幕式并领奖。论坛结束后，王志珍一行到公司承建的锡卡公路项目部看望慰问员工，并为中国水电员工题词"引水筑路、情系非洲"。

2012年11月，建局50周年专题片《辉煌的历程》获"中电传媒杯"全国电力行业优秀电视片展评综合专题类一等奖。

2013年11月8日，超强台风"海燕"在菲律宾中部东萨马省登陆，致使菲律宾3600多人死亡，灾民近千万，损失惨重。中国红十字会总会通过多种形式向菲律宾灾区提供人道主义援助，帮助灾区重建。2013年11月30日，公司以自主品牌"SINOHYDRO TIANJIN"承建援助菲律宾"海燕"台风灾区临时避难所建设工程，向受灾地区塔克洛班援建500套彩钢板房。公司国际保障中心接到任务后，第一时间研究制定发运方案，派遣专人至深圳蛇口港，经多方协调努力，完成首批彩钢板房发运工作。2013年12月6日，公司第一批人员抵达受灾最严重的塔克洛班市，在12月和1月两个雨量最多月份进行板房施工。2014年1月25日，20所学校板房校舍全部建设完成。中国红十字会对公司员工努力拼搏、吃苦耐劳的工作精神，施工进度和工程质量给予高度评价，学校师生和当地百姓用打出标语、组织唱赞歌等方式表达他们的感激之情。2014年1月27日，临时校舍移交工作结束。

2014年8月1日，公司在德州举办"践行核心价值观，做最美十三局员工"演讲比赛，来自国内外13家单位的21名选手，围绕"爱国、敬业、诚信、友善"社会主义核心价值观和电建集团"责任、创新、诚信、共赢"企业核心价值观，结合工作和生活实际,讲述公司员工在立足岗位、敬业奉献、精益求精、创造价值等方面的感人故事。8月12日,演讲比赛中推选出11位优秀选手到公司总部、天津外环线项目以及山东电力管道公司进行巡回演讲,达到放大活动效果和用身边事教育身边人的目的。

2014年12月12日14时32分,南水北调中线工程渠首丹江口水库开闸放水。在南水北调建设过程中,公司累计承担南水北调24个项目建设、合同总额超过40亿元,继续保持国家水利建设骨干施工队伍行业地位,先后获得中央企业青年文明号、南水北调质量管理先进单位、南水北调安全生产管理优秀集体、股份公司劳动竞赛一等奖等150多项荣誉;辉县六标"东河暗渠基础开挖控制爆破实践"被录入《南水北调与水利科技》;南阳一标项目"复合膨胀剂及大型渡槽防裂技术研究与应用"等三项技术创新成果获2014年度电建集团科技进步奖三等奖;一大批年轻员工在南水北调工程现场得到锻炼,成长为优秀的施工管理和技术骨干。

2015年9月1日,刚果(布)政府对参与第11届非洲运动会建设企业给予表彰,总统萨苏·恩格索为公司代表颁发刚果(布)劳动勋章。仪式发言人高度赞扬中国水电为非运会建设付出的努力,肯定公司在刚果(布)的履约能力和企业形象,对公司为非运会及刚果(布)基础设施建设作出贡献表示感谢,希望中国水电继续支持刚果(布)发展事业,进一步促进中刚友谊。同年8月15日,公司作为刚果(布)基础设施建设主要承包商之一,应邀出席刚果(布)纪念国家独立55周年国庆阅兵式。2017年7月7日,刚果(布)发展自治和内政部授予公司刚果(布)凯塔二期项目特殊贡献奖,表彰公司为刚果(布)基础设施建设及经济发展作出的突出贡献,公司成为历年来唯一获此殊荣的中资企业。

2015年10月27日—28日,中央人民广播电台、人民网、新华网、中国经济新闻网等先后报道公司承建的中阿首个大型光伏电站项目——阿尔及利亚233兆瓦光伏电站项目阿德拉尔、卡拜尔坦电站成功并网发电的消息。该消息由中央媒体报道后被今日头条等多家社会、行业媒体转载。报道称,阿尔及利亚233兆瓦光伏电站项目作为目前非洲最大、中阿首个光伏电站合作项目,首发电站并网发电标志着中阿新能源建设样板工程就此启幕;在中非合作论坛成立十五周年及中非合作论坛南非峰会举行之际,中阿首个光伏电站合作项目综合影响力助力中非新能源市场开拓合作迈向更高台阶。联合报道光伏电站项目在拉动当地就业、开展国际人道主义援助、民心互通、文化交流,为阿尔及利亚培养技术人才及带动下游产业链40多家企业搭乘光伏项目一同"抱团出海",辐射产业链上下游共同发展等方面,大幅提升了公司及中国电建的综合影响力。

2016年10月26日,公司波兰弗罗茨瓦夫防洪工程项目全部交工,这是中国公司在波兰及欧盟公共基建领域第一个收到完工证书的项目,也是中国电建进入欧盟市场的首个项目,充分展现了公司面对欧盟高标准质量、环境、安全要求等挑战的综合履约能力,获得波兰各界广泛认可,中国电建也被弗罗茨瓦夫市地方水务管理局称为"在波兰非常值得信赖的国际承包商"。2017年8月29日,《人民日报》在以《中企在这里筑起新"防洪墙"》为题的报道中称:"这是中国公司在欧盟基础设施建设市场顺利履约并拿到移交证书的首个项目,有力维护了中国公司在波兰的形象,为中资企业承建更多波兰基建工程发挥示范作用。"

2017年7月1日,在布隆迪独立55周年纪念仪式上,公司布隆迪农田水利整治项目获该国特殊贡献奖,成为纪念仪式上唯一获此殊荣的外国公司。布隆迪是有名的"山地之国",可耕种面积少,长期粮食短缺。公司承建的基隆多省尼亚维亚莫农田水利整治项目整治面积538.5公顷,合

8000余亩，大部分由于常年积水无法耕种。项目部采用先进技术、科学管理、规范施工，修建蓄水大坝、泵站、横穿沼泽地道路和灌溉渠网；采用无动力自流式设计，适合当地特色。政府将土地分给村民后，沼泽地陆续变成良田，解决了许多村民的温饱问题，粮食收入大为提高，有力地促进了基隆多省甚至布隆迪的经济发展，受到布隆迪民众普遍赞誉。2018年6月，公司承建的援布隆迪农业示范中心项目开工建设，旨在为布隆迪提供符合当地农业发展需要的农业技术示范中心，提高布隆迪国农业技术水平，项目于2020年9月17日移交。在2020年"世界粮食日"活动上，布隆迪总统恩达伊施米耶盛赞该项目。他说："这是一个伟大的项目，将为布隆迪培训更多技术人员，并展示中国在种植、养殖和农产品加工等方面的经验，将大大提升布种子本土化水平。"

2017年10月上旬，新华社、《人民日报》、中央电视台、凤凰网、腾讯新闻等百余家媒体，先后以《非洲民众齐呼China，只因中企花5小时做的这件事》为题，报道公司坦桑尼亚马尼奥尼公路项目救助非洲象跨国义举。当地时间9月27日午时，在距离公司坦桑尼亚项目部营地大约40千米处的姆海西野生动物保护区，有5头大象因寻找水源不慎掉入深坑。项目人员了解情况后，迅速组织人员和设备赶往事发现场。经过5个多小时不间断工作，营救结束，国内外百余家著名媒体争相报道。

2018年4月4日，中国驻坦桑尼亚大使馆召开2017年度中资机构、华侨华人公共外交总结表彰及工作交流会，公司获2017年度公共外交先进集体称号。中国驻坦桑尼亚大使馆公参徐晨宣读颁奖词："中国电建集团市政公司在营地附近紧急救助受困大象，并在第一时间通报大使馆。这种保护环境、爱护动物的感人事迹，受到国内外媒体的广泛传播和点赞，真正做到讲好'中国故事'，在当地树立良好企业形象，为国家赢得国际舆论支持。"

2018年10月，天津市委宣传部、市文明办、市住建委等联合举办"唱响新时代·改革再出发"群众歌咏朗诵活动，由公司党委选送的参赛作品《砥砺奋进建设新时代，不忘初心再铸新辉煌》在200多家参赛单位中脱颖而出，获得"唱响新时代·改革再出发"诗歌朗诵演讲大赛银奖，并在天津市广播电视台录制决赛。2018年12月9日，作为驻津央企代表，公司20名员工参与天津市庆祝改革开放40周年文艺演出，公司多年来深耕国内、国际市场背后的感人故事，在大型诗朗诵《奇迹》中精彩展现，获得天津市民好评。

2019年11月23日，肯尼亚西波克特郡多地发生严重洪灾和山体滑坡，东非公司积极响应中国驻肯尼亚大使馆号召，第一时间参与抢险救援，2天内为救援队伍开辟出一条生命通道；11月29日，向受灾民众送去面粉、大米、纯净水等应急生活物资。《人民日报》、肯尼亚国家电视台等媒体对公司公益善举进行专题报道。2020年1月，公司积极投身肯尼亚抢险救灾并作出捐助善举，受到国务院国资委办公厅通报表扬。

2019年，经天津市文明办推荐，公司在外交部举办的省（区、市）全球推介活动中，进行经典大型工程展示。

2019年9月—10月，在新中国成立70周年之际，公司党委组织开展"我和我的祖国"快闪、"祖国在我心中"演讲比赛、"我和我的祖国"主题征文，以及"我和国旗同框""我在一线看阅兵""新中国同龄人"等系列庆祝活动，覆盖公司国内外95%以上在建项目，直接参与职工人数千余人，进一步激发广大党员干部和职工群众爱国爱党热情，形成百余篇优秀新闻作品。

2020年5月12日，中共中央总书记、国家主席、中央军委主席习近平在山西太原考察调研时，专程来到公司承建的汾河太原城区晋阳桥段，听取太原市汾河及"九河"综合治理、流域生态修复等情况汇报，沿河岸边步行察看汾河水治理及两岸生态保护、城市环境建设等情况，对太原汾河沿岸生态环境的沧桑巨变表示欣慰。公司全方位宣传习近平总书记到汾河太原城区晋阳桥段的重要消息，获得国务院国资委表扬。

2021年10月28日，雅万高铁所需11810根50米钢轨全部运抵铺轨基地，登上中央电视台《新闻联播》头条，并收到印尼国家铁路公司的感谢信。信中表示，50米钢轨运输是印尼铁路运输史上的重要里程碑，具有划时代意义，对中国电建为印尼铁路运输事业所作出的努力和贡献表示诚挚感谢。自2021年印尼雅万高铁铺轨项目掀起建设热潮以来，先后5次登上央视新闻。2021年3月26日，《人民日报》刊登文章《中国朋友为我们畅通脱贫致富的路》，对东非公司承建的肯尼亚乡村公路444标段第二条支路通车进行专题报道，进一步提升了公司品牌影响力。2021年10月6日，人民网以《波黑泊奇特利桥张永耀：早日建好大桥造福人民是我最大期待》为题，专题报道波黑泊奇特利桥项目。此外，肯尼亚乡村公路项目、卢旺达胡也公路项目、卢旺达那巴龙格水电站项目等工程项目多次登上《人民日报》、人民网、新华网、光明网等中央级媒体，进一步塑造中国电建良好品牌形象，全面展示大国央企风范。

第四章　文明单位创建

第一节　组织机构

市政集团党委将文明单位创建作为推进企业改革发展的重要抓手，坚持"重在建设""贵在创新"，不断健全完善创建培育机制，持续推动文明单位创建工作制度化规范化常态化。及时根据公司管理团队人员变化，调整企业文化建设和精神文明建设领导小组成员，充分保障党组织在文明单位创建中的领导作用，定期研究部署文明单位创建工作，将文明单位创建情况纳入党建工作考核和绩效考核，与业务工作同部署同落实，让文明单位创建工作渗透到企业管理各个环节，实现精神文明建设和企业发展同频共振。

2011—2021年，公司党委根据企业领导人员变化，先后6次调整精神文明建设领导小组成员。截至2021年底，公司企业文化和精神文明建设领导小组组长为高宗文、张玉富，副组长为李俊元，成员为杨涛、殷国宝、王宁坤、张泽、张书起、史建波、季奇、赵勇祥、王操等，领导小组办公室设在公司党委工作部，于杰为主任。

党的十八大以来，市政集团党委在文明单位创建活动中深入贯彻落实习近平新时代中国特色社会主义思想，准确把握新形势新要求，发挥党建工作政治引领作用，坚持守正创新，深化新时代文明单位创建工作，以"道德讲堂"为载体，大力弘扬社会主义核心价值观，文明创建内容不断丰富，创建形式改革创新，创建领域持续拓展，实现党建和创建覆盖领域双拓展、双提升。

第二节　创建荣誉

一、文明单位

2000—2012年，市政集团（原水电十三局）连续13年被评为山东省文明单位；2010年总部搬入天津后，开始参与天津市文明单位评选，连续被评为2009—2011年度、2012—2014年度、2015—2017年度、2018—2020年度天津市文明单位；2015年2月28日，公司文明单位创建取得历史性突破，被评为第四届全国文明单位；2017年11月，通过第五届全国文明单位复审；2020年11月，通过第六届全国文明单位复审。2018年，市政集团精神文明创建成果入选《全国企业文明年鉴》。

二、文明工地

2007年以来，市政集团文明工地创建成效显著。2008年3月4日，公司承建的"京石段直管项目五标""京石段S50标"被评为国务院南水北调办公室2006—2007年度文明单位；2018年7月25日，嫩江干流治理工程第十一标段项目、山西省辛安泉供水改扩建工程平顺支线管线施工标、安徽省淮水北调工程埇桥区境内工程施工标被评为2015—2016年度全国水利建设工程文明工地；2020年4月21日，杭州市闲林水库工程项目被评为水利部2019年国家水土保持生态文明工程。

另有多个项目被评为省级文明工地，其中，济宁市南四湖湖东堤工程被评为2006—2007年度山东省水利工程文明建设施工工地；上海金泽水库项目被评为2015年度上海市重大工程文明工地；天津外环项目被评为天津市市级文明工地；哈尔滨地铁项目土建工程人民广场站及珠江路站被评为2016年黑龙江省建设工程AA级安全文明标准化工地；金寨县江环北路等综合管廊及道排工程PPP项目被评为安徽省安全文明工地；河南省淮河干流一般堤防加固工程第九标段被评为2017年河南省水利建设工程文明工地。

三、天津好人

党的十八大以来，市政集团党委贯彻落实中央文明委印发的《关于深化群众性精神文明创建活动的指导意见》，坚持用社会主义核心价值观引领群众性精神文明创建活动，积极参与天津市文明办组织开展的"天津好人"活动评选。截至2021年底，公司共有张海峰、王华侨、韩俊生、王操、赵勇、赵勇祥、于峰、何立超、周世永、刘立宁、刘暐旻、秦世伟等12名员工先后获得"天津好人"称号，其中，于峰获2019年8月敬业奉献"中国好人"称号，其先进事迹被收录进《中国好人传（2019年卷）》。

四、文明家庭

市政集团发挥员工家庭在传承中华民族传统美德、弘扬良好家风、促进文明城市建设方面的重要作用，开展家庭文明建设活动，引导广大女职工在生活中发扬传统美德，建设幸福文明之家。

2008年1月29日，公司杨苏飞家庭被山东省五好文明家庭创建协调小组评为山东省五好文明家庭，何文剑家庭被山东省妇联、山东省综治办评为山东省平安家庭标兵户；2016—2021年，共有杨洪娜、郭莉、赵阳、许明英、闫素省、王松华、贾艳霞、王晓燕、麻秀梅9户家庭被评为天津市最美家庭。

五、文明窗口

市政集团所属国贸公司、十三局加油站等具有服务性质的单位，通过出台"文明窗口"考评细则，开展培训、组织竞赛等方式，增强窗口人员服务意识，提升服务水平。2017年2月26日，实业公司加油站获得天津市住建委、市文明办、市总工会和团市委颁发的优质服务窗口称号，实业公司加油站经理刘跃平获优质服务个人称号。

六、文明工程

2009—2017年，市政集团每年开展文明工程评选活动，按照《中国水电十三局有限公司文明工程项目创建活动实施意见》要求，以生产经营为中心，以全面履行项目合同为基础，促进项目班子建设、队伍建设、经济效益、质量安全、工程进度、工地环境达标工作，提高文明施工水平，提升项目管理水平，推动优质工程、精品工程建设。截至2017年底，共有坦桑尼亚118公路工程项目、京沪高铁土建工程三标段七工区项目、武夷山至邵武高速路面一标项目等91个工程项目被评为公司文明工程。2018年底，公司党委取消文明工程评选。

第五章　公司工会

第一节　组织机构

2006年3月15日，在德州召开局工会第七次会员代表大会，选举产生17名第七届工会委员会委员和5名工会经费审查委员会委员，李汝伟为工会主席，束立、郎保国为副主席，边艳志为经费审查委员会主任。

2010年7月，公司总部从山东德州迁入天津，根据有关规定，经天津市总工会批准，公司工会隶属天津市总工会，归口天津市总工会城建交通工委管理。

2013年2月26日，召开公司工会第八次会员代表大会，公司工会第一届委员会由17名同志组成，刘光荣为主席，郎保国为副主席，徐宝东为经费审查委员会主任，奚翠兰为女职工委员会主任。公司工会有会员4883名，下设18个基层分会，5个海外工会工作委员会。

2016年4月，刘光荣不再担任公司工会第八届委员会主席、委员职务，刘晓辉为公司工会第八届委员会委员、主席。

2018年2月26日，召开中国电建市政建设集团有限公司工会第一次会员代表大会，公司工会第一届委员会由19名同志组成，徐德阳为主席，郎保国为副主席，李洪瑞为经费审查委员会主任，奚翠兰为女职工委员会主任。公司工会有会员5450名，下设16个基层分会，6个海外工会工作委员会。

2020年4月，公司总部调整机构设置，设立群众工作部，和工会办公室合署办公，信访职责由集团办公室转至群众工作部。

2021年4月20日，公司工会召开第一届委员会第五次全体会议，选举李俊元为公司工会第一届委员会主席，4月27日，电建股份公司工会批复同意李俊元为公司工会第一届委员会主席。

第二节　职工代表大会

一、第八次职工代表大会

2012年3月23日—24日，在天津召开公司第八次职工代表大会，116名职工代表听取和审议了执行董事、总经理所作的题为《提升管理水平突出发展质量　持续推动公司平稳较快发展》的工作报告。审议了财务、安全、审计等工作报告，民主评议了公司领导班子和总部中层及以上领导干部。

2007—2012年，水电十三局职代会与每年年度水电十三局工作会套开。

二、市政集团第一次职工代表大会

2018年2月27日，市政集团在天津召开第一次职工代表大会。职工代表135名，本次职代会是公司更名为中国电建市政建设集团有限公司后召开的第一次职工代表大会。大会听取和审议了执行董事、总经理所作的《着力推进主业布局，加快提升竞争力，奋力谱写集团化转型发展新篇章》工作报告，审议了财务、安全、审计等工作报告，民主评议了公司领导班子和总部中层及以上领导干部。

2013—2021年，职代会与每年年度工作会套开。

第三节　工会经费管理

公司工会委托公司财务部、资金部管理工会财务工作，设立独立账户，明确兼职财务人员，负责工会经费日常收支和上缴工作。各成员企业、直属单位基层工会委托所在单位财资部门管理工会经费。

公司工会及各成员企业、直属单位基层工会严格执行财经法律法规、全总和属地工会有关制度规定，按照《工会会计制度》要求，及时足额拨缴工会经费；实行委托税务代收经费的基层工会，依法足额落实经费留成部分。海外工委按公司工会批复的一定比例留存经费，单独建账管理。按照会员工资收入和规定比例，按时收取会员应缴会费。

公司工会所属基层工会经费主要用于为职工服务和开展工会活动，支出范围包括：职工活动支出、维权支出、业务支出、资本性支出、事业支出、其他支出等。

2019年12月，公司工会印发《中国电建市政集团基层工会经费收支管理实施细则》，工会经费各项收支实行工会委员会集体领导下的主席负责制，重大收支须集体研究决定。依靠职工和工会会员管好、用好经费，实行民主管理。各项支出做到年初有预算、实施有计划、执行有方案，凡涉及会员和职工切身利益的物质奖励、职工福利等支出在规定额度内集体研究制定具体标准。

公司工会及所属基层工会经费各项收支全部纳入预算管理，严格执行全国总工会《工会预算管理办法》，每年年底需将工会经费年度财务决算报上级工会审批。

公司工会及所属基层工会经费各项收支接受职工和会员监督，定期向工会委员会和经费审查委员会报告经费情况，接受上级工会和同级工会经费审查委员会审查监督，依法接受国家审计监督。

第四节　维护职工合法权益

2007年，工程局工会把解决职工最关心、最直接、最现实的利益问题作为工作重点，第一次签订《女职工权益保护专项合同》，调整充实企业劳动争议调解组织。在特困职工减少的情况下，坚持80万元救助资金不变，提高救助金额标准。完成离退休病故职工、供养遗属生活费省统筹的移交工作。履行"三不让"承诺，解决职工看病难问题，工程局、局工会共同筹措资金42万元，为全局在职和退休职工5000多人办理医疗补充保险，800余人次得到医疗保险理赔，理赔金额49万余元。开展"金秋助学"活动，2007年共救助职工子女15名（含局参加新农村建设农村子女3名），总救助金额达23400元。

2008年，公司工会把全面创建和谐企业作为重点工作，健全两级劳动争议调解组织，共有5个单位被评为劳动关系和谐单位。组织公司职工向四川地震灾区捐款捐物，共计捐款人民币90余万元，捐献衣物9890件。十三局救援队被集团公司评为抗震救灾先进集体、德州市慈善工作先进单位。

2009年，公司各级工会面对国际金融危机的挑战，积极应对、发挥作用，职工上岗率得到提高，历史遗留问题得到解决，安置协解人员152人。公司提高职工福利待遇、调整薪酬结构，建立住房公积金、企业年金制度。按照集团公司部署，加强困难职工帮扶中心建设，设立救助专项基金，推行困难职工档案动态管理。

2010年，公司工会筹措资金80万元，对公司在职、退休困难职工实施救助。组织全公司职工为玉树地震灾区捐款，共计捐款30余万元；对补充医疗保险进行续保，为全公司7000余名在职和退休职工缴纳补充医疗保险，缓解职工看病难问题。积极做好"金秋助学"活动，全年共资助13名困难职工子女，发放助学金35500元。

2011年，公司工会筹措资金80万元，对公司在职、退休困难职工实施救助，共救助困难职工家庭270户。公司工会和四公司工会被天津市总工会评为工会劳动争议调解工作先进集体，两名工会干部被评为工会劳动争议调解优秀调解员。机电安装分公司被德州市总工会评为劳动关系和谐企业。公司被评为2011年度天津市AAA级劳动关系和谐企业。

2012年初，公司工会开展"面对面、心贴心、实打实，服务职工在基层"活动。公司工会成立活动领导小组和办公室，印发《中国水电十三局有限公司开展"面对面、心贴心、实打实"服务职工在基层活动实施方案》。

2013年，公司工会积极做好海外员工人文关怀工作，与人力资源部共同健全海外人员家属档案，实施动态化管理；邀请天津市著名专家做身心健康辅导。年内，公司荣获滨海新区和谐劳动关系示范企业。

2014年，公司救助困难员工家庭163户，发放救助金90余万元，筹措资金60余万元，为公司8000多名在职和退休职工投保团体补充医疗保险，全年因病住院职工873人次，理赔保费共计55万余元，为住院职工建立"第二道保障线"。

2015年，公司工会与人力资源部共同对《工资协议》进行修改续签，健全各项协调劳动关系机制。组织300多名职工参与心理健康知识竞赛活动。

2016年，公司救助困难员工家庭190户，发放救助金121万余元；筹措资金80万元，为9185名退休、在职职工办理团体补充医疗保险。

2017年元旦春节期间，对152户公司在职、退休的困难职工实施救助，发放救助金近50万元。组织在职、退休女职工进行一年一度健康查体活动。

2018年，公司工会组织职代会联席会议通过《中国电建市政建设集团有限公司企业年金方案实施细则》《中国电建市政建设集团有限公司年金公共账户余额分配方案》。公司工会筹备"送清凉"资金30万元，组织工会干部深入深圳地铁项目、水环境项目，慰问一线员工，为各项目和员工发放绿豆、茶叶、饮品等防暑降温物品。公司工会为天津片区职工办理230张工会服务卡，在全公司范围开展给员工送生日蛋糕卡活动。

2019年，开展夏送清凉活动，工会干部深入天津杨柳青、深圳地铁项目等，慰问一线员工。在天津项目逐步探索建立项目农民工分会组织，为农民工办理实名制普惠会员卡，进行入会相关政策宣传引导，开设农民工学校，为农民工送电视、乒乓球台、消暑用品、药品等。

2020年，公司工会救助重点为因患重大疾病、意外造成生活困难员工，因工致残，单亲，残疾等8大类救助对象。经过摸底审核，对12家成员企业117户困难职工家庭救助帮扶，共计发放慰问金69.9万元。

2021年，印发《关于做好疫情期间海外职工人文关怀工作的通知》，全面了解海外职工家属生活状况和存在困难，进行有效帮扶，共对4户遇到困难的海外职工家属进行帮助。通过摸底排查海外一千余名职工基本信息，及时掌握119名因疫情原因在国外连续工作超600天海外员工基本家庭情况，并安排督导国内外相关单位与其国内家属建立困难求助联系帮扶机制。对因疫情原因连续在国外工作2年以上的30名员工，通过邮寄慰问品、慰问信，进家入户或电话慰问等形式，开展走访慰问海外员工家属活动。

第五节 劳动竞赛（技术比武活动）

2007年，工程局工会组织有关单位开展以"比协作、赛质量，比干劲、赛安全，比贡献、赛效益"为主题的劳动竞赛。

2008年，在重点工程、重点项目开展11次劳动竞赛活动，参赛职工达2000余人次。

2009年，公司各级工会开展各种形式的劳动竞赛、技术比武10余次，参赛职工达2000余人次。

2010年，各级工会组织开展"雍阳杯""百泉杯""双优杯""龙奥杯"等劳动竞赛，参赛职工达1000多人次。

2011年，组织开展"创先争优百日会战""兴德杯""西黑山杯""石化新城杯""创优杯"等11次劳动竞赛。

2012年，在全公司范围内开展以"调结构、惠民生、上水平"为主题的劳动竞赛、技能比赛活动。

2013年，各级工会先后举办"闲林杯""浑河杯"等各类劳动竞赛10余次，技术培训23次。

2014年，各单位工会开展"金山湾杯""大干一百五十天""保洞通、保站后""路遥杯"等劳动竞赛，全年各级工会共举办劳动竞赛10余次，技术比武6次。

2015年，各级单位工会开展"建功杯""满阿杯"等劳动竞赛。

2016年，各级工会组织开展"邗江杯""五邑杯"等劳动竞赛。

2017年，各级工会组织开展"迎驾杯""贾鲁河杯""做阳光物业 建和谐家园""争创爱心病房 争做爱心天使"等劳动竞赛活动。

2018年，各级工会在重点项目开展"中水电杯""津石杯""福鼎杯""三晋杯""雄安杯"等劳动竞赛9次，技能比赛5次。

2019年，工会以"当好主人翁 建功新时代"为主题，组织开展形式多样的劳动竞赛和技能比赛，各单位工会开展"凤阳杯"、"庐山杯"、"千岛湖杯"、孟加拉国"达舍尔甘地杯"等劳动竞赛12次及技能竞赛3次，累计参赛2000余人次，工会举办首届BIM视频制作技能大赛。

2020年，组织各单位全面开展"生态鹏城杯""泜河杯""风电杯""吉水杯""龙城杯""鹏城杯""天府杯""先行杯""燕赵杯""雄安杯""津运杯"等劳动竞赛。全年共有10个单位举办21次劳动竞赛活动。

2021年，组织各单位开展"齐鲁杯""潍烟开拓杯""雄安杯""中山杯""百年华诞杯""雄安快线杯"等劳动竞赛活动。

第六节 女工工作

一、组织机构

2006年3月15日，在德州召开工程局工会第七次会员代表大会，束立当选女工主任；2009年4月1日，工会女工委改选，奚翠兰任女工主任。

二、认真做好女职工的"五期"保护工作，严格执行《妇女权益保障法》《女职工劳动保护条例》等法律法规

2007年，第一次签订《女职工权益保护专项合同》，维护女职工合法权益。各级女工组织健全，女工委在广大女职工中大力开展"岗位建功"活动。

2008年，公司女工组织开展岗位建功、素质提升、文明家庭等多项活动，评选出公司级建功标兵9人、文明示范岗5个、文明家庭69户，女

工工作先进单位2个。实施"鹊桥工程",解除青年职工后顾之忧。

2009年,实施女职工建功立业工程,公司女职工张君花被中华全国妇女联合会授予全国三八红旗手。十三局橡塑厂汽车销售服务组被德州市妇联评为2009年度巾帼文明岗。

2010年,开展"关爱女职工"行动,邀请西安中医学院妇产科专家开展女职工保健知识讲座,签订《女职工特殊权益保护专项集体合同》,合同履行使女职工特殊权益得到维护。

2011年,开展女职工素质工程,开展"送书到一线"活动,橡塑厂汽车销售中心销售组被评为山东省女职工建功立业标兵岗。

2012年,公司女工委被评为天津市工会工作先进集体,董永莲被评为2010—2011年度天津市建功立业先进女职工。开展全国"书香三八"读书活动,将900本书籍送到一线女员工手中。

2013年,制定《红娘工作和奖励办法》,鼓励更多职工参与帮助解决未婚职工婚恋问题。公司女职工董永莲获得全国五一巾帼标兵。

2014年,公司女工委建立未婚青年档案,建立QQ联络群,为他们牵线搭桥。公司女职工杨秀被评为天津市建功立业先进女职工。

2015年,公司女工委开展"巾帼建功五个一"活动,邀请天津市妇科专家举办女工防病保健知识讲座;奚翠兰被评为天津市优秀工会工作者。

2016年,公司女工委成立"知心大姐工作室",为员工在子女教育、婚姻恋爱、家庭调解等方面提供心理辅导服务,有3户家庭被评为2016年度天津市最美家庭。公司工会女工委获第四届全国"书香三八"读书活动优秀组织奖。

2017年,公司女工委开展"点赞最美女性"活动,8名女职工被评为天津市最美女职工。公司女工委获第五届全国"书香三八"优秀组织奖。

2018年,结合公司走出国门30年组织"特别奉献奖""最佳支持奖"评选活动,评选表彰110名海外员工家属。天津市电视广播电台对公司女工委进行专题访谈。公司工会女工委荣获第六届全国"书香三八"读书活动优秀组织奖,同时作为优秀组织单位参加全国女职工读书成果展示,牛漪绘画作品获一等奖。公司女工委被评为电建集团先进女工委。

2019年,女工委开展"我的家规家训故事"等系列活动,10名女职工被评为天津市最美女性,2户家庭被评为天津市最美家庭。共投入资金9万余元,为天津公司、轨道公司和设计院建设妈咪小屋,解决孕乳期女职工生活难题。公司工会女工委获第七届全国"书香三八"读书活动优秀组织奖。

2020年,深入实施女职工素质提升工程,公司9名女职工获2020年度天津市最美女性称号,设计院检测中心被评为天津市巾帼文明岗,2户家庭被评为天津市最美家庭。公司女工委被评为电建集团先进女工委。

2021年,公司女工委组织开展"激扬巾帼志、携手建新功"等系列主题活动,为安徽公司、水电公司和安装公司建设妈咪小屋。开展"2021年家庭文明建设和心理服务进基层"活动,邀请天津市专家教授开展线上心理健康知识讲座。1名女职工家庭被评为天津市最美家庭,公司女工委被授予全国第九届"书香三八"读书活动组织奖。

第七节　文体活动

2007年,工程局羽毛球队代表德州市参加山东省第五届职工运动会,被大会组委会授予体育道德风尚奖;庆祝建局45周年活动中举办职工文艺汇演、职工书画展、篮球比赛。

2008年,参加市总工会组织的"实现新崛起,建设新德州,争当新功臣"大型演唱会。参与德州市乒乓球、广播体操等各项比赛,公司代表队获乒乓球比赛女子团体二等奖，男子团体优胜奖；游泳比赛女子个人第一名、第四名，男子个人第一名；广播体操比赛二等奖。公司工会获活动优秀组织奖。

2009年，公司工会组织庆祝国庆60周年"祝福祖国"大型职工文艺汇演；参加德州市第二届全民健身月广播体操集体观摩表演获团体一等奖；公司体育协会被授予2008年度山东省先进体育社团；组织职工参加全国首个"全民健身日"全民健身节万人健步行活动；组织职工参加全运会火炬传递仪式。

2010年，发挥工会"大学校"作用，设立职工书屋。

2011年，公司工会特邀天津市全国知名劳模孔祥瑞、徐文华等4名劳模两次来公司作报告；以建党90周年为契机，举办"创优杯"羽毛球比赛，开展"庆祝建党九十周年"演讲比赛和红歌会。

2012年，举办庆祝建局50周年文艺演出；组织篮球比赛、羽毛球比赛、职工书画展等系列活动。

2013年，公司工会与水电股份国际公司工会联合举办联谊活动；举办公司迎新年职工文艺汇演；举办公司总部暨驻津单位迎新春联欢会。

2014年，公司工会与集团国际公司、基础局共同组织联谊活动；与基础局共同举办电建集团太极拳协会交流座谈会；承办集团公司工会"最美电建人"书画展。

2015年，集团公司在十三局成立书法创作基地和太极拳培训基地，承办集团2015年太极拳年会暨太极拳辅导员培训班；承办"纪念抗战70周年书画摄影展"；公司工会组织迎新春职工文艺演出；文学协会在春节举办"我的春节故事"征文活动。

2016—2021年，公司工会定期举行"健身行"活动。

2016年，公司工会开展"情暖员工，走进基层"慰问一线员工系列活动，分别开展"走进德州""走进武汉项目"和"走进天津"3场大型职工演出；公司工会排练雕像剧《三代创业人》参加电建集团第一届网络春晚，获得一等奖。公司工会邀请基础局、港航公司在天津组织电建集团天津片区篮球友谊赛；邀请电建集团国际公司篮球队来天津进行交流活动；在德州举办公司第三届"路桥杯"职工篮球比赛；对天津华苑办公楼4楼会议室职工之家活动场地进行改造。

2017年，公司工会开展庆祝建局55周年暨走出国门30年庆祝大会和文艺演出活动；举办建局55周年书画摄影展；参加德州篮球乙级联赛获得冠军；先后为中水电公司、十三局医院、机电安装公司、实业公司等单位的职工之家进行升级改造。

2018年，公司工会开展庆祝改革开放40周年暨迎新年职工文艺汇演活动；承办电建集团庆祝改革开放40周年暨2019年网络春晚主要节目彩排、录制工作；组织篮球队参加德州市2018年第四届职工甲级联赛，并获得亚军。

2019年，公司工会举办"歌颂伟大祖国 唱响劳动之歌"职工文艺汇演；公司工会代表电建集团参加国资委"放歌新时代，我和我的祖国"中央企业经典爱国主义歌曲歌咏展演；举办"喜迎新中国成立70周年"职工书画摄影作品展；参加德州市职工演讲比赛，获一等奖和最佳组织奖；在集团"巾帼心向党，建功新时代"女职工主题演讲比赛中获得二等奖；在天津市、山东省演讲大赛中获得优秀奖；推荐选送微视频《不忘初心，与国同行》获电建集团微电影创作一等奖。

2020年，公司工会承办电建集团网络春晚主要节目彩排、录制工作，同时组织80名职工参加诗歌朗诵；举办"迎新年"联欢会；组织篮球队参加德州市2020年职工第六届篮球甲级联赛，获得第二名；组织中国共产党成立100周年微视频创作活动。

2021年，公司工会在天津组织"颂歌献给党"庆祝中国共产党成立100周年职工文艺汇演；组织开展职工书画摄影展等活动；组织参加德州市"九衢泉"杯职工篮球赛；公司工会为海外9家单位拨付文体活动专项经费70万元。

第八节　群众性经济技术创新活动

做好群众性经济技术创新工程的管理和表彰，形成长效机制。2007年度经济技术创新40项，十三局医院科研成果获山东省职工科技创新三等奖。

2009年，印发《公司职工经济技术创新工程评审奖励办法》，与人力资源部、培训中心开展山东省职业技能竞赛十三局赛区电焊工技能比赛活动，前5名被授予公司技术能手。公司工会组织25名班组长参加清华大学班组长培训。

2010年，职工技术创新成果107项。

2013年，各单位上报创新成果114项，海益国际公司职工高永强先后获得实用型国家专利10余件，被评为天津市工人发明家，获得天津市五一劳动奖章。

2014年，公司工会积极开展小发明、小创造、小革新、小设计、小建议"五小"群众性经济技术创新活动，各单位上报各类创新成果120项。

2015年，各单位上报创新成果123项，有10项职工创新成果被推荐到天津市有关部门申报专利。

2016年，各单位申报职工创新成果166项，表彰5个先进单位、24个先进集体和60名先进个人。

2017年，共征集群众性经济技术创新成果215项，公司工会组织专家评委进行评审，18项成果获得一等奖；22项成果获得二等奖；20项成果获得三等奖；评选先进集体24个、先进单位5个。

2019年，共征集群众性经济技术创新成果271项，公司工会组织专家评委进行评审，29项成果获一等奖；25项成果获二等奖；41项成果获三等奖；评选先进集体28个、先进单位10个。

2020年，安装公司创新成果"连续组合栓接钢箱梁制作及安装施工工艺研究"获德州市职工优秀技术创新成果二等奖。安装公司钢桥梁制作安装班组被评为德州市创新型班组，郝洪峰、刘凯2名同志被评为德州市创新标兵。

2021年，公司3项经济技术创新成果在电建集团工会年度"经济技术创新"成果评选中分别荣获一、二、三等奖，其中"大跨度超宽钢箱梁桥施工线型控制技术"获全国能源化学地质系统优秀职工技术创新成果三等奖。安装公司职工张士锋获2021年"德州工匠"称号。

第六章　共青团及青年工作

第一节　组织机构

2008年9月，根据集团公司党委《关于工程局（厂）公司改制后党委、纪委、工会、团委名称的通知》，团委更名为中国共产主义青年团中国水利水电第十三工程局有限公司委员会。

2017年11月20日，公司团委启用"中国共产主义青年团中国电建市政建设集团有限公司委员会"印章。

第二节 组织活动

2015年11月17日，公司团委筹备成立中国水电十三局志愿者团队，志愿者团队设天津和德州两个直属分队，以"服务青年、服务企业、服务社会"工作基本原则为指导思想，大力弘扬"奉献、友爱、互助、进步"志愿精神，由公司员工自愿组成，是非营利性公益社团组织。

2016年1月11日，公司团委组织机关总部、国际公司、国内市场开发部员工举行"情暖寒冬 爱心无价"捐款活动，为公司员工患病家属奉献爱心。

2016年5月—6月，公司团委派出10名志愿者参与天津夏季达沃斯论坛（新领军者年会）志愿服务。

2017年5月—9月，公司团委派出4名志愿者参与全国第十三届全运会志愿服务。10月17日，公司团委在天津举办首届"创新创业 青年担当"青年论坛。

2018年1月9日，公司论文《发挥中国特色政治优势 探索企业管理创新之路——以山东电力管道工程有限公司为例》被评为电建股份第五届青年论坛十佳论文。4月24日，公司团委联合电建港航公司团委，开展"青年志愿展风采，结对帮扶当先锋"志愿帮扶活动，对天津市蓟州区官庄镇肘各庄村两户特困家庭进行帮扶。8—9月，公司团委派出10名志愿者参与天津夏季达沃斯论坛志愿服务。10月9日，公司第二届青年论坛论文宣讲会在天津举办。

2019年5月—9月，公司团委派出3名志愿者参与全国第十届残运会暨第七届特奥会志愿服务。12月27日，公司第三届青年论坛论文宣讲会在天津举办。

2021年4月，公司员工魏国泰获中央企业优秀共青团员称号。

第三节 历次团代会

2006年3月16日，米志勇任水电十三局团委书记。

2010年4月7日，梁景颂任公司团委书记。

2011年12月7日，公司召开第八次团代会。梁景颂任团委书记。设有基层团委9个，团总支2个，直属团支部6个，共822名团员。

2013年2月21日，付文博任公司团委书记。

2014年8月21日，刘皞旻任公司团委书记。

2016年5月19日，付文博任公司团委书记。

2016年12月28日，刘晓任公司团委书记。

2017年9月30日，公司名称变更为中国电建市政建设集团有限公司，第一次团代会于2020年12月29日召开，刘晓任团委书记。设有基层团委10个，团工委5个，团支部104个，共1640名团员。

历任团委书记名录，见表7-6-1。

表7-6-1 历任团委书记名录

姓 名	职 务	任免时间	备 注
米志勇	水电十三局团委书记	2006年3月—2010年4月	—
梁景颂	水电十三局有限公司团委书记	2010年4月—2013年2月	—
付文博	水电十三局有限公司团委书记	2013年2月—2014年8月	—
刘皞旻	水电十三局有限公司团委书记	2014年8月—2016年5月	—
付文博	水电十三局有限公司团委书记	2016年5月—12月	

续表

姓　名	职　务	任免时间	备　注
刘　晓	水电十三局有限公司团委书记	2016年12月—2017年11月	—
刘　晓	中国电建市政建设集团团委书记	2017年12月—	—

第四节　共青团荣誉

共青团荣誉，见表7-6-2。

表7-6-2　共青团荣誉

序号	个人/集体名称	荣誉名称	获奖时间	荣誉级别
1	水电十三局团委	中央企业五四红旗团委	2012年3月	省部级
2	水电十三局团委	中央企业五四红旗团委	2013年5月	省部级
3	水电十三局团委	电建集团五四红旗团委	2013年12月	集团级
4	水电十三局安哥拉经理部	电建集团青年文明号	2013年12月	集团级
5	水电十三局安庆项目部	电建集团青年安全生产示范岗	2013年12月	集团级
6	水电十三局肯尼亚内罗毕花园城市商城一期项目部	电建集团青年文明号	2014年5月	集团级
7	水电十三局南水北调南阳项目团支部	电建集团五四红旗支部	2014年5月	集团级
8	水电十三局深圳地铁7号线7301-1标项目部盾构队	电建集团青年文明号	2015年5月	集团级
9	水电十三局团委	电建集团五四红旗团委	2016年5月	集团级
10	水电十三局黑龙江干流堤防工程第十五标段项目部青年突击队	电建集团青年文明号	2016年5月	集团级
11	电建市政公司团委	电建集团五四红旗团委	2018年4月	集团级
12	天津公司长沙雨花道路建设项目青年突击队	电建集团青年文明号	2018年4月	集团级
13	刚果（布）凯塔公路二期项目工程管理部	电建集团青年文明号	2019年5月	集团级
14	轨道公司团委	电建集团五四红旗团委	2019年5月	集团级
15	波兰奥得河防洪水库项目管理部	电建集团青年文明号	2020年4月	集团级
16	电建市政公司山东公司团委	电建集团五四红旗团委	2020年4月	集团级
17	水环境分公司龙岗龙观两河坪地项目团支部	电建集团五四红旗支部	2020年4月	集团级
18	电建市政公司北方公司团委	电建集团五四红旗团委	2021年4月	集团级
19	中西非公司喀麦隆明图姆公路工程项目团支部	电建集团五四红旗支部	2021年4月	集团级
20	杨旭东	中央企业青年五四奖章	2011年9月	省部级
21	顾　宁	利比亚撤离工作先进青年	2012年3月	省部级
22	王　永	中央企业青年岗位能手	2015年5月	省部级
23	魏国泰	中央企业优秀共青团员	2021年4月	省部级
24	丁欣欣	电建集团优秀共青团干部	2013年12月	集团级
25	郑富春	电建集团青年岗位能手	2013年12月	集团级
26	张　倩	电建集团优秀共青团干部	2013年12月	集团级
27	轩荣玉	电建集团青年岗位能手	2014年5月	集团级

续表

序号	个人/集体名称	荣誉名称	获奖时间	荣誉级别
28	李林岳	电建集团优秀共青团干部	2014年5月	集团级
29	丁兆敏	电建集团青年岗位能手	2015年5月	集团级
30	王 厦	电建集团优秀共青团员	2015年5月	集团级
31	赵 杰	电建集团青年岗位能手	2016年5月	集团级
32	刘皞旻	电建集团优秀共青团干部	2016年5月	集团级
33	李 腾	电建集团优秀共青团干部	2017年5月	集团级
34	刘 晓	电建集团优秀共青团干部	2018年4月	集团级
35	张瑞阁	电建集团青年岗位能手	2018年4月	集团级
36	胡志操	电建集团青年岗位能手	2019年5月	集团级
37	樊永刚	电建集团优秀共青团干部	2019年5月	集团级
38	侯善东	电建集团青年岗位能手	2020年4月	集团级
39	邢仁杰	电建集团青年岗位能手	2021年4月	集团级
40	魏国泰	电建集团优秀共青团员	2021年4月	集团级

第七章 精准扶贫

第一节 天津部分

一、工作概况

2017年6月—2020年5月，为响应天津市委、市政府《关于开展新一轮结对帮扶困难村工作的实施意见》，市政集团和电建港航公司共计投入基础设施建设费用207万元，对天津市蓟州区官庄镇肘各庄村开展帮扶，其中市政集团承担121.8万元。通过帮助村民修缮党群服务中心、硬化道路、建设党员活动室等基础设施，乡村面貌得到改善，扶贫成效显著。基础设施改造完成后，公司在振兴乡村产业、美化村容村貌等方面继续开展帮扶工作，其中购买肘各庄村生产矿泉水共计10.4万元，帮助两户特困户修缮改造危房等共计2万元，收到村民送来的锦旗和天津市蓟州区委员会的感谢信，受到村民和当地政府的一致好评。

二、扶贫业绩

2017年9月，公司与电建港航公司制定《结对帮扶困难村工作2017—2020年总体规划》。

2017年12月28日，按照天津市委组织部要求，公司党委副书记、纪委书记刘晓辉到肘各庄村开展结对帮扶工作，并代表电建集团驻津央企为村里困难党员和群众送上新年慰问和祝福。

2018年3月16日，公司设计院人员与肘各庄村村委相关人员沟通后，明确帮扶项目工作内容。

2018年4月24日，公司团委联合港航公司团委，开展对肘各庄村两户特困家庭志愿帮扶活动。

2018年4月27日，公司党委印发《关于成立市政集团扶贫开发领导小组的通知》，成立公司扶贫开发领导小组，负责调研指导市政集团扶贫开发工作，协调解决扶贫开发工作中的重大问题，对扶贫开发工作及相关工作人员进行考核评价，就扶贫开发重大事项作出决策。

2018年9月28日，天津市蓟州区官庄镇农经站长、肘各庄村村委书记崔述国给公司送来"实干惠民为百姓，驻村帮扶送温暖""情系百姓，恩重如山"两面锦旗，感谢公司帮扶肘各庄改善村容村貌、为困难党员送温暖。

2018年11月20日，天津蓟州区肘各庄村基础设施改造帮扶项目完工。

2020年5月，村内基础设施建设帮扶工作结束。

2021年6月，公司党委收到中共天津市蓟州区委员会感谢信，对公司结对帮扶工作表示感谢。

三、消费扶贫

2021年10月15日—12月10日，按照电建集团统一要求，公司以集体采购和职工个人采购相结合的方式，积极开展消费帮扶，集体采购剑川县和民丰县农产品共计20.56万元，员工个人采购剑川县和民丰县农产品共计29.84万元。

第二节 德州部分

一、工作概况

2017年3月—2019年4月，市政集团对山东省德州市临邑县理合务镇大蘭家村进行定点帮扶；2019年5月—2021年5月，市政集团对山东省德州市平原县后何寺村进行定点帮扶。

对大蘭家村和后何寺村帮扶4年期间，市政集团委托安装公司履行具体扶贫职责，并选聘安装公司总经理助理陈志为驻村第一书记。

4年内，安装公司帮助两个定点帮扶村完善发展规划、盘活集体资源、建设基础设施、打造文明村居、探索特色就业培训，多措并举拓宽村民增收渠道，扶贫成果显著。

二、扶贫业绩

（一）全面提升帮包村基础设施

安装公司帮助帮包村全面推进乡村公路建设、文化广场建设、危房改造、农村改厕、清洁取暖、自来水进村等各项基建提升工程，全面推进乡村环境综合治理，改善村民居住环境。

2017年，安装公司多方筹措资金，在大蘭家村建设环村公路2730米，带领村民对村内次干道进行全面整修，铺设面包砖3400平方米，安装路灯56盏、高清摄像头6套；2020年，市政集团投资20万元，支持后何寺村通户道路工作建设，先后帮助两个贫困村建成外通内联、安全便捷的交通网络。

2018—2019年，市政集团分别为大蘭家村和后何寺村建设文化广场，配齐配全体育器材硬件设施。市政集团出资改建大蘭家幼儿园，在园区铺设塑胶草坪，重新绘制围墙，增量配备幼儿娱乐器材，为村里孩子创建良好学习成长环境。

（二）产业扶贫，促进村民稳定增收

2017年，市政集团出资10万元，为大蘭家村建成村级农业配肥站，建立产供销施一体化服务体系，帮助农户实现节支增收。

帮扶期间，安装公司致力推动贫困村沉睡资源整合，带领两个村民整理出闲散土地合计500余亩，种植法桐、国槐等经济苗木；整理坑塘60余亩，用于莲藕种植和水产养殖。

（三）就业帮扶，拓宽增收渠道

2018年，为创建稳定就业帮扶平台，陈志协调对接泓淋电子厂，将村内废旧厂房改建成扶贫

代加工车间，招收有劳动能力的贫困户进行就业帮扶。部分贫困户及村内留守妇女实现就近就业，每人每月增加近2000元收入，村集体每年增加5万元租赁收入。

三、获奖情况

履责帮扶期间，安装公司先后被德州市委和德州市人民政府表彰为2017—2019年度市派第一书记工作先进单位和2019—2021年度市派第一书记工作先进单位。驻村第一书记陈志被临邑县政府授予个人三等功一次，获平原县政府嘉奖一次。

第八篇 企业改革

◇ 第一章　体制机制改革
◇ 第二章　经营机制转换
◇ 第三章　三项制度改革
◇ 第四章　财务管理改革

第一章　体制机制改革

第一节　体制改革

公司为完全独立市场主体，根据市场经营需要开展自主经营，独立核算，自负盈亏，自担风险，在发展中不断推进管理体制构建与创新。

2017年11月2日，公司在天津总部举行揭牌仪式，企业实现集团化转型，迈上跨越发展新平台。

公司治理结构主要有股东会、党委、董事会、经理层、监事、职工代表大会等。

股东会是公司权力机构，依照《中华人民共和国公司法》《公司章程》行使职权，对董事会和董事、监事履职情况进行评价和监督。

公司党委发挥领导核心和政治核心作用，在公司治理中按照党中央要求，把方向、管大局、促落实，依照《中国共产党章程》等党内法规、党和国家方针政策及上级党组织要求履行职权。

董事会是公司生产经营决策机构，定战略、作决策、防风险，对股东会负责，依照法定程序和《公司章程》规定决定公司重大事项，接受股东会、监事监督。董事长是公司法定代表人，行使法定代表人各项职权并承担相应义务和责任。

经理层是公司执行机构，接受公司党委领导，接受公司董事会管理和公司监事监督，谋经营、抓落实、强管理，依照《公司章程》及有关规定行使职权。经理层实行总经理负责制，总经理对董事会负责并报告工作，在董事会闭会期间向董事长汇报工作。

公司总经理根据《中华人民共和国公司法》《公司章程》及公司相关规定行使职权，副总经理、总会计师、总工程师和其他经理层成员对总经理负责，对总经理委托、分工范围内工作承担相应责任，向总经理报告工作开展情况，履行诚信和勤勉义务。

公司不设监事会，依法设立监事一人，由股东委派。监事依照《公司章程》行使职权，对董事会、经理层成员职务行为进行监督，对股东会负责。

职工代表大会是公司依照《中华人民共和国宪法》《中华人民共和国公司法》《中华人民共和国工会法》等有关法律法规实行民主管理的机构，是公司民主管理制度的基本形式。职工代表大会由全体职工代表组成，依据公司职工代表大会有关制度规定履行职权。公司工会委员会是职工代表大会工作机构，负责职工代表大会日常工作。

公司股东会、党委、董事会、监事、经理层、职工代表大会依照职责权限和规则程序，根据上级主管单位有关文件和《公司章程》《中国电建市政建设集团有限公司"三重一大"决策制度实施办法》等，分别审议决策公司改革发展事项、监督检查决策事项落实情况。

第二节　总部机构改革

2010年7月1日，公司总部迁至天津，以总部搬迁为契机，按照流程驱动、完善程序的工作思路，调整优化组织结构和业务架构。加强天津、德州两级总部建设，实现天津总部定员定岗定编；梳理德州总部组织机构、业务流程；新设立国外项目员工管理处（科），理顺企业内部劳动用工管理和工作关系。

2020年4月，公司聚焦战略、经营、履约三个方面，以此为主要调整方向，以"七大中心"为框架，将公司总部机构进行适当调整，加强公司战略引领，强化经营龙头，加强公司国内外项目管控，打造好公司三级管控体系，共设十五个部门、两个国内外经营部门（事业部制），成立信息与战略部，将集团办战略规划、法人结构治理、信息中心、工程科技部标准化等职能划入，成立项目管理部，将重大项目管理部、工程科技部、国外项目管理部、国际公司等项目管理相关职能划入，取消重大项目管理部、国外项目管理部。将全面风险管理职能从经济管理部调至法律事务部，并更名为法律风险管理部，工程科技部更名为科技部或技术中心，工会办公室更名为群众工作部，将信访职能由集团办调至群众工作部。搭建PRP综合办公系统、财务共享中心、管理驾驶舱等平台。

2021年，深入推动经理层成员任期制和契约化管理改革工作，全力推进董事会建设。2021年11月，首次召开公司董事会现场会议，成立董事会办公室，制订《董事会议事规则》等规章，建立董事会相关专委会，推动公司治理结构重大调整，董事会规范化运作迈出坚实步伐。

第三节 二级单位整合

为解决二级单位规模偏小、业务同质化、专业特色不突出、市场竞争能力偏弱等问题，2012年，按照"专业+区域"原则，对二级主要生产单位进行改革重组。7月7日，撤销中国水利水电第十三工程局有限公司第二分公司、第三分公司；中国水利水电第十三工程局有限公司第二分公司在华东及周边地区在建工程项目整建制划归华东施工局，其他全部成建制划归中水电十三局水电工程有限公司；中国水利水电第十三工程局有限公司第三分公司成建制划归中水电十三局水电工程有限公司。

2013年，企业内部阶段性调整改革基本完成，初步形成"5+3"组织架构，即五大主力施工分局、三大服务保障业务。通过资源重组、业务重新定位，打造核心业务，突出二级单位专业能力，提升公司市场竞争能力。合并多种经营分公司与九龙贸易有限公司业务，成立中国水电十三局天达工贸有限公司；整合基地处、培训中心及电视台业务，设立德州管理中心。

2015年7月23日，整合公司铁路及城市地铁轨道安装工程业务，成立轨道安装公司，为公司直属二级生产单位。

2016年9月27日，撤销轨道安装公司、铁路公司，成立轨道交通公司，集中优势资源打造轨道专业施工主力军；瞄准城镇化建设及城市基础设施等领域，对四公司进行业务重组，打造公司市政基础设施骨干力量；重组海益汽修公司等三家单位相关业务，变更注册为天津斯泰克国际贸易有限公司，依托天津区域优势，打造国际国内贸易、货运代理和仓储物流业务。整合天达工贸公司及德州管理中心、房地产公司、康润物业公司，成立德州实业公司，在统筹管理德州基地后勤事务的同时，要求围绕公司施工主业打造专业化服务平台。

2018年推动二级公司"专业化""区域化"发展，成立北方公司和水环境公司，初步构建"5+5+N"集团组织构架（骨干子公司5个，主力分公司5个，海外经营机构及国内经营平台N个）。

2019年，公司继续推进集团化布局，培育战略业务，推动二级公司区域化、专业化发展，成立山东公司、欧洲公司、中亚经理部等，初步形成"6+6+N"组织架构和业务布局（6家骨干子企业、6家国外分公司、若干家国内分公司及经营平台）。

2019年7月26日，撤销路桥工程公司，原路桥公司人员整体转入水电公司，资产全部保留在水电公司，在建项目和完工未清算项目纳入水电公司管理，债权债务由水电公司承接。12月8日，成立基地资产管理与职工培训服务中心，资培中心领导班子由实业公司领导班子兼任，实行"一套人马、两块牌子"。

第四节 建筑施工业务

2014年，管道公司划归公司管理，壮大制造安装业务；2015年成立轨道安装公司，2016年成立轨道交通公司，轨道业务逐步发展；2018年成立水环境公司，发展水环境业务。

第五节 房地产业务

2010年，设立十三局德州房地产公司，培育房地产开发业务。

第六节　其他业务

2010年，继续支持安装公司和橡塑厂加大设备、生产线更新改造力度，扩大市场份额，以技术创新为引领，不断增强企业竞争能力。

2015年7月15日，康润物业管理有限公司接手德州基地西区，试行物业管理。

第二章　经营机制转换

2006年12月，中国水利水电建设集团公司成立水电港航公司，将水电十三局全部水上疏浚船舶设备及人员划归水电港航公司。核心业务移交后，公司及时调整产业和业务结构，制定"国外为主、国内国外协调持续发展"战略方针，及时调整经营策略，加快企业资质升级，形成以国外为主、国内国外两个市场相互补充、相互支撑、协调发展的经营态势；公司法人治理结构逐渐完善，决策、执行、监督相互制衡，初步建立现代企业制度。

2007—2010年，公司加大培育国际工程核心竞争力，旨在把十三局建设成为"经营灵活、结构合理、管理先进、资产优良、国内一流"的大型建筑施工企业；公司加快实施以国际工程"走出去"为主，国内推动江河治理、南水北调、西部开发、东北振兴、中部崛起和基础设施建设同步发展的战略；组织结构上优化资源重组，按专业分工组建专业公司和劳务承包公司，实现经营层与劳务作业层分离；按照现代企业制度"产权清晰、权责明确、政企分开、管理科学"的要求，加快企业内部改革，推进主辅分离辅业改制；推动公司从规模型向规模效益型转变，从粗放型向集约型转变，从劳务、生产型向经营型转变，真正实现规模与效益的同步增长。

2011—2015年，公司国际化发展阶段。公司围绕一个目标即"努力把公司建设成为具有较强国际竞争力的质量效益型的中国电建旗下国际强企"；实施"六大战略"，即转型升级战略、国际业务优先发展战略、基础设施重点发展战略、科技兴企战略、人才强企战略、和谐发展战略；加强"六大保障"，即加强基础管理、提高总部管控力，加强全面风险管理、增强公司抗风险能力，强化质量安全管理，加快信息化建设，加强节能减排管理，加强和改进企业党建工作；达到"四强四优"，"四强"即自主创新能力强、资源配置能力强、风险管控能力强、人才队伍能力强，"四优"即经营业绩优、公司管治优、产业结构优、社会形象优。坚持国际业务优先发展，依托"中国电建"品牌，创新国际营销模式，实行经营重心前移，提升区域营销能力；利用国家"走出去"战略，结合中国资金优势，参与国家资源与能源战略实施，开发中国资金项目，在发挥竞标优势的同时，向议标等模式转型；参与国际投融资项目，从传统施工总承包向兼具投融资、设计、施工、运营、服务的综合承包、带资承包、特许经营等高端模式转变，拓展产业链。国内做强做优建筑施工主业，以市场化、社会化、本土化方式，加大基础设施业务开拓力度，重点开拓铁路、公路、市政、工业与民用建筑业务，培育房地产业务的开发与经营能力；拓展项目总承包、房地产、设计和其他产业，形成各产业协调发展的良好格局；培育公司专业特色，特别是铁路工程、公路工程、市政工程、工民建工程等。

全面推进国际化业务流程和组织结构实施，强化公司总部管控服务职能，提升区域经理部市场开拓能力和项目管理能力。深化公司内部改革，打造具有业务优势和专业化特色的分(子)公司，按照"大集团、大土木、大市场"的战略思路，健全国内基础设施市场营销体系，强化两级营销体系建设。

2016—2020年，公司制定"优先国际、统筹国内、突出主业、相关多元、做强做优、国际

"一流"的战略发展定位。不断拓展国内外工程承包主营业务，实现公司向工程施工产业链两端延伸，积极构建"1+5"（施工设计与勘测、投融资带动工程总承包、金属结构与管道等工业产品制造、机电安装、贸易物流、项目运维服务）业务格局；优化产业结构，由施工承包向工程总承包、资产经营和资本运营转变。优化组织架构，合理布局分（子）公司业务结构，培育骨干企业独立开展市场竞争能力，打造国内专业化和区域性分（子）公司；成立海外分（子）公司，推动自主营销，提升海外市场开拓和项目管控能力；培育二级骨干生产单位作为专业公司独立实施国外项目；完善产业链和业务布局，探索对国内外企业兼并重组工作。2020年，公司形成6家国内骨干子企业、6家海外分公司、N家专业公司及经营平台的"6+6+N"集团化布局。

2021年，也是"十四五"开局之年，公司制定"做强国内、做优海外、聚焦主业、优势多元、创新驱动、管理高效"的战略规划，通过发挥公司"市政+水"优势，围绕"双碳"目标，立足"大循环"，借助股份公司新能源集团组建的资源集成优势，培育新的业务增长点，打造"水、能、城、砂"融合发展格局，培育壮大战略新兴业务板块，深化区域经营，实施品牌战略，强化高端营销，做强做优做大国内市场。坚持做优海外，推进海外业务行稳致远，坚持"稳健经营、能力可及、风险可控、效益可期"的经营策略，持续健全海外创新发展机制；加强与集团各区域总部沟通协调，做好品牌使用策划，在传统国别聚焦公司特长专业项目，合规使用"STECOL"自主品牌，积累"STECOL"品牌业绩，培育差异化优势，凝聚品牌核心竞争力；深入实施属地化经营，依托电建国际合资成立属地化公司实践机遇，参与国别属地化试点，探索本土化管理模式，开展属地化市场营销，尝试项目执行本土化，力争将经营管理各个环节融入当地，提高人员设备物资等本土资源使用率及全球资源配置效率，选择培育实力较强、信誉良好的属地企业，以联营、分包、供货等方式开展合作，降低国际经营成本，减少国际发展阻力。

以"结对子"工作为契机，优化运行机制，构建协同发展大格局，增强互动联动、促进联建共建，提高公司整体效率。深化国企改革，强化两级总部能力建设；紧扣高质量发展目标，持续优化业绩考核评价体系；牢固树立人才引领发展的战略地位，围绕公司高质量发展需要，建设高素质人才队伍，激活企业发展原动力。

第三章 三项制度改革

第一节 人事制度改革

2003年，为适应社会主义市场经济需要，不断深化十三局人事制度和劳动用工制度改革，实行职工能上能下、竞争上岗、动态管理，公司印发《中国水电十三局岗位竞聘考核实施办法》，该办法要求局机关职能部门及局属各单位（含国外工程项目经理部）进行机构改革，工程局新成立项目经理部（含国外工程项目经理部），对一般管理岗位和生产岗位实行公开竞聘，按考核办法竞争上岗。

2011年，为完善和规范公司退休人员聘用管理制度，根据股份公司相关要求，印发《中国水电十三局有限公司退休人员聘用指导意见》，为公司退休人员聘用提供政策性依据。

2020年，公司进行机关总部机构改革和业务调整，根据每亿元营业收入1.2~1.3人数比设定总部岗位数量，经过一年多的调整过渡，机关总部人员由2020年初的334人精简到2021年中的249人。

2021年，为进一步提升公司人力资源管理水平，统一并规范公司职位管理体系，拓宽职业发展通道以满足不同员工职业发展需求，鼓励员工持续学习、不断提升专业水平及综合能力素质，公司印发《中国电建市政集团职位管理办法》，明确各序列、各类型人员职业发展路径，相关任职条件及评聘管理程序，为招聘、培训、薪酬、绩效、晋升、人才跨组织流转等工作提供指导与依据，明确两级总部相关部门对本专业人才培养以及梯队建设职责。

第二节　劳动用工制度改革

2008年，按照《中国水利水电建设集团劳动用工管理指导意见》相关要求，对于公司正式员工的招聘录用，由各用人单位提出用人计划报公司人力资源部，人力资源部根据工作需要提出建议或意见，经公司党政联席会议研究批准后，由人力资源部统一招聘录用。

第三节　分配制度改革

2007—2008年仍执行岗位技能工资制。

2009年6月1日，公司七届四次职代会第二次主席团（组）长联席会议审议通过《中国水电十三局有限公司薪酬结构调整管理办法（试行）》，公司员工执行岗位绩效工资制。

岗位绩效工资制遵循以岗定薪、薪随岗变原则，更加突出效率优先原则，坚持以公司业绩和个人绩效为导向，员工绩效考核结果和薪酬挂钩，实现绩效责任与收益对等的激励作用。

岗位绩效工资制工资结构为：岗位工资、绩效工资、年功工资和专业技术职称（技术等级）补贴。

2021年11月1日，公司党委会及第一届职代会第四次团（组）长联席会议审议通过《中国电建市政集团薪酬管理实施方案》。

薪酬调整将岗位绩效工资制结构调整为：基本工资（岗位工资+岗位津贴）、绩效工资、津补贴。

薪酬体系根据岗位特点划分为五个岗位序列，即：管理序列、专业序列、职能序列、市场商务序列和项目经理序列。

各级员工薪级确定以职级为依据，职业发展通道从办事员至公司首席专家共分为1~9级，分别对应薪酬等级的1~9级，每个薪酬等级分为5个薪档。首次将各层级基本工资由单一标准调整为薪级薪档多标准。

此次调整制订员工薪级薪档调整机制，设置升降权重比例，对推动员工职级能升能降、人员能进能出、薪酬能增能减的三项制度改革措施落地起到了积极作用。

第四章　财务管理改革

2019年，公司全面推行财务共享服务中心建设，财务共享系统上线，促进各项业务标准化、规范化、流程化、表单化，同时推动项目管理系统全面应用，"业财融合"初步实现，也为促进财务管理转型升级打下坚实基础。

2020年，落实公司总部"大部制"组织模式，财务产权部、资金管理部率先进行财务机构改革，实行定岗定编，战略财务人员由29人调整为18人，全面构建战略财务、共享财务、业务财务新型管理体系。将财务部打造成战略引领者、标准制定者、决策支持者，使共享中心成为会计核算标准服务提供者，业务财务成为业财融合实践者。

2021年，立足数字财务新阶段，贯彻智慧财务新理念，构建"业财资税"深度融合财务新格局，以"六升两降一加强"为目标，升级打造以"一体两翼三资三率五优化"为核心的价值创造型财务管理体系。

第九篇 企业管理

- 第一章　战略管理
- 第二章　经营管理
- 第三章　经济管理
- 第四章　法制管理
- 第五章　工程项目管理
- 第六章　工程监理、勘探
- 第七章　设计
- 第八章　测绘
- 第九章　试验检测
- 第十章　国际工程管理
- 第十一章　技术管理
- 第十二章　安全管理
- 第十三章　质量管理
- 第十四章　设备物资管理
- 第十五章　投融资管理
- 第十六章　财务、资金与资产管理
- 第十七章　人力资源管理
- 第十八章　信息化管理
- 第十九章　离退休管理
- 第二十章　综合管理
- 第二十一章　企业审计
- 第二十二章　企业监察

第一章 战略管理

公司以市场需求为导向，奋力开拓市场，不断优化结构，加快转型升级，战略思路清晰，走出由"国内求生存、国外求发展""国内国外相互促进、共同发展""国外为主、国内国外协调发展""国际优先、统筹国内"，到"优先国际、内外并进""做强国内、做优海外"的发展道路。

第一节 "十一五"时期 （2006—2010年）

"十一五"期间，提出打造集团旗下国际强局战略目标，制定"国外为主、国内国外协调持续发展"战略，优先发展国际业务，大力开拓国内基础设施，巩固国内水利水电传统业务。

2006年，公司在分析国内外宏观环境、行业环境和自身资源与能力的基础上，制订"十一五"发展战略，明确把公司建设成为"经营灵活、结构合理、管理先进、资产优良、国内一流"的大型建筑施工企业定位，提出打造集团旗下国际强局战略目标，确立"国外为主、国内国外协调持续发展"的战略方针，制订发展总目标和主要经济指标："十一五"期间，公司累计实现营业收入110亿元，利润总额2.53亿元。到2010年，完成企业年营业收入26亿元，营业收入利润率3%。

公司逐级分解规划目标，合理配置公司资源，落实各项战略措施，调整优化产业结构，优先发展国际业务，大力开拓国内基础设施，巩固国内水利水电传统业务，调整组织结构，优化业务流程，实施人才强企，提升科技水平，建设企业文化，营造战略实施良好环境，经历由国内到国外战略转移，形成国际业务优先发展、国内大力开拓基础设施经营战略和相关多元化产业结构，提前一年超额完成"十一五"规划各项目标，经营管理能力显著提高，实现跨越式发展。

第二节 "十二五"时期 （2011—2015年）

"十二五"期间，公司在深入分析所处外部环境，把握公司资源与能力，以及分析竞争对手基础上，制定公司战略规划，印发《中国水电十三局有限公司"十二五"发展规划》，明确"成为可持续发展，服务于社会，管理先进、竞争力较强的中国电建旗下国际强企"的公司使命，确立"将公司建设成为国际业务领先、管理先进、专业化能力较高、可持续发展能力较强的质量效益型中国电建旗下国际强企"的战略定位。2012年，制定明确打造集团旗下国际强局的战略目标，2011—2015年，实现新签合同额460亿元，营业收入405亿元，利润总额12.6亿元，营业收入利润率高于央企建筑业平均水平，经济增加值和人均收入稳步增长。到2015年，实现年营业收入100亿元。

2011—2015年，公司新签合同额年均增长21.5%，超额完成公司规划目标32.19%；营业收入年均增长14.53%，各年均超额完成公司规划目标；累计实现利润总额19.06亿元，超过规划利润总额6.46亿元；累计实现净利润15.28亿元，累计上缴企业所得税3.01亿元，各年均超额完成预期目标；资产总额由56.29亿元增加到104.12亿元，年资产规模不断扩大；总资产报酬率和净资产收益率各年均超额完成预期目标，全部资产获利能力保持较高水平增长；资产负债率各年均低于控制目标，完成规划控制目标；国有资本保值增值率各年均高于规划目标且均大于100%，表明公司经营良好，国有资本实现增值。五年来，公司主要经济指标超额完成，公司获利能力、价值创造能力、资产运营能力、发展能力和激励能力较强。

公司综合管理能力不断提升，市场经营取得新突破；企业改革取得新进展，体制机制活力进一步增强；产业结构调整步伐加快，效益初步显现。

第三节 "十三五"时期（2016—2020年）

公司"十三五"规划确立"将公司建设成为中国电建旗下管理先进、市场竞争能力和可持续发展能力较强的质量效益型国际化骨干企业"的远景目标，明确发展战略，坚持"四化"发展方向，突出转变发展方式一条主线，围绕提高发展质量和经济效益两个中心，推动完善产业链、提升二级单位生产经营实力、促进企业管理集约高效三项重点工作，扎实提升两级总部引领管控、企业市场开发、大型综合型项目管控、员工专业技术四种能力，务实推进深化改革、国际优先、创新驱动、转型升级、人才强企五项战略举措，坚持"国际优先、内外并进"的市场经营战略，持续关注"三大一高"项目，积极推动品牌营销，抓好国内、国外两个市场，用好两种资源，确保公司健康稳定可持续发展。规划主要目标任务：2016—2020年，实现营业收入654亿元，利润总额13亿元，营业收入利润率高于央企建筑业平均水平，职工收入和企业经营效益协同增长；到2020年，实现新签合同额超过200亿元，营业收入150亿元，利润3亿元。

公司全面贯彻落实电建集团战略部署，围绕战略定位，主动服务中央重大战略，积极对接地方发展规划，充分发挥公司优势，积极参与"一带一路"、雄安新区、京津冀、粤港澳、长三角、海南自贸区建设发展和军民融合等国家战略，构建国内外立体营销体系，推动市场营销向"规划引领、区域深耕、专业支撑、综合开发"方向转变，获批市政特级和水电特级资质，推进属地化建设，市场开拓取得新成绩，在竞标类施工总承包项目基础上签约多个EPC和PPP项目，公司由传统竞标领域向EPC、PPP领域转型初见成效；完成公司领导体制调整，并对具备条件的子公司领导体制进行调整；落实集团"去机关化"改革，完成总部机构改革，调整总部部门职责，分流总部人员；推进集团化布局，培育战略业务，推动二级公司区域化、专业化发展，初步形成"6+6+N"组织架构；创新海外经营模式，推行分公司运营模式；强化项目精细化管理，项目履约良好；主要经营指标超额完成规划目标值，其中新签合同额、利润和净利润提前一年实现"十三五"规划目标。

第四节 "十四五"时期（2021—2025年）

公司深入研究内外部环境变化，2021年编制完成"十四五"发展规划，明确"电建市政领军者、国际一流承包商"发展愿景，确立发展战略，坚持"四化"发展方向，明确"成为国内外工程建设施工管理能力卓越、城市基础设施与水生态建设特色鲜明的建筑工程服务商"发展定位。按照发展战略，在坚持做好城市基础设施建设、水环境治理业务等主责主业的同时，不断优化公司业务结构，突出"市政+水"业务特色，着力提升企业市场拓展能力和资源整合能力，积极构建抗风险、可持续业务组合。加快培育新能源、新材料等战略性新兴业务，寻找机遇延伸产业链一体化能力，推动水利、房建和路桥等相关优势业务多元融合发展与商业模式创新。

2021年，公司以轨道交通、公路桥梁、市政和房建业务为主的基础设施业务全年中标合同额231亿元，发挥压舱石作用；水资源与环境业务全年承接合同总额25.5亿元，成为公司市场经营重要支撑；紧跟国家水利投资方向，全年承接传统水利业务合同总额约45亿元，传统业务优势持续巩固；全年签约PPP项目合同额57.62亿元，业务结构更趋合理，实现新签合同额305.34亿元，结转到2022年，实际合同存量（含税）759.56亿元。全年实现营业收入204.68亿元，实现利润总额5亿元。

第二章 经营管理

第一节 组织机构

2007年8月26日，中国水利水电第十三工程局将市场开发部、国际工程部合并，成立中国水利水电第十三工程局投标公司。投标公司下设国际市场一、二、三、四部，国内市场一、二部，国际合同译审部，国际项目保障部，综合部。

2010年3月23日，中国水利水电第十三工程局投标公司更名为中国水利水电第十三工程局有限公司市场开发总公司。下设国内市场开发公司、海外市场开发公司、合同译审部、综合部。

2010年5月10日，公司市场开发总公司迁至天津办公，为公司第一家迁津单位。

2011年9月13日，公司撤销中国水利水电第十三工程局有限公司市场开发总公司，成立中国水电十三局海外市场开发公司，下设一部、二部、三部、综合部；成立中国水电十三局国内市场开发公司，下设一部、二部、华东市场开发部、综合部。

2012年4月9日，公司对国内市场开发公司组织架构进行调整，下设国内一部、国内二部、综合部。其主要职责：国内一部负责国内市场竞标项目开发；国内二部负责国内市场投融资项目信息收集、调研及开发，并负责编制可行性研究报告；综合部负责国内市场开发的综合管理工作。

2014年12月31日，公司国内市场开发公司更名为中国水利水电第十三工程局有限公司国内市场开发部，原工作职能和管理模式不变。

2017年10月23日，中国水利水电第十三工程局有限公司国内市场开发部更名为中国电建市政建设集团有限公司国内市场开发部。

2019年10月12日，中国电建市政建设集团有限公司国内市场开发部更名为中国电建市政建设集团有限公司国内市场开发总公司（简称市场开发公司），同时增设生态环保开发部。

2019年10月18日，将公司投融资事业部纳入国内市场开发总公司管理，其资产管理职能转财务产权部管理。

公司2007—2021年经营指标汇总，见表9-2-1。

表9-2-1　公司2007—2021年经营指标汇总

单位：亿元

指标 年份	新签合同额			营业收入			利润总额
	合计	其中：国内	其中：国外	合计	其中：国内	其中：国外	
2007	60.87	5.85	55.02	28.56	8.99	19.57	1.26
2008	80.25	13.00	67.25	35.06	12.64	22.42	1.29
2009	66.96	27.85	39.11	45.75	16.68	29.07	2.33
2010	69.85	40.71	29.14	61.23	31.21	30.02	2.64
2011	80.04	30.33	49.71	65.11	31.88	33.22	4.02
2012	113.88	47.46	66.42	71.06	29.21	41.85	4.16
2013	133.33	51.79	81.54	81.08	38.37	42.71	3.21
2014	110.80	29.65	81.15	100.92	57.49	43.43	4.33
2015	180.36	84.62	95.74	112.01	64.87	47.14	2.05
2016	202.65	100.98	101.67	114.44	66.26	48.19	4.20
2017	221.63	148.79	72.84	121.13	76.07	45.06	4.24
2018	232.57	150.56	82.01	139.69	94.86	44.84	4.69
2019	272.21	190.12	82.09	173.25	126.78	46.46	3.70
2020	302.31	215.28	87.03	182.45	145.79	36.66	4.89
2021	305.34	235.27	70.07	193.66	149.31	44.35	4.98

第二节　投标管理

2007年，工程局主要围绕产业结构调整，国内经营重心向非水电市场倾斜战略思路，集中培育路桥等核心业务，重点跟踪国家重点建设工程项目，大力开拓非水电建筑市场，全年国内承接工程项目中，非水电工程占合同额84.21%，承接路桥合同额占全局当年国内外承接合同额21%，路桥工程施工已经成为重要、稳定核心业务。

2008年，公司继续坚持"国外为主，国内国外协调持续发展"经营战略，优先发展国际业务，国内保持适度规模，重点瞄准"大市场"、紧盯"大项目"、实施"高起点"营销策略；形成以投标公司和基础事业部为主导，在市场、业务划分和经营风险受控前提下，二级单位独立开展经营活动的两级经营模式，着力跟踪南水北调等国家重点工程，巩固原有地域工程市场，开拓新区域市场。在稳固济南、安徽、浙江、东北等传统地域市场基础上，又开辟天津、上海两个具有潜力和影响力的市场，同时进入铁路施工领域，实现经营重大突破。

2010年，公司相继中标南水北调四个标段，每个标段合同额皆超过1亿元，总合同额达11.34亿元；安徽、青岛市场经营取得重大突破，累计签约合同额6.5亿元；推行公司总部与各分公司两级营销策略。

2011年，公司以"国外为主，国内国外协调持续发展"的经营战略为引领，着力推动营销中心前移，全年国内建筑业新签合同39项，总额27.23亿元；11月，编制《管理制度汇编》，包括国内市场开发公司组织机构与岗位职责、业务流程及综合管理等相关规定，进一步规范国内市场经营管理工作。

2012年，公司将工作重心放在安徽省青弋江分洪道工程、辽西北供水项目、深圳地铁7号线项目、山西省中部引黄工程等大型水利和市政项目，其中安徽省青弋江分洪道工程为新中国成立以来安徽省单体项目投资规模最大的重点水利工程，是我国第一个实行代建制新模式的大型水利试点项目。

2013年，公司实施市场化、现代化和多元化发展战略，贯彻重点开发基础设施业务、巩固水利水电业务经营方针，全年共组织国内建筑市场30批项目、80余个标段投标工作；通过对接股份公司及集团路桥、房地产、铁路、新能源等专业公司（事业部），搭建高端营销平台，广开信息渠道，参与福建平潭金井湾金井一路市政道路投资建造BT项目等投融资类项目经营开发。

2014年，公司实施"大集团、大市场、大品牌"战略，推进轨道交通、公路、市政等基础设施业务及投融资带动基础设施业务发展，国内水利水电业务着重跟踪南水北调配套设施市场、地方水利市场等国家投资重点项目，适量经营水电业务，对公司内部经营机制进行调整变革，完善两级营销体系建设。

2015年，公司形成投融资业务与竞争性业务协同发展、传统市场营销与新型高端营销齐头并进营销格局，在PPP模式项目营销中取得重大突破，中标并签约江门市应急备用水源及供水设施工程PPP项目。

2017年，公司实施高端营销策略，推进投融资拉动总承包业务，全面布局区域化营销，持续推进属地化发展，全年国内建筑业新签合同75项，总金额为148.79亿元，其中：水利电力业务占比7.44%，基础设施业务占比88.98%，装备制造业务占比3.58%。

2018年，公司坚持主动服务国家、地方战略，大力培育新兴市场，发展水治理业务，与大型设计院及股份公司内专业平台公司进行深度对接，聚焦国家重点工程项目和区域市场前景好的大型项目，承接河北雄安新区等多个国家、地方重点工程。

2019年，印发《中国电建市政建设集团有限公司国内工程投标管理办法》，对国内市场经营过程中涉及的工程信息筛选与跟踪、备案管理、投标文件编制及评审、合同评审、中标项目交底、证照管理等方面做出新规定。

2020年，公司在雄安新区、粤港澳大湾区、长江经济带、济南新旧动能转换试验区、海南自贸区等重点区域加强经营力量，全面融入京津冀一体化发展战略，大力发展基础设施、水资源与环境、军民融合等战略业务。中标雄安新区白沟右堤防洪治理工程（7.5亿元）；推动唐山市全域治水清水润城县区工程PPP项目签约落地（C包乐亭县、丰南区）（21亿元）；中标海南琼西北供水工程（9.7亿元）；中标深圳市坪山区排水管网修复和正本清源EPC项目（7.6亿元），该项目是公司在广东省自营中标额最大的市政项目。截至2020年，公司已累计获得济南先行区约44亿元市场份额。

2021年，公司聚焦国家重大战略任务、区域重点发展规划和重点城市重大项目，统筹推进战略营销、高层营销、区域营销和自主营销，各项任务指标均完成股份公司考核任务，国内项目总体规模、效益增长弥补了国际项目的下滑，所属单位实体化、属地化经营迈上新台阶，全年新签合同91项，总金额235.26亿元。

第三节　企业资质管理

2007年2月7日，钢结构工程专业承包资质由三级升为二级。

2007年6月11日，取得机电安装工程施工总承包一级资质。

2008年5月8日，取得铁道工程施工总承包三级、电力工程施工总承包三级、矿山工程施工总承包三级资质。

2008年8月5日，房屋建筑工程施工总承包资质由二级升为一级。

2008年9月23日，钢结构国内工程专业承包资质由二级升为一级。

2014年1月20日，公路工程施工总承包资质由二级升为一级。

2015年4月17日，取得公路路面工程专业承包一级资质。

2017年1月22日，市政公用工程施工总承包资质由一级升为特级。

2020年8月18日，水利水电工程施工总承包资质由一级升为特级，至此电建市政集团已成为拥有水利水电工程施工总承包特级和市政公用工程施工总承包特级资质的"双特"企业，同时还拥有建筑工程施工总承包一级、公路工程施工总承包一级、机电工程施工总承包一级、钢结构工程专业承包一级、公路路面工程专业承包一级、公路路基工程专业承包一级、地基基础工程专业承包一级、铁路工程施工总承包三级、电力工程施工总承包三级资质等。

第三章　经济管理

第一节　组织机构

2013年11月，"中国水利水电第十三工程局有限公司企划经管部"更名为"中国水利水电第十三工程局有限公司经济管理部"（简称经管部），主要工作职能为：合同结算管理、变更索赔管理、经营业绩考核、生产经营计划、分包管理、全面风险管理、成本管理、经济活动分析和定额管理等。

2015年3月，成立公司工程招标采购中心。采购中心是公司工程招标采购管理的日常工作机构和公司级招标采购平台，主要职责为：制定和修订公司工程招标采购管理制度；审查和备案各单位的工程招标采购管理办法（细则）以及采购管理体系；监督、检查、指导及考核各单位的工程招标采购管理工作；按采购权限批复各单位报送的工程招标采购计划；负责公司级工程招标采购和合同签订工作；汇总各单位工程招标采购统计报表；建立和维护工程招标采购信息数据库。

2020年12月，公司对总部部门主要职责进行修订，修订后的经济管理部职责包括经营计划、经营业绩考核与管理评价、成本管理、经营活动分析、工程分包招标与评价管理、"两金"管控工作。合同管理、分包履约管理职责调整至项目管理部。

第二节　业绩考核

一、业绩考核制度

2007年后，责任制考核结合公司发展趋势，适应国外规模快速扩张、项目类型、实施模式多样化，逐步完善国外经济责任制管理体系，形成国内保稳定、国际保效益的经营格局。

2008年4月，中国水利水电建设集团公司印发《企业负责人年度工作业绩考核实施细则》，明确要求各工程局所属二级单位应根据本单位年度计划，按照每位负责人的具体分工，对每位负责人制定较为明确的年度工作计划和工作目标，工作指标尽可能量化，不能量化的列出工作内容和工作标准，从德、能、勤、绩、廉五个方面进行考核。

（一）国内所属单位

2011年6月，修订《所属单位负责人年度业绩考核办法》，由所属单位负责人年度经营业绩考核办法和管理评价暂行办法构成。重点考核发展能力、价值创造能力、资产运营能力、获利能力、激励能力；管理评价分专项管理评价和动态管理评价。

2018年7月，以战略导向、分类考核、激励约束、财务指标与非财务指标相结合、业绩考核与全面预算管理相统一为原则，重新修订《所属单位负责人年度业绩考核办法（2018年版）》，新版业绩考核办法由经营业绩考核体系和管理评价考核体系组成，经营业绩考核指标分为效益指标、规模指标、风险指标和约束指标；管理评价考核按照所属单位职能战略定位和组织机构现状，采取差异化评价考核，分为综合公司类和项目公司类。

2020年4月，再次修订《国内所属单位负责人年度业绩考核办法（2020年版）》，新办法增加了利润分成奖励，将业绩考核结果与所属单位负责人薪酬直接挂钩，体现业绩升、薪酬升，业绩降、薪酬降的原则；依据所属单位职能战略定位、管理评价考核特点及组织机构设置情况，实行差异化分类考核。

（二）海外分公司/经理部

2007年，海外主要市场初具规模，市场份额增长迅速，海外业绩考核工作划转企划经管部。2007年6月，印发《中国水电十三局二级单位实施国际工程经营业绩核算暂行办法》，要求国际工程项目组织实施必须坚持集团公司"四个统一"基本原则，形成集合优势。办法要求将利润分成比例、亏损分摊比例在项目经济责任制中予以明确，项目部进行经济责任制奖罚兑现后，若实现利润，工程局与二级单位按责任制利润分成比例进行利润分成；若出现亏损，工程局与二级单位按责任制亏损分摊比例进行亏损分摊。

2007年11月，印发《中国水电十三局驻国外经理部经济责任制管理办法（试行）》，规定经理部基本职责，经济责任制考核实行"一包两挂"制度：一包是指经理部日常经费开支实行预算包干；两挂是指职工境外工资与管理职能相挂钩，绩效奖金与经营业绩相挂钩。

2018年，海外市场发展成熟，区域化格局已经呈现，各海外区域经理部业绩考核工作趋于规范。2018年7月，公司印发《海外分公司/经理部年度业绩考核办法》，办法以战略导向、分类考核、激励约束、财务指标与非财务指标相结合、业绩考核与全面预算管理相统一为原则，由经营业绩考核体系和管理评价考核体系组成。

2021年3月，修订《海外分公司运行管理办法》，对海外分公司职责定位、机构设置、人力资源与薪酬管理、分公司总部费用管理、业绩考核分别作出详细规定。明确海外分公司职责定位：区域市场营销中心、履约管控中心、利润管控中心、风险防范中心、资源配置中心和人才建设中心。

2021年3月，重新修订《海外分公司/经理部年度业绩考核办法（2021年版）》，规定海外分公司/经理部对区域内项目履约承担主体责任，薪酬结构调整为境外工资、年度规模绩效、年度营销绩效、年度利润分成奖励和单项奖励。

（三）国外工程项目

2015年12月，印发《中国水电十三局有限公司国外工程项目经营业绩责任制考核办法》，公司国际工程项目经营业绩责任制考核，实行年度考核与责任期考核相结合、结果考核与过程评价相统一、考核结果与奖惩相挂钩，规定项目经理主要职责权限、项目上缴利费标准及薪酬结构，项目薪酬结构由境外基础工资、年度浮动工资、年度考核绩效、责任制超利绩效组成。项目年度考核指标包括基本指标、约束指标、管理评价指标三部分。

2018年7月，修订《中国电建市政建设集团有限公司国外工程项目经营业绩责任制考核办法》，规定项目经理作为项目实施的主要责任者和组织者，其基本职责和任务是保证项目合同履约目标、经营目标的实现。办法优化调整利费上缴标准及薪酬结构组成，增加经营单项奖励，项目年度管理评价增加国际工程履约能力评价指标。

2021年3月，重新修订《中国电建市政集团国外工程项目经营业绩责任制考核办法（2021年版）》，新办法对不同类别项目利费上缴比例、项目薪酬结构作优化调整，降低规模绩效比重，提高利润分成比重，引导项目提质增效，实现效益最大化。

二、市场营销工作管理办法

2018年9月，修订《国内外营销工作管理办法》，确定公司市场营销实行公司、分公司两级市场营销体系，并对不同营销模式的营销基金管理、营销中标奖管理作明确要求。

2020年和2021年，分别对国内外营销工作管理办法进行再次修订，明确营销中标奖与项目经营结果挂钩，增加营销效益中标奖。

三、经营计划

2011年12月，印发《中国水利水电十三局有限公司经营计划管理办法》，公司建立经营计划编制和审核体系，通过规范年度经营计划编制、批准、执行、总结及考核的管理过程，保障公司年度经营计划目标实现。年度经营计划包括生产经营计划和市场营销计划，按照"统一计划、分级管理"原则，进行调控和管理。

2019年7月，印发《中国电建市政集团经营计划管理办法（2019年版）》，对各层级职责、经营计划编制要求及程序作了详细规定。

四、"结对子"

在海外市场急剧扩张的过程中，先后制定多项鼓励国内单位积极参与海外市场的制度及办法。2021年3月，印发《中国电建市政集团国内外单位"结对子"工作专项考核办法》。"结对子"专项考核指标体系包括营业收入占比及利润指标，要求"结对子"单位要优化运行机制，构建协同发展大格局，增强互动联动、促进联建共建，提高公司整体效率；"结对子"单位要努力构建人才中心，在人才使用方面充分开展互动合作，共建人才互派交流机制，积极营造人才成长良好环境，激发人才活力；国内"结对子"单位要构筑人才聚集平台，做好回国人才服务工作，解决回国人员工作、生活的后顾之忧。

第三节　工程分包管理

一、建章立制

2008年1月，印发《中国水利水电第十三工程局有限公司工程分包管理办法》，公司分包管理工作实施制度化、规范化管理；2011年7月，对公司工程分包管理办法进行修订，600万元人民币或120万美元及以上分包须履行公司审批程序，同时印发《工程分包管理工作考核办法》，规范公司对所属各单位分包管理工作考核和评价工作；2012年10月，再次对履行公司审批程序分包合同金额进行调整，1000万及以上或200万美元及以上分包须执行公司审批；2017年5月，修订《中国水电十三局有限公司工程项目分包管理办法》，对分包合同变更权限进行调整，公司审批权限为工程量或单价调整引起合同额变化20%及以上；

2018年7月，印发《中国电建市政集团国内工程分包信息公开实施办法》；2019年1月，印发《中国电建市政集团工程分包管理考核办法》；2019年2月，印发《中国电建市政集团分包管理评优管理办法》；2019年9月，修订《中国电建市政集团工程项目分包管理办法》，重点对合同变更进行规范，设置比例和额度双控措施，规范分包合同变更管理。

2015年8月，印发《中国水电十三局有限公司分包商评审、评价、分类定级管理办法》，对分包商评审、评价和分类定级进行规范管理。2017年6月，印发《中国水电十三局有限公司分包商评价管理办法》，对分包入库、评审评价、分类定级进行规范管理。2019年1月，印发《中国电建市政集团分包商管理办法》。

2015年7月，印发《中国水电十三局有限公司工程招标采购管理办法》，公司分包招标活动进入制度化、规范化阶段；2017年6月，修订《中国水电十三局有限公司工程招标管理办法》，明确工程分包招标活动按重点项目和一般项目进行分类分级管理。2018年8月，印发《中国电建市政集团工程招标管理办法》；2019年11月，修订《中国电建市政集团工程招标管理办法》，对招标权限进行调整。

2016年6月，印发《PRP分包管理模块管理办法（试行）》，分包管理模块进入试运行阶段。

二、机构调整

2008年1月，印发《中国水利水电第十三工程局有限公司工程分包管理办法》，成立工程分包管理领导小组及其办公室，办公室设在工程技术部。

2011年7月，印发《中国水利水电第十三工程局有限公司工程分包管理办法》，对工程分包管理领导小组及其办公室进行调整，办公室设在工程管理部。

2015年1月，对工程项目分包管理领导小组进行调整，办公室由工程管理部调整为经济管理部。

2015年3月，成立公司工程招标采购委员会和工程招标采购中心，工程招标采购中心与经济管理部合署办公。

2017年2月，成立责任管理单位工程分包管控工作组，工作组办公室设在经济管理部。

2018年7月，根据公司集团化发展要求，成立"中国电建市政集团工程分包管理委员会"，工程分包管理委员会是公司常设机构，下设工程分包管控办公室和工程分包招标中心，两下设机构均设置在经济管理部。

2020年3月，调整工程分包管理委员会成员。

2021年3月，对工程分包管理委员会成员和分工进行调整。工程分包管理委员会全面负责公司工程分包管理工作，是公司常设机构，下设工程招标办公室和工程分包履约管控办公室。工程招标办公室设在经济管理部，负责工程分包招标和评价管理主控管理，监督工程分包招标和评价管理工作合规性运行；工程分包履约管控办公室设在项目管理部，负责工程分包履约管理主控管理，监督工程分包履约管理工作合规性运行。

三、工程分包管理

从建局初期至21世纪初，公司项目管理模式均采用自营形式，随着企业发展，项目逐渐增多，企业现有资源无法满足施工需求，须借助外来资源共同完成项目实施，为规范外协队伍管理，进一步加强对工程施工分包监督管理，规范工程施工分包活动，确保工程进度、质量和施工安全，维护工程局社会信誉，依法经营和依法维权，2008年1月，印发《中国水利水电第十三工程局有限公司工程分包管理办法》。文件规定工程局按照分级管理原则对工程分包实施管理，局工程分包管理领导小组是工程局分包管理工作的最高管理机构，各分局、厂、公司、国外项目经理部设置分包管理二级主管部门，负责其下辖项目分包管理工作，工程局工程分包管理领导小组办公室设在工程技术部，负责全局工程分包管理工作。

2013年1月1日起，对所承接项目实施总体拟分包工程分包策划，公司按照格式要求，对项目上报分包策划和分包指导价进行审核，项目分包管理进入总体策划阶段。

2015年3月，成立公司工程招标采购委员会和工程招标采购中心，工程招标采购委员会是工程招标采购管理工作的领导机构，办公室设在工程招标采购中心，采购中心是工程招标采购管理日常工作机构和公司级招标采购平台，公司所有工程项目分包均实行招标采购。同年，工程招标采购中心纳入经济管理部合署办公。

2016年9月，PRP项目管理系统分包管理模块和公司合格分包商资源库上线运行，实现分包管理和分包商管理全流程（招评标除外）线上审批，公司分包管理进入信息化管理时代。

2017年2月，成立公司责任管理单位（指公司所属各分、子公司，国外区域经理部，直属项目部）工程分包管控工作组，分管责任管理单位的公司领导担任组长，在公司工程分包管理领导小组领导下开展工作，责任管理单位投融资PPP项目、EPC项目、重大竞标项目分包策划、立项、招标、评审，须由工作组组长审签，上报公司完善审批程序，经公司总经理批准后方可实施。

2019年2月，随着公司分包评优管理办法的印发，公司分包管理实现了分包管理、招标管理、分包商管理、分包管理考核、分包评优全过程制度覆盖，公司分包管理制度化、规范化、标准化建设进入新阶段。

2020年4月，公司PRP分包指导价查询系统上线，系统内含分包合同价、分包指导价和分包最高限价等关键数据，数据可供各单位实时查询和参考使用。

2020年11月，驾驶舱分包管理模块和PRP分包履约可视化监控平台上线，实现公司分包管理关键数据PRP系统实时采集和管理监控数据可视化，公司分包管理进入信息化辅助监管阶段。

2021年底，公司合格分包商资源库在册合格分包商1762家，其中国内注册1637家，国外注册125家；专业分包商1194家，劳务分包商568家。分类定级评审评价在用分包商788家，专业分包商458家，其中A级39家，B级404家，C级15家，D级0家；劳务分包商330家，其中A级25家，B级292家，C级13家，D级0家。

第四节　成本管理

一、建章立制

2012年3月，印发《中国水电十三局有限公司成本管理工作考核办法（试行）》，考核内容包括组织机构和成本控制体系、人员配置、规章制度建设、规章制度执行、项目实施策划、项目成本预测和成本管理目标确定、施工方案优化审批、预测亏损和风险因素、减亏方案、风险控制措施、目标分解、项目生产要素管理、"三项招标"制度执行、收入和支出确权有效性、资金管理、成本控制、监督机制、过程监督、成本信息管理、成本核算、成本分析、期间成本考核、竣工项目考核、日常成本管理、监督检查等与成本管理相关的所有内容。

2012年12月，印发《中国水电十三局有限公司项目成本管理办法（试行）》，明确职责分工和工作流程，从项目成本预测、成本计划、成本控制、成本核算、成本分析、成本管理信息化、成本考核和编制成本报表与分析资料等方面进行项目成本管理。

2016年6月，印发《中国水电十三局有限公司PRP系统成本业务运行管理办法（试行）》，包括总目标成本，期间目标成本，实际成本，工程概预算，当前进度清单，成本归集，基础数据设置等。

2018年8月，印发《中国电建市政集团工程项目成本管理办法（试行）》，明确职责分工和工作流程，从项目目标成本预测、成本控制、成本核算、成本分析、"三本"对比、成本管理信息化、成本考核与评价等方面进行项目成本管理。

2020年7月，印发《成本、责任制和经济管理考核内容及评分标准》，考核内容包括制度体系建设、成本策划、成本测算、"三本"对比、成本核算、PRP系统成本模块、成本数据库、成本监督检查、管理与考核等。

2014年3月，印发《中国水电十三局有限公司经济活动分析工作实施办法》，明确职责分工和工作流程，从项目概况、本期主要经济指标完成情况、项目履约情况、成本分析、综合评价与分析等方面进行管控。

2019年7月，印发《中国水电十三局有限公司经济活动分析工作实施办法》，明确职责分工、工作流程、分析方法，从分析期的主要生产经营指标完成情况、财务资金管理、投资业务管理、重大经营活动事项、经营活动存在的困难和拟采取的措施、重点工作整改落实情况、市场环境评价、与各企业对标情况等方面进行管控。

二、成本管控

2016年建立PRP系统成本模块，系统反映各项目在其整个生命周期任意时点动态成本、实际发生成本构成状况，实现全项目动态成本管理、智能预警机制。公司各层级可以根据项目成本生成过程，实现项目成本检查、指导、监督和考核。

2018年聚焦重大项目，做好事前控制，事中监督，事后总结。通过前期成本策划、目标成本测算、工程量、材料、分包、机械、项目管理费、变更索赔、考核评价等关键环节控制、对比、分析，达到分级成本预控、潜亏预警、过程管控。

2019年印发《工程项目盈亏情况分析》，对公司PPP项目、EPC项目等重大项目成本进行重点管控，从合同变更、索赔、价差调整、资源调配及施工组织，财资税筹划及优化，进度控制，材料与分包单价控制，成本分析，竣工移交，存在问题等方面做好重大项目成本管控。

2020年修订《成本管理流程》，建立公司《十大风险项目或重点关注项目清单》，聚焦项目风险，从风险事项、风险类别、风险等级、应对措施等方面指导项目化解风险，并持续跟踪进展，降低乃至消除风险带来的影响。

自2021年始，每周定期召开重点项目成本专题会或经济管理相关专业会议，会议内容从项目成本测算情况、主要盈亏项分析、亏损原因分析、开源创效管理（二次经营）、节流降本管理等方面进行项目成本管控，形成《重点项目成本管控报告》，对项目进行潜亏预警，对成本、变更、审计、结算支付及风险进行梳理、分析，提出应对措施和建议，指导项目开源创效，积极推动合同变更索赔、节流降本工作。初步形成"三阶段、十八环节"项目全生命周期成本管控模式，即前期策划、过程管控、竣工收尾3个阶段，清单修编、设计及方案预控、目标成本、盈亏点分析、资源配置策划、二次经营策划、变更索赔控制、工程量控制、分包成本控制、材料成本控制、机械成本控制、项目管理费控制、支撑点综合分析、成本核算与分析、消缺控制、竣工结算、余款清收、责任期考评等18个成本控制关键环节。

三、成本数据库

2020年3月开始编制《材料市场价格信息》，每月在PRP系统成本模块上发布。2021年2月编制企业定额，推行工程工序清单，包括《市政工程工序清单》《城轨工程工序清单》《房建工程工序清单》《公路工程工序清单》《水利工程工序清单》。为项目目标成本测算、分包价格等提供数据支撑，提高公司成本管理精细化水平，通过精益管理，进一步提升项目创效能力。

四、经营活动分析

为全面掌握各单位经营状况，及时发现生产经营问题，不断提高项目创利增效水平，有效防范重大经营风险，持续提升公司经营效益，推动公司高质量发展，每年年中组织召开国内外主要生产经营单位经营活动分析专题会/重点项目经营管控会，旨在通过客观分析各单位经济运行情况、主要指标完成情况、重大经营事项与疫情影响、面临的内外部形势等，对标检视本单位发展成效与差距，提出生产经营工作主要措施建议，及时发现基础管理工作中存在的问题和不足，系统谋划，全面部署，积极开展项目策划、进度、质量、成本、合同、工程分包、设备物资、"两金"压降、尾工管理等重点领域管理提升工作，聚焦薄弱环节，夯实基础管理，强化过程管控，加强精细化管理，全面提升公司核心竞争力。

第五节 合同管理

2009年8月，印发《中国水电十三局有限公司工程施工合同管理办法》。这是公司首次制定施工合同管理办法，工程管理部为工程施工合同归口管理部门，相应职能部门为工程施工合同管理协管职能部门，负责各自业务范围内合同管理工作；办法要求各单位、项目部必须设置合同管理岗位，配备专职合同管理人员，明确要求合同管理人员必须具备较高专业素养，详细规定不同阶段合同管理及督察工作的内容和流程，为公司各层级合同管理工作提供制度指引。

公司合同类型日益增多，为促进公司合同管理制度化、规范化，2014年6月，印发《中国水电十三局有限公司合同管理办法》，合同管理内容包括合同谈判、起草、评审、批准、履约、变更与解除、纠纷处理、归档、评估、考核等全过程监督和管理；合同管理实行分类管理制度，经济管理部是合同管理牵头部门，各部门根据本单位合同管理业务职能自主管理本部门合同。

2007年以后，公司国际工程市场份额不断扩大，为规范国际工程合同管理，防范国际工程合同风险，2014年9月，印发《中国水电十三局有限公司国际工程合同管理办法》，国际公司合同管理部承载公司、国际公司的国际业务合同管控平台职能，是国际工程合同归口管理部门；办法首次提出标前合同风险评估体系建立的必要性，规定合同风险的分析与评估由国际公司负责，重点项目、新市场项目等应由经营部门、海外经理部、合同管理部、项目管理部等单独组织合同风险评估。

2016年6月，印发《PRP系统合同管理模块管理办法（试行）》，公司PRP系统合同管理模块正式上线，公司合同管理进入信息化管理阶段，合同管理模块主要包括工程量清单维护、总包合同台账、总包合同变更与索赔、合同计量与结算、合同履约查询等内容，合同管理模块考评结果列入年度管理评价考核，合同管理模块的上线规范了公司合同管理、提高合同管理工作效率、实现合同信息共享。

2018年，公司进入集团化发展阶段，重新修订《中国电建市政集团合同管理办法》，首次明确不同类型合同归口管理部门，经济管理部是合同管理牵头部门，总部各部门根据业务职能，归口管理业务范围内合同；公司授权单位或部门根据管理办法和归口管理部门专项管理制度履行合同方评估和选择程序；合同签订前，由合同评审主管部门负责牵头组织相关部门对合同条件进行评审，重点关注合同风险条款、结算支付条件、变更索赔程序等，合同在签署前应当经过系统评审和法律审核，对合同相对人的资格资质、履约能力、诚信状况等方面进行调查和分析，法律事务部门针对合同标的合法性和合同条款合法性、完整性、准确性以及合同存在的法律风险提出专业判断意见，明确合同内容及审批程序的合法合规性，合同未经法律审核，不准签署；合同结算与支付建立详细台账，对长期得不到支付的应收账款，建立应收账款长效管理机制，明确主体责任，通过采取积极协商清收、保证金保函置换、保理、债权债务转移、PPP项目内部协调等多种方式压降应收账款；建立合同重大事项报告制度，各单位就合同重大事项，及时书面上报公司；合同履行结束后，合同责任单位对合同履行情况进行后评价，合同归口管理部门对合同履行进行评议、考核，合同责任单位归集所有合同履行过程材料并分卷装订成册，按公司档案资料管理办法分类保管、归档，同时向业务归口管理部门报备。

2020年8月，公司经济管理部系统梳理国内项目成功索赔案例，装订成册为公司《国内项目变更索赔专题简报》。简报内容包括变更索赔定义、分类、依据、程序、注意事项、变更索赔成功案例客观事实描述、成功经验总结等，简报为公司国内项目变更索赔提供了理论依据和实战经验。

2020年12月，合同管理职责由经济管理部转至项目管理部。由于部门职责调整，2021年7月，重新修订《中国电建市政集团合同管理办法》，办法明确项目管理部是合同管理牵头部门，负责公司工程承包合同签订后计量、结算、变更、索赔、合同终止或解除、纠纷处理、完工移交等管理。新办法对项目部合同管理职责作了详细规定。

为适应竞争日益激烈的国际工程市场，满足合同风险管理工作精细化、专业化、标准化要求，明确国际工程合同风险管理各方面工作基本职责和工作流程，管控合同风险，从合同风险控制角度，结合合同管理实践，为合同管理人员提供合同风险管理原则性、一般性管理方法和程序，2021年8月，制定国际工程合同风险管控办法，办法对合同风险管理原则、各层级职责、不同阶段合同风险管控内容与流程、归档与后评价作了详细规定，办法提供了项目级合同管理组织架构建议图及海外项目商务合同管理人员专业能力对照表，为指导项目高质量开展合同管理工作提供有力支撑。

2021年3月，印发《国外工程项目投（议）标管理办法》，对国外工程项目跟踪、立项、编标、投标方案评审、合同评审、合同谈判、合同签订以及合同交底作了详细规定，国际公司为国外工程项目投（议）标业务归口管理部门，国际工程项目立项、投标组织、投标评审实行分类分级管理，投标方案评审采用公司级、二级单位级两级评审制度。公司级评审由公司项目管理部、国际公司按照项目类别分别组织；二级单位级评审由投标单位/部门自行组织。一类项目〔国外重大项目，估算合同额大于等于1亿美元的投（议）标项目〕，必须组织公司级评审，由公司项目管理部具体负责评审的组织工作；二类项目〔一类项目以外，估算合同金额小于1亿美元、大于等于3000万美元的投（议）标项目〕，原则上组织公司级评审，由国际公司业务部门具体负责评审组织工作。三类项目（一类项目以外，估算合同金额小于3000万美元的项目）原则上由海外分公司/区域经理部自行组织二级单位级投标评审。国际公司为签约前合同评审的组织和协调部门，合同评审范围涵盖所有以公司名义或代表电建集团平台公司对外签订的工程承包合同，包括合同执行阶段通过二次营销签订的补充协议，合同评审实行两级评审制度，中标拟签合同的一、二类项目由国际公司业务部门负责组织公司级合同评审；中标拟签合同的三类项目、合同执行阶段通过二次营销签订的补充协议由海外分公司/区域经理部负责组织二级单位级合同评审。

2021年8月，印发《公司工程项目变更与索赔管理办法》，办法规定项目变更索赔根据额度大小实行分级管理，项目管理部是工程变更与索赔管理牵头部门，为公司变更、索赔工作提供服务支持，办法明确各层级职责、变更索赔流程与要点，对规范公司变更索赔管理工作意义重大。

第四章 法制管理

第一节 组织机构

2008年8月13日，法律顾问处更名为法律事务部，有法律顾问6人。

2011年8月，公司法律顾问被国务院国有资产监督管理委员会评为中央企业法律事务先进工作者。

2012年1月，公司成立全面风险管理办公室，负责公司全面风险管理与内部控制工作推动及开展。

2012年3月28日，公司全面风险管理办公室职能及人员并入工程管理部，撤销公司全面风险管理办公室，同时成立中国水利水电第十三工程局有限公司全面风险管理委员会，办公室设在工程管理部。

2014年1月，公司全面风险管理与内部控制工作职能由工程管理部并入公司经济管理部，设置专职风险控制专员。

2020年4月30日，法律事务部更名为法律风险管理部，全面风险管理办公室并入法律风险管理部。

2020年5月20日，公司对法律风险管理部主要职责进行修订，增加合规管理、全面风险与内部控制管理职责。

第二节 建章立制

2012年11月，印发《全面风险管理与内部控制管理暂行办法》，包括总则、目标、原则与控制措施、机构及职责、建立与维护、工作流程、检查与考核评价、文化建设等八部分内容，加强公司全面风险管理与内部控制工作，提高企业经营管理水平与风险防范能力。

2012年11月，根据《企业内部控制基本规范》及《企业内部控制配套指引》，印发《内部控制评价管理办法》，全面推行内部控制年度评价制度，确保公司内控制度持续改进、完善，保障企业可持续发展。

2013年7月，公司编制《全面风险管理与内部控制手册》（简称《手册》），包括内部环境、风险评估、控制活动、信息与沟通、内部监督等六部分，通过编制《手册》，建立一套科学、系统的内部控制体系建设方法和规范，为公司内部控制体系建设、运行和维护提供指引。8月9日，印发《中国水电十三局有限公司加强经营行为法律审核工作的指导意见》，全面加强公司经营行为法律审核工作。8月27日，印发《中国水电十三局有限公司法律事务管理办法》，建立健全公司法律事务工作机构，配备专职企业法律顾问。8月29日，印发《中国水电十三局有限公司法律纠纷案件管理办法》和《中国水电十三局有限公司法制工作考核办法》。

2014年10月11日，印发《内部控制与全面风险管理工作考核办法》，对国内各子公司、直属单位风险内控相关工作管理状况和工作实效进行客观评价。

2015年9月，印发《风险评估工作管理办法》，包括总则、风险评估职责、风险初始信息收集、风险识别与风险分析、风险评价与风险应对等六部分内容，规范公司风险评估工作，促进全面风险管理工作有序开展。

2016年7月，印发《业务流程体系控制标准文件》（上、中、下三卷），包括15类业务流程控制管理标准，138项标准文件，每项标准以三级业务流程为单元，构成独立业务流程控制标准，其主要内容包括：业务流程图、流程描述、控制目标、流程风险点、控制措施等。业务流程标准文件是公司总部日常工作指南，也是全面风险管理与内部控制体系建设工作的主要依据。

2017年1月5日，印发《中国水电十三局有限公司全面推进法治十三局建设实施细则》，深入推进公司法治建设。

2018年7月2日，印发《中国电建市政集团业务流程体系管理办法》，强化公司业务流程体系建设和日常维护，规范内部控制工作。

2020年10月13日，印发《中国电建市政集团合规管理办法》，加强和规范公司合规管理，保障公司依法合规经营。

第三节　法律工作管理

2007—2021年，公司法律顾问共办理诉讼案件172件，涉案标的14.39亿元；处理非诉案件500余件，标的70余亿元。通过诉讼、律师函、催款函、法律顾问直接参与谈判等方式，为公司减少经济损失或实现债权达20余亿元。

2007年，法律顾问办理各类纠纷案件13件，涉案金额2200余万元，主要有孙某某伪造中国水利水电第十三工程局企业印章案，以私刻企业印章罪被判处有期徒刑两年半；法律顾问通过诉讼、公安报案、与工商局交涉、公告、声明等手段彻底打击"泰州工程分局""南京工程分局"假冒公司分支机构等犯罪行为。

2008年，法律顾问办理各类纠纷案件14件，涉案金额3000万余元。

2009年，法律顾问办理各类纠纷案件10件，涉案金额5000万余元。

2010年，法律顾问办理各类纠纷案件7件，涉案金额4382万余元。

2011年，法律顾问办理各类纠纷案件9件，涉案金额5343万余元。

2012年，法律顾问办理各类纠纷案件6件，涉案金额4840.58万元。

2013年，法律顾问办理各类纠纷案件8件，涉案金额2898万余元。法律事务部与财务部组成联合清欠小组对各二级单位应收账款进行梳理，共清理227笔账目，涉及应收账款总额55029.43万元。

2014年，法律顾问办理各类纠纷案件6件，涉案金额2793.3万元。

2015年，法律顾问办理各类纠纷案件10件，涉案金额2964.5万元。

2016年，法律顾问办理各类纠纷案件15件，涉案金额6002.9万元。

2017年，法律顾问办理各类纠纷案件10件，涉案金额3600万余元。

2018年，法律顾问办理各类纠纷案件10件，涉案金额6152.53万元。

2019年，法律顾问办理各类纠纷案件41件，涉案金额42770.77万元。

2020年，法律顾问办理各类纠纷案件38件，涉案金额63442.2万元。

2021年，法律顾问办理各类纠纷案件53件，涉案金额60591.58万元。法律风险管理部加强境外疫情防控期间法律合规风险防控工作，动态掌握项目所在国防控政策变化情况，积极应对由此导致的工程停工、劳务人员不足、设备物资短缺、费用支出增加等风险，做好停工后证据资料收集和维护权益相关工作。

第四节　法治宣传教育工作

2007年，法律顾问处协助集团公司主编"五五"普法系列材料中《法律事务文件汇编》和《法律纠纷案例选编》；法律顾问处组织开展《劳动合同法》培训工作。

2008年，法律事务部多次组织法律讲座和普法知识竞赛，主要有为迎接奥运、做好社会和企业稳定工作，对《劳动合同法》《集会游行示威法》《治安管理处罚法》等法律进行宣传教育。

2009年，法律事务部采取多种方式进行法律宣传，主要有组织学习安哥拉、坦桑尼亚等国的劳工法和环保法。公司在德州市组织"五五"普法中期工作评比中，荣获德州市"五五"普法依法治理中期先进单位称号。

2010年，法律事务部开展法律知识考试，对"五五"普法成效进行检验；在公司《开拓者》报上，大篇幅刊登"12·4"专题活动——"让我们帮您解决身边的法律问题"，让职工正确认识和掌握法律赋予的合法权益。

2011年，法律事务部开展"五五"普法总结验收工作，对公司依法治理成效进行总结验收；2011年4月18日，公司成立"六五"普法工作领导小组，办公室设在法律事务部。

2012年，法律事务部按照股份公司要求，结合"十二五"时期公司发展战略，制定"六五"普法规划和实施方案，充分利用普法平台与法律专业培训相结合，推进法制宣传教育培训活动全面开展。

2013年，进入"六五"普法中期，法律事务部组织公司副处级以上领导干部进行学法用法考核；开展以"大力弘扬法治精神，共筑伟大中国梦"为主题普法宣传教育，举办普法知识竞赛活动。

2014年，法律事务部组织领导干部学法用法考核活动；利用网站普法专栏，开展法治学习宣传专版，增强宣传效果；组织员工开展"六五"普法知识竞赛。

2015年，公司举办集团法律与风险内控工作第二协作组交流会，来自该片区14家单位的法律与风险内控工作分管领导、企业总法律顾问及业务主管等40余人参加本次会议；由公司法律事务部联合党委工作部、纪委监察部、工会共同举办"国家宪法日暨2015年法制宣传日普法宣传教育活动"，公司总部相关部门负责人、驻德单位科级以上人员及相关法律工作人员160余人参加。

2016年，法律事务部开展"全民国家安全教育日"知识竞赛，教育引导广大员工普及提升全民国家安全意识；由法律事务部联合党委工作部、工会、团委共同举办"国家宪法日暨2016年法制宣传日知识竞赛活动"。

2017年1月24日，公司成立"七五"普法工作领导小组，办公室设在法律事务部。法律事务部召开合同风险处置法律知识交流培训会，总部各部门和二级单位代表共70余人参加。

2018年7月16日，公司成立法治建设领导小组，办公室设在法律事务部，结合企业工作实际，普及宪法知识，弘扬宪法精神，同时以宪法为根本准则，落实"法治电建"建设具体要求，不断提高法治工作水平。

2019年，法律事务部多次组织公司领导、机关各部门负责人、驻津单位负责人参加国资委法治讲堂，促进企业依法合规经营。

2016—2021年，组织公司副处级及以上领导干部参加天津市年度领导干部网上学法用法考试。

2020—2021年，法律风险管理部配合党委工作部落实中心组集体学法制度，提高领导干部法治理念和法治素养，推动领导干部学法常态化、制度化、规范化。

第五节 风险内控工作管理

自2011年开始，公司建立风险评估常态化工作机制，加强风险信息收集，面对国内外政治经济环境，提升重点业务、重要领域、关键环节不确定因素的研判能力，每年做好风险识别、评估工作；针对重大风险影响因素，科学制定风险管理策略，拟定风险管理解决方案；明确责任部门和责任岗位，强化风险管理监督与改进。

自2012年起，公司每年组织开展内部控制评价工作，坚持问题导向，突出管理重点，针对评价发现的内控缺陷，印发《关于整改年度内部控制评价缺陷的通知》，不断创新内部控制评价工作方法，对每个单位点对点提出意见与建议，强化缺陷整改落实工作。

自2015年以来，针对两金风险、分包管控风险、合同管理风险等，各成员企业及总部部门充分发挥风险防范第一道防线作用，制订管控措施，推进提质增效；运用信息化手段，助推项目全生命周期过程风险控制，积极推进PRP系统平台建设，充分发挥实时预警、智能提示、可视化综合展示等功能，实现远程监控，提升现场管控水平。

自2017年起，根据股份公司管控要求，开展、落实重大经营风险项目管控处置工作。以重大风险、专项风险为重点，突出重大经营项目实施前的风险评估，做到风险管控前移，防范重大风险事件发生。并着力做好重大风险的跟踪、监测，常态化开展风险隐患排查处置工作，及时预警。建立相对固定、常态化项目检查机制，通过项目履约工作专题视频会及对重点项目进行定期或不定期巡查，掌握各重点项目经营情况，未雨绸缪化解重大风险；重点强化国际业务风险防范，不断加强境外业务风险排查，密切关注涉美风险和境外合规风险最新变化，强化风险应急处置。进一步完善海外项目履约管理工作机制，强化合同风险预警机制，做好合同变更、索赔工作。

第六节 合规管理

2018年4月8日，公司成立合规建设委员会，办公室设在国际公司合同风险部，形成合规工作体系。

2020年10月13日，因管理职能变动，公司对合规管理委员会及其办公室人员进行调整，办公室设在法律风险管理部。公司印发《中国电建市政集团合规管理办法》，明确合规管理机制、工作目标、任务与措施，全面构建"大合规"管理体系，形成分工协调、各司其职、紧密衔接的合规治理架构。公司严格落实"三个不准"制度，即"规章制度未经法律审核不准发布，经济合同未经法律审核不准签署，重要决策未经法律审核不得上会"。公司严格落实重大决策事项法律尽职调查、合法性审查、集体决策工作等要求，把依法合规作为提交各类决策会议讨论的前提，法律顾问不断提升合规审查能力和水平，及时应对处置合规风险事项，全面参与国际业务保函、授权委托书等法律文件审核把关，有效防范合规风险。

2020年10月，印发《关于进一步加强合规经营的公告》和《关于设立合规监督热线和邮箱的公告》，由董事长签发，公司承诺在各项业务活动和经营管理过程中遵循所有相关法律法规、外部监管要求、企业内部规章制度和道德规范，在公司网站公告栏内进行发布，加强公司合规管理水平和风险防范能力，预防和减少违法违规行为发生。

2020—2021年，法律风险管理部每年组织开展境外依法合规经营风险和违法违规问题专项排查工作，对公司境外法律合规风险工作进行系统梳理，从海外制裁、刑事、行政调查或处罚、境外重大民事、仲裁案件、投资贸易、合同履约、合规管理、出口管制等方面面临风险进行排查，进一步完善境外合规管理体制机制，严格管控境外授权、境外担保等高风险事项，努力做到公司海外业务制度合规、行为合规、结果合规。

第五章 工程项目管理

第一节 组织机构

2008年1月24日，工程局工程科技部和质量管理部合并成立工程管理部，对全局工程技术、履约、质量、科技等方面统一管理。

2008年2月27日，成立中国水电十三局基础设施事业部，将工程局承接的管理型项目划归基础设施事业部管理。

2013年6月3日，随着工程局公司制改建、总部迁至天津后业务迅猛发展，公司成立专家办公室，作为总部技术、管理专家支持平台，对国内外重点工程投标评审、前期策划、解决重点技术难题和履约风险并对索赔重大谈判等提供专家支持。

2013年9月17日，公司总部技术中心与工程管理部进行整合，更名为工程科技部，保留"技术中心"称谓。

2016年10月11日，撤销专家办公室，成立重大项目管理办公室。

2020年4月30日，公司调整总部机构设置，将重大项目管理办公室、海外项目管理部、国际公司合同风险部以及工程科技部的工程管理部分整合成立项目管理部，主要负责一类工程项目投标评审、项目前期策划、项目履约及进度计划管理、合同（含计量、变更索赔、竣工结算）及合同风险管理、分包履约管理、统计管理、工程保险、专家管理等。

2021年6月9日，公司成立财务资金部，将工程保险业务由项目管理部划归财务资金部。

2020年12月31日，公司再次成立专家办公室，设在项目管理部。

第二节 建章立制

2015年，印发《中国水电十三局有限公司工程项目前期策划管理办法（试行）》；2020年11月，印发《中国电建市政集团工程项目前期策划管理办法》，原《中国水电十三局有限公司工程项目前期策划管理办法（试行）》废止。2016年10月，公司印发《中国水电十三局有限公司重大项目管理办法》《中国电建市政集团重大项目管理办法》，建立公司对重大项目监控机制，实行动态管理。重大项目主要管理内容包括：前期策划、工程设计管理、施工组织设计及各危大工程专项施工方案、合同变更与索赔等。

2017年4月，印发《中国水电十三局有限公司重大项目管理办法》《中国水电十三局有限公司重大项目变更索赔管理办法》。

2021年，印发《中国电建市政集团工程项目履约管理办法（试行）》。根据工程项目建设周期，即前期准备阶段、过程实施阶段、完工验收阶段（收尾阶段）、缺陷责任期阶段（工程保修阶段）、运维阶段等进行分阶段管理。建立覆盖工程项目全过程的动态管理体系。

第三节 策划管理

项目前期策划应包括编制依据、项目概况、项目组织策划、合同管理策划、设计管理策划、施工策划、接口管理策划、分包管理策划、质量管理策划、HSE管理策划、成本策划、财务及税务策划、资金策划、设备物资管理策划、保险策划、法律风险防范策划等。

重大项目办成立后，特别重大的项目由公司管理首席专家带领公司职能部门相关人员深入现场，和项目部人员共同编制项目前期策划。公司总部职能调整后，项目前期策划编制工作由二级单位实施，项目管理部专家办公室负责牵头组织重大项目和重点关注项目前期策划评审工作。

第四节　履约管理及重大项目管理

2007—2021年，公司工程项目管理延续采用三级管控体系，由公司—成员企业（含子分公司、控股公司、区域经理部等）—项目部组成，公司层面组织机构由公司领导层及各职能部门组成，成员企业和项目部参照设置，各级单位职能分工明确，职责清晰。

公司专家办负责组织专家参与公司国内外在建项目重大技术方案、重要商务难题、履约管理难点等评审，为国内外项目重大技术与管理问题提供专家意见建议。同时，根据重点监控项目履约状况，每两月编制《重大风险项目、重点关注项目履约监控简报》。

第六章　工程监理、勘探

第一节　工程监理

中国水电十三局监理中心2007年5月合并到中国水利水电第十三工程局勘测设计研究院，对外是两个法人单位，对内由设计院统一管理。

2008年，公司制改建时注册资本为24.16万元，为市政集团全资子公司，经营范围为水利水电工程监理、房屋建筑工程监理。2008年4月，监理中心房屋建筑工程监理资质升级为乙级，水利水电工程监理仍为丙级。2009年8月，公司对监理中心追加注资83.84万元，注册资本增加至108万元。2012年，监理中心有职工10人，其中具有高级职称专业人员2人，中级职称4人。

监理中心自成立以来，其经营业务主要依赖于公司内部监理项目，随着市场规范化运行，公司内部监理项目严重萎缩，受资质、市场开拓能力限制，监理中心对外承揽项目很少，监理相关业务一直处于不饱满状态，连年亏损，2010年亏损额39.32万元。

2012年3月27日，中国水利水电建设股份有限公司批复同意公司撤并中国水电十三局德州监理中心有限公司，注销其法人资格。监理中心经公司及上级主管部门批准注销。

2012年4月19日，成立清算组对监理中心进行清算，办理撤销事项有关手续，将2012年7月3日作为清算开始日对该中心资产进行核定，该中心已注销营业执照和税务登记证，并办理国有资产产权变动手续。清算组10月26日清算结束并出具清算报告。监理中心职工9名转入设计院工作。12月，审计组对公司监理中心人员安排、资产负债清算过程和结果进行监督和审核。

主要监理工程：十三局工业园3期工程，十三局东区、南区住宅楼采暖改造工程A标段，十三局东区ABC标段室内外二次供热改造工程，十三局东区、南区DE标段供热二期改造工程，十三局东区、南区、北区安放监控系统采购及安装工程。

第二节　勘探

设计院自1993年7月至2014年拥有工程勘察乙级资质。

至2014年，勘探队先后完成安哥拉万博理工学院项目勘探、坦桑尼亚玛斯吉瑞水电站项目勘探、卡西图供水勘探等国外项目；积极承揽国内勘察业务，先后完成德州移动公司2008年地质勘察工程、锦华二期工程、威翔不锈钢复合板厂房工程、2008年交通干线基站地质勘察工程、2009年GSM（网络覆盖）扩容工程基础地质勘察、南水北调大屯水库2标段地质勘察、95920部队油库勘察工程等业务。

2018年，东非区域探索卢旺达勘探业务，先后承接卢旺达胡也公路、卢旺达那巴龙格二号水电站项目工程勘察、马萨卡堤防勘察、恩勾马石料场地质钻探、拉米若石料场地质勘探、穆航噶—恩勾柔蕊柔—幕卡密阿道路吉萨滑坡区域地质勘察等业务。

设计院东非区域项目以当地市场价格参与卢旺达勘探市场竞争，与当地多家设计咨询公司和工程公司取得合作，获得当地公司认可和赞扬，产生良好社会和经济效益。

2019年3月11日，撤销勘探队。

第七章　设计

第一节　组织机构

2013年7月，设计院将设计室分为设计一室、设计二室，新增设计管理部，负责工民建外其他设计任务管理，加强对国内外市场设计工作跟踪。2014年，优化重组设计室。

2015年11月，取得天津市建筑行业（建筑工程）设计乙级资质。2019年3月，设计室更名为设计中心，增设水环境设计事业部，重点打造设计院新增优势业务。

2020年3月，原设计中心与水环境设计事业部调整为房建设计中心、市政与公路设计中心、水环境设计中心、设计管理与造价中心四个部门。

2021年7月，分离出BIM业务及人员，单独成立BIM技术应用中心。

2021年10月，房建设计中心、市政与公路设计中心、水环境设计中心、设计管理与造价中心合并为设计中心。

第二节　业务

2007—2021年，设计院拥有建筑行业（建筑工程）设计乙级资质，设计业务以工业与民用建筑项目设计为主。

代表性国内设计项目：辽西北供水工程五标管厂项目、安徽省淮北市临涣工业园企业孵化器建设项目、天津临港九年义务学校装修项目、天津雪莲路仓库及附属用房整修项目等。德州市公安局交警支队第二大队综合办公楼设计获得德州市优秀工程设计二等奖。

代表性海外设计项目：安哥拉农学院项目、利比亚瓦迪·海亚梯房建项目、阿尔及利亚苏克哈斯省公租房项目、中西非布拉柴管理部综合楼、刚果（布）布拉柴维尔Mpila地区房建项目48套别墅项目、卢旺达经理部驻地项目、卢旺达机库项目、卢旺达那巴龙格水电站营地项目等。

开展公路、水环境治理、市政等项目设计管理工作。代表项目：坦桑尼亚基邦多公路设计优化项目、晋中市龙城大街区域水系综合治理项目设计管理技术服务、深圳龙岗区水质提升及污水处理提质增效工程设计咨询、阿鲁沙新供水系统项目建筑与结构深化设计、安哥拉罗安达第四配水系统（B系统）辐射区域管网和入户连接项目设计优化等。

第八章　测绘

2012年4月28日，天津市测管处通过水电十三局天津勘测设计研究院有限公司测绘资质（乙级）申请，作业范围：工程测量（控制测量、地形测量、水利工程测量、建筑工程测量、线路工程测量、隧道测量、桥梁测量）。

2021年11月19日，天津市规划资源局通过水电十三局天津勘测设计研究院有限公司测绘资质（甲级）申请，是实施测绘资质新政策后，天津首家获批并公示升甲（工程测量资质由乙级升级为甲级）单位。

设备引进除日常测量所用GNSS设备、电子水准仪、全站仪等设备，2007—2021年，分别引进中海达单波束测深仪HD370、精密测量机器人莱卡TM50（05″）和TS60（0.5″）、大疆精灵Phantom4pro+无人机、中海达航测无人机IFLY-U3、三维激光扫描仪TrimbleSX10、地下管线探测仪雷迪RD8100PXL、中海达华微3号无人测量船等测绘行业高端前沿设备，满足江河湖海、隧道、高铁、地铁等行业高精度、大范围、小成本作业要求。

2019年3月，测量队更名为测绘中心。业务板块包含国内区域、安哥拉区域、中东区域、南亚区域、东非区域、中西非区域、中亚区域等七大区域。

第一节　国内测绘业务

随着公司业务发展壮大，测绘业务涵盖水利与水环境治理、公路与市政、地铁工程测量、施工监测等。2014—2020年，先后拓展安全监测、地铁施工测量、变形监测、高铁施工测量、自动化监测业务。

一、水利与水环境治理工程测绘

（一）青弋江分洪道工程测绘

2012年5月11日，安徽省青弋江分洪道工程开工，为中华人民共和国成立以来安徽省单体项目投资规模最大重点水利工程，概算投资28.3亿元。青弋江分洪道工程位于安徽省芜湖市，涉及芜湖县、南陵县和弋江、三山、镜湖三区，跨度区域非常大。施工恰逢梅雨季节，历时两个月，测量队按期完成47.28千米带状地形图测量任务。

探索应用先进无人机航拍技术，结合线性工程特点，摸索出一套更为科学的航拍教程，2014年12月10日首次使用小型无人机对青弋江分洪道全线进行航拍，实现全覆盖视频监控，将传统书面材料转变为立体影像资料，为项目全方位掌控工程进展、确保工程推进创造条件。

（二）其他代表性工程

2016—2021年，相继完成或参与扬州市611省道邗江段工程项目、茅洲河流域（宝安片区）正本清源工程EPC总承包部四工区项目、宝安区2019年全面消除黑臭水体工程（茅洲河片区）（设计采购施工项目总承包）、2020年龙岗区龙岗河流域河流水质提升及污水处理提质增效工程坪地一工区等项目测量。

二、公路与市政工程测绘

2017—2021年，参与安徽S238怀宁段公路改建工程一期高河至黄墩段（PPP）项目，G345凤阳段一级公路改建工程PPP项目，朔州经济开发区起步区及外部连接道路PPP项目，雄安新区启动区EA1、EA2、NA10二期工程项目前期测量和施工测量。

三、地铁（高铁）工程测量

武汉地铁11号线东段轨道工程测量、哈尔滨市轨道交通2号线一期工程土建施工六标、成都轨道交通18号线轨道工程1标项目、深圳市城市轨道交通12号线工程施工总承包土建七工区项目、潍坊至烟台铁路站前工程WYTLSG-2标段五分部测量等测绘项目。

四、施工监测

完成十三局西区棚户区住宅改造工程3#和4#住宅楼基坑、主体沉降观测，津石高速公路千里堤特大桥钢箱梁桥、于村互通大桥钢箱梁桥、赵各庄互通匝道钢箱梁桥施工监控测量，晋中市综合通道潇河大桥钢箱梁桥施工监控项目。

第二节 安哥拉区域

2005年，设计院在安哥拉设立项目管理部。主要涉及设计、测量、试验和勘探四类业务。2018年，安哥拉项目管理部重新修复扩建中心试验室。

2014年，设计院承接在安哥拉参与范围最大的前期测量项目——罗安达Q3Q4Q5Q8Q9配水中心项目前期测量，其规模几乎覆盖安哥拉半个首都。

2016年6月，承接万博省供水二期项目工程测量，是在安哥拉参与的首个输水管线工程测量。线路需经过城市，涉及多条输水管线合并，难度较大。测绘中心进行多条线路测量对比，以便设计优化，不仅满足正常供水需求，也为项目节省成本。

2017年8月，承接吉隆戈配水中心工程过程测量和试验技术服务，是设计院首次在安哥拉承接施工过程测量和试验技术服务工作项目。

2019年11月，承接库内内省抗旱项目前期测量是设计院在安哥拉实施的首个长距离测量项目，由10千米管线和160千米水渠组成。经过为期3个月精密二等水准前期测量，使仅有40米落差的水渠项目实现由高到低自流。

2021年8月，承接罗安达B11、B12供水入户前期测量，首次将无人机航测引进安哥拉，并完成无人机摄影测量任务。是中资企业首次在安哥拉进行无人机高空测量。

第三节 中东区域

设计院测绘业务于2006年3月首次进入中东卡塔尔市场，标志设计院测绘业务进入首个高端市场，工程质量标准高、验收程序复杂、环保要求严格。首个项目为路赛场地平整项目测量，由于项目实施良好、得到联营体、监理和业主广泛好评，设计院在卡塔尔先后承接四个勘测项目，合同额共计人民币4430万元。

2008年4月，中东区域采购当时技术先进的新型多波束测深仪ODOMES3，极大地提高了测量效率和数据质量。

同年12月，承担卡塔尔西湾地区、伍姆斯

拉和阿尔高三地供水工程（GCT182）施工测量，GTC182项目是测量队在卡塔尔进入的市政基础测量新领域。

相继承接沙特延布场地发展项目、卡塔尔多哈高速公路第六标段［Doha Expressway（Package 6）］、卡塔尔经济区海水淡化厂管线工程（GTC606）、沙特阿美石油公司达曼学校建设项目、沙特吉达国民卫队住宅配套项目等测量任务。

第四节　东非区域

2010年11月，设计院承接坦桑尼亚马尼奥尼公路测量项目，是进入东非区域首个项目。

2010年12月，设计院进入东非区域，累计签订合同额约1.5亿元。在做好该区域公司内部项目测量、试验专业技术服务的基础上，参与道路、供水项目设计工作，拓展卢旺达勘探打井市场。

2013年5月，设计院承接中水海投坦桑尼亚玛斯吉瑞水电站项目前期测量、勘探、试验、地质、水文调查、可研及其他临建等工作，是设计院在国外承接的首个可研阶段集测量、地质勘察、试验及水文专业综合性承包于一体的水电站项目。

2014年，设计院测量、试验等专业技术服务成功进入肯尼亚、布隆迪、卢旺达市场，并参与投融资项目前期考察、测量等工作。

2017年3月，在坦桑尼亚市场承接首个电建集团外部项目——鲁斯图—玛文基公路测量项目。

2017年，设计院东非区域项目管理部为卢旺达那巴龙格二号水电站项目投融资谈判提供数据支持。2018年12月，设计院东非区域项目管理部负责该项目可研和详勘阶段现场工作，引进钻机和当地试验室缺少的静力触探仪、十字板剪切仪、孔内录像仪等试验仪器。

2020年，设计院进入马拉维市场，承接利隆圭供水管线项目测量，年内，东非区域项目管理部完成产值总额约203万美元。2021年，完成合同总额约307万美元。

勘探方面，凭借STECOL肯尼亚勘察资质，先后从事打井、地质勘察等6个项目，进行勘察取样、试验和地质分析，形成符合当地规范的英文地质调查报告，并对项目地质治理提出建议及方案。

第五节　南亚区域

自2011年8月20日进入南亚区域以来，设计院先后承接7个测量项目，其中3个提供试验服务。

2011年8月，设计院承接巴基斯坦纳拉渠修复工程和开普洛渠修复工程测量项目，是进入南亚区域巴基斯坦首个项目，共投入2套GPS、4台全站仪，1套中海达测深仪。

2015年9月，设计院承接巴基斯坦卡西姆港燃煤电站测量、试验项目，是"一带一路"节目组在卡西姆港燃煤电站项目全部拍摄模块中唯一参与拍摄测绘场景单位。

2016年8月，设计院承接巴基斯坦PKM高速公路测量项目，积极推广使用无人机航拍技术，将平面抽象图纸转变为形象立体影像资料。

2019年10月，设计院承接孟加拉国巴瑞萨燃煤电站项目测量、试验业务。

第六节　中西非区域

设计院自2017年进入中西非区域市场，先后参建7个项目。

刚果（布）凯塔公路二期测量项目是设计院在中西非市场首个项目。项目位于热带雨林区域，生活中需要克服蚊虫和疟疾，工作中需要考虑森林对全站仪通视影响。原始森林里草和灌木绞结在一起，很难清理，测量工作最多每天只能推进1千米。为快速推进测量日工作进度，项目以工区全线中段为界，两个测量施测小组交叉进行平面控制测量和高程控制测量作业。仅用30天时间，完成70

千米控制点测设，5千米地形测量，往返90千米丘陵地区水准测量，90千米水准测量闭合差10.7毫米，远小于三等水准测量规范要求113.8毫米。

2018年2月7日，设计院承接中西非分公司喀麦隆乌杜拉公路项目整体测量及道路设计，是设计院在中西非区域喀麦隆首个项目。引进4套中海达新型GNSS接收机、1套日产尼康全站仪、1台进口天宝电子水准仪。利用纬地道路设计软件完成全线道路设计、箱涵设计、转盘设计，图纸均获得批复。

2018年12月，设计院进入尼日利亚市场，签订尼日利亚卡诺灌溉项目测量服务协议。测量人员结合现场实际情况利用奥维地图等测绘软件制作高清卫星电子地图，现场工人可清晰查询地形特征，也可进行实地拍照储存、测量、计量等，对施工区域范围大、战线长的工程有引导作用。

第七节　中亚区域

2018年1月5日，设计院承接乌兹别克斯坦三个水电站修复项目测量工作，进入中亚区域市场。

2018年9月和2019年6月，设计院分别承接乌兹别克斯坦境内卡尔西州和纳曼干州利泰纺织厂二期项目和费尔干纳水资源二期项目测量工作。

第九章　试验检测

第一节　组织机构

检测中心设有土工室、力学室、沥青室，砂石室、混凝土搅拌室、沥青搅拌室、水泥室、化学室、天平室、标养室等16个检测室。根据业务需要，在全国范围内设立工地试验室。同时下设综合办公室，负责编制体系文件等事宜。

第二节　检测中心资质

2007年，工程局已经持有公路工程综合乙级资质证书，在2012年、2014年、2019年完成复评审换证；2009年根据政策要求，中心试验室申请国家计量认证资质证书，在2012年、2015年、2021年完成复评审换证；2011年申请水利混凝土、岩土双甲级资质证书；2014年、2017年、2021年完成资质延续；2020年申请水利测量乙级资质证书。

2012年计量认证完成增项170余项，2019年完成止水带、泡沫板等95项参数增项。

第三节　检测中心更名及迁址

2010年，中国水电十三局有限公司中心试验室更名为中国水利水电第十三工程局有限公司中心试验室；2018年，更名为中国电建市政建设集团有限公司检测中心。

2008年中心试验室由山东省德州市德城区东地中大街696号迁至山东省德州市堤岭路540号；2014年中心试验室由德州迁至天津市西青区海泰发展二道3号。

第四节　检测中心业务

2007年以来，检测中心主要配合完成公司内部项目质量检测工作，2008年开始在德州周边开拓检测业务，为陵县等周边城区完成部分公路验收工作，完成部分小型水利工程质检工作，主要为小型水闸等。2010—2011年，添置检测设备，充实专业检测人员，检测队伍初具规模，形成自检、授权管理双管齐下局面。2014年迁至天津后，公司内部市场逐渐扩大，检测人员逐渐增多，天津市及周边检测业务逐渐增多。公司内部项目主要配合完成大屯水库、西黑山工程项目、烟台金山湾项目、扬州611公路项目、津石高速项目、引江济淮项目、济南先行区项目、潍烟高铁项目等大型铁路、高速公路、水利工程等多个项目检测。天津及周边业务主要为天津振津（2020年更名为中建六局分公司）、华北水利水电有限公司、天津水利公司、天津市金帆监理、泽禹监理、润泰监理、天津市各区县建设管理中心等单位提供自检、抽检、飞检等检测服务。

第十章　国际工程管理

第一节　建章立制

2008年6月，印发《中国水电十三局国外联营体项目实施管理规定》，规定项目实施模式，机构与职责，局控股项目管理规定，非局控股项目管理规定。

2014年9月，印发《中国水电十三局有限公司国际工程合同管理办法》，规定国际工程合同管理总则、合同管理职责、合同管理程序、合同风险早期预警、合同履行、合同管理检查与考核。

2014年11月，印发《中国水电十三局有限公司国外联营体项目实施管理规定》，该规定重新修订《中国水电十三局国外联营体项目实施管理规定》，规定联营体项目实施模式，联营体组织机构及职能，施工生产要素配置，工程分包与物资设备采购行为准则，财务管理及资金管理，联合审计，文件流转及存档相关规定。

2016年7月，印发《国外项目年度考核管理评价考核办法》，规定国际工程分包管理及考核办法，国外工程设备物资采购管理考核办法，国外项目合同工作考核评分表及评分标准，关于海外资金管理考核意见，国际公司对国外项目资金报表考核评分表。

2017年1月，印发《中国水电十三局有限公司国外区域经理部项目保修移交管理部工作职责设置指导意见》，规定项目保修移交管理部工作职责设置总则，工作职责范围。

2017年7月，印发《中国水电十三局有限公司国际工程合同风险管控办法》，规定合同风险管控总则、合同风险管理原则、合同风险管理职责、国际工程合同风险管控（分阶段）、合同评审、合同文档管理、合同后评价、项目级合同管理组织架构。

2020年9月，印发《2020年度国外项目年度考核指标和管理评价考核办法》，规定考核指标、考核内容和权重。

2021年8月10日，公司重新修订《中国电建市政集团国际工程合同风险管控办法》，根据当前国际工程合同风险管控业务特点和要求，在公司管理框架内，明确国际工程合同风险管理各方面工作基本职责和工作流程，为合同管理人员提供合同风险管理原则性、一般性管理方法和程序。

2021年8月11日，公司重新修订《中国电建市政集团国外联营体项目实施管理规定》，加强公司国外联营体项目管理，提升联营体项目管理水平，促进联营体项目管理科学、规范、有序和受控。从项目实施模式、组织机构及职能、施工生产要素配置、工程分包与物资设备采购行为准则、财务管理及资金管理、联合审计等方面作出详细规定，以实现联营体项目经营效益最大化目标。

第二节 项目管理

2006年至2017年8月，公司海外各区域相继成立区域经理部，加强公司对相应区域市场开拓、管控力度及施工生产管理工作。

根据公司国际市场属地化经营和海外区域发展战略部署，结合海外市场生产经营、市场开发和在建项目履约情况，2015年11月—2019年4月，公司相继成立六家海外分公司及一个经理部，主要负责相关国别市场经营、开发和在建项目履约管理，推进公司海外市场发展制度化、规范化、严格管控在建项目履约风险，确保公司在海外市场持续、稳定发展。

2016年10月，成立重大项目管理办公室，负责公司重大项目在工程设计规划/管理、施工技术研究、前期策划编制、施组评审、重大履约风险管控、合同变更与索赔等方面的管理，各二级单位明确与公司重大项目管理办公室进行工作对接的职能部门。公司对工程项目实行重大工程事项报告制度。凡属在工程施工过程中对公司声誉有重大影响、给企业造成重大损失、引起社会特别关注的事项，均需及时报告。重大工程事项发生单位必须在事情发生12小时内报告公司重大项目管理办公室及主管部门。

2019年7月，成立海外项目管理部，主要职责为：代表公司检视海外在建项目履约动态情况，发现问题及时预警，提升公司对海外在建项目履约监管能力；代表海外在建项目加快推动公司内部资源配置及时到位。

2021年，由项目管理部牵头，组织公司各职能部门编制《中国电建市政集团工程项目履约管理办法（试行）》。根据工程项目建设周期，即前期准备阶段、过程实施阶段、完工验收阶段（收尾阶段）、缺陷责任期阶段（工程保修阶段）、运维阶段等进行分阶段管理。建立覆盖工程项目全过程的动态管理体系。

公司对属于风险国别市场、需要垫资、新进国别市场、新专业类别或者通过评估存在其他重大风险的项目，从投标立项阶段开始加以严格把控，对项目进行主要风险评估，给出拟采取的投标策略，将重大风险预警提前至立项阶段。同时，将国外项目前期风险控制、中期履约监督、全期索赔以及保函回收与资金监管等工作一体化，从项目全局把握各项时机，形成宏观合同风险管理理念。

第十一章 技术管理

第一节 组织机构

2009年9月16日，公司成立技术中心。

2010年6月21日，技术中心被认定为天津市市级企业技术中心；10月12日，公司召开科技管理工作移交事宜工作会，会上将公司技术、科技工作由公司工程管理部移交技术中心。

2013年9月17日，技术中心与工程管理部合并，更名为工程科技部。

2020年4月30日，原工程科技部调整，组建科技部（技术中心），工作职能为科技研发、技术管理、高新技术企业管理、设计管理、质量管理、基建管理、行业协会管理、施组与专项施工技术方案审核、工程技术规范与标准管理。

2020年10月，基建管理业务移交公司集团办公室。

第二节 管理制度

2008年7月24日，公司修订《技术管理办法》，根据国家法律、法规相关规定和公司业务范围调整，每年修订管理办法，目前公司技术管理实行总工程师负责制，公司副总工程师、专业技术专家委员、专业总工程师构成以总工程师为首的技术管理组织核心。

公司技术工作分三级管理，分别是公司科技部（主管部门）→二级单位技术管理部门（分管部门）→项目部技术管理部门（执行部门）。

公司技术工作由科技部负责实施性施工组织设计、专项施工方案审核，协助项目部解决技术难题，组织公司重大技术会议，召开公司技术工作年会、施工技术交流会等活动。

二级单位总工程师和技术管理部门负责本单位所属项目技术方案审核、优化，负责解决本单位施工项目重要技术问题，向公司报告执行情况。

项目部总工程师和技术管理部门负责组织项目技术人员熟悉、审查图纸，编制实施性施工组织设计、专项施工方案、安全技术措施、作业指导书等施工技术文件，组织技术交底、安全技术交底，组织各项技术资料收集、签证、整理、归档。

2016年10月21日，印发《实施性施工组织设计编制指南》，编制实施性施工组织设计目的在于能对工程进行全面、合理、有计划的组织施工，使设计意图变为现实，按质按量完成施工任务。

2018—2021年，印发《技术方案评审工作办法》《中国电建市政集团技术管理工作考核办法》《安全风险辨识、风险评价管理程序》等规章制度。

第三节 施工技术及交流活动

一、施工技术

2007—2021年，公司在巩固传统水利水电业务基础上，大力开拓非水电基础设施业务，承担多项国家重点工程及海外大型项目、项目群及中高端市场项目，形成水利水电、市政公用、公路桥梁、房屋建筑等工程施工优势业务，培育轨道交通、水资源与环境新兴战略业务，掌握一批关键施工技术。

（一）市政公用工程

2008—2011年，依托卡塔尔路赛场地工程，通过实施12千米长地下综合管廊，对地下管廊沉降控制、防渗防腐、管道与机电设备安装等，形成系统地下管廊施工技术。

2009—2010年，依托济南小清河凤凰桥工程，掌握自平衡中承式系杆拱桥施工技术。

2013—2015年，依托辽宁抚顺石化新城甲邦大桥、章党大桥、东洲桥工程，解决寒冷地区预应力混凝土桥梁冬季施工难题。

2015—2017年，依托鄂州城东供水厂、济南东区供水厂、安哥拉吉隆戈供水工程，掌握大型供水厂成套施工技术。

2016—2017年，依托安徽金寨综合管廊工程，掌握复杂地质条件下综合管廊防渗技术。

2017—2019年，依托孟加拉国大型（日处理能力50万吨）污水处理厂工程，掌握污水处理厂大型构筑物施工及水处理设备安装技术。

2020年，依托济南市二环北路道路改造工程，掌握有限作业空间内装配式雨水箱涵安装工艺，对推进海绵城市建设雨水回收处理再利用提供借鉴；依托威海市大连路东延工程，掌握大悬臂预应力盖梁施工技术。

2021年，依托济南国际标准地招商产业园市政道路及管网一期工程，掌握高水位粉土地质条件下无人驾驶市政道路施工技术。

2020—2021年，依托深圳龙岗龙观两河工程，掌握调蓄池智慧工地建设、调蓄池效益量化评价、沿河截污调蓄系统在初雨治理中应用等关键技术。

（二）水利水电工程

2006—2007年，依托南水北调东线胶东调水界河渡槽工程，掌握跨度50米上承式预应力混凝土拉杆拱结构施工技术。

2008—2012年，依托阿尔及利亚德拉迪斯大坝工程，掌握黏土心墙堆石坝施工技术；肯尼亚松高罗水电站项目，将中国水轮发电机组及电气设备带入国际市场，打破了日本公司在小型水轮发电机组方面的技术遏制。通过机组改进、精细安装及调试，满足合同规定发电效率要求，节约大量资金。

2010—2011年，依托南水北调中线滏阳河渡槽工程，掌握三向预应力混凝土大跨度渡槽施工技术。

2011—2012年，依托南水北调东线鲁北段大屯水库工程，掌握高地下水位条件下大面积水平铺塑防渗施工工艺；依托巴基斯坦达瓦特混凝土重力坝工程，掌握高温地区大体积混凝土温控技术；依托巴基斯坦杜伯华水电站工程，掌握540米高水头、小洞径长隧洞、冲击式水电站施工技术，在洞内180米深竖井开挖、压力钢管安装、混凝土衬砌施工技术，掌握超小径厚比高强钢岔管优化设计与制造技术，技术成果达到国际先进水平。

2014—2015年，依托重庆巫山千丈岩梯级电站工程，掌握高陡坡压力钢管安装技术，研发"三轴双轮"缓冲装置、弧形摆动鞍座和索道牵车防脱轨装置等，解决山区陡坡环境下钢管安装难题。

2014—2016年，依托芜湖青弋江分洪道工程，掌握淤泥质土筑堤坝关键技术，填补了堤防工程设计与施工规范有关淤泥质土筑堤坝空白，为皖南地区河道淤泥再利用提供借鉴，分洪道经受住了2016年长江流域特大洪水考验，实现安全度汛；依托波兰弗罗茨瓦夫防洪工程，掌握水下精确开挖与生态施工技术，采用局部置换措施保护原生态，进行动植物保护性迁移，技术达到国际先进水平。

2016—2017年，依托江门市区应急备用水源及供水设施工程，掌握深水位库区内泵房水下施工技术。

2017—2018年，依托杭州闲林水库工程，掌握混凝土面板堆石坝施工技术；杭州市第二水源千岛湖配水工程，掌握深竖井钻爆开挖施工技术、特大断面竖井式多孔控制闸滑模施工技术、环形混凝土重力坝施工技术；安徽省池州市长九（神山）灰岩矿项目码头一期工程，掌握长江江豚保护区浅覆盖层水域高桩码头灌注型嵌岩桩施工关键技术。

2018—2020年，依托绩溪扬溪源水库工程，掌握埋石混凝土单曲重力拱坝施工技术。

2019年，依托引江济淮（安徽段）江水北送H003-1工程，掌握通航河道大口径输水管道双管同槽水下沉管施工关键技术；依托引江济淮工程（安徽段）江淮沟通段施工J006-1标，掌握渠道边坡水泥改性土厂拌法换填技术。

2020—2021年，依托辽西北供水二期工程，掌握复杂地质条件下深竖井开挖及竖井滑模衬砌施工技术。

2021年，依托海南省琼西北供水工程，围绕隧洞拆除和重建难题，研究团队在保证安全拆除旧隧洞前提下，确定新隧洞实施方案。目前，长岭隧洞进口已完成进尺424.8米；四川向家坝内江供水项目，掌握软岩条件下长距离小断面隧洞机械掘进技术。截至2021年底，项目累计完成隧洞开挖支护2.93千米。

（三）建筑工程

2014—2018年，依托阿尔及利亚混凝土粮仓项目，掌握境外多连体薄壁混凝土筒仓施工关键技术，通过中欧筒仓标准体系综合对比研究以及多连体大面积薄壁混凝土筒仓滑模整体提升技术、筒仓结构混凝土施工技术、仓顶板施工技术等关键技术研究与成功应用，解决境外多连体筒仓施工技术难题，带动中国技术、中国产品、中国规范"走出去"。

2016—2018年，依托南京中储泛悦广场工程，掌握深基坑复合式支护施工关键技术。

2017—2018年，依托武汉南国中心二期工程，掌握狭窄场地超高层建筑地下结构逆作法施工关键技术。

2019年，依托天津西青区中医院工程、池州装配式建筑预制件生产基地建设工程，掌握装配式钢结构主体安装技术、组装式钢筋定位、装配整体式框架结构叠合板支撑体系简化布置、板缝防渗设计及排水施工技术；巴基斯坦卡西姆港燃煤电站项目，掌握预制装配盒式建筑施工技术。

2020—2021年，依托济南市中科新经济科创园基础设施工程，采用屋顶花园设计、海绵城市设计、立面玻璃幕墙设计、中庭对流设计以及装配式建筑、太阳能发电板利用等多项节能环保措施，建筑达到"中国绿色建筑三星级标准"。

（四）公路工程

2009—2010年，依托福建武邵高速公路工程，掌握SBR改性乳化沥青技术。

2013—2014年，依托重庆梁忠高速公路工程，掌握40米高墩墩柱翻模施工方法、跨既有高速公路天桥绳锯拆除施工方法；天津外环线工程，掌握大跨度连续箱梁施工技术；卡塔尔多哈高速公路P6工程，掌握大尺寸面板加筋土挡土墙艺术面板制作及安装技术，成果达到国际先进水平。

2014—2015年，依托芜湖马元桥工程，掌握50米跨度T形梁先简支后连续施工技术。

2016—2017年，依托金寨县综合管廊及道排工程PPP项目——洪家河二桥钢箱梁制安工程，掌握大跨度钢桥制作安装技术。

2017—2018年，依托重庆江习高速公路路面工程项目，掌握长大纵坡段高速公路沥青混凝土结构层施工技术。

2017—2019年，依托霍山生态新城路网工程，掌握钢混组合双拱倾斜式桥塔施工技术；巴基斯坦PKM项目（苏库尔—木尔坦段），开展高液限粉质土路基填筑技术、高温地区改性沥青施工、高速公路中央分隔带护栏滑模施工技术等课题研究和应用，整体提升巴基斯坦高速公路建设水平。

2018—2019年，依托津石高速公路工程，掌握跨越既有铁路大型桥梁转体施工技术，保障120米长、14500吨重转体桥一次性转体成功。

2018—2020年，依托晋中市综合通道建设工程PPP项目潇河大桥工程，通过对多边形变截面植入相切圆数控下料以及低温组装、适温焊接和无应力状态吊杆安装研究，掌握异形单拱肋超宽连续钢箱梁组合桥施工技术，解决大温差条件下异形超宽钢箱梁桥制作安装技术难题，项目科研技术达到国际领先水平。

2019—2021年，公司承建波黑泊奇特利桥工程，大桥高约100米，最大跨度147米，双向四车道，是中国企业在波黑承建的第一座桥梁，也是中企第一次在波黑同欧盟开展第三方合作。依托工程，对大垮高墩曲线型桥梁施工质量主要影响因素进行分析，确定影响线型控制关键因素和测量控制网络；对监测数据实时分析和深入挖掘，研究挂篮法桥梁曲线型精准控制方法，建立大垮高墩曲线型桥梁挂篮法施工成套技术。

2020—2021年，依托中山市南外环岐江河特大桥工程，通过数字建模仿真和智能监测，掌握城市中心跨通航河道斜拉式悬索桥拆除全套施工技术，保证中开高速公路工程斜拉桥安全拆除。

（五）铁路工程

2008年4月，公司参建京沪高速铁路，工程内容涉及桩基、桥涵、隧道、路基、轨道板铺设和道轨铺设等。依托京沪高速铁路工程，掌握CPⅢ精密测量技术；CRTS—Ⅱ型无砟轨道板铺设、精调技术，创造月铺板1902块全线铺板最高纪录，以及单机日灌板156块世界纪录，无砟轨道施工实现国内第一组42号道岔现场铺设，一次通过铁道部工管中心验收，在全线率先完成铺轨任务。公司多次获得京沪高铁济南指挥部"绿牌"奖励，沈亮、米兰彬获得"火车头"奖章。

2009—2010年，依托贵广高速铁路，掌握四线铁路桥双拼挂篮悬臂浇筑连续箱梁施工技术，在四线连续梁施工中，改进双拼挂篮，达到国内领先水平。双拼挂篮在贵广铁路十二标段5联四线连续梁应用，在结构受力、使用方便、施工安全、成本控制等方面和传统方式相比都有显著优势。

2018年，公司承建印尼雅万高铁，该项目是中国高铁技术整体出口第一单，项目全部采用中国技术标准，公司负责全线铺轨。2020年，开展印尼既有窄轨铁路50米长钢轨运输技术研究；11月28日，首批50米长钢轨在广西防城港装船运输；12月18日，钢轨运抵印尼芝拉扎港，攻克长定尺钢轨出口技术难题。2021年12月，建成国外第一个通过国际认证的焊轨基地，推动了我国高铁首次全系统、全要素、全产业链海外落地。

2020年，公司承建潍烟高铁工程，依托工程，掌握复杂环境下浅埋大断面高铁隧道优质高效施工关键技术和丘陵山区高速铁路高填方路堤变形机理及施工控制技术。

2020年，公司承建波兰E75铁路项目，这是中国企业在欧盟首个铁路竞标项目，在保持通车前提下，对现有铁路进行升级和改造，采用"混凝土灌注桩+化学稳定层+土工格栅"加固方案和相应工程施工及验收技术规范，满足欧盟规范对于沉陷值和稳定性要求。

（六）轨道交通工程

2012—2016年，公司承建深圳地铁七号线项目，在全线建立首个盾构视频监控室和显示平台，实现对盾构施工实时监控、统一管理和信息化操作，并在全线推广。

2015—2018年，依托武汉地铁工程，掌握岩溶区高承压水地铁车站盾构施工技术，研制地铁施工轨排拼装平台，创新地铁轨道铺设工装技术；依托哈尔滨地铁项目施工，掌握车站洞桩法、盖挖及半盖挖法施工工艺，在车站出入口及联络通道施工中首次采用冷冻法施工技术，成功应用盾构钢套筒始发、平移、接收、整体过站技术。

2016年，依托成都地铁工程，研发高时速地铁轨道结构施工关键技术，掌握高时速地铁道岔、整体道床、疏散平台安装等施工方法和工艺。

2018—2019年，依托深圳地铁四号线工程，掌握盾构分体始发、半盖挖顺作法车站爆破开挖、破碎带地质临近高边坡地铁车站深基坑施工、盾构穿越临海填石层地质处理、填海区深厚淤泥层地铁车站施工、地铁车站下穿高速铁路施工、盾构破除预应力管桩施工等成套关键技术。

（七）水环境治理工程

2017—2018年，依托深圳茅洲河综合治理工程，研发富水砂层微型顶管快速掘进技术、钢板桩静压植桩机施工技术、智慧水务技术、生态清淤技术等；依托郑州贾鲁河项目，掌握河道底泥生态处理施工技术；依托长春市新凯河项目，掌握河道淤泥处置与生态治理技术，发明适用于北方地区的冻土松土器，提出"冻结法清淤"方法，提高清淤施工效率。

2018—2020年，依托长葛清潩河工程，研发多功能淹没式可清洗生态滤坝技术、静水原位循环净化浮岛技术和生物膜强化净化技术，以及水环境质量整体提升与功能恢复关键技术。

2021年，依托深圳龙岗碧道工程，掌握小型河道近自然法生态修复技术。

（八）新能源及火电工程

2012—2015年，依托江苏如东风电工程，掌握潮间带淤泥湿地区域风力发电设备安装技术。

2014—2015年，依托阿尔及利亚233兆瓦光伏电站工程，掌握国外荒漠地区大型光伏电站综合技术研究与应用技术，带动非洲最大、中阿首个光伏电站合作项目成功实施。

2015—2016年，依托辽宁北票西山风电工程，掌握复杂山地条件下大型风电塔架安装技术。

2016—2018年，依托华润电力曹妃甸电厂二期工程，掌握腐蚀性地质条件下大口径钢制压力管道施工技术。

二、技术交流与行业协会活动

2008年1月16日，在德州召开2008年度技术年会。

2009年12月15日，在德州召开2009年度技术工作年会。

2014年3月14日，在深圳地铁项目部召开2014年度技术年会暨技术交流会。

2018年12月12日—14日，在天津召开2017—2018年度技术年会暨技术交流会，参会人员到公司津石高速公路项目观摩交流，参观2号梁场和千里堤特大桥钢混组合梁施工现场。

2019年12月16日—19日，公司在济南召开2019年度技术年会暨技术交流会，组织参会人员参观山东公司数字工地可视化系统。

2021年10月22日—24日，公司在安徽淮北召开房屋建筑工程质量技术专题交流会，与会人员到淮北安置房二期工程项目现场观摩。

2008年起，公司加入中国施工企业管理协会、中国水利企业协会、中国水利工程协会、天津市企业联合会、天津市建筑业协会等44个协会。多次荣获全国优秀施工企业、全国优秀水利企业、全国水利建设主体建设市场AAA级信用企业、全国电力建设AAA级信用企业、全国建筑业AAA级信用企业等荣誉称号；多名员工获得优秀项目经理、优秀建造师等称号。

第四节 设计管理

2016年10月，公司成立重大项目管理办公室，主持重大项目工程设计规划与设计管理工作；2020年4月30日，公司总部机构设置调整，成立科技部（技术中心），负责公司设计管理工作。

2021年7月16日，印发《中国电建市政集团设计管理办法》，对项目设计工作进行动态管控，针对设计分包、设计合同、设计文件、重大设计变更、设计管理总结等方面提出规范化要求。

公司科技部是设计管理工作归口部门，承担监督指导职责，负责建立公司设计管理体系，制定设计管理制度，组织权限范围内设计相关文件评审、动态监控、及时预警等工作。

第十二章 安全管理

第一节 组织机构

2007年，工程局安全生产监督管理部设专职安全生产管理人员4人，主要负责安全生产监督管理及质量、环境和职业健康安全管理体系运行等工作。6月，成立水电十三局安全督察组，聘任专职安全督察员2人。

2008年2月，工程局增设安全总监岗位，开始推行工程局、二级单位、项目部安全总监聘任制度。

2010年7月，公司总部机关迁至天津，安全生产监督管理部设专职安全生产管理人员7人。

2012年12月，公司成立地质灾害防治领导小组，领导小组办公室设在安全生产监督管理部。

2013年，公司节能减排管理工作划归安全生产监督管理部。

2014年3月，公司调整节能减排工作领导小组成员，领导小组办公室设在安全生产监督管理部。11月，安全生产监督管理部更名为安全环保部，设专职安全生产、环境保护管理人员12人。

2015年5月，公司成立环境保护、节能减排管理工作领导小组，领导小组办公室设在安全环保部。

2016年3月，公司安全环保部更名为安全质量环保部，增加质量管理职能，设专职安全生产、环境保护、质量管理人员14人。

2018年7月，公司质量管理职责划归工程科技部，安全质量环保部更名为安全环保部，专职安全生产、环境保护管理人员10人。

2020年，总部机构改革，安全环保部管理职责未发生变化，专职安全生产、环境保护管理人员定岗10人。部门主要职责为：贯彻执行国家、地方政府和集团公司安全生产与职业健康、能源节约与生态环境保护等方面法律法规和规章制度；构建完善管理体系，确保组织机构、安全生产责任制、规章制度和操作规程、教育和培训、资源投入、安全风险分级管控和隐患排查治理双重预防工作机制、生产安全事故应急救援等有效实施；负责质量、环境和职业健康安全管理体系运行工作；组织环境因素、职业危害因素识别、评价、措施落实；负责安全生产标准化建设、应急能力建设管理工作；管理资料的统计、编制、报送；组织公司安全生产检查考核及奖罚工作；负责安全生产管理委员会办公室日常工作；负责安全生产、环境污染事故报告、调查、分析和处理。

第二节 建章立制

2007年，工程局设立安全生产专项资金储备，编制安全生产费用管理制度，建立安全生产费用"专款专用"长效投入机制。2012年，根据财政部、安全监管总局《企业安全生产费用提取和使用管理办法》，明确各工程类别安全费用提取标准。

2008年2月，工程局印发《项目安全总监制度实施细则》，全面推行项目安全总监制度。

2009年4月，公司编制《安全生产规章制度汇编》，增加安全总监实施办法，完善安全生产责任制度、检查考核奖罚制度、安全事故管理制度、专项安全制度及部门制度五个部分，共计41个。

2011年10月，编制《安全生产标准化管理手册》上下册，涵盖公司安全管理各个工作环节，通过分项目、分要素对各项安全生产管理活动、施工现场措施和重要作业工序作业安全进行规范，是安全生产企业管理标准，通过图表化和量值化，便于安全生产管理人员、作业人员查阅和使用。

2011年11月，编制《安全生产管理制度汇编》，对安全生产机构设置、责任制、检查考核、安全培训、事故管理、档案管理等做出明确规定，对消防、民用爆炸物品、防汛、安全技术、重要危险源等制定管理办法，共计32个。

2014年，先后修编12个安全生产管理制度，保证安全生产管理制度连续性、适应性。

2015年11月，编制《HSE管理手册》上下册。上册为制度汇编，包括安全生产、职业健康、环境保护、节能减排责任制、检查考核、安全培训、事故管理、人员设备等相关HSE管理制度，共计51个。下册为应急预案，包括3个综合应急预案、6个专项应急预案、20个现场处置方案（模板）及常用的安全环保法律、法规、技术规范等内容。

2016年10月，编制《职业危害岗位操作规程》。包含粉尘、噪声、振动、高温、紫外线等9个职业危害岗位操作规程。

2017年8月，编制《设备及岗位安全操作规程》第一部分为岗位安全操作规程，主要涵盖施工供风、供水、用电、起重、运输、土石方工程、地基与基础工程等相关工种操作规程；第二部分为机械设备（工器具）安全操作规程，主要包含起重机械、土石方机械、垂直运输机械、桩工及水工机械、混凝土机械、木工机械、焊接设备等相关机械设备安全操作规程。

2017年1月，编制《安全生产及"三项业务"检查考核工作手册》，推广安全生产、职业健康、节能减排、环境保护检查考核标准。

2019年，以应急能力建设达标评估为契机，规范应急预案体系，编制1个综合预案，17个专项应急预案、5个现场处置方案。6月，由中国电建市政集团编制的《易燃易爆气体强制管理规定》在集团公司发布实施。

2020年，推行"两个标准、一套体系"管理模式，即安全生产与职业健康标准、能源节约与生态环境保护两个管理标准，一套HSE管理体系运行；3月，编制《安全生产与职业健康、能源节约与生态环境保护管理制度汇编（2020版）》《岗位HSE履职清单》，包含36个HSE管理制度，218个岗位3336条HSE管理职责，落实"一岗一清单"管理。

2021年6月，编制《施工现场安全生产标准化指导图册（2020通用版）》，包括技术标准、管理标准、工作标准、绿色施工、智慧工地五个部分内容，完善了公司安全管理体系。

第三节　安全生产与职业健康管理

2007年，工程局连续第三年被山东省授予安全生产"双基"工作先进单位称号，获评德州市安全生产先进单位。

2008年，公司编制《安全生产技术交底模板》，为项目技术人员开展安全技术交底提供参考。2009年，在健全安全生产监督管理部和安全督察组的基础上，设立公司总部安全总监岗位。

2009年5月，安全生产管理及信息系统应用现场交流会在京沪高铁三标七工区项目部召开。集团公司和公司领导、总部有关部门主要负责人、各单位安全管理人员70余人参加。会议邀请集团公司领导进行安全专题讲座、安全生产信息管理系统应用授课；各单位结合生产工作实际，进行经验交流发言；参观京沪高铁项目部拌和站、实验室、荆河特大桥、路基防护段、龙山隧道等施工现场。

2007—2009年，连续三年获评山东省安全生产工作先进单位。

2010年7月，公司迁至天津，依据国家有关安全生产法律法规、集团公司安全生产管理制度，完善安全生产责任制、安全总监实施办法等管理制度，作为各单位开展安全生产工作指导性文件。

2010年7月29日，巴基斯坦杜伯华项目发生"7·29"特大洪水自然灾害，公司启动境外项目突发事件应急预案，总经理任应急领导小组组长，并赶赴巴基斯坦开展抢险救灾工作。胡锦涛主席对此事件作出重要批示，要求总结教训，保证人员安全。在中央领导高度重视、大使馆全力协调以及巴基斯坦政府、军队大力支持下，272名受洪水围困员工全部安全转移并得到妥善安置，租用南航包机将192名受困人员安全接回国内。本次洪灾共造成3名中方人员遇难。

2010年10月，组织各单位安全管理人员25人，在橡塑厂举办"科技兴安"工作成果交流会，展示技术创新对提升安全的作用。

2011年，通过编制《安全生产标准化管理手册》，积极推行安全生产管理标准化、现场标准化、作业标准化，规范安全生产过程中每个环节。

2012年，围绕"强化意识，落实责任，规范行为，消除隐患"的安全工作核心，公司深入推进安全生产标准化建设，编制《安全生产警示录》，剖析典型事故案例，教育现场人员安全作业，保证国内外安全生产形势持续稳定。

2012年，编制《企业文化手册》安全故事，推动安全文化建设，荣获2012年度天津市滨海新区安全文化建设示范单位荣誉称号；2014年，发布《企业文化手册（续篇）—安全文化篇》。

2011—2013年，连续三年获集团公司安全生产优秀企业荣誉称号。

2014年，启动水利安全标准化一级企业达标认证，经过培训、申请、咨询、评审，公司总部、辽西北供水工程管道建安四标及供水工程（三段）施工二标两个水利项目接受考核，12月25日通过标准化评审。2015年5月，被水利部授予第一批水利安全生产标准化一级达标单位；6月，承办《中国水利水电建设股份有限公司安全生产标准化手册》（第二篇）评审会；8月，启动交通安全生产标准化一级达标认证。2016年，公司总部、天津外环线项目接受天津市公路安全生产标准化考核，通过交通安全生产标准化一级企业达标评审。2017年，承担集团公司安全生产标准化手册中安全设施、安全防护、营地、文明施工、施工机具防护等5个章节现场篇编制任务；承担电建国际HSE标准化手册中危险源辨识、HSE计划等4个章节编制任务；2014—2021年，通过加强安全生产标准化管理，连年荣获集团公司安全生产标准化自查评优秀企业称号。

2007—2017年，通过开展《职业病防治法》宣传周等活动，普及职业病防治知识，提高劳动者自我防护意识和能力。2009年6月，公司开始组织国内外员工每年定期健康体检。2014年起，公司与新入职员工签订劳动合同，同时签订职业危害告知书，通过双向承诺，明晰双方各自责任和义务。2015年1月，荣获全国职业病防治知识竞赛优胜单位奖。2020年，通过职业病防治责任制，进一步保护员工职业健康权益。2015—2017年，按照集团公司安全生产及"三项业务"（职业健康、节能减排、环境保护）完善管理制度，推行安全生产"四个责任体系"建设。

2019年，以应急能力建设达标评估为契机，不断提高公司应急管理能力。6月，在津石高速公路项目部举行应急演练、安全生产观摩活动。公司领导、总部职能部门、二级单位、项目部相关人员共计83人参加观摩活动，活动分为高空坠落事故应急实战演练观摩、安全生产标准化现场观摩。公司总部、深圳地铁4号线、深圳龙岗龙观两河坪地项目、津石高速公路项目接受集团公司考核组考核，最终公司以优秀成绩达标。

2018—2020年，连续三年获集团公司安全生产优秀企业荣誉称号。

2007—2021年，公司累计发生安全生产事故6起，其中交通事故4起，机械伤害事故1起，高处坠落事故1起，安全事故发生给员工和公司造成生命财产损失。公司通过编制《安全生产警示录》，复盘安全生产事故，开展警示教育，落实各项安全生产防范措施，确保安全生产工作持续稳定开展。

第四节 能源节约与生态环境保护管理

2007年以来，工程局持续以三标管理体系为基础加强环境保护管理工作，2008年5月、2010年5月分别编制《质量、环境和职业健康安全管理手册》《程序文件汇编》第二版和第三版，修编《能源和资源消耗控制程序》《环境、职业健康安全绩效监视和测量控制程序》《环境因素识别与评价控制程序》《环境保护控制程序》。

2011年4月，编制《质量、环境和职业健康安全管理手册》《程序文件汇编》第四版，根据管理流程变化情况新增《节能减排管理程序》；2014年4月—2017年6月，分别编制《质量、环境和职业健康安全管理手册》《程序文件汇编》第五版和第六版，新增《环境运行控制程序》；2020年3月，编制《质量、环境、职业健康安全管理体系管理手册》《程序文件汇编》第七版，新增《环境因素识别与评价管理程序》为工作程序。

2014年11月，编制《环境保护管理办法》，通过对环境保护管理建章立制，逐步实现管理有章可依、规范管理；2015年10月，新增《施工项目部环境保护实施细则》；2016年10月，修编《环境保护管理办法》；2020年3月，编制《安全生产与职业健康、能源节约与生态环境保护管理制度汇编（2020版）》，健全能源节约与生态环境保护制度管理体系。

2009年11月，成立节能减排工作领导小组，持续加强节能减排管理工作，领导小组下设节能减排工作办公室，办公室设在设备物资部；2011年2月，节能减排业务调整至技术中心，编制《节能减排管理办法》；2013年，节能减排管理业务划归安全生产监督管理部，同年10月修编《节能减排管理办法》《节能减排考核办法》《节能减排统计监测办法》；2015年5月，成立节能环保工作领导小组，业务管理设在安全环保部；2016年，推行"三项业务"管理，即职业健康、节能减排、环境保护，提出三项业务工作全环节落实、全过程管控、全员参与的要求，切实将三项业务与安全生产同规划、同部署、同落实、同检查、同考核；2016年10月，修编《节能减排管理办法》《节能减排考核办法》。

自2009年加入安徽省环境保护产业协会以来，持续申报示范工程相关奖项。2009—2013年，连续四年被安徽省环境保护产业协会授予安徽省环境保护优秀施工示范单位称号；2011年公司黄山湖边水利枢纽工程项目部被授予安徽省环境保护示范工地荣誉称号；2011年6月，成为安徽省环保产业协会理事单位；2017—2020年，连续四年获得由安徽省安环信用评估有限公司颁发的环保优秀施工AAA级信用企业证书；2019年以来，公司积极申报中国环境保护产业协会评选的国家级环境保护相关奖项："长九（神山）灰岩矿工程水上施工泥浆循环利用及处理技术"获评2019年重点环境保护实用技术；安徽省青弋江分洪道工程堤坝生态防护工程获评2019年重点环境保护实用技术示范工程；河南长葛市清潩河环境治理工程和九江市琵琶湖黑臭水体治理工程分别获评2020年重点环境保护实用技术示范工程；雄安新区千年秀林景观提升工程入选2021年重点环境保护实用技术示范工程名录。

2018—2021年，公司常态化、持续性开展示范单位和样板项目打造，积极将公司在环境保护方面的典型做法和工作亮点报送股份公司。

2020年，由集团公司牵头、公司参与的"在电力及其他建设工程领域绿色施工的理论探索与实践应用"科技成果荣获电力科技创新一等奖；4月，公司承建的杭州市闲林水库工程项目获评水利部2019年国家水土保持生态文明工程。

第五节　三标管理体系认证

2007—2008年，工程局质量、环境和职业健康安全管理体系通过内部审核、管理评审、外部审核，持续改进，保持有效运行；2008年5月，印发《质量、环境和职业健康安全管理手册》《程序文件汇编》第二版。

2008年10月，中国四川三峡认证有限公司再次向公司颁发质量、环境和职业健康安全管理体系认证证书，证书有效期为三年。

2009年，因注册地址变更，中国四川三峡认证有限公司重新颁发质量、环境和职业健康安全管理体系认证证书，12月，授予公司优秀管理奖。

2010年5月，依据《质量管理体系要求》（GB/T 19001—2008代替GB/T 19001—2000）、《职业健康安全管理体系规范》（GB/T 28001—2010代替GB/T 28001—2001），印发《质量、环境和职业健康安全管理手册》《程序文件汇编》第三版。

2011年4月，依据《工程建设施工企业质量管理规范》（GB/T 50430—2007），结合人员、机构及管理流程发展变化，编制《质量、环境和职业健康安全管理手册》《程序文件汇编》第四版。10月，经中国四川三峡认证有限公司审核，再次颁发质量、环境、职业健康安全管理体系认证证书。

2012—2013年，质量、环境和职业健康安全管理体系有效运行。2014年4月，公司依据《职业健康安全管理体系规范》（GB/T 28001—2011代替GB/T 28001—2010），印发《质量、环境和职业健康安全管理手册》《程序文件汇编》第五版；10月，经中国四川三峡认证有限公司审核，再次颁发质量、环境、职业健康安全管理体系认证证书。

2017年6月，依据《质量管理体系要求》（GB/T 19001—2016代替GB/T 19001—2008）、《环境管理体系规范及使用指南》（GB/T 24001—2016代替GB/T 24001—2004），结合《质量管理体系基础和术语》（GB/T 19000—2016）及公司业务、机构及职责等方面变化，编制《质量、环境和职业健康安全管理手册》《程序文件汇编》第六版。9月，公司通过质量、环境、职业健康安全三标管理体系再认证。

2019年3月，开展质量、环境、职业健康安全管理体系内审员培训，共计140余人参加培训并取得内审员证书。2018—2019年，公司质量、环境、职业健康安全管理体系保持有效运行，并通过认证机构审核。

2020年3月，依据《工程建设施工企业质量管理规范》（GB/T 50430—2017代替GB/T 50430—2007）、《职业健康安全管理体系要求及使用指南》（GB/T 45001—2020代替GB/T 28001—2011、GB/T 28002—2011），结合公司业务、机构及职责等方面变化，编制《质量、环境、职业健康安全管理体系管理手册》《程序文件汇编》第七版。9月，通过北京中建协认证中心有限公司质量、环境、职业健康安全管理体系认证。

2018—2021年，国际工程项目三标管理体系代表集团公司、电建国际公司接受北京大陆航星质量认证中心股份有限公司审核。

2021年10月，开展质量、环境、职业健康安全管理体系内审员培训，共计100余人参加培训并取得内审员证书。

第十三章 质量管理

第一节 组织机构

2007—2016年,公司质量管理职能由工程管理部行使。

2016年,质量管理职能由安全质量环保部行使。

2018年8月,质量管理职能由工程科技部(技术中心)行使。

2020年5月—2021年12月,质量管理职能由科技部(技术中心)行使。

第二节 质量体系建设

一、体系认证

工程局自1997年获得质量体系认证开始,每年进行内审和管理评审工作,对上一年度质量体系进行审核和评价,并对发现问题进行整改,确保体系运行适应性和有效性。每年邀请第三方认证机构对公司质量体系进行贯标认证。

2008年5月,发布第二版《质量、环境和职业健康安全管理手册》(以下简称《管理手册汇编》)和《程序文件汇编》。

2010年5月,发布第三版《管理手册》和《程序文件汇编》。

2011年4月,发布第四版《管理手册》和《程序文件汇编》。

2014年4月,发布第五版《管理手册》和《程序文件汇编》。

2017年6月,发布第六版《管理手册》和《程序文件汇编》。

2020年3月,发布第七版《管理手册》和《程序文件汇编》。

二、制度建设

2008年5月,印发《中国水电十三局工程质量管理办法》。

2008年11月,修订《中国水电十三局质量考核及奖罚办法》,发布实施《中国水电十三局有限公司质量管理工作考核及奖罚办法》。

2013年,印发《中国水电十三局有限公司工程质量事故处理办法(试行)》。

2014年,印发《中国水电十三局有限公司质量考核及奖惩办法》。

2016年,印发《中国水电十三局有限公司质量事故管理办法》,同时废除《中国水电十三局有限公司工程质量事故处理办法(试行)》。

2016年,印发《中国水电十三局有限公司质量检查考核办法》,同时废除《中国水电十三局有限公司质量考核及奖惩办法》。

第三节 质量活动

2020年9月24日,公司在天津召开2020年质量管理工作暨经验交流会,会议表彰2019年度优质工程获奖单位、质量管理先进集体和个人,各单位交流质量管理经验。

为响应国务院国资委和股份公司号召,公司每年9月开展全国"质量月"活动。延续群众性质量小组活动,取得一系列成果并获奖。

2015—2021年，公司每年推荐多个优秀质量管理小组成果参加小组成果发布活动，共计获得各类省部级QC成果奖211项，其中一等奖44项，二等奖84项，三等奖83项。此后，每年组织参加天津市建筑业协会QC成果发布会，2018年、2019年承办天津市建筑业协会质量管理小组活动成果发布会分会场。2021年天邑润葛QC小组获得中国质量协会授予的全国优秀质量管理小组荣誉称号。

2007—2021年质量管理小组活动成果获奖名单，见表9-13-1。

表9-13-1　2007—2021年质量管理小组活动成果获奖名单

序号	成果名称	QC小组名称	所属单位	授予时间（年）	授予单位	获得奖项
1	提高沥青路面平整度	卓越QC小组	四公司	2015	天津市建筑施工行业协会	一等奖
2	提高水泥搅拌桩成桩质量	起航QC小组	四公司	2015	天津市建筑施工行业协会	二等奖
3	提高湿喷桩成桩合格率	新海岸QC小组	水电公司	2015	天津市建筑施工行业协会	二等奖
4	提高隧洞全圆针梁式钢模台车衬砌混凝土优良率	穿越QC小组	水电公司	2015	天津市建筑施工行业协会	二等奖
5	一种新型混凝土抗渗实验密封材料的研究	中心试验室QC小组	设计院	2015	天津市建筑施工行业协会	三等奖
6	降低装饰塔空中安装定位偏差	新海岸QC小组	水电公司	2016	天津市建筑施工行业协会	二等奖
7	提高管片外观质量一次合格率	卓越QC小组	管道公司	2016	天津市建筑施工行业协会	二等奖
8	降低土工膜焊接初检不合格率	中心试验室QC小组	设计院	2016	天津市建筑施工行业协会	二等奖
9	研究确定围护结构钻孔灌注桩最优外放量	起点QC小组	轨道公司	2016	天津市建筑施工行业协会	二等奖
10	攻克沙漠地质混凝土灌注桩施工质量难题	光伏QC小组	北非公司	2016	天津市建筑施工行业协会	二等奖
11	提高卷材防水一次验收合格率	起点QC小组	轨道公司	2016	天津市建筑施工行业协会	二等奖
12	提高石灰土路基的一次性检验合格率	起航QC小组	天津公司	2016	天津市建筑施工行业协会	三等奖
13	减小基础环上法兰平面度峰值	风电安装项目QC小组	安装公司	2016	天津市建筑施工行业协会	三等奖
14	提高高闸墩施工整体外观质量	长江之星QC小组	安徽公司	2016	天津市建筑施工行业协会	三等奖
15	降低雷诺护垫施工不合格率	中心试验室QC小组	设计院	2017	天津市建筑施工行业协会	二等奖
16	提高砂滤池滤头安装精准度	梦想小组	山东公司	2017	天津市建筑施工行业协会	二等奖
17	提高现浇箱梁混凝土外观质量	起航QC小组	水电公司	2017	天津市建筑施工行业协会	二等奖
18	提高止水拉杆在混凝土墙体中的防水质量	起航QC小组	水电公司	2017	天津市建筑施工行业协会	三等奖
19	降低沥青路面外观缺陷面积占受检面积的比率	路面QC小组	水电公司	2017	天津市建筑施工行业协会	三等奖
20	提高光伏电站支架安装合格率	光伏五标QC小组	北非公司	2017	天津市建筑施工行业协会	三等奖
21	提高戈壁滩光伏电站螺旋桩一次验收合格率	光伏五标QC小组	北非公司	2017	天津市建筑施工行业协会	三等奖
22	提高高层住宅混凝土楼板一次验收合格率	腾飞QC小组	天津公司	2017	天津市建筑施工行业协会	二等奖
23	提高预制箱梁外观质量一次验收合格率	腾飞QC小组	天津公司	2017	天津市建筑施工行业协会	二等奖
24	创新PCCP管道接口渗漏处理工艺	新工匠QC小组	管道公司	2017	天津市建筑施工行业协会	三等奖

续表

序号	成果名称	QC小组名称	所属单位	授予时间（年）	授予单位	获得奖项
25	降低管片外弧面超厚率	卓越QC小组	管道公司	2017	湖北省建设工程质量安全协会	三等奖
26	确保高寒地区冬季施工混凝土强度合格率	探索者QC小组	轨道公司	2017	天津市建筑施工行业协会	二等奖
27	提高盾构区间管片拼装质量	奋进QC小组	轨道公司	2017	天津市建筑施工行业协会	三等奖
28	提高卷材防水一次性验收合格率	起点QC小组	轨道公司	2017	武汉建筑业协会	优秀奖
29	降低新建排水管道CCTV检测缺陷率	晴辰QC小组	天津公司	2018	天津市建筑施工行业协会	一等奖
30	提高道路水稳基层一次验收合格率	领航QC小组	山东公司	2018	天津市建筑施工行业协会	二等奖
31	提高超大口径PCCP管道水压试验注水效率	冰凌花QC小组	山东公司	2018	天津市建筑施工行业协会	二等奖
32	提高长江江豚保护区嵌岩桩成桩合格率	动力QC小组	山东公司	2018	天津市建筑施工行业协会	二等奖
33	降低管道起伏缺陷率	茅洲河碧水QC小组	水环境公司	2018	天津市建筑施工行业协会	三等奖
34	提高中压插接式电缆头制作的合格率	光伏五标QC小组	北非公司	2018	天津市建筑施工行业协会	二等奖
35	提升低温环境下砌筑工程施工质量合格率	波兰QC小组	欧洲公司	2018	天津市建筑施工行业协会	二等奖
36	提高钢板桩水上施工精度	波兰QC小组	欧洲公司	2018	天津市建筑施工行业协会	二等奖
37	提升河道拓宽及边坡防护工程水下开挖精度	波兰QC小组	欧洲公司	2018	天津市建筑施工行业协会	三等奖
38	提高管线并入现有管网的安装速度	击鼓进军QC小组	中东经理部	2018	天津市建筑施工行业协会	三等奖
39	提高长距离球墨铸铁管试压通过率	击鼓进军QC小组	中东经理部	2018	天津市建筑施工行业协会	三等奖
40	提高穿墙螺杆锥形螺母拆卸成功率	起航QC小组	水电公司	2018	天津市建筑施工行业协会	二等奖
41	提高湖体扩容淤泥外运进度	明日之星QC小组	水电公司	2018	天津市建筑施工行业协会	二等奖
42	降低新建排水管道CCTV检测缺陷率	晴辰QC小组	天津公司	2018	中国质量协会	二等奖（首届中央企业）
43	逆作法施工中组合式塔吊基础施工方法创新	江城翘楚QC小组	天津公司	2018	天津市建筑施工行业协会	一等奖
44	逆作法施工中组合式塔吊基础施工方法创新	江城翘楚QC小组	天津公司	2018	中国建筑业协会	Ⅰ类成果
45	疏散平台振动台的研制	卓越QC小组	管道公司	2018	天津市建筑施工行业协会	二等奖
46	提高钢筒水压检验效率	创新生产QC小组	管道公司	2018	天津市建筑施工行业协会	三等奖
47	提高塔筒防腐外观一次检验合格率	疯狂的石头QC小组	安装公司	2018	天津市建筑施工行业协会	一等奖
48	提高循环水管道刚性环角焊缝外观质量一次检验合格率	机电安装工匠QC小组	安装公司	2018	天津市建筑施工行业协会	三等奖
49	提高格构柱定位、安装精准度	臻品QC小组	轨道公司	2018	天津市建筑施工行业协会	二等奖
50	降低深基坑钢支撑轴力不足率	探索者QC小组	轨道公司	2018	天津市建筑施工行业协会	三等奖
51	提高异形车站主体结构混凝土外观质量合格率	冰城建设QC小组	轨道公司	2018	天津市建筑施工行业协会	三等奖
52	提高预制T梁钢筋工程验收的合格率	霍山县生态新城路网工程PPP项目QC小组	安徽公司	2018	天津市建筑施工行业协会	三等奖

续表

序号	成果名称	QC 小组名称	所属单位	授予时间（年）	授予单位	获得奖项
53	提高掺聚羧酸外加剂混凝土生产的稳定性	中心试验室 QC 小组	设计院	2019	天津市建筑业协会	三等奖
54	提高隧洞衬砌全圆止水带安装合格率	穿越 QC 小组	山东公司	2019	天津市建筑业协会	一等奖
55	提高景观植物栽植一次成活率	运河之光 QC 小组	山东公司	2019	天津市建筑业协会	一等奖
56	提高高陡边坡生态混凝土种子成活率	扬溪源 QC 小组	山东公司	2019	天津市建筑业协会	二等奖
57	提高涵闸底板止水后浇带浇筑一次验收合格率	琴岛通 QC 小组	山东公司	2019	天津市建筑业协会	二等奖
58	提高沥青路面一次验收合格率	新征程 QC 小组	山东公司	2019	天津市建筑业协会	二等奖
59	提高输送带胶结硫化一次验收合格率	动力 QC 小组	山东公司	2019	天津市建筑业协会	二等奖
60	提高长江江豚保护区嵌岩桩成桩合格率	动力 QC 小组	山东公司	2019	中国水利工程协会	Ⅰ类成果
61	提高钢桥面防腐工程一次性验收合格率	路面 QC 小组	水电公司	2019	天津市建筑业协会	一等奖
62	提高钢桥面防腐工程一次性验收合格率	路面 QC 小组	水电公司	2019	中国建筑业协会	Ⅰ类成果
63	钢坝水景闸混凝土墙体彩色镜面效果研究	团结奋进 QC 小组	水电公司	2019	天津市建筑业协会	一等奖
64	提高箱梁胎架法加工钢筋骨架的主筋穿筋效率	众志成城 QC 小组	水电公司	2019	天津市建筑业协会	一等奖
65	降低桩基轴线偏位偏差值	众志成城 QC 小组	水电公司	2019	天津市建筑业协会	二等奖
66	预应力混凝土管桩免端头板张拉装置的研制	飞翔 QC 小组	管道公司	2019	天津市建筑业协会	一等奖
67	管片脱模工具的研制	卓越 QC 小组	管道公司	2019	天津市建筑业协会	二等奖
68	提高 HDPE 缠绕结构壁管外观质量一次合格率	团结的小蚂蚁 QC 小组	管道公司	2019	天津市建筑业协会	二等奖
69	提高管片自动化生产线工作效率	克寒 QC 小组	管道公司	2019	天津市建筑业协会	二等奖
70	提高塔筒防腐外观一次检验合格率	疯狂的石头 QC 小组	安装公司	2019	中国电力建设企业协会	一等奖
71	提高焊缝超声波无损检测检出率	疯狂的石头 QC 小组	安装公司	2019	中国建筑业协会	Ⅱ类成果
72	提高焊缝超声波无损检测检出率	疯狂的石头 QC 小组	安装公司	2019	天津市建筑业协会	一等奖
73	提高钢箱梁安装定位精度	安装工程公司津石 QC 小组	安装公司	2019	天津市建筑业协会	一等奖
74	提高潇河桥钢箱梁现场低温焊接一次检验合格率	一跨潇河南北 QC 小组	安装公司	2019	天津市建筑业协会	二等奖
75	提高潇河钢桥纵断面线形质量	凌空飞渡 QC 小组	安装公司	2019	天津市建筑业协会	二等奖
76	超高层建筑混凝土尾料分类回收再利用系统的研制	江城翘楚 QC 小组	天津公司	2019	天津市建筑业协会	一等奖
77	超高层建筑混凝土尾料分类回收再利用系统的研制	江城翘楚 QC 小组	天津公司	2019	中国施工企业管理协会	一等奖
78	高层建筑电梯井作业平台的研制	江城翘楚 QC 小组	天津公司	2019	天津市建筑业协会	一等奖
79	高层建筑电梯井作业平台的研制	江城翘楚 QC 小组	天津公司	2019	中国施工企业管理协会	一等奖
80	降低仿古建筑木料表观质量缺陷率	古色古香 QC 小组	天津公司	2019	天津市建筑业协会	一等奖
81	降低仿古建筑木料表观质量缺陷率	古色古香 QC 小组	天津公司	2019	中国建筑业协会	Ⅰ类成果
82	降低污水处理构筑物满水试验渗漏率	晴辰 QC 小组	天津公司	2019	天津市建筑业协会	二等奖

续表

序号	成果名称	QC小组名称	所属单位	授予时间（年）	授予单位	获得奖项
83	提高螺栓球钢网架安装效率	矛与盾QC小组	天津公司	2019	天津市建筑业协会	二等奖
84	降低盾构机油脂消耗量	冰城建设QC小组	轨道公司	2019	天津市建筑业协会	一等奖
85	降低盾构换刀点常压开仓施工风险系数	臻品QC小组	轨道公司	2019	天津市建筑业协会	一等奖
86	提高自粘型防水卷材铺贴验收一次性合格率	臻品QC小组	轨道公司	2019	天津市建筑业协会	二等奖
87	降低薄壁"U"形渡槽麻面累计面积率	琼海水利QC小组	轨道公司	2019	天津市建筑业协会	二等奖
88	提高直螺纹套筒安装一次验收合格率	探索者QC小组	轨道公司	2019	天津市建筑业协会	三等奖
89	提高土压平衡法盾构管片拼装合格率	臻品QC小组	轨道公司	2019	天津市建筑业协会	三等奖
90	降低盾构机油脂消耗量	冰城建设QC小组	轨道公司	2019	黑龙江省建筑业协会	一等奖
91	提高直螺纹套筒安装一次验收合格率	探索者QC小组	轨道公司	2019	黑龙江省建筑业协会	二等奖
92	提高格构柱定位、安装精准度	臻品QC小组	轨道公司	2019	中国施工企业管理企业协会	三等奖
93	提高预制箱梁外观质量验收合格率	霍山生态新城路网工程PPP项目QC小组	安徽公司	2019	天津市建筑业协会	二等奖
94	提高雨污管道沟槽回填压实度检测合格率	朔州PPP项目QC小组	北方公司	2019	天津市建筑业协会	三等奖
95	缩短闲林控制闸竖井滑膜施工工期	闲林竖井滑模施工QC小组	上海公司	2019	中国水利工程协会	Ⅱ类成果
96	降低环形重力坝混凝土入仓最高温度	环形重力坝混凝土施工QC小组	上海公司	2019	中国水利工程协会	Ⅰ类成果
97	提高市政管道施工中井盖安装一次验收合格率	茅洲河碧水QC小组	水环境公司	2020	天津市建筑业协会	二等奖
98	提高给水管道安装一次自检合格率	广州QC小组	水环境公司	2020	天津市建筑业协会	三等奖
99	降低管道CCTV障碍物缺陷率	坪山正本清源QC小组	水环境公司	2020	天津市建筑业协会	三等奖
100	提高排水管网管道接口CCTV检测通过率	鹏城QC小组	水环境公司	2020	天津市建筑业协会	二等奖
101	提高新建地下雨污管道闭水试验通过率	鹏城QC小组	水环境公司	2020	天津市建筑业协会	二等奖
102	提高手掘式顶管一次顶进合格率	坪山正本清源QC小组	水环境公司	2020	中国水利工程协会	Ⅱ类成果
103	提高小微水体生态修复水质达标率	广州QC小组	水环境公司	2020	中国水利工程协会	Ⅱ类成果
104	提高沿河截污工程管道包封模板一次安装合格率	鹏城QC小组	水环境公司	2020	中国水利工程协会	Ⅱ类成果
105	研制一种加快CCTV检测进度的工具	茅洲河碧水QC小组	水环境公司	2020	中国水利工程协会	Ⅱ类成果
106	提高修复类水电站新旧混凝土结合一次验收合格率	水电站QC小组	中亚经理部	2020	中国水利工程协会	Ⅰ类成果
107	提高深窄基坑回填一次验收合格率	世纪之星QC小组	山东公司	2020	天津市建筑业协会	Ⅰ类成果
108	提高大管径压力钢管焊缝一次验收合格率	皖北星辰QC小组	山东公司	2020	天津市建筑业协会	Ⅰ类成果

续表

序号	成果名称	QC小组名称	所属单位	授予时间（年）	授予单位	获得奖项
109	一种新型市政道路检查井提升加固方法的研发	五岳独尊QC小组	山东公司	2020	天津市建筑业协会	Ⅰ类成果
110	提高装配式建筑主体结构施工效率	新起点QC小组	山东公司	2020	天津市建筑业协会	Ⅰ类成果
111	提高管理用房室外墙面外观质量等级	弋江之星QC小组	山东公司	2020	天津市建筑业协会	Ⅱ类成果
112	提高深窄基坑回填一次验收合格率	世纪之星QC小组	山东公司	2020	中国施工企业管理协会	一等奖
113	提高大管径压力钢管焊缝一次验收合格率	皖北星辰QC小组	山东公司	2020	中国建筑业协会	Ⅱ类成果
114	降低管片弯管移位发生率	湖北管片厂卓越QC小组	管道公司	2020	天津市建筑业协会	三等奖
115	提高30米预制箱梁压浆密实度	桥梁QC小组	管道公司	2020	天津市建筑业协会	三等奖
116	降低管片弯管移位发生率	卓越QC小组	管道公司	2020	中国水利工程协会	Ⅱ类成果
117	创新型预应力钢筒混凝土管外防腐技术	环保创效QC小组	管道公司	2020	中国水利工程协会	Ⅲ类成果
118	研制变截面六边形钢拱节间定位装置	凌空飞渡QC小组	安装公司	2020	中国市政工程协会	优秀奖
119	研制变截面六边形钢拱节间定位装置	凌空飞渡QC小组	安装公司	2020	山西省市政公用事业协会	Ⅱ类成果
120	提高大跨度超宽钢箱梁桥原位支架法施工支撑体系稳定性	凌空飞渡QC小组	安装公司	2020	山西省市政公用事业协会	Ⅱ类成果
121	提高大跨度超宽钢箱梁桥原位支架法施工支撑体系稳定性	凌空飞渡QC小组	安装公司	2020	天津市建筑业协会	Ⅲ类成果
122	提高潇河钢桥纵断面线形质量	凌空飞渡QC小组	安装公司	2020	中国水利工程协会	Ⅱ类成果
123	降低水池构筑物薄壁混凝土裂缝产生率	齐心协力QC小组	水电公司	2020	天津市建筑业协会	Ⅲ类成果
124	提高梁板顶面凿毛速率	众志成城QC小组	水电公司	2020	天津市建筑业协会	Ⅲ类成果
125	提高盘扣支架底托安装效率	众志成城QC小组	水电公司	2020	天津市建筑业协会	Ⅲ类成果
126	提高透层油施工一次性验收合格率	团结协作QC小组	水电公司	2020	天津市建筑业协会	Ⅱ类成果
127	提高石材大面积铺装质量一次性验收合格率	天邑润葛QC小组	天津公司	2020	天津市建筑业协会	Ⅲ类成果
128	提高隧道开挖一次性合格率	隧道奋进QC小组	天津公司	2020	天津市建筑业协会	Ⅲ类成果
129	降低施工现场AQI值超标值	天邑润葛QC小组	天津公司	2020	天津市建筑业协会	Ⅰ类成果
130	降低施工现场AQI值超标值	天邑润葛QC小组	天津公司	2020	中国施工企业管理协会	一等奖
131	提高SMA沥青混凝土一次验收合格率	行者无疆QC小组	天津公司	2020	天津市建筑业协会	Ⅰ类成果
132	提高SMA沥青混凝土一次验收合格率	行者无疆QC小组	天津公司	2020	中国施工企业管理协会	二等奖
133	提高农民工幸福指数	中医院QC小组	天津公司	2020	天津市建筑业协会	Ⅲ类成果
134	提高富水砂层联络通道冻结功效	冰城建设QC小组	轨道公司	2020	天津建筑业协会	一等奖
135	提高小型渠道土方填筑施工效率	琼海水利QC小组	轨道公司	2020	天津建筑业协会	二等奖
136	提高钢管柱安装一次验收合格率	探索者QC小组	轨道公司	2020	天津建筑业协会	二等奖
137	地铁基坑钢支撑自动补偿系统研究	开拓者QC小组	轨道公司	2020	天津建筑业协会	二等奖
138	提高后浇带施工缝验收一次合格率	臻品QC小组	轨道公司	2020	天津建筑业协会	二等奖
139	提高车站主体结构保护层一次验收合格率	开拓者QC小组	轨道公司	2020	天津建筑业协会	三等奖
140	提高现场钢筋机械连接合格率	开拓者QC小组	轨道公司	2020	天津建筑业协会	三等奖
141	提高富水砂层联络通道冻结功效	冰城建设QC小组	轨道公司	2020	黑龙江省建筑业协会	一等奖
142	提高钢管柱安装一次验收合格率	探索者QC小组	轨道公司	2020	黑龙江省建筑业协会	一等奖

续表

序号	成果名称	QC 小组名称	所属单位	授予时间（年）	授予单位	获得奖项
143	提高富水砂层联络通道冻结功效	冰城建设 QC 小组	轨道公司	2020	中国建筑业协会	二等奖
144	提高地下室外墙防水工程质量一次验收合格率	华东研发中心 QC 小组	安徽公司	2020	天津市建筑业协会	Ⅱ类成果
145	提高连续梁线形施工合格率	G345 凤阳段一级公路改建工程 PPP 项目 QC 小组	安徽公司	2020	天津市建筑业协会	Ⅱ类成果
146	提高墩柱外观质量验收合格率	霍山生态新城路网工程 PPP 项目 QC 小组	安徽公司	2020	天津市建筑业协会	Ⅱ类成果
147	提高水上锤击预应力混凝土管桩打桩验收合格率	朔西湖 QC 小组	安徽公司	2020	天津市建筑业协会	Ⅱ类成果
148	提高水泥改性土施工效率	行稳致远 QC 小组	安徽公司	2020	天津市建筑业协会	Ⅲ类成果
149	提高钢筋机械连接一次验收合格率	九江市琵琶湖黑臭水体治理设计采购施工（EPC）总承包项目 QC 小组	安徽公司	2020	天津市建筑业协会	Ⅲ类成果
150	提高热力管道焊接一次性合格率	朔州 PPP 项目 QC 小组	北方公司	2020	中国市政工程协会	二等奖
151	提高热力管网超长管道焊接施工合格率（此奖状上名称协会弄错，后因在全国协会得奖，故未进行更换）	朔州 PPP 项目 QC 小组	北方公司	2020	山西省市政公用事业协会	Ⅰ类成果
152	提高热力管道焊接一次性合格率	朔州 PPP 项目 QC 小组	北方公司	2020	天津市建筑业协会	Ⅱ类成果
153	提高聚乙烯给水管道安装一次性合格率	朔州 PPP 项目 QC 小组	北方公司	2020	山西省市政公用事业协会	Ⅰ类成果
154	提高聚乙烯给水管道安装一次性合格率	朔州 PPP 项目 QC 小组	北方公司	2020	中国市政工程协会	三等奖
155	提高复合土工膜初次焊接合格率	龙城项目远航 QC 小组	北方公司	2020	山西省市政公用事业协会	Ⅱ类成果
156	提高复合土工膜初次焊接合格率	龙城项目远航 QC 小组	北方公司	2020	天津市建筑业协会	Ⅲ类成果
157	提高 PE 管初次热熔连接合格率	龙城项目远航 QC 小组	北方公司	2020	山西省市政公用事业协会	Ⅱ类成果
158	提高 PE 管初次热熔连接合格率	龙城项目远航 QC 小组	北方公司	2020	中国市政工程协会	优秀奖
159	一种新型控制 MPP 管道上浮方法的研发	追光者 QC 小组	北方公司	2020	山西省市政公用事业协会	Ⅱ类成果
160	一种新型控制 MPP 管道上浮方法的研发	追光者 QC 小组	北方公司	2020	中国市政工程协会	优秀奖
161	提高柱端为弯锚柱筋直纹连接合格率	金兰契友 QC 小组	北方公司	2020	山西省市政公用事业协会	Ⅱ类成果
162	提高浇筑式沥青桥面铺装施工质量	大禹 QC 小组	北方公司	2020	山西省市政公用事业协会	Ⅲ类成果
163	提高水工构筑物防渗漏合格率的方法	重庆市观景口水厂（一期）工程项目 QC 小组	北方公司	2020	山西省市政公用事业协会	Ⅲ类成果
164	提高绿化工程苗木栽植成活率	蓝天保卫 QC 小组	北方公司	2020	山西省市政公用事业协会	优秀成果

第四节 优质工程奖

2007—2021年，公司获得优质工程奖148项，其中国家级优质工程9项，省部级优质工程48项，股份公司优质工程（产品）81项，其他奖项10项。

2007年，临淮岗洪水控制工程获中华人民共和国建设部和中国建筑业协会联合颁发的2007年度中国建筑工程"鲁班奖"（国家优质工程），这是公司首次获得国家级优质工程奖项。

2012年，天津大道工程获2011—2012年度国家优质工程银质奖。

2013年，肯尼亚内罗毕—西卡道路项目获2012—2013年度国家优质工程奖。

2017年，深圳市城市轨道交通7号线BT工程获2016—2017年度国家优质工程金质奖，这是公司首次获得国家优质工程金奖。

2017年，神华陕西甲醇下游加工项目获2016—2017年度国家优质工程奖。

2019年4月，深圳地铁七号线获中国土木工程詹天佑奖，这是公司首次获得詹天佑奖。

2019年，波兰弗罗茨瓦夫防洪工程获2018—2019年度国家优质工程奖，这是公司首次独立自主申报国家优质工程并获奖。

2019年，武汉市轨道交通11号线东段（光谷火车站—左岭站）工程BT投融资建设项目获2018—2019年度国家优质工程奖。

2019年，阿尔及利亚233兆瓦光伏电站项目获2018—2019年度中国建设工程"鲁班奖"，这是公司自主牵头申报中国建设工程"鲁班奖"并获奖。

2019年，重庆江习高速笋溪河大桥工程获2018—2019年度中国建设工程"鲁班奖"。

2007—2021年公司获得优质工程奖台账，见表9-13-2。

表9-13-2　2007—2021年公司获得优质工程奖台账

序号	工程（产品）名称	授予内容	授予时间	授予单位
1	坦桑尼亚2#供水管道安装焊接工程	全国优秀焊接工程	2007-08-01	中国工程建设焊接协会
2	临淮岗洪水控制工程	2007年度中国建筑工程鲁班奖（国家优质工程）	2007-12-01	中华人民共和国建设部、中国建筑业协会
3	温州市戍浦江河口大闸枢纽工程	2007年度温州市建设工程瓯江杯奖	2008-03-01	温州市建设业行业协会
4	石嘴山市大武口星光大道B段Ⅰ标段	2007年度中国水利水电建设集团公司优质工程奖	2008-08-02	中国水利水电建设集团公司
5	济南市济微路建设工程	2008年度山东省市政金杯示范工程	2008-08-01	山东省市政工程协会
6	济南市济微路建设工程	2008年度市政金杯示范工程	2008-12-01	中国市政工程协会
7	东淝闸加固与扩建工程	2008年度安徽省建设工程"黄山杯"奖（省优质工程）	2009-02-01	安徽省建设厅
8	乌江彭水水电站金属结构制造Ⅱ、Ⅲ标段	全国优秀焊接工程	2009-08-01	中国工程建设焊接协会
9	济南市济微路建设工程	2008年度中国水电优质工程奖	2010-06-03	中国水利水电建设股份有限公司
10	温州戍浦江河口大闸枢纽工程	2008年度中国水电优质工程奖	2010-06-02	中国水利水电建设股份有限公司
11	安徽省东淝闸加固与扩建工程	2008年度中国水电优质工程奖	2010-06-04	中国水利水电建设股份有限公司
12	乌江彭水水电站金属结构制造Ⅱ、Ⅲ标段工程	2009年度中国水电优质工程奖	2010-06-01	中国水利水电建设股份有限公司
13	四川大渡河瀑布沟电站引水系统闸门	全国优秀焊接工程一等奖	2010-09-01	中国工程建设焊接协会
14	济南市奥体中心市政道路工程	2010年度全国市政金杯示范工程	2010-12-01	中国市政工程协会

续表

序号	工程（产品）名称	授予内容	授予时间	授予单位
15	济南市奥体中心市政道路工程	2010年度山东省市政金杯示范工程	2010-11-01	山东省市政工程协会
16	哈达山水利枢纽工程溢流坝闸门制作安装	全国优秀焊接工程	2011-09-01	中国工程建设焊接协会
17	重庆大唐银盘水电站金属结构四标段闸门	全国优秀焊接工程	2011-09-01	中国工程建设焊接协会
18	四川大渡河瀑布沟水电站引水系统闸门工程	2010年度中国水电优质工程奖	2011-11-01	中国水利水电建设股份有限公司
19	福建省武夷山至邵武高速公路第二标段	2010年度中国水电优质工程奖	2011-11-02	中国水利水电建设股份有限公司
20	安哥拉鲁娜机场跑道修复工程	2011年度中国水电优质工程奖	2011-11-03	中国水利水电建设股份有限公司
21	安哥拉鲁娜市政修复工程	2011年度中国水电优质工程奖	2011-11-04	中国水利水电建设股份有限公司
22	天津市天津大道主线工程	2011年度全国市政金杯示范工程	2011-12-01	中国市政工程协会
23	天津市天津大道工程	天津市建设工程金奖"海河杯"	2011-12-01	天津市建筑业协会
24	济南市小清河综合治理工程一期北岸及跨河桥梁工程第Ⅱ标段	2012年度济南市市政金杯示范工程	2012-04-01	济南市市政工程协会
25	甘肃瓜州干河口第四风电场风力发电机塔筒设备	2012年度全国优秀焊接工程一等奖	2012-07-01	中国工程建设焊接协会
26	埃塞TEKEZE电站B/2/3标金属结构制作与安装工程	2012年度全国优秀焊接工程优秀奖	2012-07-01	中国工程建设焊接协会
27	重庆大唐银盘水电站船闸一字门	2012年度全国优秀焊接工程优秀奖	2012-07-01	中国工程建设焊接协会
28	济南市小清河综合治理工程（林家桥至洪园节制闸段）	2012年度山东省市政金杯示范工程	2012-08-01	山东省住房和城乡建设厅
29	天津市天津大道工程	2011—2012年度国家优质工程银质奖	2012-11-21	中国施工企业管理协会
30	天津市天津大道主线工程	2012年度中国水电优质工程奖	2012-12-01	中国水利水电建设股份有限公司
31	坦桑尼亚辛吉他—巴巴提—闵金谷公路升级工程LOT1：辛吉他—卡泰石段	2012年度中国水电优质工程奖	2012-12-01	中国水利水电建设股份有限公司
32	肯尼亚松高罗电站项目	2012年度中国水电优质工程奖	2012-12-01	中国水利水电建设股份有限公司
33	武清开发区西区工业区、北区一期基础设施工程	2012年度中国水电优质工程奖	2012-12-01	中国水利水电建设股份有限公司
34	武邵高速公路路面工程第一标段	2012年度中国水电优质工程奖	2012-12-01	中国水利水电建设股份有限公司
35	济南市小清河综合治理工程	2012年度山东省建筑工程质量"泰山杯"奖	2012-12-01	山东省住房和城乡建设厅 山东省建筑工程管理局 山东省建筑业协会
36	济南市小清河综合治理（林家桥—洪园闸段）工程	2012年度全国市政金杯示范工程	2013-04-01	中国市政工程协会
37	巴基斯坦达瓦特大坝项目	2013年度中国水电优质工程奖	2013-11-01	中国水利水电建设股份有限公司
38	卡塔尔GTC182三地供水项目	2013年度中国水电优质工程奖	2013-11-01	中国水利水电建设股份有限公司
39	肯尼亚内罗毕—锡卡道路升级改造工程（第二标段）	2013年度中国水电优质工程奖	2013-11-01	中国水利水电建设股份有限公司
40	坦桑尼亚克劳圭—木卡他—汉德尼公路升级工程（LOT1：木卡他—汉德尼段54千米）	2013年度中国水电优质工程奖	2013-11-01	中国水利水电建设股份有限公司
41	青岛市女岛港疏港公路工程	2013年度中国水电优质工程奖	2013-11-01	中国水利水电建设股份有限公司
42	安哥拉安都鲁—聂来亚公路工程	2013年度中国水电优质工程奖	2013-11-01	中国水利水电建设股份有限公司

续表

序号	工程（产品）名称	授予内容	授予时间	授予单位
43	安哥拉卢埃纳—卢库赛公路修复项目	2013年度中国水电优质工程奖	2013-11-01	中国水利水电建设股份有限公司
44	安哥拉罗安达供水系统改造二期工程	2013年度中国水电优质工程奖	2013-11-01	中国水利水电建设股份有限公司
45	肯尼亚科密拉—欧鲁赤灌溉项目	2013年度中国水电优质工程奖	2013-11-01	中国水利水电建设股份有限公司
46	济南市小清河综合治理工程（一期水利工程9标）	2013年度中国水电优质工程奖	2013-11-01	中国水利水电建设股份有限公司
47	济南市小清河综合治理工程（一期北岸及跨河桥梁工程2标）	2013年度中国水电优质工程奖	2013-11-01	中国水利水电建设股份有限公司
48	甘肃瓜州干河口第四风电场风力发电机塔筒设备	2013年度中国水电优质工程奖	2013-11-01	中国水利水电建设股份有限公司
49	埃塞TEKEZE电站B/2/3标金属结构制作与安装工程	2013年度中国水电优质工程奖	2013-11-01	中国水利水电建设股份有限公司
50	肯尼亚内罗毕—锡卡道路项目	2012—2013年度国家优质工程奖	2013-11-01	中国施工企业管理协会
51	巴基斯坦达瓦特大坝项目	2013年度中国电建优质工程奖	2013-12-01	中国电力建设集团有限公司
52	卡塔尔GTC182三地供水项目	2013年度中国电建优质工程奖	2013-12-01	中国电力建设集团有限公司
53	肯尼亚内罗毕—锡卡道路升级改造工程（第二标段）	2013年度中国电建优质工程奖	2013-12-01	中国电力建设集团有限公司
54	安哥拉安都鲁—聂来亚公路工程	2013年度中国电建优质工程奖	2013-12-01	中国电力建设集团有限公司
55	安哥拉卢埃纳—卢库赛公路修复项目	2013年度中国电建优质工程奖	2013-12-01	中国电力建设集团有限公司
56	安哥拉罗安达供水系统改造二期工程	2013年度中国电建优质工程奖	2013-12-01	中国电力建设集团有限公司
57	肯尼亚科密拉—欧鲁赤灌溉项目	2013年度中国电建优质工程奖	2013-12-01	中国电力建设集团有限公司
58	济南市小清河综合治理工程一期水利工程9标	2013年度中国电建优质工程奖	2013-12-01	中国电力建设集团有限公司
59	济南市小清河综合治理工程一期北岸及跨河桥梁工程2标	2013年度中国电建优质工程奖	2013-12-01	中国电力建设集团有限公司
60	甘肃瓜州干河口第四风电场风力发电机塔筒设备	2013年度中国电建优质工程奖	2013-12-01	中国电力建设集团有限公司
61	埃塞TEKEZE电站B/2/3标金属结构制作与安装工程	2013年度中国电建优质工程奖	2013-12-01	中国电力建设集团有限公司
62	青草沙水库及取输水泵闸工程（QSK-C6标）	上海市水利工程金奖	2013-12-01	上海市水利工程协会
63	巴基斯坦杜伯华水电站工程项目	全国优秀焊接工程优秀奖	2014-10-01	中国工程建设焊接协会
64	四川省雅砻江锦屏二级水电站厂区枢纽闸门焊接工程	全国优秀焊接工程优秀奖	2014-10-02	中国工程建设焊接协会
65	太仓市应急水源地工程围堤2标段	2014年度中国电建优质工程奖	2014-12-03	中国电力建设股份有限公司
66	坦桑尼亚坦噶公路工程（二标段）	2014年度中国电建优质工程奖	2014-12-04	中国电力建设股份有限公司
67	中电投陕县雷振山风电场工程塔筒制作项目	全国优秀焊接工程优秀奖	2015-10-01	中国工程建设焊接协会
68	南水北调中线禹州长葛段金属结构制作项目	全国优秀焊接工程优秀奖	2015-10-02	中国工程建设焊接协会
69	双积公路高新区至红石崖段工程（一标段）	2015年度中国电建优质工程奖	2015-11-01	中国电力建设股份有限公司
70	上海青草沙水库及取输水泵闸工程（QSK-C5标）	2015年度中国电建优质工程奖	2015-11-01	中国电力建设股份有限公司

续表

序号	工程（产品）名称	授予内容	授予时间	授予单位
71	南水北调中线一期工程（天津干线西黑山进口闸至有压箱涵段施工标）	2015年度中国电建优质工程奖	2015-11-01	中国电力建设股份有限公司
72	南水北调中线一期工程（总干渠漳河北至古运河南土建施工SG13标）	2015年度中国电建优质工程奖	2015-11-01	中国电力建设股份有限公司
73	南水北调中线一期工程（总干渠安阳段第三施工标段）	2015年度中国电建优质工程奖	2015-11-01	中国电力建设股份有限公司
74	PX泵房CTE及SEC吸水母管预应力钢筒混凝土管	2015年度中国电建优质产品奖	2015-11-01	中国电力建设股份有限公司
75	南国雄楚广场建设工程	2015年度中国电建优质工程奖	2015-11-02	中国电力建设股份有限公司
76	南水北调东线第一期鲁北段大屯水库工程	2015年度山东省建筑工程"泰山杯"工程质量奖	2016-02-01	山东省住房和城乡建设厅
77	智慧城市项目建设工程—基础设施配套项目	2015年度辽宁省市政金杯示范工程	2016-02-01	辽宁省市政行业协会
78	南水北调中线汉江中下游部分闸站徐鸳口泵站工程	2015年度湖北省水利工程"江汉杯"优质奖	2016-02-01	湖北省水利水电企业协会
79	中电建吉林长岭风电场三期工程塔筒制作项目	全国优秀焊接工程优秀奖	2016-10-01	中国工程建设焊接协会
80	重庆巫山县千丈岩梯级电站工程金结设备安装项目	全国优秀焊接工程优秀奖	2016-10-01	中国工程建设焊接协会
81	深圳市城市轨道交通7号线BT工程	2016年度中国电建优质工程奖	2016-12-01	中国电力建设股份有限公司
82	南水北调中线一期工程（辉县段第六施工标段）	2016年度中国电建优质工程奖	2016-12-01	中国电力建设股份有限公司
83	刚果（布）凯塔公路工程	2016年度中国电建优质工程奖	2016-12-01	中国电力建设股份有限公司
84	南水北调中线一期工程（南阳段第一施工标段）	2016年度中国电建优质工程奖	2016-12-01	中国电力建设股份有限公司
85	盐城市条子泥I期匡围工程（四标-2）	2016年度中国电建优质工程奖	2016-12-01	中国电力建设股份有限公司
86	武汉海赋江城二期建设工程（B-6-b地块）	2016年度中国电建优质工程奖	2016-12-01	中国电力建设股份有限公司
87	刚果（布）奥林匹克村房建工程	2016年度中国电建优质工程奖	2016-12-01	中国电力建设股份有限公司
88	阿尔及利亚233兆瓦光伏电站工程（第五标段）	2016年度中国电建优质工程奖	2016-12-01	中国电力建设股份有限公司
89	肯尼亚基苏木公路修复工程	2016年度中国电建优质工程奖	2016-12-01	中国电力建设股份有限公司
90	安哥拉比耶省聂莱亚道路修复工程	2015—2016年度优质工程奖	2016-11-02	安哥拉比耶省公路厅
91	安哥拉比耶省聂莱亚道路修复工程	2016年度优质工程奖	2016-12-02	安哥拉比耶省政府
92	武汉市轨道交通11号线东段四标段左岭站、未来三路站项目	2016—2017年度湖北省建筑结构优质工程	2017-08-01	湖北省建设工程质量安全协会
93	济南市东区水厂工程	2017年度中国电建优质工程奖	2017-11-01	中国电力建设股份有限公司
94	烟台金山湾大桥工程	2017年度中国电建优质工程奖	2017-11-01	中国电力建设股份有限公司
95	武汉海赋江城二期工程（B-6-C地块）	2017年度中国电建优质工程奖	2017-11-01	中国电力建设股份有限公司
96	阿尔及利亚233兆瓦光伏电站工程	2017年度中国电建优质工程奖	2017-11-01	中国电力建设股份有限公司
97	南水北调中线一期工程（潮河第七施工标段）	2017年度中国电建优质工程奖	2017-11-01	中国电力建设股份有限公司
98	山东省龙口至青岛公路莱西（沈海高速）至城阳段土建工程（第六施工标段）	2017年度中国电建优质工程奖	2017-11-01	中国电力建设股份有限公司

续表

序号	工程（产品）名称	授予内容	授予时间	授予单位
99	波兰弗罗茨瓦夫防洪工程	2017年度中国电建优质工程奖	2017-11-01	中国电力建设股份有限公司
100	辽宁北票西山风电场项目（49.5兆瓦）塔筒制作	2017年度优秀焊接工程	2017-10-01	中国工程建设焊接协会
101	青弋江分洪道工程金属结构设备制造项目	2017年度优秀焊接工程	2017-10-01	中国工程建设焊接协会
102	深圳市城市轨道交通7号线BT工程	2016—2017年度国家优质工程金质奖	2017-11-01	中国施工企业管理协会
103	神华陕西甲醇下游加工项目	2016—2017年度国家优质工程奖	2017-11-01	中国施工企业管理协会
104	扬州611省道邗江段工程	2018年度中国电建优质工程奖	2018-11-01	中国电力建设股份有限公司
105	安庆市破罡湖东站工程	2018年度中国电建优质工程奖	2018-11-02	中国电力建设股份有限公司
106	江门市应急备用水源及供水设施工程	2018年度中国电建优质工程奖	2018-11-03	中国电力建设股份有限公司
107	武汉市轨道交通11号线东段工程（光谷火车站—左岭站）	2018年度中国电建优质工程奖	2018-11-04	中国电力建设股份有限公司
108	黄浦江上游水源地金泽水库工程（JSK-C3标）	2018年度中国电建优质工程奖	2018-11-05	中国电力建设股份有限公司
109	成都地铁4号线二期工程	2018年度中国电建优质工程奖	2018-11-06	中国电力建设股份有限公司
110	卡塔尔GTC606供水管线工程	2018年度中国电建优质工程奖	2018-11-07	中国电力建设股份有限公司
111	平潭综合实验区金井一路市政道路工程	2018年度中国电建优质工程奖	2018-11-08	中国电力建设股份有限公司
112	菲律宾燃煤电厂循环水管道用PCCP及配件	2018年度中国电建优质产品奖	2018-11-09	中国电力建设股份有限公司
113	南水北调东线一期鲁北段工程大屯水库工程	2017—2018年度中国水利工程优质（大禹）奖	2018-12-01	中国水利工程协会
114	深圳市城市轨道交通7号线BT工程	第十六届中国土木工程詹天佑奖	2018-12-01	中国土木工程学会、北京詹天佑土木工程科学技术发展基金会
115	黄浦江上游水源地金泽水库工程（JSK-C3标）	2018年上海市水利优质工程	2019-01-01	上海市水利工程协会
116	淮北市孟山南路贯通工程	2017—2018年度安徽省建设工程"黄山杯"奖	2019-04-01	安徽省建筑业协会
117	重庆江习高速笋溪河大桥	2018年巴渝杯优质工程	2019-07-01	重庆市建筑业协会
118	淮北市杜集区东庄安置房工程	中国电建优质工程奖	2019-11-01	中国电力建设股份有限公司
119	阿尔及利亚混凝土粮仓工程	中国电建优质工程奖	2019-11-01	中国电力建设股份有限公司
120	多用途混凝土衬砌管片	中国电建优质产品奖	2019-11-01	中国电力建设股份有限公司
121	波兰弗罗茨瓦夫防洪工程	2018—2019年度国家优质工程奖	2019-11-01	中国施工企业管理协会
122	武汉市轨道交通11号线东段（光谷火车站—左岭站）工程BT投融资建设项目	2018—2019年度国家优质工程奖	2019-11-01	中国施工企业管理协会
123	重庆江习高速笋溪河大桥	2018—2019年度中国建设工程"鲁班奖"	2019-11-01	中国建筑业协会
124	阿尔及利亚233兆瓦光伏电站项目	2018—2019年度中国建设工程"鲁班奖"	2019-11-01	中国建筑业协会
125	吉林省中部城市引松供水工程钢管（SP）采购二标项目	2019年度优秀焊接工程	2019-11-01	中国工程建设焊接协会
126	津石高速公路JSLQ4标千里堤特大桥及于村互通钢箱梁制作工程	2019年度优秀焊接工程	2019-11-01	中国工程建设焊接协会

续表

序号	工程（产品）名称	授予内容	授予时间	授予单位
127	晋中市综合通道工程潇河钢桥制造安装项目	2019年度优秀焊接工程	2019-11-01	中国工程建设焊接协会
128	武汉南国中心二期工程	2018年度湖北省建筑结构优质工程	2019-07-01	湖北省建设工程质量安全协会
129	适用于海洋环境的大口径钢筒混凝土顶管（PCCP类）	中国电建优质产品奖	2020-11-01	中国电力建设股份有限公司
130	阿尔及利亚混凝土粮仓工程	国家优质工程奖	2020-12-01	中国施工企业管理协会
131	晋中市综合通道建设工程PPP项目（不含桥梁）	山西省精品示范工程	2020-12-01	山西省市政公用协会
132	晋中市综合通道建设工程PPP项目潇河大桥项目	山西省精品示范工程	2020-12-01	山西省市政公用协会
133	晋中市环城南路西延工程项目	山西省示范工程	2020-12-01	山西省市政公用协会
134	风力发电机组塔架	中国电建优质产品奖	2020-11-01	中国电力建设股份有限公司
135	晋中市综合通道建设项目潇河钢桥工程	中国电建优质工程奖	2020-11-01	中国电力建设股份有限公司
136	天润山东德州夏津风电场二期项目	全国优秀焊接工程	2020-12-01	中国工程建设焊接协会
137	鄂州市城东水厂工程	鄂州市建筑工程"吴都杯"奖	2020-05-01	鄂州市建筑业协会
138	天津外环线工程第五标段——津蓟快速路互通式立交	天津市建设工程"海河杯"奖	2020-03-01	天津市建筑业协会
139	天津外环线东北部调线工程第5标段永金引河1号大桥	天津市建设工程"海河杯"奖	2020-03-01	天津市建筑业协会
140	北京2527营房工程	北京市结构长城杯工程金质奖	2020-08-01	北京市优质工程评审委员会
141	阜阳颍河颍上段水系综合治理一期工程八里河站项目八里河泵站	阜阳市水利优质工程一等奖	2020-06-01	阜阳市水利局
142	阜阳颍河颍上段水系综合治理一期工程八里河站项目八里河泵站	安徽省水利工程"禹王杯"奖	2020-11-01	安徽省水利厅
143	霍山县生态新城路网工程PPP项目工程（西迎驾大道升级改造工程）	中国电建优质工程奖	2020-11-01	中国电力建设股份有限公司
144	安庆市破罡湖东站工程	安庆市优质工程"振风杯"奖	2020-06-01	安庆市住房和城乡建设局
145	芜湖青弋江十甲任干流节制闸枢纽工程	中国电建优质工程奖	2020-11-01	中国电力建设股份有限公司
146	池州长九神山灰岩矿项目码头一期工程	中国电建优质工程奖	2020-11-01	中国电力建设股份有限公司
147	济南市顺河快速路南延（英雄山立交至南绕城高速）建设工程	山东省建筑工程优质结构杯	2020-01-01	山东省住房和城乡建设厅
148	世纪大道（工业南路至龙凤山路）道路建设工程	山东省建筑工程优质结构杯	2020-01-01	山东省住房和城乡建设厅
149	哈尔滨市轨道交通二号线一期工程土建工程南直路站	2019年度黑龙江省市政金杯示范工程奖	2020-12-01	黑龙江省市政工程协会
150	巴基斯坦卡西姆燃煤电站工程	国家优质工程奖	2021-12-01	中国施工企业管理协会
151	巴基斯坦PKM项目（苏库尔至木尔坦段）	2020—2021年度国家优质工程金奖	2021-12-02	中国施工企业管理协会
152	成都轨道交通18号线工程	2020—2021年度国家优质工程金奖	2021-12-03	中国施工企业管理协会
153	黄浦江上游水源地工程	2020—2021年度国家优质工程奖	2021-12-04	中国施工企业管理协会

续表

序号	工程（产品）名称	授予内容	授予时间	授予单位
154	安徽 S238 怀宁段公路改建工程一期高河至黄墩段 PPP 项目工程	2021 年度安徽省建设工程"黄山杯"奖	2021-11-01	安徽省建筑业协会
155	杭州市第二水源千岛湖配水工程	2021 年度浙江省建设工程"钱江杯"奖	2021-11-01	浙江省建筑业协会
156	濮阳顿丘 140MW 风电场项目塔架制作工程	2021 年度优秀焊接工程奖	2021-11-01	中国工程建设焊接协会
157	山西绛县 54MW 分散式风电项目	2021 年度优秀焊接工程奖	2021-11-01	中国工程建设焊接协会
158	预应力高强混凝土管桩	2021 年度中国电建优质产品奖	2021-12-01	中国电力建设股份有限公司
159	天津至石家庄国家高速公路津冀界至保石界段工程	2021 年度中国电建优质工程奖	2021-12-02	中国电力建设股份有限公司
160	综合通道建设工程 PPP 项目	2021 年度中国电建优质工程奖	2021-12-03	中国电力建设股份有限公司
161	成都轨道交通 18 号线工程	2021 年度中国电建优质工程奖	2021-12-04	中国电力建设股份有限公司
162	济南市世纪大道（工业南路至龙凤山路）道路建设工程施工三标段	2021 年度中国电建优质工程奖	2021-12-05	中国电力建设股份有限公司
163	新建居住、商业金融业项目工程（南国中心二期 2 标段）	2021 年度中国电建优质工程奖	2021-12-06	中国电力建设股份有限公司
164	九江市琵琶湖黑臭水体治理设计采购施工（EPC）总承包项目	2021 年度中国电建优质工程奖	2021-12-07	中国电力建设股份有限公司
165	巴基斯坦 M5 高速公路工程（5-1、6 标段）	2021 年度中国电建优质工程奖	2021-12-08	中国电力建设股份有限公司
166	武汉市金融港应急排涝泵站工程设计施工总承包项目	2020 年度武汉市市政工程银奖	2021-08-1	武汉市市政行业协会
167	晋中市综合通道建设工程	2021 年度山西省优秀勘察设计奖	2021-11-01	山西省勘察设计协会
168	晋中市综合通道建设工程 PPP 项目	工程建设项目设计水平评价三等成果	2021-07-01	中国施工企业管理协会
169	天津市西青区中医医院建设项目	2020 年度天津市建设工程"优质结构评价"工程	2021-05-01	天津市建筑业协会
170	雄安启动区管廊项目	雄安质量杯	2021-01-01	雄安新区建筑业协会
171	黄浦江上游水源地金泽水库工程 JSK-C3 标	2020—2021 上海市市政金杯	2021-01-01	上海市市政公路工程行业协会

第十四章　设备物资管理

第一节　组织机构

一、公司设备物资部职能分工

2011 年 4 月，设备物资部在内部机制上进行调整，主要业务分为三部分：设备管理、物资管理、集中采购管理，成立相应科室并配备充足专业人员，明确各岗位主要职责。各科室执行各项职责时采取分工合作、资源共享方式。

2017 年 3 月，设备物资部制定机电技术人才培养计划并设立机电技术科。

2018年11月，增设特种设备安全管理处。

截至2021年末，公司各二级单位和其下属项目部均设立设备物资管理部门，配备设备物资管理人员300余名；在安全管理方面，持有"特种设备管理人员证书"人员共152人，其中A证32人，其他115人；各单位注册特种设备操作人员共计320人，持证上岗率达到100%。

二、海外区域统筹管理机构

公司70%以上设备资产分布在海外各区域，其管控模式经历由宏观控制到集中统筹管理过程。

2013年9月，成立中国水电十三局坦桑尼亚设备修理厂，开始探索国际工程区域化设备维护保养保障机制。修理厂在设备统一调配、维护保养、配件使用规划上起到集中协调和统筹管理作用。2013年9月—2014年4月，国内海益公司配合实施施工设备专业化维修保养队伍建设工作，历时8个月筹备第一期施工设备修理工培训班，共有31人参加培训。

2017年6月印发《实行海外设备物资区域专业化集中管理的通知》。2017年10月，安哥拉区域成立设备物资集中管理中心。2019年以后，在西南非公司、东非公司、中西非公司集中统筹管理成熟经验引导下，海外其他区域也逐步建立设备物资集中管理机制，在组织机构和人员配置上向集中统筹管理发展。其统筹意义在于：提高设备利用率和物资周转率、显现集中采购价格优势、降低维修成本和库存、减少浪费和节约清关费用等几个方面。

第二节　建章立制

2007年1月1日，着力进行设备物资管理流程合理化改造，构建良好的国内外沟通管理模式和平台。5月，印发《中国水电十三局设备物资集中采购招标实施细则（试行）》。

2008年6月19日，印发《设备物资管理评优活动管理办法（试行）》，系统地规定了设备物资管理先进单位、先进项目部及红旗设备达标条件。

2010年，编制《物资管理细则》；重新修编《设备管理程序》《物资管理程序》《能源资源消耗控制程序》《特种设备管理程序》和《易燃易爆危险品程序》，这些程序更加细致地对各管理环节控制进行规定，尤其是对设备物资现场管理、大型设备和大宗物资采购管理、设备和物资安全管理、现场原材料消耗控制等提出更加规范化要求，有利于提高设备物资管理水平。

2011年，印发《特种设备安全管理办法》《设备物资集中采购招标管理办法》《设备物资管理考核办法》《易燃易爆危险物品管理办法》。同年，根据公司风险防控要求，共制定六项设备物资管理流程。

2012年，印发《国内设备资产分级管理办法》《设备资产编码要求和规则》《国内大宗物资采购管理办法》《大型专用设备管理办法》《租赁设备管理办法》《办公设备管理办法（试行）》。其中《国内设备资产分级管理办法》是在充分调研的基础上，将公司和国内各单位设备出资采购、日常管理、报废处置等权限进行重新划分，放大国内各二级单位管理范围（以单台设备原值50万元为界限，分为自管设备和局管设备），采取相应措施提高各单位管好用好设备的积极性和责任感，这是公司抓大放小，实施设备物资管理战略目标的实践性改变。

《国内大宗物资采购管理办法》是针对以往粗放型大宗物资采购管理而制定的，在客观总结物资管理短板基础上采取较为有效的措施，即首先在制度上对大宗物资采购进行规范和约束，目的是控制成本、堵塞漏洞、提高效益。

2013年，印发《设备租赁管理办法》《电子办公设备管理办法》《设备物资供应商管理办法》《物资仓库管理办法》《仓库盘点管理办法》《设备验收、维护保养、进退场和报废管理办法》。同年，在梳理完善现有流程基础上，补充固定资产盘点流程。

2015年，印发《设备物资资产处置管理办法》《关于对海外项目设备计提维修基金的通知》《关于调整公司设备类固定资产折旧及编码的通知》。同年，再次评估改进各项设备物资管理流程并制定相应风险防控措施。主控流程共七个：设备物资集中采购管理、供应商管理、设备报废管理、设备退场管理、特种设备管理、物资报废管理、易燃易爆危险物品管理。

2016年，印发《公司设备报废管理办法（试行）》《公司大型设备管理办法（试行）》《公司设备物资采购评标专家和评标专家库管理办法（试行）》《公司设备物资采购信息公开实施细则（试行）》《公司设备物资处置信息公开实施细则（试行）》。

2017年，印发《公司主要能耗设备及设施能效管理办法》；2018年，印发《物资管理办法》和《闲置设备调剂管理办法》。至此，公司设备物资管理制度体系较为完整覆盖各项业务和重要管控环节。

2007—2021年，根据公司发展战略和设备物资管理目标，对集中采购、设备报废处置、考核评价等办法进行多次修订和补充。2021年系统梳理了设备物资管理体系，并将原制度体系中重复、可行性差以及与现状不符的管理要求进行重新整合、修订和完善，补充《公司设备管理办法》。

第三节 设备管理

一、基本情况

2006年至2007上半年，公司全面清查汇总国内外设备资产状况，从完善设备台账入手摸清家底。截至2007年12月31日，公司设备资产7054台套，原值8.24亿元，累计折旧3.2亿元，净值5.04亿元；截至2021年末，公司设备资产达到11006台套，原值34.93亿元，累计折旧26.45亿元，净值8.48亿元。

公司自有大型设备由2007年末的几十台套增至2021年末的651台套，其设备原值由1亿元增至15亿元。在现有27台大型专用施工设备中包含9台在用盾构机，为公司开拓国内轨道交通市场，完成深圳、哈尔滨、武汉、青岛等城市地铁建设项目施工任务提供了巨大设备资源保障。

二、设备资产管理

2007年初，对工程局出资入股港航公司设备类固定资产及存货进行盘点、清查及账务分离，与财务管理部核对相符，界定移交范围和内容。5月末，与港航公司进行最终交接工作；相关设备技术档案及资料交港航公司代表；船舶证书过户移交于10月办理完毕，各相关资料双方均签字认可，交工程局财务部进行核签。

2008年，委派有关人员到巴基斯坦、阿富汗、斯里兰卡、也门项目对下场、闲置设备进行技术鉴定和报废清理，共处置国外设备165台套，回收资金170万美元，解决多年遗留问题并盘活资金。

2011年初，电建股份设备资产管理信息系统在国内各单位开始广泛推行并应用，设备台账和报表线上和线下双轨运行。

2012年，公司国内各单位基本实现POWERON系统设备物资管理模块初级应用和运行维护。同时，根据电建股份要求，对大型专用施工设备实行专控平台管理制。

2012年5月，原二公司、三公司、中水电公司三家单位整合重组，对原二公司和三公司设备资产进行清查盘点，在掌握第一手资料的情况下，对无法继续修复的废旧设备进行鉴定和评估，协助中水电公司对批准报废的设备进行处置。年末，对安装分公司和橡塑厂的设备物资进行全面清查和盘点，配合相关部门对拟重组和调整的设备资产和物资进行界定，对废旧物资进行盘点和鉴定，监督和指导设备物资管理部门重建资产台账并完善管理体系。

2013年，东非设备维修管理中心运行，从其筹建和运转情况来看，探索、深化设备调配、运行、维护统筹管理模式，既是科学整合公司设备资源，建设专业设备管理队伍，走专业化发展道路的需要，也是公司管理提升、降本增效、转变经营模式的有效探索，对公司设备管理和项目管理模式变革具有重大意义。

2014年，根据电建股份要求，强化大型专用设备管理。成立由经验丰富专业人员组成的指导研究专家组，以大型专用设备动态监控和管理为课题，进行分析和研究，提出《大型专用设备管理评价方案》。根据评价方案印发《盾构机使用管理办法》，为确保盾构设备使用状况良好，达到保值及投资效益最大化要求提供依据。

2015年12月，公司设备资产管理信息系统在国内实现全覆盖，系统应用延伸到项目部基层；2017年9月开始向海外项目推行，2018年底实现海外项目全覆盖。

2019—2021年，公司设备管理加快信息化改革步伐，完善和丰富了原有信息系统和PRP功能模块，利用物联网技术开发设备综合管理平台，将租赁设备、外协及分包队伍设备纳入信息化动态管控，提高设备使用效率，降低设备管理成本；利用互联网资源鼓励各单位实施废旧设备公开拍卖，较传统设备处置方式更加规范透明，且扩大了资金回收效益。

目前，公司设备管理体系日趋完善，设备资源整合能力不断提升，设备资产实现寿命周期动态管控。

第四节　物资管理

2008年，公司设备物资部负责与集团公司节能减排工作办公室（工程科技部）对接，定期完成各项考核指标监测统计和上报工作。各二级单位陆续成立节能减排领导小组，对水、电、柴油、汽油、煤油、天然气、煤炭等能源资源消耗数据进行统计分析。2011年4月，工作移交给工程科技部。

2011年，开发POWERON信息系统物资管理模块，将物资计划、台账、出入库等环节纳入其中，日常维护情况作为管理考核内容进行监督评价。

2012年，组织专人对公司库存和物资公司废旧物资进行全面清查盘点并制定具体处置方案。库存79根挖泥船胶管，由橡塑厂以35万元价格办理转账手续接收使用；公司资产管理委员会决定将物资公司废旧物资（配件）无偿调拨给下属各分公司使用，其中D85-18、D80A-12等9个车型共574项配件调入四公司；P&H440S车型共21项配件调拨给机电安装分公司；其他KLD70、KLD85E、KLD110E等11个车型共2142项配件调拨给山东海益汽车销售公司。

2010—2020年，公司物资管理主要集中在采购计划、大宗物资招标采购、供应商评价、现场使用和安全、仓储及出入库管理等方面，定期或不定期开展检查考核，掌握各单位物资购销存状态，实施较严格的成本控制措施，确保施工生产需求。

2020年10月，设备物资部驾驶舱材料看板筹备工作完成，形成公司、成员企业、项目部三个层级，分别对钢筋、商混、水泥、砂子、碎石等五大主材设计总量、实际用量、采购均价、信息均价、结算均价等信息以线柱结合方式进行展示；通过引入布伦特原油和水泥价格指数走势，以及公司项目集中地区钢筋价格走势，在首页重要事项提示中定期通报近期钢筋价格变化情况，便于公司领导对主要材料用量及价格进行总体把控，为公司决策部署提供信息依据。

2021年5月，推广废旧物资网络交易平台，促进废旧物资处置集中化、平台化、流程化、公开化。

同年，为补足物资现场管理短板，利用信息化手段提升现场物资管理水平，设计开发智能仓库系统和智能物料验收系统。两套系统旨在解决海外配件入库难、盘点难、出库难、浪费严重现象和国内项目现场物资验收环节存在的漏洞现象。智能系统的推广应用，将从根本上解决施工项目现场物资管理重视程度不够、专业专职人员缺乏、制度执行能力不足、无法形成闭环管理等问题，在短期内促进项目物资验收管理走上新台阶，信息化管理模式与企业现代管理模式相匹配，从而完善物资管理链条，整体提升公司物资管理水平。

第五节　采购管理

2007年下半年，公司引入公平竞争机制，制定集中采购招标实施细则，成立十三局设备物资集中采购招标领导小组、评标委员会和评标监督小组，下设局招标办公室。通过该机制运行取得一定成效，规模效应显现，采购成本有所下降；设备品牌趋向一致，产品质量和售后服务得到保障；采购过程更加规范、透明；采购环节减少，采购效率提高。

2008—2010年，重点开展采购招标过程控制，优化招投标流程，提高招投标效率。结合公司战略发展目标，将大宗物资采购控制逐步列为工作重点之一，改变以前粗放管理模式。采购策划方面，战略采购与阳光采购相结合，面对全球经济危机，科学评价投资风险，从战略角度考虑投资规模及采购方式，避免不必要损失。

2011—2013年，经过近三年大力建设，公司形成以设备物资部采购中心为主体，以国际保障中心、天达工贸公司、海益国际汽车销售维修有限公司为载体的设备物资集中采购平台，以提高资源整合能力为目标，促进设备调剂平台、设备物资集中采购招标平台、供应商管理平台建设，效果显著。

2015年，公司明确采购管理实行两级集中、三级管理运行模式，设立采购委员会和采购中心。采购管理考核体系在集中采购率指标基础上增加上网采购率作为修正指标；2020年增加平台公开采购率指标。

自2016年始，推行公司范围内年度招标工作，根据各单位、项目部实际情况确定年度招标有关事项。经实践，年度招标为项目所需通用施工设备和项目周期内主材提供时间和质量保障，降低了采购成本。

自2017年始，公司响应电建股份打造阳光央企工作部署，公开采购额增长迅速，到2018年末，公开招标采购已占集采平台采购总额的74.2%，公司采购形式以公开招标为主。

2018年9月，电建股份开发的电建商城上线运营，零星采购纳入平台管理，采购行为进一步得到规范。

自2019年初，电建股份升级改造的设备物资集中采购平台三期上线运行，开、评标分离并设置独立工具，各单位在集采中心监督指导下采用全流程操控模式。

自2020年始，在国内推行大采购模式，引导各单位统筹规划采购需求，对项目类型、所在区域、大宗物资种类和用量等方面进行充分调研，开展区域集中框架招标采购，做到以量换价，以节约成本。

2021年，印发《关于对公司设备物资集中采购试行分级定标管理的通知》，调整各层级定标审批权限，通过分级管理模式解决专业人才短缺问题，在严格执行上级采购管理规定的基础上缩短采购流程，为切实高效做好保障工作提供有利条件。

2021年末，开展中国电建供应链云服务平台试点运行工作，推动采购管理向供应链管理转型升级。

第十五章 投融资管理

第一节 组织机构

2016年12月30日，成立公司投融资事业部。

2019年10月18日，投融资事业部纳入国内市场开发总公司管理。

第二节 建章立制

2017年，印发《水电十三局PPP业务会计核算办法（试行）》《水电十三局投资管理办法》《水电十三局PPP项目考核管理办法（试行）》《水电十三局外派董事监事及高级管理人员考核管理办法》《水电十三局控股投资PPP项目档案管理考核办法》；2018年，印发《中国电建市政集团PPP项目考核管理办法（试行）》《中国电建市政集团控股投资PPP项目档案管理考核办法》《中国电建市政集团投资管理办法（2018版）》《中国电建市政集团外派董事监事及高级管理人员考核管理办法》；2019年印发《中国电建市政集团投资项目档案管理办法》。

第三节 投融资管理

2016年12月，成立投融资事业部，负责对公司投融资项目及参股公司管理。

2017年，公司在投资管理、融资管理、PPP项目考核及其档案管理等方面建章立制，完善投融资管控体系，保障PPP项目健康有序发展。

2017年4月，印发《水电十三局PPP项目风险清单》，对项目前期风险、建设期风险以及运营期风险作详尽阐述并针对性给出建议。

2018年，重新修订《投资管理办法》《PPP项目考核管理办法》，以及《PPP项目档案管理办法》，严控投资风险，加强对PPP项目管理。

2020年10月15日，成立PPP项目运营管理工作及投资项目后评价管理工作领导小组和工作小组，提高投资项目管理水平。

2021年，印发《中国电建市政建设集团有限公司PPP项目运营管理办法》，确保PPP运营工作规范有序。截至2021年12月，公司承接投融资项目共18个，签约实施PPP项目总投资金额303.53亿元。

投融资项目一览，见表9-15-1。

表9-15-1　投融资项目一览

序号	工程名称	项目地点	签约时间	总投资（万元）	合作年限（年）	项目阶段
1	金寨县江环北路等综合管廊及道排工程PPP项目	安徽安庆	2016-04-25	58194.00	2+10	运营阶段
2	S238怀宁段公路改建工程一期高河至黄墩段（原黄高线改建升级）PPP项目	安徽怀宁	2016-12-26	56489.09	2.5+10	运营阶段
3	南京市浦口区凌霄路南延道路建设工程PPP项目	南京浦口	2016-12-28	63257.85	2+9	建设阶段
4	霍山县生态新城路网工程PPP项目	安徽霍山	2017-01-12	98470.70	3+10	运营阶段
5	晋中市综合通道建设工程PPP项目	山西晋中	2017-09-11	282000.00	2+20	运营阶段
6	G345凤阳段一级公路改建工程PPP项目	安徽凤阳	2017-07-28	115278.31	2+10	运营阶段

续表

序号	工程名称	项目地点	签约时间	总投资（万元）	合作年限（年）	项目阶段
7	朔州经济开发区起步区及外部连接道路PPP项目	山西朔州	2018-03-04	171236.00	2+23	建设阶段
8	长葛市清潩河综合治理工程PPP模式（二次）	河南长葛	2018-04-28	125035.26	2+16	运营阶段
9	东明石化产业园发展环境综合提升PPP项目	山东菏泽	2020-01-09	115125.96	3+20	建设阶段
10	唐山市全域治水清水润城县区工程PPP项目（丰润区）	河北唐山	2020-03-28	38078.00	3+22	建设阶段
11	唐山市全域治水清水润城县区工程PPP项目（乐亭区）	河北唐山	2020-03-28	172285.00	3+22	建设阶段
12	亳州市三清大道（东绕城快速）PPP项目	安徽亳州	2020-05-01	131706.82	2+13	建设阶段
13	尉氏县2017年城区基础设施提升改造PPP项目（二次）	河南开封	2021-04-19	148540.07	2+13	建设阶段
14	太原武宿（国际）机场空港配套工程（晋中区域）PPP项目社会资本方采购	山西太原	2021-10-15	958773.39	2+10	建设阶段
15	江门市应急备用水源及供水设施工程PPP项目	广东江门	2015-11-06	22020.52	2+11	运营阶段
16	福鼎市滨海大道二期道路工程PPP项目	福建福州	2016-10-31	125600.00	3+10	建设阶段
17	巩义市生态水系建设工程PPP项目	河南巩义	2018-10-18	228843.40	3+20	建设阶段
18	泌阳县商务中心区基础设施建设、泌水河及梁河城区段生态工程PPP项目（三次）	河南驻马店	2020-08-17	124355.84	3+15	建设阶段

注：合作年限为建设期+运营期。如"2+10"表示2年建设期，10年运营期。

第十六章 财务、资金与资产管理

第一节 组织机构

2007年6月，调整工程局财务管理部、资金结算中心业务流程，将财务管理部更名为财务产权部，资金结算中心更名为资金管理部。

2013年，公司将中水电公司资金中心作为资金管理部派出机构划归公司资金管理部直接管理，成立德州资金管理分部，对德州片各单位进行资金集约化管理，形成公司总部资金管理部和德州资金分部两级国内资金管理体系。

2019年2月，成立公司财务共享服务中心，设立费用报销组、收入成本组、资产核算组、薪酬税金组、总账报表组、运维管理组等六个组。财务共享服务中心隶属财务产权部，承担公司财务管理体系中共享财务职责。

2020年3月，撤销国际公司财务管理部，相关业务分别并入财务产权部、资金管理部。

2021年6月，由原财务产权部、资金管理部合并组建财务资金部，同时将保险业务划归财务资金部。原两部门机构相应撤销，各单位相应部门名称统一为"财务资金部"。

第二节 资产管理

2009年，印发《中国水利水电第十三工程局有限公司用友NC5.02会计平台操作手册》和《中国水利水电第十三工程局有限公司用友NC5.02客户化操作手册》。

2010年，印发《中国水利水电第十三工程局有限公司备用金管理办法》，进一步加大对备用金管理力度，实行源头控制，完善借款手续，建立健全备用金定期清偿制度，避免经济损失。

2011年，印发《中国水利水电第十三工程局有限公司国际业务境外资产管理实施细则》，强调管理体制及职责、库存现金管理、银行存款管理、应收款项管理、存货管理、长期股权投资管理、固定资产管理、在建工程管理、无形资产管理、长期待摊费用管理、临时设施管理和责任考核与追究，进一步规范公司境外资产管理，明确境外资产管理责任。印发《公司资产管理实施细则》，明确管理机构和职责、流动资产管理、固定资产管理、长期投资管理、无形资产、在建工程管理、其他资产、资产评估管理和责任考核与追究。

2012年，印发《二级单位长期挂账应收款项清收工作激励方案》，切实加大应收款项催收力度，加速资金回笼。同年，公司通过法律途径收回玉清湖项目业主拖欠五年以上工程款及利息，共计900万元。

2013年，修订《中国水电十三局有限公司应收款项管理办法》，进一步强化应收账款一把手负责制度，建立应收账款回收"责任人""终身"负责制，并与经济责任制考核紧密挂钩。

2014年8月，与国开行签订无追索权保理协议，由国开行将青龙高速公路项目应收账款和后期结算款进行买断，取得保理融资5300万元。

2015年，印发《中国水电十三局有限公司两金占用专项清理工作方案》，要求各二级单位高度重视两金清理工作，加大两金催收力度。

2017年，印发《关于实行海外设备物资区域专业化集中管理的通知》，对公司境外设备物资实行分区域专业化集中统一管理。

2018年，印发《中国电建市政集团账销案存资产管理办法的通知》，规范账销案存资产管理和资产处置行为。

2019年，修订《中国电建市政集团应收款项管理办法的通知》，明确职责与分工、目标与原则、客户信用管理、应收款项源头控制、应收款项事中控制、应收款项事后控制、坏账损失确认与核销、应收款项考核、内部债权清理及清欠工作。印发《关于中国电建市政集团备用金管理办法的通知》，强调备用金分类和限额、备用金借取和报销流程、备用金管理与监督和责任追究。

2020年，印发《关于中国电建市政集团资产经营管理指导意见（2020年版）的通知》，明确整体要求、资产经营管理总体原则、资产经营管理基本原则及方法、组织实施和措施保障。

2021年，印发《中国电建市政集团备用金管理办法的通知》，进一步加强公司备用金管理，规范借款行为，提高资金利用效率，有效控制资金占用，确保资金安全，强调备用金分类和限额，备用金借取和报销流程，备用金的管理与监督和责任追究。

第三节　资金管理

2008年，印发《中国水利水电第十三工程局有限公司办理金融机构中间业务规定》，明确规定银行中间产品范围、审批程序及管理要求。

2009年，实施境内外、公司内各级次现金安全管理，对境内外现金管理、总部部门、各二级单位及项目部，分级次控制库存现金限额，先后印发《中国水电十三局有限公司现金管理规定》《重新核定现金库存限额的通知》，规范现金管理体系。

2010年，实施国外项目国际业务资金计划管理，定期编报反映各单位资金，印发《进一步加强公司境外资金管理》《进一步完善国际业务资金计划编制工作的通知》等规章制度，针对东非区域印发《中国水电十三局有限公司东非经理部资金集中管理实施办法》，建立规范控制体系。

2011年，银行授信额度达到34亿元。修订《境外机构现金管理办法》，进一步规范境外机构现金管理。

2012年，银行授信规模达到40亿元，其中流动贷款额度达20.2亿元。针对欧债危机深化，印发《关于做好应对欧元贬值风险的紧急通知》。

2013年，获评2012年度信贷诚信企业，是获评AAA银行信用等级证书之后又一银行业诚信称号。积极扩充银行授信额度，与中国进出口银行、兴业银行建立合作关系，授信规模达到101亿元，其中流动资金贷款授信达到37.4亿元。先后开展低息美元融资、无追索应收账款保理、境外结算账单贴现、天津市应收账款债权流转等业务。

2015年，授信额度达109亿元。修订《银行账户管理实施细则》《国际业务保函管理办法》，进一步加强对银行账户和国际保函管理。股份公司将公司纳入第一批永续债券试点发行单位，评级机构给予预评级AA+信用。

2016年，用友NC资金信息系统完成开发、上线，提高了资金集中度，加强了公司总部资金管控能力。发行8亿元永续债，资本市场上评级等级为AA+，期限为5+N，票面利率为4.69%。公司授信额度达140.45亿元。修订《金融机构中间业务管理办法》《内部资金调剂管理办法》《统借统还管理办法（试行）》《资金管理信用评价办法（试行）》《内部信用鉴证业务管理办法》。

2017年，被电建股份公司评为资金集中管理达标企业；资金管理部被评为资金集中管理先进部门；获得股份公司奖金500万元。与电建财务公司合作七大银行账户均开通银企直联，直联率100%。公司授信额度达到154.85亿元。修订《金融机构中间业务管理办法》。

2018年，陆续完成银行账户更名工作。提升NC资金管理信息系统使用效率和效果，推行二级单位总部大额资金统一支付，加强对项目资金集中管控，印发《用友NC资金管理信息系统操作手册》。建立内部存款利息考核标准，印发《关于中国电建市政集团内部存款利息考核的通知》。修订《中国电建市政建设集团资金结算管理办法》《中国电建市政建设集团融资管理办法》等。公司授信达159亿元。

2019年，杨柳青项目应收账款证券化方案落地，将应收账款注入股份公司发行的二期ABS资产池，提前回款1.28亿元。公司授信额度达到172亿元。印发《中国电建市政集团国际业务保函管理办法》《关于规范公司海外项目设备物资国内采购和服务保障等账款支付相关事项的通知》。

2020年，银行授信额度达205亿元。自2015年以来，累计投保出口信用保险项目15个，保险金额合计4.84亿美元，累计收到保费补贴406.76万元。

2021年，实现NC资金管理系统向浪潮资金GS平稳过渡，建立资金监控中心、资金集中管理中心和资金管理分析中心，将二级单位共计158个账户网银复核盾上收至共享中心，进一步加强资金结算安全。发行天津区域首支AA+债项次级永续中票，票面金额7亿元，期限3+N，票面利率4.95%，发行利率处于全国同时期、同评级、同业最低水平，永续中票按照债券利息可税前扣除，预计3年可节省1559.25万元所得税费。办理应收账款ABS业务6亿元，提前回笼资金。保函置换保证金共计1.41亿元，累计收到广西水电保函索赔款8882.66万元。

第四节　投资管理与产权管理

2007年，集团公司根据总体发展规划，组建中国水电建设集团港航有限责任公司。工程局疏浚专用设备和现金投资9000万元，占30%股份。

以2006年12月31日为基准日，集团公司将流芳宾馆100％国有产权及其全资子公司北京流芳旅行社采取无偿划转方式整体划转至工程局，工程局履行出资人职责，妥善解决人员安置、债权债务承继等问题，及时向国资委办理无偿划转手续，完成流芳宾馆产权变动登记。工程局对其发展方向进行重新定位。

2008年，根据集团整体上市要求，公司出资66.1万元，全部回购德州九龙贸易有限公司九名自然人54万元股权，使德州九龙贸易有限公司成为公司持股100％全资子公司。

2008年，注销北京流芳旅行社，剩余财产22.07万元移交给其投资人北京流芳宾馆，并注销北京流芳旅行社税务登记证、法人代码证、专业经营资质证和国有产权登记证。

2008年，完成中国水利水电第十三工程局有限公司、中国水电十三局德州勘测设计研究院有限公司、中国水电十三局德州监理中心有限公司、北京流芳宾馆和德州九龙贸易有限公司的资产评估备案和产权变更登记手续。投资1.19亿元，其中：以现金出资3570万元；以实物资产出资8330万元，在德州注册成立中水电十三局水电工程有限公司。在子公司九龙公司宾馆、餐饮业务剥离后，增资420万元，使其注册资本增加到506.9万元，从而满足开展国际货运代理业务资本需要。

2009年1月，投资全资子公司中水电十三局水电工程有限公司，持股比例100％，由水电公司管理。

2010年4月，投资全资子公司中国电建市政集团德州房地产开发有限公司，持股比例100％，由天津公司管理。

2011年，共计完成投资47785万元，其中项目投资1283万元、股权投资46502万元。项目投资包括中国水电十三局天津研发中心（土建）1000万元，安徽合肥办事处写字楼购置283万元；股权投资包括参股中水电津城投资发展有限公司，股权占比10％，2011年投资4000万元；参股中国水电建设集团路桥工程有限公司，股权占比10％，投资9284万元；参股中国水电建设集团（抚顺）投资建设有限公司，股权占比40％，投资2000万元；参股中国水电建设集团房地产（抚顺）有限公司，股权占比40％，投资10158万元；参股中国水电建设集团房地产武汉有限公司，股权占比25％，投资15250万元；参股中国水电建设集团瓜州风电有限公司，股权占比23.81％，2011年投资5000万元；参股中国水电集团朝阳风电开发有限公司北票王子山风电场工程，股权占比30％，2011年投资810万元。

2012年7月，投资全资子公司中国水电十三局芜湖建设有限公司，持股比例100％，由水电公司管理。

2012年12月，集团外参股投资水电十三局恒华（彰武）管业有限公司，持股比例60％，由母公司管理。

2013年，投资2080万元设立水电十三局恒华（彰武）管业有限公司、山东海益国际汽车销售维修有限公司、吉林省开吉工程建设有限公司。投资2500万元完成华苑设计研发中心与国际物流仓储中心基建工作。

2013年，投资全资子公司天津斯泰克国际贸易有限公司，持股比例100％，由母公司管理。

2013年，以2012年12月31日为统计时点，对瑕疵房屋、土地权证进行清理，共发现瑕疵房屋16宗，多为车间、车库、传达室等临时建筑，无瑕疵土地。

2014年，投资3000万元参股中水电（烟台）投资发展有限公司，股权占比15％。

2014年3月，投资全资子公司中国电建市政集团安徽工程建设有限公司，持股比例100％，由安徽公司管理。

2014年9月，集团内参股中电建路桥集团平潭投资发展有限公司，持股比例23％，由四公司管理。

2014年11月，集团内参股中电科哈尔滨轨道交通有限公司，持股比例5.56%，由四公司管理。

2015年4月，注册成立德州康润物业管理有限公司，注册资本金为100万元，持股比例100%。

2015年5月，投资全资子公司中国电建市政集团安庆建设有限公司，持股比例100%，由安徽公司管理。

2015年7月，集团内参股朝阳中电建风力发电有限公司，持股比例30%，由母公司管理。

2015年12月，投资PPP项目公司江门市应急备用水源管理有限公司，持股比例28%，由水电公司管理。

2015年12月，集团内参股中电建路桥集团扬州建设发展有限公司，实缴资本12000万元，由水电公司管理。安庆市高新技术产业园区山口片区基础设施项目，为公司新开工基础设施项目，2015年度完成投资3000万元。

2016年1月，集团内参股中电建安徽长九新材料股份有限公司，持股比例16.6%，由水电公司管理。

2016年4月，投资PPP项目公司中国水利水电第十三工程局金寨投资建设有限公司，持股比例90%，由安徽公司管理。

2016年12月，集团内参股吉林市吉城哈达管廊投资运营有限公司，持股比例20.01%，公司代持股，由母公司管理。

2016年12月，集团内参股吉林市吉城吉丰管廊投资运营有限公司，持股比例25%，公司代持股，由母公司管理。

2017年1月，投资PPP项目公司京建工（福鼎）市政投资建设有限公司，持股比例49%，由四公司管理。

2017年1月，投资PPP项目公司中国水利水电第十三工程局怀宁投资建设有限责任公司，持股比例80%，由山东公司管理。

2017年2月，投资PPP项目公司中国电建市政集团霍山投资建设有限公司，持股比例90%，由安徽公司管理。

2017年4月，投资PPP项目公司中水电十三局南京凌霄市政有限公司，持股比例90%，由天津公司管理。

2017年5月，投资水电十三局（天津）股权投资基金合伙企业（有限合伙），持股比例49.99%，由母公司管理。

2017年5月，投资全资子公司福州赋榕建设工程有限公司，持股比例100%，由四公司管理。

2017年5月，投资全资子公司哈尔滨水电十三局管片有限公司，由管道公司管理。

2017年8月，投资PPP项目公司晋中大禹市政工程有限公司，持股比例10%，由四公司管理。

2017年10月，集团外参股怀宁县津宁城市发展有限公司，持股比例45%，由天津公司管理。

2017年11月，投资PPP项目公司长沙市盛道基础设施建设管理有限公司，公司代持股，由天津公司管理。

2017年12月，投资PPP项目公司中国电建市政集团凤阳投资建设有限公司，持股比例17.18%，由安徽公司管理。

2018年3月，集团内参股中电建商业保理有限公司，持股比例10%，由母公司管理。

2018年5月，投资PPP项目朔州瑞津工程建设有限公司，持股比例41%，由北方公司管理。

2018年7月，投资全资子公司中电建市政建设集团北方国际工程有限公司，持股比例100%，由北方公司管理。

2018年8月，投资PPP项目公司河南天邑润葛水环境治理有限公司，持股比例46%，由天津公司管理。

2018年9月，集团内参股中电建池州长智建工有限公司，持股比例24%，由水电公司管理。

2018年9月，投资PPP项目公司中电建巩义生态水系建设有限公司，持股比例30%，由天津公司管理。

2018年，印发《中国电建市政集团产权管理办法》，明确组织机构与职责、产权登记管理、产权转让管理、无偿划转管理、境外国有产权管理和责任追究。

2019年3月，集团外参股山西黄河水务生态环保控股有限公司，持股比例12%，由北方公司管理。

2019年6月，投资全资子公司中电建市政建设集团山东工程有限公司，持股比例100%，由山东公司管理。

2019年9月，投资全资子公司中电建市政建设集团平原工程有限公司，持股比例100%，由水电公司管理。

2019年12月，投资全资子公司滑县赋安建设工程有限公司，持股比例100%，由水电公司管理；投资全资子公司中电建市政建设集团西南工程有限公司，持股比例100%，由轨道公司管理。

2019年，印发《关于进一步加强产权管理的通知》，修订产权登记管理流程图，明确岗位职责。建立完整产权登记档案。完成"三供一业"清算，持续改进产权登记工作。

2020年3月，集团内参股中电建市政建设集团深圳工程有限公司，持股比例50%，由轨道公司管理；集团外参股沛县文礼教育实业有限公司，持股比例49.5%，由水电公司管理。

2020年5月，投资PPP项目公司唐山全域治水生态建设集团有限公司，持股比例8.18%，由天津公司管理；集团外参股济南先行城市发展有限公司，持股比例49%，由山东公司管理；投资PPP项目公司中电建市政建设集团东明津达投资建设有限公司，持股比例85%，由安徽公司管理。

2020年6月，集团内参股山西中电建置业有限公司，持股比例15%，由北方公司管理。

2020年9月，投资PPP项目公司中电建（泌阳）环境建设发展有限公司，持股比例28.5%，由天津公司管理；完成十三局医院无偿划转移交地方工作。

2020年11月，集团内参股山东津岳房地产开发有限公司，持股比例50%，由山东公司管理。

2021年1月，投资PPP项目公司亳州驰盟项目管理有限公司，持股比例51%，由安徽公司管理。

2021年3月，投资PPP项目公司中电建市政建设集团（尉氏）投资建设发展有限公司，持股比例90%，由天津公司管理。

2021年8月，投资全资子公司电建市政建设项目管理（淮北）有限公司，持股比例100%，由山东公司管理。

2021年9月，集团内参股中电建（梅州市梅县区）交通建设投资有限责任公司，持股比例46%，由港航公司管理。

2021年10月，投资PPP项目公司晋中领航投资建设有限公司，持股比例44.61%，由北方公司管理。

2021年11月，集团内参股中电建廊坊水务建设发展有限公司，持股比例30%，由电建路桥环境公司管理；投资全资子公司中电建市政建设集团烟台工程有限公司，持股比例100%，由山东公司管理。

2021年12月，投资全资子公司中电建市政建设集团江苏津源工程有限公司，由水电公司管理；投资全资子公司中电建市政建设集团（浙江）工程有限公司，持股比例100%，由上海公司管理。

2021年，印发《2021年度资产经营工作方案》，通过资产端经营，控增量、去存量、防变量，优化资产结构；清理低效无效资产，完成电建地产武汉公司2500万元股权退出；盘活山东电力管道公司土地资产3608.07万元，溢价41.93%。

第五节　税务管理

2009年，建立境外项目税务策划制度。项目中标实施伊始，开展税收筹划工作，指派专人负责收集、整理、分析所在国家财务和税收政策。

2010年，印发《中国水电十三局有限公司国际工程项目税收业务的指导意见》，从税收环境、人员组织、税务基础管理、税务策划具体措施、涉税档案管理等方面，提出具体可行指导意见。

2012年，印发《境外项目财务税收资料库》，境外项目财务税收资料库日益完善。

2013年，编写《国际工程税务管理研究报告》，报告对国际工程税收工作实施成果进行了总结，对其推广价值进行论证，取得了良好效果。

2014年，印发《中国水电十三局有限公司国际业务境外税收管理工作实施细则》，规范公司国际业务境外税收管理工作。

2016年，在全公司范围内推广"营改增"，完善增值税税收管理体系，制定业务操作指导手册，加强"营改增"政策组织宣传和各类培训工作，确保"营改增"平稳过渡。

2017年，先后获得天津市税收助力"一带一路"发展知识竞赛一等奖、2017年全国建筑业财税知识竞赛团队银奖。

2015—2020年，纳税等级保持A级水平。

2021年9月，获第二届"天扬杯"全国建筑业财税知识竞赛团体组银奖。

第六节　保险管理

1991年，承接世行贷款项目内蒙古河套总排干工程，向人保内蒙古分公司投保工程一切险，该保单成为公司国内项目首张工程险保单。

1994—2012年，率先走出国门，海外项目数量增速迅猛，根据FIDIC条款要求，海外项目普遍投保工程一切险、第三者责任险、施工机具保险，以及雇主责任险或团体人身意外伤害保险，工程保险起到转移风险、保证企业平稳经营积极作用，如杜伯华水电站项目，在洪水事故发生后，共获得保险赔款7.09亿巴基斯坦卢比。同期国内项目，由于除水利、公路项目外，其他建设项目一般未将工程险保费列入工程量清单，以及《建设工程施工合同》中投保责任约定不清晰等原因，公司国内项目工程险投保率始终处于较低水平。

2012年12月，印发《中国水利水电第十三工程局有限公司国外项目工程保险管理办法》《中国水利水电第十三工程局有限公司关于国内项目工程保险管理办法》，按照办法规定，公司承建国内外工程承包项目和投资项目应依据工程承包合同、融资文件、内部委托实施协议要求，投保建筑工程一切险和安装工程一切险、第三方责任险、施工机具和设备保险、机动车辆险等。办法同时明确了公司工程管理部是工程项目保险归口管理部门，由公司所属二级单位负责工程项目保险集中采购工作。

2014年9月，在总结公司国内外工程项目保险管理经验的基础上，重新修订《中国水电十三局有限公司工程保险管理办法（试行）》。按照办法规定，公司工程科技部是保险工作归口管理部门，具体负责工程类保险管理工作；公司资金管理部具体负责出口信用险管理工作；安全生产监督管理部具体负责机动车辆险、雇主责任险或人身意外险管理工作。办法同时明确了项目部是保险管理责任主体。

2017年，公司从国际知名保险经纪公司引入专家一名，任命为工程科技部保险专员，同期从事保险管理工作人员共2人。

2017年10月，重新修订《中国水电十三局有限公司工程保险管理办法》，新办法主要变化是将分散管理模式转变为统一管理模式，要求国内项目工程险实行公司集中采购。根据新办法要求，截至2017年11月，国内八家二级单位（施工板块）均已设立兼职保险专管员岗位，为今后开展统一保险管理工作、提升二级单位保险管理水平奠定人员保障基础。

2018年，工程科技部稳步推进公司工程保险管理办法落地实施，公司保险管理体系初步形成。完成22个国内项目建筑工程一切险附加第三者责任险集中采购工作，保险金额共计54.8亿元，保费支出共计280.43万元，总体费率为万分之五点一。

2018年，工程科技部牵头组织或协助项目开展重大赔案索赔共11起，理赔金额共计570万元，其中哈尔滨轨道2号线项目涌水涌沙案理赔金额450万元。

2019年，公司创新性完成国内房建、公路、城市道路项目年度统括保单签署工作，费率明显优于市场费率，保障范围远优于一般保险人方案。本年度共完成17个项目建筑工程一切险附加第三者责任险集中采购工作，保险金额共计31.58亿元，保费支出共计280.44万元，总体费率为万分之八点八八。全年国内项目工程一切险赔案结案共20起，理赔金额共计362.3万元。

2020年5月，进行机构调整，新设立项目管理部，工程险保险管理职能划归项目管理部。5月6日，PRP工程保险模块上线投入使用，标志着公司保险管理工作进入信息化管理阶段。

2020年8月，重新修订《中国电建市政集团工程保险管理办法》，明确公司二级单位是工程保险管理工作责任主体。全年共完成7个项目建筑工程一切险附加第三者责任险、设计责任险集中采购工作，保险金额共计40.39亿元，保费支出共计112.76万元，总体费率为万分之二点七九。2020年度，国内项目工程一切险赔案结案共15起，理赔金额共计382.25万元。

2021年11月，成立中国电建市政集团商业保险集中采购管理委员会，负责指导和监督公司商业保险集中采购管理工作，决策保险管理重大事项，部署重大保险专项工作。保险集采管委会下设商业保险管理办公室，日常工作机构设在财务资金部，负责公司商业保险日常管理工作。

2021年，公司共完成46个国内外项目建筑工程一切险附加第三者责任险、财产一切险集中采购工作，保险金额共计87.35亿元，保费共计681.44万元，总体费率为万分之七点八。国内项目50万元以上重大赔案结案共5起，理赔金额共计1752.75万元，保险在降低灾害事故损失、保证项目顺利实施方面发挥了重要作用。

第七节　财务共享

2017年12月，成立财务共享中心筹备工作组，筹备组下设办公室，办公室设在财务产权部。

2017年12月，举办财务共享中心培训班，并以国内某大型集团财务共享中心建设和运营为例，详细介绍财务共享中心具体实施方案。

2018年，印发《关于集团化发展管控的思考和建议》《建设财务共享中心，助力集团化发展》。

2018年3月，在天津、德州举办财务共享知识及"营改增"问题专题培训。

2018年8月，财务共享服务中心项目启动招标，同月启动开标工作。

2018年10月，浪潮公司中标财务共享服务中心项目，同月财务共享服务中心项目启动。

2018年12月，电建市政财务共享系统在建设同时，启动浪潮G7"营改增"税务系统建设工作，与财务共享系统一并试点上线。

2019年2月，举行公司财务共享服务中心启动会及揭牌仪式。

2019年3月，财务共享服务中心在路桥公司高速公路项目部开始进行首次试点，标志着公司财务共享服务中心咨询方案和实现方案从理论到实践落地。

2019年5月，财务产权部组织第一期财务培训，共享中心进行系统使用专题培训。

2019年7月，天津公司、轨道公司、北方公司、安徽公司、设计院、流芳宾馆等进行财务共享系统推广和上线，共计推广核算组织124个，当月共计提单2400笔，生成凭证2200笔。

2019年8月，山东公司、中水电公司、水环境公司、国际公司等进行财务共享系统推广和上线，共计推广核算组织118个，包括之前上线单位，当月共计提单6500笔，生成凭证5900笔。

2019年9月，公司总部、国内市场开发部、安装公司、上海公司、实业公司等进行财务共享系统推广和上线，共计推广核算组织180个，包括之前上线单位，当月共计提单11700笔，生成凭证10700笔。

2019年10月，共享系统对除国贸公司、管道公司外剩余国内单位进行推广，包括之前上线单位，当月累计提单13400笔，生成凭证11450笔。

2019年11月，共享系统在国贸公司、管道公司本部进行推广，包括之前上线单位，当月累计提单20800笔，生成凭证19300笔。

2019年12月，财务共享服务中心建设初验会在天津召开，财务共享建设有序推进，业财融合体系已见成效。

2019年12月，共享系统累计提单35523笔，已生成凭证35118笔。

2020年9月，财务共享服务中心被中国高校共享财务专业委员会授予共享财务示范基地称号。

2020年12月，共享中心完成对河北津石高速公路项目、北京城市副中心项目及引江济淮工程江淮沟通段施工J006-1标三个试点项目验收工作。

第十七章　人力资源管理

第一节　组织机构

2018年5月29日，成立干部管理部，人力资源部中层以上干部管理职能划归干部管理部。

第二节　人事管理

2007年4月，印发《关于成立局人才战略领导小组的通知》，确立公司对人才引进、人才发展政策性规划和战略性引领；5月，印发《中国水电十三局技能人员招聘录用实施方案》，对公司技能人员引进进行规范，确定技能人员招聘录用具体实施办法；7月，印发《中国水电十三局优秀项目经理评选办法（试行）》，为优秀项目经理评选提供政策性依据，极大鼓舞项目经理干事创业的工作热情。

2008年2月，成立局技能人员录用考试考核领导小组，为技能人员招聘录用提供组织领导。

2009年5月，印发《中国水电十三局有限公司外聘社会劳务工管理流程》，规范外聘劳务人员使用和日常管理，减少劳务用工风险；9月，印发《中国水电十三局有限公司导师带徒管理办法（试行）》，进一步规范和落实导师带徒工作，帮助新员工迅速成长，快速成才。

2011年9月，印发《中国水电十三局有限公司退休人员聘用指导意见》，对退休人员聘用条件、聘用程序、聘用方案进行确定和规范。

2013年8月，印发《中国水电十三局有限公司科级干部管理办法》，加强和改进公司科级干部管理工作，建立与公司发展相适应的科学选人用人机制；12月，印发《中国水电十三局有限公司员工招聘管理暂行办法》，对大学生招聘和社会人才引进流程进行规范，加强人员招聘录用管理，健全人才选用机制，保证公司生产经营发展人才需求和人才质量。

2015年4月，印发《关于加强公司两级总部中层领导干部离岗管理工作的通知》，要求男年满57周岁、女年满52周岁离开现任领导岗位，加强公司两级总部中层领导干部离岗管理工作，推动公司两级总部中层领导干部队伍年轻化、专业化建设。

2016年5月，印发《中国水电十三局有限公司国际业务本土化人才管理办法》，进一步推进国际业务本土化人才建设，加强外籍员工招聘与管理，推动公司海外业务发展。

2017年11月，印发《中国电建市政集团项目经理职业发展管理办法（试行）》，建立项目经理发展通道，促进项目经理向专业化、职业化、市场化、国际化方向发展。

2018年1月，印发《关于调整公司领导干部离岗年龄的通知》，离岗年龄由现执行的男年满57周岁，女年满52周岁调整为男年满58周岁，女年满53周岁，从2018年1月1日起执行。《关于加强公司两级总部中层领导干部离岗管理工作的通知》废止。

2020年8月，印发《中国电建市政集团员工招聘管理办法》，深入规范公司招聘管理。

第三节　劳动用工与人力资源调配

2007年，公司开始接收职工子女就职，并对就职职工子女学历和专业等进行规定。2011年在此基础上又进行针对性修改。

2010年7月，公司所属幼儿园移交德州市政府管理。

2020年9月，公司所属十三局医院移交德州市政府管理。原十三局医院197人，其中在职职工182人，退休职工15人，一并划转。

第四节　人才引进和培养

2007年4月，为应对公司快速发展人才需求状况，为人才引进提供战略引领，成立人才战略领导小组。

2013年，印发《中国水电十三局有限公司员工招聘管理暂行办法》，对招聘组织机构及分工，招聘计划制定与上报，招聘对象、形式及渠道进行明确，对应届毕业生和社会人员招聘和录用程序作了详细规定，为公司可持续发展奠定了人才基础。2008—2017年，公司每年招聘大学生数量稳定在300人左右。

2020年，公司进一步明确并印发《中国电建市政集团员工招聘管理办法》，明确和规范公司招聘流程、环节，2019年起，公司招聘大学生数量突破500人。

截至2021年，公司有正式员工6062人，其中管理和专业技术人员5209人，生产和服务岗位863人；硕士及以上学历172人，本科3729人，专科1393人，其他768人。年龄29岁及以下2298人，30—39岁2050人，40—49岁940人，50岁及以上774人，学历层次和年龄结构趋于合理。

第五节　工资管理

2007—2021年，公司员工薪酬进行三次整体调整和九次部分调整。

2007年、2008年公司员工仍执行岗位技能工资制。

一、整体调整

参照第八篇第三章第三节分配制度改革。

二、部分调整

(一) 第一次调整：岗位工资标准提高

自2011年1月1日起，根据《中国水电十三局有限公司薪酬结构调整管理办法（试行）》文件规定，本着结合实际、分步实施、适度增长的原则，适当提高了公司总部员工岗位工资标准。二级生产单位调整最高标准低于公司总部同职级人员200元，后勤服务单位调整最高标准低于公司总部同职级人员300元。

(二) 第二次调整：工龄工资标准提高

自2013年1月1日起，工龄工资由每满一年增发10元，调整为工龄1~2年的员工按10元/年标准计发；工龄3~10年的员工按50元/年标准计发；工龄超过10年的员工按500元标准计发。

(三) 第三次调整：国内项目部员工增发施工津贴

自2013年3月1日起，在公司国内项目部工作员工按实际出勤天数计发施工津贴，标准为：在两级总部所在地施工员工15元/天；其他项目部员工30元/天。

(四) 第四次调整：施工津贴标准提高

自2013年12月1日起，在公司国内项目部工作员工按实际出勤天数计发施工津贴，标准提高为：在两级总部所在地施工员工40元/天；其他项目部员工80元/天。

(五) 第五次调整：国外员工增发海外工龄津贴

自2014年1月1日起，根据公司员工海外累计工作月数发放海外工龄津贴，标准见表9-17-1。

表9-17-1 海外工龄津贴标准

海外累计工作月数	海外工龄津贴标准（美元/月）
12个月及以下	10
13—24个月	30
25—36个月	50
37—48个月	100
49—60个月	150
61—72个月	200
73—84个月	300
85—96个月	400
97—108个月	500
109个月及以上	600

(六) 第六次调整：各项补贴规范发放

自2016年11月1日起，交通补贴、通信费随工资按月发放，取消在津员工临时住房费用补贴。

(七) 第七次调整：施工津贴标准提高

自2017年1月1日起，国内项目部班子成员施工津贴标准不高于150元/天；项目部中层管理人员（含现场施工人员）施工津贴标准不高于120元/天；项目部其他人员施工津贴标准不高于100元/天。在两级总部所在地施工项目部员工，原则上施工津贴按上述标准减半发放。

(八) 第八次调整：海外员工境外基础工资标准提高

自2017年1月1日起，将海外员工境外基础工资标准分为海外区域经理部境外基础工资标准和海外项目部境外基础工资标准，并提高了部分岗位的境外基础工资标准。

(九) 第九次调整：工龄津贴和施工津贴调整

工龄2年以内的员工（大学本科一批专业、硕士研究生、博士研究生）工龄工资由10元/年调整为50元/年。

将国内项目施工津贴调整为项目部员工月度绩效发放，由项目部根据员工工作情况自主分配，增加项目部绩效分配额度，奖勤罚懒，激励业绩突出员工。

第六节　休假制度

公司员工休假分为：事假、病假、工伤假、丧假、婚假、产假、探亲假、带薪年休假等。

国内员工休假制度严格按国家有关法律法规规定执行。

国外员工按公司结合实际情况制定相应休假管理办法执行。

2007年以后，海外员工休假管理办法进行了五次调整：

一、第一次调整

自2007年11月起，国外经理部、项目部领导班子成员每6个月可安排一次休假，每次休假时间不超过20天。其他员工一年可安排一次休假，每次休假时间不超过30天；经理部、项目部领导班子成员在国外连续工作满1年，并未享受休假（探亲）待遇的可申请配偶反探亲；经理部、项目部领导班子成员已连续在外工作3年，或累计在外工作满5年的可申请带配偶出国。

二、第二次调整

自2013年2月起，国外经理部、项目部领导班子成员工作满6个月可安排一次休假，每次休假时间为25天（不含路程时间）。其他员工工作满11个月可安排一次休假，每次休假时间为40天（不含路程时间）；经理部、项目部领导班子成员在国外连续工作满1年并未享受休假待遇的可申请配偶反探亲；经理部、项目部领导班子成员自担任领导班子职务起已连续在外任职工作满3年，或累计在外任职工作满5年的可申请带配偶出国。

三、第三次调整

自2014年1月起，国外经理部、项目部领导班子成员工作满6个月可安排一次休假，每次休假时间为30天；其他员工工作满9个月可安排一次休假，每次休假时间为40天；劳务派遣人员在公司海外项目原则上工作满一年可安排一次休假，每次休假时间为45天；经理部、项目部领导班子成员在国外连续工作满1年，并未享受休假待遇的可申请配偶反探亲；经理部、项目部领导班子成员自担任领导班子职务起已连续在外任职工作满3年，或累计在外任职工作满5年的可申请带配偶出国。

四、第四次调整

自2016年3月起，国外全体员工工作满9个月可安排一次休假，每次休假时间为40天；公司原则上不安排配偶到国外反探亲，确因海外工作需要不能回国休假的，并且海外经理部（分公司）、项目部领导班子成员在国外连续工作满9个月并未享受休假待遇，且将继续在海外工作6个月以上的可申请配偶反探亲。

五、第五次调整

自2018年1月起，正常休假：国外分公司（经理部）、项目部领导班子成员在海外工作满180天为一个休假周期，假期为30天；其他员工在海外工作满270天为一个休假周期，假期为40天。非正常休假：海外员工因工作原因由单位安排回国出差的，可以一并安排休假，休假天数为：正常休假假期天数÷正常休假周期天数×已在海外工作天数（休假天数不含出差天数）。员工再次返回国外项目时，休假周期重新计算。海外员工在海外工作期间如遇亲属去世（指父母、配偶的父母、配偶、子女），给予10天特殊假期（不占正常假期时间）。

配偶反探亲：海外分公司（经理部）、项目部领导班子成员在海外连续工作满180天及以上并且没有休假的，且将继续在海外工作180天以上的可申请配偶反探亲。

带配偶：海外分公司（经理部）总经理、党工委书记、项目部项目经理在海外工作满10年及以上者，可以带配偶。其他班子成员在海外工作满10年及以上者，确因工作需要，可以带配偶。

第十八章　信息化管理

第一节　组织机构

2017年9月，原信息化领导小组变更为网络与信息化领导小组，负责贯彻落实国家网络安全和信息化工作方针、政策法规；贯彻落实上级单位网络与信息安全工作要求，审定公司网络安全和信息化工作总体规则、年度项目和资金预算；统筹协调公司网络安全和信息化工作重大事项和问题。领导小组下设办公室（简称网信办）。

2020年4月，公司对总部机构进行调整，成立信息与战略部，承担公司信息化建设管理等职能，信息化管理岗位定编7人。

第二节　管理信息化

一、办公自动化系统

2009年6月，办公自动化（Office Automation，OA）系统上线运行，公司总部实现公文管理线上运行。2012年系统覆盖范围由总部延伸至主要生产经营管理单位。2016年11月，公文管理功能并入公司综合项目管理系统，OA系统下线停止运行。

二、财务管理信息化

2016年，资金管理系统上线，系统以"看得见、管得住、用得好"为目标，设立资金结算、资金调度、银企直联、存款管理、信贷管理、资金计划等模块。2016年，"营改增"税务管理系统上线，系统以发票管理、合约管理为纽带，涵盖增值税管理的各业务环节，实现合约管理、开票进项发票认证抵扣、纳税申报、税收筹划等业务的信息化、标准化、流程化管理。

2018年，以"营改增"系统建设为基础申报的"信息化建设助力财务转型"获中国建筑业协会第四届建筑业企业信息化建设特优案例。

2018年10月，财务共享平台启动建设，将财务业务在共享中心集中进行标准化和精益化处理，提高效率、节约处理成本，进而推动财务业务一体化，纵向上加强对下属运营单元的管控力度，横向上向业务进行延伸，实现业财融合和业财数据一致，全面支撑公司管理决策。

三、人力资源管理系统

2018年底，人力资源管理系统启动建设，系统包含组织机构、人事管理、劳动合同等模块，实现公司正式员工、劳务人员、退休人员及其他人员在线管理。

四、网站群建设

2013年8月，公司对外中文版网站进行改版，推出英文版网站，网站基于.net平台开发，全面提升安全性、扩展性。2017年7月，全面启动网站群建设，对中、英文版网站进行改版，推出法文版网站，以及11家所属单位网站，纳入集团公司网站群进行建设和运维管理，网站界面风格一致，对外统一展示品牌形象。2019年底，国内12家主要单位对外宣传网站均已纳入网站群。

五、档案管理系统

公司档案管理系统于2017年上线运行，通过与公司综合项目管理系统对接，实现综合管理系统档案线上推送，截至2021年底，已完成1962年至2021年文书档案及OA系统文书档案的校对和录入工作，并对公司文书开发文件档案查询检索功能。

六、在线培训系统

结合传统培训方式、互联网技术以及公司实际需求，2017年，在线培训系统投入运营，利用系统对公司员工开展在线培训。截至2021年底，共分配用户3550个，组织93场在线培训、332次在线考试，22268人次通过系统完成学习。

七、管理驾驶舱系统

2020年8月，管理驾驶舱系统上线，系统包含履约、经管、设备材料、人资、安全、财务六大主题11张看板，梳理并形成158条公司核心业务管控指标。系统通过与项目综合管理系统、项目管理中心系统深度融合，实时抓取两个系统内数据，完成数据由报表填报录入向自动提取转变。

第三节 业务信息化

一、项目综合管理系统

自2007年起，以卡塔尔路赛项目、利比亚项目、南水北调西黑山项目为试点，在项目实施中引入项目管理软件，利用信息化手段建立满足项目建设全过程、全方位管理的集成项目管理系统。

2011年5月，公司成立企业级工程项目综合管理系统实施领导小组和实施工作组，企业级工程项目综合管理系统进入实施阶段；6月，公司与济南普华春天应用软件有限公司签订企业级项目管理系统实施与服务合同书，确定以PowerOn为平台，打造公司级一体化运营管理平台——项目综合管理系统。2012年6月8日系统上线试运行，共设立32个业务模块。2013年推出《海外项目核心数据》模块，通过定期上报数据导入系统内，确保海外项目关键数据及时更新。

2015年5月，系统进行升级改造，由C/S架构转换为B/S架构，对数据结构及数据调用重新设计，在性能、功能、扩展性、兼容性等方面进行改进，业务模块精简为17个。2016年4月启动系统全面部署工作，在国内项目及部分国外重点项目进行推广应用。2016年8月系统通过电建集团PRP验收组验收。

2017年6月，以北非公司及东非公司为试点，启动海外项目应用进程。通过分级部署方式，在东非公司设立独立子系统，实现东非公司周边所辖肯尼亚、坦桑尼亚、布隆迪、喀麦隆等区域内本地化应用。

2018年，完成科技项目管理模块开发工作，实现科技立项申请、专家选择及专家网上评审；完成国贸公司业务模块开发工作，实现贸易合同管理合理化，简化资金收付款流程，集会签和用印审批于一体，做到管理留痕，便于查询和实现资源共享。

2019年，围绕"业财融合"体系建设进行与财务共享平台集成对接，实现业务信息与财务信息的关联。

2017年，PRP系统荣获中国信息协会2017年中国能源企业信息化管理创新奖、中施企协2017年度工程建设行业互联网发展优秀实践案例；以公司PRP系统为原型申报的案例"支持分布式部署的企业级工程项目集成管控平台"获中国建筑业协会第三届建筑业企业信息化建设特优案例。

二、BIM技术应用与推广

BIM技术在国内施工行业迅速发展，从中央到各级政府都在大力推进BIM技术在工程施工领域运用，在运用范围和运用阶段上提出比较明确的指导意见。

2015年起，公司启动BIM技术应用探索，选取国内外房建、市政、轨道交通、路桥等施工领域，进行项目试点应用。按照项目特点，成立BIM小组，对三大类近10种BIM软件进行应用试点，通过行业内专家授课与交流，采用以点带面方式，重点培养骨干人员。

2017年，公司成立BIM技术应用中心，集中把控BIM技术在公司的实施路径，杜绝低水平重复建设，推动BIM技术各领域逐步推广应用。同年，BIM轻量化协同平台上线。

组织BIM集训营，面向公司员工开展集中培训，截至2021年12月，已组织五期集训营活动，累计240余人参加培训。组织集训营人员参加行业等级认证，共计72人通过考试取得中国图学学会BIM等级证书。

2017年7月，由电建股份信息化管理部主办、公司承办的电建集团水电施工企业BIM技术应用研讨会在公司召开，集团信管部及水电施工行业24家单位参会。

2018年11月，由电建股份信息化管理部主办、公司承办的电建集团施工企业BIM应用研讨会在公司召开，集团内9家施工企业和设计院参加。会议明确指出包含BIM技术应用是建设项目数字化未来趋势，中国电建应广泛借鉴国内国外先进经验，进一步研讨BIM技术标准、架构和平台，将BIM技术与大数据、云计算、物联网、移动化、智能化以及虚拟现实技术等融合。

2019年8月，公司举办首届BIM技能应用大赛，大赛每两年举办一届，截至2021年12月，已举办两届，共有19家单位的44个项目应用成果参赛，大赛邀请天津市工会、建筑业协会以及公司内部专家组成评审会，通过现场答辩、视频汇报等方式评比出优秀成果。

2018年，公司武汉南国中心项目BIM应用获得"汉阳市政杯"武汉建筑业BIM技术应用视频大赛"新锐奖"，深圳地铁12号线BIM应用获得由工业和信息化部组织的首届"优路杯"全国BIM技术大赛"优秀奖"。以BIM应用为基础申报的"BIM轻量化协同平台"获中国建筑业协会第四届建筑业企业信息化建设优秀案例。2021年，公司怡和清徐国际教育小镇项目获得第十届"龙图杯"全国BIM大赛三等奖、第四届"优路杯"全国BIM技术大赛铜奖；成都地铁19号线项目获得第二届工程建设行业BIM大赛三等奖、第四届"优路杯"全国BIM技术大赛优秀奖。

三、智慧劳务

2020年，智慧劳务系统启用，系统结合人脸识别、人员定位、电子围栏、大数据等技术，对劳务人员从信息登记、合同管理、劳务进场、安全教育、技术交底、考勤统计、工资结算、工资支付等环节进行全过程管控。根据要求，系统实现公司国内在建项目全覆盖，并完成与项目综合管理系统的数据贯通。

四、项目管理中心

2021年，项目管理中心建设启动，利用信息化技术手段强化项目现场管理，截至2021年底，系统已在公司国内9家主要生产经营单位推广应用。

五、智慧工地

2014年，公司在深圳地铁项目开展智慧工地应用试点，在项目现场部署施工综合监控系统，通过安装传感器、高清视频摄像头及数据接口等，对盾构机施工进度，推进速度，刀盘的转速、扭矩、油温、贯入度等运行工况，以及注浆量、材料消耗等情况进行实时监控，辅助项目对施工现场人员进行安全管理。

2018年11月，公司确定引江济淮工程（安徽段）江淮沟通段施工J006-1标项目为公司信息化示范项目，重点研究信息化技术在项目施工与管理中的应用，促进信息科技与项目生产管理的结合，提升精细化管理水平。2021年示范项目申报的"智慧工地安全管理系统""智慧工地系统应用"分别获评安徽省引江济淮集团安全管理十大亮点、质量控制十大亮点。

第四节 IT基础设施建设

一、网络基础设施

2008年，涵盖国内主要生产单位的VPN广域网建成，网内用户可直接访问公司内部信息系统。2013年VPN广域网实现国内主要生产单位和合同额3000万元以上项目全覆盖。截至2021年底，共有65家单位（项目）接入VPN广域网。

2010年，SSLVPN系统上线，移动用户可以通过系统访问公司内部信息系统，截至2021年底，共分配系统账号近3100个。

2021年，海外加速网络建设完成，通过加速网络，海外项目可快速、便捷地访问公司内部信息系统。目前，共设置11个海外加速节点，涵盖公司全部海外区域。

二、私有云建设

2014年，公司采用虚拟化技术启动私有云建设，通过服务器虚拟化提高硬件资源利用率、减少应用部署时间。2019年，对平台进行升级改造，采用超融合技术优化基础架构，实现存储虚拟化、网络虚拟化、计算虚拟化、网络安全虚拟化，提升数据中心扩充、保障能力及服务快速交付能力。2020年，引入应用负载技术，对项目综合管理系统及财务共享平台WEB端集群进行自动负载分配。

2015年，云桌面系统上线，通过桌面云，将总部工作环境与非工作环境进行了隔离，确保办公数据不外露。2021年，云桌面系统下线。

三、视频会议系统

2012年，建成公司级软件视频会议系统。2018年9月，升级为云视频会议系统，实现会议、沟通决策、项目现场管控、专家远程支持等不同场景应用，支持视频会议、会议直播、无人机视频、视频监控、手持终端多种接入形式。截至2021年底，利用云视频会议系统召开会议共2978场次。

四、备份系统

2014年，备份系统投入运营，对公司核心业务系统数据进行自动备份，2019年，针对备份系统进行扩容升级。2021年，公司异地数据灾备系统在安徽公司投运。

第五节 网络安全管理

依托集团网络安全体系，公司在安全架构、等级保护、网络安全、终端安全、系统安全、身份认证、运维安全等方面开展建设。

2007年起，公司总部部署应用网络版杀毒系统，2019年，系统进行扩容，支持1500个客户端，为公司总部及主要生产单位提供服务。

2012年8月，公司完成财务报表系统、网站系统、邮件系统、办公自动化系统、项目综合管理系统的定级备案工作，取得信息安全等级保护备案证书。国家网络安全保护法颁布后，公司2019年4月按新要求完成项目综合管理系统、财务（资金）管理系统、财务共享系统、人力资源管理系统、综服平台风控系统等保二级备案，取得备案证书。

2016年，公司通过分级部署方式搭建统一身份认证系统。2021年，对系统进行升级改造。

2020年7月，完成态势感知平台（电建眼）系统部署，系统对公司核心网络全流量、全日志、全终端数据进行采集，配合云端实时更新威胁情报信息，发现和定位攻击威胁，通过安全态势大屏提供安全态势呈现，具备告警响应、任务处置、调查回溯等手段支撑日常综合安全运营工作。

2021年11月，完成堡垒机应用部署工作，各信息系统开发运维人员通过堡垒机对系统进行日常维护，并对操作行为进行审计、记录。

第十九章　离退休管理

第一节　组织机构

2010年7月14日，公司成立中国水利水电第十三工程局有限公司德州管理中心（简称德州管理中心）。下设基地管理处、职工培训处、离退休职工管理处，撤销公司离退休职工管理部。

2010年8月25日，公司将离退休职工管理处从德州管理中心划出，成立中国水电十三局有限公司离退休职工管理部。

2014年7月16日，整合公司德州管理中心与离退休职工管理部，实施"一套人员、两块牌子"；9月30日，公司批复成立中国水电十三局离退部新泰管理办公室（简称新泰离退办），行使对之前管道公司的离退休人员及以后从管道公司退休人员的管理职责。

2016年9月27日，公司将德州管理中心所属离退休职工管理部分立并单独设立，更名为中国水电十三局离退休职工管理服务中心。

第二节　建章立制

2008年7月3日，公司印发《关于提高我局离休干部无工作配偶、遗孀医疗补助费的通知》；2008年12月23日，印发《关于增加我公司离休干部离休费的通知》；2009年4月7日，印发《关于增加我公司离休干部离休费的补充通知》。

2014年9月25日，离退部上报公司《山东电力管道工程公司离退部移交水电十三局离退部接管方案》。2014年9月30日，公司批复山东电力管道工程公司离退部移交水电十三局离退部接管方案，管道公司离退休管理部门归属公司离退部，管道公司离退休人员交由公司离退休管理部直接管理。

第三节　管理与服务

一、离退休职工状况

截至2007年底，工程局有离休干部95人、退休职工2768人，主要分布在德州基地、微山基地和全国18个省市。离退部党委管理的离退休党员706人，下辖19个离退休党支部（3个离休支部、16个退休支部）。

截至2021年底，公司有离休干部及新中国成立前老工人42人（含新泰管道公司3人），移交退休人员属地化社区管理3990人（含新泰管道公司526人），移交退休党员属地化社区管理951人（含新泰管道公司173人）。

二、养老统筹

2007—2021年，根据上级有关规定，数次为离退休职工调整养老金，离退休职工养老金平均增长70%。

三、落实离退休职工待遇

2014年8月13日，公司批复每年50万元费用用于退休职工年度查体。

公司离休干部田云清、张剑英、邢健享受按副省（部）长级标准报销医药费待遇。

公司离休干部田云清、张剑英享受按副省（部）长级医疗待遇。

2019年9月28日，公司59位离退休老同志获庆祝中华人民共和国成立七十周年纪念章。

2020年11月6日，公司18位离退休老同志获中国人民志愿军抗美援朝出国作战70周年纪念章。

2021年6月30日，公司197位离退休老党员获颁"光荣在党50年"纪念章。

2007—2021年，公司支付离退休人员统筹外费用1.4亿余元，涵盖离休干部生活补贴，离休干部、新中国成立前老工人医药费，军转干部津贴，离退休人员阶段性补贴，离休干部降温费，离退休劳模津贴，离休干部书报费，离休干部两项经费等。

四、离退休职工精神文明建设

2013年12月16日，公司成立"水电人"中老年艺术团。

2017年9月30日，公司拨付119.35万元维修改造德州基地老年活动中心。

2017年12月1日，公司成立中国水电十三局离退休职工法律援助工作站。

2019年7月5日，公司中老年艺术团参加第八届全省老干部艺术节文艺汇演荣获团体金奖。

五、离退休人员信访工作

每年向外地职工发出认证表及各类政策解答信件近1000封；每年接待大量电话、来人来访，回复索取各种材料信息2000多人次。

第二十章 综合管理

第一节 组织机构

2007年8月，工程局信息中心并入办公室管理。

2010年11月，公司应急管理业务并入总经理工作部。

2013年12月，公司战略规划、组织架构、管理标准管理业务并入总经理工作部。

2018年5月，撤销中国电建市政建设集团有限公司总经理工作部，成立中国电建市政建设集团有限公司办公室。

2018年7月，公司境外社会安全（含非传统安全）业务并入集团办公室。

2018年11月，集团办公室设立战略规划科，与文秘科合署办公；信访科增加公司境外社会安全管理工作职责，定编2人。

2020年5月，公司信访业务由集团办公室调整至群众工作部。

2020年10月，公司基建管理业务并入集团办公室管理。

2021年8月，公司境外社会安全业务调整至海外事业部。

截至2021年底，集团办公室的主要职责包括文秘印鉴档案、行政事务、社会责任、保密与国家安全、综合治理、应急管理、品牌建设、公务车辆管理、公务机票管理、基建管理等。

第二节　文秘工作

文秘工作包括文件材料的起草、文件审核、文书、印章管理、信息报送、重大事项内部报告等。

2009年6月，公文流转实现数字化，公司开始运行中宏利达OA系统。2015年12月，公司在PRP系统中开发公文模块并在国内各二级单位开始试运行。2016年10月，公司总部在PRP系统中运行公文模块，中宏利达OA系统停止运行。2018年8月，公司国外各单位开始运行PRP系统公文模块，公司与国外各单位不再通过邮件收发文件。2018年8月，在公文管理模块中开发"上报跟踪"功能，报文单位可实时追踪文件流转及办理情况；2020年12月，相继开发"向总部部门发文"和"总部部门自主收文"子模块，优化文件审批流程，缩短审批时限。

印章管理明确公司及二级单位印章刻制权限及使用管理等要求，建立规范管理手段和相应规章制度。伴随公司更名完成，2017年11月，刻制并启用"中国电建市政建设集团有限公司"行政章。2021年5月，通过开发优化PRP综合系统印章管理模块，实现印章管理全流程数字化。2021年10月，组织公司成立以来范围最广、规模最大的印章清查活动，覆盖自公司成立至2021年11月公司及所属各单位包括行政章、法人章、合同章、财务章（财务专用章、发票章）及党群印章（党委、纪委、工会、团委各级组织印章）等各类印章，推动建立以年为周期的印章清查工作长效机制。

信息报送工作围绕公司各个时期中心工作、重点工作进行。2014年2月，公司内刊《决策参考》创刊，收集国内外形势预测、政策分析、市场信息、上级单位重要政策或工作部署等信息，为公司各级领导提供决策参考。

公司获评中国电力建设集团有限公司2018年度信息报送工作优秀单位，索华炜获评国务院国资委2019年度中央企业信息报送先进个人，孙吉海、王琪获评2018年度信息报送工作先进个人，黄匡曦、张福华获评2019年度信息报送工作先进个人，孙吉海获评2020年度信息报送工作先进个人。

2014年10月—11月，公司组织电建股份水利水电施工板块第三协作组保密档案工作观摩交流活动和中央企业第八档案协作组专题研讨会。2017年，承办电建股份华北片区以"档案信息化建设和印章管理综合办公业务"为主题的对标活动。2007—2021年，先后印发《公文处理办法》《Power On综合管理系统公文收发管理办法》《印章管理办法》《海外业务印章管理办法》《信息报送工作管理办法》《重大事项内部报告制度》等，结合企业实际和业务需要及时进行修订及相关补充。

第三节　机要保密

2007—2021年，先后4次对保密委员会成员进行调整，委员会办公室设在集团办公室，负责公司保密与网络信息安全日常管理工作。公司多次被评为电建股份保密工作先进单位，索华炜同志被聘为电建股份保密专家。

公司机要保密工作，以宣传教育为基础，多

次组织《中华人民共和国保密法》知识答题等活动，加强经常性保密形势教育。2007—2021年，先后印发《保密工作管理办法》《计算机信息安全保密管理规定》《保密工作规则》《保密档案工作协作组章程》《保密工作管理办法》《保密检查流程和保密检查实施细则》《档案保管保密管理办法》《境外保密管理办法》等制度，并结合企业实际和业务需要及时进行修订及相关补充，重点抓好要害部门、要害部位保密工作，着眼于文秘、机要、档案、计算机信息系统等保密关键岗位人员知识更新，对失（泄）密问题予以重点防范，保证多年来公司机要文件管理规范、计算机运行安全，无泄密、失密事件发生。

公司保密科室配置保密计算机处理保密信息，按用途分区防护，细化用户权限，引入流量清洗、态势感知等新技术，加强网络出口边界及内网核心业务访问行为管理，实现用户访问可见，轨迹可查，并持续完善总部及各单位业务系统、终端、关键基础设施的信息收集、登记造册工作，对重点区域及终端进行安全风险隐患排查及安全加固，积极推进以天擎为主的电建盾建设，引入符合电建股份安全标准的综合网络设备，基本实现全球范围内安全、快速接入能力，提升安全防护水平。

第四节　信访工作

2007—2021年，先后5次对公司信访维稳工作领导小组进行调整，印发《信访工作规定》《信访维稳信息报送管理办法》等制度并及时进行修订补充。2020年5月20日，公司信访工作主管部门由集团办公室调整至群众工作部。

2015年后，公司党委持续加强对信访工作的领导力度，不断提高信访工作人员业务水平，充实信访工作队伍，公司信访工作取得突出成绩。2015年4月23日，公司员工穆新海荣获国务院国资委颁发的中央企业优秀信访工作者称号。2016年6月16日，公司被中共天津市城乡建设委员会授予2014—2015年度社会治安综合治理工作优秀单位称号。四公司、天达工贸公司、中水电公司、天津公司、德州管理中心五家单位荣获天津市综治、信访、平安建设工作先进单位（集体）称号，于杰、李虹春、穆新海获评天津市综治、信访工作先进个人。2020年6月，公司获国务院国资委党委颁发的中央企业信访工作先进集体称号。

第五节　档案管理

2011年，成立公司巴基斯坦档案分室、东非档案分室、安哥拉档案分室、中东档案分室，建立档案管理人员网络群，组织开展档案随岗培训工作。2016年，康润物业、上海公司、轨道公司建立档案室。2017年10月，明确公司国内外档案分室设立情况。公司国内档案分室包括：国内市场部档案分室、国际公司档案分室、中水电档案分室、四公司档案分室、天津公司档案分室、管道公司档案分室、轨道交通公司档案分室、实业公司档案分室、安徽公司档案分室、设计院档案分室、国贸公司档案分室、上海公司档案分室、十三局医院档案分室。公司国外档案分室包括：南亚档案分室、东非档案分室（包括坦桑尼亚经理部分室）、安哥拉档案分室、中东档案分室、北非档案分室、中西非档案分室、中亚档案分室、欧洲档案分室。2019年1月，孙吉海被聘任为电建股份档案专家。2020年，档案管理业务首次纳入公司管理评价考核办法。

2009—2010年，配合公司总部搬迁至天津和德州基地档案库房改造工作，转移及回归设备档案、财务档案、审计档案及部分基建档案共计10321卷，搬迁文书档案953卷、财务档案448卷及部分工程竣工验收资料、荣誉档案至天津总部办公楼档案室，完成档案上架编目工作。2012年5月，从国家电网档案馆查询收集有关马颊河疏浚工程局组建的报告、批复等珍贵局史档案资料42件，同年7月，从国家档案馆获取4件珍贵的工程局组建历史档案资料。2013年，完成公司新建档案室400立方米密集架安装、库房内基础设施建设，原公司总部档案室档案全部搬迁至新建档案室。2019年，转移国内工程项目中具有代表性的、获得国家大型奖项的工程项目档案至公司档案室保管。

2014年，完成自公司成立至1984年3000余份文件的扫描工作。2015年，完成自公司成立至1999年保管期满的财务档案清理鉴定及公司音像档案清鉴工作，526盘音像资料全部转换为数字档案归档。2016年，启动档案管理系统部署工作，按照文书档案、工程档案和音像照片及实物档案三个模块分阶段实施推进；同年启动馆藏资源的数字化工作，截至2021年底，馆藏文书档案和重点工程档案均实现电子化。2017年，档案管理系统文书档案模块部署完毕，与公司PRP综合办公系统对接并通过试运行，实现了档案线上推送。2018年，实现公司文书档案在线查阅功能，极大缩短了文书档案借阅时间，简化了借阅流程。2020年，开发PRP系统工程档案收集模块，完成紫光档案管理系统与PRP档案管理模块接口开发，实现工程档案在线收集、整理、归集，工程档案管理从项目末期贯穿到项目全过程。2021年，推进数字化档案馆建设，完成紫光电子档案系统服务器迁移，建立项目档案监管机制。

公司连续多年保持山东省档案管理考核一级先进单位。2010年，《利用原始档案赢得诉讼》和《利用原始档案编纂年鉴》获得山东省档案信息成果利用三等奖。2017年2月，成为电建股份首批试点企业中第一家完成管理类文件材料归档范围和档案保管期限表编制的单位，受到办公厅领导和相关专家认可。2020年，获评电建集团（股份）公司实施国家档案局第10号令先进单位，孙吉海获评先进个人。

截至2021年底，公司共有专职档案管理人员18人，兼职档案管理人员76人，23家档案分室（国内16家，国外7家），档案室使用面积包括办公室、阅览室、库房等，建筑面积合计约1130平方米。2007—2021年，先后印发《档案管理办法》《国外经理部档案分室业务指导书》《投资项目档案管理办法》《控股投资PPP项目档案管理考核办法》《基建项目档案验收管理办法》《电子文件归档和电子档案管理办法》《工程项目档案管理办法》《档案管理工作考核办法》等。

第六节　交通通信

一、交通

公司总部公务用车由集团办公室车队统一管理，截至2021年底，集团办公室车队共有公务用车10辆，成员企业可根据生产经营工作需要和施工特点购置小轿车、商务车、越野车等。公司所有车辆均满足制度规定标准，安装ETC速通设备，节约通行时间。

2011年1月，公司天津总部购置两部大客车，解决总部员工津、德两地往返问题，2013年底车辆转安装公司使用。2007—2021年，先后印发《公务用车管理暂行规定》《总部车队管理规定》等规定，结合公司实际和业务需要及时进行修订及相关补充。

2016年6月，公司与吉林省远达国际商务旅行社有限公司、天津市香江假日航空服务有限公司两家公司签订集采协议，首次通过集采平台统一订购机票。2016年12月，根据电建股份提质增效工作统一部署，公司选定广州美亚电子商务国际旅行社有限公司、青岛颂康泰国际旅行社有限公司为公司公务机票采购服务商并签订服务协议。2017年3月31日，解除与吉林省远达国际商务旅行社有限公司、天津市香江假日航空服务有限公司的公务机票代理合同。截至2021年底，公司与青岛颂康泰、北京悦程公司、北京空港嘉华以及广州美亚尚途国际旅行有限公司四家机票代理商签订服务协议。

二、通信

2007年1月—2020年4月，公司通信设备由集团办公室信息中心负责。2019年1月，公司全面推广电建通。2019年2月，停止公司腾讯通（企业微信）服务。

2020年5月，公司信息与战略部成立后，通信设备后台调试、网络配置以及IP电话发放由信息与战略部负责，普通电话座机发放和通信费管理由集团办公室负责。

为加强公司总部通信费用报销管理，2007—2021年，先后印发《天津总部通信管理办法》《总部员工通信费用报销管理规定》等制度。

第七节 国家安全

2007—2017年，先后6次调整公司国家安全工作领导小组成员，国家安全人民防线建设小组办公室设在办公室，负责国家安全日常工作。

2019—2020年，成立并调整公司国家安全人民防线建设小组成员，承担国家安全工作领导小组职责，国家安全工作领导小组不再保留。

公司国家安全工作，按照"谁主管、谁负责"的原则，完善并落实责任追究制，做到分工明确、责任到人。公司要害部门均确定一名同志为国家安全工作联系人，负责本单位涉及国家安全的事项，加强与国家安全机关联系，定期向国家安全机关通报本单位开展涉及国家安全工作情况。

公司高度关注境外国家安全工作，配合天津市国家安全局及时更新公司驻外机构信息，报送各类调研调查统计台账，做好相关自查自评工作，开展天津市国家安全展览参观、国家安全知识讲座等活动，加强干部职工国家安全工作意识，不断提升国家安全工作水平。公司国家安全小组获山东省国家安全局颁发的山东省2008年国家安全人民防线工作先进集体称号。

第八节 办公环境

2007年4月，中国水电十三局总部机关地址由山东省德州市东风东路88号改为山东省德州市东风中路826号。同年，工程局购买天津海益置地有限公司在榕苑路2号海益国际中心19—24层共六层写字楼，作为局总部办公用房。2009年11月，公司增购天津海益置地有限公司在榕苑路2号海益国际中心16—18层共三层写字楼，总部办公楼增加为9层。2010年4月，公司天津办公楼装修和配置工程通过验收。2010年5月，公司市场开发总公司搬入天津办公楼办公。2010年7月1日，公司总部迁入天津办公楼办公。2019年9月，公司竞拍获得天津滨海高新区华苑科技园内津滨高（挂）G2019-3号地块，用于建设公司总部新办公楼，2021年7月开工。

2011年7月，公司购入滨海高新区华苑产业区（环外）海泰发展二道土地17亩，用于建设华苑试验中心办公楼。2011年10月20日开工，2013年6月25日投入使用，天津公司、国贸公司、设计院等单位陆续入驻。

2015年6月，中西非公司在刚果（布）首都布拉柴维尔购买一块约2000平方米的土地，用于中西非公司办公楼建设。2015年7月开工，2016年2月底完工，同年2月29日入驻启用。

2016年4月，北非公司租赁阿尔及利亚布玛戴斯省哈玛迪镇约58亩土地，用于建设北非公司总部营地。2016年5月开工，2017年4月完工并入驻启用。

2017年4月，东非公司用土地代换索赔款的方式购得基加利经济开发区二期C7/C8工业用地约23000平方米，用于建设卢旺达基地办公楼等设施。2018年1月开工建设，2018年10月完工并入驻启用。

2017年11月，公司竞拍获得安徽省合肥市包河区生产经营用地约15.32亩，用于建设华东研发中心办公楼。2019年4月开工，2020年10月完工，同年11月1日安徽公司入驻启用。

2017年12月，东非公司与肯尼亚塔图城经济特区开发商签订置地合同，通过承建塔图工业园区内长2.2千米市政公路项目，获得工业区内办公生产用地7英亩[①]，用于建设办公生活设施和生产仓储设施。2019年7月开工，2021年9月完工，2021年10月东非公司总部搬入启用。

2018年2月，电建国际公司牵头、公司参与购入肯尼亚内罗毕市区西南部凯伦区10.48英亩土地，用于建设电建集团在肯成员企业联合办公场所。

2019年7月，公司在山西省晋中市北部新城大学城购地约20亩，用于建设北方研发中心办公楼。2020年6月开工。

2020年11月，公司与电建地产公司共同出资成立山东津岳房地产开发有限公司，竞拍获得济南先行区B-3住宅地块、B-4写字楼地块，用于开发建设商业住宅和办公写字楼。

第九节 驻外机构

2007年3月，原局北京联络处在北京工商局东城分局进行重新登记，登记名称由中国水利水电第十三工程局驻北京联络处更名为中国水利水电第十三工程局北京办事处。

2009年10月，北京办事处与流芳宾馆合并，划归公司总经理工作部管理。

2018年3月，中国水利水电第十三工程局有限公司北京办事处更名为中国电建市政集团有限公司北京办事处。

2019年10月，撤销中国电建市政集团有限公司北京办事处。

2009年6月，济南办事处交由公司所属第二分公司管理。

第十节 社会公益

公司秉承"建设一方工程，造福一方百姓"宗旨，积极开展基础设施修缮、物资捐赠、灾后建设、帮扶弱势群体等社会公益活动，为地方改善、保障民生及社会经济发展贡献力量。2007—2021年底，公司向永久爱心基金、德州红十字会、德州市慈善总会、金寨县扶贫和移民开发局、肯中经贸协会、临邑县慈善总会、广东省卓如医疗慈善救助基金会、万博省孤儿院、希尔曼布拉格医疗中心、印尼红十字会、桑给巴尔总统夫人基金、马拉维利隆圭36区小学及实施项目驻地政府等多次捐赠物资、钱款。2007年12月，工程局被德州市卫生局、德州市红十字会授予全市无偿献血工作先进集体称号，伩毅被授予山东省无偿献血奖金奖，杨磊被授予全市无偿献血工作优秀组织者称号。2008年5月，公司获集团公司抗震救灾先进集体称号，李景生获集团公司抗震救灾先进个人称号。2012年5月30日，公司获德州市最具爱心捐赠企业称号。

具有较大影响的社会公益事件有：2008年5月12日，公司积极参与四川汶川地震抗震救灾；2011年9月19日，公司副总经理兼东非经理部总经理秦超代表中国水电出席肯尼亚中国经济贸易协会与华人华侨联合会联合举办"情系肯尼亚"赈灾活动；2013年4月27日，积极参与四川雅安地震救灾；2014年11月17日，成立公司志愿者团队，持续开展社会公益活动；2018年9月，公司坦桑尼亚马尼奥尼公路项目在营地附近紧急救助受困大象，受到国内外媒体广泛传播和点赞；

---

① 1英亩≈4046.86平方米。

2019年11月23日，肯尼亚西波克特郡多地发生严重洪灾和山体滑坡，东非公司第一时间参与抢险救援，2天内为救援队伍开辟出一条生命通道，并向受灾民众送去应急生活物资，《人民日报》、肯尼亚国家电视台等多家媒体进行专题报道；2020年1月，公司善举受到国务院国有资产监督管理委员会办公厅通报表扬；2020年1月新冠肺炎疫情发生以来，公司各成员企业、项目部支援地方抗疫，捐款及捐赠防疫物资，刚果（布）总统萨苏、布隆迪总统、坦桑尼亚桑给巴尔总统、波黑联邦总理等多国政要在重要外交场合高度赞扬公司公益善举及对当地做出的贡献。

为加强对外捐赠管理，公司印发《对外捐赠管理办法》并及时进行修订补充。

第十一节　新冠肺炎疫情防控与复工复产

2020年3月，公司成立统筹推进新冠肺炎疫情防控和复工复产工作领导小组及9个工作组，其中综合协调组牵头部门设在集团办公室，负责疫情防控和复工复产工作的综合协调。

2020年4月，公司调整上述机构为新冠肺炎疫情防控和生产经营工作领导小组及8个工作组，其中综合协调组牵头部门设在集团办公室，负责组织落实领导小组决策安排，做好疫情防控和生产经营相关工作的综合协调。

2021年8月，公司调整新冠肺炎疫情防控和生产经营工作领导小组8个工作组为3个，其中综合协调组、国内疫情防控工作组牵头部门均设在集团办公室，负责领导小组工作安排的组织落实、国内疫情防控工作部署的组织落实、疫情防控和生产经营相关工作的综合协调。

公司多次召开疫情防控工作专题会，定期对所属项目，特别是海外项目开展视频巡检，切实抓实抓细抓好网格化管理、物资储备、基础病排查、病毒消杀、海外员工及家属思想情绪稳定等工作，并积极配合属地政府开展核酸检测、疫苗接种、人员排查等，主动服务好地方疫情防控大局。自疫情发生至2021年底，公司国内员工未出现一例确诊病例，境外中方员工健康和情绪状况良好，国内外在建项目在确保防疫各项措施到位的前提下有序进行施工生产，公司疫情防控和发展稳定"双战双赢"战略成果得到持续巩固。

第二十一章　企业审计

第一节　组织机构

公司实行两级审计管理体制，总部设立审计部，二级单位设专职审计员或兼职审计员。2014年，二级单位设立审计机构，未设审计机构的，设专职审计员或兼职审计员。

2014年8月，管道公司经营部更名为经济考核审计部，新增公司内部审计职能，配置专职审计人员1人，兼职审计人员1人。

2019年9月，水电公司成立法务审计部；2020年8月，水电公司法务审计部与总经理工作部合并，成立综合管理部，原法务审计部业务合并至综合管理部，配置专职审计人员两名。

2020年4月，公司调整机关机构设置，调整后审计部定员7人，审计部职责为审计管理、违规经营责任追究等。

第二节 建章立制

2012年印发《中国水电十三局有限公司投资建设项目审计实施细则》；2013年印发《中国水电十三局有限公司审计工作交接管理制度》；2014年印发《中国水电十三局有限公司内部审计委托管理办法》；2018年印发《中国电建市政集团内部审计质量控制规范》《中国电建市政集团所属单位负责人离任经济事项交接办法》《中国电建市政集团优秀审计项目评选办法》；2019年印发《中国电建市政集团违规经营投资责任追究工作实施办法（试行）》《中国电建市政集团内部审计工作规定》《中国电建市政集团审计管理办法》，并转发上级主管部门同期有关法规制度。

第三节 内部审计工作

2007年后，审计部稳定发展，业务范围不断扩充，2007—2021年，公司两级内部审计机构共实施审计项目438项；2007—2021年，提出审计意见及建议1113条，内部审计在提质增效和依法治企中发挥了重要作用。其间主要开展内部控制制度、经济责任、工程项目、财务收支和后续审计等类别审计。

2007年，工程局两级审计机构共实施审计项目27项，其中：年度立功审计8项，经济责任兑现审计3项，资产负债审计7项，内控制度审计3项，离任经济责任审计3项，任期经济责任审计2项，审计调查项目1项。

2008年，公司不再开展所属单位申报集体立功及评审活动，取消"年度立功审计"内容。公司审计主管部门经公司领导安排，对6个境外项目部实施审计，改变审计部门只在公司本部对已完工境外项目进行报送审计局面，开创深入境外项目现场实施就地审计先河。

2008年，公司两级审计机构共实施审计项目18项，其中：经济责任兑现审计9项，离任审计1项，内控制度审计1项，财务收支审计4项，经济责任审计3项。

自2009年开始，在每年年底召开的公司年度财务决算会议上，公司审计部对公司内部审计及外部审计发现的主要问题进行通报。公司两级审计机构共实施审计项目28项，其中：经济责任兑现审计20项，经济责任审计（含离任）3项，财务收支审计2项，内控审计3项。

2010年，公司两级审计机构共实施审计项目9项，其中：经济责任兑现审计3项，届终经济责任审计5项，离任经济责任审计1项。

2011年，公司两级审计机构共实施审计项目31项，其中：经济责任兑现审计28项，内控制度审计2项，离任经济责任审计1项。

2012年，公司两级审计机构共实施审计项目39项，其中：经济责任兑现审计23项，内控制度审计4项，离任经济责任审计6项，财务收支审计6项。

2013年，审计部首次开展"同级审"业务，对公司财务部、资金部内控制度设计健全性和适当性以及执行情况进行审查，有效弥补公司管理链条中监管薄弱环节。2013年，公司两级审计机构共实施审计项目43项，其中：完工经济责任兑现审计10项，届终经济责任审计10项，内控制度审计9项，领导人员离任审计7项，财务收支审计7项。

2014年初，公司作为团体会员加入天津市内部审计协会。审计部积极参与内审协会组织的业务培训、经验交流，接受内审协会对公司审计业务的监督和指导。2014年9月，审计部派员工参加电建股份审计部组织的审计管理软件优化升级研讨会，在日常审计工作中，大力推动审计信息化工作，充分利用审计管理信息系统和审计作业系统，将审计工作计划、审计项目实施、审计工作底稿、审计报告、审计人员信息等内容整合在审计管理信息系统中。2014年，公司两级审计机构共实施审计项目28项，其中：经济责任审计13项，财务收支审计6项，内控制度审计3项，领导人员离任审计3项，工程项目竣工审计2项，资产负债情况界定审计1项。

2015年，审计部结合公司标准化建设及风控流程体系建设工作要求，对现行有效的公司内部审计规章制度及业务流程进行梳理，制定完善审计工作各类模板。2015年，公司两级内部审计机构共实施审计项目34项，其中：内控制度审计3项，经济责任（含离任）审计23项，财务收支审计7项，竣工审计1项。

2016年，公司两级内部审计机构共实施审计项目24项，其中：经济责任（含离任）审计14项，资产负债及损益界定审计4项，财务收支审计3项，淮北项目群的经济效益专项审计1项。经济责任兑现及内部控制审计1项。2016年审计部首次开展资产清算业务，对控股公司吉林省开吉工程建设有限公司进行资产清算，出具清算报告1份。

2017年，公司两级审计机构共实施审计项目57项，其中：经济责任（含离任）审计45项，经济效益审计6项，财务收支审计3项，汽修厂和劳服公司注销出具清算报告2份。伴随公司业务范围扩展，审计部2017年首次开展对金寨投资建设公司的跟踪过程审计，从立项、建造到竣工运营等各个阶段对投资项目实施审计监督，并对投资建设过程中的重要事项进行专项审计或审计调查。

2018年，《企业年度工作报告》由财务部转移到审计部负责组织填报。2018年，公司两级审计机构共实施审计项目22项。其中：经济责任审计6项，资产负债及损益界定审计2项，内部控制审计2项，财务收支审计2项，集团办总务科及职工食堂经营收支业务开展专项检查。公司成员企业管道公司审计部还担负着工程结算审计的职责，本年度完成工程结算9项。

2019年，公司两级审计机构共实施审计项目25项。其中：经济责任审计15项，财务收支审计2项，内部控制审计1项，资产负债及损益界定审计6项。2019年开始按照股份公司统一部署要求每年度开展专项审计，2019年开展物资集中采购情况专项审计1项。

2020年，对被审计单位调研形式由纸质版问卷改为二维码问卷形式，提高了审计效率。按照《中国电力建设股份有限公司境外企业及境外资产三年轮审工作方案》，启动对境外在建项目三年轮审工作。受疫情影响，无法对国外项目进行现场审计，审计部采取远程审计及报送电子资料相结合方式开展工作，确保按时保质完成审计项目。2020年，公司两级审计机构共实施审计项目37项。其中：离任和任期经济责任审计7项，财务收支审计1项，工程项目审计3项，对医院开展资产负债界定审计1项，对境外东非公司所属项目开展工程项目及经济责任审计20项。按照股份公司统一部署要求开展研发支出管理情况及提质增效管理情况专项审计2项，晋中综合通道PPP项目专项投资情况审计1项，专项审计检查2项。

2021年，公司两级审计机构共实施审计项目16项。其中离任经济责任审计8项，资金管理专项审计1项，河南天邑润葛水环境治理有限公司投资项目专项审计1项，按照股份公司统一部署要求开展民企清欠和农民工工资支付及预付款管理情况专项审计1项，财务收支审计3项，经济效益审计1项。2021年，按照电建股份相关文件要求，针对工程项目问题多发领域和重大风险领域，坚持"有亏必审，有责必究，警示教训，提升效益"要求，开展亏损企业、亏损项目专项审计工作1项。

除了做好内部审计工作外，审计部还积极配合国务院国资委、审计署、股份公司等机构开展相关工作。配合股份公司审计部对公司进行任期经济责任审计（共两次，第一次2014年10月20日—11月6日；第二次2018年10月11日—11月2日）。2018年，公司积极配合国务院国资委检查组完成对二级单位2015—2017年度"处僵治困"审计调查工作，配合审计署完成对电建集团公司专项审计检查中涉及公司部分单位审计取证工作。

除开展上述审计工作外，还将审计工作与效能监察、财务内部控制和财经纪律执行情况专项检查、查纠"四风"问题、八项规定落实情况、"小金库"治理及企业生产经营过程中设备物资采购、工程分包招标等环节检查结合起来，形成反对腐败、倡导廉洁的强大监督合力。

截至2021年底，公司共配置专职审计人员19人，其中总部配备专职审计人员7人，成员企业配备专职审计人员12人，占在职职工人数比例3‰，配备专职审计人员100%，具有本科以上学历，且具有中级及以上专业技术职称。

审计部组织全体人员参与股份公司、天津市内审协会组织的审计业务培训活动；通过借调成员企业优秀骨干参与实施联合审计方式，对所属单位相关人员进行审计业务交流。内部采用讨论式学习方式，将财务、工程、设备物资、法律、党务等相关学习资料共享。

在股份公司组织的评优活动中，公司审计部多次获奖：2018—2021年度连续获得内部审计工作先进单位称号；获得股份公司2017年度内部审计项目优秀奖；获得2018年度内部审计项目优秀奖；2020年度优秀内部审计项目一等奖；获得2021年度优秀内部审计项目一等奖。

第四节 违规经营追责工作

一、组织体系建设

2019年4月，成立责任追究工作领导小组；2020年3月，公司调整违规经营投资责任追究工作领导小组，由党委书记、董事长，党委副书记、总经理任组长，纪委书记任副组长，领导班子其他成员及总部各部门、国际公司、国内市场开发公司负责人为成员。

领导小组下设办公室，办公室设在审计部，审计部主任兼任办公室主任。责任追究办公室主要职责是承担领导小组日常工作，具体落实责任追究领导小组决定和工作部署。建立健全公司责任追究管理制度，明确工作职责。加强与相关职能部门联络协调，组织相关部门开展违规经营投资调查。做好与纪检监察、巡视、干部管理等相关部门的协同配合。

二、制度体系建设

2019年4月，印发《中国电建市政集团违规经营投资责任追究工作实施办法（试行）》；2020年10月，印发《中国电建市政集团违规经营投资责任追究总部工作流程》及《中国电建市政集团违规经营投资责任追究工作总部职责分工》。

三、工作开展情况

2021年初，召开违规经营投资责任追究工作领导小组会议，部署公司2021年度违规经营投资责任追究重点工作；2021年1月印发《关于进一步做好违规经营投资责任追究工作的通知》，要求公司成员企业应建立违规经营投资责任追究工作领导小组，明确追责工作归口管理部门，制定相应追责工作制度，规范追责工作流程。

2021年5月，公司召开违规经营投资责任追究工作专题会，落实股份公司关于做好违规经营投资责任追究工作体系建设"回头看"工作精神和具体要求，全面自查，确保公司本部及成员企业层层落实，自上而下做到全面覆盖。

2021年12月，公司召开违规经营投资责任追究工作专题会，对2021年度违规经营投资责任追究工作开展情况进行总结。

第五节　审计与风险管理委员会工作

2021年12月，为规范公司审计与风险管理工作，公司设立董事会审计与风险管理委员会，日常办事机构设在审计部。审计部按照审计与风险管理委员会议事规则要求，规范审计与风险管理工作程序，在公司董事会秘书统筹协调下做好委员会日常工作对接和服务保障工作。2021年12月，审计部拟定并提交2022年内部审计计划议案。

第二十二章　企业监察

2007年以来，公司紧紧围绕生产经营中心，以增强公司控制力和执行力建设为核心，以进一步健全防范风险内控机制为重点，以专项效能监察为基础，行政监察项目逐步涵盖工程分包、财务资金及"三重一大"事项决策制度和党风廉政建设责任制落实情况等内容，形成综合管控效能监察。

2007—2020年，公司两级总部先后对东非、安哥拉、巴基斯坦、南亚区域经理部等境外机构和项目部以及路桥公司津石高速项目、水电公司辽西北柴河三标项目、管道公司津石高速梁场项目等国内大型项目部开展效能监察共计293项。

2014年，印发《中国水电十三局有限公司效能监察实施办法（试行）》，从领导机制、责任体系、工作任务和内容、基本程序等8个方面，对效能监察工作流程和目标进行规范。2016年，对《中国水电十三局有限公司效能监察实施办法（试行）》再次修订。

2020年11月，按照电建股份党委《关于深化子企业（单位）纪检监察体制改革的实施意见》，公司对纪检监察体制改革，所有内设纪检机构统一更名为纪委办公室，撤销监察部。

第十篇 科学技术与教育

- 第一章　科技管理
- 第二章　科研项目及获奖情况
- 第三章　高新技术企业
- 第四章　科技成果
- 第五章　BIM技术应用管理与推广
- 第六章　教育培训

第一章 科技管理

第一节 组织机构

2012年、2016年、2020年和2021年,公司科技工作领导小组进行调整,自2020年开始,科技工作领导小组成员由公司领导班子人员组成,副总工程师、相关部门负责人不再列入科技工作领导小组。

2009年、2010年、2016年、2020年和2021年,公司科学技术委员会进行调整,自2016年开始,科学技术委员会主任委员由公司总工程师兼任。

2008年10月,公司成立专业技术专家委员会,包括工程技术与金属结构和设备机电安装两个专业。2010年、2016年和2020年,公司专业技术专家委员会进行调整,2021年专业技术专家委员会调整为土木工程专业技术专家委员会。

第二节 管理制度

2006年10月,印发《中国水电十三局科研项目管理办法》,于2009年、2013年修订。

2013年11月,印发《科学技术进步奖励办法》。

2014年4月,编制《研发项目管理标准程序》(Q/ZSD13 20802020—2014),2015年修订。

2017年1月,印发《优秀科技工作者和优秀工程技术人员评选办法》《优秀项目总工程师评选办法》,于2020年、2021年修订。

2017年8月,印发《科技项目管理办法》,于2020年11月修订。废止《研发项目管理标准程序》(Q/ZSD13 20802020—2015)。

2010年3月,印发《产学研合作活动实施办法》,于2014年、2020年修订。

第三节 激励措施

2011年7月5日,组织评选2011年度优秀工程技术人员和优秀科技管理者,授予李路军等41名同志为优秀工程技术人员,李青等11名同志为优秀科技管理者。

2015年7月9日,组织评选第五次科技大会十佳总工程师、优秀总工程师、优秀科技工作者和优秀工程技术人员,授予宋业恒等10名同志为十佳总工程师,郭世波等20名同志为优秀总工程师,于峰等100名同志为优秀科技工作者,丁仕金等200名同志为优秀工程技术人员。

2017年12月26日,组织评选2017年度优秀项目总工程师和优秀技术人员评选,授予刘文丽等27名同志为优秀项目总工程师,郑广庆等50名同志为优秀技术人员。

2018年11月23日,组织评选2018年度优秀项目总工程师和优秀科技工作者,授予张青等19名同志为优秀项目总工程师,孙超等32名同志为优秀科技工作者。

2019年12月9日,组织评选2019年度优秀项目总工程师和优秀技术人员,授予李圣瑞等19名同志为优秀项目工程师,蒋金华等62名同志为优秀技术人员。

2020年11月11日,组织评选2020年度优秀项目总工程师和优秀科技工作者,授予郝永旺等

21名同志为优秀项目总工程师，张明坦等40名同志为优秀科技工作者。

2021年5月20日，组织评选第六次科技大会十佳总工程师、优秀总工程师、最美科技工作者和优秀科技人员，授予宋加希等10名同志为十佳总工程师，高虎等20名同志为优秀总工程师，杨洪娜等10名同志为最美科技工作者，刘天牧等90名同志为优秀科技人员。

第四节 科技考核

自2011年开始，采取公司总部下发考核通知、二级单位上报自查报告、总部检查打分相结合的形式，对二级单位进行科技管理考核。考核内容包括施工技术管理、科技管理两方面内容。《公司科技管理工作考核办法》分别于2013年、2014年、2019年和2021年修订，自2014年，公司修订《科技管理考核办法》后，施工技术管理不再列入《科技管理考核办法》。

第五节 科技创新管理系统

2018年10月，公司首次开发科技立项管理系统，该系统包含科技立项申请、专家网评、会议评审模块，并开展网上申报和评审。经过3年不断完善，2021年12月，科技立项管理系统升级为科技创新管理平台，包含科技项目管理、科技成果管理、高企管理、研发平台管理、评先树优管理、科技管理制度及报表管理、标准管理等模块，具备科技资料全流程、全留痕、全平台"三全"功能，设置重要节点预警，提高公司科技工作效率。

第六节 研发平台

2019年，公司检测中心筹备申报天津市路桥工程材料企业重点实验室，2020年1月，天津市滨海新区科技局批准公司筹建天津市路桥工程材料企业重点实验室，建设期为2年。公司成立学术委员会，与天津大学、河海大学等高校建立"产学研"合作机制，依托工程开展关键技术研究，取得研究成果。经过2年建设期，2021年12月，公司筹建的天津市路桥工程材料企业重点实验室通过天津市滨海新区科技局组织的专家验收，被认定为天津市路桥工程材料企业重点实验室。

2017年7月，公司代表电建集团加入"中国城市地下综合管廊产业联盟"，任副理事长单位。参加编写《装配式钢结构地下综合管廊工程技术规范》CECS标准。

第二章 科研项目及获奖情况

第一节 科技立项管理情况

2007—2021年，科技立项紧密结合公司战略目标和定位，针对市政公用、水利水电、公路、建筑、轨道交通等公司主营业务领域开展技术攻关，加强产学研合作，与河海大学、山东大学、天津大学、南京航空航天大学、中国水科院、中国铁道科学研究院等高等院校和科研院所联合，开展重点课题研究。其间，批准公司级重点项目和推广应用项目共计212项,通过验收148项。公司批准研发资助经费1919.9万元。获批电建集团及省部级科技立项22项,其中天津市科技立项3项,山东省科技立项3项,电建集团科技立项16项,共获得外部资助1735万元。

2007—2021年公司级科技立项名单,见表10-2-1,2007—2021年电建及省部级科技立项名单,见表10-2-2。

表10-2-1　2007—2021年公司级科技立项名单

序号	合同编号	项目名称	申请单位	依托工程	负责人
1	2007-1	渠道混凝土衬砌机械化施工技术	三分局	南水北调工程第五标段	戚继舫
2	2007-2	风电塔筒开发制作项目	机电分局	中国水电集团内蒙古锡盟洪格尔风电场一期工程塔筒和法兰制造项目	米兰彬
3	2007-3	胶管缠绕机技术改造	橡胶厂	无	王春明
4	2007-4	赴非洲施工人员疟疾病防治	局医院	无	张方蕊
5	2007-5	大型弧面加工技术研究和设备制作	机电分局	埃塞俄比亚弧门金属结构制作安装工程	米兰彬
6	2007-6	土工布水下铺设施工技术研究	二分局	南水北调东线第一期工程鲁北段大屯水库工程	梁真
7	2008-1	水处理厂整体滤板施工技术	安哥拉经理部	安哥拉奎图供水项目	刘德寿
8	2008-2	PCCP管道安装工艺研究	二分公司	临涣输水管道Ⅱ标项目	张世越
9	2008-3	法兰钢管自动焊接成型机研制	橡胶厂	无	王春明
10	2008-4	项目管理软件PowerOn应用	总经理工作部、利比亚项目部	利比亚房建项目	索华炜 王宁坤
11	2008-5	高边坡锚固施工技术研究	四分公司	武邵高速公路项目	齐保军
12	2008-6	湖底联合防渗施工技术	三分公司	济南水库项目	戚继舫
13	2009-1	自平衡中承式系杆混凝土拱桥施工工艺	二分公司	济南小清河项目	徐继强
14	2009-2	SBR改性乳化沥青乳化工艺	四分公司	武邵项目	杨旭东 吕振涛
15	2009-3	悬臂浇筑四线连续箱梁施工工艺	贵广高铁项目部	贵广高铁项目	刘建平 郭世波
16	2009-4	CRTSⅡ型无砟轨道板铺设技术	四分公司	京沪高铁三标七工区	姜应新
17	2009-5	大型螺旋钢管生产线及加工工艺	橡塑厂	无	王春明
18	2009-6	加筋土挡土墙施工技术研究	锡卡公路项目部	锡卡公路项目	张玉富 温建明
19	2009-7	输水箱涵穿越高速公路施工技术	南水北调天津干线1标项目部	南水北调天津干线1标项目	宋慈勇
20	2009-8	高速铁路无缝线路铺设施工技术研究	京沪高铁三标轨道铺设部	京沪高铁三标轨道铺设项目	米兰彬
21	2009-9	钢塑复合浮筒产品开发	橡塑厂	无	王春明
22	2010-1	液压底轴驱动式翻板闸门安装工艺研究	二分公司	黄山湖边枢纽工程项目	张世越
23	2010-2	大粒径泥砾筑堤施工技术研究	三分公司	南水北调中线磁县二标项目	赵化祥
24	2010-3	滏阳河渡槽三向预应力张拉技术及应用	三分公司南水北调中线磁县二标项目部	南水北调中线磁县二标项目	赵化祥
25	2010-4	移动升降式空中作业焊接操作机的研制	安装公司	风电塔筒制作项目部	鞠子强
26	2010-5	基层超高反坡段一次成型施工技术	肯尼亚公路工程项目部	肯尼亚公路工程项目	曲岩

续表

序号	合同编号	项目名称	申请单位	依托工程	负责人
27	2010-6	浮体产品发泡剂替换项目	橡塑厂	无	王春明
28	2010-7	复合耐磨钢管研发项目	橡塑厂	无	王春明
29	2010-8	钢管法兰端面修正机	橡塑厂	无	王春明
30	2010-9	钢管防腐设备研制及防腐工艺研究	橡塑厂	无	王春明
31	2010-10	湿地输变电塔架基础施工工艺研究	安装公司	刚果（布）220千伏输变电工程	鞠子强
32	2010-11	真空联合堆载预压法软基处理技术	四分公司	青岛双积公路项目	齐保军
33	2011-1	高水头大锥度钢岔管优化设计制作技术	安装公司	杜伯华电站岔管制作项目	张淑枝
34	2011-2	风电塔架制作及其低温厚钢板焊接技术	安装公司	风电塔架制作项目	鞠子强
35	2011-3	深竖井混凝土浇筑（带缓降器）工艺研究	杜伯华项目部	杜伯华项目部	高学春
36	2011-4	平原水库大面积库盘铺膜防渗施工工艺研究	二分公司	大屯水库工程项目	李 靖
37	2011-5	渠道膨胀土施工技术处理	四分公司	南水北调南阳一标	张书起
38	2011-6	静力压桩法挤密砂石桩地基处理技术	四分公司	南水北调潮河段七标	李友宝
39	2011-7	钢管接头焊后防腐设备研制及工艺研究	中东经理部	无	徐德阳
40	2012	高温地区大体积混凝土骨料预冷技术研究	南亚经理部	巴基斯坦达瓦特大坝项目	赵勇祥
41	2012	大坝安全监测系统应用研究	南亚经理部	巴基斯坦达瓦特大坝项目	赵勇祥
42	2012	河内沉管取砂技术应用研究	中西非经理部	刚果（布）凯塔别斯喀麦隆边境段公路工程项目部	张玉富 周云斌
43	2012	螺旋钢管远程监控系统	安装公司	无	陈 志
44	2013	港口工程复杂地质条件下钢管桩施工技术研究	中西非经理部	刚果（布）布拉柴维尔自治港修复升级项目部	黄匡曦
45	2013	寒冷地区现浇预应力混凝土箱梁施工质量控制技术研究	天津公司	抚顺市石化新城核心区建设BT项目甲邦大桥工程	屠清奎
46	2013	附着式升降架在高层建筑主体结构中的应用	天津公司	武汉海赋江城项目部	屠清奎
47	SDSSJ-ZDKY-2013-01	富水砂砾层盾构掘进关键技术	深圳地铁7号线7301-1标项目部	深圳地铁7号线7301-1标项目	张书起
48	SDSSJ-ZDKY-2013-02	地铁区间盾构隧道下穿桥梁施工关键技术	深圳地铁7号线7301-1标项目部	深圳地铁7号线7301-1标项目	张书起
49	SDSSJ-ZDKY-2013-03	富水暗挖隧道穿越建筑群综合施工技术	深圳地铁7号线7301-1标项目部	深圳地铁7号线7301-1标项目	张书起
50	SDSSJ-ZDKY-2013-04	地铁盾构施工远程智能化管控技术研究与应用	深圳地铁7号线7301-1标项目部	深圳地铁7号线7301-1标项目	段志宏
51	SDSSJ-ZDKY-2013-05	大型薄壁渡槽混凝土裂缝控制技术研究与应用	四分公司	南水北调南阳一标	张书起
52	SDSSJ-ZDKY-2013-06	高工况超大口径PCCP管道设计生产技术研究	恒华管业	辽西北供水预应力钢筒混凝土管（PCCP）采购五标项目部	米兰彬
53	SDSSJ-ZDKY-2013-07	海上围垦工程龙口合龙施工技术研究与应用	华东施工局	条子泥I期匡围工程四标-2项目	蔡振春
54	SDSSJ-ZDKY-2013-08	复杂地质条件下超大口径PCCP管道安装技术研究	水电公司	辽西北供水工程管道建安四标项目部	张 博
55	SDSSJ-ZDKY-2013-09	十甲任节制闸施工技术研究	芜湖公司	安徽省青弋江分洪道工程	黄彦德
56	SDSSJ-ZDKY-2013-10	定性切割与数控编程合成应用技术研究	安装公司	重庆市巫山县千丈岩梯级电站工程、辽西北供水工程、巴基斯坦达瓦特供水工程管件的制作	鞠子强

续表

序号	合同编号	项目名称	申请单位	依托工程	负责人
57	SDSSJ-ZDKY-2013-11	钢板桩码头设计与施工技术研究	中西非经理部	刚果（布）韦索码头修复工程项目部	司圣文
58	SSJKY2015-01	淤泥质软土深基坑施工关键技术研究	水电公司	宁波铜盆浦泵站工程	徐建亭
59	SSJKY2015-02	圆形隧洞混凝土衬砌一次成型施工技术研究	水电公司	辽西北供水工程（三段）施工二标	刘宝华
60	SSJKY2015-03	水池薄壁混凝土施工技术研究	水电公司	济南市东区水厂项目	陈霖
61	SSJKY2015-04	不同气温条件下薄壁混凝土群仓滑模施工技术研究	水电公司	阿尔及利亚混凝土粮仓项目	高学春
62	SSJKY2015-05	14.9米高闸墩混凝土一次性浇筑施工技术研究	水电公司	青弋江分洪道工程第一项目部	雒焕斌
63	SSJKY2015-06	50米跨预应力混凝土简支T梁施工及吊装技术研究	水电公司 芜湖公司	青弋江分洪道工程第一项目部	雒焕斌
64	SSJKY2015-07	金山湾大桥景观桥塔安装施工技术研究	水电公司	烟台金山湾生态城基础设施项目部	冯国伟
65	SSJKY2015-08	现浇混凝土薄壁管桩（PCC桩）在软基处理中的应用研究	路桥公司	天津外环线东北部调线工程5标项目部	时贞祥
66	SSJKY2015-09	单轴双向水泥搅拌桩施工技术应用	路桥公司	天津外环线东北部调线工程5标项目部	宋卫强
67	SSJKY2015-10	海滩淤泥质软土大型基坑支护技术研究	路桥公司	平潭金井一路项目部	王永
68	SSJKY2015-11	桥梁高墩翻模法施工工艺	路桥公司	重庆梁忠高速公路施工总承包部六分部	朱长健
69	SSJKY2015-12	智能钢筋加工的控制应用	路桥公司	天津外环线东北部调线工程5标项目部	宋卫强
70	SSJKY2015-13	地铁盾构施工远程智能化管控技术研究与应用	轨道公司	深圳地铁7号线7301标	安东利
71	SSJKY2015-14	地下连续墙预制钢套筒导向嵌岩施工工艺	轨道公司	深圳地铁7号线7301标	张书起
72	SSJKY2015-15	特大型暗河岩溶区地铁车站盾构综合施工技术研究与应用	轨道公司	武汉地铁11号线4标	张书起
73	SSJKY2015-16	高架渡槽承插型盘扣式支架关键施工技术研究与应用	路桥公司	南水北调中线一期工程辉县段第六施工标段	李洪生
74	SSJKY2015-17	大粒径透水性沥青混合料柔性基层技术应用研究	路桥公司	龙青高速公路项目	孟令奇
75	SSJKY2015-18	潮间带淤泥湿地区域风力发电设备安装技术研究与应用	安装公司	江苏如东海上风电场（潮间带）示范项目	郝洪峰
76	SSJKY2015-19	大型PCCP输水管道配套管件承、插口工艺研究	安装公司	辽西北供水工程	刘瑞东
77	SSJKY2015-20	细粉砂与硬质层混合地质降水技术研究	安装公司	纳拉渠金属结构项目部	鞠子强
78	SSJKY2015-21	PCCP-DN800立式生产工艺研发	管道公司	聊城分公司	张新生
79	SSJKY2015-22	预制混凝土管片生产技术研究与应用	管道公司	武汉地铁管片厂	付帮景
80	SSJKY2015-23	海滩涂地满堂支架基础处理研究	天津公司	外环线永金引河1号大桥项目	杜鹏程
81	SSJKY2015-24	智能张拉技术在桥梁预应力中的推广应用	天津公司	外环线永金引河1号大桥项目	杜鹏程
82	SSJKY2015-25	既有地铁线条件下超高层建筑深基坑施工技术研究与应用	天津公司	武汉南国中心二期综合体工程项目	屠清奎
83	SSJKY2015-26	LOFT夹层结构施工技术研究	天津公司	武汉雄楚广场工程	屠清奎
84	SSJKY2015-27	优化泡沫轻质土配合比及检测技术	设计院	烟台市金山湾生态城基础设施项目	董振海
85	SSJKY2015-28	节制闸墙身混凝土早凝的研究与应用	设计院	青弋江节制闸工程	鞠永强

续表

序号	合同编号	项目名称	申请单位	依托工程	负责人
86	SSJKY2015-29	水电十三局仓储物流系统建设项目	公司总经理工作部	天达华苑仓库物流建设	黄匡曦
87	SSJKY2015-30	BIM技术在项目管理中的应用研究	公司总经理工作部、中水电公司	济南东区水厂项目、淮北房建项目和深圳地铁常规设备安装项目	黄匡曦
88	SSJKY2015-31	压密注浆技术在老旧大堤加固中的应用研究	上海公司	华能上海太仓灰场改造工程	蔡振春
89	SSJKY2015-32	淤泥质土堤坝工程关键技术研究	公司总部	芜湖青弋江分洪道工程	杨涛
90	SSJKY2015-33	2×50米连续箱梁现浇张拉施工技术研究	芜湖公司 中水电公司	青弋江分洪道工程石硊交通桥	王清华
91	SSJKY2015-34	大尺寸面板加筋土挡土墙设计与施工技术	中东经理部	多哈高速公路P6项目	鲜仕君
92	SSJKY2015-35	连杆框架箱梁支撑系统施工工艺研究	中东经理部	多哈高速公路P6项目	鲜仕君
93	SSJKY2015-36	国外荒漠地区大型光伏电站综合技术研究与应用	北非公司	阿尔及利亚233光伏电站项目	李玉松
94	SSJKY2015-37	热带雨林地区路基施工技术研究	中西非公司	刚果（布）凯塔公路工程项目	李振收
95	ZDZX-2016-01	深厚富水砂层地连墙施工技术研究	轨道公司	哈尔滨地铁六标项目	杨旭东
96	ZDZX-2016-02	洞桩法车站施工技术研究	轨道公司	哈尔滨地铁六标项目	杨旭东
97	ZDZX-2016-03	富水砂层盾构施工关键技术研究	轨道公司	哈尔滨地铁六标项目	杨旭东
98	ZDZX-2016-4	地铁轨道整体道床施工关键技术研究与应用	轨道公司	成都地铁4号线二期工程轨道工程Ⅰ标项目	刘书臣
99	ZDZX-2016-5	地铁道岔施工关键技术研究与应用	轨道公司	成都地铁4号线二期工程轨道工程Ⅰ标项目	刘书臣
100	ZDXM-2016-01	富水砂地层微型顶管快速掘进关键技术研究	轨道公司	深圳茅洲河流域水环境综合整治工程宝安四标项目	杨涛
101	ZDXM-2016-2	高陡坡压力钢管安装技术研究	安装公司	重庆巫山县千丈岩梯级电站工程	李志明
102	ZDXM-2016-3	临近既有地铁线地下结构逆作法施工关键技术研究与应用	天津公司	武汉南国中心二期工程	钟东胜
103	TGYY-2016-01	静压植桩技术的应用	水环境公司	深圳茅洲河流域水环境综合整治工程宝安四标项目	王华侨
104	TGYY-2016-2	近海永久围堰防渗技术研究与应用	天津公司	江苏西港闸新建项目	赵志虎
105	TGYY-2016-3	库区内取水泵站施工关键技术研究	水电公司	广东江门市应急备用水源工程	王林勇
106	TGYY-2016-4	高闸墩贝雷架支撑体系安全技术研究与应用	水电公司	安徽青弋江分洪道项目	雒焕斌
107	TGYY-2016-5	复杂地质条件下综合管廊防渗技术研究	安徽公司	六安市金寨县江环北路综合管廊及道排工程PPP项目	吴福祥
108	TGYY-2016-6	寒冷地区混凝土防渗墙施工技术研究	路桥公司	黑龙江省松花江干流治理工程第十六标段项目	郭晓阳
109	TGYY-2016-7	风电塔架制作装备升级研究与应用	安装公司	风电塔筒制作项目	鞠子强
110	TGYY-2016-8	部分预应力混凝土电杆技术研究与应用	管道公司	无	张华
111	TGYY-2016-9	钢筋混凝土管径向挤压及芯模振动成型工艺研究与应用	管道公司	无	刘同军
112	ZDZX-2017-01	临近高边坡地铁站深基坑施工关键技术	轨道公司	深圳地铁4号线项目	张多斌
113	ZDZX-2017-02	新型硫黄混凝土在地铁施工中的应用	轨道公司	深圳地铁4号线项目	张多斌
114	ZDZX-2017-03	半盖挖车站爆破开挖技术研究	轨道公司	深圳地铁4号线项目	张多斌
115	ZDZX-2017-04	盾构分体始发及平移施工技术	轨道公司	深圳地铁4号线项目	张多斌
116	ZDZX-2017-05	地铁轨道铺设工装研究与应用	轨道公司	武汉地铁11号线轨道标	何万兵

续表

序号	合同编号	项目名称	申请单位	依托工程	负责人
117	ZDZX-2017-06	地铁车站主体结构渗水防治技术研究	轨道公司	哈尔滨地铁六标项目	杨涛
118	ZDXM-2017-01	境外EPC项目50万吨水处理厂技术研究	西南非公司	安哥拉罗安达吉隆戈供水项目	李方武
119	ZDXM-2017-02	BIM技术综合应用	公司总经理工作部	武汉南国中心二期项目、津石高速项目、安徽G345凤阳段一级公路改建工程PPP项目、孟加拉国污水处理厂项目	索华炜
120	ZDXM-2017-03	档案信息化管理系统的集成与开发	公司总经理工作部	无	杨久磊
121	ZDXM-2017-04	河道综合治理生态修复技术	路桥公司	河南郑州市贾鲁河综合治理一标项目	孟召祥
122	ZDXM-2017-05	长江江豚保护区灰岩裸岩高桩码头嵌岩桩施工技术研究	水电公司	安徽长九（神山）灰岩矿项目码头一期项目	刘浩辉
123	TGYY-2017-01	机械施工设备信息化管理研究与应用	路桥公司	四公司机械施工公司	冯凯
124	TGYY-2017-02	大纵坡高速公路沥青混凝土路面施工技术研究与应用	路桥公司	重庆江习高速公路路面项目	郭晓阳
125	TGYY-2017-03	长隧道阻燃温拌沥青混凝土上面层施工技术研究	路桥公司	重庆江习高速公路路面项目	郭晓阳
126	TGYY-2017-04	泥质砂岩路基施工技术研究与应用	水电公司	安徽S238怀宁段公路改建项目	陈霖
127	TGYY-2017-05	内湖浅水域18米跨永久钢贝雷桥施工工艺研究	水电公司	池州市长九（神山）灰岩矿项目	刘浩辉
128	TGYY-2017-06	大跨度钢桥制作安装技术研究与应用	安徽公司	安徽S209省道（金叶路段）综合管廊及道排项目	夏远成
129	TGYY-2017-07	钢混组合双拱倾斜式桥塔施工技术研究与应用	安徽公司	安徽霍山县生态新城路网工程PPP项目	李成春
130	TGYY-2017-08	山区河流中砂卵石层地质条件钢板桩围堰施工技术研究与应用	安徽公司	安徽霍山县生态新城路网工程PPP项目	徐方勇
131	TGYY-2017-09	混凝土重力坝坝基处理技术研究	上海公司	浙江千岛湖配水工程施工16标项目	李靖
132	TGYY-2017-10	浅覆盖强风化围岩隧洞开挖施工技术研究	上海公司	浙江千岛湖配水工程施工16标项目	李靖
133	TGYY-2017-11	下穿高速公路大断面排水隧洞开挖技术研究	上海公司	浙江温岭市南排工程（一期启动段）施工项目	郑绍刚
134	TGYY-2017-12	电杆管桩复合生产线及PHC管桩用C80高强混凝土研究与应用	管道公司	无	苏兆明
135	TGYY-2017-13	深基坑复合式支护施工技术研究与应用	天津公司路桥公司	江苏省南京泛悦广场项目、福州琴亭湖湖体扩容工程项目	赵志虎
136	TGYY-2017-14	透水混凝土技术研究与应用	设计院	德州市市政工程建设总公司德州纬九路、纬十路工程	鞠永强
137	TGYY-2017-15	腐蚀性地质条件下大口径钢制压力管道施工技术研究	安装公司	华润电力曹妃甸电厂二期工程项目	李信山
138	TGYY-2017-16	脱硫石灰石块仓施工技术研究与应用	南亚经理部	卡西姆港燃煤电站项目	王操
139	ZDXM-2018-1	大跨度超宽钢箱梁桥施工技术研究与应用	北方公司	晋中市综合通道工程PPP项目	王永
140	ZDXM-2018-2	大东湖深隧输水管片技术研究及应用	管道公司	大东湖核心区污水传输系统项目	付帮景
141	ZDXM-2018-3	高液限红黏土心墙堆石坝施工技术研究	东非公司	肯尼亚Karimenu II供水项目大坝工程项目	温建明
142	ZDXM-2018-04	跨越京九铁路大桥转体施工工艺研究与应用	路桥公司	河北津石高速公路项目	亓艳生
143	ZDXM-2018-5	项目管理运用无人机倾斜摄影建模技术研究	安徽公司	G345凤阳段一级公路改建工程PPP项目	路涛

续表

序号	合同编号	项目名称	申请单位	依托工程	负责人
144	TGYY-2018-1	单曲重力拱坝大体积埋石混凝土施工技术研究与应用	水电公司	绩溪县扬溪源水库项目	雒焕斌
145	TGYY-2018-2	下穿既有城际铁路桥地铁站施工与监测技术研究	轨道公司	深圳地铁12号线土建七工区项目	宋卫强
146	TGYY-2018-03	时速140千米地铁整体道床及道岔施工关键技术研究与应用	安装公司	成都轨道交通18号线轨道工程1标项目	刘书臣
147	TGYY-2018-4	填海区深厚淤泥层地铁车站施工关键技术研究	轨道公司	深圳地铁12号线土建七工区项目	宋卫强
148	TGYY-2018-05	跨越京沪铁路箱桥施工技术研究	安徽公司	G345凤阳段一级公路改建工程PPP项目	路涛
149	TGYY-2018-6	PCCP接口环喷砂射流除锈技术研究与应用	管道公司	广东惠东县稔平半岛供水工程项目	刘广中
150	TGYY-2018-7	雄安新区苗景兼用林大面积快速异地种植成活率技术研究	天津公司	雄安新区10万亩苗景兼用林建设项目一标段	杜鹏程
151	TGYY-2018-8	复杂地质条件下竖井开挖施工技术研究	水电公司	辽西北柴河三标项目	刘磊
152	TGYY-2018-9	钢混式风电塔架转接段及附件关键技术研究	安装公司	天润山东德州夏津风电场二期项目	鞠子强
153	TGYY-2018-10	导井法开挖深竖井工艺研究与应用	上海公司	杭州市第二水源千岛湖配水工程施工16标项目	张长河
154	TGYY-2018-11	大跨度连续梁桥悬臂浇筑线形监控与应力监测研究与应用	安徽公司	G345凤阳段一级公路改建工程PPP项目	路涛
155	TGYY-2018-12	大型土方工程扬尘治理研究与应用	水电公司	华山洼生态修复及功能提升项目湖区水体修复工程施工第一标段	王林勇
156	TGYY-2018-13	河道治理工程淤泥清理工艺应用研究	天津公司	长春市新凯河施工总承包项目	丁柏清
157	TGYY-2018-14	大温差条件下钢轨焊接工艺及放散锁定技术研究与应用	安装公司	巴基斯坦拉合尔轨道交通橙线项目	赵会广
158	TGYY-2018-15	出口退税管理软件开发与应用	国贸公司	无	刘晔旻
159	ZDXM-2019-01	超高性能混凝土电杆生产技术研究与应用	管道公司	无	李荣高
160	ZDXM-2019-02	内河航道水下大口径双管同槽施工技术研究与应用	山东公司	引江济淮工程阜阳供水项目	刘浩辉
161	ZDXM-2019-03	城市河流排水系统调蓄池效益量化评价及效能提升与工程建设关键技术研究	水环境公司	深圳龙岗龙观两河项目	王华侨
162	ZDXM-2019-04	黄沙河中游调蓄池智慧工地集成化应用	水环境公司 山东公司	深圳龙岗龙观两河项目	刘民辉
163	ZDXM-2019-05	连续组合栓接钢箱梁制作及安装施工工艺研究	安装公司	河北津石高速公路项目	郝洪峰
164	TGYY-2019-01	清漾河水环境质量整体提升与功能恢复关键技术集成应用与研究	天津公司	河南长葛总承包项目	郦谨
165	TGYY-2019-02	河谷地段压力钢管施工技术研究	东非公司	坦桑尼亚阿鲁沙新供水系统项目	孙占勇
166	TGYY-2019-03	装配式建筑施工技术研究	山东公司	池州装配式建筑基地项目	邱香军
167	TGYY-2019-04	复杂地质条件下深水钢围堰施工技术研究	山东公司	乌东德水电站攀枝花移民专项Ⅰ标项目	刘浩辉
168	TGYY-2019-05	工业厂房螺栓球网架安装技术研究	天津公司	天津一汽丰田发动机EPC项目	刘希泉
169	TGYY-2019-06	海洋环境下大口径钢筒混凝土管防腐抗裂研究与应用	管道公司	马来西亚凯德隆400兆瓦级联合循环燃气电站工程	宁靖华

续表

序号	合同编号	项目名称	申请单位	依托工程	负责人
170	TGYY-2019-07	渠道边坡水泥改性土厂拌法换填技术研究与应用	安徽公司	引江济淮 J006-1 标项目	聂金龙
171	TGYY-2019-08	钢管合拢口圆心法施工技术研究与应用	水电公司	鄂州水厂项目	时贞祥
172	TGYY-2019-09	大跨度钢结构悬索玻璃栈桥技术研究与应用	山东公司	聊城市河湖水系连通工程项目	赵万国
173	TGYY-2019-10	城市防洪箱涵有限空间作业条件下清淤修复安全施工技术研究及应用	山东公司	长江大保护工程九江项目	刘浩辉
174	TGYY-2019-11	水性无机陶瓷涂料提高混凝土耐久性的研究与应用	设计院	河北津石高速公路项目	温东辉
175	TGYY-2019-12	波纹钢拱涵施工技术研究与应用	安徽公司	G345 凤阳段一级公路改建工程 PPP 项目	路涛
176	TGYY-2019-13	软基固化技术在道路工程建设中的研究与应用	安徽公司	G345 凤阳段一级公路改建工程 PPP 项目	路涛
177	TGYY-2019-14	液态粉煤灰在高速公路台背回填施工中的应用	水电公司	河北津石高速公路项目	符长安
178	TGYY-2019-15	玄武岩纤维沥青混凝土技术研究	天津公司	长沙市现代电子商务产业园道路基础设施建设 PPP 项目	陈昱匡
179	TGYY-2019-16	沿河截污调蓄系统在初雨治理中应用	水环境公司	深圳宝安（茅洲河片区）全面消黑 EPC 项目	丁磊
180	ZDXM-2020-01	潮汐区海相土条件下 CFG 桩路基加固技术研究与应用	水电公司 设计院	福鼎市滨海大道二期道路工程第一标段项目	时贞祥
181	ZDXM-2020-02	受限空间内大直径压力钢管施工技术研究与应用	轨道公司 安装公司	珠江三角洲水资源配置工程土建施工 A6 标	刘文丽
182	ZDXM-2020-03	城区通航河道斜拉桥拆除技术研究	水电公司	广东中开高速公路土建项目	亓艳生
183	ZDXM-2020-04	钢桥面浇筑式沥青修复关键技术研究与应用	北方公司	晋中市综合通道建设工程 PPP 项目	王永
184	ZDXM-2020-05	再生塑料纤维混凝土加固机理技术研究	天津公司 设计院	湖州地信小镇云创、信息科技大厦项目	王清华
185	ZDXM-2020-06	干冷地区人工湿地水质持续净化技术研究	北方公司	晋中龙城大街区域水系综合治理项目	王永
186	ZDXM-2020-07	小型水轮发电机组升级改造施工技术研究与应用	中亚经理部	乌兹别克斯坦水电站修复项目	王新
187	ZDXM-2020-08	下穿深水河道盾构施工技术研究	轨道公司	成都轨道交通 19 号线二期工程土建 7 工区项目	张多斌
188	ZDXM-2020-09	混凝土管片高效节能生产技术研究与应用	管道公司	珠三角水资源配置工程土建施工 A4 标项目管片采购合同	宁靖华
189	ZDXM-2020-10	湿陷性黄土条件下的新旧路基差异沉降机理及模式与控制技术研究	北方公司	朔州经开区起步区及外部连接道路 PPP 项目	王永
190	ZDXM-2020-11	小流域补水工程方案优化及对河道水质提升效果的研究	水环境公司	深圳市龙岗区河流水质提升及污水处理提质增效工程坪地工区项目	王华侨
191	ZDXM-2020-12	输水隧洞深竖井衬砌施工技术研究与应用	山东公司	LXB 供水二期柴河三标项目	刘磊
192	ZDXM-2020-13	高速公路橡胶改性沥青混凝土技术研究与应用	水电公司 安徽公司	河北津石高速公路路面项目	张山
193	ZDXM-2020-14	关于素土压实度与其力学特性关系的研究	设计院	济南新旧动能转换先行区崔寨北片区市政道路一期工程	孙红红
194	ZDXM-2020-15	CL 建筑保温体系施工技术研究与应用	水电公司	平原桃园施工总承包项目	李兴涛
195	ZDZX-2021-01	境外高速铁路轨道工程施工技术研究	印尼雅万高铁项目	印度尼西亚雅加达至万隆高速铁路项目	张俊康

续表

序号	合同编号	项目名称	申请单位	依托工程	负责人
196	ZDXM-2021-01	基于BIM的工程数字化技术在智能楼宇建设全过程的应用研究	设计院	电建基地项目	沈平
197	ZDXM-2021-02	管道非开挖条件下新型内衬法施工技术研究与应用	水环境公司	深圳市坪山区市政路老旧排水管网修复工程（二标段）EPC总承包项目	宋建国
198	ZDXM-2021-03	城区通航条件下大跨度双层钢桁架桥施工技术研究	水电公司	广东中开高速公路土建项目	亓艳生
199	ZDXM-2021-04	大跨度及大悬挑异型空间网格钢结构智能建造技术研究	水环境公司	洛宁县体育中心项目	王华侨
200	ZDXM-2021-05	复杂环境下浅埋大断面高铁隧道优质高效施工关键技术研究	水电公司	潍烟铁路五分部项目	符长安
201	ZDXM-2021-06	城市轨道结构病害治理及养护决策系统研究	设计院	天津市路桥工程材料企业重点实验室	张建党
202	ZDXM-2021-07	生态碱激发材料的制备及其在交通基础设施智慧建养技术中的应用研究	设计院	天津市路桥工程材料企业重点实验室	刘健
203	ZDXM-2021-08	下穿既有铁路长大箱涵近距离顶进关键技术研究	山东公司	淮北下穿青芦铁路项目	丁修昌
204	ZDXM-2021-09	岩溶强发育富水区大直径双模盾构施工关键技术研究	轨道公司	深惠城际先开段项目	宋卫强
205	ZDXM-2021-10	软岩条件下长距离小断面隧洞机械掘进技术研究	管道公司	向家坝内江供水管道项目	赵素刚
206	ZDXM-2021-11	雄安启动区综合管廊沉降监测与控制技术研究	水环境公司	雄安启动区项目	王华侨
207	ZDXM-2021-12	无人驾驶市政道路技术研究与应用	山东公司	济南国际标准地项目	林沄涛
208	ZDXM-2021-13	大跨度缓凝结预应力空心楼板施工技术研究与应用	水环境公司	洛宁县体育中心项目	张松华
209	ZDXM-2021-14	湿陷性黄土地区生态护坡技术研究与应用	北方公司	陕西省斗门水库三标项目	刘光明
210	ZDXM-2021-15	快速脱水固结技术在生态治淤工程中的研究与应用	安徽公司	巢湖清淤工程	李敬
211	ZDXM-2021-16	大跨度拱式渡槽现浇施工技术研究与应用	轨道公司	海南琼西北供水项目	王万禄
212	ZDXM-2021-17	有限空间作业实时监控系统研究	水环境公司	深圳龙岗区水质提升项目	王华侨

表10-2-2　2007—2021年电建及省部级科技立项名单

序号	年度	课题名称	立项单位	企业角色	实施单位	上级资助经费（万元）
1	2009	高速铁路无缝线路关键技术研究与应用	中国水利水电建设股份有限公司	牵头	京沪高铁	40
2	2011	平原水库大面积库盘铺膜防渗施工工艺研究	中国水利水电建设股份有限公司	牵头	中水电公司	0
3	2012	螺旋钢管远程监控系统	中国水利水电建设股份有限公司	牵头	安装公司	0
4	2012	高水头大锥度钢岔管优化设计制作技术	中国水利水电建设股份有限公司	牵头	安装公司	0
5	2013	围海工程施工关键技术研究	中国水利水电建设股份有限公司	参与	上海公司	0
6	2013	高工况超大口径PCCP管道设计生产技术研究	中国水利水电建设股份有限公司	牵头	恒华管业公司	50
7	2013	大型薄壁渡槽混凝土裂缝控制技术研究与应用	中国水利水电建设股份有限公司	牵头	四公司	30
8	2014	预应力钢筒混凝土管自动化生产线研究	中国电力建设股份有限公司	牵头	管道公司	80

续表

序号	年度	课题名称	立项单位	企业角色	实施单位	上级资助经费（万元）
9	2015	淤泥质土堤坝工程关键技术研究	中国电力建设股份有限公司	牵头	芜湖公司	300
10	2016	富水砂地层微型顶管隧道快速掘进关键技术研究	中国电力建设股份有限公司	牵头	水环境公司	140
11	2017	境外多连体薄壁混凝土筒仓施工综合技术研究与应用	中国电力建设股份有限公司	牵头	北非公司	240
12	2017	高水头永久水工建筑物土工合成材料防渗关键技术研究与应用	中国电力建设股份有限公司	参与	山东公司	0
13	2017	深基坑工程减压降水对环境影响的研究	天津市科学技术委员会	牵头	设计院	150
14	2018	明挖地铁车站渗漏水防治技术综合研究与应用	中国电力建设股份有限公司	牵头	轨道公司	300
15	2019	异型钢拱肋组合桥施工关键技术研究与应用	中国电力建设股份有限公司	牵头	北方公司	175
16	2019	城市河流排水系统调蓄池效益量化评价及效能提升与工程建设关键技术研究	中国电力建设股份有限公司	参与	水环境公司	0
17	2019	预制混凝土管自密实、免蒸养功能化制备技术	山东省工业和信息化厅	参与	管道公司	0
18	2020	潮汐区淤泥质基础CFG桩施工质量控制技术研究与应用	中国电力建设股份有限公司	牵头	水电公司	210
19	2020	管片地模高效节能生产技术研究与应用	山东省工业和信息化厅	参与	管道公司	0
20	2021	生态碱激发材料的制备及其在交通基础设施智慧建养技术中的应用研究	天津市交通运输委员会	牵头	设计院	10
21	2021	城市轨道结构病害治理及养护决策系统研究	天津市交通运输委员会	牵头	设计院	10
22	2021	输水管片高效生产及表面处理技术研究与应用	山东省工业和信息化厅	牵头	管道公司	0

第二节　高新技术研究项目情况

2010年起，持续开展高新技术研究项目立项工作，不断加大研发投入，截至2021年底，共计完成高新技术研究项目719项。

第三节　科技成果鉴定及获奖情况

2011—2021年，60项科技成果通过省部级或电建集团成果鉴定，"境外多连体薄壁混凝土筒仓施工关键技术研究与应用"等3项达到国际领先水平，24项达到国际先进水平，14项达到国内领先水平，19项达到国内先进水平。

2008—2021年，多项成果获得电建集团、中国施工企业管理协会、中国交通运输协会、中国电力建设企业协会、山东土木建筑学会及天津市、山东省、山西省等颁发的科学技术奖，共获得各类科技奖项100项。公司参建的深圳市轨道交通7号线工程获得第十六届中国土木工程詹天佑奖。"京沪高速铁路施工关键技术研究""复杂环境混合地层条件下地铁修建关键技术与应用"等4项获得特等奖，"异形单拱肋超宽连续钢箱梁组合桥精细化施工技术""境外多联体薄壁混凝土筒仓施工综合技术研究与应用"等19项获得一等奖，37项获得二等奖，35项获得三等奖，4项获优胜成果。

2007—2021年公司获电建集团及省部级科学技术奖名单，见表10-2-3。

表10-2-3　2007—2021年公司获电建集团及省部级科学技术奖名单

序号	获奖年度	科技奖名称	获奖成果名称	等级	颁奖单位名称	完成单位	成果具体实施单位	完成人
1	2008	中国水利水电建设集团公司科学技术进步奖	大跨度上承式拉杆拱渡槽施工技术研究	二等奖	中国水电建设股份有限公司	水电十三局	界河渡槽	徐建亭、刘持鹏、辛炳烈、齐宗海、郑花香、姜应新、李道昌、李瑞昌等
2	2009	中国水利水电建设集团公司科学技术进步奖	自浮式排泥胶管研制	一等奖	中国水电建设股份有限公司	水电十三局	橡塑厂	杨涛、王春明、蓝恭琰、严六四、刘瑞东、张绍军、李新健等
3	2011	中国施工企业管理协会科学技术奖科技创新成果奖	京沪高速铁路无砟轨道板综合施工技术研究	一等奖	中国施工企业管理协会	铁路公司、水电七局、水电十三局、水电四局、水电三局、路桥工程有限公司、水电十四局、水电八局、水电十一局、水电一局、水电五局	京沪高铁项目部	杨忠、韩志强、蒋宗全、王成、赵同生、但东、沈亮、李斌、刘士诚、秦宝和、罗卿、张道波、郑光义、沈建平、谢卫东、曾维荣、林茂、赵云飞、姜应新、杨永杰
4	2011	中国水利水电建设集团公司科学技术进步奖	京沪高速铁路无砟轨道板综合施工技术研究	一等奖	中国水电建设股份有限公司	铁路公司、水电七局、水电十三局、水电四局、水电三局、路桥工程有限公司、水电十四局、水电八局、水电十一局、水电一局、水电五局	京沪高铁项目部	杨忠、韩志强、蒋宗全、王成、赵同生、但东、沈亮、李斌、刘士诚、秦宝和、罗卿、张道波、郑光义、沈建平、谢卫东、曾维荣、林茂、赵云飞、姜应新、杨永杰
5	2011	中国水利水电建设集团公司科学技术进步奖	京沪高速铁路路基施工关键技术研究	一等奖	中国水电建设股份有限公司	铁路公司、水电三局、路桥工程有限公司、西南交通大学、水电十五局、水电十三局、水电五局、水电十局、水电七局	京沪高铁项目部	杨忠、午向阳、谢凯军、单勇峰、赵同生、郭晓安、沈建平、李兆宇、周逊、黄佑军、孔海峡、史迅、高玉生、汤轩林、张兴长、魏国良、吴高见、涂建湘
6	2012	铁道科技奖	京沪高速铁路无砟轨道板综合施工技术	三等奖	中国铁道学会	第三完成单位	京沪高铁项目部	—
7	2012	中国水利水电建设集团公司科学技术进步奖	建筑砖渣土在饱和软弱地基市政道路工程中的应用研究	二等奖	中国水电建设股份有限公司	路桥工程有限公司、水电十三局、房地产有限公司	武清BT综合项目部	付少鹏、张宜松、韩冬卿、王永庆、王红娟、王庭安、卢国营、韩大勇、刘光明、傅玉勇、李朋远
8	2012	中国水利水电建设集团公司科学技术进步奖	高速铁路隧道施工关键技术研究	二等奖	中国水电建设股份有限公司	铁路公司、水电六局、水电七局、水电一局、水电五局、水电十三局、水电十一局	京沪高铁项目部	杨忠、午向阳、王成、曹玉新、朱浩波、姜明廷、吴丙峰、李向飞、高成玉、孙亮
9	2012	中国水利水电建设集团公司科学技术进步奖	耐磨钢管研发	三等奖	中国水电建设股份有限公司	水电十三局	橡塑厂	王春明、蓝恭琰、杨涛、周志辉、温建明、刘瑞东、李新健
10	2012	中国水利水电建设集团公司科学技术进步奖	钢塑复合浮筒开发	三等奖	中国水电建设股份有限公司	水电十三局	橡塑厂	王春明、蓝恭琰、杨涛、周志辉、温建明、刘瑞东、李新健
11	2013	中国电力建设集团有限公司科学技术进步奖	京沪高速铁路施工关键技术研究	一等奖	中国电力建设集团有限公司	铁路公司、水电三局、水电四局、水电五局、水电六局、水电七局、水电八局、水电十局、水电十一局、水电十三局、水电十四局、水电十五局、北京交通大学	京沪高铁项目部	杨忠、蒋宗全、曹玉新、韩志强、午向阳、王成、赵同生、刘学生、朱浩波、唐超、王陶昆、陈祥、沈建平、李兆宇、李斌、罗卿、高尚泰、赵乐、姜明廷、吴丙峰、但东、秦宝和、谢卫东、姚国虎、苏波、陈双权、朱云、沈亮、姜应新、刘士诚、王文云、陈平均、黄明利、肖宏、钟铁毅

续表

序号	获奖年度	科技奖名称	获奖成果名称	等级	颁奖单位名称	完成单位	成果具体实施单位	完成人
12	2013	中国电力建设集团有限公司科学技术进步奖	高速铁路无缝线路关键技术研究与应用	二等奖	中国电力建设集团有限公司	水电十三局、铁路公司	京沪高铁项目部	杨忠、杨涛、米兰彬、韩志强、徐建亭、唐培洪、裴赤军、刘荣杰、陆宝川、张勇、刘彪、李金武、王陶昆等
13	2013	中国水利水电建设集团公司科学技术进步奖	京沪高速铁路施工关键技术研究	特等奖	中国水电建设股份有限公司	铁路公司、水电三局、水电四局、水电五局、水电六局、水电七局、水电八局、水电十局、水电十一局、水电十三局、水电十四局、水电十五局、北京交通大学	京沪高铁项目部	杨忠、蒋宗全、曹玉新、韩志强、午向阳、王成、赵同生、刘学生、朱浩波、唐超、王陶昆、陈祥、沈建平、李兆宇、李斌、罗卿、高尚泰、赵乐、姜明廷、吴丙峰、但东、秦宝和、谢卫东、姚国虎、苏波、陈双权、朱云、沈亮、姜应新、刘士诚、王文云、陈平均、黄明利、肖宏、钟铁毅
14	2013	中国水利水电建设集团公司科学技术进步奖	高速铁路无缝线路关键技术研究与应用	一等奖	中国水电建设股份有限公司	水电十三局、铁路公司	京沪高铁项目部	杨忠、杨涛、米兰彬、韩志强、徐建亭、唐培洪、裴赤军、刘荣杰、陆宝川、张勇、刘彪、李金武、王陶昆等
15	2013	中国水利水电建设集团公司科学技术进步奖	大粒径泥砾筑堤施工技术研究与应用	三等奖	中国水电建设股份有限公司	水电十三局	中水电公司南水北调磁县项目部	雒焕斌、宋慈勇、陈万德、刘文、张宏志、张士斌、李高攀、于宾、常恩彪、焦富涛、苏宗义、褚晓香
16	2013	中国水利水电建设集团公司科学技术进步奖	平原水库大面积库盘铺膜防渗施工工艺研究	三等奖	中国水电建设股份有限公司	水电十三局	中水电公司大屯水库项目部	李靖、王林勇、佡红、王志利、王金超、李梅菊、梁红蕾
17	2013	中国水利水电建设集团公司科学技术进步奖	穿越高速公路输水箱涵施工技术	三等奖	中国水电建设股份有限公司	水电十三局	中水电公司南水北调项目部	宋慈勇、陈万德、尚召云、何利超、田春光、史运
18	2013	中国水利水电建设集团公司科学技术进步奖	真空联合堆载预压软基处理技术应用研究	三等奖	中国水电建设股份有限公司	路桥工程有限公司、水电十三局	四公司青岛高速公路项目部	成子桥、齐保军、陈钒、刘金明、张广伟、孙检生、张山、杨建军、胡世奇、吴学新
19	2014	电力建设科学技术进步奖	湿地输变电塔架基础施工工艺研究与应用	二等奖	中国电力建设企业协会	水电十三局	安装公司刚果布输变电项目	鞠子强、张淑枝、张新建、武雪峰、席珊
20	2014	中国电建科学技术奖	贵广高铁悬臂浇筑四线连续箱梁施工工艺研究	二等奖	中国电力建设集团有限公司	水电十三局	四公司贵广铁路项目部	徐建亭、温建明、刘建平、郭世波、黄云刚、谷兆普、高连琳、胡治纲、时贞祥、辛志高
21	2014	中国电建科学技术奖	高工况大口径PCCP管结构优化与工艺创新	三等奖	中国电力建设集团有限公司	水电十三局、水电五局、水电六局	恒华管业	杨涛、米兰彬、吴悦人、何玉、师宁焉、吴高见、李璞盛

续表

序号	获奖年度	科技奖名称	获奖成果名称	等级	颁奖单位名称	完成单位	成果具体实施单位	完成人
22	2014	中国电建科学技术奖	复合膨胀剂及大型渡槽防裂技术研究与应用	三等奖	中国电力建设集团有限公司	水电十三局、南京航空航天大学	四公司南水北调南阳项目部	杨涛、高培伟、张书起、齐保军、赵新铭、易绪恒、王华侨
23	2014	公路工程科技创新成果奖	大尺寸面板加筋土挡土墙施工技术	一等奖	中国公路建设行业协会	水电十三局	卡塔尔P6项目部	鲜仕君、仝建华、秦勇、张宏、罗涛、张栋、张茂勇、杨洪娜
24	2015	电力建设科学技术进步奖	淤泥质软土深基坑施工关键技术	三等奖	中国电力建设企业协会	水电十三局	中水电公司宁波铜盆浦泵站项目部	徐建亭、徐继强、郑志国、雒焕斌、王延清、伦红
25	2015	电力建设科学技术进步奖	水电船闸下闸首超大型一字门制作施工工艺	三等奖	中国电力建设企业协会	水电十三局	安装公司国外项目部	霍仁君、张淑枝、孙鲁华、辛玉宽、张超、来淑梅
26	2015	电力建设科学技术进步奖	静力压桩法挤密砂石桩处理不稳定渠坡技术	三等奖	中国电力建设企业协会	水电十三局	四公司南水北调项目部	孟召祥、刘振界、武庆波、乔明荣、景志鹏
27	2015	中国电建科学技术奖	超小径厚比高强钢岔管优化设计与制造研究	二等奖	中国电力建设集团有限公司	水电十三局	安装公司巴基斯坦杜伯华水电站项目部	高学春、鞠子强、张淑枝、汪占云、王延立、姚培乐、李青、李信山、赵昊磊、王健
28	2015	中国电建科学技术奖	地下连续墙预制钢套筒导向嵌岩施工工艺	三等奖	中国电力建设集团有限公司	水电十三局	四公司深圳地铁7号线项目部	刘建平、陈世鹏、段志宏、张道波、刘文丽、李磊磊、刘岗
29	2015	中国电建科学技术奖	淤泥质软土深基坑施工关键技术	三等奖	中国电力建设集团有限公司	水电十三局	中水电公司宁波铜盆浦泵站项目部	徐建亭、徐继强、郑志国、雒焕斌、王延清、伦红、陈霖
30	2015	中国电建科学技术奖	水电船闸下闸首超大型一字门制作施工工艺	三等奖	中国电力建设集团有限公司	水电十三局	安装公司国外项目部	霍仁君、张淑枝、孙鲁华、辛玉宽、张超、来淑梅
31	2015	中国施工企业管理协会科学技术奖、科技创新成果奖	贵广高铁悬臂浇筑四线连续箱梁施工工艺	二等奖	中国施工企业管理协会	水电十三局、水电十四局	四公司贵广高铁项目部	徐建亭、温建明、刘建平、郭世波、黄云刚、谷兆普、高连琳、胡治纲、时贞祥、辛志高
32	2015	中国施工企业管理协会科学技术奖、科技创新成果奖	高工况大口径PCCP管结构优化与工艺创新	二等奖	中国施工企业管理协会	水电十三局、恒华管业、辽西北供水阜新分公司	恒华管业	杨涛、米兰彬、吴悦人、何玉、师宁焉、吴高见、李璞盛
33	2016	电力建设科学技术进步奖	14.9米高闸墩混凝土一次性浇筑施工关键技术	三等奖	中国电力建设企业协会	水电十三局	中水电公司青弋江项目部	徐继强、雒焕斌、何利超、王延清、郑志国、马永畅

续表

序号	获奖年度	科技奖名称	获奖成果名称	等级	颁奖单位名称	完成单位	成果具体实施单位	完成人
34	2016	电力建设科学技术进步奖	细粉砂与硬质层混合地质降水技术	三等奖	中国电力建设企业协会	水电十三局	安装公司纳拉渠项目部	鞠子强、汪占云、南树强、李 青、郑广庆、张 洋
35	2016	中国电建科学技术奖	地铁交叠盾构隧道下穿准高速铁路轨道群施工关键技术	一等奖	中国电力建设集团有限公司	中国电建集团铁路建设有限公司、水电十四局、水电十三局、水电十一局	深圳地铁7号线项目部	任立志、朱瑞喜、王 成、胡德华、和孙文、吴 祥、段景川、段志宏、惠世前、付艳军、张多斌、高 锋、胡志华、刘光明、魏百术
36	2016	中国电建科学技术奖	城市繁华区地铁工程控制爆破关键技术	二等奖	中国电力建设集团有限公司	中国电建集团铁路建设有限公司、水电十三局	深圳地铁7号线项目部	范富国、朱瑞喜、胡德华、段志宏、郭建光、刘建平、段景川、刘 鸽、张书起、陈世鹏
37	2016	中国电建科学技术奖	海湾桥80米高三维曲线钢结构景观塔施工技术	三等奖	中国电力建设集团有限公司	水电十三局	中水电烟台景观桥项目部	冯国伟、张国刚、徐海杰、王国静、朱慧玲、伲 红、彭 松
38	2016	中国电建科学技术奖	半刚性基层沥青路面橡胶粉沥青应力吸收层性能及施工研究与应用	三等奖	中国电力建设集团有限公司	中电建路桥集团有限公司、水电六局、广东长宏公路工程有限公司、水电十三局、中国水电建设集团港航建设有限公司、苏交科集团股份有限公司	中水电公司	成子桥、陈 钒、刘振江、刘 昊、潘家奇、王年近、方珍平
39	2016	辽宁水利科学技术奖	大型PCCP输水管道工程关键技术研究与应用	一等奖	辽宁省水利科学技术奖评审委员会	水电十三局	中水电辽西北供水项目部	—
40	2016	公路工程科技创新成果奖	箱梁预制施工方法创新研究与应用	三等奖	中国公路建设行业协会	水电十三局	天津分公司天津外环线项目部	侯典龙、杜鹏程、李 斌、丁 涛、于春阳、张维琛
41	2016	中国施工企业管理协会科学技术奖、科技创新成果奖	城市繁华区地铁工程控制爆破关键技术	二等奖	中国施工企业管理协会	中国电建集团铁路建设有限公司、深圳市地铁集团有限公司、中国矿业大学（北京）、水电十三局、水电十四局	轨道公司	范富国、朱瑞喜、黄力平、陈湘生、任立志、雷江松、胡德华、娄永录、段志宏、刘建平
42	2016	中国施工企业管理协会科学技术奖、科技创新成果奖	地下连续墙预制钢套筒导向嵌岩施工工艺	二等奖	中国施工企业管理协会	水电十三局	轨道公司深圳地铁7号线项目部	刘建平、陈世鹏、段志宏、李磊磊、刘文丽、张道波、刘 岗、高连琳、马 丁、李善忠
43	2016	中国施工企业管理协会科学技术奖、科技创新成果奖	地铁交叠盾构隧道下穿准高速铁路轨道群施工关键技术	二等奖	中国施工企业管理协会	中国电建集团铁路建设有限公司、水电十一局、水电十三局、水电十四局	轨道公司	任立志、朱瑞喜、胡德华、王 成、和孙文、吴 祥、段景川、段志宏、惠世前、付艳军
44	2016	中国施工企业管理协会科学技术奖、科技创新成果奖	湿地输变电塔架基础施工工艺研究与应用	二等奖	中国施工企业管理协会	水电十三局	安装公司刚果布输变电项目部	鞠子强、张淑枝、张新建、武雪峰、席 珊

续表

序号	获奖年度	科技奖名称	获奖成果名称	等级	颁奖单位名称	完成单位	成果具体实施单位	完成人
45	2017	中国电建科学技术奖	高陡坡压力钢管安装技术研究与应用	三等奖	中国电力建设集团有限公司	水电十三局	安装公司重庆千丈岩项目部	鞠子强、李志明、冯俊滔、辛玉宽、姚培乐、李 青、王宏辉、马 元
46	2017	中国电建科学技术奖	大容积水池薄壁混凝土抗裂防渗施工技术研究	三等奖	中国电力建设集团有限公司	水电十三局	中水电公司济南东区水厂项目部	陈 霖、宋安心、刘 浩、林长峰、丁氏金、佀 红、董友奇、王 建
47	2017	中国电建科学技术奖	河道内深基坑加筋钢板桩围堰及降水技术	三等奖	中国电力建设集团有限公司	水电十三局	纳拉渠项目部	张福华、李振收、陈怀光、郑广庆、汤梅朋、张茂勇、孟庆婕
48	2017	中国电建科学技术奖	地铁盾构施工远程信息化管理技术研究与应用	三等奖	中国电力建设集团有限公司	中国电建集团铁路建设有限公司、水电十三局	轨道公司深圳地铁7号线项目部	朱瑞喜、张书起、李金武、刘建平、段志宏、安东利、胡志华
49	2017	电力建设科学技术进步奖	潮间带区域风电吊装平台及海缆架技术研究	三等奖	中国电力建设企业协会	水电十三局	安装公司江苏如东风电项目部	鞠子强、姚培乐、郝洪峰、田 鹏、张淑枝、李 青
50	2017	中国施工企业管理协会科学技术奖、科技创新成果奖	淤泥质软土深基坑施工关键技术	二等奖	中国施工企业管理协会	水电十三局	中水电宁波铜盆浦泵站项目部	徐建亭、徐继强、郑志国、雒焕斌、王延清、佀 红、陈 霖、王二军
51	2017	中国施工企业管理协会科学技术奖、科技创新成果奖	超小径厚比高强钢岔管优化设计与制造研究	二等奖	中国施工企业管理协会	水电十三局	安装公司巴基斯坦杜伯华水电站项目部	高学春、鞠子强、张淑枝、汪占云、王延立、姚培乐、李 青、李信山、赵昊磊、王 健、来淑梅、米殿涛、刘立峰
52	2017	中国施工企业管理协会科学技术奖、科技创新成果奖	潮间带淤泥湿地区域风电机组安装技术研究与应用	二等奖	中国施工企业管理协会	水电十三局	安装公司江苏如东风电项目部	郝洪峰、田 鹏、鞠子强、姚培乐、张淑枝、李 青、尹贵虎、来淑梅、王 健、张龙新
53	2017	中国施工企业管理协会科学技术奖、科技创新成果奖	地铁盾构施工远程信息化管理技术研究与应用	二等奖	中国施工企业管理协会	中国电建集团铁路建设有限公司、水电十三局	轨道公司深圳地铁7号线项目部	朱瑞喜、张书起、李金武、刘建平、段志宏、安东利、胡志华、段景川、刘文丽、李磊磊
54	2018	中国电建科学技术奖	复杂环境混合地层条件下地铁修建关键技术与应用	特等奖	中国电力建设集团有限公司	中国电建集团铁路建设有限公司、深圳市地铁集团有限公司、中电建南方建设投资有限公司、水电四局、水电十四局、水电十一局、水电八局、水电七局、市政集团、中国水电基础局	轨道公司	范富国、黄力平、任立志、雷江松、朱瑞喜、娄永录、王 成、王新线、胡德华、曹玉新、段景川、徐 新、付艳军、金风清、常彦博、白 伟、段志宏、胡 斌、刘学生、李 围

续表

序号	获奖年度	科技奖名称	获奖成果名称	等级	颁奖单位名称	完成单位	成果具体实施单位	完成人
55	2018	中国电建科学技术奖	国际工程水电施工、路桥与港航技术标准应用研究	一等奖	中国电力建设集团有限公司	中国电建集团国际工程有限公司、清华大学、中国电建集团港航建设有限公司、北京基科奥源建筑设计咨询有限公司、水电三局、水电四局、水电五局、水电六局、水电七局、水电八局、水电九局、水电十局、水电十一局、水电十二局、市政集团、水电十四局、水电十五局、水电十六局、中国水电基础局有限公司、中国水利水电科学研究院	国外项目部	宗敦峰、陈观福、唐文哲、黄子平、刘永祥、刘冬霓、金峰、胡建伟、张伟超、赵明江、麻春阳、强茂山、安雪晖、李克非、杜丽慧、徐千军、徐艳杰、刘耀儒、胡昱、吴建平、廖彬超、吕茜、刘强、柳春娜、王选峰
56	2018	中国电建科学技术奖	地铁轨道铺设工装研究与应用	二等奖	中国电力建设集团有限公司	市政集团	轨道公司成都地铁18号线、深圳地铁等项目部	何万兵、冯恺、周兴、翟东伟、张宝刚、王伟、包钰洲、董岩、靳传宾、高亮
57	2018	中国电建科学技术奖	长大纵坡段高速公路沥青混凝土结构层施工工艺研究与应用	三等奖	中国电力建设集团有限公司	市政集团	路桥公司重庆江习项目部	郭晓阳、元艳生、张山、李文祯、刘夫友、杨建军、李正
58	2018	中施企协科学技术进步奖	复杂环境混合地层条件下地铁修建关键技术与应用	特等奖	中国施工企业管理协会	中国电建集团铁路建设有限公司、深圳市地铁集团有限公司、水电十四局、水电四局、水电七局、水电八局、水电十一局、市政集团、中国水电基础局、中铁上海工程局集团	轨道公司	范富国、黄力平、任立志、雷江松、朱瑞喜、娄永录、王成、郑康海、胡德华、曹玉新、段景川、宋天田、付艳军、徐新、常彦博、白伟、段志宏、刘习生、刘学生、李围
59	2018	中施企协科学技术进步奖	高陡坡压力钢管安装技术研究与应用	二等奖	中国施工企业管理协会	市政集团	安装公司重庆千丈岩项目部	鞠子强、李志明、冯俊滔、辛玉宽、姚培乐、李青、王宏晖、马元
60	2018	中施企协科学技术进步奖	河道内深基坑加筋钢板桩围堰及降水技术	二等奖	中国施工企业管理协会	市政集团	纳拉渠项目部	王操、李振收、郑广庆、陈怀光、马子恒、谭有鹏、于宾、陈浩、王长健、张东鹏
61	2019	中国电建科学技术奖	复杂环境海堤工程施工关键技术	特等奖	中国电力建设集团有限公司	水电十二局、中国电建集团华东勘测设计研究院、水电八局、市政集团、中国电建集团港航建设有限公司	上海公司条子泥项目部	沈益源、刘光华、单治钢、李洪林、沈仲涛、汪明元、刘永祥、蔡振春、卓玉虎、刘杰、徐学勇、刘树军、孙森军、隗收、涂交三
62	2019	中国电建科学技术奖	岩溶承压强富水地铁基坑施工关键技术研究	一等奖	中国电力建设集团有限公司	中国电建集团铁路建设有限公司、市政集团	轨道公司深圳地铁项目部	韩志强、姜永涛、宋卫强、王永、张家贺、郑光辉、杨关军、刘文丽、王帅、娄生明、张旭、饶龙华、李昊阳、杨剑方、常彪

续表

序号	获奖年度	科技奖名称	获奖成果名称	等级	颁奖单位名称	完成单位	成果具体实施单位	完成人
63	2019	中国电建科学技术奖	狭窄场地超高层建筑地下结构逆作法施工关键技术	一等奖	中国电力建设集团有限公司	市政集团	天津公司南国中心项目部	胡志操、张青、钟东胜、王清华、史连波、齐宗海、范连勇、李国栋、杨洪娜、傅衍柱、耿芹芹、韩恩旭、李晓楠、梁红蕾
64	2019	中国电建科学技术奖	严寒地区复杂环境地铁盾构施工关键技术研究与应用	二等奖	中国电力建设集团有限公司	中国电建集团铁路建设有限公司、水电一局、水电四局、市政集团	轨道公司	赵春生、毛宇飞、孙宏江、冯辉、王宇声、任立志、路锦彪、杨永杰、曾昭强、李杰
65	2019	中国电建科学技术奖	地铁盾构管片智能化生产关键技术研究与应用	二等奖	中国电力建设集团有限公司	中国电建集团铁路建设有限公司、山东电力管道工程有限公司	管道公司湖北管片厂	韩志强、姜永涛、郝永旺、张家贺、杨关军、晁看、付帮景、刘同军、常富贵、王天梁
66	2019	中国电建科学技术奖	富水砂地层微型顶管快速施工关键技术	三等奖	中国电力建设集团有限公司	市政集团、河海大学	水环境公司茅洲河项目部	杨涛、徐建亭、钟小春、温建明、王华侨、范连勇、罗涛
67	2019	中国电建科学技术奖	现浇人字形桩边坡加固技术与应用	三等奖	中国电力建设集团有限公司	市政集团	路桥公司南水北调南阳项目部	李学森、闫付钊、郭小康、高虎、张跃、刘涛、吴海燕
68	2019	工程建设科学技术进步奖	严寒地区复杂环境地铁盾构施工关键技术研究与应用	一等奖	中国施工企业管理协会	中国电建集团铁路建设有限公司、哈尔滨工业大学、黑龙江省寒地建筑科学研究院、辽宁三三工业有限公司、水电一局、水电四局、市政集团	轨道公司	赵春生、毛宇飞、刘昌永、朱广祥、孙宏江、冯辉、王宇声、任立志、路锦彪、刘双仲、杨永杰、常洲、杨旭东、薛清伟、李术星
69	2019	工程建设科学技术进步奖	复杂环境海堤工程施工关键技术	一等奖	中国施工企业管理协会	水电十二局、中国电建集团华东勘测设计研究院有限公司、水电八局、市政集团、中国电建集团港航建设有限公司	上海公司条子泥项目部	沈益源、刘光华、李洪林、沈仲涛、卓玉虎、汪明元、曾翼虎、张勇、杨涛、涂交三、徐学勇、刘永祥、杨明辉、邓宁宇、王丹辉
70	2019	工程建设科学技术进步奖	环形混凝土重力坝施工技术研究	二等奖	中国施工企业管理协会	市政集团	上海公司千岛湖项目部	张长河、张茂勇、李进、叶峰、周骈、陈欢庆、李靖、方达、张庭强、刘国良
71	2019	工程建设科学技术进步奖	岩溶承压强富水地铁基坑施工关键技术研究	二等奖	中国施工企业管理协会	中国电建集团铁路有限公司、市政集团、长江水利委员会长江科学院	轨道公司武汉地铁11号线项目部	姜永涛、宋卫强、郑光辉、陈亮、娄在明、杨关军、刘文丽、王帅、常彪
72	2019	工程建设科学技术进步奖	地铁轨道工程铺设工装研究与应用	二等奖	中国施工企业管理协会	市政集团、中国电建集团铁路建设有限公司	成都地铁18号线、武汉地铁11号线等项目部	汪占云、何万兵、刘书臣、冯恺、左剑勇、翟东伟、杨洪娜、董岩、林聪、包钰洲

续表

序号	获奖年度	科技奖名称	获奖成果名称	等级	颁奖单位名称	完成单位	成果具体实施单位	完成人
73	2019	工程建设科学技术进步奖	地铁盾构管片智能化生产关键技术研究与应用	二等奖	中国施工企业管理协会	中国电建集团铁路建设有限公司、中国电建集团山东电力管道工程有限公司、兰州交通大学	管道公司湖北管片厂	韩志强、郝永旺、霍曼琳、付帮景、晁看、张家贺、刘同军、王天梁、张堂运、张斌
74	2019	中国交通运输协会科技进步奖	复杂环境渔港海堤工程施工关键技术	二等奖	中国交通运输协会	水电十二局、中国电建集团华东勘测设计研究院有限公司、水电八局、市政集团、中国电建集团港航建设有限公司	上海公司条子泥项目部	沈益源、刘光华、李洪林、汪明元、沈仲涛、卓玉虎、曾翼虎、张勇、杨涛、刘永祥、徐学勇
75	2019	市政工程科学技术奖	岩溶承压强富水地铁基坑施工关键技术研究	三等奖	中国市政工程协会	中国电建集团铁路建设有限公司、市政集团、长江水利委员会长江科学院	轨道公司武汉地铁11号线项目部	韩志强、张家贺、王永、宋卫强、娄在明、杨关军
76	2020	中国电建科学技术奖	境外多联体薄壁混凝土筒仓施工综合技术研究与应用	一等奖	中国电力建设集团有限公司	市政集团	北非公司阿尔及利亚粮仓项目部	赵勇祥、郑志国、范连勇、刘宝华、朱长友、刘建瑞、李涛、李国栋、杨洪娜、王海涛、陈炯、王亮、赵金波、董文军、曹喜来
77	2020	中国电建科学技术奖	预应力钢筒混凝土管自动化生产线研究	三等奖	中国电力建设集团有限公司	市政集团、管道公司	管道公司	刘同军、王娜、周新荣、刘晓辉、高学春、宁靖华、根涛
78	2020	中国电建科学技术奖	高寒地区富水砂层盾构近接密集建筑群成套关键施工技术	三等奖	中国电力建设集团有限公司	中国电建集团铁路建设有限公司、水电四局、市政集团、中国电建集团西北勘测设计研究院有限公司	轨道公司	毛宇飞、赵春生、薛清伟、马健军、王宇声、张磊、韩志虎
79	2020	工程建设科学技术进步奖	狭窄场地超高层建筑地下结构逆作法施工关键技术	二等奖	中国施工企业管理协会	市政集团	天津公司南国中心项目部	胡志操、张青、钟东胜、王清华、史建波、杨旭东、刘建平、李国栋、杨洪娜、耿芹芹
80	2020	山东土木建筑科学技术进步奖	狭窄场地超高层建筑地下结构逆作法施工关键技术	二等奖	山东土木建筑学会	市政集团	天津公司南国中心项目部	胡志操、张青、钟东胜、王清华、史建波、李国栋、杨洪娜、耿芹芹
81	2020	山东土木建筑科学技术进步奖	境外多联体薄壁混凝土筒仓施工综合技术研究与应用	三等奖	山东土木建筑学会	市政集团、山东公司	北非公司阿尔及利亚粮仓项目部	赵勇祥、郑志国、刘宝华、王海涛、刘建瑞、陈炯
82	2020	中国电力企业联合会科技创新奖	在电力及其他建设领域绿色施工的理论探索与实践应用	一等奖	中国电力企业联合会	中国电力建设股份有限公司、中国电建建筑集团有限公司、市政集团、中国电建生态环境集团有限公司、中国电建地产集团有限公司、中国电建集团北京勘测设计研究院有限公司、中国电建集团华东勘测设计研究院有限公司	公司安环部	宗敦峰、耿金富、张仕涛、高统彪、蒋波、张建江、罗维成、葛立军、江殿云、徐世东、尹新红、颜铭、于来广、徐华夏、周建胜

续表

序号	获奖年度	科技奖名称	获奖成果名称	等级	颁奖单位名称	完成单位	成果具体实施单位	完成人
83	2020	中国混凝土与水泥制品协会混凝土科学技术奖	预应力混凝土管桩免端头板张拉装置研究与应用	三等奖	中国混凝土与水泥制品协会	管道公司	管道公司	—
84	2020	天津市科学技术进步奖	复杂场地隧道抗震关键技术研究及在重要基础设施建设中的应用	二等奖	天津市人民政府办公厅	—		—
85	2021	中国电建科学技术奖	严寒地区复杂环境大型地铁车站暗挖成套施工技术研究	一等奖	中国电力建设集团有限公司	中电建铁路建设投资集团有限公司、水电四局、哈尔滨工业大学、市政集团、黑龙江省寒地建筑科学研究院、中国电建集团西北勘测设计研究院有限公司	轨道公司	毛宇飞、赵春生、薛清伟、韩志虎、刘昌永、张磊、李术星、崔治峰、马健军、张雯、朱广祥、修春松、李圣瑞、段志宇、汪林
86	2021	中国电建科学技术奖	异形单拱肋超宽连续钢箱梁组合桥精细化施工技术	一等奖	中国电力建设集团有限公司	市政集团	北方公司晋中综合通道PPP项目部	王永、徐建亭、鞠子强、王加勇、赵新铭、陈希刚、王志强、韩付锐、李国栋、王立群、杜岳丹、辛文宽、杨祖帅、武智杰、张剑
87	2021	中国电建科学技术奖	时速140千米地铁轨道结构施工关键技术与应用	二等奖	中国电力建设集团有限公司	市政集团、中电建铁路建设投资集团有限公司	安装公司成都地铁19号线	刘书臣、董岩、崔晓强、田世光、林聪、翟东伟、王强、杨彬、杨德正、吕学康
88	2021	中国电建科学技术奖	大型风电塔筒精益制造与复杂山地条件下安装技术研究	三等奖	中国电力建设集团有限公司	市政集团	安装公司北票风电场项目部	郝洪峰、张龙新、苏宏庆、韩洋、刘凯、马振坤、杨祖帅
89	2021	山东土木建筑科学技术进步奖	时速140千米地铁轨道结构施工关键技术与应用	二等奖	山东土木建筑学会	市政集团、水电公司、中电建铁路建设投资集团有限公司	安装公司成都地铁19号线项目部	刘书臣、董岩、崔晓强、田世光、林聪、翟东伟、王强、杨彬、杨德正
90	2021	山东土木建筑科学技术进步奖	低山重丘区高速公路改扩建道路综合利用与安全保障关键技术研究	三等奖	山东土木建筑学会	山东大学、山东省交通规划设计院集团有限公司、市政集团、山东高速信息集团有限公司[山东省智慧交通重点实验室（筹）]	山东大学	武科、王旭、于坤、徐洪明、李国栋、杨洪娜
91	2021	中施企协科学技术进步奖	时速140千米地铁轨道结构施工关键技术与应用	二等奖	中国施工企业管理协会	市政集团、中电建铁路建设投资集团有限公司	安装公司成都地铁19号线项目部	刘书臣、董岩、崔晓强、林聪、田世光、杨彬、杨德正、王子刚、陈苏、刘凯
92	2021	中施企协科学技术进步奖	严寒地区复杂环境大型地铁车站暗挖成套施工技术研究	二等奖	中国施工企业管理协会	中电建铁路建设投资集团有限公司、水电四局、哈尔滨工业大学、市政集团、黑龙江省寒地建筑科学研究院	轨道公司	赵春生、毛宇飞、张磊、薛清伟、郭宪忠、张雯、张涛、朱广祥、刘昌永、李圣瑞

续表

序号	获奖年度	科技奖名称	获奖成果名称	等级	颁奖单位名称	完成单位	成果具体实施单位	完成人
93	2021	中施企协科学技术进步奖	境外多连体薄壁混凝土筒仓施工关键技术研究与应用	二等奖	中国施工企业管理协会	市政集团	北非公司阿尔及利亚粮仓项目部	赵勇祥、郑志国、刘宝华、王海涛、刘建瑞、冯树涛、陈炯、王亮、赵金波、刘聪
94	2021	中施企协工程建造微创新技术大赛	连续组合栓接箱形钢桥梁制作及安装施工工艺研究	二等成果	中国施工企业管理协会	市政集团	安装公司津石项目部	郝洪峰、刘凯、辛玉宽、张龙新、李志明、韩洋、欧修站
95	2021	中施企协工程建造微创新技术大赛	一种基于大直径盾构的地铁疏散平台铺板装置	优胜成果	中国施工企业管理协会	市政集团	安装公司	刘书臣、董岩、崔晓强、吕学康、刘凯、王子刚、杨德正、陈苏、何晋
96	2021	中施企协工程建造微创新技术大赛	PCCP钢筒水压装置自动化改造	优胜成果	中国施工企业管理协会	管道公司	中国电建集团山东电力管道工程有限公司四川分公司	刘同军、王德斌、杜海顺、逯良山、胡波、王卫华

第三章　高新技术企业

公司2014年首次通过国家级高新技术企业认定，有效期三年。2017年、2020年连续通过重新认定，持续享受企业所得税由25%减免至15%的税收优惠政策。2018年办理高新技术企业更名手续。

2008年，开始实行加计扣除专项奖励（按税务部门批准的所得税税前加计扣除金额的3%—5%对各单位给予专项奖励），二公司、安装公司、橡塑厂等单位在山东德州申报加计扣除。2015年起，公司在天津市申报加计扣除，并持续提升申报规模和力度，2015年修订《科技投入管理办法》，加计扣除奖励方式调整为：对于完成税前加计扣除申报工作的单位和员工，公司将在税务部门批复减免税额10%以内予以奖励，减免税额50%作为研发项目所属单位利润纳入业绩考核体系。

自2017年起，公司在天津市持续开展技术合同备案工作，截至2021年底，先后在天津市组织技术合同登记十批次，2018年获天津市高新区科技局技术合同交易大额企业奖励；2019年获评天津市技术合同认定登记示范单位；2020年获评2019年度天津市技术合同登记先进单位。2019年获天津市高新区卓越领军企业奖。

第四章 科技成果

第一节 专利

2010年5月，印发《中国水电十三局有限公司专利管理办法（试行）》。

2013年11月，印发《中国水电十三局有限公司工法管理办法》，废止《中国水电十三局有限公司专利管理办法试行》。

2019年2月，印发《中国电建市政集团专利管理办法》，废止《中国水电十三局有限公司专利管理办法》。

2007—2021年公司持有专利统计，见表10-4-1。

表10-4-1 2007—2021年公司持有专利统计

序号	专利名称	专利类型	发明人	专利申请日	授权公告日	当前专利权人
1	拨轮式钢管输送设备	发明专利	王春明、高永强、李玉虎	2011-04-14	2012-11-21	中国电建市政建设集团有限公司
2	吸泥胶管钢环衬胶器	发明专利	王春明、蓝恭琰、李新健、冯俊涛	2011-04-14	2013-05-15	中国电建市政建设集团有限公司
3	一种弹性体复合自浮胶管及其生产工艺	发明专利	蓝恭琰	2013-05-31	2015-04-22	中国电建市政建设集团有限公司
4	一种太阳能橡胶热水箱及其生产工艺	发明专利	蓝恭琰	2013-05-31	2015-11-11	中国电建市政建设集团有限公司
5	一种弹性体复合吸泥胶管及其生产工艺	发明专利	蓝恭琰	2013-05-31	2015-04-22	中国电建市政建设集团有限公司
6	一种弹性体复合排泥胶管及其生产工艺	发明专利	蓝恭琰	2013-05-31	2015-07-29	中国电建市政建设集团有限公司
7	一种路基边坡防护桁架台车及施工方法	发明专利	徐建亭、郭世波、黄云刚、张道波、谷兆普	2013-12-17	2016-07-06	中国电建市政建设集团有限公司
8	PCCP管材用承插口圈的清理打磨设备	发明专利	米兰彬、牛书晨、吴悦人、刘书臣、张勇、张效、何玉、谢楠、路遥、朱磊	2014-04-23	2017-04-12	中国电建市政建设集团有限公司、中国电建集团山东电力管道工程有限公司
9	拦污栅隔槽加工设备及加工方法	发明专利	米兰彬、吴悦人、张效、何玉、牛书晨、张勇、刘书臣、田保健、路遥、朱磊	2014-04-23	2016-04-13	中国电建市政建设集团有限公司
10	预制钢套筒导向嵌岩系统及使用方法	发明专利	刘建平、陈世鹏、张道波、刘文丽、陈国梁、李善忠	2014-06-26	2016-04-27	中国电建市政建设集团有限公司
11	钢管外径实时测量仪	发明专利	王春明、高永强、蓝恭琰、王平、毕研环	2012-05-27	2014-11-26	中国电建市政建设集团有限公司
12	新型动力牵引取土系统及使用方法	发明专利	徐建亭、徐既强、郑志国、张道波、陈霖、王延清、王二军、张杰、范洪勇	2014-09-18	2016-04-13	中国电建市政建设集团有限公司

续表

序号	专利名称	专利类型	发明人	专利申请日	授权公告日	当前专利权人
13	一种新型PCCP钢筒吊具及PCCP钢筒吊装方法	发明专利	何 玉、姜长杰	2015-02-28	2017-01-04	中国电建市政建设集团有限公司、中国电建集团山东电力管道工程有限公司
14	市政排污管道铺设施工方法	发明专利	随路路、孟令刚	2015-09-06	2017-12-29	中国电建市政建设集团有限公司
15	集装箱沉箱的制备方法及其应用	发明专利	鞠子强、刘荣杰、张淑枝、张新建、武雪峰、席 珊	2014-07-16	2015-11-18	中国电建市政建设集团有限公司
16	一种螺旋钢筋弯曲设备	发明专利	孟令刚、随路路	2015-10-14	2017-05-10	中国电建市政建设集团有限公司
17	一种降水管井的水压喷冲式成井施工方法	发明专利	林恩国、张松华、罗 涛、随路路	2015-12-29	2017-05-10	中国电建市政建设集团有限公司
18	一种深海海水淡化、提升输送系统	发明专利	范海燕、程仕刚、罗 涛、顾志龙、王 晋、汪健生、朱 强、安青松	2016-04-20	2019-05-10	中国电建市政建设集团有限公司、北京高泰深海技术有限公司
19	滤清器罐口清渣器	发明专利	高永强、蓝恭琰、马聪聪	2016-07-15	2018-08-21	中国电建市政建设集团有限公司
20	挤密砂石桩静压桩管及静压成桩施工方法	发明专利	景志鹏、孟召祥、刘振界、武庆波、乔铭荣	2016-07-08	2019-02-22	中国电建市政建设集团有限公司
21	供水管线施工用打压堵头的成型方法	发明专利	唐胜天、周连国、王 超	2016-08-26	2018-08-17	中国电建市政建设集团有限公司
22	供水管线施工用拔管装置及拔管施工方法	发明专利	陈子传、周连国、唐胜天	2016-08-25	2018-08-21	中国电建市政建设集团有限公司
23	一种平板车刹车装置	发明专利	胡 传、刘书臣、何万兵、翟东伟、肖雨晨	2016-08-24	2018-06-12	中国电建市政建设集团有限公司
24	一种逆止阀阀芯更换工具及更换方法	发明专利	于 宾、林恩国、尚召云、张士斌、赵 科、唐卫闽、于 朋、蔡英华、李高攀、史运通	2016-08-24	2019-03-15	中国电建市政建设集团有限公司
25	一种SBR改性乳化沥青	发明专利	赵景涛、齐保军	2014-06-25	2016-07-20	中国电建市政建设集团有限公司
26	已安装PCCP管道插口环与钢筒焊缝微渗漏处理工艺	发明专利	徐 松、张松华、徐笃军、李开岩	2017-02-06	2018-10-19	中国电建市政建设集团有限公司、中国电建集团山东电力管道工程有限公司
27	一种分体式螺旋顶管机及其施工工艺	发明专利	杨 涛、姜志广、张福华、罗 涛、陈怀光、张习哲、林恩国	2017-03-10	2019-07-23	中国电建市政建设集团有限公司
28	一种暗挖车站超长管棚拉管法	发明专利	李圣瑞、陈怀光、杨旭东、孙雷雨、刘洋洋、郑光超、贵玉锋、宋海明、谭有鹏	2018-04-27	2020-02-14	中国电建市政建设集团有限公司
29	一种可自加热保温的沥青混凝土运输车的改装方法	发明专利	秦玉春、熊 颖、贺奇峰	2018-07-27	2020-11-10	中国电建市政建设集团有限公司
30	一种新型水泥改性红沙土添加剂组合物	发明专利	徐德阳、宋业恒	2014-06-25	2018-03-02	中国电建市政建设集团有限公司

续表

序号	专利名称	专利类型	发明人	专利申请日	授权公告日	当前专利权人
31	一种在车站主体安装起重设备配合拼装轨排的施工方法	发明专利	韦磊、左剑勇、贺兴发、柳爽、杨哲、徐艳成、张皓	2019-02-28	2020-12-25	中国电建市政建设集团有限公司
32	一种异形模板钢筋混凝土曲型溢流面的施工方法	发明专利	李国栋、王尧、侯士焱	2020-03-13	2021-10-29	中国电建市政建设集团有限公司
33	一种多连体薄壁筒仓滑模的快速锁紧机构	发明专利	郑志国、王凤伟、王海涛、侯士焱	2020-04-15	2021-10-29	中国电建市政建设集团有限公司
34	用于筒仓的型材组合架及用其制作竖井结构筒仓的方法	发明专利	赵勇祥、范连勇、王海涛、王凤伟、郑志国、刘宝华、冯树涛	2020-07-28	2021-07-27	中国电建市政建设集团有限公司
35	一种混凝土运输搅拌一体装置	发明专利	刘宝华、杨涛、郑志国、赵勇祥、冯树涛、王海涛	2020-07-30	2021-01-15	中国电建市政建设集团有限公司
36	一种位于高水位砂性土质环境的箱涵排水沟浇筑方法	发明专利	孟令刚、刘美玉、于峰、严勇	2020-09-14	2021-10-29	中国电建市政建设集团有限公司
37	异形截面箱式钢结构流线型钢拱制造方法	发明专利	王永、左联宾、李伟强、王志强、范新龙、王加勇、王立群、王杰、辛玉宽、武智杰	2020-10-30	2022-04-01	中国电建市政建设集团有限公司
38	一种用于限制单位路面负荷的系统及工作方法	发明专利	薄其功、孟娜	2019-11-29	2021-11-16	中国电建市政建设集团有限公司

第二节　工法

2011年7月，印发《中国水电十三局有限公司工法管理办法》（简称《工法管理办法》）。

2016年12月，修订《中国水电十三局有限公司工法管理办法》，废止2011年《工法管理办法》。

2019年10月，印发《中国电建市政集团工法管理办法》，废止2016年《工法管理办法》。

一、企业级工法

2012年8月10日，发布《2011年度公司企业级工法》，挤密砂石桩静压施工工法等29项获批企业级工法。

2013年11月4日，发布《2012年度公司企业级工法》，四线连续梁双拼式挂篮施工工法等28项获批企业级工法。

2016年6月18日，发布《2013—2014年度企业级工法》，地下连续墙斜岩面导向成槽施工工法等52项获批企业级工法。

2017年10月31日，发布《2015—2016年度企业级工法》，富水软弱地层暗挖隧道水平旋喷桩施工工法等45项获批企业级工法。

2019年12月24日，发布《2017—2018年度企业级工法》，地铁交通板式无砟轨道创新施工工法等45项获批企业级工法。

二、省部级工法

2007年，混凝土路面滑模摊铺机施工工法等6项获中国水利水电工程工法。

2009年，大跨度上承式预应力混凝土拉杆拱施工工法等6项获中国水利水电工程工法。

2011年，单层混凝土框架房屋批量施工模板支护工法等4项获中国水利水电工程工法。

2012年，自平衡钢筋混凝土中承式系杆拱桥施工工法等5项获中国电力建设工法；利用建筑砖渣土在高含水率软土地基挤淤筑路技术的施工工法获公路工程工法。

2013年，穿越公路浅埋暗挖施工工法等4项获水利水电工程建设工法；高速铁路无砟轨道大号码板式道岔施工工法等3项获中国水利水电工程工法；CRTSⅡ型无砟轨道板铺设施工工法获天津市市级工程建设施工工法。

2014年，湿地输变电塔架基础施工工法等2项获中国电力建设工法；四线连续梁双拼式挂篮施工工法等5项获水利水电工程建设工法；大尺寸面板加筋土挡土墙施工工法等4项获公路工程工法；移动式连杆框架支撑现浇箱梁施工工法获天津市市级工程建设施工工法；半圆形预应力混凝土渠槽离心—振动制作工法等9项获中国电力建设工法。

2015年，淤泥质软土深基坑组合桩支护与开挖施工工法等2项获中国电力建设工法；半圆形预应力混凝土渠槽离心—振动制作工法等4项获公路工程工法；全圆针梁式钢模台车衬砌施工工法等4项获中国电建工法。

2016年，细粉砂与硬质层混合地质降水施工工法等3项获中国电力建设工法；海湾桥80米高三维曲线钢结构景观塔施工工法获天津市市级工程建设施工工法；预应力箱梁预制创新施工工法获公路工程工法；现浇"人"字形桩加固边坡施工工法等2项获水利水电工程建设工法；深挖方边坡"人"字形微型桩支护施工工法等9项获中国电建工法。

2017年，潮间带淤泥湿地区域风电机组安装工法等3项获中国电力建设工法；高陡坡压力钢管安装施工工法等2项获水利水电工程建设工法；高陡坡压力钢管安装施工工法获天津市城乡建设领域市级工程建设施工工法；潮间带淤泥湿地区域风电机组安装施工工法等20项获中国电建工法。

2018年，环形混凝土重力坝综合施工工法等3项获中国电力建设工法；吊装式钢支撑支护沟槽施工工法等2项获水利水电工程建设工法；地铁短轨枕半自动化生产工法等2项获天津市城乡建设领域市级工程建设施工工法；大跨度上承式预应力混凝土拉杆拱施工工法等25项获中国电建工法；热力管线斜穿地铁车站施工工法获黑龙江省工程建设省级工法。

2019年，重型路缘石组合式吊装施工工法等10项获水利水电工程建设工法；狭窄场地超高层建筑地下结构逆作法施工工法等10项获天津市住房城乡建设领域工程建设工法；大跨径现浇箱梁二次浇筑施工工法等2项获公路工程工法；高水头厚壁岔管制作工法等33项获中国电建工法。

2020年，寒冷地区装配式预制混凝土生态砌块施工工法等5项获水利水电工程建设工法；自嵌式生态挡土墙施工工法等2项获公路工程工法；大直径多连体筒仓下连廊锥斗施工工法等12项获天津市住房城乡建设领域工程建设工法；地铁短枕式减振器道岔施工工法等26项获中国电建工法；严寒地区超浅埋暗挖车站扣拱施工工法获黑龙江省工程建设省级工法；矿山法辅助顶管穿越河涌段复杂地层施工工法等3项获深圳市工法。

2021年，钢板桩围堰联合气举清淤施工工法等2项获公路工程工法；调蓄池增效真空冲洗系统施工工法等7项获水利水电工程建设工法；钢构桥梁虚拟预拼装技术施工工法等6项获天津市住房城乡建设领域工程建设工法；车站下穿地铁既有线暗挖施工工法等20项获中国电建工法；地铁可更换式减振垫浮置板道床施工工法等2项获四川省省级工法；框架混凝土结构梁柱加固补强施工工法获黑龙江省工程建设省级工法。

三、国家级工法

2008年3月，半圆形预应力混凝土渠槽离心—振动成型工法和HDPE膜防渗施工工法被批准为2005—2006年度国家级工法，这是公司首次申报国家级工法并获得批准。

大跨度上承式预应力混凝土拉杆拱施工工法被批准为2011—2012年度国家级工法，半圆形预应力混凝土渠槽离心—振动制作工法和自浮式排泥胶管制作工法被批准为2013—2014年度国家级工法。

公司获得国家级工法统计，见表10-4-2。

表10-4-2　公司获得国家级工法统计

序号	工法名称	工法编号	获得年度	完成单位	主要完成人	工法等级	批准文号
1	HDPE膜防渗施工工法	YJGF303-2006	2008年	中国水利水电第十二工程局、中国水利水电第十三工程局、上海市第一市政工程有限公司、广州胜义环保工程有限公司	李洪林、李秋生、杨涛、李嵘、张道玲、杨辉	国家二级	建质〔2008〕22号
2	半圆形预应力混凝土渠槽离心—振动成型工法	YJGF274-2006	2008年	中国水利水电第十三工程局有限公司	周建、王熙勇、徐建亭、辛炳烈	国家二级	建质〔2008〕22号
3	大跨度上承式预应力混凝土拉杆拱施工工法	GJEJGF279-2010	2011年	中国水利水电第十三工程局有限公司	徐建亭、刘持鹏、郑花香、雒焕斌、齐宗海	国家二级	建质〔2011〕154号
4	半圆形预应力混凝土渠槽离心—振动制作工法	GGJGF305-2014	2015年	中国水利水电第十三工程局有限公司	徐建亭、崔永三、王熙勇、辛炳烈、周建	国家级	建质〔2015〕215号
5	自浮式排泥胶管制作工法	GGJGF298-2014	2015年	中国水利水电第十三工程局有限公司	温建明、蓝公琰、李新健、贾兴宝、张茂勇	国家级	建质〔2015〕215号

第三节　技术标准

2013年，印发《标准化建设工作规划（2013—2015年）》，标准化工作目标是建立健全以技术标准为核心，以管理标准、工作标准为支撑的公司标准体系，实现科学规范工作秩序，明确标准化管理委员会。标准化办公室下设技术中心，技术标准主管部门为技术中心，具体负责公司技术标准制定、实施与管理工作；管理标准主管部门为企划经管部，具体负责公司管理标准制定、实施与管理工作；工作标准主管部门为总经理工作部，具体负责公司工作标准制定、实施与管理工作。

2017年2月24日，公司承办国际工程技术标准案例分析应用研讨会，集团公司、集团国际公司、清华大学、水电一局、水电四局、水电六局等参会。

2018年，公司依托承建卡塔尔P6项目和刚果（布）凯塔公路项目，开展国内外标准对标研究，研究成果《国际工程标准体系与标准应用》由清华大学出版社出版，荣获2018年度中国电建科学技术奖一等奖。

2007—2021年公司参编标准统计，见表10-4-3。

表10-4-3 2007—2021年公司参编标准统计

序号	标准名称	标准编号（批准文号）	标准类型
1	疏浚与吹填工程技术规范	SL 17—2014	行业标准
2	水电水利工程控制性灌浆施工规范	DL/T 5728—2016	行业标准
3	既有混凝土结构钻切技术规程	T/CEC S472—2017	团体标准
4	预应力钢筒混凝土管	GB/T 19685—2017	国家标准
5	混凝土输水管试验方法	GB/T 15345—2017	国家标准
6	电化学综合法定量检测混凝土中钢筋锈蚀程度的方法	20173955-T-333	国家标准
7	水电水利工程竖井压力钢管吊装施工导则	DL/T 5831—2021	行业标准
8	水电水利工程斜井压力钢管溜放及定位工艺导则	DL/T 5830—2021	行业标准
9	科学技术研究项目评价实施指南应用研究项目	20194391-T-306	国家标准
10	科学技术研究项目评价实施指南基础研究项目	20194389-T-306	国家标准
11	房屋建筑与市政基础设施工程绿色施工管理规程	中电建股〔2020〕36号	电建标准
12	轨道交通工程防水细部构造技术规程	T/CCIAT 0027—2020	团体标准
13	城镇排水管道原位固化修复用内衬软管	T/CUWA 60052—2021	团体标准
14	工程建设企业技术中心建设指南	T/ZSQX 016—2022	团体标准
15	顶管法管道工程标准化技术服务项目	中科促字〔2021〕8号	团体标准
16	淤泥质土堤防工程施工导则	Q/DJSZ 0001—2021	企业标准
17	淤泥质土堤防工程设计导则	Q/DJSZ 0001—2021	企业标准

第四节 论文专著

2007—2021年，公司内部技术交流刊物《施工技术通讯》出版31期，共收录论文494篇。

2015年，电建集团《水利水电施工》出版水电十三局专辑（2015年第2期），专辑共收录论文38篇。2012—2021年，公司论文累计被《水利水电施工》刊物收录163篇。

公司作为主编单位组织相关专家和工程技术人员共同编写《水利水电工程施工技术全书》第二卷《土石方工程》第九册《疏浚与吹填工程施工技术》，于2019年出版。

2017年12月，公司受邀编写《水利水电工程施工技术全书》第二卷《土石方工程》第八册《堤防工程施工技术》。截至2021年底，中国水利水电出版社一审完成。

2017年，公司开发STECOL知答软件，是公司首款技术知识软件，包括技术内容分享、技术问题交流；2020年进行软件更新，由App变更为微信公众号，更名为市政云知，便于用户查阅技术知识和交流沟通。

第五节 科技活动

2007—2021年，公司召开第五次、第六次科技大会，以及科技周宣传活动。

2016年8月6日—7日，公司召开第五次科学技术大会。表彰十佳总工、优秀总工20名、优秀科技工作者100名和优秀工程技术人员200名，对公司68项优秀科技成果和262篇优秀论文代表进行颁奖，奖励金额共计140.9万元。

2021年12月1日—2日，公司召开第六次科学技术大会，会议观看由公司科技部牵头，公司BIM中心团队以BIM+实景形式创作的《科技之翼》专题片。表彰科技创新先进单位5家、十佳总工程师、优秀总工程师20名、最美科技工作者10名和优秀科技人员90名，表彰公司科技成果51项、优秀专利27件、优秀工法30项和优秀论文100篇，奖励金额共计113.2万元。

2021年5月22日—28日，公司举办首届科技周活动。

第五章　BIM技术应用管理与推广

第一节　组织机构

2021年5月21日，公司BIM技术应用中心在设计院揭牌。BIM团队主要人员由设计院、山东公司、水环境公司抽调BIM骨干组成。BIM技术应用中心成立之初归属于设计中心业务板块一部分，2021年7月23日成为设计院独立生产业务板块。

第二节　业务

BIM技术应用中心，专注于工程全生命周期BIM技术应用服务，全面掌握REVIT、BENTLEY、TEKLA、RHINO等主流软件及无人机、激光点云等硬件设备使用，具备结构、建筑、MEP、钢结构、幕墙全专业建模能力，针对BIM、CIM、CIS等进行全专业精细化建模。业务范围覆盖市政、建筑、水利、生态、交通等领域，在BIM技术工程全过程应用、工程数字化技术研发、BIM咨询与培训、三维可视化精装设计、数字媒体制作等多个方面提供高质量服务。

2021年5月—12月，BIM技术应用中心先后承接雄安新区启动区综合管廊项目、天津市西青区中医医院建设项目、洛宁县全民健身体育活动中心项目、中开高速岐江河大桥桥梁拆建施工项目、沛县歌风中学、文景小学项目、中国电建市政集团电建基地项目、东明石化产业园发展环境综合提升PPP项目、中水北方新科研楼及配套工程项目、引江济淮工程（安徽段）引江济巢段X001-1凤凰颈泵站改造等项目BIM工作，进行场地布置优化、图纸审查、精细算量、碰撞检查、三维施工交底、专项施工模拟、BIM+GIS/无人机、BIM+VR、BIM+激光扫描、BIM+二维码、BIM+轻量化平台等多项BIM应用。

BIM技术应用中心所实施项目先后获得2021年第六届建设工程BIM大赛（BIM技术综合）一类成果、第三届"市政杯"BIM应用技能大赛施工单项组一类成果、2019年天津市建设系统优秀项目管理—BIM专项成果二等奖、2021年第二届工程建设行业BIM大赛三等成果、2021年第十届全国BIM大赛施工组三等奖、2019年第二届"优路杯"全国BIM技术大赛优秀奖、2019年首届全国水利行业BIM应用大赛优秀奖、2021年信息技术服务业应用技能大赛BIM赛项优秀奖等奖项。

2021年12月，BIM技术应用中心共有员工8人，其中拥有中国图学学会颁发的BIM一级证书7人，二级建筑专业证书3人，二级设备专业证书2人，二级结构专业证书1人；拥有工业和信息化部教育与考试中心颁发的高级BIM项目经理证书1人。

第六章 教育培训

第一节 组织机构

2010年7月14日,公司成立中国水利水电第十三工程局有限公司德州管理中心(简称德州管理中心)。下设基地管理处、职工培训处、离退休职工管理处。

2016年9月27日,撤销公司德州管理中心及中国水电十三局职工培训处。

2019年12月8日,公司成立中国电建市政集团基地资产管理与职工培训服务中心(简称资培中心)。领导班子由实业公司领导班子兼任。

第二节 职工培训

2007—2021年,公司通过送外培训、内部培训、网络视频等培训方式,开展管理人员、专业技术人员、技能人员各方面培训,其中管理人员有公司高层管理人员培训、高级项目经理培训、项目中青年员工等提高综合能力培训;专业技术人员是与本身专业相关的培训,有工程技术和工程质量相关培训、BIM培训、财务及风险管控培训、交通安全培训、签证索赔培训、全面风险管理培训、文秘档案信息化培训、人力资源管理等培训,另各大员上岗证及执业资格取证和继续教育类培训。技能人员培训主要参加天津市百万技能人才培训、特种作业人员培训等提升技能类培训,2007—2021年,送外培训共14322人次,内部培训共30815人次。

2021年7月,公司举办第一期"内训师"培训班,建立起内训师团队,促进公司内部知识资源沉淀、积累与共享。2021年12月31日,印发《公司内训师管理办法》。

规范注册执业资格证书管理,结合公司业务发展需要,加强政策引导,鼓励员工多考证、取证,做到持证上岗、一专多能。截至2021年底,公司执业资格人员共计700人,其中一建420人,二建97人,注安80人,一造42人,二造3人,监理15人,勘察设计29人,注册会计师8人,税务师6人。

2021年,完成190人的一建延续注册工作。

第三节 技能鉴定

截至2021年,公司具有山东省水电建设国家职业技能鉴定站和中国水电十三局职业技能鉴定所《职业技能鉴定许可证》,对电力行业特有11个工种和山东省51个普通工种进行初级工、中级工、高级工鉴定。2007—2021年,共鉴定初级工7人,中级工138人,高级工53人,技师145人,高级技师26人。

第四节 中央广播电视大学

中央广播电视大学:专科2014年停止招生,本科2018年停止招生。2007年至招生停止,共计招专科305人,本科744人。

第五节 山东省委党校

山东省委党校:专科及本科2010年停止招生。2007—2010年,共计招专科42人,本科135人。

第十一篇 人 物

◇ 第一章　人物录
◇ 第二章　人物表

第一章 人物录

第一节 公司历任主要领导

何占颂（1961年3月—）

男，汉族，安徽怀宁人，1984年7月毕业于华东水利学院农水专业，同年参加工作，大学本科学历，学士学位，正高级工程师。1987年12月加入中国共产党。中国水电总公司20世纪80年代优秀毕业生，国务院特殊津贴专家，中国电建集团改革开放四十周年优秀企业负责人，天津市劳动模范，山东省德州市第十六届人大代表，天津市滨海新区第一届政协委员，天津市第十六、十七届人大代表，天津市第十七届人大城乡建设环境保护委员会副主任委员。

1984年7月—1988年11月，中国水电十三局三分局施工员、助理工程师；1988年12月—1990年7月，施工技术科副科长、山东潍坊寒亭防潮坝工程副指挥长；1990年7月—1992年12月，三分局副局长、内蒙古河套总排干工程指挥部三分局指挥长、内蒙古红圪卜排水站指挥长；1992年12月—1995年1月，三分局副局长、山东临清引黄穿卫立交桥枢纽工程项目经理；1995年1月—1997年6月，中国水电十三局三分局局长；1997年6月—2007年1月，中国水电十三局副局长；1998年7月—1999年6月，北京"六海"治理工程项目经理；2002年2月—2003年1月，安徽淮河临淮岗枢纽工程深孔闸项目经理；2005年1月—2006年11月，坦桑尼亚117公路项目经理；2005年1月—2006年12月，坦桑尼亚维多利亚湖供水管线工程项目经理；2006年2月—2009年2月，卡塔尔路赛场地项目联营体副董事长；2007年1月—2008年9月，中国水电十三局局长、党委副书记（法定代表人）；2008年3月—2021年12月，卡塔尔路赛CP1项目联营体副董事长；2008年9月—2018年4月，中国水利水电第十三工程局有限公司执行董事（法定代表人）、总经理、党委副书记；2014年1月—2018年4月，阿尔及利亚233兆瓦光伏电站项目联营体董事长；2018年4月—2020年1月，中国电建市政建设集团有限公司党委书记、董事长（执行董事）法定代表人；2020年1月起任，中国电建市政建设集团有限公司咨询、电建股份相关子企业外部董事，天津市人大城乡建设环境保护委员会副主任委员。先后获得全国电力行业优秀企业家、全国优秀水利企业家、天津市优秀企业家、中国工程建设优秀高级职业经理人、全国电力建设优秀高级职业经理人、全国建筑业企业优秀项目经理、全国工程建设优秀项目经理、全国电力建设优秀项目经理、"鲁班奖"优秀项目经理等荣誉称号。

于 晓（1958年1月—）

男，汉族，山东烟台人，大学学历，教授级高级工程师，1975年7月参加工作，1985年1月加入中国共产党。1972年12月—1975年7月，辽宁桓仁下乡知青；1975年7月—1980年1月，辽宁本溪钢铁公司机电安装队；1980年1月—1983年7月，水电部机械施工局总机机务；1983年7月—1986年7月，黄河职工大学水利水电工程建筑专业学习；1986年7月—1993年2月，中国水电十三局四分局生产经营科、工程科科长，南京马叉河项目、岳城水库项目、内蒙古河套项目指挥部副指挥、指挥；1993年2月—1993年7月，任中国水电十三局四分局副局长；1993年7月—1996年1月，任中国水电十三局四分局副局长、柳桂高速公路项目经理；1996年1月—2002年12月，任中国水电十三局局长助理、巴基斯坦经理部常务副经理，中国水利水电建设总公司驻巴基斯坦经理部总经理、授权代表，中国水利水电建设总公司驻哈萨克斯坦授权代表、总经理；2002年12月—2003年11月，中国水电十三局局长助理、市场开发部主任；2003年11月—2008年1月，中国水电十三局副局长、市场开发部主任、新疆沙漠渠道平台工程第Ⅴ标、广西桥巩水电站项目经理（其间：2002年9月—2006年7月，中国人民大学教育学院工商管理专业学习、毕业）；2008年1月—2012年3月，中国水电十三局党委书记、副总经理兼中国水电建设集团京沪高铁七工区项目主任、铺轨工区项目主任；2012年3月—2016年10月，中国水电港航建设公司董事长、总经理、党委副书记，巴基斯坦卡西姆项目主任；2016年10月—2017年5月，中国电力建设集团有限公司巡视办第二巡视组组长；2017年5月—2019年12月，中国电力建设集团有限公司雄安新区工作组常务副组长；2019年12月—2021年12月，中电建路桥集团有限公司聘任（返聘），中电建路桥集团有限公司雄安新区工作组组长。先后获得国际职业经理人、中国工程建设优秀高级职业经理人、天津市五一劳动奖章等荣誉称号。

赵景涛（1962年12月—）

男，汉族，河北景县人，研究生学历，正高级工程师，1985年7月毕业于华北水利水电学院农田水利专业，同年参加工作；2003年7月毕业于中国科学院研究生院国际工程项目管理专业，中科院基业长青兼职教授，1990年10月加入中国共产党。1985年7月—1986年12月，水电十三局四分局山西平朔指挥部技术员；1986年12月—1992年10月，水电十三局四分局山西指挥部技术员、现场调度室副主任、施工科科长、调度室主任、副指挥长、分局工程科副科长；1992年11月—1995年5月，水电十三局四分局山西指挥部指挥；1995年6月—1997年5月，水电十三局深圳河一期工程项目副经理、经理；1997年6月—2001年8月，水电十三局深圳河二期工程项目经理；2001年9月—2003年9月，水电十三局局长助理兼深圳河三期工程项目经理、山西项目经理、珠海公司经理；2003年9月—2005年9月，水电十三局副局长兼深圳项目经理、山西项目经理、江苏项目经理；2005年10月—2006年10月，中国水电建设集团总经理工作部副主任；2006年11月—2007年3月，中国水电港航公司筹备组副组长；2007年4月—2009年4月，中国水电港航公司董事、总经理、临时党委副书记；2009年5月—2012年3月，中国水电港航公司董事、总经理、党委副书记；2012年3月—2018年3月，中国水利水电第十三工程局有限公司党委书记、副总经理；2018年3月—2021年1月，中国电建市政建设集团有限公司董事、总经理；2021年1月起任，中国电建市政建设集团有限公司咨询。先后获得福建省五一劳动奖章、山东省杰出青年奖章、中国工程建设优秀高级职业经理人、中国十佳杰出国际项目经理、中国经济建设杰出贡献企业家、国际特级项目经理、中国施工企业管理协会优秀高级职业经理人、全国电力建设优秀高级职业经理人等荣誉称号。

高宗文（1968年9月—）

男，汉族，安徽全椒人，大学学历，正高级工程师，1990年7月毕业于河海大学水利水电工程专业，同年参加工作，1995年10月加入中国共产党。1990年7月—1994年12月，水电十三局内蒙古元宝山煤矿剥离工程技术员、工程科副科长、科长；1994年12月—1995年10月，水电十三局四分局工程科科长；1995年10月—1998年10月，水电十三局广西南宁至北海高速公路项目副经理兼总工程师；1998年10月—2000年2月，水电十三局南宁机场高速公路项目常务副经理兼总工程师；2000年2月—2002年4月，水电十三局云南嵩待高速公路项目经理；2002年4月—2004年4月，水电十三局四分局副局长兼云南嵩待高速公路项目经理；2004年4月—2005年12月，任水电十三局四分局副局长、总工程师兼安徽沿江高速公路项目经理；2005年12月—2007年7月，水电十三局四分局局长兼总工程师、党委副书记；2007年7月—2008年10月，水电十三局四分局局长、党委副书记；2008年1月—11月，水电十三局四分局局长、党委副书记、京沪高铁项目常务副经理；2008年10月—2011年5月，水电十三局总经理助理、四公司总经理、党委副书记；2009年1月—2011年5月，水电十三局总经理助理、四公司总经理、党委副书记兼贵广铁路12标段第二项目部项目主任；2011年5月—2014年10月，水电五局监事、党委副书记兼纪委书记；2012年5月—8月，水电五局监事、党委副书记兼纪委书记，水电五局郑州市北三环快速化工程项目经理部经理（2013年1月，再次聘任为项目经理至项目结束）；2014年10月—2016年2月，水电五局党委委员、副总经理；2014年7月—2015年6月，水电五局党委委员、副总经理，水电五局重庆江习高速公路项目总承包部总经理；2016年2月—2019年4月，中国电建市政建设集团有限公司党委委员、副总经理；2019年4月—2020年1月，中国电建市政建设集团有限公司党委副书记、副总经理；2020年1月起任，中国电建市政建设集团有限公司党委书记、董事长、法定代表人。多次获得十三局先进生产（工作）者、优秀共产党员荣誉称号，先后获得全国优秀水利企业家、天津市五一劳动奖章、中国数字服务暨服务外包杰出贡献人物、"一带一路"领域领军人物、黑龙江省市政工程协会优秀企业经理、德州市五一劳动奖章、水电十三局优秀领导干部等荣誉称号。

张玉富（1967年8月—）

男，汉族，山东沂源人，大学学历，正高级工程师，1989年7月毕业于河海大学农田水利专业，同年参加工作，2006年7月加入中国共产党。1989年7月—1992年1月，水电十三局第五工程队技术员；1992年1月—8月，水电十三局珠海工程施工指挥部工程科技术员；1992年8月—1994年1月，水电十三局珠海工程施工指挥部工程科副科长；1994年1月—1995年1月，水电十三局珠海公司工程部副部长；1995年1月—1998年8月，水电十三局生产经营处投标科科长；1999年7月—2000年10月，水电十三局孟加拉国场地项目护坡施工队员工、队长（其间：1998年9月—2000年6月，天津大学建筑工程学院国际工程管理专业学习，获工学学士学位）；2000年10月—2002年8月，水电十三局国际工程部科员；2002年8月—2005年2月，水电十三局国际工程部三处副处长；2005年2月—2006年3月，水电十三局坦桑尼亚维多利亚湖供水项目常务副经理（副处级）；2006年3月—2007年12月，水电十三局坦桑尼亚维多利亚湖供水合同2、合同3项目常务副经理；2007年12月—2008年11月，水电十三局坦桑尼亚维多利亚湖3号合同项目经理；2008年11月—2011年07月，水电十三局总经理助理、肯尼亚内罗毕—锡卡公路工程项目经理；2011年7月—2012年11月，水电十三局总经理助理、刚果（布）凯塔公路项目经理、刚果（布）韦索码头修复工程项目主任；2012年11月—2013年5月，水电十三局副总经理；2013年5月—11月，水电十三局副总经理兼中西非经理部总经理；2013年

12月—2015年12月，水电十三局副总经理兼国际公司常务副总经理；2016年1月—2017年4月，水电十三局副总经理兼国际公司总经理；2017年4月—2019年2月，中国电建市政建设集团有限公司副总经理兼东非公司董事长；2019年3月—2021年1月，中国电建市政建设集团有限公司纪委书记、监事；2021年2月起任，中国电建市政建设集团有限公司党委副书记、董事、总经理。先后获得天津市五一劳动奖章、国家优质工程奖突出贡献者、全国电力建设优秀项目经理、中国水利水电建设集团优秀项目经理、中国水利水电建设集团安全生产优秀项目经理、中国数字服务暨服务外包制造业领域领军人物、德州市十大青年知识分子标兵等荣誉称号。

第二节 享受国务院政府特殊津贴专家

何占颂（1961年3月—）

（见本章第一节公司历任主要领导何占颂篇）

第二章 人物表

第一节 国家级、省部级劳动模范

国家级、省部级劳动模范职工名录，见表11-2-1。

表11-2-1 国家级、省部级劳动模范职工名录

一、全国劳动模范职工名录						
序号	姓名	性别	时任职务或工种	授予称号	授予时间	授予单位
1	范连勇	男	市政集团国际公司经理	全国劳动模范	2020年11月	中共中央、国务院
二、省部级劳动模范						
序号	姓名	性别	时任职务或工种	授予称号	授予时间	授予单位
1	戚继舫	男	三分局局长	山东省劳动模范	2008年4月	山东省委、省政府
2	何占颂	男	公司总经理	天津市劳动模范	2011年4月	天津市委、市政府
3	李小涛	男	南苏丹房建项目施工队长	山东省劳动模范	2013年4月	山东省委、省政府
4	米兰彬	男	恒华管业公司总经理	天津市劳动模范	2015年4月	天津市委、市政府
5	范连勇	男	国际公司项目经理	中央企业劳动模范	2019年9月	人社部、国资委
6	季奇	男	欧洲公司总经理	天津市劳动模范	2020年12月	天津市委、市政府
7	赵勇祥	男	北非公司总经理	天津市劳动模范	2020年12月	天津市委、市政府
8	赵海军	男	东非公司总经理	天津市劳动模范	2020年12月	天津市委、市政府

第二节 省部级五一劳动奖章获得者

省部级五一劳动奖章职工名录，见表11-2-2。

表11-2-2 省部级五一劳动奖章职工名录

序号	姓名	性别	时任职务或工种	授予称号	授予时间	授予单位
1	何万兵	男	机电安装分公司铆工班长	山东省"富民兴鲁"劳动奖章	2010年4月	山东省总工会
2	于 晓	男	公司党委书记、副总经理	天津市五一劳动奖章	2012年4月	天津市总工会
3	张玉富	男	肯尼亚锡卡项目经理、总经理助理	天津市五一劳动奖章	2012年4月	天津市总工会
4	杨思松	男	海外市场开发公司总经理	天津市五一劳动奖章	2012年4月	天津市总工会
5	张淑枝	女	机电安装分公司	天津市五一劳动奖章	2013年4月	天津市总工会
6	杨 韬	男	海外市场开发公司	天津市五一劳动奖章	2013年4月	天津市总工会
7	安郁军	男	安哥拉经理部经理	天津市五一劳动奖章	2013年4月	天津市总工会
8	孙金辉	男	卡塔尔区域经理部经理	天津市五一劳动奖章	2013年4月	天津市总工会
9	高永强	男	海益国际公司车间主任	天津市五一劳动奖章	2013年4月	天津市总工会
10	黄匡曦	男	刚果（布）布拉柴维尔项目总工程师	天津市五一劳动奖章	2014年4月	天津市总工会
11	王延立	男	安哥拉经理部总工程师	天津市五一劳动奖章	2014年4月	天津市总工会
12	程仕刚	男	国际经营三部总工程师	天津市五一劳动奖章	2014年4月	天津市总工会
13	董永莲	女	天津分公司总经济师	天津市五一劳动奖章	2014年4月	天津市总工会
14	许立志	男	公司总经理助理	天津市五一劳动奖章	2015年4月	天津市总工会
15	董晓燕	女	中水电公司经济管理部主任	天津市五一劳动奖章	2015年4月	天津市总工会
16	范连勇	男	国外项目经理	天津市五一劳动奖章	2015年4月	天津市总工会
17	刘建平	男	国内项目经理	天津市五一劳动奖章	2015年4月	天津市总工会
18	屠清奎	男	天津分公司总经理	天津市五一劳动奖章	2016年4月	天津市总工会
19	李俊元	男	国内市场开发部总经理	天津市五一劳动奖章	2016年4月	天津市总工会
20	徐继强	男	中水电公司总经理	天津市五一劳动奖章	2016年4月	天津市总工会
21	史建波	男	安徽公司总经理	天津市五一劳动奖章	2016年4月	天津市总工会
22	高宗文	男	公司副总经理	天津市五一劳动奖章	2017年4月	天津市总工会
23	王 永	男	北方公司总经理	山西省五一劳动奖章	2020年11月	山西省总工会
24	辛玉宽	男	安装公司雄安项目农民工	天津市五一劳动奖章	2021年4月	天津市总工会

第三节 地市级劳动模范、五一劳动奖章获得者

地市级劳动模范、五一劳动奖章职工名录，见表11-2-3。

表11-2-3 地市级劳动模范、五一劳动奖章职工名录

一、地市级劳动模范职工名录

序号	姓名	性别	职务或工种	授予称号	授予时间	授予单位
1	何占颂	男	十三局局长	德州市劳动模范	2007年4月	德州市委、市政府
2	赵炳成	男	二分局济南项目经理	德州市劳动模范	2008年4月	德州市委、市政府
3	霍仁君	男	机电安装分公司项目经理	德州市劳动模范	2009年4月	德州市委、市政府
4	刘富凯	男	安哥拉经理部经理	德州市劳动模范	2012年4月	德州市委、市政府
5	田志民	男	肯尼亚公路项目经理	德州市劳动模范	2014年4月	德州市委、市政府
6	李庆威	男	天达公司总经理	德州市劳动模范	2016年4月	德州市委、市政府
7	沈涛	男	实业公司总经理	德州市劳动模范	2018年4月	德州市委、市政府
8	王志强	男	北方公司副总经理	晋中市劳动模范	2021年4月	晋中市委、市政府

二、地市级五一劳动奖章职工名录

序号	姓名	性别	单位/职务	授予称号	授予时间	授予单位
1	何万兵	男	机电安装分公司结构车间铆工班长	德州市五一劳动奖章	2008年4月	德州市总工会
2	孙传振	男	橡胶厂	德州市五一劳动奖章	2008年4月	德州市总工会
3	孙会学	男	橡塑制品厂党委书记	德州市五一劳动奖章	2009年4月	德州市总工会
4	孙金辉	男	卡塔尔182项目经理	德州市五一劳动奖章	2010年4月	德州市总工会
5	高宗文	男	四公司总经理	德州市五一劳动奖章	2010年4月	德州市总工会
6	刘浩辉	男	三公司副总经理	德州市五一劳动奖章	2011年4月	德州市总工会
7	鞠子强	男	机电安装分公司总经理	德州市五一劳动奖章	2011年4月	德州市总工会
8	黄彦德	男	二公司总经理	济南市五一劳动奖章	2011年4月	济南市总工会
9	王春明	男	橡塑制品厂厂长	德州市五一劳动奖章	2012年4月	德州市总工会
10	冯国伟	男	天津滨海市政项目经理	德州市五一劳动奖章	2013年4月	德州市总工会
11	高学春	男	巴基斯坦杜伯华水电站项目经理	德州市五一劳动奖章	2013年4月	德州市总工会
12	李国栋	男	巴基斯坦项目经理	德州市五一劳动奖章	2014年4月	德州市总工会
13	王宁坤	男	公司副总经理	滨海新区五一劳动奖章	2015年4月	天津市滨海新区总工会
14	史振	男	安徽公司安庆经理部副经理	安庆市五一劳动奖章	2015年4月	安庆市总工会
15	张兴镇	男	十三局医院院长	德州市五一劳动奖章	2016年4月	德州市总工会
16	郭本强	男	水电公司工会主席	德州市五一劳动奖章	2018年4月	德州市总工会
17	刘书臣	男	安装公司项目经理	成都市五一劳动奖章	2019年4月	成都市总工会
18	王操	男	路桥公司总经理	德州市五一劳动奖章	2019年4月	德州市总工会
19	宋卫强	男	轨道公司总经理	深圳市五一劳动奖章	2021年4月	深圳市总工会
20	张多斌	男	成都轨道交通19号线项目经理	成都市五一劳动奖章	2021年4月	成都市总工会
21	向红霖	男	成都地铁19号线项目支部书记	成都市五一劳动奖章	2021年4月	成都市总工会
22	陈国栋	男	成都地铁19号线项目员工	成都市五一劳动奖章	2021年4月	成都市总工会

第四节　集团公司、公司劳动模范

集团公司、公司劳动模范职工名录，见表 11-2-4。

表 11-2-4　集团公司、公司劳动模范职工名录

序号	姓名	性别	单位/职务	授予称号	授予时间	授予单位
1	郑德奎	男	卡塔尔项目副经理兼机电部部长	集团公司劳动模范	2007年	集团公司
2	柴金海	男	坦桑尼亚辛吉他公路项目部修理队队长	集团公司劳动模范	2009年	集团公司
3	李国伟	男	坦桑尼亚新吉他公路项目修理队队长	集团公司劳动模范	2012年	集团公司
4	贾仰平	男	东非经理部总工	劳动模范	2007年	公司
5	李西彬	男	也门荷台达项目经理	劳动模范	2007年	公司
6	赵炳成	男	二分局项目副经理	劳动模范	2007年	公司
7	张玉富	男	坦桑尼亚维多利湖供水项目经理	劳动模范	2007年	公司
8	郭明华	男	肯尼亚恩组亚三镇排水项目副经理	劳动模范	2007年	公司
9	陈怀光	男	卡拉奇克利夫顿排洪项目副经理	劳动模范	2007年	公司
10	温建明	男	投标公司国际三部主任	劳动模范	2007年	公司
11	李洪生	男	四分局项目经理	劳动模范	2007年	公司
12	唐培洪	男	机电安装分局党委书记	劳动模范	2007年	公司
13	聂金龙	男	二公司温州项目总工	劳动模范	2008年	公司
14	林沄涛	男	三公司济南经理部项目经理	劳动模范	2008年	公司
15	张书起	男	四公司南水北调中线工程项目经理	劳动模范	2008年	公司
16	朱昌华	男	投标公司国内市场部主任	劳动模范	2008年	公司
17	王金刚	男	卡塔尔路赛项目总工兼施工经理	劳动模范	2008年	公司
18	赵海军	男	坦桑尼亚117公路项目经理	劳动模范	2008年	公司
19	谭隽宁	男	坦桑尼亚蒙杜利供水项目常务经理	劳动模范	2008年	公司
20	张建党	男	安哥拉项目经理	劳动模范	2008年	公司
21	宋慈勇	男	三公司南水北调西黑山项目副经理	劳动模范	2009年	公司
22	霍仁君	男	安装公司彭水项目经理	劳动模范	2009年	公司
23	相恒林	男	橡塑厂职工	劳动模范	2009年	公司
24	柴金海	男	坦桑尼亚辛吉他公路项目修理队队长	劳动模范	2009年	公司
25	于光利	男	四公司内蒙古博牙高速公路十八标项目经理	劳动模范	2009年	公司
26	李有兵	男	安哥拉鲁娜机场修复项目经理	劳动模范	2009年	公司
27	郑术峰	男	阿富汗公路项目经理	劳动模范	2009年	公司
28	黄　方	男	多种经营分公司加油站站长	劳动模范	2009年	公司
29	鲜仕君	男	投标公司国际一部主任	劳动模范	2009年	公司
30	王少林	男	勘测设计研究院有限公司卡塔尔项目经理	劳动模范	2009年	公司
31	屠清奎	男	天津分公司总经理	劳动模范	2011年	公司
32	金　海	男	北京流芳宾馆经理	劳动模范	2011年	公司
33	安郁军	男	安哥拉罗安达供水项目经理	劳动模范	2011年	公司
34	杨旭东	男	四公司项目经理	劳动模范	2011年	公司
35	沈　涛	男	德州管理中心主任	劳动模范	2011年	公司
36	陆宝川	男	京沪高铁铺轨项目	劳动模范	2011年	公司

续表

序号	姓名	性别	单位/职务	授予称号	授予时间	授予单位
37	齐保军	男	四公司副总经、总工兼青岛项目经理	劳动模范	2011年	公司
38	季奇	男	肯尼亚萨苏木大坝项目经理	劳动模范	2011年	公司
39	杨韬	男	市场开发公司副总经理	劳动模范	2011年	公司
40	高学春	男	巴基斯坦杜伯华水电站项目经理	劳动模范	2011年	公司
41	李国伟	男	坦桑尼亚新吉他公路项目修理队队长	劳动模范	2011年	公司
42	奚玉新	男	基础设施事业部副总经理	劳动模范	2011年	公司
43	于峰	男	中西非经理部副经理	劳动模范	2013年	公司
44	田志民	男	肯尼亚基苏木公路项目沥拌站站长	劳动模范	2013年	公司
45	冯凯	男	安哥拉比埃省项目经理	劳动模范	2013年	公司
46	李田起	男	国际公司二部部门经理	劳动模范	2013年	公司
47	李俊元	男	国内市场开发公司总经理	劳动模范	2013年	公司
48	刘建平	男	深圳地铁项目经理	劳动模范	2013年	公司
49	赵勇祥	男	巴基斯坦达瓦特大坝项目经理	劳动模范	2013年	公司
50	候学刚	男	波兰弗罗茨瓦夫防洪项目经理	劳动模范	2013年	公司
51	程仕刚	男	国际公司三部主任	劳动模范	2013年	公司
52	苑吉峰	男	四公司党委书记兼副总经理	劳动模范	2013年	公司
53	董永莲	女	天津分公司总经济师	劳动模范	2013年	公司
54	张海峰	男	东非公司副总经理	劳动模范	2015年	公司
55	顾宁	男	利比亚项目员工	劳动模范	2015年	公司
56	李振收	男	刚果（布）韦索市政道路项目经理	劳动模范	2015年	公司
57	李全烈	男	安哥拉罗安达项目经理	劳动模范	2015年	公司
58	何利超	男	青弋江分洪道工程第一项目部经理	劳动模范	2015年	公司
59	齐宗海	男	天津分公司总工程师	劳动模范	2015年	公司
60	付帮景	男	管道公司副总经理	劳动模范	2015年	公司
61	王华侨	男	水环境公司副总经理	劳动模范	2015年	公司
62	吴福祥	男	安徽公司副总经理	劳动模范	2015年	公司
63	于瑞波	男	国内市场部副总经理	劳动模范	2015年	公司
64	苏启珍	女	机电安装分公司经营部主任	劳动模范	2015年	公司
65	杜武清	男	国际公司副总经理	劳动模范	2017年	公司
66	宋卫强	男	轨道公司副总经理	劳动模范	2017年	公司
67	姜应新	男	国内市场部副总经理	劳动模范	2017年	公司
68	刘同军	男	管道公司研发中心主任	劳动模范	2017年	公司
69	李建国	男	国际公司总工	劳动模范	2017年	公司
70	张建荣	男	东非公司副总经理	劳动模范	2017年	公司
71	孟令刚	男	刚果（金）项目经理	劳动模范	2017年	公司
72	张保川	男	东非公司项目经理	劳动模范	2017年	公司
73	刘暐旻	男	国贸公司总经理	劳动模范	2017年	公司
74	张兴镇	男	十三局医院院长	劳动模范	2017年	公司

续表

序号	姓名	性别	单位/职务	授予称号	授予时间	授予单位
75	郭晓阳	男	水电公司河北津石路面项目经理	劳动模范	2020年	公司
76	张 凯	男	轨道公司深圳地铁12号线土建七工区项目经理	劳动模范	2020年	公司
77	韦 磊	男	安装公司深圳地铁12号线轨道三工区项目负责人	劳动模范	2020年	公司
78	闵建和	男	肯尼亚330千米公路项目副经理	劳动模范	2020年	公司
79	路 涛	男	安徽公司总经理	劳动模范	2020年	公司
80	宋建国	男	水环境公司副总经理	劳动模范	2020年	公司
81	李 猛	男	国内市场开发总公司副总经理兼总工	劳动模范	2020年	公司
82	司圣文	男	中西非公司党工委书记、董事长	劳动模范	2020年	公司
83	井乐炜	男	欧洲公司副总经理	劳动模范	2020年	公司
84	冯 恺	男	雅万高铁项目总工程师	劳动模范	2020年	公司

第五节 电建集团先进工作者

2007—2021年电建集团先进工作者职工名录，见表11-2-5。

表11-2-5 2007—2021年电建集团先进工作者职工名录

序号	姓名	性别	职务	授予称号	表彰年度	授予单位
1	王春明	男	橡塑厂厂长	电建集团先进工作者	2007年	集团公司
2	屠清奎	男	安哥拉万博项目经理	电建集团先进工作者	2007年	集团公司
3	曲 岩	男	肯尼亚伊马里公路项目经理	电建集团先进工作者	2009年	集团公司
4	赵海军	男	肯尼亚118公路项目经理	电建集团先进工作者	2009年	集团公司
5	刘建平	男	贵广高铁项目经理	电建集团先进工作者	2009年	集团公司
6	司圣文	男	坦桑尼亚坦嘎公路项目经理兼支部书记	电建集团先进工作者	2012年	集团公司
7	唐 武	男	南水北调SG13标项目经理	电建集团先进工作者	2012年	集团公司
8	段胜伟	男	坦桑尼亚坦噶—浩乐浩乐公路项目经理	电建集团先进工作者	2012年	集团公司
9	黄匡曦	男	刚果（布）凯塔公路项目常务副经理	电建集团先进工作者	2012年	集团公司
10	姬铭言	男	安哥拉项目司机	电建集团先进工作者	2013年	集团公司
11	孟令刚	男	坦桑尼亚坦嘎公路工程项目经理	电建集团先进工作者	2014年	集团公司
12	李军波	男	波兰弗罗茨瓦夫防洪工程总工	电建集团先进工作者	2014年	集团公司
13	张 泽	男	公司投融资部主任	电建集团先进工作者	2017年	集团公司
14	王 操	男	公司工程科技部主任	电建集团先进工作者	2017年	集团公司
15	张建荣	男	东非公司副总经理	电建集团先进工作者	2018年	集团公司
16	史建波	男	天津分公司总经理	电建集团先进工作者	2018年	集团公司
17	杜武清	男	国际公司副总经理兼卢旺达项目经理	电建集团先进工作者	2019年	集团公司
18	李有兵	男	西南非公司董事长	电建集团先进工作者	2019年	集团公司
19	曲永耀	男	中亚经理部副经理	电建集团先进工作者	2020年	集团公司
20	王华侨	男	水环境公司总经理	电建集团先进工作者	2020年	集团公司
21	郑富春	男	东非公司总工程师	电建集团先进工作者	2021年	集团公司
22	王延清	男	深圳调蓄池项目总工程师	电建集团先进工作者	2021年	集团公司

注：本表按表彰年度时间先后排列。

第六节　获高级专业技术资格人员名录

一、高级工程技术管理人员

（一）正高级工程师（78人）

齐保军　赵志虎　齐宗海　孙秀宝　张淑枝
霍学金　刘　健　王保雨　董绍宝　蔡振春
梁元花　张玉富　刘富凯　郑花香　刘建平
高宗文　韩　东　董洪福　徐建亭　李华奎
李章中　何占颂　杨长才　徐德阳　宋业恒
赵景涛　王瑞卿　温建明　杨　涛　屠清奎
李俊元　金显颂　鲜仕君　王裕民　杨　韬
陈玉岗　彭良兵　李建国　陈修华　王加勇
唐培洪　吴玉华　候学刚　陈书强　王延立
刘宝华　王金英　乔明荣　柳爱华　史建波
付帮景　宁靖华　何　强　王宁坤　黄大建
季　奇　张福华　赵海军　刘民辉　张书起
左联宾　李　猛　王　操　段胜伟　郑富春
蓝恭琰　王华侨　赵勇祥　雒焕斌　杨旭东
时贞祥　聂金龙　李国栋　范连勇　叶　翔
王　永　曲永耀　鞠子强

（二）正高级经济师（3人）

殷国宝　罗贤明　徐世东

（三）译审（1人）

穆乃生

（四）教授级高级工程师（15人）

赵庆斌　于　晓　李西彬　张建华　曲　岩
杜兴坤　刘福凯　吴　玲　于政强　魏　虹
辛炳烈　张　博　秦友才　王国臣　富荣辉

（五）高级工程师（450人）

李　彤　杨宝兴　龚昌银　闫素省　董永莲
宋春生　陈　峰　窦荣伟　高俊来　郭新明
刘治平　孙占勇　田义升　许　波　赵树东
周连国　朱昌华　王钦利　路　涛　刘持鹏
蒋晓东　安郁军　孔东红　宋利军　奚玉新
武庆波　苏宗义　宋慈勇　高学春　蔡吉昌
刘　文　李秀艳　陈秀兰　郭世波　侯庆春
孙秀青　刘英春　李　靖　赵树锋　张　博
刘浩辉　刘皞旻　刘天牧　娄　晔　李有兵
索华炜　于乃全　范传卫　安东利　洪小青
米兰彬　卢　静　潘美峰　张长河　侯智勇
尚召云　郑术锋　刘子超　张广伟　曲福友
张绪梅　张长平　刘　毅　杨　涛　王玉洁
张君花　尹新红　黄云刚　王利恒　李新建
张东雷　李　予　赵甲毅　李汝晓　付　平
刘振界　孙永杰　孔令烨　叶　芳　刘桂霞
王凤伟　薄其功　刘　霞　张　宏　刘建钊
徐　鹏　王莉立　刘　彪　刘传文　张　勇
代　冉　陈克均　朱秀娟　张道波　杨传刚
轩荣玉　苏　楠　罗　涛　方心畅　仝建华
徐世东　王　新　张振虎　李信山　姚培乐
刘荣杰　张　华　朱宗河　辛福选　张　枫
根　涛　江冬玉　王雪娜　赵　阳　郑金松
孟召祥　李兴昌　孙　杰　刘美玉　贺奇峰
杨冀亮　焦富涛　王林勇　罗继明　王　勇
王前宝　王耀光　来淑梅　李　青　徐笃军
郝永旺　王大陆　刘明亮　张　静　张新生
边新敏　位吉春　刘尊彦　宋卫强　邢　勇
李　斌　李云鹏　孙春雷　张茂勇　李　勇
刘乾坤　孟庆婕　刘景宝　张　铮　于　峰
张　斌　田兆军　李　强　李延勋　于方各
刘仁峰　毕文东　常小芳　陈　浩　陈希刚
杜　鹏　范新龙　冯国伟　高春花　高　娟

葛明元	贵玉锋	韩亮	郝鲁川	何洪伟	邹秀莲	柯昌彬	孟令奇	闫付钊	李振华
何利超	何辛	候旺宁	姜鹏飞	焦时照	党兴旺	张玮	李洪久	徐立华	黄志东
康钟	寇平	李高攀	李敬	李涛	孔超	赵斌	孙广华	徐伟轩	刘宝永
李学森	李振收	梁平	刘朝祥	刘臣国	李晓山	袁光明	何建民	甄志军	田保健
刘福高	刘金明	刘文丽	刘兴峰	孟娜	张志远	田春光	严勇	杨家斌	王武亮
齐红艳	邱紫	司秀芬	宋鹏	唐武	焦金辉	范久成	权伟	张栋	张俊康
田正武	田中灿	王二军	王洪标	王洪振	汪占云	陈鹏飞	李正洋	宁安鹏	王肖涵
王计涛	王敏	王铁鹏	王永军	王玉明	张维强	盛银涛	陈霖	张瑞阁	杨奕林
王振	王志利	王志强	向红霖	薛海松	张跃	王智慧	董志峰	孙志磊	芦勇
杨沛	姚启飞	于宾	于振	张建党	彭松	林涛	刘印建	林恩国	邱桂永
张金玲	张磊	张鹏	张荣义	张松华	辛文娜	冀希	张中祥	张嘉灵	刘欣
张习哲	张兴亮	张业国	赵素刚	赵万国	李金钊	陈琦	程予吉	侯典龙	马建成
朱良值	朱长健	马健	宋安心	王延清	胡志操	官小芬	冯俊滔	王璐	刘广中
张继强	李声	刘浩	郗国华	韩铁刚	聂中泉	徐方勇	贾书琮	董振海	刘亚楠
高虎	亓艳生	孙建华	符长安	武建君	窦金松	曹喜来	孙龙飞	刘晶伟	王晓广
李季	王红领	吴海燕	武艳丽	丁柏清	张鹏	李鑫	崔伟伟	胡可	郭昆
王清华	张勇	刘希泉	杜鹏程	苏丕海	马擎宇	随路路	李磊	李英涛	王尧
孙兆森	白虹光	郝洪峰	田鹏	张云飞	郑广庆	王亮	韩庆胜	杨长松	刘永
徐松	王绍锋	王建	张金利	李成春	张成	杨印友	秦超	李晓亮	曹万飞
赵月	王琳	顾鹏	赵丽	程显东	李湘翔	张鹏	贾兴宝	常怀雷	王亮
李超	毕广旭	谭有鹏	杨洪娜	袁洋	梁钱	汤波	张永耀	李圣瑞	刘岗
臧杰	韩锋	王清颜	郭怀光	龚书明	王帅	郑光超	王世新	孟令刚	梁身涛
陈世鹏	汪晨	赵建林	游锋	肖风成					
姚峥	张丙坤	宋庆刚	袁宪营	郑怀兴					

(六)高级经济师(110人)

米殿涛	张建荣	高连琳	史运通	许长庆
秦学玺	熊颖	朱绍千	孙朝辉	路以波
邹甫伟	李朦然	王龙	郑志国	杨明

韩国芬	周朝	陈燕	杜春杰	高斌
何晶	贾艳霞	金丽芳	李玉松	任秀娟
王敏	许明英	魏小丽	曾采祺	张世军
张宁	崔治峰	刘垒垒	王世征	辛志高
李磊磊	陈志华	宋加希	王元锋	谢兰清
冯恺	刁其彬	马乾天	杜建民	王菲
廖洋	张青	尹成虎	王健	王龙新
左剑勇	李珍	易明	宁新龙	李芳
孙红红	史光霞	高贵彬	任春燕	刘伟翌
张东鹏	罗柱	李路军	王斌	耿鸿雁
王国静	谷兆普	王项超	王绍玉	孙斌
郭莉	秦忠宝	侯树生	程春梅	安东利
冯琦	郭素华	黄维民	罗贤明	盛文娟
孙兰会	王莉敏	伱红	姚晓峰	刘昱
杨海燕	韩国会	付艳	张桂华	孙吉海
宋梅花	陈道宁	杨世珍	冯书梅	姚金强
王跃俊	鲁慧莹	刘燕平	王琪	孟磊
毛庆华	孙玉	苑蔚	曹培军	叶超
高玮	聂中泉	张连芬	刘阳	方静

岳 彤	齐建涛	高 波	丁兆敏	许建明
李家威	许长庆	陈 健	陈芸荻	马 力
孟召丽	戚晓航	夏曼曼	邢 飞	杨 辉
周广婷	杨 帆	位吉春	黄 薇	王 娟
孙兆海	安立新	孟 艳	王 琛	钟东胜
蒋 翔	林英夫	马 慧	丁 霞	李 娜
徐蕾蕾	刘 萍	姜 磊	顾晓琳	牟秦娟
许甜甜	修桂美	线艳霞	刘丽娟	邱 帅
韩 俊	卫 兰	董 理	康丽华	杨 昕
张丽娜	张 钊	卢 静	李伟丽	田 萃
李玲悦	梁晓计	丁 艳	车旭颖	宋延杰

（七）高级会计师（25人）

李洪瑞	席国超	龙 芹	马传平	侯有庚
徐宝东	王 锋	张 泽	胡腊中	杨红旗
杨云龙	袁友庆	马 晶	魏志强	随志国
赵守军	王伟国	陆学习	潘恩山	毛玉涛
董 涛	郑海文	郑庆委	葛晓夏	曹 辉

（八）副译审（1人）

安青平

（九）企业二级法律顾问（3人）

李 娴　田 萃　王志刚

二、高级政工师（44人）

陶 蕾	叶春颖	王宏晖	肖智华	金立犹
黄匡曦	王秀丽	孙雅玲	李冬秋	范明生
国林霞	杨 杰	黄志军	郎保国	肖 刚
巨 凤	曲晓莹	牛 漪	刘慧玲	张军超
孙新起	魏秋萍	潘驯江	毛希虹	苏兆明
吴月琳	张 倩	赵 阳	冀钰林	赵媛媛
付 斌	李林岳	付文博	吴国柱	刘建昆
刘 元	于 波	叶春燕	韦岱梅	丁 卯
郝洪峰	刘宗勤	王海志	王仲祥	

三、高级医疗卫生人员

（一）主任医师（29人）

崔方胜	王晓环	赵立梅	刘 宏	任剑锋
董学勇	郑 宏	安增霞	蔡祥文	孙绍艳
马岱岭	冯建华	许立群	陈学勇	罗殿贵
王墨文	左文平	马春旺	张兴镇	管国强
赵连浩	马 耒	宋庆江	杜秀云	许曙光
岳建荣	刘志强	程秀玲	陈 骎	

（二）主任护师（3人）

王炳花　张 敏　耿俊玲

（三）主任检验师（1人）

贾福江

（四）副主任医师（28人）

邓小彬	李凤志	孙华梅	杨云禄	董 梅
乔 薇	刘志强	靳银昌	冯 雷	曹亚惠
李支伟	李世顺	魏 菁	岳建荣	张红霞
杨得勤	窦立龙	张 健	斉江涛	张学伟
丁雄伟	王 玮	张晓松	刘微娇	魏冰玉
韩少雄	杜彦涛	许子涛		

（五）副主任护师（33人）

李春青	赵海霞	田丽群	王红燕	张彦红
房爱武	杨桂英	张丽敏	张淑芳	魏秀丽
李晓霞	梁洪梅	王 燕	王晓蓬	沈俊莲
李红艳	李晓菲	杨秀英	郭秀阳	刘艳丽
薛 华	张丽敏	高永梅	张立艳	于兰英
梁献业	田淑惠	董 伟	贺心芝	张炳华
林丽丽	聂素惠	杨凤杰		

（六）副主任药师（6人）

李东梅　李淑云　石玉芹　李兰香　孙春亭
孙 强

（七）副主任检验师（3人）

郭 璞　巩春红　叶艳红

四、高级讲师、高级教师、副研究馆员

（一）中技高级讲师（2人）

韩孟红　杨海燕

（二）高级实习指导教师（1人）

张建生

（三）副研究馆员（1人）

孙吉海

附 录

概述

大事记

体制与机构
01

市政公用、水利水电工程
02

公路桥梁、轨道交通工程
03

水环境综合治理、房地产工程
04

工业与民用建筑、其他工程
05

国际化经营
06

党群工作
07

企业改革
08

企业管理
09

科学技术与教育
10

人物
11

附录

附录一 中国电建市政集团更名及组织机构沿革文件

天津市委、市政府文件

关于同意中国水利水电第十三工程局有限公司成建制迁入滨海高新区的批复

津政函〔2010〕3号

滨海高新区管委会：

你委《关于中国水利水电第十三工程局有限公司成建制迁入天津滨海高新区的请示》（津高新区管报〔2009〕56号）收悉。经研究，现批复如下：

一、同意中国水利水电第十三工程局有限公司成建制迁入天津滨海高新技术产业开发区。

二、你委要按照《关于支持滨海新区引进人才的政策措施》（津人〔2008〕10号）的有关规定，协助该公司做好成建制迁入工作。

三、市公安局、市人力社保局、市教委等有关部门要按照有关规定，协助中国水利水电第十三工程局有限公司办理职工及其家属（第一批共343人）户口入津有关手续，并在办理职工及家属临时集体户口、随迁子女就学安置等方面给予支持。

天津市人民政府
二〇一〇年一月六日

关于同意接收中国水利水电第十三工程局有限公司党组织关系的复函

津党函〔2009〕6号

中共中国水利水电建设集团公司党委：

贵公司《关于商请将中国水利水电第十三工程局有限公司党组织关系纳入中共天津市委管理的函》（中水电党函〔2009〕7号）收悉。市委同意接收中国水利水电第十三工程局有限公司党委的组织关系，党的工作归口市委规划建设工委管理。

特此函复

中国共产党天津市委员会
2009年4月10日
抄：市委组织部、市委规划建设工委

附 录

企业名称变更核准通知书

(国)名称变核内字〔2017〕第4690号

中国水利水电第十三工程局有限公司：

经国家工商总局核准，企业名称变更为中国电建市政建设集团有限公司。

行业及行业代码：市政道路工程建筑E4813

准予以该企业为核心企业组建的企业集团名称为中电建市政建设集团。

天津市市场和质量监督管理委员会
2017年9月30日

注：1.名称变更核准的有效期为6个月，有效期满，核准的名称自动失效。

2.企业名称涉及法律、行政法规规定必须报经审批项目，未能提交审批文件的，登记机关不得以本通知书的企业名称登记。

3.企业变更登记时，登记机关应当将本通知书归入企业登记档案。

4.企业登记机关应在核准企业变更登记、企业集团设立(变更)登记之日起30日内，通过国家工商总局企业登记网上注册申请业务系统进行企业名称登记备案。

中国电力建设集团有限公司文件

关于将山东电力管道工程公司委托水电十三局管理的通知

中电建〔2014〕149号

中国水利水电第十三工程局有限公司、山东电力管道工程公司：

为进一步优化集团公司内部资源配置，强化内部业务协同，稳妥推进成员企业之间的重组整合，促进相关企业长远可持续发展，经集团公司全面深化改革领导小组第三次会议暨第五次党政联席会议研究决定，将山东电力管道工程公司(以下称"管道公司")委托中国水利水电第十三工程局有限公司(以下称"水电十三局")管理。现将有关事项通知如下：

一、集团公司将管道公司委托水电十三局比照子公司的模式进行管理。委托管理后，管道公司不再列入集团公司(委托股份公司)直接管理的企业名单。管道公司历史形成的干部级别不变。

二、水电十三局作为管道公司的主管单位，对管道公司全方位行使经营管理权并承担经营管理责任，包括重大决策、业绩考核、班子任免、人事调配等。

三、2014年两家企业的业绩考核，仍按年初签订的经营责任书执行。自2015年起，管道公司的计划、预算、考核和综合实力评价等，纳入水电十三局一并考核。

四、两家企业要立足于自身实际，以改革促发展，以发展保稳定，确保生产经营正常延续、各项工作平稳过渡，切实维护企业安全稳定，抓住重组整合带来的重要机遇，充分发挥整合优势，实现战略、业务、人员、管理、文化的全面协同、融合，确保完成今年的生产经营目标，努力开创企业改革发展稳定工作的新局面。

五、委托管理中遇到的问题，需要集团公司、股份公司协调解决的，请及时向集团公司报告。

特此通知

中国电力建设集团有限公司

2014年7月17日

中国电力建设股份有限公司文件

关于水电十三局更名为中国电建市政建设集团有限公司的批复

中电建股发展〔2017〕13号

中国水利水电第十三工程局有限公司：

你公司报送的《关于水电十三局更名为中国电建市政建设集团有限公司的请示》（公司〔2017〕35号）及有关补充资料收悉。经第四十九次总经理办公会审议，现批复如下：

一、同意你公司中文名称变更为"中国电建市政建设集团有限公司"（以工商核准为准）。

二、请你公司对水电十三局的历史及品牌采取有效措施予以承继和保护。

三、名称变更过程中，请你公司做好统筹安排，确保市场经营活动顺利开展，尽快完成相关资产、资质权属证书等配套变更工作。

四、名称变更完成后，请及时将企业法人营业执照等资料的扫描件报股份公司战略发展部备案。

特此批复

电建股份

2017年5月3日

中国水利水电第十三工程局文件

关于启用中国水利水电第十三工程局有限公司等印章的通知

局办〔2008〕10号

局直属各单位、机关各部门：

根据《关于确定工程局（厂）公司制改建后名称的通知》（中水电总〔2008〕21号）精神，我局公司制改建后的企业更名为"中国水利水电第十三工程局有限公司"并刻制了印章。现启用"中国水利水电第十三工程局有限公司""中国水利水电第十三工程局有限公司财务专用章"，原印章适时作废。

特此通知

中国水利水电第十三工程局

二〇〇八年七月二十八日

中国电建市政集团文件

关于启用"中国电建市政建设集团有限公司"印章的通知

公司总〔2017〕74号

各子公司、直属各单位、各部门：

根据电建股份《关于水电十三局更名为中国电建市政建设集团有限公司的批复》（中电建股发展〔2017〕13号文件），经国家工商行政总局核准，近日，我公司已完成企业更名工作。根据工作需要，刻制"中国电建市政建设集团有限公司"行政章一枚，予以启用。

特此通知

中国电建市政集团
2017年11月2日

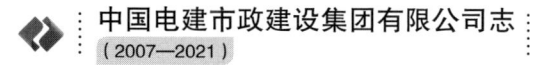

附录二 把履约佳绩写在"一带一路"上

"爱岗敬业、争创一流,艰苦奋斗、勇于创新,淡泊名利、甘于奉献"的劳模精神,是伟大时代精神的生动体现。

——习近平

2020年11月24日,是让中国电建市政集团五星级项目经理范连勇终生难忘的日子,这一天,他获得了"全国劳动模范"荣誉称号。

"厉害了老范!全国劳模!"

"恭喜老范!站上了咱们全国工人的最高领奖台!"

11月初,中国电建市政集团总部一片沸腾,范连勇获得全国劳动模范的消息不胫而走,作为记者的我听到消息立即联系了老范本人,想去采访他,这样一来,反而弄得老范不好意思了:"我也没做啥,就是把领导交给咱的任务完成了。"

朴实的话语一出,老范山东人的淳朴本色尽显。

一句"完成任务"说着简单,但对有着30年工作生涯、担任项目经理十年的范连勇来说,却实属不易。

真心实意沟通 力保项目履约

近年来国际环境日趋复杂、不确定性不稳定更加突出,我们国际项目履约和海外市场开拓也愈加困难,尤其在环境恶劣的中东市场,由于引入的西方管理模式和中东的社会运行体系及项目管理体系不能有机结合,使得这种硬碰硬的嫁接模式非常不切合实际,造成了中东建筑市场呈现出合同条件苛刻、程序繁琐、要求严格、效率低下等特点,许多国际知名建筑企业都折戟沉沙。

而就在如此艰难的情况下,2020年10月,卡塔尔市场却传出了一则喜讯:"由中国电建市政集团承建的GTC606供水管线工程取得了履约证书!"

这让作为项目经理的范连勇长舒了一口气,这一刻,他等了整整6年。

时间转至2014年7月,彼时的范连勇还沉浸在肯尼亚基苏木公路主路完工通车的喜悦中,就在这时,一纸调令下来:"聘任范连勇为卡塔尔GTC606供水管线工程项目经理。"

此时的范连勇已经在东非市场连续工作了14年,从一名基层的技术员成长为优秀项目经理,突然要离开熟悉的东非市场,转战陌生的中东市场,加上GTC606供水管线工程项目是卡塔尔国家战略管线项目之一,也是"一带一路"沿线工程,范连勇的内心还是有些挣扎的。

"既然领导把工作交给咱,就是对咱的信任,咱不能辜负这份信任。"范连勇说道。

于是,回国稍事休整后,范连勇便满怀激情地踏上了炙热的中东沙漠大地,就在他以为刚刚完工的基苏木公路项目是有史以来他遇到的最困难项目的时候,没想到更困难的,还在后面等着他。

"606项目难到什么程度呢?50多摄氏度下的高温施工、时不时沙尘暴就卷土而来,自然条件恶劣就不必多说了。它是EPC项目,而且有5个公路项目和我们同时设计施工,交叉干扰和地下设施繁多,给项目设计和施工带来了极大困难。同时,我们项目和淡化厂项目连接,一旦淡化厂开始运行,生产的水必须流经我们管线，否则业主会有巨额延期罚款，所有这些难点都把我们项目推到一个难度大、工期紧、风险高的位置上。"范连勇说道。

无论如何，"确保项目履约"是范连勇作为项目经理的责任。他按照深思熟虑的思路和项目特点，迅速组建了一支包容性强、执行力强、国际化管理能力强的"三强"战队。有了强有力的队伍，打什么仗都不怕了！

于是，一场旷日持久的战斗在中东大漠里"打响了"。

解决交叉施工，沟通协调是关键。看似腼腆内向的范连勇用他超强的沟通能力，让项目一次又一次"化险为夷"，施工得以顺利推进。最让项目员工陈永刚津津乐道的是在一次下穿石油管线时，范连勇发挥了主动沟通的作用，解决了设计难题，顺利避开施工"雷区"。

2016年10月，项目在设计过程中，遇到了下穿石油管线的难题，原设计方案不仅施工难度大而且危险系数高，迟迟推不下去，这可急坏了范连勇。他几经波折，终于联系上卡塔尔石油总公司负责人，双方经过沟通之后，了解到这根石油管线因为距离世界杯场馆太近，卡塔尔石油公司在准备拆除方案，拆除后不会和我们的管线设计冲突！一个棘手的问题就这样迎刃而解了！设计工作得以顺利推进。

类似的事情还有很多。有时沟通解决不了的问题，吵架同样也能解决。

和项目交叉施工最多的P15项目的经理是一个英国人，有一次，在一个大型协调会议现场，范连勇和他进行了一次激烈争论，正在双方吵得不可开交的时候，进来一个穿白袍的当地官员，只说了一句话："给你们俩半个小时，立即拿出一个全面的解决方案和计划，否则明日都离开卡塔尔！"

"这句话确实把我俩吓一跳。"范连勇笑着说，"我们再也不吵架了，马上行动，双方先达成原则性协议，细节问题再内部解决。因为大家都明白，在这个市场里，没有业主会解决具体问题，只能靠我们自己，越拖死得越快！"

设计的问题解决了，交叉施工的问题解决了，入场许可等问题也得解决，还有安全、技术问题，相关利益方的问题……细算下来，在卡塔尔GTC606供水管线工程项目工作期间，范连勇平均一周要开10次会，往来于各个单位和施工现场之间，积极组织推进施工进展。

据范连勇的夫人李书花回忆："从没见他压力这么大过，曾经有段时间，他为了推进项目施工，几乎整宿整宿地失眠。"

"施工不难，难的就是这个施工许可。"项目副经理何顺福说道，"只要是一拿到施工许可，我们现场就是三班倒，24小时不停施工。"就这样，在范连勇和全体项目员工的坚持不懈努力下，全线最晚开工的卡塔尔GTC606供水管线工程最先完工拿到了移交证书，并收到了业主卡塔尔水电总局发来的感谢函。

收到这封感谢函，再次让范连勇失眠了，只不过这次是激动的失眠、高兴的失眠，因为这不仅是对项目全体员工辛勤付出的肯定，更是卡塔尔水电总局成立以来首次给承包商发出感谢函，其中意义可想而知。

如今，GTC606供水管线工程不仅取得了履约证书，还拿回了全部质保金，无疑给稍显颓势的中东市场员工打了一针强心剂。至此，由范连勇担任项目经理的肯尼亚恩佐亚供水二期、肯尼亚基苏木公路和卡塔尔GTC606供水管线工程等三个合同额近4亿美元的项目全部履约，均取得了良好的经济和社会效益。

全力以赴提升国际项目管理水平

作为项目经理兼支部书记的范连勇平时非常注重学习,最喜欢读的书是《毛泽东选集》和《习近平谈治国理政》,他的一些国际化管理理念来源于日常学习和总结。

"要做好国际项目,不应该只以项目经济效益为重,要全盘考虑业主、监理、当地民众、政府等多方利益,加强与他们的沟通交流,建立命运共同体,才能实现合作共赢。"范连勇坚持以习近平"构建人类命运共同体"理念为指导,追求国际工程项目的"合作共赢",由他负责的项目,与当地雇员、所在地民众、政府部门和民间组织均建立了友好合作关系。

最具代表性就是范连勇和"三个戴维"的故事。三个戴维都是跟随范连勇工作了十多年的肯尼亚当地雇员,年纪最大的戴维将近50岁,在基苏木公路项目设备物资部负责仓库管理工作,另外两位戴维,一位是挖掘机操作手,另一位是司机。

老戴维从2002年开始就跟随范连勇一起工作,彼时的范连勇还是肯尼亚恩佐亚供水一期项目的一名施工员,老戴维是一名水管工,配合范连勇一起负责供水管网的连接入户工作;一晃十年过去了,到肯尼亚基苏木公路时,当年的水管工戴维也变成了三个孩子的父亲,戴维说正是一直在中国电建工作,跟随着Mr.Fan,他才能做好"父亲"这个角色,才能撑起他的家。

而挖掘机操作手戴维则对范连勇带头起草的基苏木公路项目《雇员管理条例》印象深刻,他说:"以前工作的地方,随时都能回家,比较自由,在基苏木公路项目,如果想回家需要提前跟负责人请假,填写好请假单后才能离开,而且还得按时返回,但是我现在已经完全适应了这种严格的管理模式。"

在基苏木公路项目,雇员需要严格遵守各项管理制度,项目也同样严格执行当地劳动法规定的工资标准,按时缴纳雇员各项保险,准时发放雇员工资。

"Sinohydro和Mr.Fan走到哪里,我就工作到哪里。"是跟随范连勇工作了十多年的司机戴维的口头禅。范连勇至今还记得他要离开肯尼亚去卡塔尔的时候,司机戴维有多不舍,所以当卡塔尔GTC606项目进入施工阶段后,范连勇便开始考虑将一部分肯尼亚工人引进卡塔尔市场,这在卡塔尔各大型公司中,还是首次。

在范连勇的组织下,司机戴维和其余150名肯尼亚工人一起来到卡塔尔,他们都是长期跟随中国电建工作的工人,经验丰富,与中方人员交流没有障碍,工作起来得心应手。

"我们做国际项目一定要适应当地环境,无论是语言、生活习惯还是做事方式,只有全部适应当地、融入当地,才有可能把项目做好。"这是范连勇坚持的国际项目管理理念,"当前,我们的国际项目管理正处于由最初的粗放式经营管理向集约化转变的过程中,要想在国际市场有新的突破,我们需要组建一支国际化程度高、带有自己明显特色的队伍,要用国际化的视野、国际化的流程跟世界接轨。"

无论是在肯尼亚还是在卡塔尔,范连勇一直坚持这种理念。在夕阳下温馨宁静的非洲布希亚小镇,范连勇带领他的团队解决了当地人的用水难题;在烟波浩渺的维多利亚湖畔,他们修建的高速路环绕着湖畔飞奔;无论是壮美的马赛马拉,还是雄伟的乞力马扎罗,抑或是炙热难耐的中东大漠,都留下了范连勇和他的队员们奋斗不息的身影。

全心全意培养国际项目人才

有科技部的同事统计过这样一组数字:"在跟随范连勇驰骋国际市场的员工中,有40名已经成长为项目经理、总工、副经理等项目班子成员。"这件事一直为范连勇所津津乐道。

如果说"确保项目履约"是范连勇作为项目经理的责任所在，那么"为公司培养国际项目人才"则是最让他感到骄傲的一件事情。

范连勇在培养国际化项目人才方面有着自己的心得：选择有潜力的员工进行培养，并在实战中检验；大胆启用新人，多岗位交叉工作，全方位进行锻炼。

让卡塔尔GTC606供水管线工程项目商务经理曲磊至今印象最深刻的是范连勇的"训话"。

2011年，曲磊在肯尼亚基苏木项目首都办事处负责商务工作，由于没有经验，在办理英国进口的核子密度仪的清关过程中，将一份重要文件遗忘，导致清关进度出现了一个月左右的滞后。

范连勇得知情况后，虽然远在工地上，还是连夜打电话将曲磊狠狠训斥了一通。

"当时心里很委屈，因为我没有任何工作经验，而且这么长时间只出现了这一次纰漏，"曲磊笑着说道，"后来想想，也正是因为自己没有经验，范经理才会选择通过这种严厉方式，在我心里留下一个清晰的烙印，提醒我凡事都应该仔细谨慎，思虑周全，特别是在商务合同工作中，更应该反复思量审慎决定，否则轻易一个失误就会造成重大经济损失。"

如今，已经跟着范连勇工作了九年的曲磊被他带出了一个"喜欢记仇"的毛病——自己保留一个小本，里面记着全部有关范连勇的训话细节，包括什么时候被训的、被训的原因、被训的内容、被训的时长等。

"每当有些志得意满轻飘飘的时候，就拿出来看一看，给自己泼泼冷水。"曲磊说，"后来我在带项目大学生新员工时，也受范经理的影响，工作中一贯严格要求，哪怕大学生们一时不解心里抱怨，但是也一直坚持着'严谨认真'的原则，唯有这样，才是真正对他们负责，才能真正让他们成长。"

而范连勇的"严谨认真，讲究原则"，则是受师傅周世永的影响。1990年，范连勇大学毕业来到原水电十三局岳城水库加固项目工作，师从测量队队长周世永。"工作上认真负责，技术上精益求精。"是周世永留给范连勇的第一印象，"当时在项目上边学习边测量，理论和实践相结合，还不定期给我们考核，虽然当时技术不发达，但我们测量数据非常精准，因为周队长会反复核准校对。"

周世永对范连勇的工作成绩表示高度认可："他本身是测量专业毕业的，很快就能上手，悟性非常高，工作踏实、勤奋。"

在当年出国人员专业技能测试中，范连勇仅单科基础知识考核成绩就达到了95分，并以总分第二名的成绩获得了出国工作许可。

就这样，范连勇开启了他的国际工程生涯，也将优秀企业文化在传帮带中一代又一代地传承下去，在海外生根发芽，最终结出了硕果。

于踏实肯干里见本领，于朴实无华中显真情。扎根一线三十载，范连勇负责的一个个工程项目赢得了业主的肯定和信任，付出的一点一滴情义凝聚起友谊的力量。

未来，国际化征程漫漫，"一带一路"践行者范连勇重任在肩："希望在不久的将来，通过我们的努力，在国际高端建筑市场的舞台上，中国标准、中国设计、中国设备和中国技术能够得到普遍认可。"这是范连勇的美丽中国梦。

（张晓秋）

附录三 延伸的人生

——记京沪高铁土建三标铺轨工区项目经理米兰彬

京沪高铁是新中国成立以来一次建设里程最长、投资最大、标准最高的高速铁路。它也是新中国一次性投资额最高的工程。在整个建筑行业的影响力超过三峡，广泛地影响社会生活的各个方面，极大地改变人们的生活观念出行观念甚至是思想观念。

当你第一次看到以上信息的时候，是简单地浏览一下？还是与你手中的工作或者是企业的发展联系起来，做更多的思考？

当时间的指针指到2008年底，京沪高铁全线施工轰轰烈烈地展开时，时任水电十三局有限公司机电安装公司总经理的米兰彬面对以上信息，就是后者，而且他立刻开始着手行动，寻找机会积极参与其中。

准备——冰与火的考验

十三局安装公司的传统产业是水工闸门制作与安装，几年来，在开拓风电塔筒市场、异地建厂取得显著效益之后，米兰彬仍然一直在思考，企业应该如何更好地转型升级上水平。无论是在理念上、技术上，还是从企业管理水平、人才培养上，参与京沪高铁，都是一个难得的整体提升机遇。

京沪高铁前期主要是线下施工，但米兰彬仍然找到了参与其中的机会，2008年上半年为在高铁沿线施工的单位制作了两部龙门吊，并继续积极寻找参与京沪高铁施工的机会。

在听到股份公司京沪高速铁路土建三标段项目经理部承接铺轨项目，并将要成立铺轨工区后，米兰彬敏锐地意识到这是安装公司转型升级的新市场、新方向。他立刻组织安装公司领导班子成员开会，宣讲参与高铁铺轨的意义，统一思想，提高认识。他找到十三局领导和股份公司领导，承诺十三局安装公司能承接铺轨任务。他介绍了水工闸门制作与安装中所涉及的铺设、测量、焊接、检测、探伤等工艺和工序，与轨道铺装有异曲同工之处，高精度要求也相似。其中一部分比高铁精度要求还要高，安装公司曾经施工的埃塞俄比亚阀帽闸门精度要求为0.1毫米，而高铁道岔尖端的密贴度缝隙要求为最大0.2毫米。

米兰彬信心十足地说，京沪高铁铺轨有难度，但在多年积累的水工闸门制作安装和工厂管理经验基础上，只要认真对待、措施到位，一定能做好。

每一项工作事前都要充分做好准备，是米兰彬一贯的工作思路。在争取任务的同时，他提前半年介入铺轨，2009年8月就开始筹备，听到哪里的铁路施工现场在进行铺轨，他会想尽办法接上关系，和对方成为朋友。南下沪宁、武广，北上内蒙古，带着员工放下面子放下架子，住在农民家里，为施工单位无偿劳动，和民工一起抬铁轨、调螺丝。

2009年8月20日，米兰彬带着员工到广州韶关和花都学习闪光焊和铝热焊，进行了17天的实地考察。当地天气炎热，但是他们的学习不分昼夜，只要施工现场有人工作，米兰彬带去的员工就会出现。铝热焊对气温等外在环境要求较高，大多在晚上进行。米兰彬带着员工详细了解工艺、工序的要求，他给员工提出的目标是到了京沪高铁铺轨现场就能干。米兰彬自己每天去现场，重要的关键工序都在现场盯着，对任何有怀疑的地方都不放过。

2009年9月，米兰彬组织涉及铺轨各个专业各个工种的13名员工到武广客运专线进行观摩学习。从设备的性能、厂家到工器具的配备；从正线钢轨的铺设、焊接到修磨；从架子队的配置到铁路规范、技术、工艺，以及施工现场潜在危险源等专业技术的方方面面，都要学习，都要了解。半个月的时间中，员工们白天考察，晚上开会，各专业人员互相通报情况。

一边学习，一边寻找实习的机会。米兰彬要求员工不仅要看，更要动手实践，一再强调不能放过一次亲自动手的机会。"必须拿起榔头"，是他对参观学习的员工经常说的话。

他一直在寻找能让员工参与铺轨施工的机会，他提出以工代培、无偿为愿意提供机会的单位工作，尽心竭力地进行铺轨前的技术与管理准备。

2010年1月，米兰彬得知沪宁线轨道焊接将于2月2日开始，他从十三局安装公司挑选出16员精兵强将，于2月1日到达江苏镇江和丹阳，向施工单位提出无偿为对方工作。他给员工提出的要求是要下到班组当工人，要亲自干，要总结出经验，要能达到在京沪高铁铺轨时能"上阵带兵"的目标。

开始，施工单位不愿意让员工到现场。米兰彬鼓励大家不要着急，等待机会。2月13日，春节到了，工地上的大多数民工回家过年。当时为保证上海世博会前开通，沪宁线工期非常紧张，16名员工全部成了施工单位的"劳务工"。

轨道铺设不仅精度高，劳动强度也大。12.5千米为一个工作单元，要求一次铺设完成。当时正是南方梅雨季节，员工们连续48个小时在冷风冷雨中工作在现场。送到现场的饭菜都是凉的。民工累跑了，米兰彬派出的员工仍然坚守在现场。而且，这些有着丰富技术经验和工作经验的员工很快成为轨道放散锁定的主力军。在得到施工单位肯定后，米兰彬又陆续派出到现场参与铺轨的员工32人。

为了高铁铺轨，米兰彬深思熟虑，从各方面做准备，包括自己的身体。他的右膝盖中有一块游离体存在多年，因为工作紧张一直没有做手术。高铁铺轨任务重大，时间紧张，不能出现任何影响工作的事情。他下定决心，在安排好工作后，于2010年春节做了手术。3月7日，做完膝盖游离体手术半个月的米兰彬，拄着拐杖出现在江苏丹阳施工现场，看望在风雪中苦干的员工。

为了珍惜来之不易的实践机会，米兰彬给每个人都制定了不同的学习任务和工作任务。3月17日，结束"无偿劳动"的员工在经历一个半月的艰苦劳动后，带着已经学到手的铺轨技术回到德州。

在沪宁线上劳动过的员工，现场都成为京沪高铁三标段铺轨工区的主力。

京沪高铁三标项目经理部常务副经理杨忠对米兰彬带领员工所经历的艰苦学习与准备阶段，有一个十分贴切的形容："米兰彬带着他的兵，为了学到铺轨技术，经历了'冰与火'的考验。"

实战——技术与实力的较量

铺轨工区于2010年4月成立后，有两个月的时间，每天晚上请专家讲课。道岔验收的65项内容，逐项进行学习、讨论。在进行每一项新内容施工之前，铺轨工区都将施工工序要点制作成卡片，发到技术人员和作业人员手中。将每一步工序的作业控制要点详细地列成表。

现场施工分轨道整理、站场铺设、焊接锁定、正线铺轨、运输作业五个工作队，对从事每项专业施工的人员都进行了筛选。每个专业都制订了严格的培训计划，开始、结束、地点、达到的目标，都在计划中列得详详细细。

引进三名从事过武广、郑西、石太客运专线的专家充实到铺轨工区。铁路施工工期紧，资源各种预案都要准备充分。架子队准备了三套，另外预备一套。一旦现场出现不适应，立刻更换。

2010年3月21日购置K922闪光焊机后，为保证设备质量符合设计要求，米兰彬派经验丰富的焊接作业队队长驻厂监造，发现生产过程存在问题及时向厂家提出整改，先后提出建议14条，均被厂家采纳。驻厂监造的同志发现焊机机头零部件是国外进口，国内组装，向米兰彬汇报后，米兰彬要求必须更换国外组装的焊机机头，保证了焊机机头的质量，也保证了轨道焊接的顺利进行。

焊接接头在运行过程中不能出现断裂，焊接质量非常关键。米兰彬从设备和技术两方面来保证质量。一是购买国内最先进的焊接设备，二是主动和北京铁科院金属与化学研究所进行合作，请专家不定期到现场对焊缝进行指导和评价，对出现的焊接问题进行研究、解决，不断调整焊接参数，京沪线焊接质量走在前面。6月26日，铺轨工区钢轨闪光焊接落锤试验通过中国铁道科学研究院金属及化学研究所认证，为线上焊接施工奠定了重要基础。

经过各方面的准备，员工们越来越有信心。

在成功铺设了泰安西站18号道岔后，2010年7月2日，米兰彬接到京沪高铁三标项目经理部通知，由铺轨工区铺设济南崔马庄42号道岔。42号道岔是我国高速铁路最大号道岔的一种，为国内新型高速道岔。

米兰彬对员工们说："我们要珍惜每一个成长的机会。工作越难，机会越大。能铺设国内最大最新的42号道岔，掌握了42号高速道岔铺设的核心技术，还会有谁会怀疑我们的能力和实力？"

将贤而士勇。米兰彬没有犹豫，员工们也没有犹豫。7月2日晚，40多名员工连夜冒雨从泰安搬家到济南崔马庄。天下大雨，泰安西站施工现场道路泥泞，运输车不能到达现场。员工们冒雨中蹚着深到小腿的水，肩扛人抬把设备搬到运输车能到达的位置。

7月2日—3日，济南市天气预报最高35℃。崔马庄离市区十多千米，环境荒凉，中午在太阳直射下，现场气温达60℃。现场合作队伍有一个小食堂，做不出上百人的饭菜。为保证现场施工员工有饭吃，米兰彬派人出去买来烧饼、咸菜、矿泉水，他带着铺轨工区管理层十多人吃咸菜啃烧饼。

7月4日凌晨3时，京沪高铁三标铺轨工区率先铺设的崔马庄线路所42号道岔粗铺全部完成。上午，现场彩旗招展，京沪高铁全线各指挥部、各标段42号高速道岔铺设施工单位、监理单位齐集济南崔马庄线路所，现场学习高速道岔的铺设安装。

在道岔施工过程中，铺轨工区还发明了道岔保护器、龙门吊吊运安装道岔等。

技术稳扎稳打，现场管理也秩序井然。工区有人每天收听天气预报，听到有风雨时，就会安排把现场标识牌平放，压实，盖好。另外一个工区由于没有准备，一夜风雨过后，现场标识牌大半损坏。

安全工作每天有一个闭合管理，安全环保部和每个工点现场负责人通话了解情况，要有详细记录。

高铁铺轨，意义非凡。铁轨出厂时100米长一根，运到焊轨厂，五根焊接成一根长500米的铁轨，经过打磨、探伤等有严格控制的工序后，由轨道车运到施工现场，以三根1500米为一个单元，按铁轨温度进行铝热焊。

8月1日，试铺轨；8月25日，铺轨正式开始；9月7日，一天铺轨7.5千米。

在京沪高铁三标段专项劳动竞赛中，铺轨工区六、七月两个月连续获得B组第一名的好成绩。

京沪高速铁路三标段项目常务副经理杨忠说："米兰彬做工作有热情、有激情，这是做任何事情能够成功的基础。"

为人——一颗善良纯朴的心

为更好地了解米兰彬的经历，笔者向安装公司要了一份履历表。米兰彬看着履历表，手微微地颤抖着，激动得流下了热泪。他在安装公司工作了33年，13年零四个月中先后任厂长、总经理，与企业、员工甚至是所从事的行业，都结下了深厚的感情。

米兰彬说他没有一天把自己当厂长，而是始终把自己看作负有发展企业使命的人，每年70%以上的时间和精力用在经营上。带领着员工走过了"二次创业"——由市区往开发区的搬迁、开拓国际市场、开发风电市场、异地建厂等拓展企业发展空间的一个个重大转折。将安装公司从单一的水工金属结构产品制造发展到集水工金属结构产品制安、大型压力钢管制造、风电基础工程、风电塔筒制安、高铁工程、船舶制造工程、输变电工程和供排水工程于一体的多元化综合施工企业。职工年人均收入增长15%。一项国际工程和一项国内工程分别被中国工程建设焊接协会评为全国优秀焊接工程。

离开安装公司时，所带走的每一名员工，他都经过了深思熟虑。充分考虑了各方面的因素，既要不影响安装公司生产，又要兼顾长远发展，年轻人的培养和发展都在考虑之中。他选调了两名已到退休年龄的车间主任到高铁分别任作业队长和部门主任，可以让车间副职发挥更大的作用，同时在高铁也充分发挥他们积累多年的机电安装经验。

离开时，他知道自己难以克制激动的情绪，与相处多年的员工相对流泪是不愿意面对的场面。他不敢跟大家开会告别，选择了带着一份深厚的感情悄悄离开。奔赴他人生另一个奋斗的战场，另一项寄托他生命激情的事业——京沪高铁三标段项目经理部铺轨工区。

带着极大的热情和干劲，米兰彬进入京沪高铁铺轨施工现场。他用他的行动证明，他在用新理念、新思路、新观点对接高铁新技术、新标准、新模式。

进入现场，米兰彬首先为员工们包括架子队在内的人员配齐工作服、安全帽等劳保用品，严格要求按规范使用。米兰彬说劳动保护是一方面，另一方面也是管理理念和队伍素质的体现。

米兰彬不仅对员工们严格要求，更多的是鼓励员工敢于面对困难。在机电安装市场奔波了34年的米兰彬有一肚子各种各样关于经营和施工的故事，他经常用讲故事的方式来向员工们讲解理念和素质的不同。他最喜欢讲的是1990年夏天在福建水口电站，当时天气闷热，日本人安全帽、安全带、长袖工作服都穿戴整齐，出发去工地前要进行检查。少一样，当天不允许上班，扣除当天工资。

在为之奋斗的事业里，他倾注了自己的生命热情和对生命意义的追求。在他身上，体现着老一代水电人的精神特征：忠诚、无私、敬业、执著、团结、奉献，在时光的打磨中，凝结成一份热爱，源自心灵对企业的由衷热爱。

铺轨工区的工作仍在进行之中。载有无数人心血的轨道安静地向前延伸，无论你从哪个角度看，都会与大地组合成一幅优美的画面，自然而又释放着无限的精彩。

（巨风）

后 记

经过机关各职能部门和各成员企业共同努力,在查阅上千万字材料基础上,经反复筛选,60余万字的《中国电建市政建设集团有限公司志(2007—2021)》完成了编纂工作,付梓成书。

载入本志书的内容起于2007年,止于2021年12月底,共记载中国电建市政建设集团有限公司15年史实。本志书包含从组织机构沿革到国内、国外经营,党群工作等方方面面的重要内容,增加全国劳模范连勇、老劳模米兰彬等事迹,力求志书达到相得益彰的效果,增加志书可读性。志书以客观严谨、尊重史实为原则,力求横不缺项,竖不断线,是一部全景式反映公司发展变化,客观全面地记述公司发展历程的书籍。当然,志书不可能也不必要把公司15年的所有事件、人物全部记述。但是我们仍希望读者能从这些简略的记述中,了解到公司的发展脉络、变迁轨迹以及可供借鉴的有益经验。

本书是在《中国水利水电建设集团公司志中国水利水电第十三工程局卷(1962—2006)》基础上,组织全公司各部门、各成员企业广泛参与,按照志书体例规范要求,"变史为志"改写而成。全书共分为11篇、53章、199节。其中,国际业务部分由朱明磊、姚瑶负责。

志书在编纂过程中,得到了同事们的大力帮助,参与2007—2021年内容资料收集和初稿编写的,有公司总部机关各职能部门、各成员企业人员。他们是丁一、于杰、王文钰、王龙、王延冉、王莉敏、王婧婷、王琪、王韵森、巨凤、石竟、仪赛男、朱文正、朱明磊、任秀娟、任春燕、刘天牧、刘元、刘建昆、刘昱、刘晓、刘曦子、米志勇、牟秦娟、杜锐、李书花、李林岳、李泱、李娴、吴月琳、何心意、张晓秋、张强、陈星宇、陈绵方、武卫、国林哲、国林霞、金钰、周亚平、孟庆婕、赵阳、赵丽、赵佳烜、赵媛媛、侯济民、姚瑶、夏曼曼、戚晓航、梁晓计、梁静思、程显东、冀钰林、魏洁萱等。他们在繁忙的本职工作之余,加班加点,认真查找资料,核实数据,调查研究,为本书提供质量较好的初稿。感谢孙金辉为我们提供卡塔尔路塞项目资料。特别感谢刘元、刘思彤、刘琳琳、李振娜、李雪珂、周亚平、赵媛媛、冀钰林为本书校改工作作出贡献。

本书的编纂出版,得益于史学专家的指导帮助,更得益于公司历任领导重视史志编纂工作。

在本书编纂过程中,公司党政领导给予高度关注,一些退休老同事,也提供了一些重要史料,提出很好的意见建议,在此一并致以衷心的感谢!

尽管我们作出了努力,但由于编纂人员水平有限和对志书理解的局限性,加之时间仓促,疏漏舛讹在所难免,恳请专家和广大读者批评指正。

编 者
2022年7月